Kino der Kaiserzeit

Kino der Kaiserzeit
Zwischen Tradition und Moderne

Herausgegeben von Thomas Elsaesser und Michael Wedel

edition text + kritik

Die Deutsche Bibliothek – CIP-Einheitsaufnahme

Kino der Kaiserzeit: zwischen Tradition und Moderne /
Thomas Elsaesser; Michael Wedel (Hg.). –
München: edition text + kritik, 2002
ISBN 3-88377-695-5

Satz: Fotosatz Schwarzenböck, Hohenlinden
Umschlagentwurf: Thomas Scheer, Stuttgart
Umschlagabbildung: WEIHNACHTSGLOCKEN (1914), Nederlands
Filmmuseum, Amsterdam
Druck und Buchbinder: Druckhaus am Kitzenmarkt, Augsburg
© edition text + kritik im Richard Boorberg Verlag GmbH & Co, 2002
ISBN 3-88377-695-5

Inhalt

Vorwort — 9

Thomas Elsaesser
Kino der Kaiserzeit. Einleitung — 11

Populäre Genres im Überblick

Jeanpaul Goergen
Der pikante Film. Ein vergessenes Genre der Kaiserzeit — 45

Thomas Brandlmeier
Frühe deutsche Filmkomödie 1895–1917 — 62

Heide Schlüpmann
Melodrama und soziales Drama im frühen deutschen Kino — 80

Tilo R. Knops
Kino der Schreibtische. Detektivfilme der Kaiserzeit aus komparativer Sicht — 99

Rainer Rother
Vom Feinde lernen. Deutsche Filmpropaganda im Ersten Weltkrieg — 120

Kristin Thompson
»Im Anfang war ...«. Über einige Verbindungen zwischen deutschen fantastischen Filmen der 10er und 20er Jahre — 134

›Stars‹ des frühen deutschen Kinos: Schauspieler und Regisseure

Janet Bergstrom
Die frühen Filme Asta Nielsens — 157

Ramona Curry
Henny Porten im Ersten Weltkrieg — 173

Jan-Christopher Horak
Münchens erster Spielfilm. Peter Ostermayr und DIE WAHRHEIT — 186

Michael Wedel
Schiffbruch mit Zuschauer. Das Ereigniskino des Mime Misu — 197

Elena Dagrada
Franz Hofer. Voyeur der Kaiserzeit — 253

Michael Wedel
›Kino-Dynamit‹ als Exportschlager. Harry Piel in Holland — 265

Karsten Witte
Der Zuschauer als Komplize. Ernst Lubitsch und
SCHUHPALAST PINKUS — 284

Filme, Formen, Funktionen: Querschnitte und Fallstudien

Klaus Kreimeier
Die doppelte Verdopplung der Kaiser-Ikone. Berthold Viertel
in einem Kino zu Wien, anno 1910 — 293

Sabine Hake
Selbstreferenzialität im frühen deutschen Kino — 303

Barry Salt
Der frühe deutsche Film. Stilmerkmale im internationalen
Vergleich — 318

Wolfgang Mühl-Benninghaus
DON JUAN HEIRATET und DER ANDERE. Zwei frühe filmische
Theateradaptionen — 336

Ivo Blom
Von Künstlern und Touristen. Die ›Verortung‹ Hollands in
zwei frühen deutschen Filmen — 348

Kristin Thompson
Stilistische Expressivität in DIE LANDSTRASSE				365

Yuri Tsivian
Stilisten der 10er Jahre. Franz Hofer und Jewgenij Bauer				379

Leonardo Quaresima
HOMUNCULUS. Projekt für ein modernes Kino				401

Autorenverzeichnis				413
Text- und Bildnachweis				417
Register				419

Vorwort

Das erste Vierteljahrhundert der deutschen Filmgeschichte stand lange im Schatten des so genannten ›klassischen deutschen Stummfilms‹ der 20er Jahre. Erst im Zuge des international wieder erstarkten Interesses am frühen Kino hat auch die früheste Epoche des deutschen Films an historischer Kontur zurückgewonnen. Sie erscheint heute nicht nur zentral für ein Verständnis aller späteren Entwicklungen, sondern lässt auch spezifische Merkmale einer eigenen kulturellen und ästhetischen Dynamik erkennen.

Das vorliegende Buch bündelt die jüngsten Bemühungen um eine Neubewertung dieser Periode im Spannungsfeld zwischen einem traditionsgebundenen Kunst- und Kulturverständnis und einer vom neuen Medium Film beschleunigten Modernisierung der Wahrnehmungs- und Unterhaltungsformen. Es bietet einen Überblick über die wichtigsten Genres, porträtiert maßgebliche Protagonisten und beschreibt in Querschnitten und Fallstudien eingehend stilistische Eigenschaften und ästhetische Phänomene aus dieser Zeit überlieferter Filme. Vor dem Hintergrund zeitgenössischer internationaler Entwicklungen beschäftigen sich die einzelnen Beiträge mit den Anfängen klassischer Filmgenres wie der Filmkomödie, dem Melodrama und dem Detektivfilm in Deutschland. Spezifische Gattungsausprägungen werden ebenso für den frühen erotischen Film, die Indienstnahme des Mediums zum Zwecke der Kriegspropaganda und den fantastischen Film der 10er Jahre nachgezeichnet. Am Beispiel emblematischer Figuren wie Asta Nielsen und Henny Porten werden die Entstehungs- und Wirkungsbedingungen des Starsystems beleuchtet, in Filmen von Ernst Lubitsch und Franz Hofer, aber auch zu Unrecht vergessener Regisseure wie Peter Ostermayr, Mime Misu, Paul von Worringen und Harry Piel markante (Selbst-)Inszenierungsweisen und Gestaltungskonzepte der Periode vorgestellt. Einzeluntersuchungen sind der Auseinandersetzung des frühen deutschen Kinos mit Fragen der staatlichen Repräsentanz und dem Aufkommen der Konsum- und Tourismuskultur gewidmet sowie dem Verhältnis zu etablierten Kunstformen wie dem Theater, der Literatur und der bildenden Kunst. Im Mittelpunkt stehen dabei stets die Filme selbst, die nicht selten erst in jüngster Zeit wieder verfügbar gemacht worden sind.

Die Mehrzahl der Beiträge wurde erstmals in englischer Sprache veröffentlicht in *A Second Life. German Cinema's First Decades* (Amsterdam: Amsterdam University Press 1996), herausgegeben von Thomas Elsaesser in Zusammenarbeit mit Michael Wedel. Die Herausgeber danken Amsterdam University Press für die großzügige Überlassung der Übersetzungsrechte. Karin Meßlinger, die die Beiträge von Janet Bergstrom und Leonardo Quaresima ins Deutsche übersetzte, gilt ebenso unser Dank wie Marcus Zander und Marian Stefanowski, die bei der digitalen Erfassung der Illustrationen behilflich waren. Weiterhin danken wir der edition text + kritik und insbesondere Herrn Dr. Clemens Heucke für die engagierte Verlagnahme und vorbildliche Betreuung des Manuskripts. Nicht zuletzt geht unser Dank an die Autorinnen und Autoren des Buches für ihre Geduld, Inspiration und kollegiale Unterstützung in allen Phasen des Projektes.

Thomas Elsaesser, Michael Wedel
Amsterdam / Potsdam, im März 2002

Thomas Elsaesser

Kino der Kaiserzeit
Einleitung

Das deutsche Kino ist vor allem für sein so genanntes ›Goldenes Zeitalter‹ – die ›expressionistischen‹ Filme der 20er Jahre – und für seine lange Reihe außergewöhnlicher Regisseure bekannt. Dieser doppelte Fokus auf Autorenkino und Filmautoren, in dem sich der Kampf um kulturelle Respektabilität und eine Vorliebe für psychologische Selbstbeobachtung spiegeln, hat den Schatten über dessen andere Seite nur noch länger werden lassen: Die Geschichte des populären deutschen Kinos ist weitgehend im Dunkeln geblieben. Am offensichtlichsten gilt dies für die ersten beiden Jahrzehnte, in denen lange Zeit die einschlägigen Filmgeschichten nur weniges der näheren Betrachtung wert erachteten. Zu verführerisch war es, aufgrund der katastrophalen gesellschaftlichen und politischen Geschichte Deutschlands in der ersten Hälfte des 20. Jahrhunderts das Kino als einen Ort par excellence zu betrachten, an dem verborgene Wahrheiten der Nation und ihrer ›Seele‹ sichtbar werden. Besonders nach 1945 war das Erklärungsdefizit über die Ursprünge und den Aufstieg des Nationalsozialismus derart groß und der skrupellose Einsatz des Kinos als Propagandainstrument durch das Nazi-Regime derart einschneidend gewesen, dass jede Darstellung des deutschen Kinos, um welche Periode es auch ging, nolens volens ihre eigene Version einer ›hindsight history‹ lieferte.[1]

Doch jene Zeit, die sich für eine solche retrospektive Teleologie am wenigsten eignete, war die der Kinokultur bis zum Ausbruch des Ersten Weltkriegs. Vor die Aufgabe gestellt, entweder die Wurzeln des Nationalismus zu dokumentieren oder eine internationale, selbstbewusste Avantgarde-Tradition aus ihrem Debakel zu ›erretten‹, musste das frühe deutsche Kino enttäuschen. Die Filme selber erschienen, verglichen mit der zeitgenössischen Produktion anderer Länder wie Frankreich und Dänemark, schwerfällig und stilistisch ‚zurückgeblieben'.[2] Die offensichtlicheren Parallelen zu anderen Ländern – die weit reichende Anziehungskraft auf Zuschauer aller Gesellschaftsschichten, der gerissene Opportunismus und schamlose Sensationalismus, vor allem aber die zahllosen Querverbindungen zu anderen Massenmedien jener Zeit – wurden stillschweigend übergangen oder lediglich als auffällige Makel gerügt. Paradoxerweise können

Thomas Elsaesser

uns aber gerade diese ersten Jahrzehnte der Innovationen und Experimente, der Konsolidierung, der schnellen Umschwünge und tiefen Krisen mehr über ein ›nationales‹ Kino verraten als jede noch so große Zahl symptomatischer Meisterwerke.

Die Kluft zwischen Hoch- und Populärkultur ist jedoch nicht das Einzige, was einer Revision harrt. Der Umstand, dass das Kino in Deutschland, zumindest nach dem Ersten Weltkrieg, als ein politisches Phänomen beurteilt wurde, hat zu einer Reihe explizit ideologischer Geschichtsdarstellungen (über das Kino als Spiegel autoritärer, nationalistischer oder patriarchalischer Wertvorstellungen) geführt, und an die Stelle von (Film-) Geschichte sind implizite Kunst-Ideologien (Werturteile vom Standpunkt der ›Kunst‹, des ›Realismus‹ oder der ästhetischen ›Fortschrittlichkeit‹) getreten. Eine solche Politisierung setzt voraus, dass auch das Kino Teil des deutschen ›Sonderwegs‹ in die Moderne ist, mit all den katastrophalen Konsequenzen, die schon in den Titeln der berühmtesten Darstellungen des deutschen Films anklingen: Siegfried Kracauers *Von Caligari zu Hitler* und Lotte Eisners *Die dämonische Leinwand*. Wenn es jedoch um ein nationales Kino geht, das wie kein anderes retrospektiven Teleologien offen steht, so könnte am Anfang jeder Neubewertung stehen, gerade diese Grundannahme in Frage zu stellen und für eine gewisse ›Normalisierung‹ zu plädieren.

Angesichts der schwer wiegenden Vorwürfe Kracauers und Eisners muss der Begriff der ›Normalisierung‹ den Verdacht des Revisionismus, wenn nicht sogar der Apologie erwecken, nach dem Beispiel einer mittlerweile notorischen Tendenz der jüngsten Geschichtsschreibung, von der zumindest die deutsche Kunst und Kultur ihre Unschuld wiederhergestellt sehen will. Gerade weil dies hier nicht beabsichtigt ist, soll der Begriff an dieser Stelle eingeführt werden, trotz aller ambivalenten Konnotationen. Vor allem zwei Gründe scheinen trotz aller Bedenken eine ›Normalisierung‹ der deutschen Filmgeschichte zu rechtfertigen. Erstens steht in den Beiträgen dieses Bandes tatsächlich ein Kino im Mittelpunkt, das ›normal‹ im Sinne von gängig und einer breiten Masse zugänglich war. Zweitens kann dieses Kino nur unter Verwendung eines vergleichenden Ansatzes verstanden werden, der in der Lage ist, für jeden Zeitabschnitt zwischen 1895 und 1917 eine Definition zu geben für die jeweils gültige ›Norm‹ oder für die in Stilgebung, Produktion und Rezeption jeweils wirksamen ›Erwartungshorizonte‹, an denen die Ausnahmen (und möglichen ›Sonderwege‹) sich erst ermessen lassen. In der Vergangenheit hat die Erforschung der Primärquellen vor allem Bruchstücke zutage gefördert: einzelne, aus ihren historischen Kontexten herausgelöste Filme. Ein weiter gefasster, vergleichender Maßstab

Einleitung

wird hier hoffentlich korrigierend eingreifen. Die internationale Filmgeschichtsschreibung der 80er Jahre hatte es sich zum Ziel gesetzt, derartige Normen zu erkennen, zu testen und zu verifizieren, ein Ansatz, dem wir zum Beispiel die Arbeiten von Noël Burch und Barry Salt, Ben Brewster, Tom Gunning und Charles Musser verdanken.[3] Fügt man hier jenes monumentale Forschungsprojekt hinzu, das Ursprung und Stabilisierung des ›Produktionsmodus‹ im klassischen Hollywoodkino untersucht hat, wird der potenzielle Nutzen einer solchen Herangehensweise deutlich.[4]

Allein aus der Tatsache, dass mehrere Autoren dieses Bandes das deutsche Kino innerhalb eines solcherart übergreifenden, vergleichenden Zusammenhangs diskutieren, lässt sich bereits ableiten, dass hinsichtlich der Periodisierung auch in Deutschland für ein Verständnis der weiteren Geschichte des Kinos die Jahre 1902–1906 und 1907–1913 entscheidend sind.[5] In der ersten Periode konsolidiert sich die Aufführungspraxis im Kino als ortsfeste, filmspezifische Abspielstätte; es entsteht ein auf den Kurzfilm und das ›Nummernprogramm‹ ausgerichtetes Filmgeschäft; die Vertriebspraxis geht vom Verkauf ganzer Programme zum Verleih einzelner Filme über. Zu den bezeichnenden Eigenschaften der zweiten Periode gehört der Übergang vom Ladenkino zum eigens errichteten ›Kino-Palast‹. Mit ihm einher geht die Einführung längerer, drei- bis fünfaktiger Filme (die noch immer von Kurzfilmen umrahmt sind) als neuer Programmnorm der Filmauswertung. Um 1910 begegnet man auch der Einführung neuer Vertriebs- und Marketingstrategien, die in kürzester Zeit dem gesellschaftlichen Raum und der Erfahrung ›Kino‹ eine bedeutsame neue Definition geben und ihnen eine Form verleihen sollten, die sie die folgenden Jahrzehnte bis in unsere Tage beibehalten haben.

Aus einer vergleichenden Perspektive das frühe deutsche Kino zu ›normalisieren‹ bedeutet somit zunächst, es zu ›internationalisieren‹, das heißt seine Entwicklungen vor einem Horizont zu sehen, der über das Nationale hinausgeht. Dies scheint um so mehr gerechtfertigt, als nicht zuletzt die legendäre FIAF-Tagung in Brighton 1978 sowie alle folgenden Retrospektiven des jährlich stattfindenden Festivals in Pordenone gezeigt haben, dass die Produktion und Aufführung von Filmen vor dem Ersten Weltkrieg ein durch und durch international organisiertes Geschäft gewesen ist, welches jede Vorstellung eines nationalen Kinos unsinnig erscheinen lässt, die nicht zugleich auch die Tendenzen in den großen Film produzierenden Ländern wie Frankreich, Dänemark, Italien und – natürlich – den USA zur Kenntnis nimmt.

Thomas Elsaesser

Norm und Normalisierung

In diesem Sinne reflektiert der vorliegende Band einige der Grundannahmen einer jüngeren Richtung von Filmgeschichtsschreibung, die unter der Bezeichnung ›New Film History‹ bekannt geworden ist.[6] Verkürzt gesagt, zwingen ihre Prinzipien zunächst einmal zu einer Betrachtung, wie das Kino als Industrie entstanden ist und sich entwickelte, worin die Beschaffenheit seines ›Produkts‹ oder seiner ›Dienstleistung‹ lag, wie Produktion, Vertrieb und Auswertung zu einem bestimmten historischen Zeitpunkt und an einem bestimmten Ort organisiert waren und schließlich, welche anderen Formen populärer Unterhaltung auf ähnliche Weise mit überlieferten kulturellen Werten handelten und neue hervorbrachten. Diese ›Neue Filmgeschichtsschreibung‹ ist aber auch eine Art von kultureller Ethnographie, die danach fragt, auf welchen Wahrnehmungs- und Kognitionsweisen das Kino in seinen Anfängen basierte oder welche Reize es bei seinem Publikum stimulierte; welche anderen Medien in den Kampf des Kinos um sein Existenzrecht hineingezogen wurden und, daran anschließend, welche gesellschaftlichen Orte und Öffentlichkeiten das ›Ins-Kino-Gehen‹ zu verändern half.

Derartige Fragestellungen verlagern die Aufmerksamkeit auf Gebiete der Filmwissenschaft, in denen, Douglas Gomerys einprägsamer Formulierung zufolge, »die Sichtung von Filmen eine eher untaugliche Forschungsmethode ist«.[7] Sie schärfen unsere Aufmerksamkeit für die Problematik der Bildkultur in der Moderne, aber auch für die Tatsache, dass frühe deutsche Filme das ungeschulte Auge nicht immer auf Anhieb zu verführen vermögen: Wo sie uns überraschen, wirken sie nicht immer zugleich auch bezaubernd (wie die frühen Pathé-Filme) oder verstörend (wie Jewgenij Bauers russische Filme); wo ihre Erzählmuster formelhaft sind, sind sie uns noch lange nicht vertraut (wie bei frühen amerikanischen Filmen); und wo die schauspielerische Darstellung nicht naturalistisch ist, lässt sie einen noch lange nicht in ihrer Extravaganz schwelgen (wie im Falle der frühen italienischen Diva-Filme). Zuweilen hat man das Gefühl, nicht länger über den kulturellen oder emotionalen Schlüssel zu verfügen, der einem ihren herben Charme erschließen würde. Natürlich gibt es hier auch Ausnahmen, etwa die Filme von Max Mack oder Franz Hofer (zwei Namen, die in mehreren Beiträgen dieses Bandes ausführlich Erwähnung finden), allerdings muss man bei Regisseuren stets vorsichtig sein, was als Norm und was als Ausnahme zu gelten hat.[8] Gehören beispielsweise die Filme von Heinrich Bolten-Baeckers und Adolf Gärtner zur Norm und jene von Joseph Delmont und Charles Decroix zu den Ausnahmen, und in welche Kategorien

14

fügen sich die Filme von Emil Albes, Emerich Hanus oder Walter Schmidthässler? Spielen Regisseure überhaupt eine Rolle in diesem Kino, in dem sie doch oft nicht einmal im Vorspann genannt werden? Wie repräsentativ für deutsche Frauen waren die Rollen von Henny Porten, die sich recht deutlich nicht nur von denen Asta Nielsens unterschieden, sondern auch von denen Dorrit Weixlers oder Wanda Treumanns, ganz zu schweigen von Lissy Nebuschka (bekannt als die ›deutsche Asta Nielsen‹) und Hanni Weisse oder den beiden von Ernst Lubitsch Mitte der 10er Jahre hervorgebrachten Stars Ossi Oswalda und Pola Negri?

Trotz des beträchtlichen Verlusts an Kopien hat glücklicherweise eine genügend hohe Anzahl von Filmen aus dieser Zeit überlebt, um solche Fragen nicht zu rein rhetorischen verkommen zu lassen. Selbst wenn es sich als wahr erweisen sollte, dass der überwiegende Teil der frühen deutschen Filmproduktion seinerzeit unbeholfen erschien oder sich auf dem einheimischen Markt nur schlecht verkaufte, so bleiben die Filme doch wertvolle Dokumente der Wurzeln des privaten und öffentlichen Freizeitverhaltens, während gedruckte Quellen wie Fach- und Branchenzeitschriften, Zeitungsartikel, Einladungskarten und Kinoplakate die populäre Anziehungskraft vieler deutscher Stars und Filmdarsteller bezeugen. Gerade auf diesen Gebieten lässt sich der unmittelbarste Einfluss der ›Neuen Filmgeschichtsschreibung‹ erwarten, vor allem, wenn man bedenkt, wie viele der jüngsten Forschungen zum frühen deutschen Kino ihre Existenz entweder Jubiläen oder kulturellen Prestigeprojekten auf lokaler und regionaler Basis verdanken.[9]

Aber auch diese ›Feldstudien‹ bedürfen der ›Normalisierung‹, hier verstanden als die Notwendigkeit, der Darstellung des deutschen Kinos eine historisch-kritische Grundlage zu schaffen, auf der eine gewisse Transparenz des methodischen Zugriffs sich auf verifizierbare Quellengrundlagen bezieht und seine filmischen und schriftlichen Quellen der Überprüfbarkeit aussetzt. Zwei exemplarische Studien, beide das Ergebnis jahrelanger, skrupulöser Archivrecherchen, haben in dieser Hinsicht den Weg bereitet und Problematiken bewusst gemacht, die sich jedem Historiker des frühen deutschen Kinos stellen. Beide bekennen sich ausdrücklich zur ›New Film History‹ und erkennen deutlich die Notwendigkeit, unsere Herangehensweise an das frühe deutsche Kino radikal zu überdenken. Und doch könnten ihre Schlussfolgerungen kaum unterschiedlicher sein.

Obwohl keine der beiden Studien dieses Kino als Vorgeschichte betrachtet, erkennt eine davon in ihm eine Art Gegen-Geschichte und zeichnet den Kontrast zwischen dem Wilhelminischen Kino und dem Weimarer Kino so scharf wie möglich – ein Kontrast, der angeblich auf durchgreifende strukturelle Veränderungen in der vom Kino erzeugten Öffentlichkeit zurückzuführen ist.[10] Ausgehend von einer Neuinterpretation kanonischer Filme und einer sorgfältigen Rekonstruktion der zeitgenössischen Debatten über Rezeption und Publikum des frühen deutschen Kinos, gelingt es Heide Schlüpmann, dieses Kino fremd, andersartig und doch vertraut erscheinen zu lassen, weshalb auch der Titel ihres Buches, *Unheimlichkeit des Blicks*, so überaus treffend erscheint.[11] Vom Standpunkt eines Weimarer Kinos aus betrachtet, das als ›patriarchal‹ und von ›männlicher Potenz‹ besessen gekennzeichnet wird, erscheint das Wilhelminische Kino Schlüpmann als so etwas wie der Zufluchtsort einer anderen Konzeption von Körper- und Weiblichkeit, wodurch insbesondere den Zuschauerinnen eine neue Form der Schaulust vermittelt werden konnte.[12] Was Schlüpmanns Arbeit mit der ›New Film History‹ verbindet, ist der Umstand, dass *Unheimlichkeit des Blicks* keine positivistisch-archivalische Geschichte ist, sondern eine von theoretischen Konzepten geleitete – vor allem von der zuerst von Tom Gunning formulierten Unterscheidung zwischen einem ›Kino der Attraktionen‹ und einem (klassischen) ›Kino der narrativen Integration‹, die Schlüpmann als symptomatisch für die deutsche Filmgeschichte annimmt und sowohl geschlechtsspezifisch problematisiert als auch in diesem Zusammenhang historisch periodisiert.

Wie verschieden der von Corinna Müller gewählte Ausgangspunkt ist, wird deutlich, wenn man sich vor Augen führt, dass ihr Buch auf einzelne Filme überhaupt nicht eingeht, an allen filmtheoretischen Konzepten vorbei seinen Kurs hält und gerade jene für Schlüpmann so zentrale Unterscheidung zwischen Attraktion und narrativer Integration kritisch in Frage stellt. Müller beginnt mit der Frage, weshalb sich in Deutschland – trotz des überdurchschnittlich hohen Interesses an lebenden Bildern und eines potenziell großen Marktes – vor Ende des Ersten Weltkriegs anscheinend keine prosperierende Filmproduktion entwickelt hat. Die traditionelle Antwort lautet, dass das deutsche Bürgertum kulturelle Vorbehalte gegenüber dem Kino hegte, das Industrie- und Finanzkapital an der Dauerhaftigkeit des Mediums zweifelte und Investitionen ablehnte – eine klassische ›retrospektive Teleologie‹, wenn auch diesmal ökonomischer und nicht ideologischer Natur.

Obwohl es sich bei Müllers *Frühe deutsche Kinematographie* eher um eine Fallstudie als um eine umfassende Geschichtsdarstellung handelt, leistet sie doch einer grundlegenden Neubetrachtung der Frühgeschichte Vorschub, allein durch ihre überzeugende Beweisführung, dass sich das deutsche Kino vor dem Ersten Weltkrieg, gemessen an internationalen Standards, durchaus ›normal‹ verhielt.[13] Um diesen Beweis zu führen, zieht Müller Informationen heran, die in regionalen und lokalen Studien über Kinobetreiber und Abspielstätten, Filmprogramme, Zeitungsannoncen und Eintrittspreise gesammelt waren, und macht so innerhalb eines vergleichenden Kontexts einen kausalen Zusammenhang sichtbar, anhand dessen sich plausiblere, weil immanente und strukturelle Gründe dafür anführen lassen, warum die deutsche Filmproduktion nicht eine ähnliche Entwicklung genommen hat wie die in Dänemark oder Frankreich.

Weit davon entfernt, anarchistisch, stümperhaft oder dilettantisch gewesen zu sein, folgte das frühe deutsche Filmgeschäft ganz bestimmten Mustern und Organisationsprinzipien – nämlich denen des Varietés. Besonders zwei für das Varieté typische Prinzipien – die Programmierungspolitik und die interne Struktur der Programme – überlebten die Varieté-Show als dominante Form des Massenunterhaltung, indem sie einen bestimmenden Einfluss auf die Entwicklung der ortsfesten Kinotheater in Deutschland ausübten. Anders gesagt: Das deutsche Filmgeschäft entwickelte sich (ebenso wie das amerikanische oder britische) als eine vom Aufführungssektor her gesteuerte Industrie, deren Ware oder Produkt das auf dem Kurzfilm basierende Nummernprogramm war, dessen ›redaktionelle‹ (aber auch ökonomische) Kontrolle weitgehend in den Händen der Kinobetreiber lag. Der brutale Wettbewerb unter den Kinos innerhalb dieser auswertungsgeleiteten Industrie verbrauchte Unmengen an Filmmetern und entwertete die Filme so schnell, dass die Gewinnspannen für einheimische Produzenten praktisch wegfielen und die Branche billige ausländische (vor allem französische) Importe verschlang. Erst als dieser Teufelskreis gebrochen und Profitabilität durch ein neues Vertriebssystem wiederhergestellt werden konnte, kam die deutsche Filmproduktion erneut auf die Beine und behauptete sich – noch vor dem Ersten Weltkrieg und dessen politisch motivierten Einfuhrverboten – durchaus beachtlich auf dem Markt.

Eine Reihe neuer Forschungsansätze lässt sich von einer solchen Argumentation ableiten, sowohl national – auf dem Sektor der Aufführungspraxis, dem Einfluss des Varietés und dessen Nummern-Prinzips mit seiner eigenen ästhetischen Form und erzählerischen Kohärenz[14] – als auch international: Wie hat sich konkret das Machtgleichgewicht auf dem deutschen Markt vom Aufführungssektor hin zu Vertrieb und Produktion verschoben, als die Filme nach dem Pathé-Prinzip zu zirkulieren begannen, das als erstes künstliche Zugangsverknappung einführte und die Betonung auf den ›Neuigkeitswert‹ legte? Bis heute kennzeichnet dieselbe Manipulation von Zeit- und Standortvorteil die Logik der Kinoketten und die Praxis des Erstaufführungsrechts. Solche Ergebnisse legen aber auch nahe, die

Thomas Elsaesser

Anfänge des deutschen Kinos klarer in verschiedene Phasen zu unterteilen, deren erste den so genannten ›Pionieren‹ (und deren unterschiedlichen Definitionen der Verwendungsmöglichkeiten des Films) gehört, während im Zentrum der folgenden die Etablierung eines (nationalen und internationalen) ›Marktes‹ und eines standardisierten Produkts steht, das wiederum keine Verwendung definiert, sondern eine Erfahrung, die sich selbst wieder nach verschiedenen Genres, Stars, Publikumsschichten und Aufführungsstätten differenziert. Im Folgenden soll ein Überblick über einige der Konsequenzen einer solchen Periodisierung gegeben werden.

Die Anfänge bis 1907: Schausteller und Pioniere

Obwohl es natürlich auf den ersten Blick abwegig erscheint zu behaupten, dass das Kino nicht in Frankreich erfunden wurde, so ist es doch eine Tatsache, dass Max und Emil Skladanowsky am 1. November 1895 im Berliner Wintergarten einem zahlenden Publikum bewegte Bilder auf die Leinwand projizierten – also fast zwei Monate vor der Vorführung der Brüder Lumière im Salon Indien des Grand Café in Paris. Max Skladanowsky, ein typischer Jahrmarktsvorführer und Schausteller, begann seine Experimente mit der ›lebenden Fotografie‹ um 1887. Ab 1892 konstruierte er in Zusammenarbeit mit seinem Bruder Emil einen neuartigen, wenn auch wenig eleganten Doppelprojektor, den er sich 1895 unter der Bezeichnung ›Bioskop‹ patentieren ließ. Das Bioskop, das mit einer Geschwindigkeit von 16 Bildern pro Sekunde zwei identische Filmstreifen simultan projizierte, wobei eine rotierende Blende abwechselnd ein Bild auf jedem Projektor abdeckte, erwies sich als eine technisch unzureichende, trotzdem äußerst populäre Varieté-Attraktion.[15]

Selbst noch so nationalistisch eingestellte Historiker müssen allerdings zugeben, dass es der Kinematograph der Brüder Lumière war, der die lebenden Bilder nach Deutschland brachte und ihren Erfolg beim Publikum sicherte. Der Schokoladenhersteller Ludwig Stollwerck zeigte ein frühes Interesse an der kommerziellen Ausbeutung von Lumières Erfindung in Deutschland. Er korrespondierte auch mit dem englischen Ingenieur R. W. Paul, der mit Erfolg Edisons Kinetoskop kopiert hatte. Von Stollwerck stammen darüber hinaus wichtige Augenzeugenberichte über die Verbreitung des Films in Deutschland, die wegen ihrer Lebhaftigkeit und scharfsinnigen Einsichten einzigartig sind.[16] Die Vorführer der Lumières tourten ab 1896 durch Deutschland, und in ihrem Sog verlegte sich eine ganze Anzahl von Schaustellern auf das Geschäft mit Zelt- und Wanderkinos, wodurch

Einleitung

der Kinematograph auch in Nachbarländern wie Belgien oder Holland bekannt wurde.[17] Sie gründeten damit einen erfolgreichen Geschäftszweig, der bis weit ins erste Jahrzehnt des neuen Jahrhunderts überdauerte.

Die eigentliche Konkurrenz erhielt der Projektor der Lumières in Deutschland allerdings von den Apparaturen Oskar Messters, des ersten universellen Filmgenies des Wilhelminischen Kinos.[18] Er allein vereinigte für eine kurze Zeit alle Funktionen, die gewöhnlich – einer rigiden Arbeitsteilung folgend – auseinander gehalten wurden: Erfinder eines (gegenüber dem der Skladanowskys) verbesserten Projektors, Hersteller von Film- und Foto-Ausrüstungen, Direktor einer Filmproduktionsfirma, Produzent und Regisseur so genannter ›Tonbilder‹ (mit synchroner Grammofonbegleitung), fiktiver Szenen und Aktualitäten (er war einer der Pioniere der Wochenschau), Verleiher und sogar Kinobetreiber.[19] Da Messters Karriere die gesamte Periode des frühen Kinos hindurch andauerte, bevor er seine Firmen schließlich an das Ufa-Konsortium verkaufte, ist er in vielerlei Hinsicht eine emblematische Figur: Gründungsvater, Identifikationsfigur und das ›Gesicht‹ einer zunehmend anonymer und nach etablierten Geschäftspraktiken funktionierenden Industrie. Als Filmemacher und Produzent deckte Messter das ganze Spektrum populärer Filmthemen und -genres ab: Ansichten und Aktualitäten, Detektivfilme und soziale Dramen, Familienmelodramen und historische Epen, romantische Komödien, Opern- und Operettenverfilmungen. Er half auch entscheidend dabei, ein deutsches Starsystem zu etablieren, sollte doch von den bei ihm unter Vertrag stehenden Schauspielern eine ganze Reihe bald zu den führenden Namen des deutschen Stummfilms werden: allen voran Henny Porten, aber auch Lil Dagover, Emil Jannings, Harry Liedtke, Harry Piel, Reinhold Schünzel oder Conrad Veidt. Mehr als jeder andere definierte Messter die zukünftige Form des kommerziellen deutschen Kinos, und die Titel seiner Kataloge allein vermitteln einen Eindruck von den Reizen und Lüsten, die das Kino seinem Publikum durch Unterhaltung, Schauwerte, Sensationen und Sentimentalitäten offerierte. Die Stoffe seiner Verfilmungen waren ganz bewusst nicht allzu anspruchsvoll gewählt: Bestseller vom aufblühenden belletristischen Massenmarkt oder Populäres aus den angrenzenden Unterhaltungsmedien wie Operetten, Volkstheaterstücke, Varieté-Einlagen, Solodarbietungen von Schlagern, die dem Publikum durch Grammofon-Platten und Notenauszüge vertraut waren.

Messters fast schon mythisches Bild vom Erfinder-Ingenieur-Unternehmer darf jedoch nicht eine Eigenschaft verdecken, die ihn von seinen Nachfolgern unterschied: Für ihn war die Herstellung von Filmen zur öffentlichen Vorführung nur ein Aspekt jener Erfindung, die wir das Kino nennen. Betrachtet man einmal all diejenigen, die um die Ehre, das Kino in Deutschland erfunden beziehungsweise revolutionär vorangetrieben zu haben, rivalisierten – Messter und Skladanowsky, Alfred Duskes und Paul Davidson –, so ist die Trennlinie weniger zwischen Dokumentarfilm und Fiktion zu ziehen, ja nicht einmal zwischen wissenschaftlich-analytischen Anwendungen der kinematographischen Apparatur und illusionistisch-synthetischen.[20] Sie verläuft vielmehr entlang der jeweiligen konzeptionellen Vorstellung von der gesellschaftlichen Relevanz der Apparatur an sich. Die Brüder Skladanowsky waren Erfinder und Schausteller, die sich auf der Suche nach einer publikumswirksamen Neuheit für den Kinematographen und nicht für das Röntgengerät entschieden. Blieben ihre Bemühungen auf die Ausbeutung des Kinos als Unterhaltungsmedium gerichtet, so wurden Messters Bemühungen vom Denken eines Erfinder-Ingenieurs geleitet. Er war nicht damit zufrieden, ein zahlendes Publikum in seine Vorführungen zu locken, er schrieb an Schulen, pensionierte Armee-Offiziere und hohe Staatsbeamte und schlug ihnen einen ganzen Strauß von Anwendungsmöglichkeiten des Kinematographen vor, einschließlich wissenschaftlicher, militärischer, pädagogischer, administrativer und kriminalistischer.[21] Der andere wichtige Aspekt von Messters Denken war unternehmerischer Natur: Im Unterschied zu den Skladanowskys monopolisierte und integrierte er die verschiedenen Stadien des gesamten kinematographischen Prozesses, baute seine eigenen Projektoren und Kameras, machte die Filme selbst und besorgte deren Vertrieb und Aufführung – ganz im Sinne der Lumières in Frankreich. Wie ihnen war Messter bereits sehr früh klar geworden, dass der entscheidende Aspekt des Kinos darin liegt, Kontrolle über alle mit ihm verbundenen Technologien und Praktiken zu erlangen und aufrechtzuerhalten.

Die Modernität seiner Strategien ist der Kern von Messters Bedeutung für die Entwicklung des deutschen Kinos. Stil, Genre oder Thematik waren für ihn, zumindest im ersten Jahrzehnt, eine Frage der verschiedenen Verwertungszusammenhänge, die der Erfindung zugeschrieben werden konnten: mit anderen Worten, ein Modus operandi, der die Bestandteile des Kinos – Technik, Filme, Nutzer – so aneinander koppelte, dass die Filme ihren Tauschwert erst als Folge ihrer verschiedenen Nutzwerte erhielten und nicht umgekehrt, wie im zweiten Jahrzehnt, als der feste Nutzwert der ›Unterhaltung‹ demographisch und kulturell durch Exklusivität der Erstaufführung (Zugangsbeschränkung) und durch den Erlebniswert des langen Spielfilms aufgewertet und so auf die Bedürfnisse einer zahlungskräftigeren mittelständischen Öffentlichkeit zugeschnitten wurde. Messter passte sich auch dieser zweiten Phase an, vielleicht weil er es verstand, gerade jene integrative Kapazität des Kinos auszubauen, Dienstleistungen für verschiedene Nutzer mit der Belieferung eines einzigen Marktes zu verbinden. Dies unterscheidet ihn nicht nur vom ›wissenschaftlichen‹ Strang, für den der Kinematograph ein Präzisionsinstrument war (zum Beispiel Etienne-Jules Marey), sondern auch von jenen, die scheinbar von einer (schauer-)romantischen, männlichen Obsession ergriffen waren und, wie Frankenstein, die Essenz des Lebens künstlich-mechanisch neu erschaffen wollten. Noël Burch hat diese Tendenz bei Thomas Edison identifiziert,[22] sie lässt sich aber auch in der bis heute wirkungsmächtigsten Vorstellung vom deutschen Kino feststellen, dessen Bild sich aus den bekannten Homunculi und verrückten Wissenschaftlern, aus Dr. Caligari und seinem Medium Cesare, aus Dr. Mabuse und dem Golem, aus Nosferatu und seinen vampiristischen Adepten, aus Rotwang und seinem Roboter in METROPOLIS zusammensetzt. Und doch nahm Messter, der Erfinder, der Ingenieur von optischen Präzisionsinstrumenten, in gewisser Weise an der Formation einer Fantasie teil, die weit über das wissenschaftliche Begehren, schärfer zu sehen, den Blick zu intensivieren und das aufzuspüren, was normalerweise dem menschlichen Auge entgeht, hinausführte. Am Horizont von Messters Bonhomie und seinem Fabrikbesitzer-Stolz zeichnen sich die Junggesellen-Maschinen ab, die Villiers de L'Ile-Adam in seinem berühmten Edison-Roman *L'Eve future* beschrieben hat und in denen die kombinierte Alchimie von optischen, elektrischen und chemischen Substanzen tatsächlich so etwas wie ein neues Lebenselixier ergibt.

Schließlich markiert Messters Einfallsreichtum hinsichtlich neuer Verwendungen des kinematographischen Apparats – von denen Aufführungen zur öffentlichen Unterhaltung nur eine war – eine mögliche Grenze des ›Kinos der Attraktionen‹. Legt der Begriff doch nahe, dass sich an einen einzigen Verwendungszweck, den der Zerstreuung, eine Vielfalt von ›Anwendungen‹ – im eigentlichen Sinne – knüpfen lässt, deren andere Geschichten, wie uns im Zeitalter der intelligenten Bomben, mikro-chirurgischen Eingriffe und Überwachungskameras bewusst wird, nur zeitweise untergetaucht sind, während das Unterhaltungskino mit dem Spielfilm im Zentrum zum öffentlich am deutlichsten sichtbaren Antlitz dieser Anwendungen werden konnte. Gleichzeitig lenkt der Begriff des ›Kinos der Attraktionen‹ unseren Blick einmal mehr von Produktionsstätten und Filmemachern auf die Aufführungsorte und Zuschauergruppen.

Thomas Elsaesser

Das Programm, nicht der Film

Eine Kinovorführung um 1907 war noch immer stark nach dem Vorbild der in Deutschland hoch entwickelten Varieté-Kultur ausgerichtet, mit dem ihr eigenen Ablauf von Attraktionen, die von Gags und komischen Sketchen über sentimentale Duos, akrobatische Einlagen und Zaubertricks bis hin zu Tänzen, Revuenummern und Solodarbietungen bekannter Stücke, Operetten und Opern reichen konnten.[23] Die Mehrzahl der überlieferten Filme aus den Jahren 1896 bis 1906 weist dieses Muster auf. Max Skladanowskys Ansichten von Berlin von 1897 (DIE WACHE TRITT ANS GEWEHR), die komischen Nummern (BROTHERS MILTON KOMISCHES RECK) oder die sehr sorgsam inszenierten Straßenszenen (EINE KLEINE SZENE AUS DEM STRASSENLEBEN IN STOCKHOLM), in denen sich allzu viel Komisches oder vermeintlich Gefährliches abspielt als durch einmaliges Sehen wahrgenommen werden könnte, bestätigen alle, dass diese Filme mit einem fest umrissenen Unterhaltungspublikum im Visier gemacht wurden. Thematik und Format wurden von dem doppelten Medienintertext des Varieté- und Musiktheaters oder gar dem Aufführungskontext von Jahrmarkt und Zirkus bestimmt (vgl. Abb. 1). In vielen dieser ›Genres‹ waren Pathé und Gaumont die unbestrittenen Weltmarktführer. Aber auch Messter hatte verschiedene Nummern in der Produktion, musikalische Vorspiele, Aktualitäten, komische Einlagen, dramatische Sketche, ›derb-komische‹ Slapsticks und sentimentale Rührstücke.[24] Er stellte sogar verschiedene Versionen her: Man konnte einen ›artistischen‹ TANZ DER SALOMÉ kaufen, ein spezielles Publikum aber auch eine ›pikante‹ Version.[25] Ganz vorne lag Messters Firma auf dem Gebiet der Tonbilder, die in Deutschland und Österreich populärer waren als im übrigen Europa und von Kinobetreibern weitaus höhere Investitionen in technische Apparaturen und deren Bedienung verlangten. Zu jener Zeit erwartete das Publikum vom Kinospektakel, dass es diskontinuierlich und gemischt sei:

> Der Saal wird dunkel. Und wir sehn die Schnellen
> Der Ganga, Palmen, Tempel auch des Brahma,
> Ein lautlos tobendes Familiendrama
> Mit Lebemännern dann und Maskenbällen.
>
> Man zückt Revolver, Eifersucht wird rege,
> Herr Piefke duelliert sich ohne Kopf.
> Dann zeigt man uns mit Kiepe und mit Kropf
> Die Älperin auf mächtig steilem Wege.

Einleitung

Abb. 1: Zeitungsinserate aus dem Jahre 1897. Ankündigungen von Filmvorführungen im Rahmen von Varieté-Vorstellungen im Wintergarten (Messters »Biograph«) und im Herrnfeld-Theater (»Lebende Photographien«). Die zukünftigen Filmstoffe ›Endlich allein!‹ und ›Robert und Bertram‹ deuten voraus auf das Unterhaltungstheater als zentrales Referenzmediums des Films. Sowohl das Metropol- als auch das Apollo-Theater wurden bald darauf zu Kinos umfunktioniert.

> Es zieht ihr Pfad sich bald durch Lärchenwälder,
> Bald krümmt er sich und dräuend steigt die schiefe
> Felswand empor. Die Aussicht in der Tiefe
> Beleben Kühe und Kartoffelfelder.

Und in den dunklen Raum – mir ins Gesicht –
Flirrt das hinein, entsetzlich! nach der Reihe!
Die Bogenlampe zischt zum Schluß nach Licht –
Wir schieben geil und gähnend uns ins Freie.[26]

Diese schnellen Wechsel von Geschichten und Szenen – in einem Programm, das aus acht bis zehn verschiedenen Nummern bestand, keine länger als drei Minuten – sind typisch für das Kino in seiner Varieté-Phase. Angesichts der zahllosen Berichte über die typische Filmvorführung, zumeist verfasst von Schriftstellern und Intellektuellen, bekommt man den Eindruck einer chaotischen, unordentlichen, kopflosen Aneinanderreihung unzusammenhängender Bruchstücke:

> Einfach wie die reflexartige Lust ist der auslösende Reiz: Kriminalaffären mit einem Dutzend Leichen, grauenvolle Verbrecherjagden drängen einander; dann faustdicke Sentimentalitäten: der blinde sterbende Bettler und der Hund, der auf seinem Grabe verreckt; ein Stück mit dem Titel: »Achtet die Armen« oder die »Krabbenfängerin«; Kriegsschiffe; beim Anblick des Kaisers und der Armee kein Patriotismus; ein gehässiges Staunen.[27]

Dass nur wenige dieser Filme überliefert sind, verstärkt noch den Eindruck sorgloser Inkonsequenz. Ein Blick in die Fachzeitschriften und nüchternen zeitgenössischen Filmkritiken beweist, dass die Kinobetreiber eine sehr ausgeprägte Vorstellung davon hatten, wie die Filme zu einem Programm zusammenzustellen seien – mit einer eigenen dramatischen Form, geplanten Übergängen, in sich geschlossen und damit nicht weniger kohärent als das Varieté-Programm, das es ersetzte (Abb. 2). Die episodische und fragmentarische Natur der Vorführung wurde durch die Anwesenheit eines ›Erklärers‹ teils verstärkt, teils überbrückt. Oft gab er seinen fortlaufenden Kommentar zum Geschehen auf der Leinwand ab, wobei er manchmal die Handlung erläuterte, weitaus häufiger sich jedoch über sie lustig machte und selber kleinere Einlagen improvisierte. Er war nicht nur das Bindeglied zwischen den disparaten Segmenten, er war auch der Filter, der Rahmen und die – mobile und wechselhafte – Perspektive, die dem Publikum die Erfahrung des Dargebotenen vermittelten. Die Macht des Wortes (im Gegensatz zur Musik) war hier von entscheidender Bedeutung, da die ironische Distanz des Erklärers zum Geschehen auf der Leinwand es ihm gestattete, mit Feindseligkeit oder Scherzhaftigkeit auf Figuren wie den von Alfred Döblin (1909!) erwähnten Kaiser Wilhelm II. zu reagieren – ›Deutschlands

Abb. 2: Zwei typische Varieté- und Kinoprogramme der Jahrhundertwende

erstem Filmstar‹,[28] dessen (ver)doppelter Status als Ikone Berthold Viertel ein Jahr später und, daran anschließend, Klaus Kreimeier in diesem Band Anlass zu eingehenden Reflexionen über die Wechselwirkungen zwischen staatlicher Repräsentanz und filmischer Repräsentation im Kino gibt (vgl. Abb. 3).

Die ironische Distanz des Kinoerzählers zum repräsentierten Staatsoberhaupt lässt sich aber auch in Beziehung setzen zu Egon Friedells Bemerkung, das Kino wäre »ein charakteristischer Ausdruck unserer Zeit (...) kurz, rapid, gleichsam [militärisch] chiffriert«.[29] Und sie lässt sich kontrastieren mit der von Filmhistorikern wie Friedrich von Zglinicki geäußerten Vermutung, die staatlichen Stellen hätten versucht, den Erklärer abzuschaffen, da sie ihn im Verdacht gehabt hätten, Klassenhass zu schüren – eine Anschuldigung, die von rechtsgerichteter Stelle erhoben wurde, die aber ein merkwürdiges Echo in den Einwänden der linken Kinoreformer fand:

> Der Kapitalist macht's Geschäft, die Ausgebeuteten sind nicht nur die schlecht besoldeten Operateure, Klavierspieler, Erklärer usw.; ausgebeutet wird in erster Linie das Publikum, die Masse, deren Schaulust, Sensationslüsternheit und Empfänglichkeit für erotische Stimulantia der Kientopp-Unternehmer spekulativ in Rechnung stellt, und auf deren kontinuierliche Steigerung er deswegen eifrig bedacht ist. (...) Die Tendenz ihres Strebens ist konträr den Aufgaben und Zielen aller Volksbildungs- und anderen Kulturbewegungen.[30]

Abb. 3: Wilhelminische Moderne – Der Kaiser als Medienstar

Hieran lässt sich erkennen, dass ein solches Programm keine ›nationale Identität‹ oder nationalistische Ideologie widerspiegelt. Eher stellte es die internationalste Phase des Kinos dar, wie es auch die Sichtung einer Filmauswahl aus verschiedenen Ländern – bei Festivals wie dem von Pordenone – nahe legt, wo ein hoher Grad an Homogenität, vielleicht nicht hinsichtlich der (sehr unterschiedlichen) Qualität, aber eben in den Genrezugehörigkeiten und Erzählmustern, schnell (wieder)herstellt, was ein Gefühl angenehmer Vertrautheit gewesen sein muss. Jenseits individuellen Talents und nationaler Eigenheit weist dies auf den Druck hin, der von einem klar definierten und stabilen Kanon von Zuschauererwartungen auf die Filmemacher ausgeübt wurde. Angesichts der zitierten Kommentare versteht man aber auch, weshalb dieses Kino trotzdem ein ›ideologischer‹ Kampfplatz war, auch wenn die politischen Frontverläufe kaum einmal eindeutig auszumachen sind. Seine leichte Zugänglichkeit, sein polizeilich kaum regulierter übernationaler Handel und seine quasi universelle Popularität machten aus dem Kino einen natürlichen Schmelztiegel für gute Absichten und paranoide Fantasien von Reformern, Lehrern, Politikern, Gewerkschaftern und Sozialarbeitern. Die wertvolleren, wenn auch zumeist farbloseren, Informationen über die Kinogewohnheiten bis 1910 stammen daher im Allgemeinen nicht von Schriftstellern oder Dichtern, sondern von Kinoreformern, deren Aussagen man nur etwas gegen den Strich lesen muss, um aus erster Hand brauchbare Auskünfte über die Zusammensetzung des Publikums, Programminhalte und -abläufe sowie die – oft mehr als verwahrlosten – Zustände in den Kinos zu erhalten. Von den weitaus anschaulicheren Berichten wäre eine weitere Passage von Alfred Döblin über die

Ansiedlung der so genannten Ladenkinos in Arbeitervierteln vor 1910 zu zitieren:

> Im Norden, Süden, Osten, Westen der Stadt liegen sie; in verräucherten Stuben, Ställen, unbrauchbaren Läden; in großen Sälen, weiten Theatern. (...) Erst die kaschemmenartigen im Norden haben aber ihr besonderes Genre, sind weit über dem Niveau des bloß Künstlerischen. (...) Drin in dem stockdunklen, niedrigen Raum glänzt ein mannshohes Leinwandviereck über ein Monstrum von Publikum, über eine Masse, welche dieses weiße Auge mit seinem stieren Blick zusammenbannt. In den Ecken drücken sich Pärchen und lassen entrückt mit den unzüchtigen Fingern von einander. Phthisische Kinder atmen flach und schütteln sich leise in ihrem Abendfieber; den übelriechenden Arbeitern treten die Augen fast aus den Höhlen; die Frauen mit den muffigen Kleidern, die bemalten Straßendirnen beugen sich vornüber und vergessen ihr Kopftuch hochzuziehen.[31]

Döblins einprägsame Schilderung gesteht unausgesprochen ein, dass diese Sorte von Kinotheatern 1909 bereits exotisch geworden ist, was wiederum darauf verweist, dass letztlich der Filmproduktion die ›Produktion‹ eines Publikums vorauszugehen hatte. Das Varieté-Format, aber auch das weite Spektrum der Eintrittspreise (von 30 Pfennig bis 3 Mark) deuten darauf hin, dass das frühe Kino – im Gegensatz zu oft anders lautenden Behauptungen von Filmhistorikern – keineswegs nur auf die Arbeiterklasse abzielte, sondern demographisch breite Zuschauergruppen ansprach und zu seinen Besuchern Männer, Frauen und Kinder zählte; wobei schon damals junge Männer die Mehrheit der Kinogänger zu stellen schienen, obwohl auch Döblin deutlich unterscheidet zwischen ›verirrten Jungen‹, die zwischen zwei Gelegenheitsjobs ihre Zeit totschlagen, und ›jungen Männern aus den Volksschulen‹, die auf eine sexuelle Eroberung hoffen.[32]

Auf ganz ähnliche Weise hat die Soziologin Emilie Altenloh einige Jahre später (1913) darauf hingewiesen, dass das frühe deutsche Kino sich besonders seiner weiblichen Zuschauerschaft bewusst war und einer regelrechten ›Kino-Sucht‹ nicht nur durch geschlechtsspezifische Genres wie dem Melodrama und dem sozialen Drama Vorschub leistete, sondern auch durch Filmkomödien, in denen Frauen die Freiheit besaßen, in ›Hosenrollen‹ neue sexuelle Identitäten für sich zu erfinden oder, als Detektivinnen, visuellen und körperlichen Zugang zu gesellschaftlichen Räumen und somit zu Erfahrungen zu erhalten, die verheirateten wie unverheirateten Frauen normalerweise unerreichbar waren.[33] Derartige Beobachtungen einer geschlechtsspezifischen Genreausrichtung bilden den Ausgangspunkt für analytische und methodische Differenzierungen, wie sie in diesem Band von Heide Schlüpmann und ihrer – mittlerweile selbst zum ›Klassiker‹ avancierten – Unterscheidung zwischen Melodrama und sozialem Drama vorgenommen werden.

Stars und Genres

Der Übergang von der ersten zur zweiten Phase wird entscheidend von der Tatsache geprägt, dass die bis 1905 exponentiell wachsende Nachfrage sich tatsächlich in den Jahren 1906/07 stabilisiert und tendenziell sogar nachgelassen hatte. In der Fachpresse wurde von einer tief greifenden Krise gesprochen, zahlreiche Kinos mussten schließen und viele Kommentatoren sagten mit unverhohlener Häme den ultimativen Untergang dieses ›Fünf-Tage-Wunders‹ voraus, dessen die breite Öffentlichkeit bereits müde zu werden beginne. Was sich jedoch wirklich vollzog, war eine strukturelle Umstellung, so dass man zu einem genaueren Verständnis der Krise um 1907 – und der strukturellen Veränderungen, die sie bannten – sich tatsächlich zunächst von den Filmen entschieden abwenden, andererseits aber auch von der Vermutung verabschieden muss, die Gründe lägen in dem fehlenden Interesse von kapitalstarken Finanziers oder dem fehlenden Talent in den Reihen der Produktionsfirmen. Wie schon angedeutet, muss man die Aufmerksamkeit hier auf die Vertriebs- und Präsentationsformen der Film(programm)e richten. Die Entstehung eines nationalen Kinos ist in erster Linie eine Frage der Institutionalisierung des Kinobesuchs, ein Prozess, bei dem die Filmproduktion nur jenen Teil ausmacht, der sicherzustellen hat, dass Zuschauer nicht nur gelegentlich diesen oder jenen Film sehen, sondern Woche für Woche in die Kinos zurückkehren.

In Deutschland – wie auch anderswo – ist die zweite Phase also von einer neuen Generation von Film- und Kinounternehmern gekennzeichnet, die wusste, wie ein Publikum durch das Einrichten besserer Kinos an eleganteren Standorten ›aufzubauen‹ ist. Wenn das erste Jahrzehnt im Zeichen Oskar Messters stand, gehörte das zweite Unternehmern wie Paul Davidson und David Oliver, die in das Filmgeschäft vom Aufführungssektor her einstiegen, bevor sie zu Produktion und Vertrieb übergingen und dabei zu Experten sowohl der lokalen Gegebenheiten (was ›wollen‹ die Kunden in Frankfurt, Breslau, Hamburg oder Dresden?) als auch der globalen Ver-

hältnisse wurden (wo findet man auf dem internationalen Markt, was diese Kunden verlangen? – Davidson bei Pathé, Oliver bei der Nordisk).[34]
Erst als sich die Vertriebspraxis des Monopolfilms – die ›Lösung‹ der Krise und der ›Motor‹ der Umstrukturierung des Aufführungssektors durch die wirtschaftliche Eliminierung kleinerer Kinobetreiber – als Norm durchgesetzt hatte, begann der Produktionszweig wieder profitabel zu arbeiten, nicht selten übrigens in den Händen von Kinobesitzern wie Davidson und Oliver, Ludwig Gottschalk und Martin Dentler. Dank ihres Geldes und ihrer Kaufkraft erlebte die Filmbranche in den Jahren zwischen 1911 und 1913 eine außerordentliche Expansion des Produktionszweiges und unternahm das Experiment mit dem ›programmfüllenden‹ Spielfilm, dem das deutsche Kino seine erste Blüte des narrativen Star- und Genrekinos verdankt.[35] Das lange Erzählformat half bei der Erstellung eines neuen Produktionsprofils, das den berühmten ›Autorenfilm‹ ebenso einschloss wie Paul Wegeners halb-ironische schauerromantische Märchenfilme,[36] und es verhalf Asta Nielsen zu ihrem wohlverdienten nationalen wie internationalen Ruhm.
Asta Nielsen, deren magnetische Anziehungskraft viel zur Etablierung des Monopolfilms als der dominanten Geschäftspraxis und des Stars als dessen sichtbarster Verkörperung beigetragen hat, kommt an diesem Punkt besondere Bedeutung zu. Wir wussten schon immer, dass Asta Nielsen im frühen deutschen Kino eine zentrale Rolle spielte, erst jetzt aber lässt sich erkennen, dass die Logik, die sie in den Vordergrund rückte, tatsächlich nahezu umgekehrt zur traditionellen Sichtweise funktionierte, die in den Asta-Nielsen-Filmen den Durchbruch zur Filmkunst erkannte, mit dem sich das Kino endlich von seinen kommerziellen Zwängen befreit habe.[37] Vielmehr war gerade der kommerzielle Imperativ entscheidend. Um der herrschenden Überproduktion und dem Verfall von Preisen und Profiten Einhalt zu gebieten, mussten die einzelnen Filme durch die Vergabe von Aufführungsmonopolen und die künstliche Verknappung ihrer Verfügbarkeit aufgewertet werden. Das Resultat war der Monopolfilm, die Voraussetzung dafür, dass eine Schauspielerin wie Asta Nielsen zu derartigem Ruhm gelangen konnte. Dass der Präsentations-Mehrwert, den Asta Nielsen dem Filmprodukt verlieh, nicht nur in der künstlerischen Ambition ihrer Filme, sondern auch in deren universeller Anziehungskraft begründet lag – eine Konstellation, die von Janet Bergstrom in diesem Band detailliert nachgezeichnet wird –, zeigt sich nicht zuletzt darin, dass einer der ersten erfolgreich verliehenen Monopolfilme von Davidsons Projektions-AG ›Union‹ (PAGU), Nielsens zukünftigem Arbeitgeber, nicht etwa ein dramatischer Film war, sondern eine Aufzeichnung des Weltmeisterschafts-Boxkampfs Johnson gegen Jeff-

ries vom Juli 1910 in Reno, USA. Ganz wie in den USA resultierte die Konsolidierung der neuen Ware ›Kino‹ in Deutschland aus einer Kombination von längeren Filmen, Zugangsbeschränkungen, Veränderungen der Programmpolitik und der systematischen Erhebung von Schauspielern zu ›Stars‹.

Diese Verschiebung der Aufmerksamkeit rückt besonders eine Eigenschaft in den Vordergrund: die Verbindung zwischen dem Kino und der Welt des Kommerzes und des Marketing, der Konsumgüter, Mode, des Lifestyle und Tourismus – was man etwas despektierlich gerne ›die Konfektion‹ zu nennen pflegte. Diese Verbindung lässt sich besonders deutlich am Beispiel von Ernst Lubitsch ausmachen, den Davidson vom Theater zum Film holte und dessen frühe Filme regelmäßig im Milieu der Bekleidungs-Boutiquen und Kaufhäuser angesiedelt waren. Indem sie Schauplätze und Intrigen beinhalteten, in welchen sich das Kino selbst spiegelte und parodierte, zeigten Lubitschs frühe Filme nicht nur, wie clevere junge Kaufleute aus den Eitelkeiten und Wünschen einer neuen Gattung von (oft weiblichen) Konsumenten ein Vermögen machten. Aus Karsten Wittes Essay über SCHUHPALAST PINKUS (1916) geht auch hervor, dass Lubitsch durchschaut hatte, wie in dieser Welt des Glaubenmachens Trug und Maskerade zu einer höheren Form der Ehrlichkeit werden können, und Schmeichelei zum subtilen Pakt, den die Stars mit ihrem Publikum schlossen.

Es wird gelegentlich behauptet, das frühe Kino habe über keine Berühmtheiten verfügt, weil die Mischung aus einzelnen Programmnummern weder Individualisierung noch Identifikation zugelassen hätte. Was man jedoch im deutschen Kino, von den ersten Messter-Produktionen an, findet, sind Starschauspieler. Bewundert für ihre besonderen Fertigkeiten und außergewöhnlichen Talente, erprobt in Zirkus und Varieté, waren dies Meister des komischen Blitzauftritts, Muskelprotze wie die Milton Brothers, Operetten-Virtuosen wie Franz Porten, die Löwenbändigerin Tilly Bébé, Zauberkünstler, Spaßmacher und Gymnastiker. Thomas Brandlmeiers Beitrag zur deutschen Filmkomödie vermittelt einen Eindruck davon, wie diese Welt begnadeter Bühnenkünstler wie Josef Giampietro (Abb. 4 und 5), Alexander Girardi, Hans Junkermann (Hauptdarsteller von WO IST COLETTI?, der in mehreren Beiträgen diskutiert wird), Wilhelm Bendow und, natürlich, Karl Valentin das Rückgrat des frühen Kinos bildete, und zwar zu einer Zeit des intensiven Austauschs mit der Varieté-Kultur, die in den Filmgeschichtsbüchern so gerne unterschlagen wird. Das ist auch deshalb so, weil bis vor kurzem – mit Ausnahme von Barry Salt[38] – Filmhistoriker der Operette als dem wohl wichtigsten Unterhaltungsgenre und Schlüsselmedium bei der Formierung des deutschen Kinos nicht die notwendige

Einleitung

Abb. 4 und 5: Die Wandlungsfähigkeit des Varieté- und Filmstars Josef Giampietro

Beachtung geschenkt haben.[39] Eine so wesentlich von der Musik abhängige Unterhaltungsform wie die Operette war lange Zeit kaum dazu angetan, die Aufmerksamkeit jener zu erhaschen, die nach den Wurzeln des ›Stummfilms‹ suchten. In Verbindung mit der in Deutschland in allen gesellschaftlichen Schichten hoch entwickelten Musikkultur liefern Messters Tonbilder und die Plots so vieler deutscher Filme aus den 10er und frühen 20er Jahren jedoch genügend Anhaltspunkte dafür, dass populäre und klassisch-bürgerliche musikalische Formen und der dazugehörige Musikgeschmack sehr wohl die lange verborgene Norm des frühen deutschen Kinos zwischen 1902 und 1909 gewesen sein könnten.[40]

Im Vergleich zu den Varieté-Künstlern waren die Schauspieler der zweiten Phase natürlich von ganz anderer Konstitution. Aufgrund seiner vielfältigen Verbindungen zur ›Konfektion‹ waren die ›Hauptattraktionen‹ des Kinos Stars, die weniger für ihre besonderen Fertigkeiten geliebt werden konnten als für etwas, das man vielleicht ihre außergewöhnliche Fähigkeit, das Typische zu verkörpern, oder ihre spezielle Gewöhnlichkeit nennen könnte. Henny Porten ebenso wie Hanni Weisse, Ernst Reicher oder Harry Piel lieferten die Vorbilder für ein auf gesellschaftlichen Aufstieg orientiertes Publikum, dem sie in Perfektion vorführten, wie man sich als herrschaftliche Dame, Tochter aus gutem Hause oder unverheiratete Mutter zu benehmen habe; oder ihm die Garderobe, Gesten und Weltanschauungen

31

nahe brachten, die einem Mann der Großstadt, einem Kavalier oder einem unerschrockenen Detektiv zukamen.[41]

Neben Stars sind Genres das offensichtlichste Mittel, mit dem das Kino mit seiner Öffentlichkeit in Kontakt tritt. Die Eigenart des Kinos einer Nation könnte daher am ehesten über die vom Publikum bevorzugten Genres erschlossen werden. Aus Gründen, die von Tilo Knops, aber auch von Sabine Hake berührt werden, ist der Detektivfilm nicht nur ein Schlüsselgenre für bestimmte Prozesse der Selbstdefinition und Selbstbezüglichkeit im Kino als Ganzem (und wirft Fragen nach Erzählstoffen und -mustern, Handlungsträgern und so weiter auf). Über seinen weit verzweigten internationalen Stammbaum (vor allem dänischer und französischer, aber auch amerikanischer Provenienz) rückt das Detektivgenre das deutsche Kino auch ins Zentrum der aktuellen Debatten über Moderne, Großstadt und Flanerie.

Wahr ist zugleich, dass sich im deutschen Genrekino einige spezifische Variationen feststellen lassen, etwa dass die allgemeine Starverehrung das besondere kulturelle Kapitel mit einschloss, das mit einem von der Bühne oder aus der literarischen Welt bekannten ›Namen‹ assoziiert wurde (von Albert Bassermann und Paul Wegener als Schlüsselschauspielern zu Hugo von Hofmannsthal, Gerhart Hauptmann und Paul Lindau als Repräsentanten des literarischen Establishments). Das Prinzip verweist darauf, dass die deutsche Filmindustrie am Vorabend des Ersten Weltkriegs eine expandierende Produktion sowie eine sich in allen ihren Zweigen konzentrierende und konsolidierende Infrastruktur besaß, was zusammengenommen jenen Quantensprung darstellte, der schließlich zu einer deutlichen Qualitätsverbessung führte. In dieser Situation konnte der Ausbruch von Feindseligkeiten 1914 nur Verwirrung stiften, da angesichts des hier skizzierten, weitaus verschlungeneren und indirekteren Kausalzusammenhangs zwischen Kino und Politik der Einfluss des Krieges auf die Filmindustrie keineswegs leicht zu bestimmen ist. Unter Filmhistorikern besteht noch immer die weit verbreitete Annahme, dass der Krieg einen radikalen Einschnitt für die Filmindustrie bedeutete – womit man sich entweder erklären will, weshalb das deutsche Kino erst nach 1918 wirkliche Fortschritte machte, oder, umgekehrt, dass die Importbeschränkungen und das Fehlen ausländischer Konkurrenten das Wachstum der einheimischen Produktion förderte. Wie aber Rainer Rother am Beispiel des deutschen Propagandafilms demonstriert, führt eine sorgfältige Betrachtung des erhaltenen filmischen und schriftlichen Materials aus international vergleichender Perspektive auch hier zu weitaus nuancierteren Einschätzungen.

Raumkonstruktionen und Wahrnehmungsformen

Nicht weniger wichtig als die Erforschung der wirtschaftlichen und institutionellen Infrastruktur ist also eine erneute Beschäftigung mit den Auswirkungen, die diese Revolution in der Aufführungspraxis, ihre Ausrichtung auf eine Konsumkultur und der Übergang zum langen Spielfilm als dem zentralen Element des Kinoprogramms auf die formalen und stilistischen Eigenschaften der Filme hatten. Wie in mehreren Beiträgen festgestellt wird, ist das europäische und besonders das deutsche Kino der 10er Jahre von der Forschung in dieser Hinsicht nicht gerade mit Wertschätzung verwöhnt worden. Oft als ›anfängerhaft‹ oder ›rückwärtsgewandt‹ bezeichnet, werden die Filme vor allem aufgrund ihrer bürgerlichen Orientierung dem Sprechtheater und der (bürgerlichen) Bühne gegenüber entweder als irritierend hörig oder als auf interessante Weise verpflichtet betrachtet. Mit dem Theater als negativer ›Norm‹ im Hintergrund konnte dann die Filmproduktion der 10er Jahre auf diese Weise nach außergewöhnlichen Filmen, die sich das Theater nicht zum Vorwand nehmen, abgeklopft werden. Viele der Filme sollten aber auch einer kritischen Beurteilung ausgesetzt werden, die den Vergleich zieht zu einer internationalen zeitgenössischen Filmpraxis, welche das Theater lange hinter sich gelassen und die weitaus filmgemäßere Erzählmittel entwickelt hat. Dies ist zum Beispiel der Ansatzpunkt von Barry Salt, der sich kaum überrascht zeigt, dass selbst das einheimische Publikum angesichts unübersehbarer stilistischer Defekte vor deutschen Produktionen zurückschreckte und amerikanische Filme vorzog. Mit seiner detaillierten Kenntnis des internationalen Kinos der 10er Jahre kann er jene Tabellen und Diagramme präsentieren, für die er zurecht berühmt ist: durchschnittliche Einstellungslängen, Einstellungsgrößen und Schnittfrequenzen erbringen den statistischen Beweis, dass deutsche Filme ›langsam‹ sind, verglichen mit amerikanischen, französischen und dänischen Produktionen jener Zeit. Salt legt den Finger auf die ›Wunden‹ deutscher Filmemacher, wenn er das Fehlen von Szenenauflösung und unsichtbarer Montage ebenso thematisiert wie die tableau-artigen Kompositionen und frontalen Inszenierungsweisen, die einen theatralischen Erzählraum des 19. Jahrhunderts zu rekonstruieren scheinen, welchem Spektakel, Tempo und erzählerische Verve vollständig abgehen.

Im Unterschied dazu hat Sabine Hake den Versuch unternommen, die deutsche Produktion der 10er Jahre unter dem Kriterium der Selbstreferenzialität und der selbstbewussten Verwendung des Mediums zu betrachten. In einer Anzahl von Filmen entdeckt sie Erzählmittel, die sich unmissverständlich auf das eigene Medium beziehen, indem sie das Publikum ins

Spiel bringen, zum Beispiel in WIE SICH DER KINTOPP RÄCHT, einer Satire auf einen heuchlerischen Kinoreformer, oder von Figuren handeln, die mit der Herstellung von Filmen beschäftigt sind (DER STELLUNGSLOSE PHOTOGRAPH), oder Asta Nielsen als DIE FILMPRIMADONNA eine amüsante Film-im-Film-Parodie auf die Branche inszenieren lassen.

Ein verwandtes Kriterium – das der ›Expressivität‹ – findet man in Kristin Thompsons Essay über Paul von Worringens DIE LANDSTRASSE (1913). In ihrer genauen Analyse der Erzählprinzipien und formalen Strategien des Films, die sich nicht auf Bühneninszenierungen oder seine literarische Stoffvorlage zurückführen lassen,[42] sieht Thompson einen Stilwillen und eine filmische Expressionskraft am Werk, wie sie sie an anderer Stelle in unterschiedlichen Produktionen einer ganzen Reihe von Ländern feststellen konnte.[43] Dies brachte sie schließlich dazu, – entgegen der traditionellen Datierung der Geburtsstunde der Filmavantgarde auf die Uraufführung von DAS CABINET DES DR. CALIGARI Anfang 1920 –, schon für die 10er Jahre die Existenz einer (populären) Avantgarde zu behaupten. Nicht nur Thompson (in ihrem anderen Beitrag zu diesem Band), auch Leonardo Quaresima plädiert in seiner Betrachtung der HOMUNCULUS-Serie dafür, die Filme des fantastischen Genres aus der Mitte der 10er Jahre als Experimente anzusehen, die als solche das ›fehlende Glied‹ zwischen den fantastischen Filmen der frühen 10er Jahre (wie DER STUDENT VON PRAG) und den für ihre Stilisierungen berühmten fantastischen Filmen der 20er Jahre bilden könnten.

Sich in ihrer formalen Strenge ähnelnd, zielen sowohl Salt als auch Thompson darauf, filmische Besonderheiten zu isolieren, um aus ihnen einen Eindruck jenes kinematographischen Stils zu gewinnen, der als die Norm einer historischen Periode gelten könnte. Eine solche Feststellung der jeweiligen Norm kann wiederum nicht nur bei der Abgrenzung des Kinos vom Theater von Bedeutung sein, sondern auch dazu dienen, vergleichende, internationale Kriterien zu finden, an denen gemessen einige Filme – in Salts Fall DIE LIEBE DER MARIA BONDE, bei Thompson DIE LANDSTRASSE – als aufschlussreiche Ausnahmen gelten können. Legt man allerdings Salts Kriterien an das Werk Franz Hofers an, scheint wenig für jene filmische Qualität zu sprechen, die Elena Dagrada und Yuri Tsivian in zwei begeisterten und äußerst detaillierten Analysen in ihm entdecken.

Vielleicht lässt sich am Ende dieser Einleitung benennen, worum es in dieser Debatte geht, wenn die bisher zusammengefassten Argumente in einen etwas anderen konzeptionellen Rahmen gestellt werden. So scheint mir, dass sich die Filmproduktion der 10er Jahre am besten simultan in zwei Richtungen, gewissermaßen zweidimensional, definieren lässt: Eine Dimension betrifft die erzählerischen und stilistischen Folgeerscheinungen des neuen langen Spielfilmformats, während die zweite Dimension die des Verhältnisses zwischen Zuschauer und Leinwand ist, das entweder (im Anschluss an die so genannte ›Apparatus-Theorie‹[44]) in seinen konstitutiven, metakritischen Aspekten betrachtet werden könnte oder (im Anschluss etwa an Charles Mussers Geschichte einer ›Leinwand-Praxis‹[45]) in seiner vom jeweiligen Aufführungskontext abhängigen Historizität. Es handelt sich hier um zwei miteinander verbundene, dennoch unabhängige Variablen, die getrennt voneinander untersucht werden müssen und die beide in der Tat eine äußerst sorgfältige Analyse der Filme selbst erfordern. Die Beiträge von Heide Schlüpmann, Elena Dagrada, Ivo Blom, Jan-Christopher Horak, Wolfgang Mühl-Benninghaus und Michael Wedel können – und sollten – als eine Rückkehr mit neuen Augen zu Filmen und Filmemachern gelesen werden, die implizit nahe legt, dass jede Vorstellung von Norm und Abweichung, aber auch jede Definition des spezifisch Filmischen in einer sorgfältigen Untersuchung der historischen Intertexte begründet sein muss, so dass weder dem Proszeniumsraum des Theaters (in Mühl-Benninghaus' Untersuchung der Raumentwürfe in DON JUAN HEIRATET und DER ANDERE) noch dem Vorbild der Genre-Malerei (in Bloms Beitrag zu piktorialen und touristischen Repräsentationskonventionen) a priori ein Wert hinsichtlich (fehlender) filmischer Spezifität zugeschrieben werden kann. Elena Dagradas eingehende Betrachtung der Filme Hofers zeigt anhand der Parameter von *point of view* und filmischem Raum, wie eine detaillierte Lektüre der Filme neue Informationen zutage fördern kann. Sie beweist aber auch, wie die Kenntnis historischer Intertexte und eine kognitive Herangehensweise an Probleme der Narration einen Filmemacher wieder zum Leben erwecken können, dessen Werk aus dem Gedächtnis des Kinos fast vollständig verschwunden war.[46] Vor allem ist es aber Yuri Tsivians vergleichende Studie von Raumkonstruktionen, kompositorischen Details und Figureninszenierungen in den Filmen Jewgenij Bauers und Franz Hofers, die unser herkömmliches Bild von den 10er Jahren als einer vom Theater tyrannisierten Periode der europäischen Filmgeschichte herausfordert, indem Tsivian uns vor Augen führt, dass aus dem Kern von Theatralität und Piktorialismus durchaus genuin filmische Raumkonzeptionen und Erzählformen hervorgehen können.

Diese Beispiele lassen darauf schließen, dass die frühen Filme Geschehnisse und Handlungen zunächst einmal ›darstellen‹. Das ›Erzählen‹ überließen sie zumindest teilweise den externen Faktoren der Vorführung, wie dem Erklärer oder der Programmierung durch den Kinobetreiber. Damit wäre angedeutet, wenn nicht sogar bewiesen, dass diese Filme – fast so direkt wie die, deren Protagonisten der Kamera den Blick zuwenden – sich ihr Publikum ebenfalls als physisch im Saal präsentes Kollektiv vorstellen. Indem sie es direkt ansprechen wollen, um damit die Trennung der Raumkonstellation aufzuheben, verfallen sie auf Stil- und Darstellungsmittel des Performativen (unter denen der direkte Blickkontakt nur das evidenteste ist). Dass auch die Kinobetreiber ihr Publikum als Kollektiv verstanden haben, ergibt sich aus verschiedenen Indizien, die Filmhistoriker immer häufiger der damaligen Fachpresse entnehmen. So hat zum Beispiel Ben Brewster mehrere Umfragen in Branchenblättern der 10er Jahre analysiert, bei denen Kinobesitzer wissen wollten, was für eine optimale Projektion die ›korrekte‹ Größe der Leinwand sein müsste. 1908 hieß die Antwort:

> Leinwand und Projektor sollten so angeordnet sein, dass die Personen in Lebensgröße projiziert erscheinen; [aber schon im] Jahre 1915 wird [den Kinobetreibern] geraten, die Größe der Leinwand im Verhältnis zur Größe des Saales zu variieren. Die frühere Position hat also ein literarisches, theatralisches Konzept des dargestellten Raumes, in dem die Leinwand ein Fenster ist, hinter dem die Protagonisten in einem messbaren Abstand zu den Zuschauern stehen. Im späteren Ratschlag von 1915 wird das Filmbild nicht absolut, sondern in Relation gesetzt, so dass die (relative) Entfernung zwischen Zuschauern und Protagonisten die eigentliche Variable ist, auf die es ankommt.[47]

Das bedeutet, dass *vor* 1915 die Relation des Zuschauers zum projizierten Bild die des Theaters, des Varietés und der Kleinkunst zu imitieren suchte, während sich danach, also im Übergang zum ›klassischen‹ Erzählkino, das Kino ein ganz ihm eigenes Raumgefühl herstellen wollte, wobei das wichtigste Moment die Konstruktion einer einzigen Perspektive für alle Zuschauer war, unabhängig von der Platzierung im Saal. Das heißt aber auch, dass damit der Zuschauer als einzelner, individualisierter und isolierter gesehen und in dieser Form auch angesprochen wird: Jeder Zuschauer hat von nun an ›den besten Sitzplatz im Haus‹, und dies ist bis heute das Konstruktionsprinzip nicht nur der Kinosäle, sondern auch der Komposition des bewegten Filmbildes geblieben.

Zusammengefasst lautet meine These, dass die Entwicklung des frühen Kinos zum ›Erzählkino‹ weder über das Modell der gesellschaftlichen Abbildfunktion noch in einer Teleologie zur Transparenz und zum immer größeren Abbildungsrealismus verstanden werden kann, sondern als die im doppelten Sinne ›ökonomisch‹ und daher historisch bedingte Lösung für eine Reihe widerstreitender Gegebenheiten gesehen werden muss, die mit der Repräsentation von Raum und Zeit, aber auch mit der Repräsentation des Zuschauers in dieser Raum-Zeit-Beziehung eng zusammenhängen. Der Kompromiss, um den sich das frühe Kino einpendeln und somit auf breiter Basis zur Industrie entwickeln konnte, kristallisierte sich um eine ›Logik der funktionalen Äquivalenz‹, die wiederum davon abhing, dass das Kinobild auf zwei Formen der Bindung mit dem Repräsentierten verzichtete: auf die nachprüfbare zwischen dem Gefilmten und dem, was vor der Kamera stattfand (Abbildfunktion), sowie auf die physische Verbindung zwischen Zuschauer und Leinwand (Erlebnismodus). Zunächst waren Filme reine Abbildungen, die einem Live-Publikum hauptsächlich Situationen vorführten, die anderswo bereits existierten, als in sich geschlossene Handlungen, als malerische Landschaften, als Varieté-Attraktionen, als Sketche oder Gags. Eine historische Dynamik allerdings zwang das Kino dazu, eine eigene Autonomie zu entwickeln, indem es einen Weg fand, diese doppelte ›Realität‹ (die des vor der Kamera sich abspielenden Ereignisses und die der Zuschauer-Leinwand-Beziehung) in eine einzige, homogene ›Welt‹ zu überführen, in der beide Realitäten enthalten sind, wenn auch in subtil veränderter Form. Der Zuschauer musste weder an die Leinwand (als einem performativen Raum) noch an das Ereignis oder die Person gebunden sein, sondern an deren Repräsentationen: Das verlangte nach einer Änderung sowohl der Logik des darzustellenden Ereignisses als auch des Standpunktes des Zuschauers gegenüber der Handlung. Auf der einen Seite steht also das ›frühe‹ Kino als gemeinschaftliches Erlebnis, das sich an ein kollektives Publikum richtet, welches seine eigene Situation des Zuschauens als extern und getrennt von den dargestellten Ansichten auffasst; auf der anderen Seite – und im Grunde schon seit Lumière angelegt – die Entstehung eines individualisierten Betrachter-Subjekts, in dem wir im Wesentlichen das des klassischen Kinos erkennen. Als mit den *multi-shot*-Filmen und den Anfängen des analytischen Schnitts komplexere Handlungen auf die Leinwand gebracht wurden, änderte sich die Haltung des Zuschauers und die Art, wie er Ereignisse und Personen erlebte: Beispiele wären der Gebrauch der Großaufnahmen als Inserts oder *point-of-view*-Einstellungen, wie sie in den Beiträgen von Thompson, Dagrada und Wedel analysiert werden.

Die Hinwendung des frühen Kinos zum Langspielfilm erscheint also als die Konsequenz und nicht als kausaler Grund einer Umwandlung des Publikums in individualisierte Zuschauer, die durch eine andere Körper-Selbsterfahrung (nur unzureichend mit dem Begriff des Erzählkinos umrissen) in das Dargestellte eingebunden werden und somit in ein Raum-Zeit-Gefüge eintreten, welches die Filmtheorie als ›das Imaginäre‹ bezeichnet hat, das aber heute immer öfter auch als virtuelle Realität gehandelt wird. Allerdings schließt das Imaginäre im Kino, so könnte man argumentieren, virtuelle Realität zwar mit ein, wird damit aber noch nicht erschöpft: Im Gegenteil, manchen *virtual reality displays* fehlt genau ein entscheidendes Element der Faszination des Kinos, nämlich die Subjektivierung, die das Indiz des Imaginären ist.

Woher aber kommt diese Entwicklung (wenn es tatsächlich eine Entwicklung ist) vom frühen zum klassischen Kino, von einer kollektiven Rezeptionshaltung zum individuellen Zuschauer? Erst einmal könnte man festhalten, dass die harten Gegenüberstellungen von Zeigen und Erzählen, Stummfilm und Tonfilm, performativ und narrativ – inklusive ›Kino der Attraktionen‹ und ›Kino der narrativen Integration‹ – doch vielleicht zu formalistisch sind und die nötige geschichtliche Dimension eher aussparen: Es sei denn, es handelt sich tatsächlich um eine ewige Wiederkehr, eine Art Pendelschlag zwischen ›Erzählung‹ (*narrative*) und ›Show‹ (*spectacle*), der sich durch die Epochen zieht. In beiden Fällen erweist sich dabei die organische Metapher der Entwicklung, die schon Noël Burch und Tom Gunning kritisiert haben, als unbrauchbares Erklärungsmuster. Das Kino ist nicht ›erwachsen‹ geworden, indem es das psychologisierende Erzählen gelernt hat. Ein Krieg hat hierbei eine entscheidende Rolle gespielt – allerdings nicht, wie schon angedeutet, der Erste Weltkrieg, denn die Entwicklung, um die es hier geht, fand besonders rasant in den USA statt, die in den maßgeblichen Jahren nicht zu den kriegführenden Nationen gehörte. Der Krieg, den ich meine, hat sich sozusagen an einer für die Zuschauer eher unsichtbaren Front abgespielt, nämlich derjenigen, an der die Produzenten den Kinobetreibern gegenüberstanden, als es darum ging, die Kontrolle über das Produkt ›Film‹ dem Vorführer, Kinobesitzer oder Schaubudenbetreiber zu entreißen, um den Film der Verfügungsmacht ebenso wie den Normen der Produzenten und dem Vertrieb zu unterstellen. Denn wie die Forschungen zum sozialen und ökonomischen Umfeld des frühen Films deutlich gezeigt haben, war das Aufkommen des langen Spielfilms als dominantem Modell wesentlich abhängig von dem spezifischen Kräfteverhältnis zwischen den Kinobetreibern einerseits und der Produktion beziehungsweise Distribution andererseits.[48] Alles lief darauf hinaus, dem Kinobesitzer die Macht darüber zu entreißen, wie er sein Filmprogramm gestalten kann, wobei es auch darum ging, eine Neutralisierung des einst so bewegten, abwechslungsreichen Zuschauerraums, das heißt die Renovierung des Kinos als physischem Ort der Erfahrung und des Erlebnisses, durchzusetzen. Insofern hat es Hollywood den Kinoreformern nur recht gemacht, bestand eine grundlegende Bedingung des klassischen Kinos doch darin, die Kontrolle auf der textuellen Ebene mehr und mehr in die Hände der Produzenten beziehungsweise Regisseure zu legen. Was bewerkstelligt das ›klassische Erzählkino‹ schließlich, wenn nicht die textuelle Form des Konsums, das heißt die Verständnismöglichkeiten eines Films zu steuern und damit zu kontrollieren? Auf anderen Ebenen – der Heranführung und ›Handhabung‹ des Publikums – ist die Kontrolle lange Zeit in den Händen der Verleiher und Kinobesitzer geblieben. Aus dieser Perspektive stellt sich somit die Periode des Übergangs noch einmal als ein Kompromiss dar zwischen verschiedenen Faktoren, die in der Praxis verzahnt sind, in ihren Wirkungen jedoch durchaus widersprüchlich bleiben. Erst durch die Standardisierung der Länge und die Anpassung von Form und Inhalt an diesen Standard wurde die Grundlage für eine massenproduzierende Filmindustrie geschaffen. Aber dazu mussten Filme in einem regulierten Verleih- und Tausch-Kreislauf zirkulieren können, wofür es wiederum der Existenz von Verleihern und Kinobesitzern bedurfte, die feste Abspielstätten, verlässliche Spielpläne und einen konstanten Umsatz des Produktes garantieren konnten.

Das Kino handelt mit der Ware ›Vergnügen‹ in einer weit offenkundigeren Weise als es etwa die Automobilindustrie tut. Da aber die Warenproduktion allgemein sich vom Gebrauchswert hin zum Schau- und Statuswert bewegt hat, mag das Kinoprodukt immer weniger unterscheidbar sein von all den anderen Konsumgütern, für die mit Mitteln idealisierter Selbstbilder, Lifestyles und den damit verbundenen Wunschträumen und Werten bei den Konsumenten geworben wird. Allerdings hat das Kino genau auf diesem Terrain seine kulturelle Vormachtstellung: Es ist die Forschungs- und Entwicklungs-Abteilung speziell dieser ›Darstellungsmodi‹, die wir heute mit dem Begriff ›Konsumgesellschaft‹ verbinden, deren Avantgarde das Kino immer noch ist.

Somit stellt sich die Frage, ob das Kino überhaupt Produkte anbietet oder nur Dienstleistungspakete. Denn der Kinobesitzer bestreitet immer noch einen guten Teil seines Einkommens aus Popcorn, Eis-am-Stiel und Softdrinks. Die Modebranche, die Musikindustrie und die Werbung dagegen brauchen den Film. Das wiederum ist wichtig für sein Publikum, welches darauf bauen möchte, dass das *Kino* als Institution die notwendige Qualitätskontrolle ausübt, denn man will ja im Voraus wissen, dass man es mit Spitzenware zu tun hat. Es ist also nicht das Erzählkino an sich, das Hollywood so erfolgreich und quasi unschlagbar gemacht hat, sondern die Normierung und Standardisierung der Ware ›Film-Erlebnis‹, auf die sich der Konsument verlassen kann; liefert Hollywood ihm doch das (technische) Gütesiegel ›*State of the art*‹, sei es nun im Genre des ›*Suspense*‹, der ›*Romance*‹

oder ›*Special effects*‹. Bei der Geschichte des frühen Kinos geht es also letztlich um etwas sehr Grundsätzliches, nämlich wie das Kino-Erlebnis konkret zur Ware wird. Wie man weiß, ist Konsum tendenziell eine individualisierende Form der Erfahrung. Der individuelle Zuschauer taucht also somit genau in dem Moment auf, als die Produktion den Modernisierungsstand der Auswertung erreicht hatte, das heißt die Ausformung des Erlebnisses zur Ware – womit das Erzählkino so etwas wäre wie das Resultat der Synchronisierung dieser beiden Teile des Filmgeschäfts beziehungsweise des letztendlichen Sieges der Produktion und Distribution über die Auswertung. Das Konzept des Monopolfilms mit seinen koordinierten Uraufführungsdaten und intensiven Auswertungsperioden ist deshalb eine logische Konsequenz dieses in den 10er Jahren in eine heiße Phase getretenen Kriegs, der auch die deutsche Kinokultur Anfang der 20er Jahre grundlegend verändert hinterlassen hat.

Aus dem Englischen von Michael Wedel

---

1 Zu einigen sowohl archivalischen wie konzeptionellen Problemstellungen in der Erforschung des deutschen Kinos der Jahre 1895 bis 1917 vgl. Thomas Elsaesser: Early German Cinema: Audiences, Style and Paradigms. In: *Screen*, Bd. 33, Nr. 2, Sommer 1992, S. 205 f.; ders.: Wilhelminisches Kino. Stil und Industrie. In: *KINtop* 1, 1992, S. 10–27. — **2** Vgl. den Beitrag von Barry Salt in diesem Band. — **3** Eine Auswahl ihrer Arbeiten findet sich versammelt in Thomas Elsaesser (Hg.): *Early Cinema. Space, Frame, Narrative.* London 1990. — **4** David Bordwell, Janet Staiger, Kristin Thompson: *The Classical Hollywood Cinema. Film Style and Mode of Production to 1960.* London 1985. — **5** Vgl. hierzu den auf Veränderungen der Standard-Filmlänge basierenden Periodisierungsvorschlag von Corinna Müller: Variationen des Kinoprogramms. Filmform und Filmgeschichte. In: Corinna Müller, Harro Segeberg (Hg.): *Die Modellierung des Kinofilms. Zur Geschichte des Kinoprogramms zwischen Kurzfilm und Langfilm (1905/06–1918).* München 1998, S. 43–75. — **6** Vgl. Thomas Elsaesser: The New Film History. In: *Sight & Sound*, Bd. 55, Nr. 4, Herbst 1986, S. 246–251. — **7** Robert C. Allen, Douglas Gomery: *Film History. Theory and Practice.* New York 1985, S. 38. — **8** Biofilmografische Informationen über diese beiden Regisseure sind mittlerweile in zwei Einzelpublikationen gesammelt. Vgl. Michael Wedel (Hg.): *Max Mack. Showman im Glashaus.* Berlin 1996; Andrea Dittgen (Red.): *Franz Hofer.* Saarbrücken 1999. — **9** Man denke etwa an die Jubiläums-Publikationen über die Ufa und Babelsberg 1992, an die Buchveröffentlichungen über Reinhold Schünzel, Joe May, Erich Pommer und E. A. Dupont, an die mittlerweile über ein Dutzend regionalen Studien zur Film- und Kinokultur sowie vor allem an die filmhistorischen Projekte zum 100. Geburtstag des Kinos 1995. — **10** Vgl. auch Heide Schlüpmann: »Die Erziehung des Publikums« – auch eine Vorgeschichte des Weimarer Kinos. In: *KINtop* 5, 1996, S. 133–146. — **11** Heide Schlüpmann: *Unheimlichkeit des Blicks. Das Drama des frühen deutschen Kinos.* Frankfurt/M. und Basel 1990. — **12** Ebd., S. 97. — **13** Corinna Müller: *Frühe deutsche Kinematographie. Formale, wirtschaftliche und kulturelle Entwicklungen 1907–1912.* Stuttgart und Weimar 1994.

— **14** Eine wertvolle Quelle für Informationen über die Struktur eines normalen Kinoprogramms und die Konstitution des typischen Publikums ist C. H. Dannemeyer: *Bericht der Kommission für ›Lebende Photographien‹* [1907], Reprint hg. v. Hans-Michael Bock, Hamburg 1980. Eine wichtige Darstellung der Rezeptionsbedingungen zur Zeit des dominierenden Nummernprinzips ist Yuri Tsivian: *Early Cinema in Russia and its Cultural Reception.* London 1994. — **15** Außer dem Programm dieser Premierenvorführung, das aus neun kurzen Sketchen bestand, darunter einem boxenden Känguru, einer Ansicht des Kopenhagener Tivoli sowie einem ans Publikum gerichteten Auftritt seines Bruders Emil, stellte Max Skladanowsky 1896/97 noch ein zweites Programm, überwiegend mit verschiedenen Stadtansichten Berlins, zusammen, das erfolgreich in ganz Deutschland gezeigt wurde, wenn auch zumeist unter Verwendung des (technisch überlegenen) Kinematographen der Brüder Lumière. Vgl. Joachim Castan: *Max Skladanowsky oder Der Beginn einer deutschen Filmgeschichte.* Stuttgart 1998. — **16** Vgl. Martin Loiperdinger: *Film und Schokolade. Stollwercks Geschäfte mit lebenden Bildern.* Frankfurt/M. und Basel 1999 [= KINtop Schriften 4]. — **17** Unter den zahlreichen Darstellungen der ersten Jahre des Kinematographen ist eine besonders detaillierte die von Guido Convents: L'apparition du cinéma en Belgique (1895–1918). In: *Les Cahiers de la Cinémathèque,* Nr. 41, April 1984, S. 12–26. Vgl. auch die Beiträge in *Jaarboek Mediageschiedenis 8: Hondert jaar film – het begin.* Amsterdam 1997. — **18** Einige der einheimischen Konkurrenten, gegen die sich Messter in den Anfangsjahren des Kinos durchsetzte, porträtiert Deac Rossell: Jenseits von Messter – die ersten Kinematographen-Anbieter in Berlin. In: *KINtop* 6, 1997, S. 167–184. — **19** Zu Person und Karriere Messters vgl. die Beiträge in Martin Loiperdinger (Hg.): *Oskar Messter. Filmpionier der Kaiserzeit.* Frankfurt/M. und Basel 1994 [= KINtop Schriften 3] sowie in *KINtop 3: Oskar Messter – Erfinder und Geschäftsmann.* Frankfurt/M. und Basel 1994. — **20** Diese Unterscheidung stammt von Noël Burch: A Paranthesis in Film History. In: ders.: *To the Distant Observer. Form and Meaning in Japanese Cinema.* London 1979, S. 61–66. — **21** Vgl. Oskar Messter: *Mein Weg mit dem Film.* Berlin 1936; vgl. a. Friedrich v. Zglinicki: *Der Weg des Films. Die Geschichte der Kinematographie und ihrer Vorläufer.* Hildesheim 1956. — **22** Vgl. Noël Burch: *Life to those Shadows.* Berkeley und Los Angeles 1990. — **23** Eine unschätzbare, nahezu zeitgenössische Quelle zur deutschen Varietékultur ist Signor Saltarino: *Das Artistentum und seine Geschichte.* Leipzig 1910. — **24** Vgl. *Special-Catalog Nr. 32 der Fa. Ed. Messter* [1898]. Reprint hg. v. Martin Loiperdinger. Frankfurt/M. und Basel 1994 [= KINtop Schriften 2]. — **25** Vgl. den Beitrag von Jeanpaul Goergen über Ästhetik und Vermarktung früher so genannter ›pikanter Filme‹, an deren Produktion und Vertrieb neben der Wiener Saturn-Film vor allem Messters Firma beteiligt war. — **26** Jacob van Hoddis: Schluss: Kinematograph [1911]. In: Ludwig Greve, Margot Pehle, Heidi Westhoff (Red.): *Hätte ich das Kino! Die Schriftsteller und der Stummfilm.* München 1976, S. 15. — **27** Alfred Döblin: Das Theater der kleinen Leute [1909]. In: Fritz Güttinger (Hg.): *Kein Tag ohne Kino. Schriftsteller über den Stummfilm.* Frankfurt/M. 1984, S. 39–41, hier S. 41. — **28** Martin Loiperdinger: Kaiser Wilhelm II. Der erste deutsche Filmstar. In: Thomas Koebner (Hg.): *Idole des deutschen Films. Eine Galerie von Schlüsselfiguren.* München 1997, S. 41–53. — **29** Egon Friedell: Apologie des Kinos [1912]. In: Güttinger (Hg.): *Kein Tag,* a.a.O. (wie Anm. 27), S. 115–117, hier S. 115. — **30** Viktor Noack: Der Kientopp. In: *Die Aktion,* 2. Jg., Nr. 29, 17.7.1912; zit. n. Jörg Schweinitz (Hg.): *Prolog vor dem Film. Nachdenken über ein neues Medium 1909–1914.* Leipzig 1992, S. 70–75, Zitat S. 73. — **31** Döblin: Das Theater, a.a.O. (wie Anm. 27), S. 40 f. — **32** Ebd. Vgl. auch Corinna Müllers Argument über Kinder und Jugendliche als wichtiges Publikumssegment in *Frühe deutsche Kinematographie,* a.a.O. (wie Anm. 13). — **33** Emilie Altenloh: *Zur Soziologie des Kino. Die Kinounternehmung und die sozialen Schichten ihrer Besucher.* Jena 1914, S. 58 (zuerst Diss. Heidelberg, 1913). — **34** Vgl. Evelyn Hampicke: Vom Aufbau eines vertikalen Konzerns. Zu David Olivers Geschäften in der deutschen Filmindustrie. In: Manfred Behn (Red.): *Schwarzer Traum und weiße Sklavin. Deutsch-dänische Filmbeziehungen 1910–1930.*

München 1994, S. 22–29; Peter Lähn: Die PAGU. Ein Filmunternehmen aus Frankfurt. In: *Lebende Bilder einer Stadt. Kino und Film in Frankfurt am Main.* Frankfurt/M. 1995, S. 52–59. — **35** Zum Monopolfilm und den weit reichenden Konsequenzen seiner Einführung in allen Zweigen der Filmindustrie vgl. Müller: *Frühe deutsche Kinematographie,* a. a. O. (wie Anm. 13), Kap. 4 und 5. — **36** Vgl. Kristin Thompsons Beitrag in diesem Band zur zentralen Rolle Paul Wegeners innerhalb des fantastischen Genres der 10er und 20er Jahre. — **37** Vgl. stellvertretend Hermann Wollenberg: *Fifty Years of German Cinema.* London 1948, S. 9. — **38** Vgl. Barry Salt: Die innere Welt von Ernst Lubitsch. In: Uli Jung, Walter Schatzberg (Hg.): *Filmkultur zur Zeit der Weimarer Republik.* New York u. a. 1992, S. 65–70. — **39** Vgl. neuerdings Horst Claus: Varieté – Operette – Film. Berührungspunkte und Konkurrenzkampf aus der Sicht des Fachblattes ›Der Artist‹. In: Katja Uhlenbrok (Hg.): *MusikSpektakelFilm. Musiktheater und Tanzkultur im deutschen Film 1922–1938.* München 1998, S. 67–84; und Michael Wedel: Schizophrene Technik, sinnliches Glück. Die Filmoperette und der synchrone Musikfilm 1914–1929. In: Ebd., S. 85–104. — **40** Zur Bedeutung der Musikbegleitung für die Entwicklung von neuen Filmgenres wie dem frühen Katastrophenfilm in den frühen 10er Jahren vgl. Michael Wedels Beitrag über Mime Misus TITANIC – IN NACHT UND EIS (1912) in diesem Band. — **41** Zu den national-propagandistischen bzw. international-kommerziellen Konsequenzen dieser Star-Funktion vgl. im vorliegenden Band die Beiträge von Ramona Curry über Henny Porten und von Michael Wedel über Harry Piel. — **42** Vgl. dagegen Corinna Müller: Das ›andere‹ Kino. Autorenfilme der Vorkriegszeit. In: Müller, Segeberg (Hg.): *Die Modellierung des Kinofilms,* a. a. O. (wie Anm. 5), S. 182 ff. — **43** Vgl. Kristin Thompson: The International Exploration of Cinematic Expressivity. In: Karel Dibbets, Bert Hogenkamp (Hg.): *Film and the First World War.* Amsterdam 1995, S. 65–85. — **44** Vgl. für einen Überblick Phil Rosen (Hg.): *Narrative, Apparatus, Ideology. A Film Theory Reader.* New York 1986. — **45** Vgl. Charles Musser: *The Emergence of Cinema. The American Screen to 1907.* New York 1990, Kap. 1. — **46** Das Verdienst der Wiederentdeckung Hofers Anfang der 90er Jahre liegt in erster Linie bei Heide Schlüpmann, die sich seinem Werk in *Unheimlichkeit des Blicks,* a. a. O. (wie Anm. 11) sowie einer ganzen Reihe von Essays ausführlich gewidmet hat. — **47** Zit. n. Thomas Elsaesser: Early Film Form. Introduction. In: Elsaesser (Hg.): *Early Cinema,* a. a. O. (wie Anm. 3), S. 28, Anm. 24. — **48** Vgl. Charles Musser: Die Nickelodeon-Ära beginnt. Zur Herausbildung der Rahmenbedingungen für den Repräsentationsmodus Hollywoods. In: *KINtop 5,* 1996, S. 13–35.

Populäre Genres im Überblick

Jeanpaul Goergen

Der pikante Film
Ein vergessenes Genre der Kaiserzeit

Die pikanten Filme des frühen Kinos waren ausschließlich darauf gerichtet, den nackten weiblichen Körper als Attraktion zur Schau zu stellen; einfache, zumeist komisch-groteske Spielhandlungen dienten als Vorwand, voyeuristische Schaulust zu befriedigen. Der pikante Film war weder Hard- noch Softcore im heutigen Verständnis, sexuelle Handlungen wurden weder direkt noch indirekt gezeigt. Die Abgrenzung zum illegalen pornografischen Film, der Geschlechtsverkehr in allen Varianten abbildet, ist eindeutig.[1] Hardcorefilme florierten im Untergrund[2] und wurden nur in Bordellen[3] oder verschwiegenen Herrenzirkeln[4] gegen hohe Eintrittsgelder gezeigt.[5] Pikante Filme dagegen waren anfänglich erlaubt bzw. geduldet, wurden öffentlich vorgeführt, verschwanden aber bald in »geschlossenen Herrenabenden«,[6] die um 1910 verstärkt erst polizeilich beobachtet, dann verboten wurden.[7]

Der pikante Film des frühen Kinos bildete ein eigenes, bisher als solches nicht wahrgenommenes und kaum erforschtes Genre,[8] das sich in den 10er Jahren großer Beliebtheit erfreute. ›Pikant‹ war um die Jahrhundertwende ein Modewort und gleichbedeutend mit anzüglich, anstößig, nahe am Schlüpfrigen, erotisch.[9] Als sie auf den Markt kamen, erregten diese Filme allerdings kaum Aufsehen, zumal pikante Szenen sowohl zum Repertoire der Varietés gehörten als auch einen florierenden Teil des fotografischen Gewerbes ausmachten. Die Zensur musste sich zudem auf das neue Medium Film erst einstellen.

Ab 21. Dezember 1896 war der pikante Streifen ENDLICH ALLEIN die Attraktion in Messters Filmprogramm im Apollo-Theater, einem der berühmtesten Berliner Varietés.[10] Es handelte sich hierbei um den französischen Film LE COUCHER DE LA MARIÉE (1896) von Eugen Pirou,[11] die erste von zahlreichen Verfilmungen der gleichnamigen erfolgreichen Varieté-Szene des Pariser Olympia.

> Der Reiz dieser Pantomime von G. Pollonais lag in der Entkleidung der charmanten Louise Willy. Eine Serie von Postkarten zeigte die wesentlichen Phasen dieser Szene, und 1896 wurde sie von Pirou und Léar mit derselben Darstellerin verfilmt. Man sollte allerdings

erwähnen, daß der Striptease von Fräulein Willy ziemlich harmlos war, denn obschon sie Bluse, Rock, Unterrock, Schuhe und Korsett auszog, so hielt sie doch ihr Hemd mit den Zähnen fest, um ihr Nachthemd anzuziehen. Trotzdem gab es einen ungeheuren Erfolg. (...) Ein Genre war geboren.[12]

Die anderen Berliner Varietés ließen sich von dem Erfolg von ENDLICH ALLEIN anstecken, so der Wintergarten, wo im Februar 1897 mit dem Vitaphotoskop der Firma Philipp Wolff ebenfalls Sujets mit pikantem Inhalt vorgeführt wurden.[13] Am 4. September 1897 fand sich im *Komet* die erste empörte Reaktion auf ENDLICH ALLEIN:

> Ich will gern zugeben, daß für gewisse Kreise die Vorführung dieser Situation eine gewaltige Anziehungskraft und einen mächtigen Reiz besitzt. Aber sind denn diese Vorstellungen für ›gewisse‹ Kreise bestimmt? Wohnen denselben nicht auch Frauen und Kinder bei? Ich gebe ohne Weiteres zu, daß in der hier in Rede stehenden Situation etwas Unanständiges nicht vorkommt, daß die Decenz bis zum letzten Grenzstreifen gewahrt ist. Indessen die Sache hat doch noch ein anderes Gesicht. Wenn sich nur ein einziger Mensch durch eine derartige Darstellung in seinen sittlichen Gefühlen verletzt fühlt und für diese Verletzung stricte Sühne im Sinne des Gesetzes verlangt, würde er sie auch durchsetzen. (...) Pikant soll die Sache sein. Gut, ist sie auch, aber liegt denn nicht auch darin, daß durch feile Personen die überströmende Liebe eines junges Ehepaares, welches in seinem gegenseitigen Besitz überaus glücklich ist, dargestellt wird, eine Verhöhnung der Ehe überhaupt und mit ihr eine Verhöhnung einer Einrichtung der christlichen Kirche! Das hat man sich ganz gewiß nicht überlegt, als man diesen Film in die Welt sandte. Weg damit also ...[14]

Einige Tage nach Erscheinen dieses Beitrags, am 11. September 1897, inserierte Foersterling Kinetographen-Bilder mit »Prinzessin Chimay, Mlle. Held, Duvernois, Titi Sidney und Hunderte anderer, graziöser, interessanter, picanter Damen in reizvollster Decostümirung.«[15] Es ist auch das erste Inserat, das ausdrücklich den pikanten Charakter der Filme hervorhebt. Wie weit diese »Decostümierung« allerdings ging, ist nicht überliefert, denn zur gleichen Zeit wurde in Berlin die Aufführung »aller sogenannten ›Entkleidungs-Nummern‹ auf Spezialitäten-Bühnen« verboten.[16] Foersterling hatte sich vermutlich eher von diesem Angebot inspirieren lassen als von den auf den großen Varieté-Bühnen heimischen »sujets artistiques«, wie sie Ende 1896 etwa von »La belle Duvernois« gestellt wurden – lebende Bilder nach künstlerischen Motiven wie DIE VIER JAHRESZEITEN oder TRIUMPH DER VENUS, in denen sich die als das »schönste Weib der Erde« angekündigte Mlle. Duvernois in eng anliegendem Trikot »im vollsten Ebenmaße ihres klassischen Körperbaues« zeigte.[17]

Dem Varieté verwandt sind auch die lebenden Bilder nach klassischen Themen wie ›Adam und Eva‹, ›Das verlorene Paradies‹ oder ›Büßerin‹, wie sie Oskar Messter in dem Film SKULPTURWERKE (1908) von nackten Modellen der Staatlichen Akademie für angewandte Künste in Berlin stellen ließ.[18] Dies waren zugleich beliebte Motive der pikanten Postkarten – ›Die Entführung‹ (Abb. 1) wurde von Messter als RAUB DER SABINERIN aufgegriffen. Auch Messters TANZ DER SALOMÉ (etwa 1902–1906) – der durchsichtige Schleier enthüllt die nackte Tänzerin mehr, als dass er sie verschleiert – gehört hierzu.

Die zweite und vielleicht wichtigere Inspirationsquelle des pikanten Films sind die pikanten Postkarten und, noch früher, die erotische Daguerreotypie.[19] Die Motive reichten von »der Abbildung der Marmorplastiken Jean-Jacques Pradiers bis hin zur Darstellung von Paaren oder Gruppen beim Geschlechtsverkehr.«[20] Abseits unzüchtiger Darstellungen dominierten die klassischen akademischen Posen entsprechend den zeitgenössischen Konventionen in der Malerei und der populären Druckgrafik.[21] Häufig posierten die Darstellerinnen in eng anliegenden fleischfarbenen Trikots (Abb. 2). Pikantes Posenspiel findet sich zum Teil auch in den ›Akademien‹ – Aktaufnahmen, die als fotografische Künstlervorlagen dienten. Sie florierten insbesondere um die Jahrhundertwende, »als alle möglichen Aktaufnahmen unter der Bezeichnung *Künstlerstudien* oder *Études Artistiques* angeboten wurden. Solche Etikettierung war indes bloß vordergründige Tarnung ...«[22] Die pikanten Postkarten der 10er und 20er Jahre zeigten »mehr oder minder charmante Darbietungen weiblicher Reize mit dem erklärten Ziel, die Männerwelt zu animieren. (...) Nahezu ausschließliches Thema der Pikanterien sind deshalb sämtliche Formen des Entblößens wie alle Stadien fortschreitender Entkleidung«.[23]

Um 1900 setzte die Unterscheidung ›obszöner‹ Aufnahmen in legale und illegale ein; das erotische Foto konzentrierte sich auf die pikanten Motive »sprich sämtliche Formen des Entblößens (...) bis zur Exhibition der Geschlechtsteile.«[24] Der pikante Film allerdings – nach dem gesichteten Korpus zu urteilen – beschränkte sich auf Entkleidungssituationen, die er in kleine, zumeist komisch-groteske Handlungen einband und gelegentlich angedeutete Fortsetzungen der Handlung der Fantasie des Zuschauers

Abb. 1: Postkartenmotiv *Die Entführung*

Der pikante Film

Abb. 2: Postkartenmotiv *Pose moderne II*

überließ. Immerhin war der pikante Film so verbreitet, dass er Subgenres herausbilden konnte. Zu nennen sind die ›Akademien‹ sowie die frivolen Filme, die mit den Erwartungen der Zuschauer spielten, indem sie eine Entkleidungsszene andeuteten, diese aber nicht oder nur teilweise zeigten. In AUSKLEIDEN EINER DAME – es handelt sich um den Pathé-Film Nr. 825, DÉSHABILLÉ FÉMININ (1902) – zieht sich eine junge und hübsche Frau bis auf die Unterröcke aus und legt sich so ›ausgezogen‹ ins Bett; sie lacht Richtung Publikum, schüttelt verneinend den Kopf und bläst die Kerze aus.[25] Dieses Bild wurde von Pathé als Programmabschluss empfohlen. Auch ENDLICH ALLEIN (LE COUCHER DE LA MARIÉE) und Oskar Messters LA BELLE DI MIRANDA IN IHRER SCENE: NACH DER REITÜBUNG (etwa 1903) gehören in dieses Subgenre der frivolen Filme (Abb. 3).

Die größte Gruppe bildeten die eigentlichen pikanten Filme, in denen Frauen sich im Rahmen einer Spielhandlung ganz auszogen (beziehungsweise in Reizwäsche auftraten) und so die Handlung vorantrieben. Als wei-

Abb. 3: LA BELLE DI MIRANDA IN IHRER SCENE: NACH DER REITÜBUNG (Oskar Messter, um 1903)

teres Subgenre könnte man noch die Dekostümierungsfilme bezeichnen, wie den möglicherweise aus Frankreich stammenden Film IM BOUDOIR – EINE ENTKLEIDUNGSSZENE (etwa 1905–1910), der in einer Kurzfassung auch als UNBEKANNTE ENTKLEIDUNGSSZENE AUS DER SAMMLUNG MESSTER im Bundesarchiv – Filmarchiv (Berlin) archiviert ist.

Möglicherweise bildeten die so genannten ›Operationsfilme‹ ein weiteres Subgenre. Ein in Friedrich von Zglinickis *Der Weg des Films* abgebildetes Programm eines Schaubudenkinos kündigt eine große Separat-Vorstellung »mit hochinteressantem, wechselndem Spezial-Programm nur für Erwachsene Herren und Damen« an, in der täglich nach 21 Uhr die »neuesten Pariser Tableaus (Keine Operationen)« gezeigt werden.[26] Der unter den Archivtiteln DER NEUE BEHANDLUNGSSTUHL (Filmmuseum Berlin) beziehungsweise EINE SCHWIERIGE BEHANDLUNG (Bundesarchiv) überlieferte Film unbekannter Produktion (etwa 1905–1910) zeigt eine nackte Frau auf einem Behandlungsstuhl, der von zwei Männern in die verschiedensten Positionen verstellt wird. Der Kontrast zwischen der hilflosen nackten Frau und dem technisch ausgefeilten ›Behandlungsstuhl‹ gibt diesem Bild einen wahrhaft pornografischen Anstrich, zumal die Männer diese ›Arbeit‹ verrichten, ohne eine Miene zu verziehen. Die Frau wird als hilfloses Objekt einer von gefühlskalten Männern bedenkenlos exekutierten Technik zur Schau gestellt. Ein obszöner Film, der viel verrät über die Macht der Männer und die Kälte und Entfremdung im Umgang der Geschlechter miteinander.

Die erwähnte Ankündigung verweist auch darauf, dass solche ›Separat-Vorstellungen‹ – auch ›Pariser Abende‹ genannt – keineswegs immer reine ›Herrenabende‹ waren. Ab wann der pikante Film in solche Sonderprogramme rutschte und inwieweit diese bei den Wanderkinos und den sich ab 1905/06 etablierenden festen ›Kin-Töppen‹ verbreitet waren, bleibt noch zu erforschen. Über das Publikum der pikanten Filme ist nur wenig bekannt. Als Anfang März 1911 die Polizei in einem Kino im Berliner Norden pikante Filme beschlagnahmte, traf sie auf »etwa 400 junge Leute im Alter von 20 Jahren.«[27]

Um 1907 waren die Vorstellungen mit pikanten Filmen bereits in die Nachtstunden gerückt. Um 11 Uhr abends verkündete der Conferencier, dass »Nicht-Erwachsene nunmehr das Theater zu verlassen haben. Es folgen nun ganz artige Bildchen, zum Beispiel das appetitreizende BAD DER HAREMS-DAMEN. Der Berliner Zensor, Herr v. G., pflegt bei persönlicher Vorstellung, soweit es seine Pflicht gestattet, in seiner vornehm-liebenswürdigen Art Entgegenkommen zu zeigen, wie es ja auf theatralischem Gebiete dem Residenz-Theater und im Cabaret solchen Cabaretiers gegenüber gezeigt zu werden pflegt, die (...) literarische Qualitäten besitzen«, hieß es 1907 im *Kinematograph*.[28] Einige Monate später war allerdings an gleicher Stelle zu lesen, dass die Veranstalter von so genannten ›Herrenabenden‹ keinen Anklang bei den Aufsicht führenden Behörden finden konnten.[29] Im *Kinematograph* wurde anfangs auch regelmäßig für »hochpikante Herrenfilms« aus Wien[30] oder »sehr pikante Films speziell für Herren-Soirees«[31] geworben; diese Anzeigen verschwanden allerdings ab 1910 mit dem zu dieser Zeit einsetzenden Kampf gegen den ›Schundfilm‹. Zumindest aber Albert Hellwig hatte in seiner 1911 erschienenen Schrift über ›Schundfilms‹ gegen diese pikanten Filme nichts einzuwenden: »Jedenfalls werden sie nicht allzuviel Schaden anrichten, wenn sie tatsächlich nur erwachsenen Lebemännern gezeigt werden.« Natürlich forderte er auch hier den Eingriff des Zensors; allerdings habe man in letzter Zeit von »derartigen tadelnswerten Auswüchsen weniger gehört.«[32]

Im Kaiserreich oblag die Filmzensur den Ortspolizeibehörden; ein Film, der an einem Ort verboten wurde, konnte anderswo erlaubt werden. Es gab eine erhebliche Grauzone, denn was genau als »unzüchtig« anzusehen war, war weit gefasst. Bis 1906 herrschten bei der Filmzensur fast anarchische Zustände, »Unsicherheit und Unkalkulierbarkeit«.[33] 1897 wurde zum Beispiel vom Bezirksgericht zu Linz ein Kinematographenbesitzer angeklagt, mit den Bildern IM BADE, DUELL und ENDLICH ALLEIN die öffentliche Sittlichkeit verletzt zu haben – das Verfahren endete mit einem Freispruch.[34] In Berlin wurden 1898 die Vorführung der pikanten Filme SUSANNA IM BADE, NACH DEM SOUPER und BADE ZU HAUSE – von einem Wanderschausteller für »Herren der besseren Kreise« angeboten – nach dem Unzuchtsparagrafen des Strafgesetzbuchs verboten.[35] Bei BADE ZU HAUSE handelte es sich übrigens um einen Werbefilm von Oskar Messter:[36] Als unzüchtig wurde wohl angesehen, dass ein junges Mädchen im Badekostüm sich in die beworbene Wellenbadschaukel setzte. Es dürfte sich damit um den ersten polizeilich verbotenen Werbefilm handeln.

1905 wurden in Berlin Filme wie PARISERIN IM BADE, in denen Frauen sich vollständig entkleideten, für einen Herrenabend zugelassen: »Männliche Zuschauer über 18 Jahre werden an den Vorstellungen nichts Anstößiges finden.«[37] 1907 wurden in Berlin die pikanten Filme DIE REGENDUSCHE ODER SUSANNE IM BADE und DURCH DAS LICHT GESEHEN als unsittlich erkannt und der Kinematographenbetreiber zu einer Geldstrafe verurteilt.[38] In München wurden pikante Streifen zumeist verboten, etwa der auf dem Oktoberfest gezeigte Film ER WILL BEZAHLT SEIN. Der Kriminalschutzmann, der die Vorstellung beanstandete, hat die Handlung überliefert: »Ein Handwerker kommt zu einer Dame und bringt die Rechnung. Die Hausfrau geht mit ihm ins Nebenzimmer. Ein zweites Bild zeigt die beiden ausgezogen im Bett, wie sie sich abküssen. Die Rechnung wird dann quittiert.«[39] Da der Inhalt der beanstandeten Filme auch in den Presseberichten nie detailliert angegeben wird, ist eine Einschätzung der Zensurpraxis und deren Begriffsbestimmung in Bezug auf frivole, pikante, obszöne und unsittliche Filme sehr schwierig.[40]

Mitte 1910 wurde ein 200 Mitglieder umfassender Kreis von Lebemännern, Mitglieder der besten Gesellschaft Berlins, die sich von einem Kinobesitzer gegen drei Mark Eintritt ›obszöne Bilder‹ vorführen ließen, ausgehoben. *Der Kinematograph* weist darauf hin, dass es sich um französische Filme gehandelt habe, die exklusiv für Japan bestimmt waren – der schmutzige Rest seien Amateuraufnahmen gewesen, was man eindeutig an der eigenartigen Perforation erkennen könne. »Man wird gewiß keinem, die Landessitten respektierenden Exporteur vorwerfen, wenn er für seine exotischen Kunden das bringt, was eben dort verlangt wird und ohne weiteres gestattet ist. Gegen eine Verbreitung in unseren Ländern wird man sich allerdings mit Recht wehren.«[41]

Im Mai 1906 führte Berlin als erste preußische Gemeinde die präventive Filmzensur ein. 1913 hatten die Zensurbehörden interne Richtlinien auch für die pikanten Filme erarbeitet. Beanstandet wurden nun »unsittliche« Vorgänge und Handlungen sowie Darstellungen, die als »lüstern, geschlechtlich anregend, unanständig oder anstößig – Entkleidung – geringe Bekleidung – im Bett – Verführung – Andeutung oder Hinweise auf geschlechtliche Vorgänge – aufdringliche Ehebruchschilderungen – unanständige und anstößige Tänze: Apachentänze, Schiebetänze u. dergl.« beschrieben wurden.[42] Nackte Körper wurde aber nicht immer als unmoralisch angesehen, wohl aber Umarmungs- und Kussszenen sowie die Darstellung des Ehebruchs. Spätestens zu diesem Zeitpunkt dürfte die Blütezeit des pikanten Films zu Ende gewesen sein.[43]

Pikante Filme kamen anfänglich vor allem aus Paris; Pathé vertrieb sie als »scènes grivoises d'un caractère piquant«.[44] Ob es in Deutschland eine größere Produktion gab, ist nicht bekannt. Oskar Messter etwa führte 1898 mit IM ATELIER nur ein einziges »pikantes Bild« in seinem Katalog: »Ein excentrischer Maler empfängt sein Modell, ein junges Mädchen mit hübschem Gesicht und wundervoller Figur, hilft ihr beim Entkleiden, wobei er seine komische Mimik ausführt, zum Schluss des Bildes stellt er mehrere Posen mit ihr.«[45] Nicht überliefert ist, ob sie sich ganz auszog: Ado Kyrou gibt an, dass vollständige Entkleidungsszenen erst einige Jahre nach Einführung der Kinematographie auftraten; bis dahin habe man sich mit einem eng anliegenden hautfarbenen Trikot beholfen, das von den Dichtern als »maillot d'amour« besungen wurde.[46]

Jeanpaul Goergen

In Wien gründete um 1906 der Fotograf und Kameramann Johann Schwarzer (1880–1914) das ›Atelier pour films piquants‹ Saturn.[47] In einem reich bebilderten Katalog von etwa 1906/07 heißt es:

> Unsere Firma hat sich, in richtiger Erkenntnis der verminderten Schaulust des Publikums, entschlossen, den P. T. Kinematographen Gelegenheit zu geben, sich diejenigen Bilder, welche am heutigen Tage wohl am meisten verlangt werden, nämlich ›pikante‹ Bilder, auf leichte Weise zu verschaffen. Wohl war sich unsere Firma der großen Schwierigkeiten bewußt, die sich der Erzeugung derartiger Bilder entgegenstellen, doch baute sie fest auf den Takt der P. T. Kunden, daß dieselben unsere Bilder nicht in Misskredit bringen werden, was dadurch sehr leicht geschehen könnte, wenn unsere Films, gegen die Polizeivorschrift, in öffentlichen, Kindern und Damen zugänglichen Vorstellungen gezeigt würden. (...) Wir machen an dieser Stelle darauf aufmerksam, daß unsere Films rein künstlerischer Tendenz sind und wir auf das peinlichste vermeiden, der Schönheit durch Geschmacklosigkeit Abbruch zu tun.

Die Saturn produzierte von 1906 bis 1910; ihre Kataloge waren auf Deutsch, Spanisch, Französisch und Englisch zu haben, was die internationale Verbreitung der Filme belegt. In BADEN VERBOTEN (1906/07) etwa planschen drei junge Mädchen in einem Waldsee: »Während sich dieselben im Evakostüm vergnügt im Wasser tummeln, erscheint zu ihrem Schreck ein Hüter der öffentlichen Ordnung und führt die drei Mädchen, uns über ihr Schicksal im Ungewissen lassend, durch den Wald ab.« In einem anderen Streifen führen drei junge Mädchen JUGENDSPIELE (1906/07) auf einer Waldwiese auf: »Dieser Film ist durch die darin vorkommenden reizenden Posen sehr empfehlenswert.« Der erste, knapp zwei Minuten lange Teil »Cricket und Reifenspiel« (1906/07) kostete 54 Kronen, die viragierte Fassung gab es für zusätzliche 12 Kronen. Auch längere Filme mit elaborierterer Handlung wurden angeboten, etwa der Vierakter DIE SKLAVEREI IM ORIENT (1906/07).[48] 1911 beschwerten sich Deutschland, Großbritannien, Italien und Japan beim Außenministerium in Wien über die Einfuhr obszöner Filme der Saturn-Produktion. Daraufhin wurden deren Filme zum Teil konfisziert, zum Teil mit erheblichen Schnittauflagen versehen.[49] Aus dem Film WIE DER HERR, SO DER DIENER (1908–1910) wurden beispielsweise die folgenden Einstellungen konfisziert: »die Szene zwischen Frau und Offizier vom Moment des Entkleidens bis zum Schluss dieser Szene, ferner jene Szene, die sich zwischen dem Stubenmädchen und Diener abspielt, wobei das

erstere auf dem Diwan sitzt und der letztere es auf seinen Schoß nimmt.«
Die Saturn-Filme gehören heute »zu den ältesten erhalten gebliebenen Filmdokumenten« der österreichischen Filmgeschichte.[50]

Das Themenrepertoire der pikanten Filme ist limitiert: der Maler und sein Modell, Badeszenen, Haremsgeschichten, Schlafzimmerepisoden. Oft unter einfachsten Bedingungen produziert, wackeln die Kulissen und die Requisiten fallen um. In dem Versuch, Nacktszenen in eine Art Spielhandlung zu kleiden, greifen die pikanten Filme vor allem auf das etablierte Genre der Komödie zurück. DIE MACHT DER HYPNOSE (1908–1910) setzt Motive des Kriminalfilms ein: Der auf ein erotisches Abenteuer erpichte Kunde wird hypnotisiert und ausgeraubt, das ersehnte Spektakel entgeht ihm. Die Zuschauer dagegen sehen den Striptease einer Frau – auch ein *clin d'œil* in Richtung auf das Publikum dieser Filme: Die Gier nach unerhörten Sensationen ist groß, und zum Schluss ist man sein Geld los, ohne dass die Erwartungen erfüllt werden. BESUCH BEIM KUNSTMALER (etwa 1905–1910) visualisiert die männliche Doppelmoral sinnfällig durch das Arrangement zweier Handlungsabläufe in einer Einstellung: Ein gutbürgerliches Ehepaar will ein Bild kaufen. Während der Kunstmaler der ahnungslosen Gattin das Tableau erklärt, nimmt ihr Mann hinter einem Wandschirm das nackte Modell in seine Arme. Auch in LEBENDER MARMOR (1908–1910) wird die Doppelmoral eines Spießbürgers aufs Korn genommen. In der Öffentlichkeit weigert er sich entrüstet, pikante Postkarten zu betrachten; allein mit einer wohlgeformten weiblichen Statue, die heimlich durch ein lebendes Modell ersetzt wurde, entpuppt er sich aber als ebenso lüstern wie seine Freunde.

Leider sind die pikanten Filme größtenteils nur fragmentarisch überliefert. Viele Streifen wurden häufig mit einer festen Kameraposition in einer Dekoration gedreht. Einige Filme zeigen aber auch wohl überlegte Einstellungen und Szenenanschlüsse. MACHT DER HYPNOSE (1908–1910) besteht bei einer Gesamtlänge von 130,6 Metern aus fünf Einstellungen (27/31,1/24,3/17,3/28,3 m) in der gleichen Dekoration. Die Schnitte liegen meist beim Auf- und Abtritt der Darsteller, aber auch in der Szene selbst, hier etwa beim Übergang von Einstellung zwei auf drei beim Entkleiden der Frau. In der zweiten Einstellung von BEIM PHOTOGRAPHEN (1908–1910) ist der Schnitt fast unsichtbar dort angesetzt, wo der Fotograf die Hand hebt, um dem Modell anzuzeigen, dass es jetzt still sitzen muss, in einer Situation also, in der die Szene von der Handlung her ›eingefroren‹ ist (Abb. 4); ähnlich auch in LEBENDER MARMOR im Schnitt von der dritten zur vierten Einstellung, als der Mann, allein mit der nackten Statue, einen Fensterladen schließt und mit dem Rücken zum Publikum

Jeanpaul Goergen

Abb. 4: BEIM PHOTOGRAPHEN (Saturn-Film, 1908–1910)

stehend, in der Bewegung innehält. Kleinere Schwenks finden sich vor allem in den Filmen, die im Freien spielen, etwa in EINE AUFREGENDE JAGD (Abb. 5 u. 6). Dieser nur als Fragment überlieferte Film besteht immerhin aus neun verschiedenen Einstellungen.

Die Einstellungen sind, soweit sich das wegen der schlechten Kopienüberlieferung überhaupt sagen lässt, durchweg sehr lang, zwischen 25 und 35 Meter, und fast immer als Totale aufgenommen. In dem offenbar vollständig erhaltenen Film DER HAUSARZT (1908–1910), der bei 126,5 Metern aus fünf Einstellungen (24,6 / 33,9 / 34,7 / 23,8 / 9,3 m) besteht, sind zwei Einstellungen auch halbnah aufgenommen: Szenen, in denen der Arzt die angeblich Kranke untersucht, die aber nur auf ein amouröses Abenteuer spekuliert (Abb. 7). Es ist der einzige Film dieses Korpus, der mit verschiedenen Einstellungsgrößen arbeitet.

Bemerkenswert an den pikanten Filmen ist auch das von frischer Lebendigkeit und ungestellter Natürlichkeit geprägte Spiel der Frauen, das auffallend mit dem zumeist ernsten und fast verbissenen Auftreten der Männer (die zudem nie nackt gezeigt werden) kontrastiert. So spiegeln die pikanten Filme der Kaiserzeit die Moralvorstellungen der Gesellschaft vor dem Ersten Weltkrieg,[51] der sich auch in diesen Filmen ankündigt. In WEIB-

Der pikante Film

Abb. 5 u. 6: EINE AUFREGENDE JAGD (Saturn-Film, 1906/07)

Jeanpaul Goergen

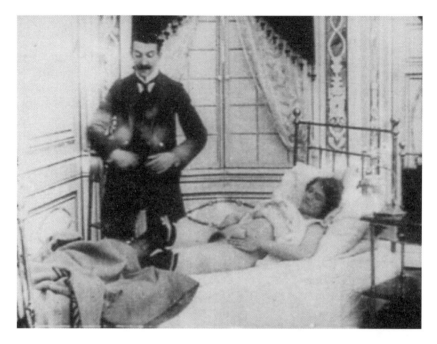

Abb. 7: DER HAUSARZT (Saturn-Film, 1908–1910)

LICHE ASSENTIERUNG (1908–1910) werden Frauen auf ihre Diensttauglichkeit geprüft. Während die Offiziere ohne eine Miene zu verziehen die Frauen begutachten – sie müssen sich ausziehen und vermessen lassen –, brechen diese immer wieder in helles Gelächter aus, und die Befehle zum Strammstehen verpuffen an ihrer ungebändigten Vitalität. So durchbrechen sie die an sich peinliche Situation und veralbern zudem die Männerrituale des Militärs.

1 Der vorliegende Beitrag wurde 1998 geschrieben. Nicht berücksichtigt ist daher die Publikation des Buches und der Video-Edition von Michael Achenbach, Paolo Caneppele und Ernst Kieninger: *Projektionen der Sehnsucht. Die erotischen Anfänge der österreichischen Kinematografie.* Wien 1999. Für Hinweise bedanke ich mich bei Michael Achenbach, Herbert Birett, Ernst Kieninger, Martin Loiperdinger, Helmut Regel, Walter Seidler und Michael Wedel. — 2 Auszug aus einem hektographierten Handelskatalog in: Paul Werner: *Die Skandalchronik des deutschen Films,* Bd. 1: *Von 1900 bis 1945.* Frankfurt/M. 1990, S. 33. —

3 Vgl. Norbert Jacques: Kino-Pornographie. In: *Die Schaubühne*, 10. Jg., Nr. 5, 29.1.1914, S. 134–136 über die Vorführung von pornografischen Filmen in einem ›Cinematografo para hombres solo‹ in Buenos Aires. 1911 wird aus Barcelona gemeldet, dass »ein berüchtigtes dortiges pornographisches Exportgeschäft den Versand von pornographischen Films für Kinematographentheater in Deutschland und dem übrigen Ausland aufgenommen [hat]. Die Films stellen einen nicht auszusprechenden Grad von sexuellem Schmutz dar.« Anon.: Pikante Films. In: *Die Lichtbild-Bühne*, Nr. 35, 2.9.1911, S. 18. — **4** Klaus Kreimeier zitiert eine Schilderung von Herman G. Weinberg aus den Umbruchsjahren 1918/19 über die degeneriertesten Nachtlokale Europas in Berlin, »wo man pornographische und halbpornographische Filme zeigte, vor einem Publikum, das sich nicht selten Domino-Masken aufsetzte, um nur nicht erkannt zu werden.« Klaus Kreimeier: *Die Ufa-Story. Geschichte eines Filmkonzerns.* München und Wien 1992, S. 61. — **5** Vgl. Linda Williams: *Hard Core. Macht, Lust und die Traditionen des pornographischen Films.* Basel und Frankfurt/M. 1995. Dort auch die Beschreibung von drei der frühesten Sex-Kurzfilme aus der Kinsey-Sammlung, darunter der aus Deutschland stammende Streifen AM ABEND. Die Datierung auf ca. 1910 dürfte aber wegen der zahlreichen wechselnden Einstellungen zu früh angesetzt sein. An Erotika-Sammler richtet sich der Band von D. M. Klinger: *Die Frühzeit des erotischen Films.* Nürnberg 1991. — **6** Kurt Tucholsky: Erotische Films. In: *Die Schaubühne*, 9. Jg., Nr. 37, 11.9.1913; abgedruckt bei Jörg Schweinitz (Hg.): *Prolog vor dem Film. Nachdenken über ein neues Medium 1909–1914.* Leipzig 1992, S. 51–54. Dass pornografische Szenen zum typischen Programm der Varieté- und Zirkus-Phase des Kinos der Kaiserzeit gehörten, wie Thomas Brandlmeier schreibt, ist aber nicht belegt. Vgl. Thomas Brandlmeier: Lachkultur im Kino. In: Corinna Müller, Harro Segeberg (Hg.): *Die Modellierung des Kinofilms. Zur Geschichte des Kinoprogramms zwischen Kurzfilm und Langfilm (1905/06–1918).* München 1998, S. 77–95, hier: S. 79. — **7** Gabriele Kilchenstein: *Frühe Filmzensur in Deutschland. Eine vergleichende Studie zur Prüfungspraxis in Berlin und München (1906–1914).* München 1997, S. 98 ff., 136 ff., 151 ff., 249 ff. — **8** Kurze Erwähnungen bei Ado Kyrou: *Amour-Érotisme & Cinéma.* Paris 1966; Lo Duca: *Die Erotik im Film.* Basel o.J. Vgl. a. *Film-Fund. Wiederentdeckt – Neu gesehen*, Nr. 56, 26.9.1997, Informationspapier zur Aufführung von »pikanten Filmen der Kaiserzeit« im Zeughauskino des Deutschen Historischen Museums, Berlin; Jeanpaul Goergen: »Unsere Films sind rein künstlerischer Tendenz«. Pikante Filme der Kaiserzeit. In: *Filmblatt.* Nr 6, Winter 1997, S. 14–17. — **9** Otto Basler: *Deutsches Fremdwörterbuch.* Berlin 1942, Bd. 2, S. 526 ff. — **10** Jeanpaul Goergen: *Das Jahr 1896. Chronik der Berliner Kinematographen (mit einem Ausblick auf das Jahr 1897).* Siegen 1998, S. 81. — **11** Jeanpaul Goergen: Der Kinematograph Unter den Linden 21. Das erste Berliner »Kino« 1896/97. In: *KINtop 6*, 1997, S. 143–165, hier: S. 165, Anm. 126. — **12** Kyrou: *Amour-Érotisme*, a.a.O. (wie Anm. 8), S. 23 f. — **13** Goergen: *Das Jahr 1896*, a.a.O. (wie Anm. 10), S. 102. — **14** Ebd., S. 113–116, hier: S. 114 f. — **15** Ebd., S. 117. — **16** Vermischtes. In: *Der Komet*, Nr. 653, 25.9.1997, S. 5. — **17** *Der Artist*, Nr. 610, 18.10.1896 (Anzeige, das *Wiener Tageblatt*, Nr. 277 vom 8.10.1896 zitierend). Vgl. a. *Der Artist*, Nr. 609, 11.10.1896 (Anzeige). — **18** Vgl. Goethe-Institut München (Hg.): *Oskar Messter. Ein deutscher Filmpionier.* München 1995 (Informationsblatt zu einer Filmreihe). — **19** Vgl. Rainer Wick (Hg.): *Die erotische Daguerreotypie.* Weingarten 1989. — **20** Ebd., S. 15 f. — **21** Michael Köhler: *Ansichten vom Körper. 150 Jahre Aktfotografie.* Kilchberg und Zürich 1986 ff., S. 11. Vgl. Michael Köhler, Gisela Barche (Hg.): *Das Aktfoto. Ansichten vom Körper im fotografischen Zeitalter. Ästhetik. Geschichte. Ideologie.* München 1986 ff. — **22** Ebd., S. 19. Vgl. Jean-Dominique Lajoux: Marey, Muybridge et les femmes. In: *Actes du coloque Marey/Muybridge. Pionniers du Cinéma.* Beaune 1996, S. 90–119. — **23** Ebd., S. 31, vgl. auch S. 57. — **24** Ebd., S. 162. — **25** Henri Bosquet, Riccardo Redi: »Pathé Frères. Les films de la production Pathé 1896–1914, Teil 1«. In: *Quaderni di Cinema*, 8. Jg., Nr. 37, Februar-März 1988, S. 77. — **26** Friedrich v. Zglinicki: *Der Weg des Films.* Berlin 1956, Bildteil. — **27** Pikante Films, Polizei und Kurzschluß. In: *Die Lichtbild-Bühne*, Nr. 19,

Jeanpaul Goergen

13.5.1911, S. 8. — **28** Carl Döring: Berliner Kinematographen-Theater. In: *Der Kinematograph*, Nr. 16, 17.4.1907. — **29** Emil Perlmann: Auswüchse. In: *Der Kinematograph*, Nr. 24, 12.6.1907. — **30** *Der Kinematograph*, Nr. 2, 13.1.1907. — **31** *Der Kinematograph*, Nr. 52, 25.12.1907. — **32** Albert Hellwig: *Schundfilms. Ihr Wesen, ihre Gefahren und ihre Bekämpfung.* Halle a. d. Saale 1911, S. 31. — **33** Kilchenstein: *Frühe Filmzensur*, a. a. O. (wie Anm. 7), S. 140. — **34** *Der Komet*, Nr. 659, 1897. — **35** Kilchenstein:*Frühe Filmzensur*, a. a. O. (wie Anm. 7), S. 136 f. — **36** Jeanpaul Goergen: Lebende Geschäftsreklame. 100 Jahre deutscher Werbefilm. In: *film-dienst*, 50. Jg., Nr. 26, 23.12.1997. — **37** Kilchenstein: *Frühe Filmzensur*, a. a. O. (wie Anm. 7), S. 150. — **38** Wieder eine Bestrafung. In: *Kinematographische Rundschau*, Nr. 10, 15.6.1907, S. 3. — **39** Kilchenstein: *Frühe Filmzensur*, a. a. O. (wie Anm. 7), S. 288. — **40** Bei einem Prozess in Berlin im Jahre 1905 wurden pikante Filme – überwiegend von Pathé – für unzüchtig erklärt. Das Gericht verhängte aber nur geringe Geldstrafen, da »nicht sehr große Anstößigkeiten« vorlägen. (*Der Komet*, Nr. 1081, 1905) Vgl. die angeführten Presseberichte über die Beschlagnahmung pikanter Filme sowie: Ein Kino-Herrenabend in Berlin. In: *Die Lichtbild-Bühne*, Nr. 32, 12.8.1911, S. 12. — **41** Das Kino der Lebemänner. In: *Der Kinematograph*, Nr. 176, 11.5.1910. Vgl. auch: Pikante Films. In: *Die Lichtbild-Bühne*, Nr. 31, 2.8.1913, S. 28 f. über das Ausheben einer Berliner Filmfabrik, die hinter verschlossenen Türen obszöne Filmaufnahmen herstellte. Über einen Prozess gegen die Hersteller unzüchtiger Filme im August 1910 in Dresden vgl. *Der Kinematograph*, Nr. 187, 27.7.1910. Ein ausführlicher Bericht in: *Der Kinematograph*, Nr. 189, 10.8.1910: »Der Fall steht in der Kriminalistik bisher einzig da und erregt großes Aufsehen. Inkriminiert sind 18 Films, meist in den Moritzburger Forsten aufgenommen, mit Titeln wie: Haremsfreuden, Geraubte Unschuld, Das unfreiwillige Bad, Der unbarmherzige Strolch, Lesbische Liebe, Mönch und Nonne, Die Schmetterlingsjagd, Die Heidelbeersucher usw. Die betreffenden Personen erhielten dafür 5 – 10 Mk. für die Aufnahme.« Die beiden Hauptangeklagten erhielten 5 Monate Gefängnis, die übrigen 21 Angeklagten (Modelle und andere) Geldstrafen zwischen 20 und 200 Mk. »Dem Einwand der Angeklagten, daß bei verschiedenen Bildern der humoristische Ton vorwiege, wurde nicht stattgegeben, da dieser nicht der Grundton sei, vielmehr ausschlaggebend lediglich die geschlechtliche Beziehung gewesen war. Alle inkriminierten Films erschienen geeignet, das Schamgefühl dritter Personen, insbesondere von Minderjährigen und Frauen, zu verletzen. Ferner wurde ihr Einwand, die Bilder würden nur auf Herrenabenden vorgeführt, wo Frauen und Kinder nicht zugelassen seien, als unbeachtlich verworfen, da unser Strafgesetz schon die Herstellung solcher Films verbiete, es also gleichgültig sei, wie und wo sie später in Gebrauch genommen würden.« Anon.: Die unzüchtigen Kinematographenfilms. In: *Der Kinematograph*, Nr. 217, 22.2.1911. Die Revision vor dem Reichsgericht Leipzig wurde verworfen, vgl. das Urteil vom 14.2.1911, Aktenzeichen: 4 D 1104/10. — **42** Kilchenstein: *Frühe Filmzensur*, a. a. O. (wie Anm. 7), S. 174. — **43** Allerdings werden noch Anfang 1919 offenbar von privater Seiten 400 Meter gut erhaltene »äußerst pikante Films« zum Verkauf angeboten, u. a. AMALIENS NEBENVERDIENST, ZWEI PERVERSE SCHÖNHEITEN, DIE KEUSCHHEIT IN DER KLOSTERZELLE, DER HAREM DES SULTANS und DIE RACHE DER FRAU HAUPTMANN (Anzeige in: *Die Lichtbild-Bühne*, Nr. 7, 15.2.1919, S. 264). Die beiden letzten Filme werden auch von Kurt Tucholsky in seiner Reportage »Erotische Filme« von 1913 (vgl. Anm. 6) beschrieben. Anfang 1908 heißt es in Bezug auf Berlin, dass alle Filme, die »auch nur einen leisen Stich ins Pikante« haben, dem Polizeipräsidium am Alexanderplatz vorgelegt werden müssen. Vgl. Karl Döring: Berliner Ragout fin cinématographique. In: *Der Kinematograph*, Nr. 63, 11.3.1908. — **44** Bosquet, Redi: *Pathé Frères*, a. a. O. (wie Anm. 25). Zu den pikanten Filmen von Méliès siehe Kyrou: *Amour-Érotisme*, a. a. O. (wie Anm. 8), S. 27. Zur Verbreitung der pikanten Filme von Pathé siehe Herbert Birett: *Das Filmangebot in Deutschland 1895–1911*. München 1991, insbesondere die Einträge 310, 788, 818, 1065, 1160, 1162, 1171, 1571, 1583, 1988, 2460, 2472, 2976, 3062, 3063, 3586, 3693, 3695, 4272, 4646, 9327, 10222, 12385, 12403, 12478, 12479, 13163, 13186,

13528, 14882, 14935, 14937, 16798. Die pikanten Szenen von Pathé wurden mit dem Hinweis »Kinder müssen nicht zugelassen werden« angekündigt. Pikante Filme von Gaumont: 3922, 11308, 11309. Andere Produzenten: 2682, 2880, 4814, 6578, 8820, 8969, 9556, 10266, 15776, 16756. — **45** *Special-Catalog No. 32 von Ed. Messter,* Berlin 1898 (Reprint). Basel und Frankfurt/M. 1995 [= KINtop Schriften 3], Nr. 6, S. 69. Vgl. auch S. 78, Katalog Nr. 51. — **46** Kyrou: *Amour Erotisme,* a. a. O. (wie Anm. 8), S. 25. — **47** Walter Fritz: *Im Kino erlebe ich die Welt. 100 Jahre Kino und Film in Österreich.* Wien und München 1997, S. 26. — **48** »*Saturn*«*. Atelier pour films piquants.* Wien, o. J. [nach September 1907], Katalog. — **49** Konfiszierte Saturn-Films. In: *Der Kinematograph,* Nr. 220, 15.3.1911. — **50** Fritz: *Im Kino erlebe ich die Welt,* a. a. O. (wie Anm. 47), S. 25. Vgl. Michael Achenbach, Paolo Caneppele: The erotic beginnings of Austrian cinematography. In: *Journal of Film Preservation,* Nr. 57, Dezember 1998, S. 13 f. — **51** Vgl. Heide Schlüpmann: *Unheimlichkeit des Blicks. Das Drama des frühen deutschen Kinos.* Basel und Frankfurt/M. 1990. Schlüpmann geht nur am Rande auf die pikanten Filme ein, siehe insbesondere S. 26 f., 35 und 90 ff.

Thomas Brandlmeier

Frühe deutsche Filmkomödie 1895–1917

Alle Filmgeschichtsschreibung in Deutschland beginnt – nolens volens – bei Skladanowsky. Das Wintergarten-Programm der Gebrüder war aufs internationale Varieté ausgerichtet: Exotisches, Fremdländisches, Groteskes. Kein deutscher Volkstanz, sondern italienischer Bauerntanz und Kosakentanz; keine Pferde- oder Hundedressur, sondern »Känguruh-Boxen«; kein Turnvater Jahn, sondern »komisches Reck«. 1896 drehen sie kleine inszenierte Szenen mit komischem Verlauf. Nicht das Oktoberfest in München oder der Zoo in Berlin sind als Handlungsorte gewählt, sondern das Tivoli in Kopenhagen und der Tiergarten zu Stockholm. Berühmt ist die Szene vor dem Tivoli: In mehreren gegenläufigen Bewegungen wird geschickt die Kollision einer Gruppe Vergnügungssüchtiger inszeniert; Höhepunkt ist ein Radfahrer, Max Skladanowsky selbst, der schräg aus der Bildtiefe kommend die Stolpernden und Streitenden niedermäht. So treudeutsch sich die Brüder später im Skladanowsky-Streit geben mochten, ihre Anfänge waren international gesinnt.

Konformismus und Komödie

Die Jahre des Varieté- und Zirkuskinos waren auf Verschleiß der Kopien ausgerichtet. Wenig ist uns deshalb erhalten, in Deutschland einiges von Skladanowsky, Seeber und anderen, das meiste von Messter. Mehr als ein Jahrzehnt Filmgeschichte liegt in einem ziemlichen Dunkel. Ein Versuch, aus dem Wenigen rückzuschließen, lässt für das deutsche Kino zwei Tendenzen erkennen: zunächst eine Fortsetzung des Exotischen, Sensationellen, Ungewohnten. TANZ DER SALOMÉ (1906, Erstfassung 1902[1]), DIE SCHLANGENTÄNZERIN (1909), TILLY BÉBÉ – DIE BERÜHMTE LÖWEN-BÄNDIGERIN (1908), APACHENTANZ (1906), AKTSKULPTUREN (1903), NACH DER REITÜBUNG (1906). Tilly Bébé, die mit ihren Raubtieren durch ganz Deutschland tourte, besaß die Berühmtheit einer Mae West des Kaiserreichs. Wo immer sie auftauchte, überschlug sich die Lokalpresse in sensationslüsternen Berichten. Ihre Mischung aus Raubtierdressur und Domina-Erotik bediente das Verdrängte und Verbotene. Der Tilly Bébé-Film von

Frühe deutsche Filmkomödie 1895–1917

1908 ist ein schon relativ spätes Beispiel, steht aber thematisch am deutlichsten für eine eskapistische Tendenz, die aus einer erlaubten beziehungsweise tolerierten Sphäre der Unterhaltungsindustrie ins Kino hinübergewachsen ist.

Die Entwicklung des Komischen im deutschen Kino ist in eine andere Tendenz eingebettet, die sich mit demselben Recht aus der deutschen Unterhaltungsindustrie herleitet und eine klassische tabuverletzende Sphäre ins Affirmative, Gefällige, Gewöhnliche umlenkt. Die Messter-Produktion spielt hier die zentrale Rolle. Das früheste erhaltene Dokument ist AUF DER RENNBAHN IN FRIEDENAU von 1904 mit dem populären Varieté-Darsteller Robert Steidl. Dieser gibt eine routinierte Rüpelnummer, die auf einem klassischen Theatercoup beruht. Die Menge der Zuschauer vor der unsichtbaren Radrennbahn mimt durch rhythmisches Schwenken der Körper und Köpfe Publikum und Rennbahn zugleich. Steidls komische Kunst besteht darin, sich durch die wogenden Körperrümpfe nach vorne zu schaukeln. Natürlich steigert sich das Schaukeln zum Drängeln und Schubsen. Das Ganze dauert gerade mal vier Minuten. 1920 entsteht Karlheinz Martins VON MORGENS BIS MITTERNACHTS. Auf der Radrennbahn übernimmt Martin die teichoskopische Anordnung. Das Schaukeln der Massen wird jetzt offen bedrohlich, entlarvt, was der schnarrende, preußisch-berlinernde Ton der Steidl-Szene schon ankündigt: Diese Massen sind zu allem fähig.

Die Messter-Produktion ist reich, sie kauft alles ein, was als gut und teuer gilt. Die Tonbilder zeigen Opernstars mit populären Arien, aber auch die Spitzenverdiener des deutschen Varieté-Betriebs. Josef Giampietro ist mit dem Couplet »Komm, Du kleines Kohlenmädchen« vertreten, Alexander Girardi mit dem Fiakerlied. Die beiden Österreicher gehören zu den Superstars der Epoche, sie karikieren sie ebenso wie sie deren offizielle Schneidigkeit einzigartig zu verkörpern wussten. »Der Wiener Giampietro konnte einen preußischen Offizier genau so gut spielen wie einen österreichischen (...) Giampietro war künstlerisch verliebt in die Offizierstypen der Vorweltkriegszeit.«[2] Im ganzen Reich berühmt war sein Refrain »Donnerwetter, Donnerwetter, diese Kerle. Jeder einzelne von ihnen eine Perle! Donnerwetter, Donnerwetter, tadellos!« Wie Giampietro war Girardi ein scharfer Karikaturist, der dennoch fest im Ancien Régime verwurzelt war: »In Girardi lebte noch der Glaube. In ihm sammelte sich die bejahende Kraft, die der Zersetzung ebenso in Gefühlsseligkeit wie in nihilistischer Witzelei sich entgegensetzte.«[3]

Messters Filmproduktion beginnt mit Bildern vom Kaiser. Systemtreue und Geschäftssinn gehen eine selbstverständliche Verbindung ein. Wie kein zweiter ist Messter mit seinen Filmen in die Unterhaltungsindustrie der

Thomas Brandlmeier

Epoche eingebunden. Seine Schärfe übersteigt nie die Grenzen des sozialen Konsenses. Gerhard Dammann und Bobby, der bis heute sein Inkognito zu wahren wusste,⁴ wurden seine komischen Hausstars. MERICKE AUS NEURUPPIN KOMMT NACH BERLIN (1911, Regie: Adolf Gärtner) scheint der einzig erhaltene frühe Dammann-Film zu sein. Der Film gibt sich großstädtisch-weltläufig: der Provinzler als komische Figur in den Fallstricken der Metropole. Doch der Schein trügt. Die Straßenszenen funktionieren noch als objektiver Maßstab eines komischen Zivilisationsgefälles, aber spätestens im Restaurant entlarvt sich die Entlarvungskomik selbst als provinzielle Denunziation: Der Kerl hat keine Manieren. »Deutsche Bierbauchkomik« resümiert 1923 Hans Siemsen in der *Neuen Schaubühne*. Die Formulierung ist vielleicht etwas hart, trifft aber den entscheidenden Punkt. Dammann, einer der populärsten deutschen Filmkomiker damals, wurde bewusst als »deutsch« im Gegensatz zu »grotesken Farcen (...) und albernen Hanswurstiaden« verkauft.⁵

Die Messtersche Komödien-Produktion war in ihren eigenständigen Erfindungen die deutsche herrenwitzelnde Variante der frühen Filmkomödie. Die ersten Anfänge kann mangels erhaltener Beispiele leider nur ein Blick in die Literatur überbrücken. Der Messter-Katalog von 1898 liefert eine Inhaltsangabe des Films DER KAMPF UMS DASEIN: »Auf dem Corridor eines Hotels ist die Thür eines Gastzimmers und daneben die Toilette erkennbar, letztere wird durch einen Gast betreten, hierauf erscheint der Herr aus dem Nebenzimmer, um gleichfalls diese zu besuchen, findet die Thür 00 jedoch verschlossen, ängstliche Pein und Aergerniss drückt sich im Gesichte dieses Gastes aus, dasselbe wiederholt sich bei dem vergeblichen Versuch eines anderen Herren, der nur mit Hosen bekleidet, ungeduldig an der Thür klopft. Endlich tritt der erste Herr aus No. 00 heraus und im selben Momente stürzen sich beide anderen Herren auf die Thür, es entsteht eine Prügelei und der mit dem Kaffeegeschirr herzutretende Kellner wird angerempelt und stürzt. Ein äusserst humoristisches Sujet, welches stets zum Lachen reizt, das Bild ist tadellos.«⁶ DER KAMPF UMS DASEIN – hinter dem sozialdarwinistischen Titel verbirgt sich unübersehbar ein Musterbeispiel dessen, was Freud um 1905 als Analsadismus analysiert hat.

Diese deutsch-herrenwitzige Linie setzt sich in den erhaltenen Messter-Komödien um 1910 fort. SCHWIEGERMUTTER MUSS FLIEGEN (1909) ist ein Schwiegermutter-Witz um die Über-Mutter, die überall die Oberhand haben muss und bei der neuesten technischen Errungenschaft, dem Fliegen, Opfer ihrer eigenen Ambitionen wird. EINE BILLIGE BADEREISE (1911) hat bezeichnenderweise das Ehepaar »Bier« als Protagonisten. Herr Bier, der die Rechnung im Kurhotel nicht bezahlen kann, wettet mit drei anderen Herren am Tisch um 300 Mark, dass es ihm als Erstem gelingt, die Aufmerksamkeit der Dame am Nebentisch zu erwecken. Das Spiel mit der Libertinage platzt plump, da die Dame am Nebentisch seine eingeweihte Ehefrau ist. Einem ähnlichen Muster gehorcht EIN GUTES GESCHÄFT (1911). Ein kleiner Gauner mogelt sich durch, indem er einen Hund stiehlt und dann die Belohnung für die Wiederfindung kassiert, in einem Restaurant angeblich verdorbenes Essen reklamiert und in einem Bekleidungsgeschäft mit Vorbedacht seine alten Klamotten ruiniert. Das sozial kontroverse Element des Komischen ist hier ganz ins Putzige verkehrt. Dasselbe gilt für DAS VERZAUBERTE CAFÉ (1911), wo ein Schlafwandler ein Café demoliert, den Schaden nicht bezahlen kann und an die Luft gesetzt wird.

Selbstentlarvende Wilhelminische Komödien sind DER ROSENKAVALIER (1911), ZUVIEL DES GUTEN (1913) und EIN NEUER ERWERBSZWEIG (1912). In DER ROSENKAVALIER wird »männliches Balzverhalten« (Heide Schlüpmann) komisch vorgeführt und zugleich verhindert. Der gockelhafte Troubadour rennt regelmäßig in die Arme Wilhelminischer Autoritäten, zum Schluss wird er von der Polizei verhaftet. Im Gefängnis malt er die nie überbrachten Rosen an die Wand. In ZUVIEL DES GUTEN liebäugelt eine Dame mit dem Erwerb eines Mopses. Prompt überbringen ihr alle Verehrer einen Mops. Die Invasion der Möpse reißt mit dem demolierten gutbürgerlichen Salon ihren Witz über männliche Balz im Stammtischformat: Die Herzensgabe wird in dieser Variante zwar überbracht, aber schlägt schenkelklopfend auf die Überbringer zurück. Der Film EIN NEUER ERWERBSZWEIG schüttet seine Häme über weibliches Begehren aus: Ein Heiratsschwindler leimt zwei alte Jungfern.

Etwas komplizierter ist die Situation bei den Messter-Produktionen der Bobby-Reihe. Bobby, der Gegenspieler von Dammann, war ein gewiefter Plagiator. Von den vier erhaltenen Filmen (BOBBY ALS DETEKTIV, 1908; BOBBY ALS AVIATIKER, 1911; BOBBY BEI DEN FRAUEN-RECHTLERINNEN, 1911; BOBBY HAT HUNDEMEDIZIN GETRUNKEN, 1911) scheinen mindestens drei ein französisches, italienisches oder englisches Vorbild zu haben. BOBBY HAT HUNDEMEDIZIN GETRUNKEN ist ein einfaches Quidproquo mit fatalen Folgen: Bobby verwandelt sich in einen bellenden und kläffenden Hund, der auf allen Vieren herumhüpft, was zu allerlei Obszönitäten Anlass gibt und ganz und gar undeutsch wirkt. Tatsächlich sind frühere italienische und französische Grotesken mit Pferdemedizin und ähnlichem Verlauf aktenkundig.[7] BOBBY BEI DEN FRAUEN-RECHTLERINNEN zeigt Bobby, als Frau verkleidet, auf einer Suffragetten-Versammlung. Er ergreift schließlich das Wort und hält eine zündende Rede, die die versammelte Weib-

Thomas Brandlmeier

lichkeit in brandenden Aufruhr versetzt. Im Eifer des Gefechts verrutscht allerdings die Verkleidung und der entlarvte Mann wird von den erbosten Suffragetten in wilder Jagd querfeldein gehetzt. Die Suffragetten-Groteske ist eine genuin englische Erfindung, die hier exploitiert wird. Auch der fürs deutsche Kino ungewöhnliche Plot von BOBBY ALS AVIATIKER erinnert an zahllose französische und italienische Komödien: Bobby konstruiert aus zweckentfremdetem Haushaltsgerät ein Flugzeug, das prompt abstürzt und explodiert. Bobby, in Rumpf und Glieder zerfetzt, wird in einer Polizeistation zwischengelagert, wo sich, in Trickfilm-Technik, die Einzelteile wieder zusammenfügen. Zum Schluss verdrückt er sich klammheimlich. Relativ eigenständig erscheint die frühe Komödie BOBBY ALS DETEKTIV (1908), die weniger grotesk als putzig wirkt.

Eine ausgesprochene Sensation innerhalb der Messter-Produktion ist AUS EINES MANNES MÄDCHENZEIT (1912), wohl der früheste Film mit dem großen Wilhelm Bendow. Bendow, unter dem Vorwand, eine Stellung als Dienstmädchen zu ergattern, liefert eine ganz undeutsche Travestie. Das Travestieschema des deutschen Kinos ist seit eh und je nicht die verführerische Täuschung, sondern die Ridikülisierung des falschen Geschlechts. Ausnahmen gibt es nur wenige, Curt Bois zum Beispiel in DER FÜRST VON PAPPENHEIM (1927) oder Wilhelm Bendow in AUS EINES MANNES MÄDCHENZEIT. Wie hier homosexueller und bisexueller Diskurs ins Kino der Kaiserzeit geriet, ist mehr als bemerkenswert. Ein Merkmal früher Filmkomödien ist das Verhaftetsein an Bühnenkonventionen. Bendow greift dies auf, indem er mit dem Publikum beziehungsweise der Kamera kokettiert. Ökonomischer Zwang (ein Job, um Geld zu verdienen) verwandelt sich so in Lust (ein Rollenspiel, um den Objekten der Begierde näher zu kommen). Die Verletzung der Normen und Hierarchien des Arbeitslebens verkehrt die alltäglichen Nöte ins Lustprinzip. Aber es ist nicht nur Bendow, der sich lustvoll als Dienstmädchen verkleidet und geil der hübschen Kollegin nachstellt, da ist auch der Diener, der der strammen Haushälterin mit Damenbart verfallen ist, und der Hausherr, der hinter dem verführerischen Bendow ›herschlawänzelt‹. Damit dieser erotische Haushalt funktioniert, muss er sich schon ziemlich weit vom Realitätsprinzip entfernen: Küche und Salon werden erotisch entgrenzt. Doch zum Schluss darf und muss wohl auch das Realitätsprinzip triumphieren: Der entlarvte Transvestit wird von der Polizei, immer wieder Inbegriff der Wilhelminischen Ordnung, abgeführt.

Der Institution der Ehe kommt in der klassischen bürgerlichen Gesellschaft eine zentrale ideologische Rolle zu, sind hier doch Erotik und Ökonomie einzigartig verknüpft. Es zeigen sich aber signifikante Unterschiede, was den Reflex dieser sakrosankten Institution in der frühen Filmkomödie betrifft, wenn man andere europäische Produktionsländer mit Deutschland vergleicht. Italien, Frankreich, England sind auf Grotesken spezialisiert, die durchaus subversiv angelegt sind. Heiratsschwindler und Ehebrecher sind auffallend häufig erotisch und ökonomisch erfolgreich.[8] Deutsche Filmkomödien kreisen dagegen um die Lieblingsfiguren des düpierten Hochzeiters und verhinderten Liebhabers. Wo illegitime Trieberfüllung in den Produktionen des europäischen Auslands gelingt, misslingt in der deutschen Filmkomödie die legitime. DER ROSENKAVALIER, ZUVIEL DES GUTEN und EINE BILLIGE BADEREISE zeigen Varianten des verhinderten Liebhabers. DER KURZSICHTIGE WILLI HEIRATET (1913) und DON JUAN HEIRATET (1909), beides Bolten-Baeckers-Filme, zeigen den düpierten Hochzeiter. Josef Giampietro, Hauptdarsteller von DON JUAN HEIRATET, spielt mit geckenhafter Noblesse den bekehrten Schwerenöter. Die Kastration des Helden, schon im Titelparadox angekündigt, erfüllt sich aufs Düsterste: Die Verflossenen rotten sich zusammen und bringen in wilder Jagd Giampietro zur Strecke. Sein Selbstmordversuch kann ihn zwar vor den Mänaden retten, aber die Staatsgewalt, die den allgemeinen Tumult beendet, sperrt Giampietro samt Braut ins Gefängnis, die Metapher vom Ehegefängnis komplettierend. DER KURZSICHTIGE WILLI HEIRATET zeigt den Helden als Opfer der Eitelkeit. Ohne Brille erscheint ihm seine Herzensdame als Blüte der Weiblichkeit. Als der Hochzeiter endlich zur Brille greift, bleibt auch ihm nur noch die Flucht.

Um die schon wiederholt angedeutete Biederkeit vieler deutscher Filmkomödien im internationalen Vergleich darzustellen,[9] seien noch ein paar Beispiele herangezogen, die nicht aus dem betont deutschen Messter-Imperium stammen. ES WÄR SO SCHÖN GEWESEN (1910) mit dem Varieté-Star Arnold Rieck, DER HAUPTMANN VON KÖPENICK (1906, Regie: Carl Bruderus) mit Karl Sonnemann und HURRAH! EINQUARTIERUNG (1913, Franz Hofer) dürfen als die ersten Beispiele der deutschen Militärklamotte gelten. ES WÄR SO SCHÖN GEWESEN ist ein erotischer Rekrutentraum. Der kujonierte Rekrut darf im Traum zum Schleifer werden, aber seine Opfer sind Frauen, die beim Marschieren stramme Schenkel vorzeigen. Als das Strafexerzieren seinem erotischen Höhepunkt zuschreitet, wird der Rekrut erwartungsgemäß vom Feldwebel unsanft in die Kasernenwirklichkeit zurückgeholt. DER HAUPTMANN VON KÖPENICK, ein klassischer Medienrenner (Stummfilm, Tonfilm, Farbfilm, wann kommt die Fernsehserie?), wird 1906 von der Belegschaft einer mechanischen Fabrik, die auch Filme herstellt, in Szene gesetzt. Die Version von 1906 hat den Reiz des Zeitgenössischen: Man sieht den Untertanen an, welchen Spaß es ihnen macht,

Thomas Brandlmeier

zu zeigen, wie der Untertanenstaat bis ins Komische hinein funktioniert. Auch HURRAH! EINQUARTIERUNG, ein sehr frühes Beispiel für Hosenrollen, zeigt, wie ausgerechnet die Männerdomäne des Militärischen zu Verkleidung und Travestie einlädt.

Exkurs: Der deutsche Sonderweg im Komischen

Spätestens an diesem Punkt ist ein kleiner Exkurs zum deutschen Sonderweg des Komischen unvermeidlich. Die frühe deutsche Filmkomödie steht in ihrem Mainstream in hausgemacht-deutschen Traditionen. Historisch beginnt dieses Drama mit einer Professoralposse in der Hochkultur. »Der Poet wählet sich einen moralischen Lehrsatz, den er seinen Zuschauern auf eine sinnliche Art einprägen will. Dazu ersinnt er sich eine allgemeine Fabel, daraus die Wahrheit eines Satzes erhellet. Hiernächst suchet er in der Historie solche berühmte Leute, denen etwas ähnliches begegnet ist ...«[10] Um solche Stücke zu verfertigen, musste das Theater erst von Schurken gereinigt werden. »Lauter schwülstige und mit Harlekins Lustbarkeiten untermengte Haupt- und Staatsaktionen, lauter unnatürliche Romanstreiche und Liebeswirrungen, lauter pöbelhafte Fratzen und Zoten« reklamiert Gottsched 1731 in der Vorrede zum *Sterbenden Cato*. Von Abscheu geschüttelt gibt er den Inhalt einer Narrenposse. »Der Schulmeister wird zuletzt ausgeprügelt«, heißt es da.[11] Die Vertreibung des Hanswurstes beziehungsweise Harlekins von der Bühne geschah zu einem denkbar schlechten Zeitpunkt. Überall in Europa steuerte die Emanzipation des Bürgertums hin auf eigenständige bürgerliche Formen der Bühne. Mit der Aristotelik wurde die alte Tragödie überwunden. Sie handelte von einem Normenkonflikt (zwischen Mythos und erster Aufklärung), während die Komödie, auf dem Trümmerhaufen der Tragödie aufbauend, normativ war. Mit dem Aufkommen des bürgerlichen Melodramas wanderte alles Normative in dieses neue Genre, während umgekehrt die Normzersetzung ganz in die Farce und Groteske auswandert. Selbst in den parodistischen Formen ist der Paradigmenwechsel sichtbar. Parodierte das Satyrspiel den Normenkonflikt, so gilt der Spott der Melodramen-Parodie der Norm. Gottscheds Theaterreform verhindert das neue Gleichgewicht der großen Genres. Das Melodrama kommt in Deutschland nur als verachtete Form zum Durchbruch (Kotzebue und die Folgen),[12] Farce und Groteskes bleiben missliebige Elemente der Volkskultur. Dafür werden aristotelisch missratene Melodramen als deutsches Trauerspiel, Schicksalstragödie und ähnlicher Klimbim kultiviert und fade normative Komödien als deutsches Lustspiel kreiert. Aber schlimmer noch: Das Gleichgewicht von Hochkultur und Volkskultur wurde vom Obrigkeitsstaat konterkariert. Gläubig sog die Volkskultur die Segnungen der Hochkultur auf, von einem halbwegs geregelten Austausch konnte eigentlich nur in südlich-austriarkischen Gefilden die Rede sein.

Natürlich gab es auch eine Gegenbewegung. Karl Friedrich Flögels *Geschichte des Groteskkomischen* von 1786 ist ein vorrevolutionäres Werk. Im Nichtbürgerlichen, bei den Wilden, Bauern und Adeligen finden sich unterschiedliche Verformungen eines ursprünglichen und wiederherzustellenden Standes der Freiheit und Gleichheit, der im Dionysischen / Saturnalischen / Karnevalistischen gefeiert wird.[13] Justus Mösers *Harlekin oder Verteidigung des Grotesk-Komischen* von 1761 ist eine vorsichtige Kampfschrift, die geschickt mit der damaligen ästhetischen Avantgarde argumentiert: »Meine Sprache, la goffosissima lingua bergamasca, ist der wahre Ton einer gewissen Einfalt.«[14] Mösers Verteidigungsrede kommt jedoch nicht ohne Pädagogisierung des Harlekins aus. Abbt und Nicolai, Gegenpäpste im Kulturstreit, bezogen sogar offen Stellung gegen die deutsche Theaterreform. »Kann man wohl diesen Harlekin von der Bühne verbannen, und sollte man nicht vielmehr Gottscheds Cato herunterwerfen?«, fragt Abbt,[15] und Nicolai setzt hinzu, Gottsched habe »Stücke auf die Schaubühne gebracht, elender als alle Harlekinaden«.[16] Selbst Lessing, Verfasser eines notorisch faden Lustspiels, räumt ein, dass die Vertreibung des Harlekins »selbst die größte Harlekinade war, die jemals gespielt worden«.[17] Deutschland, berühmt-berüchtigt für seine Sonderwege,[18] der Politik, der Ökonomie, der nationalen Frage, ging somit auch seinen Sonderweg in Sachen Komik. Ich möchte behaupten, er bildet zusammen mit den anderen Sonderwegen ein sehr deutsches Syndrom. Die deutsche Schamhaftigkeit vor Körperkomik und die Prävalenz des affirmativen Lachens, das destruktiv nicht gegenüber der Norm, sondern dem Anderen, Fremden ist, hat hier seine Ursache. Das spezifische Moment des Grotesk-Komischen,[19] das Burleske und Music Hall, Vaudeville und *avanspettacolo* auszeichnete, findet sich in der deutschen Tradition nur in sehr reduzierter Form. Dass es überhaupt so etwas wie ein deutsches Pendant gibt, verdankt sich historisch sehr stark einem kulturellen Sammelbecken, das an einem der fruchtbaren Ränder deutschen Kulturlebens lag. Die Spezialitätenhäuser und Singspielhallen nach Prager Vorbild waren – zumindest formal – prägend für die deutsche Varieté-Szene. Hier, wo sich austriarkischer Sinn fürs Groteske mit tschechischer Verschmitztheit paarte, entstand eine – durchaus auch oppositionelle – Lachkultur mit Sogwirkung.

Während der preußische Imperialismus die Rotationsachse des deutschen Kulturlebens mit Gewalt in die kleindeutsche Achse Berlin – München bog, wucherte das Seltsame, Schräge, Abnorme und Groteske von jeher an den Rändern des deutschen Kulturraums, wo sich unterschiedliche Einflüsse mischten. E.T.A. Hoffmann verkörpert (zusammen mit Hippel, Hamann und Kant) eine spezifische Königsberger Schrulligkeit; Hoffmann war es, der den Deutschen als idealistischen Humoristen charakterisierte, der sich an der »Kraft des Gedankens, seinen eigenen ironischen Doppelgänger zu machen« ergötzt (*Prinzessin Brambilla*). Der reichsdeutsche Höhenflug überließ der Wiener Groteske die Domäne des Morbiden (Nestroy und Raimund, später Horváth und Herzmanovsky-Orlando). Die Prager Polkakneipe ›U Labute‹ (›Beim Schwan‹) steht Pate für umtriebige Schrägheit. Und an der Universität Basel trieb sich ein wunderlicher Philosoph und Jünger des Dionysos herum, der die Frage aufwarf: »Vielleicht bin ich ein Hanswurst« (*Ecce Homo*).

Die reichsdeutsche Gewalttour, spätestens seit dem Zollverein, produzierte in der Komik die Dialektik von Norddeutsch-Süddeutsch, hinter der sich die reale Dialektik von (ökonomischem) Fortschritt und Rückstand verbarg. Insgeheim will der Bauer ein Städter, der Handwerker ein Unternehmer, der Krämer ein Kaufmann werden. Die komische Problembewältigung verschlägt auf die untauglichen Mittel von Bauernschläue und ›Hinterfotzigkeit‹. Posse und Schwank erleben im deutschsprachigen Raum eine Blütezeit.[20] Eloquenz und Wortwitz sind in dieser aufgeklärten deutschen Volkskomik dominierend gegenüber den Rudimenten des Grotesken. In dieser Hinsicht ist die Filmkomödie der Kaiserzeit im zeitlichen Anschluss eine aufschlussreiche Quelle. WIE BAUER KLAUS VON SEINER KRANKHEIT GEHEILT WURDE (1906), MERICKE AUS NEURUPPIN KOMMT NACH BERLIN (1911), EINE BILLIGE BADEREISE (1911), EIN GUTES GESCHÄFT (1911), DER KURZSICHTIGE WILLI HEIRATET (1913) sind Beispiele. Die große Relevanz der Zwischentitel, ihre Unverzichtbarkeit, kenntlich, wo sie verloren gegangen sind, zeugt davon, dass die Darsteller eigentlich den Wortwitz und den erklärenden Dialog zur vollen Entfaltung ihrer Figur brauchen.

Wie sich die Komödie rächt

Für die deutsche Prominenz von Varieté und Brettl wird erst mit dem Tonfilm das Kino richtig attraktiv. Im Tonfilm finden wir den Wortwitz von Wilhelm Bendow, Hans Reimann, Paul Beckers, Lotte Werckmeister, Adolf Gondrell, Wastl Witt, Elfie Pertramer oder Weiß Ferdl dokumentiert. Mit der Verlagerung des Schwerpunkts auf den Wortwitz mit einer relativen Scheu vor Körperkomik geht eine andere Konsequenz des deutschen Sonderwegs einher. In der komischen Typologie sind zwei grundlegend verschiedene Typen zu unterscheiden, der August und der weiße Clown. Der August ist der infantile, polymorph perverse, anarchische Clown; der weiße Clown dagegen zieht seine Komik aus dem Kampf mit den Objekten und den gesellschaftlichen Werten, auf die er sich positiv einlässt.[21] In der deutschen komischen Tradition gibt es ein unverkennbares Übergewicht des weißen Clowns, was aus der Tendenz der aufgeklärten, domestizierten Komik resultiert und mit dem Übergewicht des Wortwitzes über die Körperkomik einhergeht. An dem Scheidepunkt zwischen aufmüpfigem Knecht und lächerlichem Herrn tendiert die deutsche Tradition zur Komik des Herrenmenschen; am Scheidepunkt zwischen undomestiziertem triebhaftem Kind und pflichtbesessenem, verklemmtem Erwachsenen schlägt sich die deutsche Tradition auf die Seite des Sachzwangs, des Realitätsprinzips.

Verstärkend kommt noch hinzu, dass das Wirken der Zensur in dieselbe Richtung weist. Relativ gut untersucht ist das für den Bereich von Brettl und Varieté,[22] aber auch die spärlichen Informationen zur Filmzensur der ersten zwei Dekaden belegen diesen Trend. Zensurprobleme sind bekannt für AUS EINES MANNES MÄDCHENZEIT (1912), MÄDCHEN OHNE VATERLAND (1912), WO IST COLETTI? (1913), FRÄULEIN PICCOLO (1914), DER BLUSENKÖNIG (1917), DAS FIDELE GEFÄNGNIS (1917), ALS ICH TOT WAR (1916), alles Filme, die an Hierarchien nagen. Schwer nachvollziehbar sind die Zensurprobleme von DAS SCHWARZE LOS (1913, Regie: John Gottowt), einem ambitionierten Pierrot-Film mit Alexander Moissi. Der Film versteht sich als Experiment ohne Zwischentitel und enthält, sicherlich ein weiteres Indiz für die anspruchsvolle Konzeption, das Film-im-Film-Motiv. Schon der Untertitel »Pierrots letztes Abenteuer« weist den Film als durchaus deutsch aus: Der schöne Pierrot als armer Pierrot ist exakt die deutsche pädagogisierte Adaption der Figur.

Besondere Erwähnung im Kontext systemkonformer Komik verdient der Film DIE LIST DER ZIGARETTENMACHERIN von 1916 mit Wanda Treumann. Diese Filmkomödie ist das ideologische Pendant zu dem Melodrama DIE TRAGÖDIE EINES STREIKS, eine Messter-Produktion von 1911 (Regie: Adolf Gärtner, Star: Henny Porten). In diesem Melodrama wird durch einen Streik der Arbeiter die Stromversorgung eines Krankenhauses unterbrochen, in dem das Kind des Streikführers just in dem Moment operiert wird.[23] Die Logik der sozialen Parallelmontage führt konsequent zur Klassenversöhnung der reumütigen Arbeiter: Zwei getrennte Bilderstränge streben aufeinander zu. DIE LIST DER ZIGARETTENMACHERIN besteht darin, dass sie einen Lotteriegewinn geschickt vermehrt und mit diesem Kapital die gefährdeten Arbeitsplätze der Zigarettenfabrik rettet, aber nicht, indem sie die Fabrik aufkauft, sondern indem sie den verzweifelten Fabrikherrn heiratet. Im ersten Fall wird das Unglück durch Mehrwert-Verweigerung herbeigeführt. Im zweiten Fall wird der Mehrwert außerhalb der Produktionssphäre gewonnen: Fortune. Die Fortune des Proletariermädchens fließt zurück in die Mehrwert akkumulierende Klasse und wird so zum legitimen Glück der Bourgeoisie. Bemerkenswerte Differenz: In der Komödie widerspricht die ideologische Auflösung der Logik der Montage, Bilderstränge entfernen sich, um sich dann abrupt zu treffen.

Der unerschütterlichen Systemtreue des Mainstream, vor allem durch die Messter-Produktion gekennzeichnet, steht eine Reihe von Einzelfilmen, aber auch von eigenwilligen Persönlichkeiten gegenüber, die zur Ehrenrettung der frühen deutschen Filmkomödie anzuführen sind. WIE SICH DER KINTOPP RÄCHT (1912, Regie: Gustav Trautschold) ist ein Film von programmatischer Polemik. Ein besonders gefürchteter Zensor wird von Filmleuten geleimt: Eine junge Schauspielerin macht sich an ihn heran, und die versteckte Kamera filmt den Sittenwächter in flagranti. Eine trickreich arrangierte Filmvorführung entlarvt den amtlichen Heuchler coram publico. Mit bemerkenswertem Selbstbewusstsein verteidigt hier das neue Medium das Recht auf die Freiheit des Bildes, indem es den biederen Entlarvungsgestus aufgreift und gegen seine Urheber wendet.[24] Der Verdacht liegt nahe, dass Hanns Kräly, einer der Darsteller, ungenannt auch am Buch beteiligt war. Kitty Derwall, die freisinnige Aktrice dieser Verführungskomödie, reiht sich in einen langen Reigen von Frauenrollen ein, deren durchaus emanzipatorischen Charakter Heide Schlüpmann in ihrer Studie *Unheimlichkeit des Blicks* hinlänglich gewürdigt hat.[25]

In DER SIEG DES HOSENROCKS (1911, Regie: Emil Albes) erkennt Lene Voss, geschickt von Guido Seeber ins Bild gesetzt, die fetischistische Vorliebe ihres Verlobten (Max Obal) für Hosenröcke. Selbst- und machtbewusst schwingt sie sich in das dominante Beinkleid. Rasende Teenager pflegte man damals Wildfang zu nennen. Der Name besagt schon, dass sie Böcklins Atelier entsprungen sind. Aber Tritonen und Waldschrate werden von ihnen nur an der Nase herumgeführt. In Franz Hofers DAS ROSA PANTÖFFELCHEN (1913) verführt Dorrit Weixler einen Prinzen (Franz Schwaiger), und in EIN NETTES PFLÄNZCHEN (1916, Regie: Paul Heidemann) lässt Erika Glässner einen bürgerlichen Haushalt aus den Fugen geraten. Hanni Weisse als DIE TANGOKÖNIGIN (1913, Regie: Max Mack) zettelt Massenorgien des konvulsivischen Zuckens an.

Eine eigene Kategorie bilden die Asta-Nielsen-Filme. Diese Dänin, die wie die große Schwester von Buster Keaton aussieht, hat sich wie ein fremder Vogel aus einer anderen Welt ins deutsche Kino verirrt. Ihre Hosenrollen (ZAPATAS BANDE, 1913 von Urban Gad; DAS LIEBES-ABC, 1916 von Magnus Stifter) sind von einer hintergründigen Komik, die ganz von ihrer sexuellen Multivalenz lebt, und DAS MÄDCHEN OHNE VATERLAND zeigt eine Carmen-Rolle, wie sie ein Transvestit spielen könnte. ENGELEIN (1913) und DAS VERSUCHSKANINCHEN (1915), beide von Urban Gad, sind auch Wildfang-Rebellen, aber nicht nur nach Böcklin, sondern plötzlich zwischendrin und mit großen Augen auch nach Munch. Das Changieren des Grotesk-Komischen und Grotesk-Grausamen ist in den künstlerischen Erfindungen der Nielsen immer präsent. Einmal will sie Selbstmord begehen, mit großer Tragödinnengeste erhebt sie sich – und ein Kinderstuhl bleibt an ihr hängen. Ein andermal feiert sie im Schlafsaal des Mädchenpensionats eine Orgie – das Bild ist wild-surreal wie bei Feuillade. Nielsen und Musidora waren Frauen mit Medusablick.

Ikonografische Erinnerungen an Feuillade erweckt auch die wüste Kriminalkomödie WO IST COLETTI? (Max Mack, 1913) mit Hans Junkermann, einem der vergessenen deutschen Komikertalente. Junkermann spielt einen Detektiv, der wettet, dass es ihm gelingt, 48 Stunden unerkannt zu bleiben. Das Verkleidungs- und Verwandlungstheater parodiert dabei auch den Doppelgängerfimmel des deutschen Kinos: Da wird an richtigen Bärten gezogen, und jeder Bürger erscheint als die Fälschung seiner selbst.[26]

Lubitsch

Eine eigene Gruppe bilden die Filme von und mit Ernst Lubitsch. MEYER AUF DER ALM (1913) scheint die früheste erhaltene Lubitsch-Komödie zu sein. Lubitsch spielt den Direktor Meyer aus Berlin, der am Königssee Urlaub macht. Er macht keine Sekunde ein Hehl daraus, dass dieser Meyer kein eingedeutschter major domus ist, sondern ein jiddischer Meir. Lubitschs Anteil an dem Film ist ungeklärt, aber alles weist auf seine Handschrift hin. Lubitsch mimt einen Neureichen ohne Manieren, der fern von Weib und Kind und Arbeitstrott Morgenluft wittert, aber nach diversen erotisch-alpinen Abenteuern schließlich doch düpiert wird. Diese Geschichte für sich genommen könnte mühelos auch dem Messter-Repertoire entstammen, wenn da nicht der Schauspieler Lubitsch wäre und ein Hauch von Kräly-Touch. Komiker mit jüdischem Background haben als zentralen Impuls fast immer die Angst im Nacken, sei es die Angst vor dem Pogrom oder vor dem Watzmann. Ihre Frechheit ist Kompensation – so, wie die Frechheit des Klassenclowns die Angst des Schülers kompensiert. Von dieser messerscharfen, lebensgefährlichen Dialektik lebt auch der Komiker Lubitsch, dessen Galanterie mit Zigarre und Lederhose bereits auf sein späteres Werk vorausweist.

DER STOLZ DER FIRMA (1914, Regie: Carl Wilhelm) zeigt Lubitsch als Kommis Siegmund Lachmann, der gefeuert wird, weil er durch sein Ungeschick den Laden demoliert. Er will Selbstmord begehen. Aber dann folgt eine geniale Wendung, die deutlich auf Lubitsch verweist: Er beschließt vorher noch etwas zu essen, hungrig stirbt es sich so schlecht. Danach sind alle Selbstmordgedanken verflogen. Stattdessen geht er nach Berlin, wo er hochstaplerisch seine Branchenkenntnisse verkauft. Vom Verkäufer zum Schwiegersohn des Chefs sind es dann nur noch einige energische Tritte auf der Leiter der Hochstapelei. FRÄULEIN PICCOLO (1914, Regie: Franz Hofer) zeigt Lubitsch in einer Nebenrolle, die Hauptrollen gehören den Hofer-Stars Franz Schwaiger und Dorrit Weixler, ein Wildfang in einer Hosenrolle. »Ernst Lubitsch hat einen schönen 60-Sekunden-Auftritt. Er ist der Gast von Zimmer 6, ein Handelsvertreter mit Koffer und Stöckchen, der nach dem Zimmermädchen grapscht und eins auf die Finger bekommt. Später, bei einem Schwenk über die Tafel mit den Dauergästen, erfährt man seinen Namen: Pinkeles. Und so ist auch die kleine Szene: Sie verweist in ihrer Charakteristik auf Lubitschs spätere Hauptrollen« (Hans Helmut Prinzler).[27] Schon nach Besichtigung dieser ersten drei erhaltenen Lubitsch-Rollen ist unübersehbar, dass sich hier ganz und gar undeutsche Rollenklischees mit jüdischer Körperkomik subversiv verbinden.

ROBERT UND BERTRAM (Max Mack, 1915) zeigt uns nochmals Lubitsch in einer Nebenrolle. Vorlage des Films ist ein bekannter Schwank mit antisemitischer Tendenz. Max Mack rettet den Film durch das Casting. Hauptdarsteller ist Ferdinand Bonn, der Possart-Schüler. »Ferdinand Bonn im Film zu sehen, ist ein Spaß für sich«, resümiert Herbert Ihering. Lubitsch und Bonn kämpfen um die Lacher wie ums nackte Überleben und bringen damit die Handlung auf einen Punkt außerhalb des schwankhaften Zentrums. ALS ICH TOT WAR (1916) ist Lubitschs erste erhaltene Regiearbeit. Es geht darum, die lästige Schwiegermutter für immer loszuwerden – als Scheintoter. Lubitsch versucht sich hier ein bisschen als deutscher Max Linder, aber die Bleigewichte des Schwiegermutter-Plots ziehen seinen komödiantischen Höhenflug immer wieder nach unten (Abb. 1).

Erst SCHUHPALAST PINKUS (1916), in der Zusammenarbeit von Lubitsch und Kräly entstanden, ist Lubitsch vom Feinsten: Sally Pinkus, der kleine Kommis, in der Hierarchie des Schuhsalons ganz unten, entzieht sich den Gesetzen der Hackordnung mit impertinenter Schnelligkeit. Den Damen verkauft er Schuhgröße 40 als 35, seine Verkaufserfolge sind gewaltig. Den

Frühe deutsche Filmkomödie 1895–1917

Abb. 1: Ernst Lubitsch (der Gatte) und Louise Schenrich (die Gattin) in ALS ICH TOT WAR (1916)

Ladenmädchen macht er schöne Augen, aber abgesehen hat er es auf die Tochter des Chefs. Doch dann kommt die reiche Kundin, der er einen Kredit abschwatzt. Jetzt ist er Chef des Schuhpalast Pinkus. Den Kredit verwandelt er in Eigenkapital durch Heirat der reichen Kundin. Das Schuhgeschäft ist für Pinkus ein einziger erotischer Tummelplatz. Er fetischisiert seine Ware, um sie besser in Geld zu verwandeln. Wie Lubitsch/Pinkus das Schuhgeschäft aufzieht, ist die glatte Perversion von Marx.[28] DER BLUSENKÖNIG (Lubitsch, 1917) zeigt Lubitsch ein weiteres Mal als Kommis. Sally Katz hat es wieder mal auf alle Ladenmädel abgesehen. Brünhilde, die plumpe Tochter des Chefs, wird von ihm aus reiner Routine umgarnt. Die will ihn aber gleich heiraten. Der Chef missversteht die Lage als akute Einheiratsgefahr. Er kauft Sally den Verzicht auf seine Tochter gegen eine Teilhaberschaft ab. Der so Avancierte begibt sich sofort zur hübschen Leiterin der Konfektion. Das erhaltene Fragment endet mit dem entscheidenden Hinweis auf den Rest der Handlung. Sally leckt sich den Zeigefinger ab, bevor er zielstrebig auf den Klingelknopf drückt.

WENN VIER DASSELBE TUN (Lubitsch, 1917) zeigt Ossi Oswalda in ihrer ersten Hauptrolle. Hanns Kräly hatte sie als weiblichen Kobold für den SCHUHPALAST PINKUS entdeckt. Werner Sudendorf spricht von der ins

Kindliche verharmlosten Sexualität der Oswalda: »In der Maske der Unschuld darf sie die Röcke fliegen lassen, im Nachthemd ein Rad schlagen und ihre Freundinnen auf den Po begrüßen. Daß das Kostüm der Unschuld bewußt gewählt ist, damit es umso ungestrafter gelüftet werden kann, versteht sich von selbst.«²⁹ Die Oswalda fungiert als weibliches Alter Ego von Lubitsch, der sich auf den Regiepart zurückgezogen hat. Emil Jannings, ihren Partner, spielt die Oswalda glatt an die Wand. Sie, eine der bedeutendsten Komödiantinnen dieser Periode überhaupt, liefert etwas ganz Seltenes: Berliner Slapstick. »Sie spricht sogar mit ihren wohlgeformten Beinen berlinerisch«, bemerkt Kurt Pinthus. DAS FIDELE GEFÄNGNIS (Lubitsch, 1917) ist eine Kräly-Adaption der *Fledermaus*. Harry Liedtke hat die Rolle des Eisenstein (der hier Reizenstein heißt), während dem quirligen Erich Schönfelder diesmal die Aufgabe zufällt, das Alter Ego des Regisseurs zu spielen. Für drei geraubte Küsse geht er nonchalant ins Gefängnis – für einen professionellen Schürzenjäger eine amüsante Abwechslung mehr. 1926, mit SO THIS IS PARIS, greifen Lubitsch und Kräly den Stoff ein zweites Mal auf.

Der zeitliche Rahmen dieser Untersuchung endet mit Vorbedacht im Jahr 1917. Die Jahre danach sind eine Periode der Umwertung aller Werte, die sich auch im Kino niederschlägt. Mehr noch: Die ästhetische Produktion geht in ihren fortschrittlichsten Schöpfungen stets den historischen Ereignissen voran. Das Lubitsch/Kräly-Kino zeigt mitten im Wilhelminischen Ordnungsstaat alle Zeichen seiner späteren Zersetzung. Lubitsch präsentiert uns den frechen Erfolgstypus der 20er Jahre, der den Rahm von Kriegs- und Inflationsgewinn abschöpft. Hierarchien haben für ihn keine Gültigkeit mehr, sondern sind nur Sprungbrett seiner Ambitionen. Er lebt nicht in Traditionen, die Lebenslinie von Vergangenheit und Zukunft ist für ihn ohne Bedeutung: Er lebt im Hier und Jetzt, Realitätssinn und Lustgewinn gehen Hand in Hand. Das Lubitsch/Kräly-Kino gehört als zersetzendes, korrosives Kino in den vorrevolutionären Kontext.³⁰

Karl Valentin

Im besonderen Maß gilt der vorrevolutionäre Kontext für das Filmdebüt von Karl Valentin. Schon der erste Film von 1912, KARL VALENTINS HOCHZEIT, greift das zentrale Interesse deutscher Mainstream-Filmkomik an der Figur des düpierten Hochzeiters beziehungsweise Liebhabers auf – um es auf radikale Weise für immer zu erledigen. Valentins Braut ist der dicke Volksschauspieler Georg Rückert. Ein Treffen mit der Zukünftigen endet in Flucht und Verfolgung – paraphrasiert durch einen eingesperrten Vogel. Schließlich drückt die Braut den Bräutigam tot: »Nun sind wir einig, süßer Karl.« DIE LUSTIGEN VAGABUNDEN (1912) und DER NEUE SCHREIBTISCH (1914) haben Comic-Vorlagen. Die Münchner Bilderbogen, deren berühmtester Autor Wilhelm Busch war, wurden weltweit vertrieben. Die große amerikanische Comic-Tradition baut darauf auf. Das Privileg der Comic-Autoren war es immer schon, dass die Zensur diese Form an sich als verharmlosend betrachtete. In der filmischen Adaption spitzt Valentin das subversive Potenzial der Bilderbogen radikal zu. DIE LUSTIGEN VAGABUNDEN zeigen, wie zwei kleine Gauner die Wilhelminische Ordnung (Karl Valentin als Polizist mit Pickelhaube) systematisch an der Nase herumführen, zum Schluss buchstäblich an einem Zaun kreuzigen.

DER NEUE SCHREIBTISCH ist sicherlich Valentins frühes Meisterwerk. Der Film greift ein Lieblingsthema der frühen Filmgroteske auf, das im deutschen Kino bemerkenswerter Weise sonst ausgeblendet ist: die systematische Zerstörung des bürgerlichen Hauses als Inbegriff bürgerlicher Ordnung. Der Konflikt entzündet sich an einem Arbeitsmöbel. Der neue Schreibtisch, eine Spezialanfertigung genau nach seinen Körpermaßen, will ihm trotzdem nicht passen. Die Vision eines Menschenlebens, das an diesem Arbeitsmöbel zuzubringen ist, verheißt lebenslange Ich-Zerstörung. Valentins Verweigerung drückt sich in destruktiver Nachbesserung aus. Mit Säge, Hammer und Meißel versinkt er buchstäblich im Boden. Undeutsch ist nicht nur die Radikalität Valentins, auch seine groteske Körperkomik stellt ihn selbst im internationalen Vergleich ganz an die Spitze. Bereits bei Lubitsch und Kräly, noch mehr aber bei Valentin, ist das Gesetz von Actio und Reactio wirksam: Wo die Repression besonders stark ist, gibt es viel Anpassung, aber auch radikale Gegenreaktionen.

---

1 Für eine frühere Fassung aus dem Jahr 1902 sprechen verschiedene Erwähnungen, so die häufig zitierte bei Walter Panofsky, aber auch die immer wieder kolportierte Richard-Strauss-Anekdote, dass eine Filmvorführung von 1902 mit Pate stand für seine Oper. Vgl. z. B. Berndt W. Wessling: Strauss-Ideen aus dem Kino? In: *Münchner Merkur*, 30./31.7.1977. — 2 Herbert Ihering: *Von Kainz bis Paula Wessely. Schauspieler von gestern und heute.* Heidelberg, Berlin und Leipzig 1942, S. 471. — 3 Ebd., S. 56. — 4 In dem Messter-Film JUNGGESELLEN-ABSCHIED (1913) ist ein Bobby alias Emil Goldfluß zu finden. Nach den ein-

Thomas Brandlmeier

schlägigen Quellen könnte das passen (vgl. *Die Lichtbild-Bühne,* Nr. 8, 22.2.1913 und *Der Kinematograph,* Nr. 321, 19.2.1913), hilft dem Filmhistoriker aber auch nicht viel weiter, da Emil Goldfluß bislang ein gänzlich unbeschriebenes Blatt ist. — **5** *Die Lichtbild-Bühne,* Nr. 7, 15.2.1913. — **6** *Special-Catalog No. 32 über Projections- und Aufnahme-Apparate für Lebende Photographie. Films, Graphophons, Nebelbilder-Apparate, Scheinwerfer etc. der Fabrik für optisch-mechanische Präcisions-Instrumente von Ed. Messter, Berlin.* [1898] Reprint, hg. v. Martin Loiperdinger. Basel und Frankfurt/M. 1995, S. 76. — **7** Die Filme waren auch in deutschen Kinos zu sehen unter Titeln wie FRICOT MACHT ROSSKUR und CALINO HAT PFERDEFLEISCH GEGESSEN. — **8** Vgl. dazu Thomas Brandlmeier: Lachkultur des fin de siècle. In: Helga Belach, Wolfgang Jacobsen (Hg.): *Slapstick & Co. Frühe Filmkomödien.* Berlin 1995, S. 16–72. — **9** Es ist hier explizit nur die Rede von den führenden Produktionsländern Frankreich, Italien und England, die als besonders gut erforscht gelten dürfen, aber auch die wenigen Beispiele, die mir aus so konträren Ländern wie USA (John Bunny!) oder Russland (die Komiker mit A: Aidarov, Antos'a, Arkas'a) bekannt sind, scheinen einen deutschen Sonderweg des Komischen zu bestätigen. — **10** Johann Christoph Gottsched: *Versuch einer critischen Dichtkunst vor die Deutschen.* 3. Auflage. Leipzig 1742, S. 161. — **11** Johann Christoph Gottsched: *Nöthiger Vorrat zur Geschichte der deutschen dramatischen Dichtkunst,* Bd. 2. Leipzig 1765, S. 232. — **12** Bei August Klingemann in den *Nachtwachen von Bonaventura* (1804) heißt es: »obgleich sich eine Träne leicht zu Tage fördern läßt, bloß durch starkes Hinschauen auf einen Fleck, oder durch mechanisches Lesen Kotzbuescher Dramen«. Für die internationale Entwicklung des Melodramas war Kotzebue hingegen hoch geachtet und von enormer Bedeutung; das frühe amerikanische Melodrama fußt ganz auf Kotzebue-Übersetzungen. — **13** Carl Friedrich Flögel: *Geschichte des Groteskkomischen. Ein Beitrag zur Geschichte der Menschheit.* Liegnitz und Leipzig 1788, S. 3: »Die Wilden, ein treues Gemälde der Sitten des ersten Menschenalters, sind allenthalben Liebhaber von Fratzen und Possen«; S. 224: »Es ist sonderbar, daß sich nicht allein bei den Römern, sondern auch bei anderen Völkern dieses Andenken an den ursprünglichen Stand der Freiheit und Gleichheit erhalten hat, welches durch Feste auf die nämliche Art gefeiert worden.« — **14** Justus Möser: *Harlekin.* Neu ediert von Henning Boetius. Bad Homburg, Berlin und Zürich 1968, S. 27. — **15** Thomas Abbt in: Friedrich Nicolai (Hg.): *Briefe, die neueste Literatur betreffend.* Berlin und Stettin 1761, 205. Brief. — **16** Friedrich Nicolai: *Leben Justus Mösers.* Berlin und Stettin 1798, S. 79. — **17** Gotthold Ephraim Lessing in: Nicolai (Hg.): *Briefe,* a. a. O. (wie Anm. 15), 17. Brief. Der Gottschedsche Dogmatismus katalysierte und polarisierte die Entwicklung der verschiedenen ästhetischen Lager des deutschen Theaters auch in der Komödientheorie, was oft übersehen wird. Vgl. dazu Horst Steinmetz: *Die Komödie der Aufklärung.* Stuttgart 1978. — **18** Vgl. dazu die Diskussion von Jürgen Kocka: Historische Komparatistik in Deutschland. In: Heinz-Georg Haupt, Jürgen Kocka (Hg.): *Geschichte und Vergleich.* Frankfurt/M. und New York 1996. — **19** Die Gottschedsche Theaterreform war eine explizite Vertreibung des Grotesken, indem sie die aristotelische Randbemerkung von der Mimesis normativ festschrieb: »Die Komödie ist nichts anderes als eine Nachahmung einer lasterhaften Handlung, die durch ihr lächerliches Wesen den Zuschauer belustigen, aber auch zugleich erbauen kann« (*Versuch einer critischen Dichtkunst,* a. a. O. [wie Anm. 10], S. 643). Das Groteske zeichnet sich aber als überlegene ästhetische Form gerade durch seinen neuschöpferischen Charakter aus: »In künstlerischer Hinsicht fällt das Komische unter die Nachahmung; das Groteske ist eine Schöpfung.« (Charles Baudelaire: Vom Wesen des Lachens und allgemein von dem Komischen in der bildenden Kunst. In: *Sämtliche Werke,* Bd. 1. München und Wien 1977, S. 295). Das Groteske transzendiert damit auch das bloß Komische und kann changieren zwischen dem Grotesk-Komischen und dem Grotesk-Grausamen. Vgl. dazu Wolfgang Kayser: *Das Groteske.* Oldenburg 1957. — **20** Vgl. dazu Volker Klotz: *Bürgerliches Lachtheater.* Reinbek 1987. — **21** Vgl. dazu Thomas Brandlmeier: *Filmkomiker. Die Errettung des Grotesken.* Frankfurt/M. 1983. — **22** Vgl. dazu Thomas Brandlmeier: Brettl und Varieté. In: Til Radevagen (Hg.): *Zeit-*

montage: Charlie Chaplin. Berlin 1989. — **23** Zu diesem Film vgl. auch den Beitrag von Heide Schlüpmann in diesem Band. — **24** Vgl. auch den Beitrag von Sabine Hake in diesem Band. — **25** Heide Schlüpmann: *Unheimlichkeit des Blicks. Das Drama des frühen deutschen Kinos*. Basel und Frankfurt/M. 1990. — **26** Vgl. auch die Beiträge von Tilo R. Knops und Sabine Hake in diesem Band. — **27** Hans Helmut Prinzler und Enno Patalas (Hg.): *Lubitsch*. München und Luzern 1984, S. 18. — **28** Vgl. auch den Beitrag von Karsten Witte in diesem Band. — **29** Ebd., S. 126. — **30** Lubitschs Werk ist generell als Krisenkino deutbar. Vgl. dazu Thomas Brandlmeier: Anmerkungen zu Ernst Lubitsch. In: *epd film*, Nr. 2, 1984.

Heide Schlüpmann

Melodrama und soziales Drama im frühen deutschen Kino

In den Jahren 1911/12 unternahmen deutsche Filmproduzenten entscheidende Vorstöße, das Kino in den ästhetischen Kosmos bürgerlicher Kultur einzupassen.[1] Sie antworteten damit auf die massiven Attacken der Kinoreformer. Seriosität versuchte man zum einen durch die Stoffwahl zu gewinnen. Doch der kinematographische Zugriff auf die klassische Literatur fand nicht sofort den gewünschten Beifall. Vielfach sahen die Anwälte der Kultur darin eine Beleidigung der Kulturgüter. Ebenso wenig Glück hatten die deutschen Produzenten mit der Verfilmung vaterländischer Geschichte: THEODOR KÖRNER (1912) oder DER FILM VON DER KÖNIGIN LUISE (1912) fanden bei den nationalgesinnten Bildungsbürgern wenig Beifall. Die filmische Umsetzung wurde drastisch kritisiert:

> Und nun zu den deutschen Filmdramen, zu den patriotischen, die den guten Samen in die deutsche Jugend säen sollen; es handelt sich um Jugenderziehung, das wichtigste, was ein Staat zu tun hat; sie heißen KÖNIGIN LUISE und THEODOR KÖRNER.
> Technisch stehen sie unter dem Durchschnittsmaße: die Bilder haben weder Tiefe noch Breite; man sieht nur zerstückelte Einzelheiten, nie einen Gesamteindruck, wie ihn die Wirklichkeit bietet. Alles wirkt aufdringlich.
> Der Inhalt – was soll man dazu sagen!? Es wird doch wohl niemand behaupten, daß Deutschland keinen Dichter, keinen Regisseur, keine Schauspieler habe, die das große Epos der Befreiungskriege in würdigerer Form zur Anschauung bringen könnten und in seinen wesentlichen Momenten. Was wir da sehen, sind Rührstücke à la ›Gartenlaube‹. Viermal die Königin inmitten ihrer Kinder. Auch in der Iliade ist eine Kinderszene, aber der Augenblick ist gewählt, da Hektor in den Todeskampf zieht. So, ohne Ereignis, wirken die Szenen platt und aufdringlich; es könnte jede andere beliebige Mutter sein, die da mit ihren Sprößlingen spielt.[2]

Gewiss sind die beiden genannten Filme von hölzerner Dürftigkeit. Doch gleichzeitig zeigt das Medium in ihnen seine demokratisierende und entmythologisierende Wirkung. Malwine Rennert, deren Kritik oben zitiert ist, bemängelt die technische Beschränktheit der Bilder, aber ihr fehlt die »Tiefe« dann doch vor allem als ideologische Qualität. Das Leben der Herrscher wirkt im Film »platt«, alltäglich, wie das der ›normalen‹ Leute. Sie hebt dagegen die zeitgenössische französische Produktion hervor, den *film d'art*, der damals mit seinen opulenten Ausstattungen und Massenszenen beeindruckte und die Entstehung eines deutschen Kunstfilms forcierte. Das Hauptinteresse dieser ersten Kritikerin des deutschen Kinos gilt jedoch bald darauf ganz den italienischen Monumentalfilmen. Dem nationalbewussten Bildungsbürgertum erschien die eindrucksvolle Pathetisierung von Geschichte in Filmen wie QUO VADIS (1912), CABIRIA (1914), GAJUS JULIUS CÄSAR (1915) vorbildlich. Geschichte sollte sich als Folge großer ›Ereignisse‹ darstellen, nicht in die Niederungen des massenkulturellen Alltags gezogen werden.[3]

Während an den Stoffen der ›hohen‹ Kultur sich die ›niedere‹ Kunst um 1911/12 im deutschen Film noch überwiegend nivellierend bemerkbar macht, beginnt mit dem Melodrama umgekehrt sich eine Form zu etablieren, die dem Alltäglichen ›Ereignis-Charakter‹ verleiht. Die sozialen Probleme der Frauen werden zur besonderen Tragödie einer einzigen, einzigartigen Frau stilisiert und damit metaphysisch. Über die ›höhere‹ Form, nicht den Stoff, gelingt zuerst die Vereinnahmung der – in einer Mischung aus Anerkennung und Angst – als ›ungeheuer‹ apostrophierten Kräfte des neuen Mediums. Nicht geheuer muss dem Bürgertum vor allen Dingen die Entwicklung eines Erzählkinos für ein weibliches Publikum vorgekommen sein: Was passiert, wenn die Frauen massenhaft im Kino ihre eigene Realität gespiegelt sehen, wenn die repressive Rollenverteilung nicht nur – wie in den Emanzipationsbewegungen – von einer aufgeklärten bürgerlichen Öffentlichkeit diskutiert, sondern in einer Massenöffentlichkeit vom ernüchternd ›platten‹ Medium Film dargestellt wird?[4]

Das Melodrama wird gegen die dokumentierende Qualität des Mediums durchgesetzt. Aus dem Jahr 1911 ist eine Reihe von Filmen überliefert, die die Anfänge des Melodramas in Deutschland bilden. DER MÜLLER UND SEIN KIND, IM GLÜCK VERGESSEN und TRAGÖDIE EINES STREIKS sind sämtlich Messter-Produktionen mit Henny Porten, unter der Regie von Adolf Gärtner gedreht. In ihnen tritt das sich gerade etablierende Erzählkino das Erbe des Tonbilds an, für dessen Produktion die Firma Messter bekannt war und in dem auch Henny Porten ihre ersten Auftritte hatte. Das Tonbild – eine Kombination aus Film und Schallplatte beziehungsweise Tonwalze – ist ein Genre des vornarrativen Kinos, für das Tom Gunning den Begriff des ›Kinos der Attraktionen‹ geprägt hat.[5] Das ›Kino der Attraktionen‹ entwickelte sich in den Jahren 1895 bis etwa 1906 im Kontext des Varietés und der Jahrmärkte: Seine Formen sind die der Exhibition, nicht des Voyeurismus. Es arbeitet mit Schaueffekten vor der Kamera, aber auch durch die Kamera und die Montage, nicht zuletzt mit der Attraktion, um Wirklichkeit ausstellen zu können. Es subsumiert die neuen Möglichkeiten des technischen Mediums noch nicht dem alten erzählerischen Interesse. Die Attraktion von Oskar Messters 1903 zum ersten Mal herausgebrachten Tonbildern lag vor allem in der Verbindung von Bild und Ton. Gleichzeitig spekulierten diese Filme in der Wahl der Sujets zum Teil schon mit dem bürgerlichen Geschmack. Das Melodrama übernimmt aus seiner Vorgeschichte im ›Kino der Attraktionen‹ genau dieses Moment der Anbindung der ›niederen Kunst‹ an die ›höhere‹ Kultur: Viele Tonbilder kleideten die Darbietungen der Körperkunst in Formen der klassischen Oper, des Balletts, orientierten sich an Bildern bürgerlicher Kunstgeschichte. In MEISSNER PORZELLAN (1906) besteht die Attraktion darin, die Bewegung lebendiger Körper als die marionettenhaften Tanzschritte zierlicher Rokoko-Porzellanfiguren erscheinen zu lassen.

Auch das Melodrama bindet den Film an eine bürgerliche Kunstform an. Doch während das Tonbild aus einer oder mehreren aneinander gereihten Szenen bestand, gibt es nun Ansätze ihrer narrativen Verknüpfung. Und während die Oper und das Ballett klassische Kunstformen sind, ist das Melodrama eine Popularisierung des Dramas, eine Zwitterform, noch bevor es in das Kino Einzug hielt.[6] Aber so wie im Tonbild das ›Kino der Attraktionen‹ sich mit der Anleihe bei der traditionellen Kunst in die bürgerliche Kultur einzupassen suchte, unterwirft sich im filmischen Melodrama das ›Erzählkino‹ patriarchalen Kulturformen. Es verzichtet auf die Entfaltung der Filmformen aus der Darstellung weiblicher Geschichte und resigniert damit in dem Interesse, weiblicher Perspektive zum Ausdruck zu verhelfen.

1910 stellte DIE GRAUSAME EHE die Geschichte einer Frau, die ihren Gatten tötet, als Aussage dar, die sie vor einem Gericht macht; die Gerichtsszene liefert den dramatischen Rahmen, in den die Geschichte der ›grausamen Ehe‹ gestellt ist. Bei diesem Rahmen handelt es sich um die Verhandlung von Männern, die die Handlung der Frau werten und über ihr ›Schicksal‹ entscheidet, ihr selber bleibt nur, die Fakten beizutragen. An diesem Film lässt sich ablesen, dass mit der Etablierung des ›Erzählkinos‹ eine Tendenz einhergeht, die (weibliche) Geschichte zum bloßen Inhalt zu degradieren, indem man ihr eine dramatische Form aufsetzt. Soweit die dargestellte Geschichte und der dramatische Rahmen jedoch noch in Spannung zueinander stehen, hat die Schauspielerin im Film immer eine Chance zu oppositionellem Ausdruck. Sie bezieht ihre Kraft aus der Tatsache, dass sich hier hinter der Konfrontation zweier Medien – der Literatur und des Films – das Aufeinanderprallen zweier ›Kulturen‹ – der klassischen bürgerlichen und der modernen Massenkultur – verbirgt.

Anders als im ›sozialen Drama‹, wovon noch die Rede sein wird, wird im Melodrama diese Spannung gerade nivelliert. Denn dem Versprechen des Films, eine Kultur von unten zu bilden, kommt diese populistische Variante des Dramas scheinbar entgegen. Diesen Schein zu zerstören, den Widerspruch zwischen einem romantischen Konzept von ›Volkskunst‹ und dem modernen der Massenkultur auszutragen, gelang im Bereich des Melodramas nicht. Vielmehr hatte in der deutschen Kinogeschiche das Melodrama von Anfang an eine disziplinierende Funktion inne, die Frauengeschichte in den nationalen und nationalsozialistischen Dienst stellte. Paula Wessely löst Henny Porten bruchlos ab.

Die Melodramen wirken immer wie aus zweiter Hand. Das hat nicht nur mit der Ikonografie zu tun, die, ähnlich den Öldrucken, massenkulturelle Popularisierung von klassisch-bürgerlichen Kunstformen ist. Dagegen bildet das Melodrama seine Tragödie nicht aus der Lebenserfahrung, sondern die tragische Struktur, in die es alle Realität presst, besteht letztlich in nichts anderem als in dem Scheitern der Erzählperspektive an der Dramenform. Die Tragik ist daher der Protagonistin vor aller inhaltlichen Bestimmung eingeschrieben, entwickelt sich weder aus der Realität, in die der Film sie stellt, noch mit ihrer Geschichte. Die melodramatischen Heroinen sind statisch, sie sind nicht ›Erzählerinnen‹, sondern repräsentieren eine immer schon festgelegte Weiblichkeit. Noch deren Leidens-Aura verweist nicht auf historisch-gesellschaftliche Erfahrung außerhalb des Kinos – dort setzt sich gerade um diese Zeit die Erkenntnis unter Frauen durch, der weibliche Charakter sei kein Schicksal –, sondern mystifiziert die Unterdrückung der weiblichen Erzählperspektive in ihm.

Das Reaktionäre eines Melodramas wie TRAGÖDIE EINES STREIKS von 1911 liegt auf der Hand: Die Frau, die von Anfang an für die Ordnung und gegen den Aufruhr ist, kann um den Preis, ihr Kind zu verlieren, am Ende auch den Mann überzeugen, dass der soziale Kampf nur Unheil bringt. Das Leiden der Frau an der Männergesellschaft wird durch das Melodrama nicht nur verklärt, sondern das verklärte Bild des weiblichen Opfers zur Domestizierung auch männlicher oppositioneller Perspektiven benutzt. Die Schauspielerin, Repräsentanz von Weiblichkeit – einer Männer-Projektion, statt Reflexion weiblicher Realität – trägt keine eigene Erzählperspektive mehr, sondern vollstreckt die herrschende Ordnung. Damit verkehrt sich die ›Vernunft des Herzens‹ – so der Titel eines Films von 1910 – aus einer neuen Stimme der Geschichte in die projektive Abwehr des auf Neuerungen sinnenden Verstandes im Namen sprachlosen weiblichen Empfindens.

Henny Porten, Verkörperung dieses Empfindens, hat schon mit ihrem ersten Auftritt – als Star, der sich im Vorspann lächelnd verbeugt – den Sieg davongetragen. Das unbeholfene Spiel des männlichen Protagonisten kommt dagegen nicht an. Er stellt die Kommunisten-Charge dar, mit Russenkittel, Proleten-Mütze, wildem Schnurrbart. Es gibt zwar anfangs ›realistische‹ Einsprengsel: So zeigt die erste Einstellung, als das Leben noch in Ordnung ist, die alltägliche Szene einer Proletarierstube, die Wohn-, Schlafzimmer, Arbeitsraum für die Frau und Kinderzimmer zugleich ist. Die Mutter näht an der Maschine, das Söhnchen spielt zu ihren Füßen. Aber als es krank wird, setzt der Film emotionalisierende, suggestive Mittel ein, beschwört das düstere Ende, indem die Kamera weniger Aufmerksamkeit den Details eines Krankentransports als dem Firmenschild eines Sargunternehmens, das offensichtlich im Atelier gemalt wurde, widmet.

Die Darstellung des Streiks muss der Zensur zu ›realistisch‹ erschienen sein und fiel ihr im Großen und Ganzen zum Opfer.[7] Übrig blieb lediglich eine Aufnahme, die die gestikulierende Arbeiterschaft von oben zeigt: ein Blick aus der Herrschaftsposition auf die aufrührerische Realität.

Mit dem lockenden Bild der Frau soll – analog zu diesem Kamerablick – die Industrialisierung von oben durchgesetzt werden. »Licht und Kraft« sind unentbehrlich, heißt es in einem Zwischentitel, der die Warnung der Protagonistin vor dem Streik verschriftlicht. Der Text wirkt wie ein Schriftband, das aus dem Mund einer Allegorie der Elektrizität herausflattert, die das Portal eines Kraftwerks schmückt. Auf den Segen der Elektrizität verweist die Szene im Operationssaal, eindrucksvoll wirkt der Operationstisch im hellen Lichtkegel der Lampe.[8] So wenig jedoch der Text über die Unentbehrlichkeit der neuen Technologie aus dem Mund einer wirklichen Frau kommt, so wenig vermittelt die Protagonistin auch im weiteren Verlauf des Films die Einsicht, dass Technik den Frauen gehören könnte – oder auch den Arbeitern. Die um das Leben ihres Kindes bangende Mutter sitzt passiv wartend draußen vor dem Operationssaal, über ihr hängt ein Madonnenbild, und als das Licht ausgeht, tritt der ›Gott in Weiß‹ bedrohlich blutbefleckt in die Tür: Der Streik der Arbeiter ist zuallererst eine Schändung höherer Macht. Es stört nicht, wenn die Zuschauerin daneben noch in sich ein höheres Recht gegenüber dem ›politisierenden‹ Mann fühlt, sich in ihrer häuslichen Sorge für das private Wohl bestätigt sieht.

Doch das Melodrama ist um diese Zeit nicht die einzige Form, in der das Kino auf ein weibliches Publikum eingeht; vielmehr entfaltet sich von ihm unterschieden das soziale Drama. Obwohl der Begriff des sozialen Dramas dem skandinavischen Kino entstammt, verwendet ihn Emilie Altenloh in ihrer Soziologie des Kinos schon 1913 allgemeiner als eine Form des Kinodramas, die sich insbesondere auf die Lebensverhältnisse der Frauen bezieht.[9] Im Gegensatz zum Melodrama wahrt es die Nähe des Kinodramas zum Aktualitätenkino, es bricht durch dokumentierte Realität die überkommene Dramenform. Diese Nähe zum Aktualitätenkino beschreibt Altenloh wie folgt: »Von einer Seite betrachtet, ist das Interesse für Zeitungsneuigkeiten, für Wochenberichte im Kinobild gar nicht so verschieden von dem Interesse an Kinodramen. Sicher ist eine starke Ursache die Hingabe an die Gegenwart. Das Filmdrama kommt zu den Menschen in ihren Alltag hinein.«[10]

Im Gegensatz zum Melodrama vertritt im sozialen Drama die dramatische Form lediglich eine äußere Zensur, die die Entwicklung der weiblichen Erzählperspektive in Schranken hält, sie aber noch nicht zur Resignation zugunsten einer Repräsentanz von Weiblichkeit innerhalb einer dramatisierten Geschichte zwingt. Das soziale Drama geht auf die Neugier der Zuschauerinnen ein, und es gibt der Subjektivität der Schauspielerin Raum. Seine Möglichkeiten hat Asta Nielsen zur Entfaltung gebracht.[11] Hier lässt sich zeigen, wie der besondere Anteil dieser Künstlerin an der Entwicklung einer Filmsprache in einer breiteren Entwicklung begründet ist.

Die Stärke der weiblichen Erzählperspektive im sozialen Drama rührt von ihrer Fundierung in Formen des ›Kinos der Attraktionen‹ her, mit denen sie ein Bündnis gegen die bürgerliche Überformung durch das Drama eingeht. Diese einmal institutionalisierte Form des Kinos weicht nicht ebenso schnell dem Interesse eines bürgerlichen Unterhaltungskinos wie, von Film zu Film, ja, innerhalb eines einzigen Films, die zu dokumentierenden Qualitäten zugunsten theatralischer Wirkung verschwinden können. Die sozialen Dramen überschreiten zunächst nicht die sozialen Geschlechterrollen, aber sie werfen ein neues Licht auf sie.

Entsprechend der gesellschaftlichen Rollenteilung befassen sich die sozialen Dramen mit der ›Geliebten‹ einerseits, der Ehefrau andererseits; aber sie opponieren auch gegen diese Rollentrennung. Dafür ist HEIMGEFUNDEN: VON STUFE ZU STUFE – LEBENSBEICHTE EINER PROBIERMAMSELL (1910) ein Beispiel. An diesem Film lässt sich vielleicht am klarsten zeigen, wie die Eigenständigkeit der Geschichte gegenüber Ansätzen zu ihrer Dramatisierung auf der Fortdauer von Elementen des ›Kinos der Attraktionen‹

basiert und Hand in Hand geht mit der Suspendierung herrschender moralischer Vorurteile.

Der Titel HEIMGEFUNDEN: VON STUFE ZU STUFE – LEBENSBEICHTE EINER PROBIERMAMSELL könnte der aufgeklärten zeitgenössischen Frauenliteratur entstammen. Auch die Geschichte des Films – eine ›anständige‹ Angestellte lässt sich zu einem Leben als ›Geliebte‹ verführen – entspricht jenen Fällen, von denen die Frauenbewegung in ihren Veröffentlichungen berichtete, um emanzipatorische Reflexions- und Selbstreflexionsprozesse in Gang zu setzen. Rehabilitierung der ›gefallenen‹ Frauen statt ihrer gesellschaftlichen Verurteilung war das Interesse damaliger radikaler Sexualpolitik; 1914 brachte die Zeitschrift *Die neue Generation* beispielsweise eine Serie heraus mit dem Titel: »Aus den Aufzeichnungen einer Prostituierten«.[12]

›Von ihr selbst erzählt‹ wirkt auch die »Lebensbeichte einer Probiermamsell«. Einerseits mit einer dokumentierenden Kamera gedreht, die die Schauwerte von Außenaufnahmen auskostet, andererseits auf eine sexuelle Neugier hin inszeniert, hält sich der Film von melodramatischen Ansätzen gänzlich fern. Die Protagonistin wird verführt, nicht aber als Opfer stilisiert, das einem sicheren Tod entgegengeht. Statt patriarchale Moral zu repräsentieren, vermittelt sie mit ihrer Geschichte sexuelle und dokumentarische Attraktionen einem weiblichen Publikum. Es blickt mit ihr in die ›Welt‹.

HEIMGEFUNDEN erzählt von Elise, die aus einfachem Elternhaus stammt und als Angestellte in einem Schneideratelier arbeitet. Dort bringt sie ihr Aufstieg zur ›Probiermamsell‹, zum Mannequin, in Kontakt mit der vornehmen Kundschaft. Ein Graf, der in Begleitung seiner matronenhaften Gattin ins Geschäft kommt, interessiert sich weniger für die neueste Mode als für diejenige, die sie vorführt. Elise lässt sich auf ein Rendezvous ein und wird alsbald die Geliebte des Grafen. Er hat ihr eine eigene Wohnung gemietet und verwöhnt sie mit Kleidern und Schmuck. Das hilft ihr über die Gewissensbisse darüber, dass sie Eltern und den Verlobten verließ, hinweg. Bei einem vergnügten Abend im Maxim lernt sie den Ingenieur Natas kennen, der ihr den Hof macht. Als er sie besucht, überrascht der Graf die beiden und wirft nicht nur den Rivalen hinaus, sondern beschließt auch, sich von Elise zu trennen. Sie wechselt zum Ingenieur, der jedoch ein unseriöser Kandidat ist und am Ende ihren Schmuck verspielt. Derart enttäuscht, sehnt sich Elise nach Hause. Der Vater weist sie vor die Tür, doch der Verlobte läuft ihr nach und hält sie davon ab, sich in ihrem Kummer vor einen Zug zu stürzen. Am Ende muss sich auch der Vater mit ihr versöhnen.

Die Erzählung in HEIMGEFUNDEN bezieht ihre Stärke aus einer Rückbezüglichkeit auf das ›Kino der Attraktionen‹; dabei bildet der Film Ansätze der Formulierung eines Ich-Standpunkts der Protagonistin, dieses weiblichen Odysseus, zu Attraktionen selber aus. Generell wird die Geschichte in einer einfachen Aneinanderreihung von Szenen dargestellt, die jeweils autonom auf ihren Schauwert hin arrangiert und fotografiert sind und nicht auf eine Funktion im Ganzen des Films hin. ›Zuhause‹ ist Elise, »der Sonnenschein ihrer Eltern« – und des Bräutigams –, reizvoll auch für das Publikum. Im Schneideratelier gewinnen wir Einblick in die Arbeitsverhältnisse und Produktionsmittel einer Handwerksbranche. Nähmaschinen stehen aufgereiht, Stoffe und fertige Kleider liegen herum, Modezeichnungen hängen an den Wänden, in den Blick gerückt ist auch eine Kleiderpuppe mit dem gerade in Arbeit befindlichen Modell. Eine Anzahl von Frauen sind hier beschäftigt, als der Chef, ein Mann, den Raum betritt. Eine kleine dramatische Szene ist in die Darbietung des Milieus eingebettet, die wieder deutlich vom kontrollierenden Blick des Mannes produziert wird. Der Chef betrachtet prüfend seine Angestellten, er sucht eine neue ›Probiermamsell‹, wählt schließlich Elise aus.

Die nächste Szene gibt nochmals Einblick in die Arbeitswelt, zeigt Elise in ihrer Tätigkeit als Probiermamsell. Der begleitende Herr sieht mehr nach der Mamsell als nach dem Kleid, das sie vorführt, er nimmt den abschätzenden Blick des Chefs auf, der jedoch Elise aufgrund ihrer attraktiven Erscheinung nicht zu sozialem Aufstieg, sondern zum Lustobjekt auswählt. Pikanterie: Der Graf steckt ihr ein Briefchen mit der Bitte um ein Rendezvous zu.

Das Treffen findet vor einem Café statt. Die Kamera sieht dem auf der anderen Straßenseite wartenden Herrn über die Schulter, wenn sie die etwas verlegen, unentschlossen vor dem Café stehende Elise fixiert (Abb. 1). Die Kamera nimmt den voyeuristisch besitzergreifenden männlichen Blick auf, aber sie rückt zugleich die Frau ins weltstädtisch offene Treiben einer Großstadt, das Interesse an der Dokumentation dieser Atmosphäre überwiegt gegenüber dem an der Formulierung jenes Blicks. Der Graf zündete sich gerade eine Zigarre an, als sie ins Blickfeld tritt – der Genuss im Warten –, er überquert mit der Zigarre in der Hand die Straße, während die Kamera stehen bleibt und die beiden aufnimmt, wie sie im Café verschwinden. Im Café sitzen dann Mann und Frau vereint nah vor der Kamera am Fenster, das den Blick auf den wogenden Verkehr der Straße, die vorüberstreifenden Passanten freigibt. Das Licht von draußen erhellt die Gesichter des Liebespaares. Es schließt sich eine Straßenszene an – die beiden steigen in eine Droschke –, die uns über die weitere Entwicklung informiert, aber andererseits auch dem Reiz nachgibt, der für die Kamera von den durchs Fenster nur undeutlich wahrnehmbaren Straßenszenen ausging.

Heide Schlüpmann

Abb. 1: HEIMGEFUNDEN – VON STUFE ZU STUFE. DIE LEBENSBEICHTE EINER PROBIERMAMSELL (1910)

Ähnlich der Rücksichtnahme auf das Publikum, das der Geschichte folgen will, entsprungen wirkt die nächste Szene, in der ein Brief den Verlobten und die Eltern von Elises neuem Leben informiert. Es ist die einzige Szene des ganzen Films, in der Elise nicht zugegen ist – scheinbar eine Inkonsequenz in der subjektiven Erzählstruktur der Beichte. Doch ist diese Einstellung zentriert um die schriftliche Mitteilung, die der Verlobte von Elise empfängt: »Verzeih, ich habe mein Glück gefunden, ich komme nicht mehr nach Hause.« Daher bekräftigt diese Szene gerade die Position des Erzählsubjekts. An die Stelle der physischen Präsenz der Frau tritt ihre Schrift, die – nicht nur dem Inhalt nach – auf sie als Subjekt verweist.

Der Situation der ausgehaltenen Geliebten ist die am genauesten ausgearbeitete Szene des ganzen Films gewidmet, die sowohl das ›Milieu‹ charakterisiert als auch den Einblick in die subjektive Perspektive einer solchen Frau zur Attraktion eigener Art gestaltet. Elise sitzt im Déshabillé am Toilettentisch, in dessen Spiegel sie ihren neuen Status genießen kann. Sie nimmt einen kleinen Handspiegel auf, aber statt dass er zur allseitigen Betrachtung ihres Äußeren gerichte, erblickt sie in ihm Figuren ihres Inne-

Melodrama und soziales Drama im frühen deutschen Kino

Abb. 2: Heimgefunden – Von Stufe zu Stufe. Die Lebensbeichte einer Probiermamsell (1910)

ren. Trickreich erscheinen im ovalen Spiegelrahmen nacheinander, winzig klein wie Puppen, eine jammernd die Hände ringende Mutter, ein schimpfender Vater. Die Kamera fesselt uns ausschließlich mit diesem kleinen Kunststück, sie zeigt uns das Gewissen als visuelle Attraktion und nicht im gestisch-mimischen Ausdruck eines Inneren. Nach dem kleinen Ausflug in den Trickfilm kehrt der Film ins Milieu zurück: Die Tür öffnet sich, der Graf betritt beladen mit Hutschachteln und Kleiderkartons das Zimmer. Der Spuk ist verschwunden, und Elise ergötzt sich am Auspacken der Geschenke.

Der Trickeinfall ist ein Beispiel dafür, wie strikt im Film die Erzählung auf dem Nummernprinzip basiert, statt sie der Dramenform zu unterwerfen. Den Verweis auf die alte Bindung, die die Protagonistin trotz ihrer klaren Entscheidung für das neue Leben in Konflikt bringt, formuliert der Film in einer inneren Montage, die den Szenenrahmen unangetastet lässt. Die Autonomie der Szene stützt aber gleichzeitig die der Frau im Film: Eine Parallelmontage hätte die Vergegenwärtigung der Reaktionen der Eltern dem Blick der Heldin, und damit ihrer Kontrolle, entzogen und dem Publikum die Möglichkeit gegeben, sich emotional gegen sie zu wenden, sich mit den Eltern statt mit dem Blick der ›verlorenen Tochter‹ auf sie zu identifizieren. Der Film hätte dem moralischen Über-Ich Macht über die Erzählerin verschafft.

Stattdessen lässt er in einer weiteren Szene die Protagonistin und das Publikum die Reize des Vergnügungslebens kosten. Wir gewinnen Einblick ins *Maxim*. Die Frauen vergnügen sich dort mindestens ebenso wie die Männer, sie sind bei Wein und Sekt ausgelassen heiter, tanzen miteinander (Abb. 2). Auch Elise genießt die freizügige erotische Atmosphäre. Am Ende begleitet sie nicht nur ihr Graf, sondern auch ihre ›Neuerwerbung‹ zur Droschke. Bei den Dreharbeiten zu dieser Szene war offenbar eine Menge Schaulustiger zugegen – neugierig sehen sie in die Kamera. Wie wir wissen hatten die frühen Filme keine Desillusion durch solche von der Geschichte nicht motivierte Aufmerksamkeit zu fürchten; sofern das Kino seine Wirkung aus der Attraktion in der einzelnen Szene bezog, reflektierten die Staunenden im Film nur das Gebanntsein der vor der Leinwand Sitzenden.[13]

Bei der Untreue ertappt, wird die Frau auch nicht als das hilflose und von Gewissensbissen geplagte Opfer dargestellt. Mit allen Anzeichen der Wut, dass ihr Graf sie vor die Tür setzt, verlässt sie die Wohnung. Ausgeliefert wirkt sie erst in der übernächsten Episode, als der Ingenieur herrisch den Schmuck, ihr einziges Vermögen, verlangt, um seine Spielschulden zu bezahlen. Eingeschüchtert bringt sie ihm die Schatulle. Doch als er weg ist, macht sie ihrer Empörung Luft und entscheidet, dass sie unter solchen Bedingungen das Dasein einer Geliebten nicht fortsetzen will. Die Erinnerung an das alte Leben wird stark, »Elise sehnt sich nach Hause.«

Waren die beiden älteren Liebhaber – beleibt und mit Schnurrbart – eigentlich bereits Reversbilder des Vaters als einer moralischen Autorität, so vollstreckt das Ende des Films dessen Entmachtung. »Hinweg, du Elende«, sagt der Vater erwartungsgemäß zu der heimkehrenden Tochter, der Verlobte bittet vergebens für sie. Sie geht.

Wir sehen sie das Haus verlassen, durch den Vorgarten gehen, es ist ein ganz normaler Spätnachmittag. In der folgenden Einstellung befindet sie sich auf offenem Feld, strebt den Bahngleisen entgegen. In der Ferne nähert sich ein Zug, aber ehe noch das Publikum zu Ende kombiniert hat, was das Ziel dieses Gangs durchs Feld sein soll, erblickt es schon den Bräutigam, der hinter ihr herläuft und sie nun in die Arme nimmt. Der Zug fährt vorbei. Diese ganze Sequenz wirkt nicht durch Dramatik, durch die Erzeugung von emotionalen Spannungen, sondern wieder durch den Reiz der Außenaufnahme von Bahngelände und vorüberfahrendem Zug. Die nüchterne Poesie des Kamerablicks, in der Technik und Natur versöhnt erstrahlen, umfängt auch die Schritte der Heldin bis zuletzt, sie bildet das genaue Gegenteil zur Suggestion einer höheren Schicksalsgewalt, die die vom rechten Wege Abgekommene am Ende einholt. Am Ende dieses Films verbündet sich die Lust der Männer an der Frau – von den Liebhabern nun auf den Bräutigam übergegangen – mit der Selbstbehauptung ihres Lebens gegen die väterliche Autorität. Es vermittelt sich im frühen Erzählkino, das sich um das ›soziale Drama‹ konzentriert, die männliche voyeuristische Lust mit der Durchsetzung weiblicher Geschichtsperspektive.

Die Ehe, die HEIMGEFUNDEN nicht mehr zeigt, sondern am Ende gerade noch vorstellbar werden lässt, würde nicht die patriarchale Ordnung wiederherstellen, sondern die körperliche Liebe zwischen sozialen Subjekten besiegeln. Andere ›soziale Dramen‹ befassen sich mit der gewöhnlichen Ehe in der patriarchalen Gesellschaft: Ähnlich nüchtern und reizvoll zugleich, wie die Geschichten der ›Geliebten‹ erzählt werden, wirken auch die Darstellungen aus dem Leben der Ehefrauen. PERLEN BEDEUTEN TRÄNEN (1911) schildert die Entwicklung der Ehe eines Leutnants: von der hochzeitlichen Verliebtheit über den langweiligen Ehealltag zum Seitensprung des Gatten und dem geduldig ausgleichenden Handeln der Ehefrau bis zur Versöhnung. UM HAARESBREITE (1912) führt eine großbürgerliche Ehe vor, in der dem Mann der Club so wichtig ist wie sein Heim mit Frau, Kind und Dienstboten. Das schafft Probleme. Die Männerfreundschaft wird von den Avancen, die sein Freund der Ehefrau macht, gestört. Das Familienleben wiederum wird durch die in Feindschaft verkehrte Männerbeziehung bedroht. Allein auf der in sich gefestigten Ehefrau ruht die Sicherheit des Hauses.

Beide Filme, wenngleich Messter-Produktionen mit Henny Porten, der erste unter der Regie Adolf Gärtners, der zweite unter der Curt Starks gedreht, melodramatisieren die Leiden der Frau an der Ehe nicht. Sie erzählen vielmehr Szenen einer Ehe, geben Milieuschilderungen; die dokumentierende Kamera arbeitet einer sentimentalisierenden Wahrnehmung des inszenierten, nachgespielten Lebensdramas entgegen. Als die Gefährdung der Ehe in PERLEN BEDEUTEN TRÄNEN sich zuspitzt, gibt es eine wunderbare Straßenszene. Die Einstellung zeigt ein Juweliergeschäft, die Auslage ist in allen Einzelheiten zu bestaunen, die Heldin kommt, verschwindet im Laden (Abb. 3). Die Aufnahme, von hoher fotografischer Präzision und zugleich einer Poesie, die im Umgang mit den Hell-Dunkel-Werten, den Effekten der Lichtspiegelungen liegt, klärt und konzentriert den Blick auf den Gang der Frau; das melodramatische Gefühl eines ›Opfergangs‹ – sie verkauft ihr Perlenhalsband, um seine Schulden zu begleichen – kann nicht aufkommen. UM HAARESBREITE zerdehnt die Schilderung der dramatischen

Abb. 3: PERLEN BEDEUTEN TRÄNEN (1911, Regie: Adolf Gärtner)

Ereignisse zwischen den Rivalen – vom Tod des einen durch die Kugel eines Wilderers, von der Flucht des anderen, der sich unter Mordverdacht sieht –, statt sie dramatisierend zu raffen. Der Film verliert sich in den Reizen der Landschaftsaufnahmen, den Bildern einer schier endlosen Flucht und Verfolgung durch Wald, Feld und Fluss.

Und doch gibt es in diesen Ehe-Filmen eine formale Veränderung gegenüber den Erzählungen aus der Welt der ›Geliebten‹, auch gegenüber einem Film wie DIE GRAUSAME EHE. HEIMGEFUNDEN hatte die Dramenform als männlichen Urteilsrahmen, der die weibliche Erzählperspektive einschränkt, relativiert, zum Moment der Geschichte selber werden lassen. PERLEN BEDEUTEN TRÄNEN und UM HAARESBREITE entwickeln nun aus einem Element der Geschichte heraus eine neue Dramatik. In beiden Filmen gibt es Gegenstände, deren Bedeutung die Immanenz der Erzählung transzendiert und eine Spannung auf die Lösung ihres ›Rätsels‹ erzeugen. Die frisch verheiratete junge Frau bekommt ein Perlenhalsband als Geschenk der Schwiegermutter zusammen mit einem Brief ausgehändigt: »Immer heißt es ›Perlen bedeuten Tränen‹, aber *mir* haben sie nur Glück gebracht!« Von da an wartet die Zuschauerin, ob sich der Aberglaube

Abb. 4: UM HAARESBREITE (1912, Regie: Curt A. Stark)

bestätigt oder die aufgeklärte Haltung der Schwiegermutter Recht behält. Die Erfahrung der Geberin und nicht der ›Volksmund‹ bewahrheitet sich, so dass der bedeutsame Gegenstand in den Köpfen der Zuschauerinnen eine dramatische Spannung erzeugt, die festsitzende Schicksalsvorstellungen anspricht und zugleich kritisiert.

In UM HAARESBREITE schreibt der im Wald einsam sterbende Rivale einen Brief, der die Unschuld des Ehemanns zugibt (Abb. 4). Der Wind verweht das Blatt Papier. Von da an ist das Publikum gespannt – findet es sich, kann es seine rettende Funktion erfüllen? Das spielende Kind nimmt es auf, um das Sträußchen für die Mutter darin einzuwickeln (Abb. 5). So helfen Zufall und Kindesliebe, dass die Äußerung der Vernunft ein drohendes Schicksal, die Rache, abwendet. Die Perlen dort, der Brief hier erzeugen eine Erwartung, die von der Erzählung aus dem Ehealltag ablenkt. Der Genuss der einzelnen sorgfältig beobachteten, reizvoll inszenierten und fotografierten Szenen wird überlagert von einer auf Auflösung des ›Rätsels‹ drängenden Begierde. Als Formen spannungsbildender ›Verrätselung‹ bekommen die Szenen schließlich selber tendenziell eine neue Qualität, die die Wirkung der dokumentierenden Kamera einschränkt.

Heide Schlüpmann

Abb. 5: UM HAARESBREITE (1912)

Diese neue Qualität besteht in der Stimulierung der voyeuristischen Libido, ohne dass die Leinwand explizit Erotisches bieten würde. Die bedeutungsvollen Gegenstände treten nämlich in den Ehegeschichten an die Stelle der pikanten Reize, die die Szenen mit der ›Geliebten‹ immer boten. Da die bürgerliche Ehe keine Institution der sexuellen Lust ist, vielmehr die Ehefrau als öffentliches Lustobjekt tabu ist, kann die Protagonistin nicht offen als Attraktion für den männlichen Blick inszeniert werden. Es entfällt daher in den Ehe-Filmen ein tragendes Moment des ›Kinos der Attraktionen‹, dem sich die weibliche Geschichte im Widerstand gegen die Etablierung eines bürgerlich-patriarchalen Kinos verband. Die Spannung auf die Lösung des Ding-Rätsels hin ersetzt darum die erotische Attraktion, die im Negligé der Heldin, im Kuss des Helden auf ihren Mund bestehen konnte. In ihr wirkt aber, verdrängt und verschoben, eben diese erotische Erregung fort.

Die Alltagsgeschichten von der Ehe mit dieser geheimen Lust sehen zu können, ist für die Frauen brisanter als für die Männer. Die Lust war in der bürgerlichen Ehe des Wilhelminismus nicht nur tabuisiert, sondern für die Frauen zumal auch kaum vorhanden. Die Männer mussten das nicht allzusehr vermissen, gab es doch die Geliebte, die Prostituierte. Für die Frauen kam jedoch die Verdrängung der Sexualität in der Ehe einer Verdrängung ihrer Sexualität überhaupt gleich.[14] Um wie viel mehr musste es daher einen Bruch in ihrem Alltag bedeuten, im Kino die Verwicklungen des Ehelebens mit lustvoller Erwartung betrachten zu können. So hebt diese Form des Ehedramas die Elemente des ›Kinos der Attraktionen‹, die im frühen Erzählfilm noch überdauern, durch das Eingehen auf den Blick des weiblichen Publikums auf. Den Blick in die Welt der Geliebten und Prostituierten gibt das Kino den Frauen als finanzträchtigem Publikum frei, den Blick auf die Ehe, nicht nur als Reproduktionsinstitution, sondern auch als dramatische Form ihres Geschlechtslebens, organisiert es eigens, um die freigesetzte sexuelle Neugier wieder zu kanalisieren.

Solche Kanalisierungsversuche sind nicht einfach repressiv, sondern auch produktiv. Die Einbindung der erotischen Attraktion in die Geschichten von Frauen ließ die soziale Problematik der Geschlechter sichtbar werden, die Dramatisierung der weiblichen Erzählung aus einem objekthaften Bestandteil ihrer selbst heraus reflektiert umgekehrt das soziale Verhältnis, die Ehe, wieder auf verdrängte sexuelle Verhältnisse zurück: Im Grunde handeln PERLEN BEDEUTEN TRÄNEN und UM HAARESBREITE von nichts anderem als dem nachlassenden sexuellen Interesse des Mannes und seinem homoerotisch grundierten Freizeitvergnügen. Was dem einen sein Offizierskasino ist dem anderen sein Club; der eine entspannt sich bei einer Balletteuse, der andere auf der Jagd.

In den sozialen Ehedramen gelingt eine Vermittlung nicht nur weiblicher Erzählperspektive mit dem ›Kino der Attraktionen‹, sondern beider mit der Form des Dramas. In dieser Vermittlung besteht die eigentliche Bedeutung der in den Rang von Akteuren rückenden Dinge. Einerseits sind sie Alltagsgegenstände, die als solche im Verlauf der Erzählung eine Rolle spielen. Andererseits haben sie Fetisch-Charakter, soweit sie an die Stelle der offen erotischen Attraktion in den ›Geliebten‹-Filmen treten. Sie stehen dann für das in der Darstellung der Ehe verdrängte Sexuelle: das Glück, das die Schwiegermutter mit der Perlenkette zugleich am Hochzeitstag anspricht, bezieht sich auf das der Geschlechter miteinander, dem die Braut vor der Hochzeitsnacht bang entgegensieht; der Brief des Rivalen steht für die sexuellen Begierden, die von außen in die Ehe einbrachen, wie auch zugleich für die Heilung des verletzten Ehebandes. So beschäftigen diese Dinge die sexuelle Fantasie des Publikums. Diese Spannung, in der das ›Kino der Attraktionen‹ fortdauert, ist jedoch nicht die einzige. Es ist nicht nur ihr Fetisch-Charakter, der den Dingen Bedeutsamkeit über ihre Rolle im Verlauf der Geschichte hinaus verleiht. Ihre Spannung erzeugende Bedeutsamkeit rührt vielmehr auch daher, dass sie zwar ihrer Form als Abbild nach ein Moment innerhalb der Geschichte darstellen, in dem privilegierten Status des Objekts gegenüber der Geschichte sich jedoch der in die Narration zurückgenommene dramatische Rahmen, Repräsentanz patriarchaler Macht, verbirgt. Als von außen der weiblichen Erzählperspektive aufgesetzte Form ist er verschwunden, aber in seiner bedrohlichen Substanz innerhalb des Films doch wieder präsent: Wird die mütterliche Erfahrung für die Schwiegertochter produktiv werden oder die repressive Mutterrolle im Patriarchat, die den Sohn von einer glücklichen Beziehung zum anderen Geschlecht fern hält? Wird die Liebe gegenüber dem Ausbruch archaischen Machtkampfs um die Frau ›siegen‹ oder nur der Besitzanspruch des Ehemanns? Die Dinge vermitteln die erotische Attraktion mit dem Verbot, das ›Es‹ der Zuschauerin mit dem ›Über-Ich‹, sie dramatisieren den Blick, der auf die Erzählung fällt.

HEIMGEFUNDEN zeigte, wie die Zurücknahme der patriarchalen ›Zensurinstanz‹ in die Geschichte eine Vorstellung von Ehe als freier Verbindung zum ›wechselseitigen Gebrauch der Geschlechtsorgane‹ ermöglichte. Das neue Medium Film reagiert damit auf gesellschaftliche Veränderungen, die auf eine Liberalisierung des Eherechts drängen, auf die gleichberechtigte Ehe, wie sie die progressiven sozialen Bewegungen der Zeit, voran die Frauenbewegung, forderten. Die patriarchale Gewalt wird der Vergangenheit zugeschrieben, als Vorgeschichte seiner Geschichte hält der Film sie fest: in der Perlenkette, im Brief. Die patriarchale Ordnung erscheint allerdings nicht nur überwunden, sondern gleichzeitig ›verinnerlicht‹ präsent. Während jedoch die Melodramen um die gleiche Zeit schon Psychologisierungen versuchen, die aus dem äußeren Schicksal ein inneres werden lassen, heften diese sozialen Ehedramen die fortdauernde Präsenz vergangener Mächte an das sichtbar Gegenständliche. In diese Form des Sichtbar-Gegenständlichen legen die Filme die Hoffnung auf Erlösung von der Wiederkehr des Gleichen im Geschlechterverhältnis. Die Funktion der bedeutsamen Dinge oszilliert zwischen einer Freisetzung des Begehrens nach irdischem Glück und der Erblindung des sexuellen Begehrens im Fetisch-Objekt.

Dem weiblichen Publikum, für das die Ehedramen vornehmlich produziert wurden, stehen diese Objekte letztlich für das männliche Geschlecht als patriarchale Macht und als Sexualobjekt. Darum geht es dem Aufklärung und Lust suchenden Blick der Frauen: um das Ungewisse, das sie in der Ehe erwartet, um das, was sich den Ehefrauen entzieht, das anderswo seine Befriedigung sucht, das außerhalb der Ehe droht und lockt – über dem das gesellschaftliche Tabu liegt. Die kulturbürgerliche Inbesitznahme des Kinos durch das Melodrama entwickelte eine repressive Zerstreuung in der

›Sublimierung‹ des weiblichen Blicks und der weiblichen Blickpotenz. Die Ansätze einer Dramatisierung bürgerlicher Lebensverhältnisse über die Dingwelt machen manifest, wie das Kino, durch sein weibliches Publikum gedrängt, sich auf eine Darstellung männlicher Sexualität, des Mannes als Sexualobjekt hin entwickelt und gleichzeitig selbstverständlich auf den Widerstand der ihm immanenten Strukturen patriarchaler Gesellschaft stößt. Vor diesem Widerstand kapituliert schließlich das Kino mit dem Ende des sozialen Dramas, das als Genre – im Unterschied zum Melodrama – ins Erzählkino nach dem Ersten Weltkrieg nicht mehr Eingang findet; das mit Bedeutsamkeit aufgeladene Bildliche des Films übernimmt dann ganz die Rolle des Tabus.

1 Vgl. zu der Auseinandersetzung der bürgerlichen Literaten mit dem neuen Medium Anton Kaes (Hg.): *Kino-Debatte. Texte zum Verhältnis von Literatur und Film 1909–1929.* Tübingen und München 1978. — **2** Malwine Rennert: Victor Hugo und der Kino. Französische und deutsche Filmkunst. In: *Bild und Film,* 2. Jg. (1912/13), S. 129–131; S. 130 f. — **3** Zur Rezeption italienischer Filme im Wilhelminischen Deutschland vgl. meinen Aufsatz: »Quo vadis cinéma?« Le rôle du film italien dans l'Allemagne de Guillaume II. In: Roland Cosandey, François Albera (Hg.): *Cinéma sans frontières/Images Across Borders, 1896–1918.* Lausanne und Québec 1995, S. 329–339. — **4** Miriam Hansen hat auf diese irritierende Beziehung des frühen deutschen Kinos zu einem weiblichen Kinopublikum hingewiesen in ihrem Aufsatz: Early Silent Cinema. Who's Public Sphere. In: *New German Critique,* Nr. 29, Frühling/Sommer 1983, S. 147–184. Vgl. auch meinen Artikel: Kinosucht. In: *Frauen und Film,* Heft 33, Oktober 1982, S. 45–52. — **5** Vgl. Tom Gunning: The Cinema of Attractions. Early Film, Its Spectator and the Avant-Garde. In: *Wide Angle,* Bd. 8, Nr. 3/4, 1986, S. 63–70. — **6** Vgl. zur außerfilmischen und filmischen Form des Melodramas den ausgezeichneten Artikel von Christine Gledhill: The Melodramatic Field. An Investigation. In: dies. (Hg.): *Home is Where the Heart Is. Studies in Melodrama and the Woman's Film,* London 1987, S. 5–42. — **7** Vgl. zur Zensur die Anmerkung in der Filmografie von Corinna Müller, in: Helga Belach (Hg.): *Henny Porten. Der erste deutsche Filmstar 1890–1960.* Berlin 1986, S. 178: »In der Veröffentlichung der Zensurentscheidung der Berliner Polizeibehörde vom 5.8.1911 wird der Film mit dem Titel EIN STREIK UND SEINE FOLGEN unter der Rubrik ›Vollständig verboten‹ geführt. Zensurvermerk: ›Streik, Durchschneiden eines Kabels, Operation eines Kindes‹ (Birett, S. 15). In der Veröffentlichung vom 16.8.1911 wird die Aufhebung des Verbots bekannt gegeben; Auszug ›Das Bild ist nur noch für Kinder verboten. Streik, Durchschneiden des Kabels und Operation des Kindes sind ausgeschnitten.‹ (Birett, S. 16). Bei der letzten Vorlage, unter dem Titel TRAGÖDIE EINES STREIKS war die Szene ›Durchschneiden eines Kabels‹ wieder enthalten (Birett, S. 20). Der Film wurde ›mit Kinderverbot freigegeben‹.« Die Verweise beziehen sich auf Herbert Birett: *Verzeichnis der in Deutschland gelaufenen Filme. Entscheidungen der Filmzensur 1911–1920.* München u. a. 1980. — **8** Die Operation des Kindes selber musste auf Anordnung der Zensur gestrichen werden. (Vgl. Anm. 7) — **9** Vgl. Emilie Altenloh: *Zur Soziologie des Kino. Die Kinounternehmung und die sozialen Schichten ihrer Besucher.* Jena 1914, S. 58: »Im

Heide Schlüpmann

Brennpunkt des Interesses stehen soziale Fragen. Meist wird in diesen Dramen der Kampf einer Frau geschildert zwischen ihren natürlichen, weiblichen Instinkten und den diesen entgegenstehenden sozialen Zuständen.« — **10** Ebd., S. 57. — **11** Vgl. Heide Schlüpmann: Transvestiten, Rebellinnen, Detektivinnen im frühen Kino. In: *Frauen und Film*, Heft 43, Dezember 1987; sowie dies.: *Unheimlichkeit des Blicks. Das Drama des frühen deutschen Kinos.* Basel und Frankfurt/M. 1990. — **12** Babette Hermann: Aus den Aufzeichnungen einer Prostituierten. In: *Die Neue Generation* [Publikationsorgan des Deutschen Bundes für Mutterschutz und der Internationalen Vereinigung für Mutterschutz und Sexualreform, hg. von Helene Stöcker], Nr. 1, 3, 5 und 7, 1914. — **13** Vgl. z. B. Tom Gunning: Primitive Cinema – A Frame-up? or The Trick's on Us. In: *Wide Angle*, Bd. 28, Nr. 2, Winter 1989; Noël Burch: Primitivism and the Avant-Gardes. A Dialectical Approach. In: Philip Rosen (Hg.): *Narrative, Apparatus, Ideology. A Film Theory Reader.* New York 1986; Miriam Hansen: *Babel and Babylon. Spectatorship in American Silent Film.* Cambridge/Mass. und London 1991. — **14** Zu Ehe, Sexualität und Situation der Frauen im Wilhelminismus vgl. u. a. Ute Frevert: *Frauen-Geschichte zwischen bürgerlicher Verbesserung und Neuer Weiblichkeit.* Frankfurt/M. 1986; Isabel V. Hull: ›Sexualität‹ und bürgerliche Gesellschaft. In: Ute Frevert (Hg.): *Bürgerinnen und Bürger. Geschlechterverhältnisse im 19. Jahrhundert.* Göttingen 1988, S. 49–66.

Tilo R. Knops

Kino der Schreibtische
Detektivfilme der Kaiserzeit aus komparativer Sicht

Solange der deutsche Detektivfilm des Wilhelminismus so gut wie vergessen war, blieb Siegfried Kracauers Verdikt unwidersprochen, ein deutsches Detektivgenre sei seinerzeit kaum vorstellbar gewesen.[1] Seitdem aber im Zusammenhang mit einem neu erwachten Interesse an den filmischen Anfängen seit Anfang der 90er Jahre auch die ›unbekannte Galaxie‹ des frühen deutschen Films wieder entdeckt wurde, gilt Kracauers Urteil als überholt; allein die Filme der erfolgreichen Stuart-Webbs-Detektivserie mit Ernst Reicher in der Titelrolle (Abb. 1) scheinen es zu widerlegen. So werden mittlerweile spezifische Qualitäten der Stuart-Webbs-Filme im Unterschied zu den ausländischen Genrevorbildern herausgearbeitet: Während Produktionen wie die Sherlock-Holmes-Reihe der Nordisk, die Nick-Carter-Filme der Eclair, die Nick-Winter-Streifen aus dem Hause Pathé oder die Nat-Pinkerton-Serie der Eclipse ihre Reize aus einer wahllosen Aneinanderreihung filmischer Sensationen gezogen hätten, wird die Stuart-Webbs-Serie »als Beitrag zum Legitimationsdiskurs des frühen Kinos« verstanden.[2] Im Zuge der Reformbestrebungen habe die deutsche Filmindustrie versucht, realistische Plots, eine innere Logik der Handlung, eine größere psychologische Glaubwürdigkeit und überzeugende, differenzierter gezeichnete Hauptfiguren zu schaffen, um die Filme so in die Tradition des beim Bildungsbürgertum geschätzten klassischen Detektivromans zu rücken. Und dies scheint in den frühen Filmen der Stuart-Webbs-Serie tatsächlich gelungen zu sein: mit »selbstreflexiven Bezügen«, »dem Spiel mit Täuschung und Wahrheit, Original und Fälschung«, heißt es, werde durch die Stuart-Webbs-Serie ein »mündiger, verantwortungsbewußter Umgang mit zeitgenössischen Erscheinungen« demonstriert, »die durch Verbieten, Ignorieren oder Bekämpfen nicht mehr aus der Welt zu schaffen sind«.[3]

Eine Revision, die die Qualitäten der internationalen filmischen Populärkultur, die historisch vorbildgebend auch für die deutschen Detektivfilme war, bestenfalls als Aneinanderreihung so genannter ›Sensationen‹ zur Kenntnis nimmt, die medien- und sozialhistorisch nicht weiter differenziert werden, um demgegenüber eine angeblich überlegene ›narrative Logik‹

Tilo R. Knops

Abb. 1: Ernst Reicher als Stuart Webbs

und ›Glaubwürdigkeit‹ deutscher Produkte herauszustreichen, verlängert aber die zweifelhaften Bestrebungen der deutschen Reformbewegung, diesmal im Interesse gegenkultureller Mythenbildung im Geiste der Ideologien der 68er-Generation, etwa an einer »Erschütterung des normativen Bewußtseins, das zwischen Schein und Sein zu unterscheiden, Lüge und Wahrheit zu bewerten weiß« (Heide Schlüpmann).[4] Ist aber die Leistung des Theaterschauspielers Ernst Reicher wirklich als »trojanisches Pferd im Krieg patriarchalisch-besitzbürgerlicher Kultur gegen das Kino« zu verstehen, als Erziehung zur »Mündigkeit«?[5]

Im Folgenden wird zunächst auf die internationale Entstehung populärer Filmgenres vor dem Hintergrund des allgemeinen soziokulturellen Wandels im 19. Jahrhundert zurückgegangen, da sich eine treffende Einschätzung der besonderen Qualitäten des deutschen Detektivfilms nur komparativ, im Vergleich mit den französischen, skandinavischen, britischen, italienischen und US-amerikanischen Vorbildern und deren Wurzeln in der allgemeinen Sozialgeschichte und Populärkultur des 19. Jahrhunderts gewinnen lässt. Im Anschluss ist zu durchleuchten, wie realistisch die Plots, wie logisch die Handlungen, wie glaubwürdig und differenziert die Hauptfiguren waren – allerdings nicht dem Anspruch des zeitgenössischen Reformprogrammes nach, sondern im Lichte aktueller filmhistorischer Konzepte einer Entwicklung des filmischen Erzählens zwischen 1895 und 1917.

Der Großstädter als Detektiv

Die Vorstellung, nach der dem Detektiv als investigatorischem Kopfarbeiter ein erster Rang zukommt, während seine abenteuernden Epigonen, so sie sich in den Niederungen der Populärkultur herumschlagen, zwangsläufig auf die eigentlichen Stärken und Qualitäten, ihren Rationalismus, verzichten und zu den plumperen Waffen des Abenteuers und Melodramas greifen müssen, greift historisch zu kurz. Beide Entwicklungslinien, die sich im Film zu den besonders populären Genres ›Melodrama‹ und ›Detektivthriller‹ entwickeln sollten, haben eine gemeinsame Wurzel, die mit der Beschränkung auf die logische Detektion nicht vergessen bleiben sollte: die Veränderungen von Wahrnehmung und Erfahrung, wie sie in den Metropolen der westlichen Zivilisation im 19. Jahrhundert auftraten.

Der Soziologe Richard Sennett hat beschrieben, wie in den Metropolen des frühen 18. Jahrhunderts, in London und Paris, den damaligen Hauptstädten der abendländischen Welt, Formen der Verständigung und des Umgangs entwickelt waren, die es den Menschen in der kosmopolitischen Stadt erlaubten, sich auch als Fremde untereinander glaubhaft zu verhalten. Mit der Industrialisierung wuchs die Unüberschaubarkeit des großstädtischen Lebenszusammenhangs kontinuierlich an. Neue Verkehrsformen wie die Eisenbahn, künstliche Gasbeleuchtung, Fließband, massenkonfektionierte Kleidung und Warenhäuser wurden als Zersplitterung der Wahrnehmung erlebt und führten dazu, dass man zunehmend fremden Menschen begegnete, die sich nicht, wie noch im Ancien Régime, aufgrund ihrer Kleidung oder ihres Verhaltens schnell einschätzen ließen. Einerseits schwoll in der kosmopolitischen Stadt die Menge gleichförmiger, maschinell hergestellter Gegenstände ungeheuer an. Andererseits wuchs das Gewicht, das den äußeren Erscheinungsbildern, bis hin zur Art, wie ein Mantel geknöpft wurde, als Signalen des individuellen Charakters, des privaten Empfindens und der Persönlichkeit beigelegt wurde. »Das öffentliche Leben wurde zu einer Sache des Beobachtens, der passiven Teilnahme, zu einer Art von Voyeurismus. Balzac nannte es die ›Gastronomie des Auges‹.«[6] Der Großstädter musste zum Detektiv werden, wollte er begreifen, was vor sich geht.

Die Mischung von voyeuristischer Neugier und einem Grauen angesichts der überall im unüberschaubaren Großstadtleben möglichen Horrorszenarien ist die wichtigste Wurzel für die Entwicklung des Detektivgenres, aber ebenso des Melodramas. Im Unterschied zur investigatorischen Neugier ist es beim Melodrama eine Vielfältigkeit möglicher Sichtweisen, die auf die Figuren und Handlungskonstellationen gelenkt werden, um möglichst stark gesteigerte emotionale Effekte zu ermöglichen. Diese Verdichtung erzeugte als eine aus verschiedensten Individualperspektiven verstehbare und daher populäre symbolische Form, was im Alltag der Metropolen nicht mehr zu haben war: unverfälschte Charaktertypen, eindeutig bestimmte Personen waren auf der Bühne gefragt.

Die offenbar unverzichtbare Schwarzweißmalerei der Melodramen ist in diesem Zusammenhang zu verstehen. Auf Realitätsabbildung und Authentizität konnten sie nicht aus sein, wohl aber auf einfache, jedoch klare moralische Werte. Diese entsprechen allerdings traditionell den Wertvorstellungen eines kleinen gebildeten Publikums nicht, das nach ›Realitätsnähe‹, ›Authentizität‹ und einer ›aktiven Rezeption‹ verlangt, Werten, die zu beurteilen den eigenen Lebenserfahrungen, Kenntnissen und interpretatorischen Techniken im Umgang mit Kunstwerken – akademischer Besitzstandswahrung also – am ehesten entsprechen.

So ließ sich das Detektivgenre im Gegensatz zum bis heute als trivial eingeschätzten Melodrama vom Bildungsbürgertum als gesellschaftsfähig ausgeben, soweit es auf eine aktive, intellektbetonte Zuschaueraktivitäten anregende, investigatorisch genutzte Logik reduziert werden konnte. Das Spektrum der sensationellen Reize und Effekte zwischen Angstlust und Neugier aber, die Schaulust und der Kitzel der Verunsicherung, der in der Ordnungsmacht deduktiver Logik nicht aufgeht, wird durch solche Vereinnahmungsversuche unnötig ausgegrenzt.

Horror, Thrill und Erotik in frühen Detektivfilmen

Neugier, Schaulust und das Bedürfnis nach Übersicht und Orientierung im großstädtischen Lebenszusammenhang sind längst vor der Erfindung des Films Antriebe eines breiten Publikums, denen populärkulturelle Genres wie das Detektivgenre und das Melodrama, jedes auf seine spezifische Weise, entgegenkommen. Die Eclair-Serie NICK CARTER – LE ROI DES DÉTECTIVES, die im September 1908 mit der Folge LE GUET-APENS startete, übertrug die unheimlichen Abenteuer der amerikanischen Groschenheftfigur auf den Film, und vermittels der Sets, Dekors und Darsteller auf französische Verhältnisse.

Als um 1911 der Trend zu längeren Filmen begann, setzte Regisseur Jasset eine neue Serie von Kriminal-Melodramen in Szene. Im Mittelpunkt standen, basierend auf Léon Sazies Fortsetzungsgeschichte, die ab 1909 im Pariser *Le Matin* erschienen war, die greulichen Untaten des Meisterverbrechers Zigomar (Alexandre Arquillière). Mal attackiert er seinen Gegenspieler Paulin Broquet (André Liabel), Chef der Pariser Polizei, mit Bomben aus dem Flugzeug, mal droht er, ihn mitsamt einer Zahnradbahn in die Luft zu sprengen. Noch von der Bahre aus dem Leichenschauhaus entkommt das gefürchtete Vorbild von Langs Dr. Mabuse durch Injektion eines Gegengiftes, natürlich, um für eine neue Folge bereit zu sein. Die Abenteuer des Königs der Detektive, der über eine übermenschliche Wahrnehmung verfügte und sich durch unerschöpfliche Verkleidungstricks auszeichnete, bildeten das Muster für eine ganze Epoche.

Zahllose edle Detektivhelden im Kampf mit Falschmünzern, Bankräubern und schwarz gekleideten Banditen folgten, abgewechselt von ähnlich charismatischen, grimassierenden Meisterverbrechern wie Zigomar. Auch die ZIGOMAR-Filme (Eclair, 1911–1913) entsprechen dem französischen Vorkriegsstil, beruhen auf Action und Geschwindigkeit der Übergänge, gruppieren die Schauspieler wie im Theater frontal zur Kamera hin, und zeigen sich scheinbar desinteressiert gegenüber den neuen Regeln des klassischen filmischen Erzählens, die sich zu dieser Zeit in den USA, beispielhaft in den Filmen von D. W. Griffith, herausbildeten.

Die formale Sprengkraft von Jassets ZIGOMAR-Serie geht allerdings, wie Tom Gunning luzide analysiert hat,[7] im groben Unterschied zwischen altmodischen Theatertraditionen und modernem Erzählkino nicht völlig auf. Denn die drei Abenteuer um Zigomar, die bis 1913 entstanden (ZIGOMAR, 1911; ZIGOMAR CONTRE NICK CARTER, 1912; ZIGOMAR – PEAU D'ANGUILLE, 1913) leben zwar von den fieberhaft aufeinander folgenden Thrills, Sensationen und Schauereffekten der populären Bühnenmelodramen des

19. Jahrhunderts mit ihren Falltüren und Käfigen, Opiumhöhlen und düsteren Abwasserkanälen, und verbleiben als Aneinanderreihung von puren Spektakeln im Bereich der Ästhetik des frühen ›Kinos der Attraktionen‹; aber bewusst setzte Jasset auf ein neues ›Kino der narrativen Integration‹ von Theatereffekten, wirkungsvollen Beleuchtungstechniken und frühen Filmgenres wie der Verfolgungsjagd oder des Trickfilms, etwa wenn sich eine Spielhölle durch Stopptrick in einen harmlosen Konzertraum verwandelt.

Mittlerweile hatte auch der Großkonzern Pathé den Detektiv Nick Winter geschaffen, der sich ebenfalls durch vielfältige Masken und originelle Befreiungstricks auszeichnete, und Louis Feuillade, Journalist und Drehbuchautor, entwickelte bei Gaumont die berühmtesten Serienfiguren der Zeit. Im Anschluss an die Detektivserie DÉTECTIVE DERVIEUX (1912–1913) folgte Meisterverbrecher Fantomas. Auch die fünf FANTOMAS-Episoden, deren Handlung aus sensationellen Actionszenen von Raub, Verführung und Mord bestand, waren eher in langen Einstellungen konzipiert als in Szenen, die jeweils in kürzere Einstellungen aus verschiedenen Perspektiven aufgelöst waren. So international verwandt Filme vor 1913 erscheinen, was Schnitt, Erzählweise und Einstellungsgrößen betrifft, wird allerdings im Jahre 1913 ein stilistisches Auseinanderfallen US-amerikanischer und europäischer Produktionen erkennbar.[8]

1915/16 folgte der Zehnteiler LES VAMPIRES, in dessen Mittelpunkt die Machenschaften einer berüchtigten Verbrecherbande standen. Wie meist im französischen Kino der Zeit, trat auch eine komische Figur auf, die sich immer wieder, wie im Theater, mit Blick in die Kamera zum Publikum hinwendet; daneben Irma Vep (ein Anagramm von ›Vampire‹), die weibliche Meister-Verbrecherin, die von der Sängerin Musidora in einem eng anliegenden, schwarzen Kostüm gespielt wurde, das den Zeitgenossen aufregender erschien, als wenn sie nackt gewesen wäre. Roy Armes hebt die Improvisation und Inkohärenz von LES VAMPIRES als spezifische Stärke hervor.[9] Gerade die »äußerste Nichtbeachtung jeglicher Logik« wurde seit André Breton und Louis Aragon bis heute nicht als dramaturgische Schwäche, sondern als herausragende Qualität dieser Krimiserie begriffen.

Heldinnen und Detektivinnen waren im Serienfilm dieser Zeit eine große Mode. LES VAMPIRES war als Antwort Gaumonts auf eine zugkräftige Serie gedacht gewesen, die der übermächtige Konkurrent Pathé in den USA von seiner dortigen Tochterfirma hatte herstellen lassen. Die Abenteuer der sportlichen Amerikanerin Pearl White (THE PERILS OF PAULINE, 1915) gingen in die Filmgeschichten ein. Kaum bekannt ist, dass sie nur eine von vielen Serien-Königinnen war, neben Ruth Roland, Mary Walcamp, Mary Fuller, Kathlyn Williams, Helen Holmes und vielen anderen. Von 1912 an, als Mary Fuller mit WHAT HAPPENED TO MARY? im ersten Serial erschien, wurden allein bis 1922 über sechzig solcher Melodramen gedreht, insgesamt um 700 Einzelfilme mit weiblichen Heldinnen, die oft durch traditionell als männlich erachtete Fähigkeiten und Stärken überraschen. Sie retten ihre an Zugschienen gefesselten männlichen Begleiter vor heranbrausenden Zügen, erklettern nur zum Spaß Wolkenkratzerfassaden, bauen Staudämme, besitzen ganze Eisenbahnlinien, Munitionsfirmen und befehligen Privatarmeen.

Auch dieses Genre ging zurück auf das US-amerikanische melodramatische Theater, wo schon 1870, etwa in Augustin Dalys *Under the Gaslight*, eine Heldin vorkommt, die sich den Weg aus einem abgeschlossenen Holzschuppen freihaut, um einen an den Eisenbahnschienen festgebundenen Mann zu retten. Aus dieser Tradition rührt auch der ausgeprägte Sadismus gegenüber der weiblichen Unschuld, seit dem 18. Jahrhundert ist das Muster der verfolgten Unschuld durch einen teuflischen Schuft verbreitet. Durchaus üblich war es, die schönen Jungfrauen in Löwenkäfige zu sperren, von der Brooklynbrücke zu werfen, an die U-Bahnschienen zu fesseln oder am Seil von der windumtosten Spitze eines Hochhauses zu hängen.

Detektive im deutschen Kino

Heute spricht insgesamt einiges dafür, den frühen deutschen Film nicht länger als minderwertig oder spezifisch teutonisch anzusehen.[10] Bis zum Ersten Weltkrieg sei die Orientierung der Produzenten, vom Publikum ganz zu schweigen, international gewesen. Aber so vergleichbar die Entwicklung der filmischen Formen international war, gab es doch auch unterschiedliche Ausprägungen der filmischen Entwicklung, die schon mit der Vorgeschichte populärkultureller Formen besonders hinsichtlich des Verhältnisses zwischen höheren und ›trivialen‹ Künsten und Medien und der dementsprechenden Übernahme ausländischer Formen gegeben waren. Industrielle Organisationsformen von Produktion und Verleih, Firmengrößen, Investitionen und so weiter waren nicht überall gleichermaßen entwicklungsfähig. Kulturelle Präferenzen und Ressentiments, die Mentalitätsspezifik, etwa der international zu verzeichnende, in der ›satisfaktionsfähigen Gesellschaft‹ (Norbert Elias) aber spezifisch obrigkeitsstaatlich geformte Drang besonders des Bildungsbürgertums zu kultureller Respektabilität blieben nicht im kulturellen ›Überbau‹ gefangen, sondern gaben Anlass zu staatlichen Lenkungsmaßnahmen wie etwa Lustbarkeitssteuern, bau- und feuerpolizeilichen Vorschriften, Feiertagsverboten und nicht zuletzt Zensurpraktiken. Nicht von ungefähr wurde in den USA, wo der Weg in die moderne Konsumgesellschaft bevorstand, in der öffentlichen Diskussion die Fähigkeit des Kinos herausgestrichen, als ›*democracy's theatre*‹ die Massen zu integrieren, während man in Deutschland die ›Theater der kleinen Leute‹ eben wegen ihres ›egalitären Appeals‹ fürchtete.[11] Die deutschen Produktionen wiesen, selbst wenn sie lediglich ausländische Erfolgsmuster kopierten, spezifische Eigenarten auf, die von Unterschieden des Produktionsbudgets, der Storystruktur, des Schnittrhythmus und der Besetzung der Schauspieler bis hin zu einer Vorliebe für bestimmte Settings und Kamera-Einstellungen reichte. Diese Veränderungen kennzeichneten auch die Theaterlandschaft des 19. Jahrhunderts. Schon die französischen Theaterschwänke des 19. Jahrhunderts waren bekannt für »einen großzügigeren, frecheren, minder muffigen Anstrich« (Volker Klotz) als ihre deutschen Nachahmungen, allein weil das unterschiedliche Alter der Protagonisten – in Frankreich 29 bis 40 Jahre, in Deutschland zwischen 50 und 60 – dramaturgische und ideologische Varianten mit sich brachte. Nicht erst im deutschen Film stand weniger die wechselseitige erotische Anfechtungsfläche im Zentrum der Aufmerksamkeit als vielmehr die Demonstration der gesitteten Fassade der ›Frau von Format‹ (à la Henny Porten oder Mia May). Dass der stattliche Paul Wegener 1913 mit 39 Jahren als satisfaktionsfähiger STUDENT VON PRAG reüssieren durfte, zeigt, dass zu den Wilhelminischen ›Frauenzimmern‹ entsprechende ›Mannsbilder‹ gehörten. Die erste Soziologin des Kinos, Emilie Altenloh, hatte französischen Schauspielern attestiert, Bewegungen wie im Filmdrama seien ihnen natürlich, im Gegensatz dazu erschienen die Darsteller der deutschen Filme »in eine ihnen innerlich fremde Haltung eingespannt.«[12]

Der Detektivfilm stand in Deutschland für den gefährlichen Kinoschund schlechthin. Die Abqualifizierung der Melodramen und Detektivfilme durch das meinungsbestimmende Bildungsbürgertum ging mit einer ausgeprägten Fremdenfeindlichkeit, geboren aus der Angst vor ausländischem Einfluss, zusammen. Die Blüte des deutschen Detektivfilms fällt in die Zeit des Ersten Weltkriegs, als die Konkurrenz für die bis dahin schwach entwickelte heimische Filmindustrie entfiel.[13] Aber schon vor dem Krieg tauchten Detektivfiguren auch im deutschen Film auf. WO IST COLETTI? (1913) beispielsweise gehörte zu den so genannten ›Autorenfilmen‹, mit denen die Filmbranche seit 1912 auf das Prestige bekannter Theaterautoren und -schauspieler setzte. Sie wurden in ›gesellschaftsfähigen Kinotheatern‹ gezeigt, mit dem Ziel, ein bürgerliches Publikum zu gewinnen. Gleichzeitig sollte durch die erhoffte Respektabilität der kinofeindlichen öffentlichen Meinung der Wind aus den Segeln genommen werden.

Erzählt wird die Geschichte des Meisterdetektivs Jean Coletti, der von der *BZ am Mittag* per offenem Brief beschuldigt wird, Informationen über einen ihm bekannten Ganoven nicht sofort angezeigt zu haben, so dass dieser sich noch 48 Stunden in der Stadt aufhalten konnte. Um zu beweisen, dass sich in der Millionenstadt sogar eine allseits bekannte Persönlichkeit unerkannt bewegen kann, verwettet Coletti eine Belohnung von 100.000 Reichsmark für denjenigen, der ihn, den berühmten Detektiv, ausfindig mache. Bis Coletti die Wette erwartungsgemäß gewinnt, überlistet er in diversen Verkleidungen erfolgreich und zum Vergnügen des eingeweihten Zuschauers die Bevölkerung auf der Jagd nach der Belohnung. Mal führt Barbier Anton in der Maske des Detektivs auf eine falsche Fährte, während sich Coletti als Straßenfeger oder Kellner im Luftschiff über die Irreführung amüsiert, mal verdreht er im Gewand einer Tänzerin einem betagten Grafen auf Freiersfüßen den Kopf. Die schlussendliche Entlarvung erfolgt genau fünf Minuten nach Ablauf der Frist.

Diese deutsche Adaption des Detektivsujets ist produktionsstrategisch von der Bemühung geprägt, dem Film internationale Züge zu verleihen. Der Detektiv trägt einen französischen Vor-, einen italienischen Nachnamen, seine Barttracht wird ausdrücklich als englisch bezeichnet, sämtlich Anklänge an Nationen also, die sich mit ihren Produkten als die führenden Filmkulturen der Zeit etabliert hatten. Wie stets hoffte man, auf diese Weise zwei Publikumserwartungen entgegenzukommen: zum einen dem potenziellen Exportinteresse, zum anderen den Filmerfahrungen des heimischen Publikums, die ja zu 90% vom Ausland bestimmt worden waren.

Für die deutsche Ausformung des Detektivthemas als Autorenfilm scheint nun typisch, dass der Detektiv keinen sensationellen Kriminalfall zu lösen hat, sondern selbst zum spektakulären Mittelpunkt einer Komödie wird. Der auf seine Fähigkeiten als Verwandlungskünstler reduzierte Detektiv wird selbst zur Autorität. Seine Überlegenheit ist nie in Frage gestellt, die Überlistung von Pöbel, Matronen und senilen Grafen will dem Publikum keinen Thrill durch die Angst vor möglichen Überraschungen vermitteln, sondern gibt Anlass zur Schadenfreude gegenüber den genarrten Beteiligten und zur ungebrochenen Bewunderung gegenüber den Verkleidungstricks.

Bezeichnend ist die Vorstellung der wichtigsten Figuren des Films in Theatermanier, wie sie im Autorenfilm der Zeit üblich war. Zu vermerken ist dabei weniger der Auftritt der Schauspieler, der gelegentlich noch heute in Film und Fernsehen üblich ist, als der Auftritt von Autor und Regisseur (Abb. 2). Nachdem die (nicht gerade kurze) Zeitungsaktion, der offene Brief, als Erstes im Bild gezeigt worden ist, ist zunächst der Autor,

Tilo R. Knops

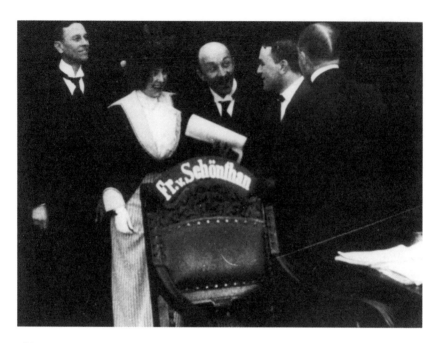

Abb. 2: Hermann Picha, Madge Lessing, Hans Junkermann, Max Mack und Franz Schönthan (v. l. n. r.) im Vorspann zu WO IST COLETTI? (1913)

Schriftsteller Franz von Schönthan, am Schreibtisch sitzend, darauf Regisseur Max Mack, ebenfalls am Schreibtisch, zu sehen. Sie sind beschäftigt mit der Auswahl der Schauspieler, werfen die Darsteller – mithilfe filmischer Tricktechnik – an die Decke. Hauptdarsteller Hans Junkermann als Coletti ist diktierend im Arbeitszimmer, vor dem Schreibtisch zu sehen, und wird, wie seine Freundin Lolotte (Madge Lessing), vorgestellt: »Vom Metropol-Theater, Berlin«.

Mit einer Länge von 1554 Metern und (je nach Vorführgeschwindigkeit) über eine Stunde Laufzeit hatte WO IST COLETTI? also einen Schritt in Richtung des abendfüllenden Spielfilms unternommen, dem Hauptziel filmindustrieller Bemühungen der Zeit, aber er weist noch deutlich typische Probleme des Übergangs auf. Nicht nur ist die Aneinanderreihung von Szenen der Jagd auf Detektiv Coletti, die ihm die Möglichkeit gibt, seine besonderen Fähigkeiten vorzuführen, noch eines der guten, alten Mittel der Szenenverkettung der frühen Zeit des Films um 1904; auch die Filmtricks gehören zum frühen Film à la Méliès. Darüber hinaus lassen sich Probleme der Konstruktion des erzählerischen Raums erkennen. Während sich der frühe Film sein Publikum noch physisch vorstellt und ein kulturelles, oft literarisches Vorwissen voraussetzt, einen Hintergrund also, vor dem die Reihenfolge der filmischen Szenen erst deutlich wird, schafft der klassische Erzählfilm einen imaginären Erzählraum für den Zuschauer, jene klare Situierung der Handlung, die häufig mit dem ideologisch befrachteten Begriff des ›Illusionskinos‹ bezeichnet wird. Intelligibilität in Zeit und Raum wird für den Zuschauer durch Sparsamkeit und Wiederholung der Schauplätze und Handlungskonstellationen, durch psychologische Motivierung und durch ein Wissensgefälle zwischen den Protagonisten einerseits, zwischen Protagonisten und Zuschauern andererseits organisiert.

In WO IST COLETTI? bleibt der Erzählraum noch unklar konstruiert. Die Präsentation von Autor, Regisseur und Schauspielern ließe sich, von heute aus gesehen, als eine Art Film-im-Film-Konstruktion bezeichnen, die ›selbstreflexiv‹, illusionsbrechend, darauf verweist, dass es sich um Film, nicht um Wirklichkeit handelt.[14] Aber zur damaligen Zeit waren die Konventionen des ›illusionistischen‹ klassischen Erzählkinos noch nicht gewohnter Standard und wurden gerade im deutschen Film noch lange nicht durchgängig verwandt. Zwei Szenen können dies illustrieren. Der Barbier Anton als falscher Coletti wird einmal auf einer oberen Busplattform gezeigt, während die aufgeregte Menge ihm hinterherhastet. Später, nachdem seine wahre Identität geklärt wurde, ist das ganze Ereignis zum Spott der verfolgenden Menge im Kino zu sehen. Eine durch eine Zeichnung illustrierte Zwischentitelkarte zeigt den von der Menge verfolgten Bus, der überdies, ein beliebter Insider-Scherz der Zeit, für die Filmfirma Vitascope selbst Reklame macht.[15] In der folgenden Szene ist ein Kinosaal von innen zu sehen, und auf der Leinwand wird die Jagd auf Coletti in denselben filmischen Bildern, die wir schon kennen, wiederholt, verstanden als quasi autorlose Dokumentation, als abgefilmte Wirklichkeit. Im klassischen Erzählkino wäre hier motiviert worden, warum die Zuschauer in der Fiktion den Film aus derselben Perspektive wie wir sehen können, etwa dadurch, dass vorher ein filmender Kameramann zu sehen gewesen wäre. Die im US-amerikanischen Kino entwickelten Regeln der Präsentation eines in sich logischen und von uns abgeschlossenen Raumes waren noch nicht durchgängig vorhanden. In einer anderen Szene sehen wir Coletti beim Verkleiden vor einer Art Schminkspiegel aus einer 90-Grad-Seitensicht. Links ist der Spiegel, rechts davor Coletti, hinter ihm nach rechts noch mehrere Meter des möblierten Raumes, der mit einer schmucken Blümchentapete versehen ist. Etwas später sehen wir Colettis Gesicht frontal, der Logik nach aus dem Spiegel also. Wo aber hinter ihm demnach eine Sicht in die Tiefe des Zimmers sein müsste, befindet sich, direkt hinter seinem Kopf, stattdessen die Blümchentapete. Ein Paradebeispiel dafür, was heute als »Anschlussfehler« benannt würde. Auch die häufige direkte Adressierung des Zuschauers, das mal gewollte, mal unfreiwillige Spielen und Blicken zur Kamera hin, ist typisch für diese Übergangsphase der Filmgeschichte. Kein Einzelfall ist die Verwirrung von Freundin Lolotte, die (angeblich) nicht zwischen Detektiv Anton und Straßenkehrer Coletti unterscheiden kann, obwohl sie doch mit ihrem verkleideten Liebsten spricht. Dass man eine nahe stehende Person an der Stimme erkennt, fiel in der Welt des deutschen Stummfilms anscheinend unter den Tisch. Wie dem auch sei: Eine geschlossene Illusion war noch nicht vorhanden, also auch nicht ›selbstreflexiv‹ zu durchbrechen. Solche modernistischen Konzepte hier heranzutragen, wäre unhistorisch.

Währenddessen blieb die deutsche Detektivin Miss Nobody an den Verfolgungsjagden und Kolportageversatzstücken ihrer US-amerikanischen Vorläufer orientiert, ohne den beschriebenen Spannungsgrad und die schauspielerische Agilität der Vorbilder zu erreichen.[16] Doch mit dem Seriendetektiv Stuart Webbs wurde kurz vor Ausbruch des Weltkriegs versucht, die ausländischen Detektiv- und Abenteuerfilme durch eine Figur zu ersetzen, die näher an den Conan Doyleschen Sherlock Holmes anknüpfte. Während Joe May mit seinen vorherigen ›Preisrätsel-Filmen‹ (DAS VERSCHLEIERTE BILD VON GROSS-KLEINDORF, 1913) trotz ausgesetzter Geldpreise für die richtige Lösung das Publikum nicht, wie erhofft, hatte anlocken können,[17] wurde die Stuart-Webbs-Serie schon mit dem ersten Film DIE GEHEIMNISVOLLE VILLA (1913/14) zum Kassenschlager.

In DER MANN IM KELLER (1914) wird Stuart Webbs, den wir wie zu erwarten in seinem Arbeitszimmer am Schreibtisch sitzend antreffen, umgeben von Insignien bürgerlicher Seriosität wie gediegenem Mobiliar, Bücherregalen, Orient-Teppichen und Ritterrüstungen, vom Polizeipräsidium beauftragt, einen merkwürdigen Fall zu lösen: »Ein kleiner Rehpinscher heult und der erste englische Detektiv wird gerufen. Der Hund befindet sich in einem unbewohnten Hause und der Detektiv glaubt, das Heulen muß einen besonderen Grund haben. Er forscht nach und findet im Keller in einer Kiste einen bewußtlosen Mann. Vergebens befreit er ihn, auf lange Zeit hinaus bleibt das Opfer eines Gewaltaktes bewußtlos. Als er endlich seiner Sinne mächtig ist, berichtet er dem Detektiv, der inzwischen seine Identität herausgefunden hat, daß ihn ein anonymer, seine Braut verdächtigender Brief veranlaßt hat, als Offizier in Kairo Urlaub zu nehmen und nach London zu kommen. Hier sei er überfallen worden, von wem, wisse er nicht. Und der Detektiv ermittelt, daß ein Doppelgänger und zwei Komplizen den Offizier aus dem Wege geräumt haben, winkte doch zum Lohn eine reiche Braut und der Erlös entwendeter Geheimpapiere. Der Pseudo-Offi-

Detektivfilme der Kaiserzeit

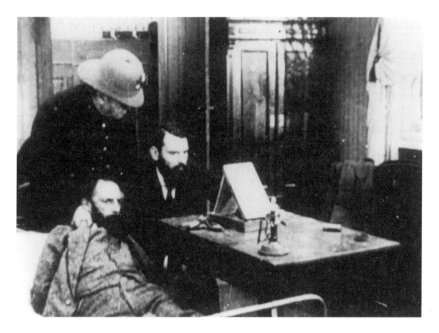

Abb. 3: DER MANN IM KELLER (1914, Regie: Joe May)

zier wäre bald dingfest zu machen, doch der Detektiv will auch seine Genossen fassen und vor allem die geheimen Dokumente wieder erlangen.«[18] In der Schlussszene bittet Webbs den echten Offizier und Bräutigam aufs Polizeirevier und lässt den Doppelgänger in einer Kiste gefesselt anliefern. Nur mit Webbs' Hilfe kann die herbeigeeilte Braut den richtigen Bräutigam vom falschen unterscheiden (Abb. 3).

Was auffällt, ist der schwache, wenig aufregende Anfang – es passiert ja kein Mord, sondern lediglich eine Freiheitsberaubung, die mit einem Einbruch verbunden, aber schon zu Anfang des Films beendet worden ist, und der Versuch eines Betrugsmanövers. Mag auf dem Papier der geraubten Schriftstücke von einer kurz vor Kriegsbeginn ›brandheißen‹ Thematik die Rede sein, nämlich von Geheimwaffen – gezeigt werden diese nicht, nicht einmal ungeladen. Von dieser taktischen Verharmlosung des Kriminalgeschehens ist die Glaubwürdigkeit des Ganzen betroffen, und zwar schon am Anfang des Films. Wieso soll das von Baronin de Ville angezeigte Gewimmer eines Rehpinschers aus dem Keller das Polizeipräsidium dazu bringen, einen Detektiv zu beauftragen? Voller Unwahrscheinlichkeiten ist auch das weitere Geschehen. Es wird geheimnisvoller getan, als es dem doch sehr harmlosen Rätsel angemessen wäre. Meisterdetektiv Stuart Webbs muss messerscharf kombinieren, um das so schreckliche Fiepen im Nachbarkeller, und zwar, Höhepunkt des Grusels, durch eine alte Gasleitung, zu verorten. Wieso aber kennt die geängstigte Baronin den Bewohner der Nachbarvilla, den Kolonialoffizier Lord Rawson, nicht einmal dem Namen nach? Und wieso muss Webbs, im Auftrag des Polizeipräsidiums vor Ort, erst telegrafisch die Erlaubnis vom Lord nachträglich holen, in dessen Haus rettend einzudringen? Ist der Fall so brennend denn doch wieder nicht, als dass der im Wilhelminischen Deutschland bezeichnenderweise staatlich bevollmächtigte Detektiv in ein Haus eindringen dürfte? Oder muss schlicht ein Anlass gegeben werden, um die für die weitere Handlung wichtige telegrafische Korrespondenz mit Kairo in Gang zu bringen? Wieso hält die Verlobte einen mit einem Toupet ausgestatteten Doppelgänger bei sich zu Hause lange Zeit für ihren Verlobten und muss zum Schluss, mit beiden Lords konfrontiert, erst von Webbs auf den richtigen gestoßen werden? Warum spielt der für den Start der Ermittlungen so wichtige Pinscher, der nach der Rettung des gefesselten Lords aus dem Keller entwischt und Stuart Webbs zur Adresse der per Anzeige nach ihm suchenden Besitzerin, der Braut, führt, in deren Haus plötzlich überhaupt keine Rolle mehr? Wie ist er nach Haus gekommen? Weshalb muss sich Webbs als Handwerker verkleiden, um im Haus der Verlobten des Lords spionieren zu können? Vielleicht, weil der berühmte Detektiv bekannt sein soll wie ein bunter Hund – woher aber die Allgemeinheit ihn von Antlitz kennt, wird nicht erwähnt. Die im Kern wichtige Widersprüchlichkeit zwischen echten und gefälschten Telegrammen und Briefen dürfte sich schon deshalb dem damaligen Zuschauer ebenso wenig erschlossen haben wie dem heutigen, weil viel zu viel Text und Daten an zu weit auseinander liegender Stelle verlangt werden, als dass der Zusammenhang noch behalten werden könnte. All das, und mehr, bleibt ungeklärt, wie auch schon Zeitgenossen monierten. Karl Bleibtreu spottete nach der Zürcher Premiere 1914: »Im Radium geistert DER MANN IM KELLER. Im düsteren Keller, denn die Unwahrscheinlichkeiten sind düster genug. Im Kino ist es eine Lust zu leben (...) für den Detektiv, dem dort die gebratenen Tauben in den Mund fliegen. Aber Jung-Reicher macht seine Sache gut und Spannung muß sein, sagt der Berliner.«[19]

Auch in anderen Webbs-Filmen springen Unwahrscheinlichkeiten und fehlende Logik ins Auge. So hat DIE TOTEN ERWACHEN (1915, Regie: Adolf Gärtner) zwar eine ›starken Anfang‹. In der dänischen Grafenfamilie derer von Carok hat sich das Familienoberhaupt ohne jedes Motiv erschossen, ganz wie der Großvater vordem. Webbs überlistet den Notar der Familie, der nach der Auslöschung der ganzen Familie den Familienbesitz günstig erwerben will, in der titelgebenden Szene: Ein Giftanschlag des Notars auf die Gräfin wird als gelungen ausgegeben. Um den Schuft aus der Reserve zu locken, wird fälschlich verlautbart, der Gräfin sei ein wichtiges Dokument in den Sarg mitgegeben worden. Drei Tage nach dem vorgetäuschten Begräbnis macht sich der Notar tatsächlich nachts in der Gruft zu schaffen und entwendet das Schriftstück, aber plötzlich taucht die vermeintlich Verstorbene als erwachter Geist auf und bringt den zu Tode erschrockenen dazu, zu gestehen. Wo die Gräfin die letzten drei Tage verbracht haben soll, wird nicht gesagt. Sollte sie wirklich drei Tage und Nächte wartend im Sarg verbracht haben, bis der habgierige Notar erscheint? Dem Notar ist jedenfalls beim Entwenden des Briefes anscheinend kein Fehlen einer Leiche aufgefallen. Kurz, die titelgebende Kernszene des Films ist nicht ›realistisch‹, glaubwürdig motiviert, Spannung wird nicht einsehbar gemacht, sondern eher behauptet.

Dass Stuart Webbs in DIE TOTEN ERWACHEN samt Mütze und Zigarrenetui in der Hosentasche ins Wasser fällt und ihm entsprechend triefend, mit einer durchnässten Mütze in der Hand, entsteigt, um nach einem weiteren Schnitt seine Ermittlungen völlig trocken, mal mit Mütze und Zigarren, mal ohne, fortzusetzen, fiel den Produzenten der Zeit, vielleicht auch vielen Zuschauern bis heute offenbar nicht als störend auf. Andere wie Karl Bleibtreu verlangten dagegen, auch der Detektiv und Verbrecher müssen fortan im Kino wie richtige vernünftige Menschen sich betragen lernen, nicht wie in dieser »Kinokriminalistik«, »wo z. B. ein Graf sich als Heizer verdingt und der einfache Mann aus dem Volke bei vielen der aufregenden Auftritte murre: ›So'n Quatsch!‹ Man sieht daraus, dass das Publikum immer anspruchsvoller nach vernünftiger Handlung und logischem Sinn verlangt ...«[20]

Es ist jedoch nicht nur die fehlende Logik einzelner Details, die ein Verständnis erschwert. Der zentrale Mangel ist auch hier das Problem des erzählenden Films der Übergangsphase, in der eine Ökonomie der Informationsübermittlung noch weithin fehlte, das System eines offen bleibenden Kernrätsels von immer neu auftauchenden und teilweise gelösten Nebenrätseln, das im klassischen Thriller eine Spannung beim mitarbeitenden, mitkombinierenden Zuschauer aufrechterhält. Der Zuschauer wird, etwa in DER GESTREIFTE DOMINO (1915, Regie: Adolf Gärtner) mit seinen auf der Post vertauschten Briefen und gefälschten Treffpunkten, seinen zum Maskenball verkleideten Protagonisten und ihren sich überkreuzenden Plänen und Motiven, überfordert, weil die Hauptpersonen und ihre Motive nicht psychologisch einsehbar und nachvollziehbar gemacht und alle Rätsel mit der gleichen potenziellen Bedeutung präsentiert werden.

Während der Thrill des Films insgesamt vergleichsweise gering ist und sich ein Vergnügen am Prozess der logischen Detektion angesichts der Unwahrscheinlichkeiten des von Ernst Reicher selbst geschriebenen Skripts kaum einstellen kann, wird, wie schon in WO IST COLETTI?, auf die Attraktionskraft der Detektivfigur als einer stets erfolgreichen Autoritätsfigur gesetzt. Stuart Webbs involviert den Intellekt des Zuschauers nicht. Sein Überblick steht niemals in Frage, er überwindet tatsächlich alle Schwierigkeiten, löst spielend alle Probleme und Rätsel und kann entsprechend staunend bewundert werden. Das Wissensgefälle einerseits zwischen den Protagonisten, andererseits zwischen den Protagonisten und dem Publikum, der kleine Informationsvorsprung, der im klassischen Thriller den Suspense sichert, ist hier keines von gleich zu gleich.

Im Vergleich zum Vorbild des Mr. Holmes wurde von Zeitgenossen die bei Webbs fehlende subtile Deduktionsmethodik bemängelt; doch Webbs steht darüber hinaus, auch hierhin einer Wilhelminischen Erwartungshaltung entsprechend, in einem Abhängigkeitsverhältnis zur Obrigkeit, der Polizei. Nicht die Polizei wird hier wie im angelsächsischen Vorbild vom Detektiv mit Geringschätzung bedacht, sondern umgekehrt; der Polizeipräsident scherzt in DER MANN IM KELLER jovial mit Blick auf die Uhr, ob denn Webbs diesmal nicht pünktlich um acht Uhr mit der Lösung aufs Revier kommen wird. Erinnert sei in diesem Zusammenhang daran, dass die Einführung der Filmzensur in Deutschland auf eine angebliche Geringschätzung der Polizei zurückgeht.[21]

Vollständig verboten wurden französische Detektivfilme wie NICK WINTER UND DIE ENTFÜHRTE TOCHTER, ZIGOMAR, NICK WINTER, DIE DIEBE UND DIE HYPNOTISEURIN, NICK WINTER UND DIE DIPLOMAT-EILPOST, die FANTOMAS-Serie und die VAMPIRES, ebenso aber auch sozialkritische Melodramen des frühen Griffith wie DER WEIZENKÖNIG. In der Öffentlichkeit wurden solche Zensurmaßnahmen stets durch die Gefahr der Nachahmung gerechtfertigt. Man glaubte, der jugendliche Ganove könne im Kintopp studieren, ›wie man's macht‹, das junge Mädchen würde angesichts Prostituierter im Film auf die Idee kommen, sich seinen Lebensunterhalt auf einfachere Art zu verdienen. Wie gering für die deutsche Filmindustrie die Möglichkeiten waren, in Kriminal- und Detektivfilmen auf ähnlich spektakuläre Bildwirkungen wie der ausländische Film zu setzen, zeigen die vorliegenden Schnittauflagen der damaligen Filmzensur. Regelmäßig waren auch die deutschen Detektivfilme zumindest »für Kinder verboten«, während die allgemeine Aufführungserlaubnis vom Herausschneiden einzelner Szenen abhängig gemacht wurde. Sie betrafen Szenen, in denen Gewalt, Kriminalität oder Erotisches zur Darstellung kamen, und wurden penibel verzeichnet. Bevor DER MANN IM KELLER, in Berlin seit 1914 für Kinder verboten, ab 1916 »nachträglich für die Dauer des Krieges verboten« wurde, beanstandete die Zensur in München 1914 beispielsweise »die vergrößerte Darstellung des Gefesselten in der Kiste, wobei der Detektiv mit der Blendlaterne hineinleuchtet«, und monierte weiter: »Der als Kellner verkleidete Detektiv betäubt den Verbrecher mit Äther«, und: »Er legt ihn in einen Reisekoffer«. Der deutsche Kriminalfilm ABENTEUER EINES JOURNALISTEN wird 1914 vollständig verboten wegen zweier Szenen: »1. Ein Verbrecher legt die Bombe (Vergrößerung). 2. Die Darstellung des durch die Explosion Getöteten unter den Trümmern.« In DAS TREIBENDE FLOSS wurden 1917 folgende Ausschnitte beanstandet: »Aus Akt II Szene nach Titel 1 und 2, wo ein Verbrecher sich mit einem Tuch die Hand umwickelt, die Tür durchschlägt und die umwickelte Faust längere Zeit auf der anderen Seite der Tür zu sehen ist.« Der Webbs-Film DIE GRAUE ELSTER wird 1920 wegen folgender Szenen teilweise verboten: »2. Akt, 1. Die Tanzszene nach dem Titel: ›Hallo, Jonny! Meine Freundin will mit dir tanzen!‹ 2. der Messerkampf der beiden Mädchen in der Kaschemme – 3. Akt: 1. Der Titel: ›Beruhige dich doch endlich, ich kann dir heute wirklich nicht mehr geben.‹ 2. Die dem Titel folgende Szene, in der Setty dem neben ihr sitzenden Jonny die Oberschenkel streichelt.«[22]

Was blieb also der deutschen Filmindustrie? Wo Großaufnahmen eingesetzt wurden, präsentierten sie keine dramatischen Schlüsselmomente, sondern waren eher didaktischer Art. So durfte Stuart Webbs in DIE TOTEN ERWACHEN an einer Revolvertrommel per Großaufnahme der Gräfin und dem Publikum zeigen, dass sich der edle Gatte mit dieser Waffe nicht umgebracht haben konnte. Doch diese Inspektion gilt nicht, wie in den ausländischen Vorbildern, der Entschlüsselung wirklich geheimnisvoller Details, nicht der Sorge, was die äußere Erscheinung symbolisiert wie in FANTOMAS und LES VAMPIRES; hier rollt kein abgeschlagener Kopf aus der Kiste, schlicht deshalb, weil greuliche Untaten, brutale Gewalt und atemberaubender Thrill schon im Ansatz verboten sind. Improvisation, Inkohärenz und Anarchismus wie in den französischen Serien sind so undenkbar wie die erotischen Obsessionen, die einer blonden Unschuld wie Mary Pickford, Pearl White oder Lillian Gish gelten; auch treten bei Stuart Webbs keine Komiker auf wie in der VAMPIRES-Serie, von der skandalösen Erscheinung einer Musidora ganz zu schweigen.

Insgesamt gab man dem Detektivgenre, nachdem durch ausländische Namen der Protagonisten an die spektakulären Publikumserfolge der internationalen Vorbilder anzuknüpfen versucht wurde, gern eine leicht komödiantische Note und konzentrierte sich mehr auf den Detektiv als Verwandlungskünstler und auf die Reize der modernen Technik, wie Automobil und Flugzeug, als auf sensationelle Untaten und Enthüllungen.[23] Und rückte eifrig, wie schon in den zahllosen Sittendramen, eine prächtige Ausstattung, unter häufigem Einsatz der Tiefenschärfe ins Bild: die Ansammlung von Ritterrüstungen und Teppichen, Bärenfellen und anderen bestialischen Bettvorlegern, Statuen und orientalischen Wandbehängen repräsentiert eine Welt des deutschen Bürgertums voller unerfüllter kolonialer und feudaler Träume.

Tatsächlich kommen die Werte des Wilhelminismus durch die auffällig häufige filmische Verwendung eines kennzeichnenden Requisits symbolisch zur Darstellung. Eine zentrale Bedeutung für den Szenenaufbau scheint ein Heiligtum des Bildungsbürgertums gehabt zu haben: der Schreibtisch. DER MANN IM KELLER zeigt nicht nur den Detektiv zuerst am Schreibtisch, auch der Polizeipräsident sitzt zum Schluss an einem solchen. Lord Rawsons kolonialer Dienstsitz zeigt im Hintergrund Palmen und die gemalte Silhouette von Kairo, vorn im Bild aber, als wäre es eine feststehende Schablone für die Innenaufnahme im deutschen Film, das schwere, Ehrfurcht gebietende Schreibmöbel. Und wo spielt die folgende Szene, in der Rawson bei seinem Gouverneur um Urlaub ersucht? Vor einem Schreibtisch, vorn im Bild, selbstverständlich. In DIE TOTEN ERWACHEN treffen wir Stuart Webbs am Schreibtisch an, als die Gräfin auch schon hereinrauscht. Wo wird als Erstes nachgeforscht? Im Arbeitszimmer des verblichenen Grafen, am Schreibtisch. Dort soll er sich erschossen haben. Auch im Haus des Täters nehmen wir bald die gewohnte Perspektive ein, im Arbeitszimmer des Notars, vor dem Schreibtisch. In DER GEISTERSPUK IM HAUSE DES PROFESSORS (1914, Regie: Joe May) ist ein elektrischer Auslöser für einen kinematographischen Aufnahmeapparat am Schreibtisch angebracht, für den grauenhaften Fall, dass jemand an den Schreibtisch tritt und den Stuhl abrückt. Und noch im Remake des Stuart-Webbs-Films DAS PANZERGEWÖLBE von 1926 treffen wir den Helden am Schreibtisch vor einer beeindruckenden Bücherwand an.

Wie das italienische Kino des Faschismus das ›Kino der weißen Telefone‹ genannt worden ist, nach dem letzten Schrei der Zeit, der das verschwenderische Ambiente des Geschehens kennzeichnen sollte, so ließe sich der deutsche Stummfilm, denkt man noch an einschlägige Szenen in DAS CABINET DES DR. CALIGARI und besonders in Fritz Langs Kolportage-, Spionage- und Meisterverbrecherfilmen, mit einigem Recht als das ›Kino der mächtigen Schreibtische‹ bezeichnen. Typisch sind die gewichtigen, ledergebundenen Folianten auf der Seite, neben der Schreibtischlampe und einer Briefablage. Meist steht das dunkle Möbel leicht rechts oder links vorn im

Bild, und ist damit so frontal vor dem Zuschauer aufgebaut, dass er sich in einer nicht nur im Wilhelminismus Respekt gebietenden Position gegenüber der Obrigkeit befindet, wie auf Behördenbesuch.[24]
Wenn der Unterschied zwischen dem frühen ›primitiven‹ und dem klassischen Erzählen darin besteht, dass der frühe Film noch mehr auf allgemeine kulturelle Vorkenntnisse und ein außerfilmisches Vorwissen vertraute, während der klassische Thriller aus sich selbst heraus verständlich ist, dann weisen die deutschen Detektivfilme noch deutliche Kennzeichen des frühen Films auf. Doch vertrauen sie nicht nur auf die Versatzstücke und Topoi der Detektiv- und Kolportageliteratur; sie imitieren vielmehr schlecht und recht die beim Publikum erfolgreichen Rezepte ausländischer Detektivfilme. Ihre filmischen ›Sensationen‹ bleiben nur behauptet, de facto aber so belanglos und brav wie die Zensur es eben gerade zuließ. So soll schließlich für die fünfte Folge der Stuart-Webbs-Serie mit dem Hinweis geworben worden sein, dass sie die verschärfte Zensur ohne Schnitt passiert hatte.

Hier die »Kraft und Wildheit« amerikanischer Filme, nach der sich Paul Wegener und Walter Serner noch sehnten,[25] nicht zu vermissen und von den Verkleidungstricks der ausländischen Originale zu schweigen, um stattdessen desto beredter zu entwickeln, Joe und Mia May hätten in ihren Detektiv- und Abenteuerfilmen das Nietzschesche »Problem des Scheins, der Täuschung gleichfalls in den Facetten der Erkenntnis, Moral und Ästhetik«[26] erörtert, ist wohl nicht nur eine gewagte Überinterpretation; bestätigt wird die Kracauersche These vom deutschen Unverständnis für das Detektivgenre. Was so für die Filmgeschichte bleibt, ist ein Kino der Schreibtische.

---

1 Als Erklärung bot sich für Kracauer die Bedingtheit des klassischen Detektivs durch die liberale Demokratie an. Vgl. Siegfried Kracauer: *Von Caligari zu Hitler. Eine psychologische Geschichte des deutschen Films.* Frankfurt/M. 1979, S. 25. — **2** Sebastian Hesse: Ernst Reicher alias Stuart Webbs – König der deutschen Film-Detektive. In: *KINtop* 2, 1993, S. 143–162, hier S. 143. — **3** Ebd., S. 151 f. Verwundern lässt an dieser Lesart weniger die nicht zu bestreitende historische Nähe des deutschen Detektivfilms zum so genannten ›Legitimationsdiskurs‹ des ›Autorenfilms‹ der Zeit als vielmehr die mit der heutigen Neuinspektion auf deutscher Seite offenbar verbundene Befriedigung: Insgesamt sei es May-Reicher gelungen, »dem Kampf um die Legitimation des Kinos [eine weitere Dimension] zu erschließen«. Die historisch spezifische Ausprägung eines deutschen Detektivfilms wird anerkennend vermerkt, als gelte es bis heute, die Adelung des Bastards Film im Allgemeinen und den Aufstieg der deutschen Detektivfilme aus den Niederungen der ausländischen Populär-

Tilo R. Knops

kultur im Besonderen zu feiern. — **4** Heide Schlüpmann: Wahrheit und Lüge im Zeitalter der technischen Reproduzierbarkeit. In: Hans-Michael Bock, Claudia Lenssen (Red.): *Joe May. Regisseur und Produzent.* München 1991, S. 45. — **5** Ebd., S. 49. Vgl. zur Problematik einer ideologisch fundierten Geschichtsschreibung auch Tilo R. Knops: Eingefrorene Leiblichkeit. Anmerkungen zu einer feministischen Geschichte des frühen deutschen Films. In: *Neue Zürcher Zeitung* (Fernausgabe), 25.4.1991. — **6** Richard Sennett: *Verfall und Ende des öffentlichen Lebens. Die Tyrannei der Intimität.* Frankfurt/M. 1983, S. 42. — **7** Tom Gunning: Attractions, Detection, Disguise. Zigomar, Jasset and the History of Film Genres. In: *Griffithiana*, Nr. 47, Mai 1983, S. 111–135. — **8** George Loane Tuckers Großstadtthriller TRAFFIC IN SOULS (1913) ist ein Beispiel für die amerikanische Vorliebe für die Parallelmontage, die besonders von Griffith in seinen ›Rag-Time-Filmen‹ (so eine zeitgenössische Werbung in Anspielung auf den synkopenreich-rasenden Modetanz) entwickelt wurde – mochte der sie auch im Ansatz von Pathés LE MÉDICIN DU CHÂTEAU (1908) entlehnt haben. Auf der anderen Seite bevorzugen europäische Regisseure wie Stellan Rye, Victor Sjöström, Jewgenij Bauer und Feuillade in seiner einflussreichen FANTOMAS-Serie nicht die beschleunigende Szenenauflösung, sondern die Möglichkeiten der Arbeit mit Tiefenschärfe, Beleuchtung, Sets sowie einer stilistischen Retardierung; Mittel also, die es erlaubten, traditionelle Theaterwerte der Inszenierung und Performanz vorzuführen. Vgl. hierzu den Beitrag von Yuri Tsivian in diesem Band. — **9** Roy Armes: *French Cinema.* New York 1985. — **10** Vgl. Thomas Elsaesser: Wilhelminisches Kino. Stil und Industrie. In: *KINtop* 1, 1992, S. 10–27. — **11** Vgl. Miriam Hansen: Early Silent Cinema – Whose Public Sphere? In: *New German Critique*, Nr. 29, Frühling/Sommer 1983, S. 147–184. — **12** Emilie Altenloh: *Zur Soziologie des Kino. Die Kinounternehmung und die sozialen Schichten ihrer Besucher.* Jena 1914, S. 12. — **13** Allerdings kamen amerikanische Filme trotz der Blockaden noch bis Anfang 1916 über Skandinavien ins Land. Vgl. Kristin Thompson: *Exporting Entertainment. America in the World Film Market 1907–1934.* London 1985, S. 53. — **14** Vgl. den Beitrag von Sabine Hake in diesem Band. — **15** In DER MANN IM KELLER (1914) trägt die falsche Visitenkarte des verkleideten Detektivs Webbs die Firmenanschrift der ›Continental‹, und noch Fritz Lang zeigt in KÄMPFENDE HERZEN (1920) im Hintergrund einer Studio-Straße ein Kino mit dem Namen der ›Decla Bioscop‹. — **16** Erzählerische Unentschiedenheiten der Übergangsphase sind auch hier erkennbar, so in DIE JAGD NACH DER 100-PFUND-NOTE (1913) oder DAS GEHEIMNIS VON CHÂTEAU RICHMOND (1913) von Willy Zeyn. Was diesen featurelangen Film um einen geheimnisvollen Schatz, dem nicht nur die Hauptfigur als glücklicher Erbe, sondern auch ein konspirativer Männerbund und die deutsche Seriendetektivin ›Nobody‹ auf der Spur sind, fehlt, ist vor allem eine Ökonomie der Informationsübermittlung. Statt logischer Stringenz der investigativen Lösung eines spannend-konfliktreichen Rätsels herrscht Konfusion über die Rolle und Bedeutung der Hauptfiguren wie überhaupt den Sinn des Ganzen vor. So weist sich Miss Nobody, die anfangs dem Helden eher unmotiviert hinterherspioniert, erst in der zweiten Hälfte als Detektivin aus. Statt zu kombinieren, kontrolliert sie wie ein Polizist die Rechtmäßigkeit des Erbfalles. Insgesamt scheint der Kriminalfall lediglich Anlass für sensationelle Verfolgungsjagden über Dächer und Speicher, Brücken und Schiffsdampfer zu sein. — **17** Vgl. Karen Pehla: Joe May und seine Detektive. Der Serienfilm als Kinoerlebnis. In: Bock, Lenssen (Hg.): *Joe May*, a.a.O. (wie Anm. 4), S. 61–72. — **18** *Die Lichtbild-Bühne*, Nr. 34, 1914. — **19** Zit. nach Fritz Güttinger (Hg.): *Kein Tag ohne Kino. Schriftsteller über den Stummfilm.* Frankfurt/M. 1984, S. 278. — **20** Karl Bleibtreu: Theater und Kino. In: *Kinema*, Jg. 3, Heft 14–18, 1913. — **21** Vgl. Herbert Birett (Hg.): *Verzeichnis in Deutschland gelaufener Filme. Entscheidungen der Filmzensur 1911–1920.* München u.a. 1980, S. 1. — **22** Ebd., S. 15, 16, 32, 23, 536, 304, 64. — **23** Curt Riess erklärte den Erfolg der Figur: »Stuart Webbs, liebenswürdig, gescheit, charmant, sportlich, trainiert, erobert die Herzen der Männer und Frauen. Womit? Nicht mit Schauspielkunst, sondern mit seinen Tricks. Mit seinen Einfällen. Er ist ständig in Lebensgefahr – und entgeht ihr ständig. Sperrt man ihn auf dem Dach ein, so holt er aus der Westentasche eine Strickleiter. Läßt man ihn verschnürt wie ein Paket in einem Keller zurück, öffnet er seine Fesseln, indem er sie an einer Feile reibt – die er zufällig parat hat. Steckt man ihn in einen Sack, der ins Wasser geworfen wird, so treibt der Sack alsbald auf der Oberfläche des Wassers; die Verbrecher haben nämlich vergessen, dass Stuart Webbs immer einen Schwimmgürtel bei sich trägt. Er trägt überhaupt immer bei sich, was er gerade braucht.« Curt Riess: *Das gab's nur einmal. Die große Zeit des deutschen Films*, Bd. 1. Frankfurt/M., Berlin, Wien 1985, S. 42. — **24** Als Jean-Luc Godard für LE DINOSAUR ET LE BÉBÉ im November 1964 mit Fritz Lang ein TV-Interview machte, unterhielten sich die beiden Regisseure über den Aufbau einer Szene und über die von ihnen unterschiedlich eingeschätzte Vorstellung einer feststehenden Bedeutung, die ein Regisseur vor dem Dreh von einer Szene hat. »Nehmen wir an«, sagt Fritz Lang, der seit den Stummfilmtagen erfahrene Kriminal- und Detektivfilmregisseur zu dem jungen Kollegen, während er ein Rechteck auf ein Blatt Papier zeichnet, »wir haben hier diesen Raum. Dann kommt hier schon mal der Schreibtisch hin.« — **25** Vgl. Walter Serner: Kino und Schaulust. In: *Die Schaubühne*, Jg. 9, H. 34/35, 28.8.1913; Paul Wegener: Neue Kinoziele (Vortrag vom 24. April 1916). In: Güttinger (Hg.): *Kein Tag ohne Kino*, a.a.O. (wie Anm. 19). — **26** Heide Schlüpmann: *Unheimlichkeit des Blicks. Das Drama des frühen deutschen Kinos*. Basel und Frankfurt/M. 1990, S. 49.

Rainer Rother

Vom Feinde lernen
Deutsche Filmpropaganda im Ersten Weltkrieg

In seinen Reden zum Film, mit denen der Propagandaminister Goebbels im Krieg durchaus programmatische Absichten verband, und in denen er den Zuhörern aus der Filmindustrie die Spezifik seiner Konzeption von nationalsozialistischer Propaganda nahe bringen wollte, verwies er unvermeidlich auch auf die Verbesserungen, die es auf diesem Gebiet im Vergleich zum Ersten Weltkrieg gegeben hatte. Nicht sonderlich überraschend – der Vergleich fällt zugunsten des Heute aus, und die früheren Anstrengungen nehmen sich in diesem Rückblick recht ärmlich aus. So stellte Goebbels zum Beispiel[1] am 15. Februar 1941 bei seiner Rede auf der Kriegstagung der Reichsfilmkammer fest, dass die Filmpropaganda unter den Bedingungen des Krieges eine gänzlich neue Rolle erhalten habe, und fuhr fort:

> Es war auch im Weltkrieg schon so, nur daß wir Deutsche das nicht erkannt hatten. Auch im Weltkrieg waren die englischen Siegeschancen im wesentlichen darauf abgestellt, im Innern das deutsche Volk zu zermürben, daß, wenn es auch militärisch einen Sieg nach dem anderen an seine Fahnen heften konnte, es dann trotzdem moralisch unterlag und daß diese moralische Katastrophe am Ende auch zu einem vollkommenen militärischen Zusammenbruch führte. Dieser Versuch, das Experiment vom November 1918 zu wiederholen, wird ständig heute von den Engländern gemacht.[2]

Und natürlich erzählte Goebbels seinen Zuhörern, dass er nicht gewillt sei, den Engländern diesmal viele Möglichkeiten zu bieten, diesen Versuch erfolgreich durchzuführen. Tatsächlich wird in seiner Perspektive das Versagen der Propaganda im Ersten Weltkrieg zu einem Äquivalent der ›Dolchstoß-Legende‹, die General Ludendorff 1919 zur eigenen Verteidigung erfunden hatte.

Offensichtlich dient die in dieser Weise als besonders schwach und einflusslos gekennzeichnete Filmpropaganda des Ersten Weltkriegs als Folie für die neue Propaganda, für die nun Goebbels verantwortlich war. Sicher wies er, rhetorisch forciert, damit auf die eigene Leistung hin, doch war die Perspektive auf eine ›schwächliche‹ und ›ineffektive‹ deutsche Weltkriegspropaganda nicht ohne Vorbild. In der Tat waren schon kurz nach dem Krieg vergleichbar kritische Töne über die deutschen Propaganda-Anstrengungen zu lesen.

Die abfällige Bewertung des Massenmediums Film stand nicht vereinzelt da; auch bezogen auf ein anderes visuelles Medium, dessen Propaganda-Wert ebenfalls hoch einzuschätzen ist, fiel das Urteil nicht besser aus. Die Zeitschrift *Das Plakat* veröffentlichte 1919 folgende Ausführungen von Ernst Collin:

> Wir dürfen es heute wohl getrost behaupten, daß es nicht nur die militärische Übermacht gewesen ist, die den Zusammenbruch des deutschen Heeres herbeigeführt hat, sondern daß die Kriegspropaganda unserer Feinde in ihrer Planmäßigkeit und psychologischen Schärfe ein gut Teil daran mitgewirkt hat, die seelische Stimmung unserer Kämpfer zu untergraben. Wenn uns derartiges nicht gelungen ist, so eben nur deshalb, weil wir nicht gleich gute Propaganda machen konnten.[3]

Auch wenn Hermine Schuetzinger in einem wenig später publizierten Beitrag die künstlerische Qualität der angelsächsischen Plakate als eher gering veranschlagt, deren Effektivität scheint ihr eindeutig genug. Im Vergleich wirkt daher der deutsche Vorteil – ästhetisch mitunter bessere Plakate – wie ein Nachteil:

> Doch sehen wir uns in Deutschland um. Auch hier trieb der Chauvinismus üppige Blüten, allerdings in ganz anderen Ausdrucksformen. Uns fehlt vor allem das, was bei der politischen Propaganda unserer Gegner immer wieder ins Auge fällt: die Lust an der Darstellung von Grausamkeiten. (...) Hingegen spielt die politische Karikatur in der Plakatkunst eine ziemliche Rolle. Sie ist leider nur in den seltensten Fällen geistreich und meist etwas plump durchgeführt.[4]

Aus heutiger Sicht stellt letzteres Urteil eine glatte Untertreibung dar. Die »Lust an Grausamkeiten« bezieht sich auf die verbreitete ›Beat the Hun‹-Propaganda.

Diese Zitate belegen, dass in den unmittelbar nach Kriegsende angestellten Rückblicken auch die ästhetischen Mängel der eigenen Propaganda kritisiert wurden, nicht nur die mangelnde Deutlichkeit oder Aggressivität in der jeweiligen Botschaft. Die Bewertung der Entente-Propaganda als unverhältnismäßig aggressiv gehörte dabei schon im Krieg zu den gängigen Formeln, mit denen die Mittelmächte die Qualität der eigenen Propaganda als »Information« hervorheben wollten. In dieser, im Übrigen durchaus zutreffenden, Einschätzung der allgemeinen Charakteristika der jeweiligen Bildpropaganda (die sich in Bezug auf Aggressivität in Deutschland zum Beispiel klar von der Textpropaganda unterschied) verbarg sich schon in den Kriegsjahren gleichsam das Eingeständnis, eine unzureichende beziehungsweise hilflose Form der Propaganda zu benutzen. Die »Selbstkritik« wurde nach dem Waffenstillstand offener geführt, bezog sich aber in zentralen Punkten auf die gleichen Mängel, die während des Krieges von den betreffenden ›Spezialisten‹ durchaus schon gesehen worden waren. Denn diese Zeitgenossen des Weltkriegs waren durchaus nicht betriebsblind und damit durchgängig von den eigenen Produkten eingenommen. Im Gegenteil: Sie übten fast während der gesamten Dauer des Krieges eine Art »Selbstkritik« an der Effektivität der Plakate, Fotos und Filme, mit denen die »deutsche Sache« von offiziellen Stellen propagiert werden sollte. Dabei war der Vergleich mit den von der Entente eingesetzten Mitteln ein Kriterium, das ganz offen zur Bewertung herangezogen wurde. Insbesondere die im neutralen Ausland tätigen Botschaftsangehörigen oder andere, als Privatleute beschäftigte, der »deutschen Sache« gegenüber positiv eingestellte Persönlichkeiten versorgten die »Zentralstelle für Auslandsdienst« regelmäßig mit entsprechenden Berichten. Sie bestanden im Wesentlichen aus Klagen: Der Gesichtspunkt, dass die deutsche Art der Propagandaführung entsprechend dem eigenen »kulturellen Selbstverständnis« darauf verzichte, den Gegner herabzusetzen und verzerrende Feindbilder in Umlauf zu bringen, spielte in diesen Berichten nicht die übliche Rolle der Selbstlegitimation. Konzentriert auf den Vergleich der Wirkung der gegnerischen wie der eigenen Anstrengungen, schien die Entente hier eher als Vorbild nützlich zu sein. An ihren Anstrengungen war zu lernen, wie Propaganda getrieben werden sollte. Bekanntlich führte diese Situation im Bereich der Film- und Fotopropaganda in einem ersten Schritt zur Gründung des Bild- und Filmamtes (BUFA), in einem zweiten dann zur Gründung der Universum-Film AG (Ufa), die mit offiziellen Stellen nicht mehr so leicht zu verbinden war.[5]

Beide Institutionen lassen sich als Versuch interpretieren, mittels einer organisatorischen Neuerung auch eine Veränderung der Mittel der Propaganda zu erreichen. Es ging, schon bei der Gründung des BUFA, nicht allein um eine Rationalisierung und Zentralisierung der Anstrengungen – mehr noch ging es um eine neue, ›modernere‹ Bildsprache. Das Ziel solcher Bemühungen lässt sich zunächst aus den Mängelberichten rekonstruieren. Stellvertretend für viele Klagen aus dem Bereich der Botschaften sei hier Harry Graf Kessler zitiert, der in der Deutschen Gesandtschaft in der Schweiz arbeitete:

> Was die Propagandafilme anbelangt, so wäre für uns besonders erwünscht, wenn die deutsche Industrie beliebte Schauspieler und Schauspielerinnen in Stücken guter Autoren herzustellen sich entschlösse, die unterhaltend uns Achtung und Sympathie verschaffen. Ein vorbildlicher Film dieser Art war (...) MUTTERHERZ mit Sarah Bernhard, dessen Beschreibung ja vor einiger Zeit nach Berlin gesandt wurde.[6]

Das Ziel,»unterhaltend« für die eigene Seite zu werben, mit der Investition von Stars und guten Autoren, grenzt die Propaganda zunächst von der Didaktik und Rhetorik ab: Sie soll nicht allein ›aufklären‹, sie soll auch zur Zustimmung verführen.

Was immer das BUFA über derartige, die eigene Arbeit ja kritisierende Vorschläge dachte, wie die Ressourcen und Realisierungschancen eines Films, der dem Sarah Bernhardt-Film entgegenzusetzen gewesen wäre, eingeschätzt wurden: Noch kein Jahr nach seiner offiziellen Gründung machte sich das Amt an eine Bestandsaufnahme seiner bisherigen Aktivitäten, und sie fiel vernichtend aus. Eine geheime Denkschrift vom 14. November 1917, die den Stempel »Nur für den Dienstgebrauch« trägt,[7] reflektiert die Bedingungen der Filmpropaganda in Deutschland und bewertet ihre Ergebnisse. Ausgangsüberlegung für filmische Propaganda-Aktivitäten sei demnach die Beobachtung gewesen, dass die Entente-Staaten gerade in diesem massenwirksamen Medium besondere Anstrengungen unternehmen. Der Charakter einer Reaktion ist für die deutsche Filmpropaganda damit reklamiert – und prägt auch noch das Selbstverständnis des BUFA.

Diese Einschätzung entsprach ganz den Leitlinien der offiziellen deutschen Politik, die während des gesamten Krieges für sich in Anspruch nahm, keine propagandistischen Methoden verwenden zu wollen. Vielmehr würden die offiziellen Stellen Informationen geben, die auf Tatsachen beruhten. In den ersten beiden Kriegsjahren folgte die deutsche Regierung mehr oder weniger streng diesen selbst auferlegten Regeln, was selbstverständlich nicht bedeutet, dass die an die Öffentlichkeit weitergegebenen Informationen nicht nach Maßgabe der deutschen Interessen ausgewählt worden wären. Es bedeutet aber, dass bis dahin keine spezifischen Methoden entwickelt und angewendet wurden, um dem Publikum die für es ausgewählten Nachrichten oder Neuigkeiten zu präsentieren. In diesem Sinne galten Propaganda-Anstrengungen als nicht zentral. Dennoch gab es eine ganze Reihe von Propagandisten des Krieges, die allerdings nicht unmittelbar für die Regierung oder in ihrem Auftrag arbeiteten. Publizisten, Journalisten, Karikaturisten, Schriftsteller und Filmemacher unterstützten den Krieg auf ihre Art – indem sie (›patriotische‹) Artikel, Bilder und Filme produzierten. So weit die visuellen Quellen betroffen sind, gilt es als Gemeinplatz, dass die deutsche Propaganda während des Ersten Weltkriegs tatsächlich weniger effektiv war und geringen Einfluss auf das Publikum im eigenen Land wie auch auf die Betrachter in neutralen Ländern ausübte, besonders im Vergleich zu jenem Einfluss, der für die Entente-Anstrengungen angenommen wird. Wie erfolgreich die Propaganda in Großbritannien, Frankreich oder Italien in den späteren Kriegsjahren auch immer gewesen sein mag, als die vorher ziemlich unfragliche Unterstützung durch die Bevölkerung wegen der unübersehbaren Konsequenzen des Krieges auch für das alltägliche Leben zu schwinden begann – der ›Erfolg‹ der deutschen und österreichischen Propaganda scheint demgegenüber geringer.

Diese Einschätzung teilte nun auch das BUFA. Sein Memorandum beschränkt sich daher nicht auf die Rechtfertigung der neuen Wege als Reaktion auf die Umtriebe der Feinde, denen mit den herkömmlichen Mitteln nicht mehr zu begegnen sei, und es listet die wesentlichen Bedingungen auf, die ein erfolgreicher deutscher Propagandafilm erfüllen müsste. Danach muss »der Propagandafilm so gestaltet sein, daß er eben den reinen Unterhaltungsfilm schlägt und nicht nur die Instinkte trifft, die die Propaganda treffen will, sondern auch den berechtigten Unterhaltungswünschen und dem Schaubedürfnis der Menge Rechnung trägt, ohne die nun einmal das Kino nicht bestehen kann.« Im Weiteren kritisieren die Verfasser des Memorandums die einheimische Presse, welche im Allgemeinen die eigenen Filme nicht genügend unterstütze, und bedauern, dass nur wenige Beispiele für ausländische Propagandafilme in Berlin ausreichend studiert werden konnten, was zu dem Effekt geführt habe, dass die deutsche Gegenpropaganda nicht genau wusste, welche Art feindlicher Einflussnahme sie zu bekämpfen hatte. Schließlich schlagen die Verfasser auch vor, zur Verbesserung der Filmarbeit berühmte und populäre Stars des einheimischen Kinos zu verpflichten, die in Spielfilmen mit propagandistischer Botschaft auftreten sollten. Zwei bereits vorliegende Beispiele werden dabei als befriedigende Ergebnisse eingestuft: der Kriegsanleihefilm HANN, HEIN UND HENNY mit Henny Porten sowie UNSÜHNBAR mit Adele Sandrock.

Wiederum – und ganz der Argumentationslinie Graf Kesslers folgend – dient der Vergleich zu den als effektiver eingeschätzten Entente-Filmen als Folie. Gegenstücke zu den Spielfilmen der Entente

> zu schaffen, die die wunden Stellen der Entente-Propaganda treffen, oder die von der Entente-Propaganda benutzten Mittel und Einfälle und neuen Wirkungen überbieten, war bisher nicht möglich. Der Film UNSÜHNBAR ist der einzige dieser Films, der etwa ein Gegenstück zu dem von der Sarah Bernhard gespielten Film MÈRES FRANÇAISES darstellt.
> Hier wurde zum ersten Mal versucht, eine große deutsche tragische Schauspielerin in den Mittelpunkt einer Handlung zu stellen. Auch der Kriegsanleihefilm HAN, HEIN UND HENNY, für dessen Darstellung die berühmteste deutsche Schauspielerin Henny Porten gewonnen wurde, stellt einen ersten großen Erfolg eines Films dieser Art dar, und es ist der erste deutsche Propagandaspielfilm, der in den Theatern stürmisch und ostentativ applaudiert wurde. Hier zeigt sich, wie außerordentlich lohnend es ist, großen schauspielerischen Aufwand in Propagandafilms zu leisten. Die Macht einer beliebten oder gefeierten Persönlichkeit in den Dienst der Propaganda zu stellen, ist eben ein Propagandamittel, das bereits mit Erfolg von den Franzosen entliehen ist und das auch in Zukunft in noch stärkerem Maß wird anzuwenden sein.[8]

Solche Filme mit großen Stars blieben jedoch auch in der Folge selten; Henny Porten zum Beispiel scheint sich nicht wieder für einen vergleichbaren Film zur Verfügung gestellt zu haben.[9] Von den Filmen, die nach der Abfassung des Berichtes in Deutschland produziert wurden, dürften nur die wenigsten den geforderten Standards – gute Autoren, berühmte Schauspieler und so weiter – genügt haben. Zwei Filme allerdings, die einen besonderen ›Schwachpunkt‹ der Entente anvisierten, können heute als bemerkenswert konsequente Beispiele deutscher Filmpropaganda gelten. Beide zielten mit ihrer Story auf die polnische Bevölkerung und zeichneten die Vorteile Deutschlands ebenso eindrücklich wie die Nachteile des (zaristischen) Russland. Es handelt sich um DAS TAGEBUCH DES DR. HART und DER GELBE SCHEIN. Beide Filme stehen im Zusammenhang mit dem Versuch, die polnische Bevölkerung zu einer Unterstützung der deutschen Seite zu bewegen, wie er seit der Proklamation eines (faktisch erst für das siegreiche Kriegsende geplanten) polnischen Staates durch die Mittelmächte am 5. November 1916 unternommen wurde. Der zunächst unter dem Titel

DER FELDARZT / DAS TAGEBUCH DES DR. HART (1917, Regie: Paul Leni)

DER FELDARZT nicht genehmigte Film DAS TAGEBUCH DES DR. HART[10] erscheint bereits der zeitgenössischen Kritik als ein besonders gelungenes Exempel filmischer Propaganda, gerade weil seine Wirkungsabsicht nicht sonderlich hervortritt (vgl. Abb.): Der Film, so heißt es in einer Kritik, »soll in der Hauptsache ein Propagandafilm sein. Er soll uns vor Augen führen den Segen der ärztlichen Hilfe und Tätigkeit im Felde, andererseits aber auch den Opfermut, die freudige Hingabe an den Beruf und die Strapazen des Feldarztes. Man hat aber hier nicht einen Augenblick das Empfinden, hier soll für irgendetwas Propaganda gemacht werden. Durch eine lebhafte Handlung, die der Spannung nicht entbehrt, durch geschicktes Einflechten des Lehrhaften, wie wir es anders in solcher Fülle nicht sehen können, wird der Zuschauer in Erregung gehalten, die bis zum Schluss andauert.«[11] Ein ähnliches Lob des Unmerklichen in der Propaganda verdient auch DER GELBE SCHEIN. Er ist eine der frühesten Produktionen, die Pola Negri im deutschen Film zeigte. Produktionsgesellschaft war die PAGU, die mittlerweile im Ufa-Konzern aufgegangen war. Mit DER GELBE SCHEIN hatte demnach die Ufa doch mindestens in einem Fall den Propaganda-Auftrag, der ihr von der Obersten Heeresleitung ja zugedacht war, vorbildlich erfüllt. Der im September 1918 von der Zensur freigegebene Film (mit einer Länge von 1624 Metern) wurde jedoch erst nach Kriegsende aufgeführt, die Berliner Premiere fand am 22. November 1918 statt.[12]

Der von Viktor Janson und Eugen Illés inszenierte, von Hans Brennert und Hanns Kräly[13] geschriebene Film erzählt die Geschichte einer jungen Frau, die von einer jüdischen Familie aufgenommen worden war, als die verzweifelte Mutter den Freitod wählte. Pola Negri spielt die junge, von den Wissenschaften faszinierte Frau, deren sehnlichster Wunsch es ist, in Sankt Petersburg Medizin zu studieren. Doch dieser Wunsch kollidiert mit den zaristischen Gesetzen, welche jüdischen Frauen den Aufenthalt in der Stadt nur gestatten, sofern sie Besitzerin eines »gelben Scheines« sind – der sie zugleich als Prostituierte ausweist. Lea findet mit ihrem, die jüdische Herkunft offenbarenden, Pass keinerlei Unterkunft und lässt sich schließlich den stigmatisierenden Schein ausstellen. Zufällig findet sie jedoch in einem Buch die Papiere der verstorbenen Schwester ihres Lehrers und nimmt deren Identität an. Ihr Studium ist sehr erfolgreich, doch zugleich wird sie immer wieder durch die Vermieterin bedroht, die die ausstehende Miete verlangt und Lea zur Prostitution zwingen will. Das mit manchen Umschwüngen aufwartende Drama nimmt zwar schließlich ein glückliches Ende, doch ist das Schicksal der Hauptdarstellerin bis zu diesem Ausgang hart genug und führt sie bis zu einem missglückten Selbstmordversuch, um dem Publikum die unerfreulichen Seiten einer Existenz in Russland gehörig zu verdeutlichen. Die Lösung der Story ist insofern nicht ohne Zweideutigkeit, als Lea sich am Ende als eine ausgesetzte Waisin russischen Geblütes und als Tochter ihres Professors erweist. Zwar schien der Antisemitismus offenbar ein guter Ansatzpunkt für die Kritik an den despotischen Zuständen im Zarenreich – eine jüdische Heldin sollte dem deutschen Publikum wiederum auch nicht zugemutet werden.

Jansons Film enthält noch viele Momente einer theaterhaften Schauspielerführung, mit Szenen, die wie an der Rampe gespielt wirken, verblüfft andererseits aber auch durch das Spiel der Negri und Nah- beziehungsweise Großaufnahmen ihres Gesichtes. Er ist daher auch technisch ein bemerkenswertes Produkt, mehr noch aber als Propagandavehikel. Denn die Forderung, dass gute Propaganda möglichst unmerklich bleiben müsse und über die unterhaltsame Handlung, nicht durch explizite Ansprache zu erreichen sei, realisiert er nur zu gut. DER GELBE SCHEIN entspricht in dieser Hinsicht den Forderungen, die das BUFA selbst erhoben hatte, denn bezogen auf den Spielfilm hatte das Memorandum das Idealbild eines propagandistischen Films als Unterhaltung definiert, die geeignete Botschaften möglichst unter Einsatz bekannter Stars als Identifikationsfiguren vermittele.

Neben dem immer wieder genannten Film MÈRES FRANÇAISES waren es vorrangig US-amerikanische Streifen, in denen aus deutscher Sicht die größte Gefahr lag.[14] Mit den aufgeführten eigenen Produktionen haben sowohl das BUFA wie auch die Ufa (allerdings bemerkenswert wenige) Filme vorgelegt, die die Lektion der Entente-Propaganda umzusetzen vermochten.

In Bezug auf den Dokumentarfilm war es das Beispiel des englischen Films THE BATTLE OF THE SOMME (1916), der auf deutscher Seite ähnliche Anstrengungen geradezu zu erzwingen schien. Die Abgrenzung des ›Dokumentarfilms‹ vom ›Spielfilm‹ ist zugegebenermaßen problematisch. Während des Ersten Weltkriegs war jedoch die Form des fiktionalen Films, wenn auch mit nationalen Differenzen, bereits stabil. Zudem gab es seitens des Publikums erstmals ein breites Interesse an Filmen, die, ohne Zweifel an ihrer Glaubwürdigkeit zu provozieren, ›authentische‹ Bilder von der Front brachten. Sofern die Kennzeichnung eines Films als ›dokumentarisch‹ nicht allein von seiner Struktur und der Herkunft seiner Bilder abhängt, sondern auch auf der Zuschreibung dieser Qualität durch das Publikum beruht, gab es im Ersten Weltkrieg die ›Geburt‹ des Dokumentarfilms. Denn hier spielte das Interesse an authentischen Bildern eine solche Rolle, dass *ersichtlich* gestellte Bilder ebenso wie die bloß erfundenen abgelehnt wurden – zugunsten der als dokumentarisch empfundenen Filme, die jedoch keineswegs auf Fälschungen und Inszenierungen verzichteten. Tatsächlich war der erste in der BUFA-Ära gezeigte Film eine Reaktion auf das englische Vorbild. Es hatte den Titel BEI UNSEREN HELDEN AN DER SOMME und erlebte seine erste öffentliche Aufführung in Berlin am 19. Januar

1917. Der Film war ganz bewusst als Antwort auf die Entente-Propaganda gemeint. Zum ersten Mal kam ein Film in die Kinos mit der ausdrücklichen Charakterisierung »amtlich-militärisch« oder »offizieller militärischer Film«. Nie zuvor war in Deutschland ein Film gelaufen, der Bilder einer tatsächlichen Schlacht zeigte – dass dies hier der Fall sein würde, wurde eigens in Werbeanzeigen hervorgehoben. Und noch nie war ein Propagandafilm mit dem Rahmen einer festlichen Premiere ausgestattet worden. Ein Journalist berichtete:

> In einen der modernen Berliner Lichtspielpaläste war man zur geschlossenen Vorstellung geladen, die der ersten öffentlichen Wiedergabe vorausging. Viele Herren in Schwarz, nur vereinzelte Damen, zahlreiche Offiziere – ein feierliches, ernst erwartungsvolles Publikum, wie es sonst wohl kaum in so enger Zusammengehörigkeit in einem Filmtheater versammelt ist. Halblaut geführte Gespräche hier und dort, sonst Stille. Dunkel streicht es durch den Saal, Musik setzt ein, der Sammetvorhang zieht sich zu beiden Seiten zurück, auf der weißflimmernden Leinwand graben sich die Buchstaben ein, wie Worte aus einem heiligen Buch: BEI UNSEREN HELDEN AN DER SOMME.[15]

Man kann vielleicht bezweifeln, ob die Stimmung in einem der damals modernsten Lichtspielpaläste, dem Tauentzien-Palast, wirklich derart zeremoniell war, die Aufführung selbst war mit Sicherheit ein Ereignis. Und als solches war sie sehr gut vorbereitet (zwei Tage vorher hatte eine Zeitung einen Vorbericht veröffentlicht),[16] sehr gut besucht und wurde in den höchsten Tönen gelobt, zumindest was die Pressereaktionen angeht.

Der Film besteht aus drei deutlich voneinander abgesetzten Teilen. Der erste Teil zeigt Alltagssituationen hinter der westlichen Front, die Verstärkung und Versorgung der vordersten Linien, Evakuierungen der Anwohner wegen der Bombardements und so weiter. Das Hauptaugenmerk liegt dabei darauf, dass die Dörfer und Städte stets von englischer, manchmal französischer Artillerie zerstört werden. Diese Aufnahmen stellen sozusagen die deutsche Antwort dar auf Filme wie LES MONUMENTS HISTORIQUES D'ARRAS VICTIMES DE LA BARBARIE ALLEMANDE oder L'ŒUVRE DE LA ›KULTUR‹ – DEUX VILLES OUVERTES ET SANS DÉFENSE.[17] Wie in den französischen Filmen werden in BEI UNSEREN HELDEN AN DER SOMME zur Verdeutlichung der Zerstörungen ausführliche Schwenks eingesetzt. Dies ist im Kontext anderer, auch früher entstandener Non-Fiction-Filme nicht verwunderlich: Der Non-Fiction-Film verfügt über die Beweglichkeit der

Kamera wesentlich früher als der Fiction-Film. Das gilt nicht nur für die zahllosen und offenbar besonders populären *phantom rides*, in denen meist in der Bewegungsrichtung fest installierte Kameras Ausblicke auf Eisenbahntrassen in (möglichst exotischen) Landschaften ermöglichen oder eine Fahrt über die Brooklyn-Bridge, eine Fahrt mit der Wuppertaler Schwebebahn und ähnliches präsentieren.

Der Schwenk etwa wird von den aufzunehmenden Ereignissen oder Orten schon früh sozusagen erzwungen. So zeigt Guido Seeber bereits 1900 die AUSFAHRT DER SÄCHSISCHEN CHINAKRIEGER, indem er am Ende mit einem noch kurzen und unbeholfenen Schwenk den Personen folgt. Ein Ereignis aber wie der große Brand auf der Weltausstellung wird in INCENDIE DE L'EXPOSITION DE BRUXELLES (1910) sowohl in einer eher schwachen Inszenierung gezeigt wie auch am Ende des Films, als Höhepunkt, in etlichen Schwenks, von denen der über den niedergebrannten englischen Pavillon 360 Grad umfasst.

Insofern ist die Verwendung möglichst ausgedehnter Schwenks, um die umfassenden Zerstörungen zu präsentieren, nichts Neues. Auffällig am deutschen Film ist, dass er dieses Verfahren nur beiläufig nutzt und auf eine besondere Einführung verzichtet. In den genannten französischen Filmen werden Bewegungen von Figuren aufgenommen, der Schwenk beginnt mit ihnen, während eine solche Form der Motivation im deutschen Film fehlt. Auch andere deutsche Filme, die aus dieser Zeit erhalten sind, verzichten auf derartige Lösungen. Es wäre falsch, darin eine ästhetische Rückständigkeit zu erblicken. Immerhin ist etwa in UNSERE STÄDTE ALS OPFER DER FRANZÖSISCHEN ARTILLERIE (1917) ein bemerkenswerter horizontaler Schwenk in einer zerstörten Kirche zu sehen, der auf einem Madonnen-Standbild endet, sowie ein vertikaler Schwenk auf den im zerstörten Dach sichtbaren Himmel. Diese Abschlussbewegung ist sehr einprägsam und unterstützt die Klage über die von der Entente angerichteten Zerstörungen in ›wehrlosen‹ Städten (die in dieser Lesart nur zufällig außerhalb Deutschlands liegen, jedoch im Grunde von den deutschen Soldaten verteidigt werden).

Die von den Gesandtschaften geäußerten Klagen über die Qualität dieser ›Kriegsfilms‹ (die von den propagandistisch verwendbaren Spielfilmen immer strikt unterschieden werden) beziehen sich nicht auf eine besondere technische Rückständigkeit der deutschen Beispiele, sondern auf andere Nachteile. Vor allem zielen die Klagen darauf, dass – im Gegensatz zu dem englischen Beispiel – überzeugende Kampfszenen fehlten und die Filme zu kurz seien, um den spektakulären abendfüllenden Produktionen Paroli bieten zu können. Kampfszenen, die den englischen Filmen vergleichbar waren, zeigen die deutschen Filme in der Tat nicht – wenn sie sich auch durch Manöveraufnahmen behelfen, die als authentische Frontbilder ausgegeben wurden. Schon BEI UNSEREN HELDEN AN DER SOMME stellt sich allerdings der Aufgabe, wenn er auch im zweiten und dritten Teil ausschließlich gestellte Aufnahmen bringt. Dies mag seine Wirkung geschmälert haben. Dass er von der Presse dennoch als ›dokumentarisch‹ behandelt wurde, zeigt mindestens dies: dass die Aufgabe erkannt war und die Journalisten auch wider besseres Wissen gewillt waren, sie als gelöst auszugeben. Nur so ist das Urteil, man habe es mit »geschichtliche(n) Dokumente(n) von unschätzbarem Werte« zu tun,[18] verständlich.

Auch die schon Ende 1917 nachlassende Attraktivität der langen »Kriegsfilms« der Entente konnte für das BUFA kein Trost sein angesichts der weiterhin vergleichsweise ineffektiven deutschen Filme. Denn die Nachricht, dass THE BATTLE OF THE ANCRE deutlich weniger Anklang fand als der Vorgänger,[19] zeigt vor allem die Müdigkeit des Publikums gegenüber Bildern vom Kriege insgesamt.

Die deutsche Propaganda konnte nach eigener Einschätzung auch in der Zeit vor dem Beginn dieses Überdrusses[20] nichts ausrichten und verfügte über keine Strategie, mittels ›dokumentarischer Bilder‹ Filme herzustellen, die nicht die Abneigung gegen die immer gleichen Bilder der Zerstörungen mobilisiert hätten.

Das Verblüffende an der Aktivität des BUFA ist die Diskrepanz zwischen den quasi theoretisch formulierten Zielen und den filmischen Resultaten der Tätigkeit. Innovativ waren weniger die Filme, die allerdings auf die Dauer des Krieges gesehen einen deutlichen Fortschritt in der filmischen Artikulation aufweisen. Die deutsche Filmindustrie hatte mit recht beschränkten Ressourcen zu rechnen und verfügte über vergleichsweise wenig erfahrene Kräfte. Gemessen daran sind auch die Propagandafilme, die nur einen kleinen Teil der Filmproduktion ausmachten, langsam ›besser‹ geworden. Doch das eigentlich Innovative ist die Reflexion auf die Bedingungen und Anforderungen der Filmpropaganda.

Gewiss lässt sich sagen, dass die verantwortlichen Personen beim BUFA nicht so engstirnig waren, wie Goebbels dies geargwöhnt haben mag. In ihrem Versuch, Propaganda erfolgreich zu verkaufen, hatten sie durchaus die richtigen Einfälle, und sie zögerten auch nicht, bei dem unvermeidlichen Mangel an ›authentischem‹ Material inszenierte Szenen als authentische Aufnahmen auszugeben. In gewisser Hinsicht handelten die BUFA-Verantwortlichen durchaus fortschrittlich, zumindest aber waren sie weit weniger zurückgeblieben als häufig angenommen wird. Ihr eigentliches und auf die Dauer des Krieges auch nicht zu überwindendes Problem war der

Mangel an Filmaufnahmen, die gut genug gewesen wären, die eigenen propagandistischen Ideen konsequent umzusetzen. Ihre Konzeption von Propaganda war eine sehr ›moderne‹:

> Das *psychologische* Moment ist in der Propaganda das beherrschende. Der Propagandafilm wird immer nur dann Erfolg haben, wenn er sich an *latente Instinkte* wendet, die in einer für das gewünschte Ziel erwünschten Weise geweckt, gestärkt, angefacht und erregt werden sollen. Der Propagandafilm kann nur dann Erfolg haben, wenn er nicht nur überredet und überrumpelt, sondern auch überzeugt. (...) Auch die reine Inlandspropaganda muß darauf bedacht bleiben, lediglich solche *günstigen* Momente zu fördern und zu wecken, die noch im *Unterbewußtsein* der Zuschauer schlummern, um nicht etwa ihren Widerspruch zu erregen mit Bildern, die sie an *berechtigte Sorgen und Kümmernisse* erinnern.[21]

Das Memorandum zieht diese Schlussfolgerungen, um mit ihnen bessere Filme für die Zukunft zu initiieren. Das BUFA hat diese Filme allerdings nie produziert. Was das Memorandum jedoch an Prinzipien zusammenfasst, lässt bereits eine Propaganda-Politik aufscheinen, die im nächsten Krieg dann verwirklicht wurde.

---

1 Einen Verweis auf den Ersten Weltkrieg enthält auch schon Goebbels' erste Rede zur Filmpropaganda nach Kriegsbeginn; vor der Jahrestagung der Reichskulturkammer und der NS-Organisation ›Kraft durch Freude‹ betonte er am 27. November 1939: »Welch eine Wandlung können wir auf diesem Gebiet dem Weltkrieg gegenüber feststellen! Damals war es in Deutschland gänzlich unbekannt, wie ein geistig-propagandistischer Kampf gegen die uns feindlichen Mächte durchgeführt werden müßte.« Zit. nach: Gerd Albrecht (Hg.): *Film im Dritten Reich*. Karlruhe 1979, S. 68 f. — **2** Joseph Goebbels: Rede anläßlich der Kriegstagung der Reichsfilmkammer am 15.2.1941. In: Gerd Albrecht: *Nationalsozialistische Filmpolitik. Eine soziologische Untersuchung über die Spielfilme des Dritten Reiches*. Stuttgart 1969, S. 465–479, Zitat S. 466. — **3** Ernst Collin: Aus anderen Blättern. In: *Das Plakat*, 10. Jg., H. 1, 1919, S. 70. Dieser beiläufigen Bemerkung entspricht auch ein etwas später veröffentlichter Aufsatz von Hermine C. Schuetzinger: Angelsächsischer und deutscher Chauvinismus in der politischen Bildreklame. In: *Das Plakat*, 10. Jg., H. 2, 1919, S. 145: »Es gibt überhaupt keine Möglichkeit, welche von Engländern und Amerikanern nicht benützt worden wäre, um durch Bildplakate das Volk zu bearbeiten. Während bei uns erst ganz zuletzt das Erlersche Hilfsdienstplakat auftauchte und nur eine bedingte und matte Illustration zu tausenderlei nüchternen Textanschlägen bildete, hingen in England und Amerika längst die farbenfreudigsten Blätter an den Wänden und Säulen mit teilweise ganz guten Darstellungen aus dem Pflichtenkreis dieser neuen Armee.« — **4** Ebd., S. 146 f. — **5** Zur Gründungsgeschichte beider Institutionen vgl. Hans Barkhausen: *Filmpropaganda für Deutschland im Ersten und Zweiten Weltkrieg.* Hildesheim 1982. — **6** Bundesarchiv Potsdam, Bestand R 901, Akte 949, S. 45. Das Schreiben ist vom 11. Juli 1917 datiert. Nicht nur Kessler, auch andere Vertreter von Gesandtschaften äußerten den Wunsch nach »besserer Propaganda«; die entsprechenden Akten sind voller einschlägiger Belege. Am Tenor ändert sich während des gesamten Krieges nichts Entscheidendes; die Berichte vermitteln den Eindruck, dass Auslandsvertreter des Deutschen Reiches entweder nicht genügend Filme geliefert bekommen oder mit den gelieferten keine besonders effektive Propaganda betreiben zu können meinen. — **7** Die Denkschrift befindet sich im Bundesarchiv Potsdam, Akte 951, S. 170 ff. Alle folgenden Zitate stammen aus dieser Quelle. — **8** Ebd., S. 175–6. — **9** Vgl. den Beitrag von Ramona Curry in diesem Band. — **10** Der Film wurde zuerst unter dem Titel DER FELDARZT zensiert, vgl. Herbert Birett (Hg.): *Verzeichnis in Deutschland gelaufener Filme. Entscheidungen der Filmzensur 1911–1920.* München u. a. 1980, S. 409 und 421. — **11** Argus, in: *Der Kinematograph*, Nr. 577, 23.1.1918; zit. n. Hans-Michael Bock (Hg.): *Paul Leni.* Frankfurt/M. 1986, S. 251. — **12** Angaben nach Herbert Birett: *Verzeichnis*, a. a. O. (wie Anm. 10), S. 441 und Hans-Michael Bock, Michael Töteberg (Hg.): *Das Ufa-Buch.* Frankfurt/M. 1992, S. 34. Der Film galt als verschollen. Die Rekonstruktion des Films wurde möglich durch die Entdeckung einer von einem Privatsammler aufbewahrten Kopie mit niederländischen Zwischentiteln. Die nicht vollständige Kopie wurde von Kevin Brownlows Photoplay Productions in London unter Verwendung zusätzlichen Materials von Gosfilmofond Moskau restauriert. Die jetzige Kopie (englische Zwischentitel) weist eine Länge von 1350 Metern auf. — **13** Beide haben häufiger an Propagandafilmen mitgewirkt. So hatte Brennert u. a. auch das Drehbuch zu DAS TAGEBUCH DES DR. HART geschrieben, bei dem Kräly als Regieassistent tätig war. — **14** Vor allem der Film CIVILISATION (1916, Regie: Thomas Ince) wurde von den Gesandtschaften als gefährlicher anti-deutscher Film wahrgenommen. Vgl. im Bundesarchiv Potsdam die Akte 948, pp. 281 ff. — **15** A.B.: Der deutsche Somme-Film. In: *Der Reichsbote*, 23.1.1917. — **16** Der Verfasser war Hans Brennert. Vgl. *B.Z. am Mittag*, 17.1.1917. Eine ausführlichere Darstellung des Films und seiner Aufnahme in der Berliner Presse ist zu finden in Rainer Rother: Bei unseren Helden an der Somme – Eine deutsche Antwort auf die Entente-Propaganda. In: *KINtop* 4, 1995, S. 123–142. — **17** Beide Filme wurden 1993 in Bologna im Rahmen des Festivals ›Il Cinema Rittrovato‹ gezeigt. Die Datierung des ersteren ist nicht gesichert, unbekannt auch die Produktionsgesellschaft. Der zweite ist von Pathé im Jahr 1915 herausgebracht worden. — **18** *Die Woche*, Nr. 6, 10.2.1916. Der Artikel ›Krieg und Film‹ ist von Felix Neumann, »Hauptmann im Kriegspresseamt«, verfasst. Sein offiziöses Urteil wird aber auch von den unabhängigen Journalisten gestützt, die »ein Dokument aus der großen und schweren Zeit des Weltkrieges« (*8 Uhr Abendblatt*, 20.1.1917) oder »ungeschminkte Ausschnitte aus der furchtbaren Wirklichkeit« (*Tägliche Rundschau*, 20.1.1917) erblicken. Da wundert es nicht, wenn die lancierte Meldung von vier bei den Aufnahmen gefallenen Operateuren ungerührt weitergegeben wird (so im *Berliner Tageblatt* vom 20. und der *Berliner Morgenpost* vom 21.1.1917). — **19** Vgl. Akte 949, S. 323, wo ein Bericht aus Kopenhagen wiedergegeben wird, nach dem THE BATTLE OF THE ANCRE »nach einigen Tagen schon wieder vom Programm heruntergenommen« werden musste. — **20** Zu der Aufnahme der langen Kriegsfilme und ihrem vermutlichen propagandistischen Effekt vgl. Nicholas Reeves: The Power of Film Propaganda – Myth or Reality? In: *Historical Journal of Film, Radio and Television*, Bd. 13, Nr. 2, 1993, S. 181-201. — **21** BUFA Memorandum, 14. November 1917, a. a. O. (wie Anm. 7), S. 170 ff.

Kristin Thompson

»Im Anfang war ...«
Über einige Verbindungen zwischen deutschen fantastischen Filmen der 10er und 20er Jahre

Viele Darstellungen des deutschen Stummfilms erwähnen bestimmte Filme der 10er Jahre – insbesondere DER STUDENT VON PRAG (1913) – als Vorläufer der expressionistischen Bewegung. Allerdings haben nur wenige Historiker den Versuch einer Erklärung unternommen, in welchem Sinne diese früheren Filme zu der bekannteren Gruppe von Werken und damit zu einer Entwicklung hinführten, die Anfang 1920 mit der Uraufführung von DAS CABINET DES DR. CALIGARI einsetzte. Jeder, der mit dem expressionistischen Stil vertraut ist und nach spezifischen Einflüssen aus diesen früheren Filmen sucht, sieht sich wohl zunächst einmal vor ein Rätsel gestellt, da weder DER STUDENT VON PRAG noch die einzige vollständig verfügbare vierte Episode der HOMUNCULUS-Serie (1916, Regie: Otto Rippert), noch Richard Oswalds HOFFMANNS ERZÄHLUNGEN (1916) oder ähnliche Filme in ihrer *mise en scène* expressionistische Verfremdungen aufweisen. Und auch die Darstellung der Schauspieler ist zwar in einer Weise übertrieben, die für die 10er Jahre keineswegs ungewöhnlich war, erreicht allerdings nur selten jene extremen Stilisierungen des Schauspiels in expressionistischen Filmen.

Obwohl diese Filme also kaum Eigenschaften besitzen, die sich als expressionistisch bezeichnen lassen, haben sie doch in anderer Hinsicht einiges mit den Filmen der späteren Bewegung gemeinsam. Ganz offensichtlich verhalfen sie zwei miteinander verwandten Genres zum Durchbruch, zu denen auch viele der expressionistischen Filme gehören sollten: dem fantastischen Film und dem Märchenfilm.[1] Für den Expressionismus lieferten Elemente des Übernatürlichen oder des Legendenhaften die Motivationen für den Einsatz einer äußerst stilisierten, von zeitgenössischen Strömungen in Theater und Malerei beeinflussten Inszenierungsweise. Im Kontrast dazu war für die Filme der 10er Jahre zumeist eine vergleichsweise realistische Inszenierungsweise charakteristisch. Aufnahmen an Originalschauplätzen, authentische historische Kostüme und geschickt bewerkstelligte Trickaufnahmen stellten die fantastischen Elemente in ein konkretes, scheinbar alltägliches Milieu.

Trotz derartiger Unterschiede bilden diese beiden Genres ein spezifisches Verbindungsglied zwischen einigen der bekanntesten deutschen Filme der 10er Jahre und den Filmen der expressionistischen Bewegung. Darüber hinaus scheinen die fantastischen Filme die Grundlage für eine spekulative Diskussion theoretischer Fragen zum Verhältnis des Kinos zu den anderen Künsten gebildet zu haben. Vor allem dort, wo zuvor das Kino in Deutschland vordergründig mit dem Theater oder der Literatur verglichen worden war, führten Paul Wegeners DER STUDENT VON PRAG und andere Filme zu einer weiter gefassten Betrachtung des Films in Verbindung mit anderen visuellen Künsten wie der Malerei. Ein derart erweitertes Verständnis des Kinos als Integrationspunkt theatralischer und grafischer Künste brachte eine weitere Traditionslinie hervor, die von den 10er Jahren bis zur expressionistischen Bewegung reichte. Auf diese Weise könnten die Filme der 10er Jahre durchaus für die Entwicklung einer ›Kunstkino‹-Bewegung des folgenden Jahrzehnts Modell gestanden haben. Im Folgenden soll die These verfolgt werden, dass ein malerisch-grafisches Filmverständnis, wie es mit DER STUDENT VON PRAG etabliert und von Paul Wegener weithin verbreitet wurde, im deutschen Kino etwa ein Jahrzehnt lang fortbestanden hat. Erst um 1924 wurde es dann allmählich von einem neuen Ansatz ersetzt, der von der bewegten Kamera und einer realistischeren dreidimensionalen Raumkonzeption ausging.

DER STUDENT VON PRAG: Das Kino als Kunst

Bereits in den 20er Jahren scheint die erste Version von DER STUDENT VON PRAG von einigen Zeitgenossen als das erste große Werk des deutschen Kinos angesehen worden zu sein. Eine Besprechung des Remakes aus dem Jahre 1926 verkündete: »Im Anfang war DER STUDENT VON PRAG«.[2] Zu jener Zeit, als die Originalversion in die Kinos kam, war die deutsche Filmproduktion noch äußerst eingeschränkt. Nur wenige Produktionsfirmen waren aktiv; zu den bemerkenswertesten Werken zählten Asta Nielsens Filme für die Deutsche Bioscop und später für die Projektions-AG ›Union‹ (PAGU). Die deutschen Leinwände wurden noch immer von importierten Filmen beherrscht, überwiegend aus Frankreich, Italien, den USA und Dänemark. Tatsächlich scheint es hilfreich, den Kinostart von DER STUDENT VON PRAG in einen größeren Zusammenhang zu stellen und darauf hinzuweisen, dass der Streifen etwa zeitgleich mit dem dänischen Spielfilm ATLANTIS (1913, Regie: August Blom) und einigen der prominentesten italienischen Filmepen der frühen 10er Jahre in Deutschland gezeigt wurde.

In Deutschland war das Kino zu dieser Zeit eng mit der Literatur verbunden. Es gab eine verstärkte Tendenz, Spielfilme auf Werke bekannter Autoren zu gründen, und überhaupt wurden Filme eher ihren Szenaristen als ihren Regisseuren zugeschrieben. Einen großen Teil seines Ansehens lieh sich das Kino nicht minder beim Theater. Anfang und Mitte der 10er Jahre war es gebräuchlich, in Anzeigen und in den Zwischentiteln der Filme neben den Namen der Darsteller auch deren Bühnenzugehörigkeit zu kennzeichnen. Auch Wegeners eigene Anfänge lagen beim Theater und waren vor allem von Max Reinhardt geprägt.

Tatsächlich wurde DER STUDENT VON PRAG in zeitgenössischen Rezensionen als ein Film von Hanns Heinz Ewers (seinem Drehbuchautor) beziehungsweise Paul Wegener (seinem Star) behandelt, während der Regisseur Stellan Rye weitgehend übersehen wurde. Die Kritiker betonten vor allem die Verwandtschaft des Films mit Klassikern der fantastischen Literatur. So heißt es etwa in der *Täglichen Rundschau*:

> Dieser STUDENT VON PRAG ist natürlich ein dramatisierter Abdruck und sehr literarisch. Sehr literarisch. Seine erlauchten Gevatter sind Goethe, Chamisso, Amadeus Hoffmann und Oscar Wilde. Goethe hat seinen Mephisto (o welche Glanzrolle für Paul Wegener), Chamisso seinen Schlehmil, Hoffmann seinen Doktor Mirakel, Wilde seinen Dorian Gray hergeben müssen. Ihr Blut durchpulst sehr geschmackvoll und sehr gespenstisch die Adern dieses fantastischen Dramas.[3]

Der Kritiker der *Lichtbild-Bühne* war sowohl hinsichtlich der literarischen Vorfahren des Films als auch über dessen schauerliche Wirkung ähnlicher Meinung:

> Ich wollte analysieren und sezieren. Aber die Wirkung, die von dem Stück ausging, löste nur ein Gefühl aus: Fassungsloses Grauen. Atemlos, die Nerven fieberhaft gespannt, folgte man der Handlung. Die Idee des Stückes ist keine neue, und auch in den Einzelheiten mag der Dichter von anderen Werken beeinflußt gewesen sein. Chamissos *Peter Schlemiel* [sic] und Oscar Wildes *Bildnis des Dorian Gray* weisen verwandte Züge auf, und das Milieu, in das uns der Dichter führt, gleicht ganz jener fantastischen Welt, der wir so oft in den Novellen von Theodor Amadeus Hoffmann begegnen. Wenigstens erinnerte mich der Abenteurer Skapinelli [sic] stark an manche seiner grauenhaften Gestalten, insbesondere an die des Coppelius in *Der Sandmann*.[4]

Auch andere Besprechungen enthalten häufig Verweise auf E.T.A. Hoffmann und Oscar Wildes *Dorian Gray*.[5] Die Kritik in der *Lichtbild-Bühne* nutzte die Gelegenheit allerdings auch zu dem Versuch, grundsätzlich über die Natur des Kinos und seine Beziehungen zu den anderen Künsten zu spekulieren:

> Nicht nur Surrogate für irgendwelche Kunst vermag der Film zu geben, vielmehr ist er ein Mittel, um selbständige Kunstwerke eigener Art zu schaffen. Um es einfach und klar auszudrücken: *Der Film schlägt die Brücke zwischen Malerei und Dichtkunst*, jenen Künsten, die wir bisher als durch unüberbrückbare Scheidewände voneinander getrennt anzusehen gewöhnt waren. *Seine Mittel sind weitere als die des Malers, denn er vereinigt in sich das Wesen des Bildes mit dem der Bewegung und führt so ins Gebiet des Dramatischen hinüber*, das Dramatische aber vermag er nicht völlig in sich aufzunehmen, denn er ermangelt des Wortes.[6]

Derartige Fragen sollten noch über Jahre hinaus debattiert werden: ob das Kino eine eigenständige Kunstform sei, und wenn ja, worin die Differenzen und Ähnlichkeiten zwischen ihm und den anderen Künsten bestünden. Nach dem Ersten Weltkrieg wurde diese Diskussion im internationalen Zusammenhang – etwa von den Filmemachern und Kritikern des französischen Impressionismus und des sowjetischen Montagekinos – wieder aufgenommen.

Wegeners Sicht der kinematographischen Fantasie und Kunst

Obwohl er selber vom Theater kam, setzte sich Wegener in seinem Vortrag über ›Die künstlerischen Möglichkeiten des Films‹ – gehalten am 24. April 1916 im Beethovensaal in Berlin unter dem Titel ›Neue Kinoziele‹ – diametral von der traditionellen Sichtweise des Kinos als literarischer und dramatischer Kunst ab.[7] Wegener bemühte sich vielmehr, das Kino gesondert von Theater oder Literatur als eine unabhängige visuelle Kunst zu etablieren. Zunächst brachte er seine Unzufriedenheit mit dem überwiegenden Teil dessen, was bis zu diesem Zeitpunkt aus dem Kino gemacht worden war, zum Ausdruck:

> Wenn eine neue Technik aufkommt, so pflegt sie zunächst an Vorhandenes anzuknüpfen, und eine neue Idee findet nicht gleich die

ihr allein eigentümliche Form. Die ersten Dampfschiffe sahen aus wie große Segelschoner, die statt eines Mastes einen hohen Schornstein hatten. Die ersten Eisenbahnwagen ahmten Postkutschen nach, die ersten Automobile trugen große Karosserien von Landauern, und das Kino geriert sich als Pantomime, Drama oder illustrierter Roman. Es gibt aber Filmmöglichkeiten, die sich eben aus der Technik des Wandelbildes ergeben, und für die nicht Theaterstücke, nicht spannende Dramen, nicht Sensationsromane, sondern Stoffe, deren Reiz vornehmlich in Bildwirkungen liegt, geschrieben werden müssen.[8]

Schlicht als Kitsch lehnte Wegener die in der deutschen Filmpraxis der ersten Hälfte der 10er Jahre (wie auch in anderen Ländern) so gängigen, standardisierten Gesellschaftsdramen ab, ihre »Kinoappartements mit den Polstermöbeln und Makertbouquets, diese Herrenzimmer mit den dicken Teppichen, diese Portieren, die für elegant gelten«.[9] Demgegenüber seien populäre Sensations- und Trickfilme sowie amerikanische Western und Detektivthriller zu bevorzugen. Derartige Film mögen alberne Effekte beinhalten, aber »hierin liegt viel von dem, was ich ›kinetisch‹ nennen möchte, von den typischen bildlichen Möglichkeiten, die nur die Technik der Kinematographie uns erschließt.«[10]

Wegener fuhr mit der Bemerkung fort, dass er 1913 zum Film gegangen sei, weil er etwas machen wollte, das sich nur im Film realisieren ließ: eine Figur mit sich selbst Karten spielen zu lassen, eine Doppelgänger-Fantasie à la E.T.A. Hoffmann zu schaffen. Das Resultat war DER STUDENT VON PRAG. Fantasien wie diese sollten Wegener zufolge die Grundlage der kinematographischen Kunst darstellen: »Der eigentliche Dichter des Films muß die Kamera sein. Die Möglichkeit des ständigen Standpunktwechsels für den Beschauer, die zahllosen Tricks durch Bildteilung, Spiegelung und so fort, kurz: die Technik des Films muß bedeutsam werden für die Wahl des Inhalts.«[11] DER GOLEM (1914), Wegeners nächstes größeres Projekt, hatte diese Idee weiter verfolgt. Für Paul Wegener wird das Fantastische zu einem Mittel, das das Kino mit den nicht-theatralischen, nicht-literarischen Künsten verbindet: »Rhythmus und Tempo, Hell und Dunkel spielen im Film eine Rolle wie in der Musik. Und als letztes Ziel schwebt mir eine Art kinetische Lyrik vor, bei der man auf das Tatsachenbild als solches schließlich überhaupt verzichtet.«[12]

Abschließend bat Wegener in seinem Vortrag das Publikum, sich ein Arnold-Böcklin-Gemälde vorzustellen: eine Meeresansicht mit Tritonen und Nymphen – würde man es immer wieder mit winzigen Änderungen übermalen und jeden einzelnen Schritt dabei filmen, wäre das Ergebnis eine lebendige Fantasiewelt. Laut Wegener könnte dies durch die Verwendung von Marionetten und Miniaturmodellen erreicht werden:

> So treten wir in eine ganz neue bildliche Fantasiewelt wie in einen Zauberwald ein und kommen zu dem Gebiet der reinen Kinetik, der optischen Lyrik, wie ich sie genannt habe, die vielleicht einmal eine große Bedeutung gewinnen wird und dem Menschen neue Schönheiten erschließt. Das ist ja schließlich der Endzweck jeder Kunst, und dadurch gewönne das Kino ein selbständiges ästhetisches Gebiet.[13]

Die Verbindung zwischen solchen Ideen und der expressionistischen Bewegung ist offensichtlich. Lotte Eisner (die Wegeners Essay kannte) hat DIE NIBELUNGEN (1924) und andere Filme der 20er Jahre unter Hinweis auf Böcklins Bildersymbolik analysiert; wenngleich sie erklärt, dass Wegener, im Unterschied zu Lang oder Murnau, vom Edelkitsch des Böcklinschen Werks völlig frei sei.[14] Trotz dieser Einschätzung Eisners kann man sich des Eindrucks nicht entziehen, dass ein verlebendigtes Böcklin-Gemälde für Wegener das Ideal kinematographischer Kunst gewesen zu sein scheint und das fantastische *das* grundlegende Filmgenre.

Wie einflussreich Wegeners Vortrag seinerzeit war, ist heute schwer zu beurteilen. Er wurde zunächst stenografisch vervielfältigt, einzelne Kopien könnten also in begrenzter Anzahl verfügbar gewesen sein; ein längerer Auszug erschien erst im Januar 1917 unter dem Titel ›Von den künstlerischen Möglichkeiten des Wandelbildes‹, allerdings in keiner Filmzeitschrift.[15] Der Besprechung des Ereignisses in der *Lichtbild-Bühne* jedenfalls lag eine Abschrift des Vortrags zugrunde. Sie verdeutlicht, wie radikal Wegeners Ansichten einigen seiner Zeitgenossen damals vorgekommen sein müssen. Seine Ideen werden als elitär und obskur lächerlich gemacht: »Was kommen soll, ist so überwältigend unverständlich, daß man den Lesern eigentlich vorher Abbitte leisten muß, wenn man es wagt, ihnen so etwas vorzusetzen. Wir lehnen aber auch jede Verantwortung ab und lassen den Redner selbst sprechen.«[16] In der Annahme, Wegener beiße die Hand, die ihn füttert, wenn er die kommerziellen Filmemacher attackiere, lag wohl der Hauptgrund für die Ablehnung des Rezensenten: Wegener warf den Produzenten vor, die Geschmacksbedürfnisse auf dem kleinsten gemeinsamen Nenner befriedigen zu wollen, während er selbst etwas geschaffen habe, das als filmische Kunst angesehen werden kann. Der Rezensent der *Lichtbild-Bühne* beschuldigte Wegener, das Publikum als den »Bruch der Menschheit« abqualifiziert zu haben – eine Formulierung, die Wegener so jedoch

Abb. 1: DER GOLEM, WIE ER IN DIE WELT KAM (1920, Regie: Paul Wegener)

nicht verwendet hatte. Die Ablehnung von Wegeners Ideen als elitär und anti-kommerziell durch eine der führenden Handelszeitschriften dieser Zeit ist natürlich keineswegs überraschend. Sie lässt aber auch kaum durchblicken, wie wohlgesinntere Kritiker reagiert haben mögen.

Wegeners Ansichten nehmen viele Ideen vorweg, die in der Zeit der expressionistischen Bewegung, als die Verbindungen zwischen dem Kino und den visuellen Künsten selbstverständlicher erschienen, zu den gängigsten gehörten. Hermann Warms berühmter Ausspruch, das Kino müsse eine ›grafische Kunst‹ werden, ist für die Bewegung emblematisch geworden.[17] Als Anfang 1920 die Premiere von DAS CABINET DES DR. CALIGARI unmittelbar bevorstand, erkannten die Kommentatoren natürlich sofort die Verbindung dieses Films zu der expressionistischen Bewegung innerhalb der anderen Künste.[18] Eine Besprechung von DER GOLEM, WIE ER IN DIE WELT KAM (1920, Regie: Wegener und Carl Boese) schlägt im Anschluss an eine genaue Analyse des Films eine Reihe neuer Regeln für das Kino vor, die an einigen Stellen wie ein deutliches Echo des Wegenerschen Vortrags von 1916 klingen:

Abb. 2: DER VERLORENE SCHATTEN (1921, Regie: Rochus Gliese)

1. Der Schauspieler muß vor dem Bild zurückweichen; der Spielraum ist nicht des Schauspielers wegen privilegiert (eine Behauptung, die zu selten beachtet wird). Das dramatisch aufregende Moment im Film ist das Bild; alles, auch der Schauspieler, muß zu Bildern werden (...) 6. Dunkelheit ist Teil der Filmkunst, nicht weniger als der Schnitt. Visuell ist der Film ein Objekt, das die Erzeugung von Stimmung durch Licht fördert.[19]

Tatsächlich knüpft Wegeners eigene Beschreibung von Hans Poelzigs expressionistischem Ausstattungsdesign für DER GOLEM, WIE ER IN DIE WELT KAM (Abb. 1) an seine früheren Vergleiche des Kinos mit den anderen Künsten an:

> Es ist nicht Prag, was mein Freund, der Architekt Poelzig, aufgebaut hat. Sondern es ist eine Stadt-Dichtung, ein Traum, eine architektonische Paraphrase zu dem Thema *Golem*. Diese Gassen und Plätze sollen an nichts Wirkliches erinnern; sie sollen die Atmosphäre schaffen, in der der Golem atmet.[20]

Mit der Schaffung dieses Films, einem der frühesten und berühmtesten expressionistischen Filme, scheint Wegener seine Ideen aus den 10er Jahren weiterentwickelt zu haben. Auf ähnliche Weise beinhaltet auch DER VERLORENE SCHATTEN (1921, Regie: Rochus Gliese, mit Wegener in der Hauptrolle) eine Reihe von Stilmitteln, die an Wegeners frühere Ästhetik erinnern. Die Einstellung, in der der verlorene Schatten des Helden auf einer Leinwand vor Publikum ›auftritt‹, suggeriert Trick- und Animationstechniken, wie sie Wegener in seinem Vergleich des idealen Kinos mit einem verlebendigten Böcklin-Gemälde zu fordern scheint (Abb. 2). Auf ähnliche Weise verwendet der Film eine ausgefeilte Split-Screen-Technik, etwa wenn sich das Liebespaar, oben rechts im Bild, an eine Reihe von Geschehnissen erinnert, die in den drei anderen Bereichen des Bildes abwechselnd sichtbar werden und wieder verschwinden (Abb. 3); dieses Stilmittel erinnert darüber hinaus an die frühe Faszination, die die Trickfotografie in DER STUDENT VON PRAG auf Wegener ausgeübt hatte.

Der von ihm in seinem Vortrag aus dem Jahre 1916 unternommene Versuch, dem Kino den Respekt einer Kunstgattung zu verschaffen, war noch immer von Vergleichen mit anderen Künsten, speziell der Malerei, abhängig. Und doch wurde schon hier das Gewicht auf die Kamera verlagert – verstanden allerdings nicht als ein Mittel zur Aufzeichnung theatralischer

Abb. 3: Split-Screen-Technik in DER VERLORENE SCHATTEN (1921)

und literarischer Stoffe, sondern als Mittel zur Schaffung piktorialer Kompositionen. Womöglich ein Resultat des Vergleichs mit der Malerei war Wegeners Verständnis der Kamera als essenziell statischem Mittel. DER STUDENT VON PRAG ist nicht zuletzt wegen seiner außergewöhnlichen Einstellungslängen, in denen die Aktionen in die Raumtiefe hinein inszeniert werden, so bemerkenswert, weil die Auftritte und Abgänge der Figuren die Einstellung in einzelne Segmente unterteilen und damit einen langsamen, stetigen Rhythmus schaffen. In einigen Einstellungen war die statische Kamera natürlich zur Erzeugung der ausgefeilten Split-Screen-Effekte zwischen den beiden Balduin-Figuren notwendig. Man könnte sogar meinen, die statischen Totalen der anderen Einstellungen würden dabei mithelfen, die Spezialeffekte in ein geschlossenes Ganzes zu integrieren.

Die überwiegend statische Kamera wurde aber auch zu einem wesentlichen Bestandteil expressionistischer Filmästhetik. Die falsch perspektivierten Dekorationen, die langsamen Montagerhythmen und die Betonung der übergreifenden Bildkomposition gründeten sich allesamt auf einen filmpraktischen Ansatz, der dem von Wegeners frühen Filmen nicht unähnlich ist.

Einige Merkmale der wichtigsten fantastischen Filme der 10er Jahre

Neben dieser spezifischen Verbindung zum fantastischen Film, die von Wegeners Hervorhebung des bildnerischen Vermögens der Kamera geschaffen wurde, greifen dessen verschiedene Konventionen in den 10er Jahren auf den Expressionismus voraus. Die vielleicht bemerkenswerteste unter ihnen ist die Rahmenhandlung – ein Mittel, das in expressionistischen Filmen häufig verwendet wird: Francis' Erzählung an seine Mitinsassen in DAS CABINET DES DR. CALIGARI; der Bericht des Bremer Stadthistorikers (wie auch die eingebetteten Erzählungen des *Buchs der Vampyre* und des Schiffslogbuchs) in NOSFERATU; oder der junge Dichter, der in DAS WACHSFIGURENKABINETT Werbeanekdoten für die Jahrmarktsattraktion erfinden soll und so weiter. Dabei ist dies ein Erzählmuster, das bereits in den 10er Jahren hinreichend etabliert war. DER STUDENT VON PRAG beginnt und endet mit einem poetischen Lauftext (»Ich bin kein Gott/bin kein Dämon ...«), wobei derselbe Text am Ende des Films in ein Bild von Balduins Grabstein übergeht, neben dem der Doppelgänger mit einer Krähe sitzt (Abb. 4). (Das Remake von 1926, das einige deutlich expressionistische Merkmale aufweist, beginnt und endet mit einem Grabstein, auf dem Balduins Leben zusammengefasst ist [Abb. 5].) Und RÜBEZAHLS HOCHZEIT (1916),

Abb. 4: DER STUDENT VON PRAG (1913, Regie: Stellan Rye)

Abb. 5: DER STUDENT VON PRAG (1926, Regie: Henrik Galeen)

Abb. 6: RÜBEZAHLS HOCHZEIT (1916, Regie: Paul Wegener und Rochus Gliese)

Wegeners zweiter wichtiger Film, der aus den 10er Jahren überliefert ist, beginnt mit einer Szene, in der Wegener Kindern aus einem Buch mit dem Titel *Rübezahls Hochzeit* vorliest (Abb. 6).

Auch die beiden wichtigsten fantastischen Filme Richard Oswalds aus der Zeit vor 1920, HOFFMANNS ERZÄHLUNGEN (1916) und UNHEIMLICHE GESCHICHTEN (1919), greifen auf eine in sich verschachtelte Erzählweise zurück. Am Anfang von HOFFMANNS ERZÄHLUNGEN steht ein Prolog, in dem Hoffmann von den seltsamen Figuren des Grafen Dapertutto und Coppelius umgeben ist. In drei Traumsequenzen wird anschließend gezeigt, wie bei Hoffmann diese Figuren zu den Protagonisten seiner absonderlichen Geschichten werden; schließlich sehen wir zu Beginn des Übergangs von diesem Prolog zum Hauptteil der Geschichte Hoffmann in seinem Bett, an dem die drei unheimlichen Figuren stehen (Abb. 7). UNHEIMLICHE GESCHICHTEN beginnt, wie ein Zwischentitel ankündigt, mit einem »fantastischen Prolog bei einem antiquarischen Buchhändler«. An der Wand sehen wir drei großformatige Bilder, auf denen eine Hure, der Tod und der Teufel dargestellt sind. Nachdem der Eigentümer seine Kunden auf die Straße gesetzt und selbst den Raum verlassen hat, erwachen die drei Bilder zum Leben und unterhalten sich damit, einander Geschichten aus einem

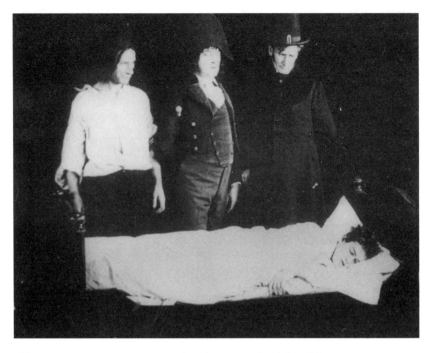

Abb. 7: Hoffmanns Erzählungen (1916, Regie: Richard Oswald)

Buch vorzulesen. Diese Serie von in Rahmenhandlungen eingebetteten, durch E.A. Poe, E.T.A. Hoffmann und andere Dichter des Unheimlichen inspirierten Geschichten bildet den Hauptteil des Films.

Nicht alle fantastischen Filme der 10er Jahre beinhalten Rahmenhandlungen oder in sich verschachtelte Erzählungen. Homunculus' Rache, die einzige verfügbare Episode der Homunculus-Serie von 1916, ist in einem so schlechten Zustand erhalten, dass es schwierig ist, gesicherte Urteile über diesen Film zu fällen; sicher scheint jedoch, dass er in keiner Form eine Rahmenhandlung aufwies. Auch in Fritz Langs und Joe Mays Hilde Warren und der Tod (1917) gibt es keine Rahmenhandlung. Zwar liest die Heldin in der Eröffnungssequenz dieses Films in einem Buch, der Tod wäre die einzige Flucht aus allem Kummer und Unglück, doch diese Ansicht verwandelt sich schnell in ein visuelles Motiv, wenn die Figur des Todes Hilde in regelmäßigen Abständen erscheint und so ihre Selbstauslieferung vorausahnen lässt. Bücher sollten fortan in den expressionistischen Filmen ein wichtiges Motivationsmittel darstellen, durch das Binnenhandlungen oder bedeutsame Motive eingeführt werden. Hilde Warren und der Tod entwickelt aber auch die piktoriale Tradition von Der Student von Prag

Deutsche fantastische Filme der 10er und 20er Jahre

Abb. 8: HILDE WARREN UND DER TOD (1917, Regie: Joe May)

weiter. Allerdings werden hier die Spezialeffekte nicht dazu verwendet, dass ein Schauspieler mit Hilfe von Doppelbelichtungen zwei Rollen auf einmal spielen kann; vielmehr lassen die Überblendungen in diesem Film die Figur des Todes in die Alltagsszenen von Hildes Leben hinübertreten (Abb. 8).

Obwohl man immer wieder hervorheben muss, dass die fantastischen Filme der 10er Jahre keine stark ausgeprägten expressionistischen Elemente beinhalten, muss doch auf eine Reihe stilistischer Eigenarten hingewiesen werden, in denen sich die so berühmt gewordenen Formmerkmale der äußersten Stilisierung der späteren Bewegung bereits andeuten. Einige von ihnen beziehen sich auf den Darstellungsstil der Schauspieler, denen in der expressionistischen Bewegung eine zentrale Stellung zukommen sollte. In HOFFMANNS ERZÄHLUNGEN etwa macht das stilisierte Schauspiel von Werner Krauss in der Rolle des Grafen Dapertutto plausibel, weshalb Krauss später als Dr. Caligari besetzt wurde (Abb. 9). Und Conrad Veidts Spiel, insbesondere sein Make-Up als der Tod in UNHEIMLICHE GESCHICHTEN (Abb. 10), prädestinieren ihn als idealen Kandidaten für Caligaris Kabinett. Seine stilisierte Gestik der Hände ist verblüffend, sie bleibt in diesem Film

Abb. 9: Werner Krauss in HOFFMANNS ERZÄHLUNGEN (1916)

Abb. 10: Conrad Veidt in UNHEIMLICHE GESCHICHTEN (1919, Regie: Richard Oswald)

Abb. 11: Die Séance-Sequenz aus UNHEIMLICHE GESCHICHTEN (1919)

allerdings nicht auf Veidt beschränkt, sondern findet sich auch in der Séance-Sequenz (Abb. 11), in der die Beleuchtung der Séance bereits auf die berühmteren Szenen in DR. MABUSE – DER SPIELER, FEU MATHIAS PASCAL und MINISTRY OF FEAR vorausweist – Oswald verleiht der Szene jedoch noch einen zusätzlichen Kniff, indem er eine Hand mehr ins Bild rückt als es der Anzahl der anwesenden Körper entspricht.

Aus dem Jahr 1919 stammen noch weitere Filme mit Stil- und Gattungselementen, wie sie kurze Zeit später zu einiger Berühmtheit gelangen sollten. Langs Film DIE SPINNEN (1919/20) greift auf Konventionen der Kriminalserie zurück, die bald darauf in DR. MABUSE – DER SPIELER (1922) in wundersam verwandelter Form wiederkehren werden. Ernst Lubitschs DIE PUPPE und DIE AUSTERNPRINZESSIN (beide 1919) können in gewisser Weise als expressionistische Filmkomödien gelten, die diesen Stil schon Monate vor der Premiere von CALIGARI in die Kinos brachten. Eine exakte Datierung des Übergangs vom Vor-Expressionismus zum Expressionismus im eigentlichen Sinne ist dabei von geringerer Bedeutung. Es geht hier vielmehr darum, dass bestimmte Stil- und Gattungsentwicklungen der 10er Jahre den Expressionismus vorbereiteten und CALIGARI, so großartig seine formalen Errungenschaften auch waren, keineswegs aus einem Vakuum heraus entstand.

Eine neue Sicht der kinematographischen Kunst

1924 kam die produktivste Phase der expressionistischen Bewegung zu ihrem Ende. Murnau und Lang machten zwar in den beiden folgenden Jahren noch einige Filme – allesamt prestigeträchtige Großproduktionen – für die Ufa (TARTÜFF, FAUST, METROPOLIS), die Bewegung aber war definitiv im Ausklingen begriffen. Im selben Jahr kam ein Film in die Kinos, der die deutsche – und internationale – Sicht der kinematographischen Kunst mit einem Schlag verändern sollte. Murnaus DER LETZTE MANN popularisierte eine neue Technik der frei im Raum beweglichen Kamera, die bereits in einigen französischen und deutschen Filmen experimentelle Verwendung gefunden hatte, aber erst jetzt als ›entfesselte Kamera‹ zu großem Einfluss gelangte.

Im Jahre 1927 blickte die Hauszeitschrift der Ufa auf die in den letzten Jahren weit verbreitete Verwendung der ›entfesselten Kamera‹ zurück. Der erste Satz des Artikels, »Im Anfang war Karl Freund«, spielte ironisch auf die Besprechung der *Lichtbild-Bühne* aus dem vorigen Jahr an, in der DER STUDENT VON PRAG als Ursprung des deutschen Films verkündet worden war. Laut *Ufa-Magazin* bedeutete Karl Freunds Arbeit an DER LETZTE MANN hier jedoch einen Wendepunkt:

> Er war der erste, der die Kamera als künstlerischen Faktor betrachtete, und er verstand als erster, daß die vorherrschende Verwendung des Aufnahmeapparates in ihrer Unbeweglichkeit das Wesen des Filmischen nicht erfassen konnte. Bis dahin war man dem Axiom gefolgt, daß der Apparat auf einem feststehenden Stativ angebracht werden müsse, ein Prinzip, das natürlich eine rigide Einschränkung der zur Verfügung stehenden Aufnahmemöglichkeiten nach sich zog. Auf anderen Gebieten herrschte weitgehend der Anspruch vor, möglichst malerische und künstlerische Bilder herzustellen. Man war im Grunde auf statische Einstellungen beschränkt.[21]

Wie wir gesehen haben, operierten Wegeners Filme tatsächlich überwiegend mit einer statischen Kamera, wie nahezu alle deutschen Stummfilme vor 1923 eine überwiegend statische Kamera verwendeten, sieht man einmal von geringen Zentrierungsbewegungen und -schwenks ab. Daher mussten Fritz Arno Wagners Kameraarbeit in SYLVESTER (1923) und, noch spektakulärer, Freunds Kameraführung in DER LETZTE MANN so außergewöhnlich innovativ erscheinen. Sie brachten eine Welle spektakulärer Kamerabewegungen ins Rollen, die fast alle Großproduktionen der zweiten Hälfte des Jahrzehnts erfasste und bald darauf auch die Aufnahmepraxis in Hollywood beeinflusste. Wegeners Wunsch nach einem kinetischen Drama wurde hier einen Schritt weiter geführt, seine eigenen Filme mit ihren festen Stativen erschienen damit aber auch altmodisch und überholt. Verglichen mit der Richtung, die der deutsche Film in der zweiten Hälfte der 20er Jahre einschlug, wird deutlich, dass der Expressionismus ästhetisch mehr mit einigen Produktionen der 10er Jahre gemeinsam hat als mit den nachfolgenden Entwicklungen.

Die Verbindungen zwischen diesen beiden Perioden können anhand von deren jeweiligen Herangehensweisen an drei filmkünstlerische Ebenen hergestellt werden: das Verhältnis des Films zu den anderen Künsten, die daraus resultierende Hervorhebung bestimmter filmischer Techniken und die damit verbundene Herausbildung spezifischer narrativer und generischer Typen. In den 10er Jahren war es noch ein durchaus gewagter Schritt, auf Ähnlichkeiten des Kinos mit der Malerei, der Literatur oder dem Theater zu insistieren. Die ästhetische Besonderheit des Kinos schien einerseits in der Kombination von *mise en scène* und sorgfältiger Kameraarbeit zur Erzeugung verblüffender Bildkompositionen zu liegen, andererseits in der Verwendung von Trickfotografie mit dem Ziel, fantastische Effekte zu erzeugen. Obwohl rein numerisch innerhalb der gesamten deutschen Filmproduktion eher unbedeutend, gehen immerhin einige der prominentesten Filme der Ära ›vor CALIGARI‹ auf das Konto des fantastischen Films und des Märchenfilms.

Die eigentliche expressionistische Bewegung, die zwischen 1920 und 1924 florierte, übernahm alle drei Ebenen. Während der expressionistische Stil etwas mehr Gewicht auf die mit der Malerei assoziierte statische Bildkomposition legte, war er doch im Grunde eine Kombination aus theatralen und bildkünstlerischen Einflüssen. Wiederum dominierten aus einer Kombination von *mise en scène* und überwiegend statischem Bildaufbau erzeugte Kompositionen den Stil. Erzählmotivationen stammten hauptsächlich aus Elementen des Horror- und des Fantasy-Genres.

Die um 1924 aufkommende neue Ästhetik unterschied sich auf allen drei Ebenen erheblich von der des expressionistischen Films. Die Filmemacher und Kritiker dieser Periode sahen das Kino weniger im Verhältnis zu den anderen Künsten oder gar als Amalgam verschiedener Künste, sondern betonten die spezifischen Qualitäten des eigenständigen Mediums Film. Die Techniken, durch die diese Besonderheit erreicht werden konnte, erkannte man in einer frei beweglichen Kamera, einer klassisch-analytischen Szenenauflösung nach dem Vorbild Hollywoods sowie einer dreidimensionalen *mise en scène*. Derartige Techniken erzeugten keine statische, piktoriale Komposition, sondern suggerierten stattdessen einen expansiven, realistischen Raum. Figuren und Zuschauer wurden hier in sich permanent verschiebende visuelle Situationen versetzt, die zu den piktorialen Kompositionen der vorangegangenen Perioden im deutlichen Gegensatz standen.

Die Genres der zweiten Hälfte der 20er Jahre reflektieren diese Verschiebung. Sowohl der epische Historienfilm als auch die expressionistische Fantasie waren im Rückgang begriffen und wurden durch eine breite Vielfalt ›zeitgemäßerer‹ Genres ersetzt: etwa durch die Filme der Neuen Sachlichkeit mit ihrer gesellschaftskritischen Ausrichtung, durch schwungvolle Komödien mit Lilian Harvey, Melodramen mit Jenny Jugo oder die Protestfilme der Prometheus und anderer linksgerichteter Gruppen.

In meiner Betrachtung einiger fantastischer Filme der Zeit vor 1920 habe ich die angeführten Beispiele in erster Linie als Vorläufer der expressionistischen Bewegung behandelt. In dieser Hinsicht wurde hier nicht der Versuch unternommen, gänzlich mit der traditionellen Sichtweise des deutschen Stummfilms zu brechen. Mein Interesse ging vielmehr dahin, zu erklären, wie es im Rahmen einer kommerziellen Filmindustrie überhaupt zu einer stilistischen Avantgardebewegung wie dem deutschen Expressionismus kommen konnte. Aus dieser spezifischen Perspektive betrachtet, bilden die besprochenen Filme der 10er Jahre – im Sinne der russischen Formalisten – einen kulturellen ›Hintergrund‹: Ich sehe sie als eine Gruppe von Filmen, die bestimmten stilistischen und generischen Konventionen folgen, anhand derer sich jene der späteren Gruppe von Filmen besser verstehen lassen.

Es sollte jedoch auch eine Reihe von Verbindungen zwischen den fantastischen Filmen der 10er Jahre und jenen der expressionistischen Bewegung aufgezeigt werden, die unsere Sicht des deutschen Stummfilms tatsächlich in gewisser Hinsicht verändern könnte. So lässt sich davon ausgehen, dass die von DER STUDENT VON PRAG begründete ästhetische Tradition nicht nur bis zum Erscheinen von DAS CABINET DES DR. CALIGARI im Frühjahr 1920 andauerte, sondern darüber hinaus bis zum 1924 einsetzenden Abklingen der expressionistischen Bewegung wirksam war. Aus dieser Perspektive behielten viele Impulse bestimmter Filme und Genres der 10er

Jahre ungefähr ein Jahrzehnt lang unverminderte Gültigkeit, bevor sie von anderen, internationaler orientierten Trends der späten Stummfilmjahre weitgehend verdrängt wurden.[22]

Aus dem Englischen von Michael Wedel

1 In den 10er Jahren wurden ausgesprochen viele fantastische Filme produziert. In den wichtigsten Beispielen des Märchenfilmgenres spielt Paul Wegener Hauptrollen, etwa in RATTENFÄNGER VON HAMELN (1918), HANS TRUTZ IM SCHLARAFFENLAND (1917) und RÜBEZAHLS HOCHZEIT (1916). Soweit mir bekannt, ist lediglich der letztgenannte Film annähernd vollständig erhalten; von RATTENFÄNGER existieren zumindest noch einige Fragmente. — **2** Anon.: Der Student von Prag. In: *Die Lichtbild-Bühne*, 19. Jg., Nr. 255, 26.10.1926, S. 2. — **3** Zit. n. einer Anzeige der Deutschen Bioscop in: *Die Lichtbild-Bühne*, 6. Jg., Nr. 35, 30.8.1913, S. 67. — **4** J.W.: Der Student von Prag. In: *Die Lichtbild-Bühne*, 6. Jg., Nr. 35, 30.8.1913, S. 24. — **5** Eine hierfür beispielhafte Auswahl findet sich in der oben (Anm. 3) zitierten Anzeige der Deutschen Bioscop. — **6** J.W.: Der Student von Prag, a.a.O. (wie Anm. 4), S. 24. Hervorhebungen im Original. — **7** Paul Wegener: Die künstlerischen Möglichkeiten des Films. In: Kai Möller (Hg.): *Paul Wegener. Sein Leben und seine Rollen*. Hamburg 1954, S. 102–113. Zur Datierung vgl. a. anon.: Was die LBB erzählt. In: *Die Lichtbild-Bühne*, 9. Jg., Nr. 15, 15.4.1916, S. 25. Eine nützliche Zusammenfassung von Wegeners Ideen findet sich bei John D. Barlow: *German Expressionist Film*. Boston 1982, S. 66 f. — **8** Wegener: Die künstlerischen Möglichkeiten des Films, a.a.O. (wie Anm. 7), S. 104. — **9** Ebd., S. 108 f. — **10** Ebd., S. 110. — **11** Ebd., S. 110 f. — **12** Ebd., S. 111. — **13** Ebd., S. 112. — **14** Lotte H. Eisner: *Die dämonische Leinwand*. Überarb., erw. und autorisierte Neuauflage, Frankfurt/M. 1975, S. 158–163. — **15** Paul Wegener: Von den künstlerischen Möglichkeiten des Wandelbildes. In: *Deutscher Wille/Der Kunstwart*, 30. Jg. (1916/17), 2. Viertel, 1. Januar-Heft, S. 13–15. Wiederabgedruckt in: Jörg Schweinitz (Hg.): *Prolog vor dem Film. Nachdenken über ein Neues Medium 1909–1914*. Leipzig 1992, S. 334–338. — **16** Anon.: ›Photographische Lyrik‹ und ›Optische Symphonie‹. In: *Die Lichtbild-Bühne*, 9. Jg., Nr. 17, 29.4.1916, S. 20. — **17** Warms Bemerkung »Das Filmbild muß Grafik werden« wird von Rudolf Kurtz in *Expressionismus und Film* (1926; unveränderter Nachdruck Zürich 1965, S. 66) zitiert. Im englischsprachigen Raum ist dieser Satz vielfach missverstanden worden, da Siegfried Kracauer ihn in *From Caligari to Hitler: A Psychological History of the German Film* (Princeton 1947) mit »Films must be drawings brought to life« (S. 68) nicht korrekt übersetzte. Im Original impliziert der Satz keinesfalls die Idee vom ›zum Leben erwecken‹, sondern lediglich, dass Film den grafischen Künsten ähneln soll. — **18** Für eine ausführliche Diskussion der zeitgenössischen Wahrnehmung von CALIGARI als einem expressionistischen Film vgl. Kristin Thompson: Dr. Caligari at the Folies Bergère, or, The Successes of an Early Avantgarde Film. In: Mike Budd (Hg.): *The Cabinet of Dr. Caligari. Texts, Contexts, Histories*. New Brunswick und London 1990, S. 121–169. — **19** Hans Richter: DER GOLEM (1920). In: ders.: *Das Kinojahrbuch*. Berlin-Wilmersdorf 1921, S. 47 f. — **20** Zit. n. Möller (Hg.): *Paul Wegener* a.a.O. (wie Anm. 7), S. 120. — **21** Anon.: Die entfesselte Kamera. In: *Das Ufa-Magazin*, 2. Jg., Nr. 13, 25.–31.3.1927. — **22** Es mag in dieser Hinsicht nicht ganz zufällig erscheinen, dass die Karrieren von Wegener und Oswald nach 1924 einer beträchtlichen Wandlung unterworfen waren. Der kommerzielle Erfolg von DER GOLEM, WIE ER IN DIE WELT KAM gestattete Wegener 1923 die Gründung seiner eigenen Produktionsfirma, der Paul Wegener-Film AG; nach dem Misserfolg seiner aufwändigen Produktion LEBENDE BUDDHAS musste er sie jedoch bereits 1925 wieder aufgeben. In der zweiten Hälfte der 20er Jahre spielte er in teuren internationalen Produktionen wie z. B. 1926 in Rex Ingrams THE MAGICIAN für M-G-M oder 1927 in SVENGALI, DIE WEBER und ALRAUNE. Oswald war einer der erfolgreichsten deutschen Regisseure der unmittelbaren Nachkriegszeit, der eine breite Palette von Genres bediente, Aufklärungsfilme, Melodramen, soziale Dramen und vor allem epische Historienfilme inszenierte. Nach 1924 verringerte sich auch sein Ansehen etwas, und er arbeitete überwiegend an konventionelleren Projekten.

›Stars‹ des frühen deutschen Kinos: Schauspieler und Regisseure

Janet Bergstrom

Die frühen Filme Asta Nielsens

Selbst Asta Nielsens früheste Filme brauchen keine Einführung: Sie wirken modern und unmittelbar, jenseits aller Klischees; und für diejenigen, die sich für die Rolle der Frau im Film interessieren, gibt es an Asta Nielsens Beispiel viel zu lernen. Neben ihrer Sinnlichkeit vermittelt sie den Eindruck von ungewöhnlicher Intelligenz, Einfallsreichtum und körperlicher Beweglichkeit. Sie war unübertroffen in der Verkörperung sehr individueller, unkonventioneller Frauenfiguren, die überzeugend ›natürlich‹ waren und deren Geschichten ihre Verstrickung in – und ihren Widerstand gegen – ein unsichtbares Netz von Klassenunterschieden und Geschlechterrollen zeigen. Durch das unnachahmliche Understatement, mit dem sie innere Konflikte im Film ausdrückte, übertraf sie alle anderen. Zwischen 1910 und 1919 – der Periode, um die es hier gehen soll – drehte sie mehr als vierzig Filme: vier in Dänemark, die übrigen in Deutschland. Auch wenn es gelingt, auf Pilgerfahrten zu weltweit verstreuten Filmarchiven einige dieser frühen Filme zu sehen, so steht man doch häufig vor der Schwierigkeit, das Verhältnis zwischen der jeweils vorhandenen Fassung und dem Original zu erkennen.[1] Der vorliegende Aufsatz konzentriert sich auf die deutschen Filme, die Asta Nielsen zusammen mit Urban Gad zwischen 1911 und 1915 drehte; meine Analyse stützt sich auf sieben Filme aus dieser Zeit: IN DEM GROSSEN AUGENBLICK (1911), DER FREMDE VOGEL (1911), DIE ARME JENNY (1912), DAS MÄDCHEN OHNE VATERLAND (1912), DIE SÜNDEN DER VÄTER (1913), ENGELEIN (1913/14) und WEISSE ROSEN (1915/16).[2]

›Die Asta‹, als die sie später berühmt war, wurde 1881 in Dänemark geboren. Als sie achtzehn Monate alt war, zog ihre Familie – die der Arbeiterklasse angehörte – nach Malmö in Schweden. Nach Dänemark kehrte man gelegentlich zurück, um Verwandte zu besuchen. Die Familie zog nach Kopenhagen, als Asta zehn war. Mit vierzehn verlor sie ihren Vater; damit endete offiziell ihre Erziehung. Ihre Mutter wollte, dass sie Verkäuferin wurde. Statt dessen nahm Asta jede Gelegenheit wahr, ihre Ausdrucksmöglichkeiten kreativ zu entfalten. Nach ihrem ersten Theaterbesuch richtete sie ihre Anstrengungen zielstrebig darauf, eine große Tragödin zu werden. Trotz Geldmangels und den Einwänden ihrer Mutter gelang es ihr, Schauspielunterricht zu nehmen – dank der Unterstützung früher Mentoren, die ihr Potenzial erkannt hatten. Und tatsächlich bekam sie Gelegenheit, sich für einige Jahre auf der Bühne zu beweisen, durch Engagements am Königlichen Theater und danach am Dagmar Theater in Kopenhagen. Jedoch spielte sie oft die Nebenrollen von alten Frauen anstelle der Hauptrollen, von denen sie träumte. Nachdem man ihr komisches Talent entdeckte, war sie auch in komischen Rollen erfolgreich. Wie anderen jungen Schauspielern in ihrem Umkreis wurden auch Asta Nielsen Hauptrollen aufgrund des herrschenden Systems vorenthalten, in dem die Rollen nach Dienstalter vergeben wurden. Trotz der entmutigenden Erfahrungen blieb sie entschlossen, sich aus ihrer Armut herauszuarbeiten und sie schloss sich einer Theatertruppe an, die durch Skandinavien tourte. Bei ihrer Rückkehr nach Kopenhagen im Jahr 1908 erhielt sie ein Engagement am Neuen Theater, allerdings mit wenig Aussicht auf eine große dramatische Rolle. Dennoch wurde der norwegische Autor Thomas Krag auf ihr Talent aufmerksam. Er trat mit einem Drehbuch an sie heran, das er für sie geschrieben hatte. Die Nordisk Filmgesellschaft hatte bereits Interesse gezeigt, den Film zu produzieren. Aber Nielsen lehnte ab, zum einen, weil sie die Filmkunst verachtete, aber auch, weil sie – sehr zu Krags Verdruss – das Gefühl hatte, der Rolle in diesem Film nicht gewachsen zu sein. Die Idee, beim Film zu arbeiten, aber beschäftigte sie weiter. Sie schnitt das Thema gegenüber Urban Gad an, dem künstlerischen Berater und Bühnenbildner am Neuen Theater, der sich ähnlich unterschätzt fühlte wie sie. Sie fragte Gad, ob er ein Drehbuch für sie schreiben könnte. Und tatsächlich schrieb er nicht nur ein Drehbuch, sondern trieb auch Geld auf und übernahm Produktion und Regie des Films.

Das Ergebnis, AFGRUNDEN (ABGRÜNDE, 1910), war ein unerwartet großer Erfolg, der alle Beteiligten in Erstaunen versetzte. (Nur der Kameramann hatte schon vorher Erfahrungen in der Filmbranche gesammelt.) Es war der Beginn der Karriere des ersten wahrhaft internationalen Stars. Der Film wurde, so heißt es, »auf der ganzen Welt« gezeigt und schien eine ungeheure Anziehungskraft zu haben. Er zog Menschen ins Kino, die die Filmkunst vorher nicht ernst genommen hatten. Viele Kritiker bezeichneten diesen Film als den Anfang der Kunstform Film. AFGRUNDEN ist künstlerisch in jeder Hinsicht brillant. Asta Nielsen erklärt in ihrer Autobiografie, dass sie und Gad den Film gemacht hätten, um die Aufmerksamkeit auf all die Talente zu lenken, die am Kopenhagener Theater mit unbedeutenden Aufgaben vergeudet wurden. Aber es ist offensichtlich, dass die beiden diesen Film auch mit Blick auf die damalige Diskussion über die Kunstfähigkeit des Films gemacht haben. An Asta Nielsens Darstellung lässt sich erkennen, wie viel Bedacht auf die Konzeption von Spiel und Inszenierung für den Film – dessen Technik zum Theater, wo ungebrochene Kontinuität herrscht, im Gegensatz steht – verwendet wurde. Die erste Szene von AFGRUNDEN, die gedreht werden sollte, war die letzte Szene des Films. Nielsens Aufgabe bestand darin, nach draußen zu rennen, unmittelbar nachdem sie den Mann umgebracht hatte, mit dem sie während des ganzen Films leidenschaftlich verbunden war. Das Gelingen dieser Szene hing ganz von ihrer Fähigkeit ab, die quälende Ambivalenz ihrer Gefühle ohne Worte auszudrücken.

> Mir war klar, daß man sich völlig von seiner Umgebung losreißen muß, um einen entscheidenden Abschnitt eines dramatischen Films wirklich echt darstellen zu können. Die Möglichkeit, Charakter und Stimmung der Figur nach und nach zu entwickeln, fehlt dem Filmschauspieler, und sie läßt sich nur durch eine Art Autosuggestion ersetzen. Hier hilft kein Können, keine Technik. Hier kommt es ausschließlich auf die Begabung an, sich in Bruchstücke einleben zu können, die man sich schon vorher in seiner Phantasie zurechtgelegt hat. Die alles enthüllende Linse fordert höchste Wahrhaftigkeit des Ausdrucks.[3]

Die viel gerühmte Natürlichkeit von Asta Nielsens Spiel dieser Jahre war das Ergebnis sorgfältiger Arbeit. Sie schreibt darüber, wie schnell sie lernte, ihren Ausdruck zu verbessern, indem sie sich auf der Leinwand, wo alles vergrößert war, beobachtete. Die bemerkenswert unbefangene ›Persona‹, die sie während dieser Periode auf eine Reihe von Figuren projizierte, war bewusst für Kamera und Leinwand geschaffen.

AFGRUNDEN wurde von der dänischen Theaterwelt ignoriert. Auch die dänische Filmindustrie nahm den Film nicht zur Kenntnis, in der Vermutung, dass sein phänomenaler Erfolg einfach nur auf Glück beruhte. Die vergleichsweise schwache deutsche Filmindustrie jedoch, die von der unablässig expandierenden dänischen Firma Nordisk bis zur Gründung der Ufa Ende 1917 in den Schatten gestellt wurde, stand den Gewinnen, die der Film einbrachte, ohne Vorurteil gegenüber und war bereit, es mit den Newcomern zu versuchen. Man bot Nielsen und Gad einen Vertrag über zwei Filme an, die sie für die Deutsche Bioscop in Berlin drehen sollten. Gad sollte das Drehbuch schreiben und Regie führen, Nielsen die Hauptrolle spielen. Der Erfolg dieser beiden Filme, HEISSES BLUT und NACHTFALTER (beide 1911), zog ein Angebot der Nordisk nach sich. Diese Geste kam jedoch zu spät angesichts der Beständigkeit, mit der Nielsen und Gad an den Kinokassen erfolgreich gewesen waren. Das Angebot der Nordisk wurde von der Projektions-AG ›Union‹ (PAGU) übertroffen, bei der Produzent Paul Davidson Nielsen und Gad offenbar *carte blanche* gegeben hatte. Insgesamt drehten die beiden zwischen 1911 und 1915 ungefähr dreißig Filme für die PAGU.[4] In etwa sechzehn davon wirkte Guido Seeber als Kameramann mit (1911–1913),[5] in etwa acht Axel Graatkjaer und Karl Freund. Davidson gestattete es dem Paar, das 1912 geheiratet hatte, Plots seiner Wahl zu verwenden und erfüllte die Forderungen nach besseren Nebendarstellern, hervorragend eingerichteten Studios, teuren Kostümen und Ausstattungen sowie anspruchsvollerem Werbematerial, das die Öffentlichkeit direkt mit dem Film in Zusammenhang bringen konnte, sobald dieser angekündigt wurde (Abb. 1). Nielsen zog diese Forderung dennoch bald zurück, stattdessen druckten die Kinobetreiber ihre eigenen, sensationsheischenden Plakate, die eine möglichst große Zahl von Kinobesuchern anlocken sollten. Während der Jahre, in denen Nielsen und Gad vertraglich verpflichtet waren, acht Filme jährlich für Davidson zu produzieren, kam jeweils acht Monate lang monatlich ein ›Asta Nielsen-Film‹ ins Kino. Die übrige Zeit des Jahres widmeten sich die beiden dem Schreiben der Drehbücher für die nächste Saison, und Nielsen entwickelte die Charaktere, die sie zeigen wollte, indem sie sie mehr oder weniger verinnerlichte. Diese Art der Vorbereitung war im Theater durchaus üblich, wurde aber im Filmgeschäft der damaligen Zeit kaum praktiziert. Nielsen stellte eine Sammlung von Gegenständen und Kostümen zusammen, die ihr dabei halfen, ein Repertoire von einzigartigen, profunden Charakteren zu schaffen. Ein Kritiker schrieb voller Bewunderung, dass Asta Nielsen eine Figur allein durch die Wahl eines Kleides kreieren konnte. Die Freiheit, die Nielsen und Gad bei Davidson genossen, ermöglichte ihnen, die Auswahl ihrer Stoffe sorgfältig im Hinblick darauf zu planen, dass Nielsen im Verlauf einer Saison möglichst verschiedene Frauentypen und Situationen verkörpern konnte. Sie spielte Zigeunerinnen, Vamps, Mädchen, die sich als Jungen ausgeben, junge Frauen, die sich als junge Mädchen verkleiden, betrogene Modelle, Mütter, die ihre Kinder weggeben müssen, arme Arbeitermädchen, die auf der Straße enden und so weiter. Die Frauen, die sie darstellte, endeten oftmals unglücklich oder opferten sich im Namen der Liebe. Am Schluss ihrer Komödien und leichteren Filme stand dagegen regelmäßig das altbekannte Versprechen von Ehe und Neubeginn. Wie war es möglich, dass Nielsens Filme über die Stereotypen solcher in hohem Maße konventionellen Geschichten hinausreichten und die Schauspielerin so mit den größten Bühnenkünstlern ihrer Zeit verglichen werden konnte? Wie war es möglich, dass sie und Gad bei den altvertrauten Geschichten blieben und

Abb. 1: *Der Kinematograph*, 10. Juli 1911

dabei doch unvergessliche, unkonventionelle Charaktere schufen? Aus welchen Komponenten bestand ihr Stil? In welchem Ausmaß war dieser Stil von seinen skandinavischen Ursprüngen beeinflusst?

Die Rolle von Urban Gad wird in der Diskussion von Nielsens Filmen manchmal vernachlässigt. Aus Nielsens Schriften geht klar hervor, dass Gad die Drehbücher zu all ihren Filmen geschrieben hat. Überdies lassen die Filme dieser beiden einen unverwechselbaren Regiestil erkennen. Besonders interessant ist die Art, wie Gad Außendrehorte in Szene setzte, und wahrscheinlich rührt ein Teil ihrer Wirkung von der traditionell subtilen Verwendung von Außenaufnahmen im skandinavischen Film her.[6] Große Aufmerksamkeit schenkte er den Auftritten und Abgängen der Personen, mit denen er das Bild konsequent dynamisch gestaltete. Meistens lassen die Auftritte seiner Personen den Bildhintergrund stark zur Geltung kommen, wodurch weitere Personen auftauchen können, zum Beispiel auf Wegen, die hinter Büschen oder anderen landschaftlichen Gegebenheiten versteckt liegen, oder aus nahezu völliger Unsichtbarkeit in weiter Entfernung. Tatsächlich treten Personen oftmals auf, indem sie sich für mindestens einige Augenblicke auf einer separaten Bildebene aufhalten und dort zum Fortgang der Handlung beitragen.

In einer Szene in DIE SÜNDEN DER VÄTER etwa sitzen ein wohlhabender Kunstprofessor und seine Tochter im Vordergrund an einem Tisch im Freien und trinken Tee, während das weitläufige Haus teilweise im Hintergrund sichtbar ist. Von links kommt ein junger Mann ins Bild: jener Kunststudent, der zuvor sein Modell, Asta Nielsen, verführt und anschließend verlassen hatte, um auf den Rat seines Professors hin im Ausland zu studieren. Er kehrt als berühmter Maler zurück. Als er auf die beiden zutritt, sind Vater und Tochter bereits im Aufstehen begriffen, um ihn zu begrüßen. Die drei beginnen sich zu unterhalten, als von rechts Nielsen in einer schwarzen Dienstmädchenuniform um die Ecke biegt, die von einigen Büschen in dem ansonsten recht offenen Raum gebildet wird. Anders als die Kleider, die sie als Modell getragen hat, macht diese Uniform den Klassenunterschied zwischen ihr und den anderen unübersehbar. Die anderen bemerken sie nicht, aber als sie sich langsam vom Tisch um die Sträucher herum in die andere Richtung bewegen, sieht sie, wie ihr ehemaliger Geliebter die Tochter küsst und ihre Hand in einer Art hält, die darauf schließen lässt, dass die beiden heiraten werden. Die Kamera bleibt auf einen Bildausschnitt gerichtet, der nun leer ist bis auf Asta, die, frontal zur Kamera, allein mit ihrer Reaktion zurückbleibt.

DAS MÄDCHEN OHNE VATERLAND zeigt eine besonders interessante Kameraführung, die auf die Bewegungen der Personen im Bildausschnitt abgestimmt ist. In einer einfachen, unspektakulären Komposition ziemlich am Anfang des Films zeigt die Kamera zunächst einen Bildausschnitt, in dem nichts zu sehen ist außer Rasen im Vordergrund und Bäumen im mittleren Bereich des Bildes. Die Kamera schwenkt nach rechts und gibt den Blick frei auf eine Holzbank; gleichzeitig kommt ein Mann mit Pfeife von rechts ins Bild, der mit schnellen Schritten der Kamerabewegung entgegenläuft und dabei links aus dem Bild blickt, als würde er dort etwas sehen. Natürlich wird ein Treffen stattfinden – er wird Asta (hier in der Rolle einer Zigeunerin) im Austausch gegen Militärgeheimnisse Geld anbieten –, aber der eigentliche dramatische Raum ist durch die Feinabstimmung dieser visuellen Ereignisse bereits sehr subtil eingeführt, auf der Bild- wie auf der Handlungsebene. Die Vielfalt der von Gad kreierten dynamischen Außenszenen scheint um so natürlicher, als das (einfache oder komplizierte) Wissen des Zuschauers um die kommenden Ereignisse im Film von der Landschaft selbst behindert oder gefördert wird. Dies ist eine Funktion von Gads Inszenierungskunst. Ganz ähnliche Techniken verwendet er in Innenszenen. Eine Figur betritt zum Beispiel vom (unsichtbaren) Hintergrund des Bildes aus durch eine Glastür ein Zimmer und somit den eigentlichen Raum der Handlung. In ENGELEIN verschwindet ›die Asta‹ zunächst, um dann für eine komische Einlage hinter einer Spanischen Wand wieder aufzutauchen, die hinter einer Couch, auf der ihr Onkel mit einer anderen Frau Platz genommen hat, im Vordergrund des Bildes steht. Asta befürchtet, dass ihr Onkel dem Charme dieser Rivalin erliegt (einer heiratsfähigen Frau, wohingegen sie eine Zwölfjährige spielt). Zum Vergnügen des Publikums taucht sie mehrmals hinter dem Sofa auf und ab; als das jedoch keinerlei Wirkung auf den Flirt vor ihren Augen hat, wirft Asta schließlich ein junges Kätzchen auf den frisierten Kopf der anderen Frau, womit sie einen Stimmungswechsel provoziert (plötzlich sind die beiden anderen wütend auf sie, was Asta in einen Zwiespalt stürzt, da sie gleichzeitig gewonnen und verloren hat) und die bis dahin getrennten Bildebenen verbindet.

Dieser dynamische Umgang mit Bildebenen begegnet dem Zuschauer – mit ziemlich ähnlichen Techniken – gleichermaßen bei Außen- und Innenszenen; er soll die Platzierung und Bewegung der Schauspieler variieren und die Vorhersagbarkeit der Handlung minimieren. Diese Beweglichkeit harmoniert natürlich vollkommen mit dem dynamischen Schauspielstil von Asta Nielsen selbst, den diese Filme präsentieren, ohne dabei den Eindruck zu erwecken, ›One-Woman-Shows‹ zu sein. Mehr noch, die Natürlichkeit der *mise en scène* trägt zu der unbefangenen, nachdenklichen Qualität bei, die dem Spiel Asta Nielsens zu dieser Zeit eine so starke Anziehungskraft verleiht.

Man vergleiche nur die melodramatischen Dialoge von IN DEM GROSSEN AUGENBLICK mit der Art, wie die Geschichte tatsächlich erzählt wird. Eine arme junge Frau überlässt ihr geliebtes, uneheliches Baby einer kinderlosen reichen Dame, um ihm damit eine Zukunft zu ermöglichen. Drei Jahre vergehen. Sie kann es nicht ertragen, ihr Kind nicht zu sehen. Sie entführt es und wird gefasst. Von der Polizei wird sie gezwungen, das Kind erneut wegzugeben. Da bricht eines Tages ein Feuer in der Villa aus, in der ihr Kind lebt. Die Adoptivmutter flieht aus dem Haus. Die junge Frau stürzt hinein, rettet das Baby und stirbt in den Flammen.

In diesem recht einfach strukturierten Film findet man eine Anzahl wichtiger Elemente von Nielsens Schauspielstil. Das auffälligste: Sie ist ›natürlich‹ in der Art, wie sie eine junge, mittellose Mutter verkörpert, die versucht, eine Heimat für ihr Kind zu finden. Diesen Aspekt ihres Darstellungsstils kann man nicht beschreiben, man muss ihn sehen. Er vermittelt sich unmittelbar über ihre Augen und die Bewegungen ihres Körpers, liegt in der Art, wie sie das Baby berührt und zum Ausdruck bringt, dass es das Einzige ist, was sie im Leben hat. Dieser Eindruck wird noch verstärkt durch das winzige Zimmer, in dem sie lebt und das kaum genug Platz für die beiden bietet. Ein weiteres charakteristisches Merkmal besteht darin, dass es einen dramatischen Moment gibt, in dem Nielsen ihren inneren Konflikt sichtbar werden lässt. In diesem Film kommt es zu diesem Moment, als sie ein Dokument unterzeichnen soll, in dem sie sich damit einverstanden erklärt, ihr Kind nie mehr wiederzusehen. Sie spielt ihre Verzweiflung, aber zugleich auch ihre gequälte Hoffnung, dass diese Entscheidung das Beste ist, was sie für ihr Kind tun kann.

Wichtig ist außerdem, dass die Geschichte ihr Gelegenheit gibt, eine äußerst physische Ausdruckskraft zu zeigen, die für weibliche Figuren jener Zeit ganz untypisch ist. Nachdem sie ihr Kind entführt hat, rennt sie mit ihm (und ihrem Komplizen) über einen Fluss und ein Feld. Als sie von der Polizei gestellt wird, wehrt sie sich mit Händen und Füßen. Später, als sie von ihrem Fenster aus sieht, dass die Villa brennt – auf dem Zwischentitel steht: »Das Kind« –, versucht sie, aus dem Zimmer zu entkommen, in dem ihr Komplize sie eingeschlossen hat. Verzweifelt klettert sie schließlich aus dem Fenster. Dieser Innen- folgt eine Außenaufnahme, in der man sieht, wie sie unbeholfen zu einem schrägen Dach hinuntersteigt, von dem aus sie versucht, auf die Straße zu gelangen; sie rutscht jedoch ab und fällt einige Meter tief. Sie steht auf, hält sich dabei die Seite, als sei sie verletzt, und rennt dann unverzagt los. Ein weiterer Zwischentitel folgt: »Die Adoptivmutter«. Wir sehen die reiche Frau, die benommen aus ihrem brennenden Haus stolpert und den Dienstboten wie eine Rasende befiehlt, noch einmal hineinzugehen, um das Kind zu holen. Nielsen kommt angerannt. Ein weiterer Zwischentitel: »Die Mutter«. Sie stürzt durch den Rauch, der aus der Haustür dringt, und sucht überall nach ihrem Kind. Sie findet es, nimmt es zärtlich auf den Arm, läuft eine Treppe hoch und findet sich auf dem Dach des Hauses wieder. Da legt sie das Kind vorsichtig ab und hebt einen Balken auf, mit dem sie zuerst die Backsteinwand des Hauses und anschließend eine Putzschicht zertrümmert. Wir sehen das von innen und von außen und wissen deshalb, dass sie im Begriff ist, die Wand zu durchbrechen. Sie schlägt ein Loch, das gerade groß genug ist, um das Baby sicher den Männern zu übergeben, die auf einer Leiter unter ihr warten. Wieder im Innern des Hauses nimmt der Rauch zu, ihre Kräfte verlassen sie, und auf dem Bild ist schließlich nichts mehr zu sehen als schwarze Rauchschwaden.

In diesem Film motivieren sowohl Nielsens ungewöhnlich starke Mutterliebe wie auch ihr Abstieg in die Kriminalität (ohne das Baby hat sie nichts zu verlieren) ihre aggressiven physischen Reaktionen; Reaktionen, die bei ihr natürlich wirken, obwohl sie bei weiblichen Figuren sehr selten sind. In DAS MÄDCHEN OHNE VATERLAND spielt sie wiederum eine Zigeunerin. Schon dieser Umstand erlaubt ihr einige Freiheiten gegenüber dem Benehmen einer bürgerlichen Frau. Sie ist so in Bluse und Rock gewickelt, dass ein tiefer Ausschnitt entsteht und ihre Beine oft zu sehen sind. Ihr Haar ist nicht nach hinten genommen, also weder in der modischen Art der besser gestellten Frauen, die sie manchmal darstellt, noch in der etwas gröberen Art eines Dienstmädchens. Es ist ziemlich kurz geschnitten, dabei wild und lockig, umrahmt ihr ausdrucksvolles Gesicht sehr schön, betont ihre großen, dunklen Augen. Sie flirtet vollkommen ungezwungen. Ihre Erotik ist natürlich, unschuldig, als hätte sie nie daran gedacht, dass irgendjemand sie anstarren würde. Ihre Erotik wird niemals um ihrer selbst willen zur Schau gestellt; und obwohl sie sehr stark ist, wirkt sie nie grob oder vulgär. Egal wie schön sie ist, sie ist beinahe immer damit beschäftigt, irgendetwas zu tun oder zu bedenken. Auch im Freien fühlt sie sich heimisch, wenn sie durch die offene Landschaft läuft und den Offizier, der sie liebt, neckt, indem sie auf eine Kanone klettert und leichtfüßig auf dem Rohr balanciert, als wolle sie ihn dazu bringen, sie zu fangen. Sie ist erfinderisch bei dem Versuch, einen Weg in die Kaserne zu finden, um an geheime Unterlagen zu gelangen, die sie verkaufen will. Sie raucht die Zigarren des Offiziers, während sie eine Auswahl trifft. Als aber der Offizier sich von ihr abwendet, nachdem er den Diebstahl entdeckt hat, findet sie schließlich zurück in die geordnete Welt der Moral. In einer ganz ›natürlichen‹, unbefangenen, suggestiven Bewegung zieht sie die Unterlagen und das Geld aus ihrem Ausschnitt – was allerdings die übrigen Anwesenden nicht bemerken, weil deren Aufmerksamkeit (bezeichnenderweise) von etwas anderem völlig eingenommen ist. Nielsen scheint genau in dem Moment zu erkennen, dass sie den Offizier liebt, als er sich, ganz Patriot, von ihr zurückzieht: Wie konnte sie Geheimnisse an den Feind verkaufen? Ein Zwischentitel lautet: »Vaterland? Was ist ein Vaterland?« Dann nimmt sie eine Pose ein, die zu ihrem Markenzeichen werden wird: Sie steht kerzengerade, die Arme an den Seiten, frontal zur Kamera, mit niedergeschlagenen Augen, unbeweglich, ausdruckslos – das völlige Gegenteil zu ihrer sonst so lebhaften und gewinnenden Art. Sie verkörpert förmlich den inneren Rückzug, wir können uns ihren Konflikt lebhaft vorstellen. Ebenfalls typisch ist die Platzierung der Schauspieler in dieser Szene. Während sie, frontal zur Kamera, das halbe Bild beansprucht, sieht man den Offizier im Profil in der anderen Bildhälfte – und damit einer möglichen Konzentration der Aufmerksamkeit oder Anteilnahme quasi entzogen. Als sie schließlich aus ihrem Zustand herausfindet, zeigt ihr Gesicht winzige Veränderungen durch Schmerz, Sehnsucht und Fassungslosigkeit.

Nielsens jungenhaftes Verhalten – als müsste man ihr ständig zeigen, wie junge Damen sich zu benehmen haben – ist auch in DER FREMDE VOGEL präsent, in dem sie die betuchte Klasse repräsentiert und sich so im Gegensatz zu dem Schiffsführer befindet, den sie liebt und der bäuerlicher Herkunft ist. Die Szenen, in denen Nielsen in ihrem Boot steht und den Fluss hinabfährt, sind ein Vergnügen für den Zuschauer. An einer Stelle fährt sie mit einem unerwünschten Freier (dem Kandidaten, den ihr Vater für sie ausgewählt hat) um die Wette und lacht mit einem Ausdruck reinen Glücks, als sie ihn aussticht. Einmal mehr sind ihre sinnlichen Bewegungen in einer Handlung begründet, die ihr erlaubt, ihre ungewöhnlichen physischen Fertigkeiten in einer ansprechenden Szenerie im Freien zu demonstrieren. All dies verdeckt die dürftigen Dialoge der Zwischentitel. Später nimmt sie an einem Bauerntanz teil, wirbelt wie in Extase mit dem Mann herum, den sie liebt. Alle anderen Tänzer tragen recht aufwendige, bestickte Bauernkleider, die Frauen lange, bauschige Röcke. Nielsen dagegen trägt ein modisches Kleid mit einem ziemlich engen Rock, der ihre Figur vorteilhaft betont. Allmählich bilden einige der Anwesenden eine Art Rahmen um das Paar; dabei ziehen sie Nielsen fort und unterbrechen ihren Tanz. Auf der einen Seite steht eine Bäuerin, voller Missbilligung, vermutlich die Verlobte des Schiffsführers; auf der anderen Seite steht der Vater, der von ihm bevorzugte Heiratskandidat und Nielsens Vormund. Alle drücken strengstes Missfallen aus; soziale Normen wurden vor aller Augen, am helllichten Tage, überschritten. Man kann sehen, wie Nielsen sich zu rechtfertigen versucht, zuerst noch lächelnd, dann, als ihre Gruppe sie wegzieht, immer düsterer. Wir bleiben zurück mit dem selbstzufriedenen Lächeln der Bäuerin, die den Schiffsführer für sich will. Man könnte auch sagen: Sowohl die Handlung wie auch die Bildebenen verwandeln sich innerhalb dieser Szene von Bewegung, Spontaneität und Leben in die Statik, die bei der Erzwingung von weiblicher Züchtigkeit und von Klassentrennung entsteht.

In einer späteren Szene sitzt Asta im Vordergrund, in einem großen Hof im Freien. Zuerst kommt der Mann, den sie abgewiesen hat, um sie von irgendetwas zu überzeugen. Ganz typisch für die Positionierung der Schauspieler in ihren Szenen, sitzt sie frontal zur Kamera, wobei sie sich aber um der Natürlichkeit willen möglichst ungezwungen bewegt, während der Mann in einem Stuhl neben ihr sitzt und im Profil gezeigt wird. Allmählich wird er zudringlicher, setzt sich neben sie; aber die Komposition bleibt erhalten, weil er seinen Kopf dreht, um mit ihr zu sprechen. Nachdem er zur Seite abgegangen ist, sieht man Asta nachdenklich alleine dasitzen. Da taucht extrem weit im Hintergrund langsam eine Gestalt auf und kommt auf sie zu. Es ist der Schiffsführer, aber sie sieht ihn erst, als er den Bildvordergrund erreicht hat. Auch dieses Beispiel zeigt, wie bewusst aufeinander abgestimmt die Schauspieler platziert wurden; solche Details des Außen-Sets können den Sinn haben, mit den Erwartungen des Publikums zu spielen – Erwartungen, die die Fragen betreffen, wo und wann das Erzählzentrum auftaucht, sich verändert oder sich auf Nielsens ausdrucksstarken Körper, ihr Gesicht und ihre Augen konzentriert. In dieser Geschichte ist der Frau, die nicht in ihre Umgebung passt, dem ›fremden Vogel‹, ein tragisches Ende vorbestimmt. Obwohl man sie in ihrem Zimmer eingeschlossen hat, um sie festzuhalten, gelingt es ihr, dem Schiffsführer eine Nachricht zukommen zu lassen; sie klettert aus dem Fenster (sowie, einmal mehr, vorsichtig eine Mauer hinunter) und flieht mit ihm in seinem Boot. Am Ende sehen wir sie immer mehr behindert durch Schilf und Laubwerk, ihre Kräfte verlassen sie. Sie ertrinkt im Fluss, von Blüten umkränzt.

Ein letztes Beispiel stammt aus ENGELEIN, einer Komödie, in der Asta Nielsen ein uneheliches Kind namens Jesta spielt (der Name ihrer eigenen Tochter, die selbst unehelich geboren war). Dieser Film ist eine Komödie der absichtlichen Verwechslung: Wenn die siebzehnjährige Jesta überzeugend eine Zwölfjährige spielt (was sie zu einem legitimen Kind machen würde), wird ihre Familie eine große Erbschaft durch einen reichen Onkel aus Chicago machen. Ein Teil der Komödie hängt von der Wechselwirkung zwischen Jesta und ihrer physischen Umgebung ab: Sie reist zum Landgut ihres Onkels (in Dänemark?), wo sie den Sommer verbringt. Eines der Zimmer dort hatte er für ein Kind einrichten lassen, allerdings für ein sehr kleines Kind. Jesta ist zu groß für ihren Stuhl (sie steht auf, aber er bleibt an ihr hängen), zu groß für das Bett (über das ihre Füße hinausragen), zu alt für die Teddybären und Puppen, mit denen das Zimmer vollgestopft ist

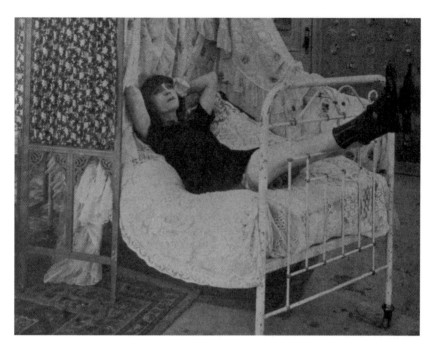

Abb. 2: Asta Nielsen in ENGELEIN (1913, Regie: Urban Gad)

(Abb. 2). Indem Nielsen ein Kind spielt, kann sie ihre körperliche Energie und Geschicklichkeit ebenso wie viele andere Seiten ihres unkonventionellen Verhaltens besonders vorteilhaft zeigen.

Ihrem temperamentvollen *Play acting* geht in dem Film ein Ereignis voraus, das zur Folge hat, dass Jesta die Mädchenschule verlassen muss. In einem langen Frauenrock steigt sie auf eine Leiter und von dort auf ein Strohdach. Sie beugt sich über die dahinter liegende Mauer, um ihren Freund zu küssen, der von der anderen Seite her auftaucht. Aber Jesta wird von der Schulleiterin erwischt, und ihr erzwungenes Herabsteigen von der Leiter ist überstürzt. Während sie nach unten gezogen wird, enthüllt sie viel schwarz bestrumpftes Bein. Sie wirkt ausgesprochen erotisch, als sie in die matronenhaften Arme des Gesetzes fällt, dessen Aufgabe es ist, für die Einhaltung weiblicher Anstandsregeln zu sorgen. Daher macht der Rückfall in ein kindliches Stadium in Jestas Fall einen gewissen Sinn, denn sie hat sich der Konformität der Geschlechterrollen in der Schule widersetzt. Die Erotik sorgt für eine Kontinuität zwischen beiden Zuständen. Sie verliebt sich in ihren Onkel und verbringt die Hälfte des Films damit, auszuhecken, wie sie ihn dazu kriegen kann, sie als ›die, die sie ist‹ zu bemerken – wobei sie gleichzeitig versucht, sich an das Versprechen zu halten, das sie ihrem Vater gegeben hat, nämlich ein unschuldiges (wenn auch frühreifes) Kind zu sein. Dieser bizarre Handlungsentwurf speist sich aus der Annahme, dass das Publikum sehr genau weiß, dass sich hinter Jesta Asta Nielsen verbirgt (damals eine jugendliche Zweiunddreißigjährige), die körperlicher Leidenschaft durchaus fähig ist. Schließlich, nach einer sehr einfallsreich, frontal zur Kamera dargestellten inneren Krise entscheidet Jesta, dass sie kein Kind mehr sein kann. Sie hinterlässt ihrem Onkel eine Nachricht und beschließt, weil sie keinen anderen Ausweg sieht, sich zu ertränken. Wir verbringen eine ganze Weile damit zu beobachten, wie Asta/Jesta ihre Röcke bis zur Hüfte hebt und dabei in ihren kurzen Pumphosen ins kalte Wasser und wieder zurück watet; sie sieht dabei sehr erotisch aus, abgesehen allerdings von den Grimassen, die sie schneidet (die gleichzeitig die Komik und die Unmöglichkeit ihrer Situation in Bezug auf ihren Onkel ausdrücken), und von der lächerlich großen Schleife in ihrem Haar. Am Ende gibt sie auf und geht zurück ins Haus. Als der Onkel zu dem Entschluss kommt, dass er ihr wahres Alter akzeptieren kann, dass er sie tatsächlich liebt und es angebracht wäre, ihr einen Heiratsantrag zu machen, schockiert sie ihn mit mehreren langen, leidenschaftlichen Küssen. Beängstigt von ihrer Erotik wiederholt er nun, dass sie wirklich ein Kind ist. Nach weiteren Verwicklungen, als Jesta eines Tages ein wunderbares, geschmackvolles Kleid trägt, in dem sie viel älter aussieht, als sie vorspiegelte zu sein, willigt er schließlich in die Heirat ein.

Wenn man die Handlungsstruktur von Nielsens Filmen vergleicht, erkennt man, dass die Figuren, die sie verkörpert, für ihr grenzüberschreitendes Benehmen entweder bestraft werden, sich selbst bestrafen oder am Ende zur gesellschaftlichen Norm zurückkehren. In vielen ihrer melodramatischen Rollen ist sie am Ende das Opfer. Und doch ist sie dabei niemals ein konventionelles Opfer. Die große Natürlichkeit, mit der sie vieles tat, was für eine Frau als ungewöhnlich galt, ihre Integrität, ihre Gefühlstiefe, ihre Intelligenz und ihre besondere Sinnlichkeit verleihen ihren Figuren eine Individualität, die jener Reduzierung auf Typen standhält, die in den 20er Jahren im deutschen Film üblich wird. In ihren Filmen aus der Zeit vor der Weimarer Republik schafft Asta Nielsen Charaktere, die zwar auf gängigen melodramatischen Typen basieren, die aber sehr individuell gestaltet sind; durch ihren Ausdruck von Innerlichkeit und die Art, wie sie sich in ihrer Umgebung behaupten, vermitteln sie den Eindruck starker Persönlichkeiten. Das Ende der Filme kann man als Maskierung des subversiven Potenzials interpretieren, das in so vielfältiger Weise in Nielsens Spiel enthalten ist. Und die Darstellung von Nielsens Figuren als Frauen, die permanent damit beschäftigt sind, nachzudenken, um die Dinge zu verstehen oder um zu bekommen, was sie wollen, dient dazu, das Auge der Zensur von der extrem erotischen Natur dieser Figuren abzulenken. Béla Balázs, der viel über Nielsen geschrieben hat, hebt die ungewöhnliche Kombination ihrer Eigenschaften hervor:

> Der besondere künstlerische Wert der Asta Nielsenschen Erotik besteht aber darin, daß er durchwegs vergeistigt ist. Die Augen sind es hier vor allem, nicht das Fleisch. Sie hat ja gar kein Fleisch. (...) Die angekleidete Asta Nielsen (...) kann obszöne Entblößung schauen, und sie kann lächeln, daß es von der Polizei als Pornographie beschlagnahmt werden müßte. Diese spiritualisierte Erotik ist das Gefährlich-Dämonische, weil sie durch alle Kleider hindurch fernwirkend ist. Und darum wirkt Asta Nielsen nie geil. Sie hat immer etwas Kindliches.«[7]

Nielsen trug sichtlich zu dem bei, was im Kino der Weimarer Republik ein hoch entwickeltes Kino der Typen wurde. Einige ihrer Techniken, um innere Konflikte darzustellen, wurden dort recht stark stilisiert und waren der Körpersprache und der Charaktertypologie geschuldet, die für dieses Kino kennzeichnend wurde. Das Klaustrophobische, eng Begrenzte gewann die Oberhand. Asta Nielsens berühmte Spontaneität verblasste in den späteren Filmen, und ihr ansteckendes Lachen ließ sie nur noch ab und zu als bittersüße Erinnerung an vergangene Tage durchdringen. Der Einsatz von Nahaufnahmen betonte das Maskenhafte ihres Gesichts in solchen Momenten des inneren Konflikts, wenn ihre Bewegungen erstarrten, ihre Augen niedergeschlagen waren und ihr Gesicht ausdruckslos wurde. Für ihre Darstellung in DIE FREUDLOSE GASSE (1925) wurde sie als die größte Tragödin der Filmkunst gefeiert. In jenen späteren Jahren verkörperte sie vielfach ältere Frauen, die in leidenschaftlicher Zuneigung oberflächlichen jüngeren Männern verfallen sind; diese Rollen entfalten ihre Wirkung vor allem vor dem Hintergrund ihrer früheren Persona als junge Frau, die gegen gesellschaftliche Zwänge kämpft. Die Hoffnung, Stärke und Intelligenz, die sie ganz unmittelbar zur Verwirklichung ihrer Wünsche einsetzte, hinterlassen ein unvergesslich reizvolles Bild des Kampfes.[8]

Aus dem Englischen von Karin Meßlinger

Gedankt sei an dieser Stelle Paolo Cherchi Usai, dem damaligen Direktor des Film Study Center, und Jan-Christopher Horak, seinerzeit Filmkurator, für ihre Gastfreundschaft und die informativen Gespräche im George Eastman House. — **1** Dies geht natürlich an der eigentlich bedeutenden, historiografischen Frage vorbei. Angesichts der damaligen Einflüsse von Zensur, Verleih und Aufführungsbedingungen – besonders im Falle von Filmen wie denen Asta Nielsens, die sich an ein internationales Publikum richteten – ist die Rekonstruktion einer authentischen Kopie mehr als unwahrscheinlich. Am sinnvollsten wäre es wohl, die von der deutschen Zensur genehmigte Version, die (wahrscheinlich) identisch mit dem Film ist, der bei der Premiere gezeigt wurde, heranzuziehen. Aber selbst das Wissen, dass die verschiedenen Versionen für verschiedene Regionen und verschiedene Länder jeweils ›Originale‹ waren (bei der notwendigen Ersetzung der Zwischentitel durch solche in der Muttersprache des betreffenden Marktes waren Veränderungen an der Tagesordnung), hilft der Verwirrung nicht ab, weil die Geschichte der verschiedenen Versionen dieser Filme wissenschaftlich nicht gesichert ist. Mir sind bedeutende Unterschiede zwischen den Kopien, die ich im George Eastman House und früher in Berlin gesehen habe, und den ausführlichen Inhaltsbeschreibungen aufgefallen, die in der Zeit veröffentlicht wurden, als die Filme ursprünglich in die Kinos kamen. Solche Beschreibungen wurden vermutlich für Kinobetreiber verfasst, aber es scheint, als wären sie auch als Werbung für das allgemeine Publikum benutzt worden. Es ist mir unklar, wie man dieses Material auswerten könnte. Nachdrucke solcher Beschreibungen bilden den Hauptteil eines Ausstellungskatalogs, der die anlässlich des Todestages von Asta Nielsen veranstaltete Auswahl-Retrospektive ihrer Filme in (West-)Berlin begleitete: *Asta Nielsen 1881–1972*, hg. von Helga Belach, Gero Gandert, Eva Orbanz und Peter Schulz. Berlin 1973. — **2** Kopien dieser Filme sind im George Eastman House in Rochester, New York, archiviert. Wenn zwei Jahreszahlen angegeben sind, handelt es sich bei der ersten um das Jahr, in dem der Film von der deutschen Zensurbehörde genehmigt wurde, und bei der anderen um das Jahr seiner Premiere. — **3** Asta Nielsen: *Die schweigende Muse*. Übers. von H. Georg Kemlein. Berlin 1977, S. 111. Eine weitere Quelle ist die Serie von zwölf Artikeln, die Nielsen 1928 in deutscher Übersetzung in der *B.Z. am Mittag* veröffentlichte und die wiederabgedruckt sind in: Renate Seydel und Allan Hagedorff (Hg.): *Asta Nielsen. Ihr Leben in Fotodokumenten, Selbstzeugnissen und zeitgenössischen Betrachtungen*. Berlin 1981. Dieses Buch enthält wertvolle Dokumente und Reflexionen zum Werk Asta Nielsens. Vgl. auch den Eintrag über Nielsen in Hans-Michael Bock (Hg.): *Cinegraph. Lexikon zum deutschsprachigen Film*. München 1984ff. Ein interessanter englischer Artikel ist Robert C. Allen: The Silent Muse. In: *Sight & Sound*, Bd. 42, Nr. 4, 1973, S. 205–209. Umfassende Biografien über Asta Nielsen existieren bisher nicht, obwohl mindestens zwei anerkennende Bücher in den 20er Jahren geschrieben worden sind. — **4** Zwischen 1911 und 1913 wurden von der Deutschen Bioscop für die PAGU sechzehn Nielsen-Gad-Filme produziert; zwischen 1913 und 1915 wurden vierzehn weitere Filme direkt von der PAGU hergestellt. Vgl. die Filmografie, die in der deutschen Ausgabe von Nielsens Autobiografie veröffentlicht ist und von Gero Gandert und Peter Schulz zusammengestellt wurde. (Nur in ein oder zwei Fällen gibt es Unklarheiten.) Davidson beschreibt, wie er beschloss, eine Firma (›Internationale Filmvertriebs-Gesellschaft‹) für Asta Nielsen zu gründen, nachdem er sie auf der Leinwand gesehen und erkannt hatte, dass die Tage des Kurzfilms vorüber waren. Seine Darstellung ist wieder abgedruckt in: Seydel, Hagedorff (Hg.): *Asta Nielsen*, a.a.O. (wie Anm. 3), S. 50. Ursprünglich wurde sie veröffentlicht in: Pablo Diaz: *Asta Nielsen. Eine Biographie unserer populären Künstlerin*. Berlin 1920. — **5** Der berühmte Erfinder, Experte für Spezialeffekte und Kameramann Guido Seeber begann seine Karriere als Kameramann 1909 und arbeitete für die Deutsche Bioscop während der Nielsen-Gad-Periode bis ungefähr 1919. Nach dieser Phase arbeitete er für viele verschiedene Produktionsgesellschaften. HEISSES BLUT (1911), sein erster Film mit Nielsen und Gad, war Seebers vierzehnter Film. Außerdem wirkte er als Kameramann an mehreren Filmen der Deutschen Bioscop für den dänischen Regisseur Stellan Rye mit, zu denen auch

DER STUDENT VON PRAG (1913) gehörte; des Weiteren an der frühen Version von DER GOLEM (1914), bei der Henrik Galeen Regie führte und die Paul Wegener produzierte. Es ist auch anzumerken, dass Seeber mit Asta Nielsen erneut in LEBENDE BUDDHAS (1924/25) unter der Regie von Paul Wegener, in G.W. Pabsts DIE FREUDLOSE GASSE (1925) und in Bruno Rahns DIRNENTRAGÖDIE (1927) zusammenarbeitete. Vgl. Seebers Filmografie in: *Das wandernde Bild. Der Filmpionier Guido Seeber*, hg. von der Stiftung Deutsche Kinemathek. Berlin 1979, S. 53–74; vgl. auch die in Anm. 4 erwähnte Filmografie. — **6** Zusätzlich zu den gängigen Filmgeschichten vgl. Ron Mottram: *The Danish Cinema Before Dreyer*. Metuchen, NJ. 1988. Mottram weist außerdem auf die Verwendung des *off-screen*-Raums und die realistische Ausstattung als Bestandteile dessen hin, was er den »nordischen Stil« nennt. — **7** Béla Balázs: Die Erotik der Asta Nielsen. In: *Der Tag*, 6.4.1923; zit. n. Béla Balázs: *Schriften zum Film*. Bd. 1, hg. v. Helmut H. Diederichs, Wolfgang Gersch und Magda Nagy. Berlin 1982, S. 185 f. — **8** Heide Schlüpmann erörtert das aggressive und emanzipatorische Potenzial, das sie in Nielsens Augenspiel erkennt. Als Beispiel nimmt sie Nielsens Rolle in DIE SÜNDEN DER VÄTER. Vgl. Schlüpmann: *Unheimlichkeit des Blicks. Das Drama des frühen deutschen Kinos*. Basel und Frankfurt/M. 1990, S. 99–107. Während der 20er Jahre drehte Nielsen einen Film nach dem anderen, 1932 noch einen Tonfilm. 1936 zog sie zurück nach Dänemark, wo sie wenig erfolgreich versuchte, ihre Bühnenlaufbahn fortzusetzen. Einer der Gründe dafür war, dass es hieß, sie würde immer schlechter hören. 1972 starb sie im Alter von neunzig Jahren. Nielsen und Urban Gad ließen sich scheiden, nachdem sie ihren Vertrag mit der PAGU erfüllt hatten. Laut Gerhard Lamprecht (*Deutsche Stummfilme*. Berlin 1969 ff.) arbeitete Gad bis einschließlich 1922 als Regisseur in Deutschland; Marguerite Engbergs *Registrant over danske film 1915–1930* (Kopenhagen 1982) zufolge inszenierte er 1925/26 einen Film in Dänemark. Er veröffentlichte ein Buch über das Filmemachen, *Der Film. Seine Mittel – Seine Ziele* (Berlin 1921). Weder war es mir möglich, auch nur einen der Filme zu sehen, die Gad ohne Nielsen gedreht hat, noch ist es mir gelungen, weitere Informationen über ihn zusammenzutragen. Er starb 1947.

Ramona Curry

Henny Porten im Ersten Weltkrieg

In einem Essay über Henny Porten, die allgemein als erster deutscher Filmstar angesehen wird, schreibt die Filmhistorikerin Helga Belach:

> Nichts spricht dafür, daß sie [im Ersten Weltkrieg, R.C.] ›Durchhaltefilme‹ gedreht hätte, es sei denn, man rechnete den Werbefilm für die 7. Kriegsanleihe, HANN, HEIN UND HENNY ([Rudolf] Biebrach, 1917) dazu oder faßte den Begriff so weit, daß jede Art eskapistischer Film darunter fiele.[1]

Die so genannten Durchhaltefilme zielten darauf ab, den Patriotismus und das moralische Stehvermögen der Zuschauer angesichts der Entbehrungen des Krieges zu stärken. Belachs Behauptung, Porten wäre an solchen moralfestigenden Filmen nicht beteiligt gewesen, erweckt den Eindruck eines unpolitischen Stars, der an der – wie Belach indirekt nahe legt – ethisch unhaltbaren Position Deutschlands während des Ersten Weltkriegs unschuldig war.

Meine eigenen Nachforschungen zur ökonomischen und ideologischen Einflussnahme früher deutscher Filmstars zeigen jedoch, dass Porten nicht unwesentlich zur Unterstützung der Kriegsanstrengungen durch die Filmindustrie beigetragen hat. Dabei verstehe ich das Starphänomen zunächst als Wirtschafts- und Produktionsfaktor, um so zu einer fundierten Einschätzung der soziokulturellen Bedeutung, der Rezeption und Wirkung Henny Portens zu gelangen. Gerade anhand von Portens Stellung und wirtschaftlicher Bedeutung innerhalb der Industrie lässt sich veranschaulichen, wie führende Filmschauspieler an Deutschlands Kriegsanstrengungen teilnahmen, selbst wenn sie – im Gegensatz zu Porten – in Filmen oder persönlichen Auftritten keine patriotischen Gefühle zur Schau stellten. Allerdings sollten derartige Feststellungen ebenso wenig eine pauschale Verurteilung Portens oder irgendeines anderen deutschen Stars nach sich ziehen wie umgekehrt Mary Pickford, Douglas Fairbanks und Charles Chaplin wegen ihres Engagements für den Absatz von US-Kriegsanleihen 1917/18 besonderes Lob verdienten. Vielmehr ließe sich sagen, dass Schauspieler zu den Anstrengungen ihres jeweiligen Landes in einem gegenseitig imperialistisch geführten Krieg beitrugen und sich dabei veranlasst sahen, die Maßnahmen derer auf der Verliererseite zu rechtfertigen.

Im Gegensatz zu Belachs *biografischer* Einschätzung einer individuellen Künstlerin liegt diesem Essay eine *diskursive* filmgeschichtliche Herangehensweise zugrunde, mit der herausgearbeitet werden soll, dass nicht nur Porten, sondern auch andere Stars wie die dänische Schauspielerin Asta Nielsen – die zwischen 1916 und 1919 in ihren Filmen unter dem Banner der ›Neutral Film‹ auftrat – beim Ausbau des deutschen Kinos zu einer nationalen, kriegsfördernden Institution mithalfen. Jene Stars trugen beträchtlich zum Wachstum eines Kinos bei, das aus dem Krieg als konkurrenzfähige Industrie hervorging, die in die Lage versetzt war, den einheimischen Markt zu versorgen und – zumindest zeitweise – Hollywoods zunehmender internationaler Dominanz zu trotzen. Die relative Stärke des deutschen Kinos bei Kriegsende bereitete nicht zuletzt den Boden für seine vergleichsweise günstige Marktposition im internationalen Filmgeschäft des folgenden Jahrzehnts und legte den Grundstein für seine nationalistische Ausbeutung als wirksames politisches Instrument ab 1933.

Zur Stützung dieser These soll zunächst skizziert werden, auf welche Weise deutsche Filmfirmen Werbung für den Krieg betrieben und inwiefern sie von diesem Engagement profitierten. Anschließend soll das Beispiel Henny Portens dazu dienen, den Anteil der Filmstars an den Kriegsanstrengungen und dem Wachstum der Filmindustrie zu diskutieren. Dabei geht es um einen komplexen Verwertungszusammenhang, in dem einerseits das deutsche Kino den Krieg, andererseits der Krieg das Kino ›verkaufte‹, während – insbesondere die weiblichen – Filmstars ihrem Publikum sowohl die Ware ›Kino‹ als auch die Ware ›Krieg‹ ›verkauften‹.

Wie die frühe deutsche Filmindustrie Krieg führte

Obwohl die deutsche Regierung bereits seit März 1915 den Film als Mittel der Kriegspropaganda in den neutralen und besetzten Staaten betrachtete, dauerte es bis zum Januar 1917, ehe das Militär mit dem Bild- und Filmamt (BUFA) eine eigene Dienststelle zur Produktion und zum Vertrieb von Filmpropaganda einrichtete. Die relative Verspätung, vor allem gegenüber der schnellen Umstellung der französischen Regierung auf die Verwendung von Filmen zur Beeinflussung der öffentlichen Meinung im In- und Ausland, ist zum Teil auf die britische Kontrolle des atlantischen Schiffahrtsverkehrs zurückzuführen, die dazu beitrug, dass ein früher Vorstoß der deutschen Regierung, deutschfreundliche Propaganda in den USA zu etablieren, fehlschlagen musste.² Weitere Faktoren dieser Verspätung waren die tief greifenden Meinungsunterschiede zwischen der deutschen Regierung und dem Militär über den Wert der Filmpropaganda sowie Auseinandersetzungen über die Fragen, bei welcher Abteilung die Kontrolle liegen sollte und welche Rolle dabei kommerzielle Unternehmen zu spielen hätten. Mitte 1916 aber hatten die Propaganda-Erfolge der Alliierten in neutralen Staaten und die desolate Moral in Heer und Bevölkerung die meisten Skeptiker eines Besseren belehrt. General Erich von Ludendorff, Mitglied der Obersten Heeresleitung und ein konsequenter Befürworter systematischer Filmpropaganda, entzog nun die entsprechende Zuständigkeit dem Auswärtigen Amt aufgrund von dessen – nach seiner Auffassung – ineffizienten Handhabung und unterwarf sie der militärisch organisierten Kontrolle des BUFA.³

Die deutsche Filmindustrie hatte jedoch keineswegs untätig abgewartet, bis sich das Militär zur Produktion von Propagandafilmen entschlossen hatte. Rührige Filmgesellschaften wie die Eiko-Film und die Messter-Film, die der Filmpionier Oskar Messter 1897 als erstes deutsches Filmstudio gegründet hatte, begannen bereits in den ersten Wochen des Krieges auch ohne die Kooperation von Regierung oder Militär mit der Herstellung von Kriegswochenschauen.⁴ Mit Kriegsausbruch war die Einfuhr der bis dahin marktdominierenden Wochenschauen französischer Filmfirmen blockiert, und die etwa 2.500 im Laufe des Vorkriegsjahrzehnts in Deutschland entstandenen Kinos verlangten nach Ersatz. Gegen Ende des Krieges konkurrierten die deutschen Wochenschauen sogar erfolgreich mit den Tageszeitungen als zivile Informationsquellen über das neueste Kriegsgeschehen.⁵ Strenge Zensurmaßnahmen brachten die kommerziell hergestellten Wochenschauen in Einklang mit der offiziellen Darstellung des Krieges.⁶ Nachdem auch das BUFA mit der Herstellung von Wochenschauen begonnen hatte, wurden diese in die Programme der kommerziellen Kinos aufgenommen. Die Messter-Film brachte die militärischen Wochenschauen gelegentlich sogar unter dem eigenen charakteristischen Firmenlogo – einer von einem Filmstreifen umkreisten Weltkugel – heraus.⁷

Noch vor der Einrichtung des BUFA hatte Messter sechs andere Firmen zu einem Unternehmen zusammengeschlossen, das, unter dem Vorsitz eines Mitglieds des Messter-Vorstands, deutsche Filmpropaganda herstellen und im Ausland, ursprünglich auf dem Balkan, vertreiben sollte. Eine derartige Organisation war bereits in der Vorkriegszeit von dem Leipziger Verleger Siegfried Weber und dessen Auslandsvertreter Ludwig Klitzsch als internationaler Werbeträger deutscher Kultur und Industrie vorgeschlagen worden. Die Realisierung dieser Idee war seit August 1914 ohne konkrete

Fortschritte geblieben, als aber die beteiligten Industriellen zwei Jahre später ihre Bemühungen verstärkten, fanden sie schließlich im Reich einen großzügigen stillschweigenden Partner. Innerhalb von nur vier Monaten nach ihrer Gründung im November 1916 gingen die sechs Firmen in der neu gegründeten Deutschen Lichtbild-Gesellschaft (DLG oder Deulig) unter dem Vorsitz von Klitzsch auf, deren Geschicke jedoch vom Krupp-Direktor und späteren Medienmagnaten Alfred Hugenberg gelenkt wurden.[8] Die Deulig war zwar eine kommerzielle Einrichtung, ihr Ziel aber war die Beförderung der Leistungen deutscher Kultur, Industrie und Landwirtschaft im In- und Ausland. Ihr unbestrittener Erfolg in der Propagandaproduktion veranlasste Ludendorff, der sie als unliebsame Konkurrentin des BUFA betrachtete, die Filmindustrie durch die Gründung der Ufa (Universum Film AG), die ab Juli 1917 geplant und im Dezember vollzogen wurde, näher an die militärische Kontrolle anzubinden. Die Ufa war ein vertikal integriertes Filmunternehmen, in das eine Reihe von Firmen, so zum Beispiel die Messter-Film, eingingen und an dem die Deutsche Reichsbank eine Zweidrittel-Mehrheitsbeteiligung hielt. Ihre klar formulierte Zielsetzung bestand in der Verbreitung und Förderung deutscher Kriegsziele, einerseits durch die effektive Bekämpfung alliierter Propaganda in den neutralen Staaten, andererseits durch die Festigung der Moral in der Zivilbevölkerung.

Die Verbindungen der sich etablierenden Filmindustrie zu den offiziellen Propagandabehörden gehen aus der zeitgenössischen Fach- oder Tagespresse nicht immer deutlich hervor. Immerhin präsentierten verschiedene Artikel in der Branchenzeitschrift *Der Kinematograph* deutsche Produzenten, Verleiher und Kinobetreiber als vaterlandstreue Patrioten, die den Krieg mit dem Kino als Mittel der Erziehung und Unterhaltung sowie als wirtschaftliche Kapitalanlage unterstützten. Um die Rolle der Filmindustrie in Kriegszeiten zu rechtfertigen, argumentierten die Leitartikler der Branchenzeitschriften, dass die Befähigung des Kinos, die Erfahrungen der Soldaten zu dokumentieren, die Zivilbevölkerung zu einer tief greifenderen Würdigung der kämpfenden Truppe führe; des weiteren könne die Kinematographie auch zur Ausbildung von Soldaten verwendet werden. Unmittelbar nach der Notverordnung zur Stilllegung ihrer Aktivitäten nach Kriegsausbruch drängte die Filmindustrie auf die Wiederaufnahme des normalen Geschäftsverkehrs und konnte sich anschließend zugute halten, das Vertrauen in die andauernde Lebensfähigkeit der Zivilwirtschaft in dieser kritischen Zeit gestärkt zu haben. Kinobetreiber veranstalteten Wohltätigkeitsveranstaltungen zugunsten des Roten Kreuzes und unterstützten aktiv die Regierungskampagnen zur Kriegsfinanzierung mit der Produktion und

Aufführung von Kurzfilmen, die ihre Zuschauer zu Spenden oder dem Ankauf von Kriegsanleihen anhielten. Auch wurden die Kinobesitzer besonders gelobt für den Zuwachs der Goldreserven in den Tresoren der Reichsbank, zu dem sie durch eine besondere Preisgestaltung beitrugen: Kinobesuchern, die an der Kinokasse in Gold zahlten, wurde der Eintritt zu ermäßigten Preisen gestattet.[9]

Bereits im Dezember 1915 berichtete die Fachpresse über die große Beliebtheit der Frontkinos und legte indirekt nahe, dass Filmunterhaltung nicht nur für die Moral der Arbeiterklasse, deren Mitglieder auch vor dem Krieg schon regelmäßig Filmvorstellungen besucht hatten, sondern auch für die gebildeten Offiziere, die das Kino zuvor verachtet haben mögen, von entscheidender Bedeutung sei. Im März 1917 belieferten verschiedene Filmfirmen die 900 Frontkinos des BUFA-Netzwerks mit Spielfilmen und warben bei den Kinos an der Heimatfront darum, es ebenso zu halten. Der Leitartikel des *Kinematographen* zum Thema ›Frontkinos‹ hielt deren Existenz gar der Filmindustrie zugute, nicht ohne anzumerken, dass ein in einem ehemaligen Pferdestall eingerichtetes Feldkino den Namen ›Henny Porten-Lichtspiele‹ trug.[10]

Die Verwendung des Namens von Henny Porten verweist auf die Popularität des Stars bei den Soldaten und der Zivilbevölkerung, deren Moral – und Kriegsgewohnheiten – die Filmindustrie mit Unterhaltungsfilmen aufrecht zu erhalten sich bemühte. Tatsächlich erfreuten sich die Porten und andere Stars wie Asta Nielsen einer breiten Beliebtheit auch im besetzten Belgien.[11] Die Lustspiele und Melodramen, in denen sie zu sehen waren und auf die sich die meisten deutschen Produktionsfirmen – nach einer kurzen Welle patriotischer Filme im ersten Kriegsjahr – spezialisiert hatten, waren auch in den neutralen Ländern sehr gefragt, weitaus mehr als die Kriegswochenschauen des BUFA. Das Reich erkannte die Bedeutung des Kinobesuchs für die Aufrechterhaltung der Zivilmoral, je länger der Krieg sich hinzog und je dürftiger die Grundversorgung wurde: Trotz einschneidender Kürzungen im Jahr 1917 wurde den Kinos eine Vorzugsbehandlung in der Elektrizitäts- und Kohlezuteilung eingeräumt. Dank der anhaltend hohen Besucherzahlen in den ›Heimatfront‹-Kinos konnte die Filmindustrie gleichzeitig zur Sache des Krieges beitragen und ihre eigene Rentabilität als Wirtschaftsunternehmen verbessern.[12]

Wie das deutsche Kino den Krieg gewann

Im Jahr 1914 waren nur etwa 15% aller auf dem internationalen Markt gehandelten Filme deutscher Herkunft; und nur 15% aller in deutschen Kinos gezeigten Filme waren auch deutsche Produktionen. Vor Ausbruch des Krieges erhielten die Kinos ihr Filmmaterial in erster Linie von deutschen Filialen amerikanischer, italienischer, französischer und dänischer Filmfirmen. Der Krieg brachte eine beträchtliche Einschränkung für den internationalen Handel deutscher Firmen mit Filmtechnik und Filmprogrammen mit sich. Aus Patriotismus wurden jene Filme, die aus dem feindlichen Ausland nach Deutschland importiert worden waren, unter Verschluss genommen, wobei die entstehenden Lücken in der Filmversorgung der Kinoprogramme von deutschen Produktionen gefüllt werden sollten.[13]

Nach einer Phase der Anpassung an die Kriegsumstände gewann das Kriegsengagement der Filmindustrie in materieller Hinsicht in allen Bereichen an Stärke, von der Filmtechnik bis zur Kinoauswertung. Angesichts des Rückgangs an unbelichtetem Filmmaterial aus dem Ausland wie auch von AGFA nutzten einige deutsche Unternehmer die Gelegenheit, die ihnen die Importsperre bot, um selbst Filmmaterial herzustellen und auf dem Markt abzusetzen. Die Qualität von in Deutschland hergestelltem Filmmaterial und Filmzubehör, wie auch die Fertigkeiten deutscher Kameraleute in deren Anwendung, nahm während des Kriegs wesentlich zu.[14]

Von Beginn an versorgte der Krieg deutsche Produzenten von Dokumentar- und Spielfilmen mit einem visuell spektakulären und emotional ergreifenden Stoff. Da diese Thematik nicht nur von aktuellem Interesse war, sondern auch als ein gesellschaftlich akzeptabler Gegenstand angesehen wurde, lockten Darstellungen des Krieges auch jene Teile des Publikums an, die dem Kino bis dahin widerstanden hatten. Zuschauer, die wegen der Wochenschauen in die Kinos gekommen waren, blieben auch zu den Spielfilmen. Die Filmproduzenten ergriffen diese Gelegenheit, um neue Publikumssegmente und eine veränderte Sicht des Kinos zu erreichen, indem sie in ihren Filmen zunehmend bürgerliche Schauplätze und Sujets präsentierten.[15] Ausgedehnte Werbekampagnen für einzelne Schauspieler beförderten diese Veränderung zusätzlich.

Neue Filmunternehmen schossen aus dem Boden, um die steigende Nachfrage nach deutschen Filmen zu befriedigen; mit Fortdauer des Krieges kauften einige der kapitalstärkeren Produktionsfirmen schwächere auf und reorganisierten sich – dem Modell amerikanischer, französischer und dänischer Firmen folgend – in vertikal integrierte Unternehmen. 1916 hatten diese großen Gesellschaften ein gemeinsam eingerichtetes Monopolsystem geschaffen, das regionale Verkaufsbeschränkungen und Block-Buchungen von Filmserien vorsah.[16] Diese Filmserien, die nicht selten das Herzstück im Angebot einer Filmgesellschaft und deren effektivste Vermarktungsstrategie darstellten, waren überwiegend um die Figur eines Stars herum konzipiert, so etwa die Henny-Porten-Serie 1915/16 oder die Asta Nielsen-Serie 1916/17. Zu den männlichen Stars dieser Zeit, denen einzelne Serien gewidmet waren, gehörten der Regisseur und Schauspieler Viggo Larsen, Mitbegründer der dänischen Filmgesellschaft Nordisk; der Berliner Komiker und spätere Regisseur Ernst Lubitsch sowie, im populären Detektivfilm-Genre, Ernst Reicher und Max Landa, wobei Reicher in über 40 Filmen als Sherlock-Holmes-Verschnitt namens Stuart Webbs auftrat und Landa als Joe Deebs in einer Serie von Groschenheft-Verfilmungen unter der Regie von Joe May zu sehen war. Die überwiegende Mehrheit der mit eigenen Starserien versehenen deutschen Schauspieler war jedoch weiblich.

Diese nicht unerheblichen wirtschaftlichen Entwicklungen im Vorfeld ermöglichten die Gründung der Ufa im Dezember 1917, die die deutsche Filmindustrie gleichsam auf einen Schlag vereinheitlichte und ihr ein solides Fundament für die privatwirtschaftliche Nachtkriegsentwicklung sicherte.[17] Unabhängig von den Ergebnissen auf den Schlachtfeldern oder den Resultaten des Versailler Vertrags ging die deutsche Filmindustrie aus dem Krieg als Sieger über die konkurrierenden europäischen Industrien hervor. Die Filmindustrien Frankreichs und auch Italiens hatten den Kriegsanstrengungen ihrer Länder Material und Personal abstellen müssen, was zu Verlusten gegenüber der florierenden amerikanischen Industrie auf den in- und ausländischen Märkten führte. Die junge deutsche Filmindustrie jedoch verwandelte die Kriegsumstände und ihre vergleichsweise isolierte Geschäftssituation in einen produktiven Vorteil, wobei sie in ihren Unternehmungen deutlich von Seiten des Reichs unterstützt wurde. Die, verglichen mit ihrem Zustand bei Kriegsbeginn, bemerkenswerte Stärke der deutschen Filmindustrie zum Zeitpunkt des Waffenstillstands lässt den Schluss zu, dass das deutsche Kino tatsächlich ein Gewinner der kriegsbedingten sozialen und ökonomischen Verhältnisse war.

Wie ein führender Star seinem Publikum das Kino und den Krieg ›verkaufte‹

Ihre erste Filmrolle spielte Henny Porten 1907 (und ihre erste Rolle überhaupt, da sie vorher nicht im Theater aufgetreten war). Bereits 1912 war Porten als führende Schauspielerin der Messter-Gesellschaft zu breiter

Popularität gelangt; ab 1912 warben Name und Person Portens für Messters Produktionen. Portens Arbeit als Schauspielerin und ihr ikonografischer Wert (vgl. Abb. 1) trugen beträchtlich zum frühen Erfolg Messters bei und halfen so, die Kapazitäten der Gesellschaft in die Lage zu versetzen, in die Wochenschau-Produktion einzusteigen und auf andere Weise mit dem Reich an der Umsetzung der Absicht zu kooperieren, für deutsche nationale Interessen im In- und Ausland zu werben. Portens Stellung als Starschauspielerin der Messter-Film assoziierte ihr Bild in der Öffentlichkeit eng mit den Wochenschauen und anderen kriegsbezogenen Unternehmungen der Firma. Ein farbenfrohes Plakat, das dem *Kinematographen* vom 5. Juli 1916 beigelegt war, dokumentiert Portens Position am Schnittpunkt von Krieg und Kino auf anschauliche Weise. Das Plakat zeigt ein Brustbild der blonden Porten als Hauptattraktion an der Fassade eines ›Soldaten-Kinos‹ (Abb. 2). Ein Soldat verlässt gerade das Kino mit einem Lächeln auf den Lippen, während zwei andere das Programm der Messter-Wochenschau betrachten, die dem Spielfilm vorausgeht. Die hohe Papierqualität und die vierfarbige Druckwiedergabe verleihen dem Plakat Dauerhaftigkeit, so dass es sich zum Aufhängen eignet. Das Plakat bietet Porten als gemäßigtes Kriegs-›Pin-Up‹ dar, trotz der augenscheinlichen Züchtigkeit Portens auf diesem Plakat wie auch ihres Images überhaupt. Dies verstärkte sich noch, nachdem sie selbst im Oktober 1916 zu einer Kriegswitwe geworden war.[18] Porten bot deutschen Kinobesuchern ein filmisches Spektakel, das zugleich eine angemessen unterdrückte weibliche Sexualität und deutsche nationale Identität vermittelte: ›Das *Mutter*land‹.

Portens ikonografische Geltung verkaufte den Krieg auch auf sehr direkte Weise. Im September 1917 spielte sie in einem kurzen Film mit dem Titel HANN, HEIN UND HENNY, von der Messter-Film zur Förderung der 7. Kriegsanleihe-Kampagne hergestellt. Porten tritt zunächst in einer Filmkulisse auf, kurz darauf empfängt sie in einem elegant eingerichteten Zimmer Hann und Hein, zwei Mitglieder einer U-Boot-Besatzung, die den Filmstar zuvor schriftlich um Rat zur Steigerung der Kriegseinkünfte gebeten hatten. Porten teilt den Matrosen in Gesten und mithilfe einer Tricksequenz einen Traum mit, den sie kürzlich gehabt hatte und in dem jedermann die Sache des Krieges unterstützt hat und die Kriegssäckel längst gefüllt waren. Porten selbst trat in Berlin bei mehreren Veranstaltungen auf, um für Kriegsanleihen zu werben. Der Film war beim Publikum äußerst populär und so effektiv, dass er im Oktober 1918 noch einmal zur Werbung für die 9. Kriegsanleihe in die Kinos kam. Werbeanzeigen in der Fachpresse belegen, dass dieser kurze Film allein das Publikum anzulocken vermochte.[19]

Abb. 1: Henny-Porten-Fanpostkarte (um 1915)

Abb. 2: Anzeige der Messter-Film, *Der Kinematograph*, 5. Juli 1916. Das Plakat bringt Henny Porten in enge Verbindung mit den Kriegswochenschauen der Filmgesellschaft. Das Firmenlogo eines Erde und Mond umkreisenden Filmstreifens und die hinweisende Geste des Soldaten bilden eine visuelle Verbindung zwischen dem Gesicht Portens und dem Wochenschau-Programm über das Geschehen an den Fronten im Westen, Osten, Südosten und in Italien.

Portens ideologische Funktion trat im November 1918 noch deutlicher hervor, als deutsche Truppenmitglieder und Zivilisten sich in den Straßen Berlins und anderswo gegen den Krieg und die Regierung erhoben. Als die Revolution sich in die Straßen der Städte ergoss, erschien Porten auf den Kinoleinwänden in einem kurzen Film, in dem ihre von wallenden weißen Gewändern umgebene Erscheinung sich aus den Flammen erhob, ihrer eigenen rückblickenden Beschreibung zufolge »wie der Friedensengel persönlich.« Der sich anschließende Zwischentitel wies das Publikum an: »Seid ruhig, seid vernünftig, schont eure Frauen und Kinder.«[20] Wie auch die Filmindustrie insgesamt, spielte Portens Image somit eine gewichtige Rolle in der Werbung für deutsche nationalistische Politik während und unmittelbar nach dem Ersten Weltkrieg.

Henny Porten war aber nicht nur ein besonderer Star mit einer enormen Wirkung, sie steht auch emblematisch für die Funktionsweise des Starphänomens im frühen deutschen Kino. Andere Stars waren nicht weniger verwickelt in die Verflechtung von Krieg und nationaler Kultur mit dem Kino und den Folgen seines Konsums. Aus filmhistorischer Sicht von noch nachhaltigerem Interesse als Portens Beteiligung an den Kriegsanleihe-Kampagnen und ihre Bemühungen um die Bändigung der Revolution ist der grundlegende Anteil, den sie und andere Stars an der Etablierung eines starken deutschen nationalen Kinos zwischen 1914 und 1918 hatten. Dieses *nationale* Kino diente nicht zuletzt als Fundament für die effektive ideologische Unterstützung, die das ›Dritte Reich‹ später von einem *nationalisierten* Kino erhielt. Die Verwendung von weiblichen Stars durch die deutsche Filmindustrie als eine der vorrangigen Werbestrategien etablierte ein Muster, das sich durch die Zeit der Weimarer Republik hindurch zog und so effektiv im ›Dritten Reich‹ ausgebeutet wurde. Die von den Stars hervorgerufene Loyalität des Publikums konnte und wurde zugunsten nationalistischer Ziele vereinnahmt. Insbesondere die Unternehmensgruppe der Ufa, deren Stars wie Porten zentrale wirtschaftliche Vermögenswerte darstellten, erwies sich bei der Übernahme und Dominanz der deutschen Medien durch die Nationalsozialisten von unschätzbarem Wert.

Natürlich waren es nicht nur *deutsche* Filmstars, die das Wachstum einer nationalen Filmindustrie beförderten oder sogar offen nationalistische Projekte und Ziele verfolgten. Und doch erweist eine Analyse der Funktionen der Stars in diesen frühen Entwicklungsphasen der deutschen Filmindustrie auffallende Verbindungen zwischen Krieg, Kino und dem weiblichen Star als wirtschaftlichem und ideologischem Angelpunkt dieses filmgeschichtlichen Moments. Frühe deutsche Filmstars repräsentierten einen sichtbaren Ort, von dem die genau formulierten Fundamente eines nationalen Kinos und einer nationalistischen Politik ihren Ausgang nahmen; und sie demonstrieren den historischen Einsatz von Weiblichkeitsbildern, mit denen das eine wie das andere ›an den Mann gebracht‹ werden sollte.

Aus dem Englischen von Michael Wedel

1 Helga Belach: *Henny Porten. Der erste deutsche Filmstar 1890–1960.* Berlin 1986, S. 43. — 2 Vgl. Larry Wayne Ward: *The Motion Picture Goes to War. The U.S. Government Film Effort During World War I.* Ann Arbour 1985, S. 29–34. — 3 Vgl. Hans Barkhausen: *Filmpropaganda für Deutschland im Ersten und Zweiten Weltkrieg.* Hildesheim 1982, S. 3–6, 46–52, 65–77 und passim. — 4 Vgl. Wolfgang Mühl-Benninghaus: Newsreel Images of the Military and War, 1914–1918. In: Thomas Elsaesser, Michael Wedel (Hg.): *A Second Life. German Cinema's First Decades.* Amsterdam 1996, S. 176–179. — 5 Vgl. *Der Kinematograph*, Nr. 470, 29.12.1915; Nr. 497, 5.7.1916; Nr. 523, 3.1.1917; Nr. 528, 7.2.1917 und Nr. 532, 7.3.1917. Zur ausbleibenden Regierungsunterstützung der frühen Bemühungen der Eiko- und Messter-Film um filmische Kriegsberichterstattung vgl. ausführlich Barkhausen: *Filmpropaganda für Deutschland*, a. a. O. (wie Anm. 3), S. 65 f. — 6 Vgl. Mühl-Benninghaus: Newsreel Images, a.a.O. (wie Anm. 4), S. 176 ff. — 7 Vgl. Barkhausen: *Filmpropaganda für Deutschland*, a.a.O. (wie Anm. 3), S. 99–103. Barkhausen berichtet hier auch den Fall, dass das BUFA einen Vertrag mit seinem vorrangigen kommerziellen Vertreiber kündigte, nachdem nationalistische Tageszeitungen dieses Unternehmen, die Flora-Film, wegen seiner jüdischen Betreiber attackiert hatten. Anschließend wurden Verträge mit anderen Firmen abgeschlossen, die an die Stelle der Flora-Film traten, darunter die Deulig, an der sowohl Messter als auch die Eiko beteiligt waren. — 8 Vgl. ebd., S. 16–26, 37–44, 53–60 und 78–121. — 9 Vgl. Hermann Meiners: Die Aufgaben der Kinematographie im Kriege. In: *Der Kinematograph*, Nr. 469, 22.12.1915, S. 1; Ludwig Brauner: Das Kino vor, während und nach dem Kriege. In: *Der Kinematograph*, Nr. 473, 19.1.1916, S. 1 f.; Vgl. a. *Der Kinematograph*, Nr. 472, 12.1.1916; Nr. 507. 13.9.1916; Nr. 509, 27.9.1916; Nr. 528, 7.2.1917; Nr. 534, 14.3.1917; Nr. 561, 26.9.1917; Nr. 562, 3.10.1917. — 10 Alfred Rosenthal: Das deutsche Feldkino. In: *Der Kinematograph*, Nr. 532, 7.3.1917, S. 2 f. Ein anderer Beitrag hatte am 22.12.1915 an gleicher Stelle (Nr. 469) über das Kinoerlebnis eines Soldaten an der Front Folgendes berichtet: Ihm vorausgegangen sei ein etwa einstündiger Marsch hinter den Linien in ein besetztes französisches Dorf, wo sich fast dreihundert Fahrer, Infanteristen und Offiziere in das einfache, aber hübsch dekorierte Innere eines Holzhauses drängten, wobei die Offiziere in abgetrennten Logen im hinteren Teil des Raumes Platz nahmen. Das Programm begann mit Musik von Violine, Klavier und Cello, bevor ein dramatischer Film gezeigt wurde, in dem Zivilisten in Abendkleidung sich einem Café Schlagsahne zu sich nahmen: Der Autor des Berichts seufzt in nostalgischer Rückbesinnung auf das normale Leben zu Hause. Es folgte ein eher derbes Lustspiel, das die Soldaten unter normalen Umständen als Zeugnis des schlechten Geschmacks abgelehnt hätten, im ›Soldaten-Kino‹ aber brüllend komisch fanden. — 11 Vgl. Guido Convents: Cinema and German Politics in Occupied Belgium. In: Karel Dibbets, Bert Hogenkamp (Hg.): *Film and the First World War.* Amsterdam 1995, S. 171–178, hier S. 173. — 12 Vgl. z. B. Walter Thielemann: Der vaterländische Hilfsdienst und die Kinobranche. In: *Der Kinematograph*, Nr. 521/522, 27.12.1916, S. 1; Vgl. a. die Anzeige ›Ernste Worte in ernster Stunde‹

in: *Die Lichtbild-Bühne*, Nr. 50, 8.8.1914, S. 6 sowie Barkhausen: *Filmpropaganda für Deutschland*, a.a.O. (wie Anm. 3), S. 108. — **13** Vgl. Walter Thielemann: Die Erstarkung der deutschen Filmindustrie. In: *Der Kinematograph*, Nr. 531, 28.2.1917, S. 1; anon.: Film und Wirtschaft. In: *Der Kinematograph*, Nr. 610, 11.9.1918, S. 1. Vgl. a. Jerzy Toeplitz: *Geschichte des Films. Bd. 1: 1895–1928*. Berlin 1984, S. 142–152 sowie Kristin Thompson: *Exporting Entertainment. America in the World Market, 1907–1934*. London 1985, S. 36 f. — **14** Vgl. anon.: Die Leistungen der Filme im Krieg. In: *Der Kinematograph*, Nr. 525, 17.1.1917, S. 2. Zu den Auswirkungen des Ersten Weltkriegs auf die Produktion von unbelichtetem Filmmaterial vgl. ausführlich Carlos Bustamante: The Filmfabrik of the Aktiengesellschaft für Anilin-Fabrikation (AGFA) during the First World War. Unveröffentlichtes Vortragsmanuskript, XVth International IAMHIST Conference, Amsterdam, 5.–11. Juli 1994. — **15** Zu dieser allmählichen Verschiebung im deutschen Kino von der frühen Akzentuierung der Attraktionen hin zu einem bürgerlich (und männlich) orientierten Erzählstil nach 1910 vgl. Heide Schlüpmann: *Unheimlichkeit des Blicks. Das Drama des frühen deutschen Kinos*. Frankfurt/M. und Basel 1990, S. 30, 44 f., 55 und 62 f. — **16** Vgl. Thielemann: Die Erstarkung der deutschen Filmindustrie, a.a.O. (wie Anm. 13); A. Czillard: Das Geschäft im Rheinland und Westfalen. In: *Der Kinematograph*, Nr. 525, 17.1.1917. Zur Herausbildung des Monopolfilm-Systems in Deutschland vgl. Corinna Müller: *Frühe deutsche Kinematographie. Formale, wirtschaftliche und kulturelle Entwicklungen 1907–1912*. Stuttgart und Weimar 1994, S. 126–157. — **17** Vgl. Siegfried Kracauer: *Von Caligari zu Hitler. Eine psychologische Geschichte des deutschen Films*. Frankfurt/M. 1979, S. 42 ff.; Friedrich v. Zglinicki: *Der Weg des Films. Die Geschichte der Kinematographie und ihrer Vorläufer*. Hildesheim 1956, S. 393 ff. Vgl. auch Thompson: *Exporting Entertainment*, a.a.O. (wie Anm. 13), S. 104–111. — **18** Berichten zufolge wurden Ausgaben dieses Hefts des *Kinematographen* interessierten Lesern an die Feldkinos zugeschickt. Es ist daher anzunehmen, dass dieses Plakat an den Fassaden der Feldkinos weite Verbreitung fand. Darüber hinaus wird berichtet, dass auch Bilder von Asta Nielsen als Fetischobjekte an der Front ausgestellt wurden. Vgl. E.M. Mungeast: *Asta Nielsen*. Stuttgart 1928, S. 11 ff. — **19** Vgl. z. B. anon.: Kriegsanleihe-Film I. In: *Der Kinematograph*, Nr. 561, 26.9.1917. Der ungenannte Autor berichtet an dieser Stelle, der Film wäre beim Berliner Publikum »ein stürmischer Erfolg« gewesen. Eine Kopie des Films wird im Bundesarchiv-Filmarchiv in Berlin aufbewahrt. Für weitere Berichte über den Erfolg dieses kurzen Films vgl. *Die Lichtbild-Bühne*, Nr. 38, 22.9.1917 und *Der Film* vom 29.9.1917. Werbeanzeigen finden sich in *Der Kinematograph*, Nr. 561, 16.9.1917 und Nr. 613, 2.10.1918. — **20** Ausschnitte aus einem Tonband-Interview mit Porten, abgedruckt in Belach: *Henny Porten*, a.a.O. (wie Anm. 1), S. 51.

Jan-Christopher Horak

Münchens erster Spielfilm
Peter Ostermayr und DIE WAHRHEIT

Wenn Berlin das Zentrum der deutschen Filmindustrie in der ersten Hälfte des 20. Jahrhunderts war, konnte München nach 1919 doch zumindest den Titel, Deutschlands Filmstadt Nummer zwei zu sein, für sich in Anspruch nehmen. Die Geiselgasteig-Studios und das Stuart-Webbs-Atelier in Grünberg, die Arnold & Richter-Studios in Schwabing und andere Produktionsstandorte brachten in den 20er, 30er und 40er Jahren einen kontinuierlichen Strom von Filmen hervor. In der Zeit nach dem Zweiten Weltkrieg avancierten die Münchner Bavaria-Studios sogar zu Deutschlands wichtigstem Produktionszentrum, nachdem die meisten Berliner Studios 1945 unter sowjetische Kontrolle gekommen und später in die DEFA eingegangen waren. Natürlich wurden die großen expressionistischen Stummfilme und die Klassiker der 20er Jahre von Lang, Murnau und Lubitsch in Berlin aufgenommen, doch hatte München seinen Anteil an der Produktion von historischen Epen – zum Beispiel STERBENDE VÖLKER (1921, Regie: Robert Reinert), MONNA VANNA (1922, Regie: Richard Eichberg), HELENA (1923, Regie: Manfred Noa), WATERLOO (1928, Regie: Karl Grune), LUDWIG II. (1929, Regie: Wilhelm Dieterle) –, von Stuart-Webbs-Detektivfilmen und vor allem von Heimatfilmen wie DER OCHSENKRIEG (1920), DIE GEIERWALLY (1921, Regie: E.A. Dupont), THE MOUNTAIN EAGLE (1926, Regie: Alfred Hitchcock) und DER WEIBERKRIEG (1928, Regie: Franz Seitz). Wenn Berlin seinen Ufa-Konzern hatte, so hatte München den ›Emelka-Konzern‹ (gegründet 1918 als Münchner Lichtspielkunst AG), der sich wie die Ufa zu einer horizontal und vertikal integrierten Filmgesellschaft entwickelte, einschließlich Produktion, Vertrieb, Kinoauswertung, Studios und Kopierwerken. Bis Mitte der 20er Jahre hieß die treibende Kraft der ›M.L.K.‹ oder ›Emelka‹ Peter Ostermayr, der neben Oskar Messter zu den vergessenen Pionieren des deutschen Kinos gehört.

Geboren am 18. Juli 1882 in München, erbte Ostermayr das väterliche Fotolabor, wechselte jedoch schon bald ins Filmgeschäft: 1907 gründete er gemeinsam mit seinem Bruder Franz (später bekannt als Franz Osten) eine Wanderkino-Gesellschaft namens ›Original Physiograph Compagnie‹. Nachdem ein Nitratbrand und die eher mäßigen Umsätze diesem Abenteuer ein Ende bereitet hatten, verlegten sich Peter und Franz Ostermayr auf die Herstellung von Filmen, eine Tätigkeit, die ihren Wurzeln näher stand und nun neben der Porträtfotografie betrieben wurde. 1908 begannen sie eine Serie mit ›Ansichten‹ von München und der bayerischen Landschaft sowie mit ›Aktualitäten‹ der laufenden Ereignisse, die sie an Gaumont, Pathé Frères, Eclair und Messter verkauften. Im Jahr darauf gründete Peter Ostermayr die Münchner Kunstfilm, wozu er einen Teil seines Dachgeschoss-Fotostudios am Münchner Karlsplatz in ein Filmstudio umwandelte.[1]

Schließlich inszenierte Ostermayr 1910 seinen ersten Erzählfilm DIE WAHRHEIT, der jedoch niemals kommerziell vertrieben wurde. Warum dieser Film nie in die Kinos gekommen ist, ist bis heute unklar; es gibt weder Zensurkarten noch Presseberichte. Wie das meiste der frühen Filmgeschichte Münchens ist dieser Film lediglich zum Gegenstand anekdotenhafter Erzählungen geworden, denen kaum handfeste historische Forschungen gegenüberstehen. Dieser Essay kann die klaffende Lücke nicht schließen, er stellt jedoch den Versuch dar, zwei verfügbare Quellen ›gegen den Strich‹ zu lesen – ein unveröffentlichtes autobiografisches Manuskript von Peter Ostermayr und den Film selbst[2] –, um zu einigen vorläufigen Thesen über den Zustand der frühen deutschen Filmindustrie in München zu gelangen.

Im Jahre 1910 befand sich die deutsche Filmindustrie an der Schwelle zu einem weit reichenden Durchbruch, der innerhalb nur weniger Jahre die Ufa als eine der dominierenden Größen der europäischen Filmindustrie etablieren sollte. Obwohl französische Filmgesellschaften wie Gaumont und Pathé den überwiegenden Anteil an Filmen in deutschen Kinos dieser Zeit stellten, begann die deutsche Filmproduktion mit dem flächendeckenden Kinoboom zu expandieren. Allein in München verdoppelte sich die Anzahl der Spielstätten zwischen 1910 und 1913 auf insgesamt 50 Kinos (Berlin verfügte zu dieser Zeit über dreimal so viele). Im Zuge dieser Entwicklungen errichtete Paul Davidson, Begründer der größten deutschen Kinokette, im Jahre 1910 die Projektions-AG ›Union‹ (PAGU) und ergänzte somit seine Aktivitäten auf dem Aufführungssektor um Vertrieb und Filmproduktion. 1912 unterzeichnete er einen Exklusivvertrag mit der dänischen Schauspielerin Asta Nielsen, die bald darauf zu Europas populärster Schauspielerin aufsteigen sollte.

Während noch 1910 lediglich vier größere Filmgesellschaften in Deutschland Filme herstellten – die Deutsche Mutoskop- und Biograph, die Vitascope GmbH, Duskes Kinematographen und Filmfabriken GmbH sowie die Messters-Projektion GmbH –, wurden innerhalb der nächsten zwei Jahre eine Reihe wichtiger Produktionsfirmen ins Leben gerufen, unter anderem die Projektions-AG ›Union‹, die Continental-Kunstfilm GmbH und die Eiko-Film GmbH.[3] Die Expansion der Berliner Filmindustrie erscheint noch dramatischer, blickt man auf die kleineren Gesellschaften: Während es 1909 insgesamt nur 28 Produktionsfirmen gab, hatte sich diese Anzahl 1911 bereits auf 70 erhöht.[4] 1912 wurden die Babelsberg-Studios von der Bioscop GmbH errichtet, im Jahr darauf entstanden die Vitascope Studios in Weißensee (die später von Joe May übernommen wurden). Es ist kennzeichnend für den Stand der Dinge, dass, während sich all die Aktivitäten in Berlin überschlugen, München gerade die ersten Schritte auf dem Weg zu einem gewichtigen Produktionsstandort unternahm. Peter Ostermayr schreibt in seiner Autobiografie:

> Wie schon gesagt, die Zeit, in der man Innenaufnahmen auf Freilichtbühnen gedreht hat, war vorbei. Filme wurden nun in Glashäusern hergestellt, meistens leerstehende Fotoateliers. Ich hatte ein Fotoatelier, wenn es auch nicht leer war. Anfangs mußte das kleinere Atelier herhalten, in dem die Filme entwickelt wurden. So hatte ich also mein eigenes Glashaus und meinen eigenen Kameramann (...) Das kleinere Atelier wurde geräumt. Unter Verwendung der Hintergrundkulissen des Fotoateliers ließ ich die Dekorationen malen. Die Tür wurde aus Leinwand geschnitten und auf einen Rahmen gespannt. Wenn sie beim Öffnen und Schließen zitterte, machte das nichts, das passierte schließlich auch in den Filmen, die wir in der ›Physiograph. Comp.‹ vorführten.[5]

Während also die Filmgesellschaften in Berlin begannen, riesige frei stehende Glasateliers zu bauen, die eigens zur Filmherstellung entworfen worden waren und auch den größten Kulissen Platz boten, richtete Ostermayr lediglich ein Dachstudio ein, wie sie in dieser Art in der Berliner Friedrichstraße bereits vor der Jahrhundertwende existierten.[6]

Ironischerweise hätte Ostermayr seine Filme ebenso gut in einer Lagerhalle drehen können, liest man seine Beschreibung der Bemühungen, das Studio mit *auf* dem Glasdach angebrachten Vorhängen abzudunkeln. Hätte er sie an der Innenseite der Fenster belassen, wären sie im Bildausschnitt zu sehen gewesen. Des Weiteren war er lediglich in der Lage, seine sechs jüngst erworbenen Bogenlampen in einer Reihe am höchsten Punkt des Glasdaches aufzuhängen, da auch sie an jeder anderen Stelle im Bild sichtbar gewesen wären. Die Darsteller waren also in der Mitte des Ateliers einem starken Licht ausgesetzt, während die Helligkeitsgrade gegen die Ränder stark abfielen und so Ostermayr zwangen, alle Aktionen im Zentrum des Bildausschnitts anzusiedeln.

Requisiten zur Ausstattung der Backstage-Szenen waren leicht zu beschaffen, da Ostermayrs Fotostudio mit zahlreichen Kulissen für die damals sehr populären Genreporträts ausgestattet war. Zur Ausstattung des Arztbüros verwendete Ostermayr eigenes Mobiliar aus seinem Privathaushalt. Diese improvisierten Dekorationen ersparten Ostermayr die Kosten für die Anstellung eines Filmausstatters. Allerdings befand sich Ostermayr damit, wie er selbst zugibt, kaum auf der Höhe der Zeit. Seine Dekorationen sahen im Vergleich zu den neuesten Filmen aus Berlin billig und altmodisch aus: »Die Berliner Produktionen hatten nicht stillgestanden, wie auch die Entwicklung dramatischer Filme von Monat zu Monat, ja von Woche zu Woche große Sprünge nach vorn machte.«[7]

Nach Beginn der Dreharbeiten mit einer Crew von Bühnendarstellern, von denen nicht einer je zuvor vor einer Kamera gestanden hatte, musste Ostermayr das aufgenommene Material jedesmal zu Pathé nach Berlin schicken, da München noch über kein einziges Filmlabor verfügte. Angesichts der Kosten für unbelichtetes Filmmaterial konnte Ostermayr es sich nicht leisten, eine Szene mehr als einmal zu drehen, nachdem er sie vorher mit den Darstellern einstudiert hatte.[8] Am Ende jedes Drehtages sorgte sich Ostermayr so lange um die Qualität der entwickelten Aufnahmen, bis das Labor ihm die Verwendbarkeit des Negativs bestätigt hatte. Der Film wurde innerhalb von sechs Tagen mit Gesamtkosten von 900 Reichsmark fertig gestellt.[9] Er hatte eine Länge von 490 Metern, den Schnitt besorgte Ostermayr selber.

Mit dem fertigen Film im Gepäck, nahm Ostermayr den ersten Zug nach Berlin, um ihn dort den Vertretern der deutschen Pathé-Filiale vorzuführen und zum Kauf anzubieten. Bei Ostermayr heißt es dazu:

> Als es wieder hell wurde, sah ich meine ›Abnehmer‹ mit verkrampftem Lächeln an. Aber die Herren waren höflich und lobten vor allem die Fotografie. Auch an der Darstellung sei nichts auszusetzen, nur die Ausstattung lasse leider sehr zu wünschen übrig. Vor einem halben Jahr hätte sie noch genügt, aber inzwischen seien Filme erschienen, die in Ausstattung ...[10]

Um eine lange Geschichte kurz zu fassen: Ostermayr landete nicht den erhofften Verkaufserfolg. Tatsächlich konnte er diesen Film überhaupt nicht verkaufen, obwohl anscheinend ein Münchner Filmverleiher unbesehen Interesse am Kauf von DIE WAHRHEIT zeigte. Ostermayr aber war zu stolz einzugestehen, dass er von der Weltklasse-Konkurrenz in Berlin abgelehnt worden war und teilte dem Interessenten mit, er stünde kurz vor einem Abschluss in Berlin. Ostermayr verbuchte diese Erfahrung als Lehrgeld und ließ den Film in den Regalen verschwinden, nachdem er sich der Einwilligung seines Co-Finanziers versichert hatte.

Darf man seiner autobiografischen Erzählung in irgendeiner Weise Glauben schenken, so enthält sie zumindest eine Erkenntnis für Historiker des frühen Kinos. Während nämlich traditionell die Entwicklung filmischer Techniken, insbesondere der Kameraarbeit und der Montage, hervorgehoben wird, haben die Fortschritte in der Filmausstattung bisher nur wenig Aufmerksamkeit erhalten. Wie jedoch dieser anekdotenreiche Bericht verdeutlicht, war die Filmausstattung in einem expandierenden Markt ein wichtiges Qualitätskriterium. Nicht weniger als Hollywoods Filmmogule der nächsten Generation achteten frühe Filmproduzenten empfindlich darauf, dass jede Mark, jeder Franc und jeder Dollar auch auf der Leinwand sichtbar wurden. Dies galt insbesondere für die Übergangsperiode vom *film d'art* (der sich noch immer mit gemalten Dekorationen begnügte) zum ›Autorenfilm‹, also für die Zeit zwischen 1908 und 1912.

Hierbei spielte auch eine Rolle, dass, wie Corinna Müller gezeigt hat, die Expansion der deutschen Filmproduktion zu einer Überversorgung mit Filmen geführt hat. Mit Bezug auf *Die Lichtbild-Bühne* schreibt sie: »Die Absatzchancen eines einzelnen Herstellers waren daher begrenzt, weil naheliegenderweise, wie es 1911 hieß, ›heute der einzelne Filmverleiher beim wöchentlichen Aussuchen des Programms nur wenige Fabrikmarken berücksichtigen kann.‹«[11] Von den etwa 100 neu erhältlichen Stoffen konnten 30 bis 40 Prozent nicht abgesetzt werden.[12] Es überrascht daher nicht, dass Ostermayr als Neuling unter den Filmproduzenten keinen Käufer für DIE WAHRHEIT finden konnte. Von Bedeutung ist auch, dass Ostermayrs zweiter Film MUSETTE (1912) von der Münchner Zensur verboten wurde. Sein erster erfolgreicher Film ACH, WIE IST'S MÖGLICH DENN wurde also erst Ende 1913 fertig gestellt und im Münchner Sendlingertor-Kino vor den Augen der ›feinen Gesellschaft‹ uraufgeführt. Tatsächlich dauerte es bis in die Zeit nach dem Ersten Weltkrieg, ehe Ostermayrs Produktionsfirmen ihren Jahresausstoß auf mehr als nur eine Handvoll Filme anheben konnten.

DIE WAHRHEIT erzählt eine einfache Geschichte. Karl Wolter, ein erfolgreicher Theaterschauspieler, verliert langsam sein Augenlicht. Er ist bei einem Arzt in Behandlung, der es nicht übers Herz bringt, dem Schauspieler zu sagen, dass er vollständig erblinden wird. Stattdessen schreibt er einen Brief an den Theaterdirektor, in dem er darum bittet, den Schauspieler nicht wegen seiner Erkrankung zu entlassen. Die Verlobte des Schauspielers, die Schauspielerin Inga Lara, verlässt ihn und stürzt ihn so in eine tiefe Depression. Um von seinem Arzt die Wahrheit zu erfahren, erfindet er eine List: Er klebt sich einen falschen Bart an und gibt sich als sein eigener Vater aus. Nachdem der Arzt ihm die Wahrheit gestanden hat, begeht er Selbstmord.

Betrachtet man DIE WAHRHEIT aus heutiger Perspektive, erscheint der Film nicht annähernd so misslungen, wie man nach Ostermayrs Bericht annehmen könnte. Tatsächlich stellt der Film, verglichen mit ähnlichen Unternehmungen in Deutschland und Skandinavien, einen respektablen Erstling dar. Selbstverständlich hat der Film seine Schwächen. Wie überhaupt im frühen Kino folgen die Anschlüsse des Films keineswegs klassischen Modellen der Narration. Zum Beispiel wurde die Szene, in der der Schauspieler eine viel befahrene Hauptstraße überquert und beinahe von einem vorbeikommenden Auto überfahren wird, zweimal aus unterschiedlichen Blickwinkeln aufgenommen, die beide im fertigen Film hintereinander gezeigt werden (in der ersten Einstellung verschwindet der Fahrer aus dem Bild; in der zweiten Einstellung ist er vor dem Schauspieler stehen geblieben, um ihn zu beschimpfen [Abb. 1]). Diese Verdopplung der Aktion war in dieser frühesten Zeit des Kinos nicht selten, wurde 1910 aber

Abb. 1: Straßenszene – Ein Autounfall

Jan-Christopher Horak

Abb. 2: Pagliacci

mit Sicherheit als ›Fehler‹ bewertet. An zwei verschiedenen Stellen des Films sind ein Insert und ein Zwischentitel voreilig eingeschnitten, lange vor – und nicht während – der Aktion, auf die sie sich beziehen. Schließlich laufen die Einstellungen noch lange, nachdem die eigentliche Handlung sich bereits vollzogen hat, weiter, was wiederum kein ungewöhnliches Vorkommnis im frühen Kino darstellt.

Und dann ist da natürlich noch die Sache mit den Dekorationen. Bei den Atelierdekorationen der Eröffnungssequenz im Theater handelt es sich ganz offensichtlich um bemalte Leinwände. Ohne die finanziellen Möglichkeiten, um in einem richtigen Theater mit Publikum zu drehen, behilft sich Ostermayr mit einer Schuss-Gegenschuss-Konstruktion zwischen dem Schauspieler in der Rolle des ›Pagliacci‹ (Abb. 2) und seiner voller Bewunderung zuschauenden Verlobten in der Loge (Abb. 3). Auch das Behandlungszimmer des Arztes ist nur spärlich ausgestattet (Abb. 4). Die gemalten Dekorationen werden dadurch noch auffälliger, dass Ostermayr verschiedene andere Szenen im Freien dreht: außer der Szene, in der der Schauspieler die Arztpraxis verlässt und dabei fast von einem Auto überfahren wird, noch zwei weitere Szenen vor dem Hintereingang des Thea-

Abb. 3: Im Theater

Abb. 4: In der Arztpraxis

Jan-Christopher Horak

Abb. 5: Im Garten der Verlobten

ters, eine Szene mit dem Schauspieler im Park sowie die der Auseinandersetzung zwischen dem Schauspieler und seiner treulosen Verlobten in ihrem Garten. Außerdem sind die Innenaufnahmen extrem überladen und stets in der Bildmitte inszeniert, was, wie schon gesagt, auf die geringe Größe von Ostermayrs Atelier und die Position der Bogenlampen zurückzuführen ist. Das Ergebnis ist, dass fast alle Szenen als statische Zweipersonen-Konfrontationen konstruiert sind, in denen die Auftritte und Abgänge durch die Tür in der Mitte des Hintergrunds die einzigen Bewegungselemente darstellen.

Man könnte allerdings auch argumentieren, dass eine solche *mise en scène* schon bald im Rahmen des Melodramas konventionalisiert war, und in der Tat kann man DIE WAHRHEIT als männliches Melodrama analysieren. In diesem Sinne lässt sich Karl Wolters Krankheit als eine Art männlicher Hysterie verstehen, die ihren Ursprung in einer ausgeprägten Kastrationsangst hat. Tatsächlich wird er als Mann zu keiner Zeit den großartigen Rollen gerecht, die er auf der Bühne verkörpert. Es ist hierbei sehr aufschlussreich, dass der Schauspieler in der Rolle des Pagliacci seinen Triumph feiert, einer Figur, die tatsächlich von der wiederholten Untreue seiner Schauspieler-Gattin ›kastriert‹ wird. Und als ob die Bühnenfiktion bestätigt werden sollte, ist es seine Blindheit im richtigen Leben, die die Untreue seiner Verlobten befördert: »Als großen Schauspieler habe ich ihn geliebt. Jetzt bedeutet er mir nichts mehr.« In zwei weiteren Szenen wird seine symbolische Kastration verdeutlicht. Ohne dass Wolter es wissen konnte, saß die Schauspielerin in dem Auto, das ihn um ein Haar überfahren hätte; und in einer späteren Szene im Garten ist er völlig machtlos, als er sich mit ihrem neuen Liebhaber konfrontiert sieht (Abb. 5). Am Ende jedoch ist es sein Schauspielerstolz, der ihn seine letzte Rolle spielen lässt, mit der er die Wahrheit über seinen Zustand herausfindet. Unfähig, mit dem Verlust weder seines beruflichen Ansehens noch seiner Verlobten zurechtzukommen, und mit einer Zukunft als Schwerbehinderter vor Augen, nimmt sich Wolter das Leben. Es ist sein letzter freier Willensakt.

Sicherlich wird dieser erste Spielfilm einer Münchner Produktionsgesellschaft eine Fußnote in der Geschichte der deutschen Filmindustrie bleiben. Es bedurfte schon der Abschottung der deutschen Grenzen und der damit einhergehenden Eliminierung französischer Konkurrenz, um München den zur Etablierung einer funktionierenden Filmindustrie notwendigen Aufschwung zu geben. 1918 arbeiteten mehrere Filmproduzenten in München, darunter Peter Ostermayrs Münchner Kunstfilm (Abb. 6), die Möwe-Film,

Abb. 6: Firmenlogo der Münchner Kunstfilm

die Bayerische Filmindustrie A. Ankenbrand GmbH, die Rolf Randolf-Filmgesellschaft, die Jost-Film, die Weiss-Blau-Film und die Leo-Film. Eine anspruchsvolle Geschichte dieser Gesellschaften und ihrer Produktion zu schreiben, wäre der nächste Schritt, um eine klaffende Lücke in der Geschichte des deutschen Kinos zu füllen.

Aus dem Englischen von Michael Wedel

1 Vgl. Sylvia Wolf, Ulrich Kurowski: *Das Münchner Film und Kino Buch.* München 1988, S. 11 ff. — **2** Der Film wird vom Münchner Filmmuseum archiviert. Eine Nitrokopie des Films befindet sich im Besitz der Erben Peter Ostermayrs. — **3** Vgl. Uta Berg-Granschow, Wolfgang Jacobsen: ... *Film* ... *Stadt* ... *Kino* ... *Berlin* ... Berlin 1987. — **4** Vgl. Corinna Müller: *Frühe deutsche Kinematographie. Formale, wirtschaftliche und kulturelle Entwicklungen 1907–1912.* Stuttgart und Weimar 1994, S. 74. — **5** Peter Ostermayr: Wie es begann ... und wurde! Erzähltes vom Münchner Film. 30 Jahre Erinnerungen und Erfahrungen. 1907 bis 1957. Unveröff. Manuskript. Dank an die Andreas Mardersteig GmbH, die mir diesen Text in Auszügen zur Verfügung stellte. — **6** Noch primitiver ging man bei Karl Valentins erstem Film KARL VALENTINS HOCHZEIT (1912) vor. Produziert von Münchens zweitem Filmpionier Martin Knopp, wurde der Film offensichtlich auf einem Set unter freiem Himmel aufgenommen. Vgl. Jan-Christopher Horak: Schadenfreude. Deutsche Filmkomödien und Karl Valentin. In: *KINtop* 1, 1992, S. 58–74, hier S. 65 f. — **7** Ostermayr: Wie es begann ..., a.a.O. (wie Anm. 5). — **8** Corinna Müller stellt fest, dass die Kosten für unbelichtetes Filmmaterial von 42 Pfennig pro Meter alle deutschen Produzenten dazu zwangen, in einem durchschnittlichen Verhältnis zwischen abgedrehten und verwendeten Filmmetern von 2,5:1 oder weniger zu produzieren. Vgl. Müller: *Frühe deutsche Kinematographie,* a.a.O. (wie Anm. 4), S. 85 f. — **9** Vgl. Gerhard Lamprecht: *Deutsche Stummfilme 1903–1912.* Berlin 1969, S. 58. — **10** Eine gekürzte Version von Ostermayrs Erinnerungen wurde in einer Münchner Zeitung veröffentlicht, unter dem Titel: Mit der WAHRHEIT fing der Schwindel an. Mein erster Spielfilm / Eine Plauderei von Peter Ostermeyer [sic]. Ohne Datumsangabe wiederabgedruckt in: Wolf, Kurowski: *Das Münchner Film und Kino Buch,* a.a.O. (wie Anm. 1), S. 17 f. — **11** Müller: *Frühe deutsche Kinematographie,* a.a.O. (wie Anm. 4), S. 74. Das Zitat stammt aus dem Artikel: Monopolisierung oder Zentralisierung. In: *Die Lichtbild-Bühne,* Nr. 31, 5.8.1911. — **12** Ebd.

Michael Wedel

Schiffbruch mit Zuschauer
Das Ereigniskino des Mime Misu

Attraktion und Ereignis: Das Vermächtnis des frühen Kinos

Auf die Verwandtschaft zwischen dem frühen ›Kino der Attraktionen‹ und dem post-klassischen Ereigniskino Hollywoods ist wiederholt hingewiesen worden. Schon Tom Gunning hat am Ende seiner begriffsbildenden Arbeit zur Wirkungsweise des ›Kinos der Attraktionen‹ auf dessen »ambivalentes Vermächtnis« verwiesen, das sich nicht nur in der ästhetischen Praxis der Filmavantgarde zeige, sondern ebenso im »modernen Spektakel-Kino« Hollywoods fortwirke: »einerseits die direkte Attacke auf den Zuschauer (...), andererseits eine lineare narrative Kontinuität. So zeigt sich das ambivalente Vermächtnis des frühen Kinos.«[1] In der Spannung zwischen dem direkten, über die visuelle Lust am dargebotenen Spektakel hergestellten Kontakt mit dem Publikum und der Integration von Schauwerten in eine kohärente Erzählstruktur hat im prä- wie im post-klassischen Kino tendenziell die »dramatische Zur-Schau-Stellung« Vorrang vor narrativer Geschlossenheit:

> Das Kino der Attraktionen verwendet nur wenig Energie darauf, Figuren mit psychologischer Motivation oder individueller Persönlichkeit auszustatten. Indem es sich sowohl fiktionaler wie nichtfiktionaler Attraktionen bedient, wendet es seine Energie eher nach außen in Richtung auf einen Zuschauer, der als solcher akzeptiert wird, statt nach innen, auf Situationen, die auf (fiktiven) Figuren basieren und essentiell für das klassische erzählerische Moment wären.[2]

Allerdings, räumt Gunning ein, sind die Effekte des zeitgenössischen Hollywoodkinos »sehr gezähmte Attraktionen.«[3] Gezähmt vor allem insofern, als sie in erster Linie filmische Attraktionen böten, während das »einmalige Ereignis«, mit dem das frühe Kino »die visuelle Neugier erweckt und vermittels eines aufregenden Spektakels Vergnügen bereitet«, auch dokumentarisch »für sich interessant sein kann«.[4] Der historische Attraktionswert eines frühen Films speist sich demnach aus einem im doppelten Sinne über das filmische Ereignis hinaus weisenden Bezugsrahmen: In seiner Wirkungsabsicht zielt die Attraktion auf ein physisch im Kino vorhandenes Publikum (nicht auf einen imaginär ›vereinzelten‹ Zuschauer); dieses als Öffentlichkeit adressierte Publikum wiederum ist durch ein kulturelles »Vorwissen« geprägt, das in der außerfilmischen Referenzialität von Stoffwahl und Aufführungspraxis aktualisiert wird.[5]

Wie im Anschluss an Gunnings Thesen festgestellt wurde, scheint gerade in einer solchen über formale Analogien hinausgehenden kulturellen Vernetzung das Ereigniskino des frühen mit dem des späten 20. Jahrhunderts zu kommunizieren. Für Miriam Hansen etwa markieren beide Formen nicht so sehr »als eigene Öffentlichkeit, die von den spezifischen Verhältnissen zwischen Repräsentation und Rezeption definiert wird«, sondern vielmehr erst »als Teil eines größeren gesellschaftlichen Horizonts, der von anderen Medien und von sich überschneidenden lokalen, nationalen und globalen, intersubjektiven und deterritorialisierten Strukturen des öffentlichen Lebens definiert wird«[6] eine für die Filmgeschichtsschreibung signifikante Konstellation:

> Beide Perioden werden von einer tiefgreifenden Umwälzung der Beziehungen zwischen kultureller Repräsentation und Rezeption charakterisiert (...). Beide Stadien der Medienkultur unterscheiden sich deutlich von der klassischen Norm einer Rezeptionskontrolle durch einen starken diegetischen Effekt, der von spezifischen Textstrategien und einer Unterdrückung des Aufführungskontextes erreicht wird; im Gegensatz dazu gestatten prä- und post-klassische Formen der Zuschauerschaft dem Zuschauer (...) einen größeren Spielraum der Interaktion mit dem Film, ein größeres Bewusstsein von der Aufführung und der kulturellen Intertexte. (...) Frühmoderne und postmoderne Formen des Medienkonsums zueinander in eine Konstellation zu rücken, könnte etwas von der Unvermeidbarkeit nehmen, die sich das klassische Paradigma sowohl in der Selbst-Promotion Hollywoods als auch in funktionalistischen Filmgeschichten angeeignet hat.[7]

Dass das frühe Kino auch im Wilhelminischen Deutschland als »diskursiver Horizont« der Moderne Katalysator und Kristallisationspunkt einer veränderten Form von Öffentlichkeit und öffentlicher Erfahrung war,[8] ist häufig in Begriffen einer misslungenen Loslösung von den etablierten Künsten und staatlich-institutionellen Interessenlagen bestritten worden. So wurden die bestimmenden Merkmale der filmästhetischen Entwicklung des deutschen Films vielfach in äußeren Einflussnahmen gesucht und gefunden: Die Eingriffe und Auswirkungen von Autorenfilmbewegung und Theaterschauspieler-Transfer,[9] Kinoreform und Kinodebatte,[10] Filmkritik[11] und Filmzensur,[12] Kriegspropaganda und staatlicher Bevormundung[13] lieferten einige der Stichworte, anhand derer die Notwendigkeit einer kontextualisierenden und historisierenden Betrachtung der Filme zwar erkannt und – insbesondere für künstlerisch ambitionierte Produktionen des Autorenfilms und des fantastischen Films – umgesetzt, kaum einmal jedoch als neuartige mediale Kapazität und ästhetische Strategie auf dem Feld der öffentlichen Wahrnehmung bewertet und in eine Funktionsanalyse auch populärer Genres überführt wurde.[14]

Gerade in dieser Hinsicht könnte eine genauere Betrachtung des erst jüngst wieder entdeckten Films TITANIC – IN NACHT UND EIS (1912) und seines Regisseurs Mime Misu wertvolle Hinweise liefern. Denn selten hat sich die oft konstatierte Korrespondenz zwischen den spezifischen Formen der Öffentlichkeit, die das kommerzielle ›Attraktions‹- beziehungsweise ›Ereignis‹-Kino der beiden letzten Jahrhundertwenden schaffte, so konkretisiert wie in diesem Fall, in dem der publizistische Vorlauf zum Deutschlandstart von James Camerons TITANIC (1997) zu einem historischen Verweis auf den – zunächst nur aus zeitgenössischen Berichten der Fachpresse überlieferten – Film Misus führte. Noch bevor sich über die unterschiedlichen, dem jeweiligen filmtechnischen Entwicklungsstand und den filmästhetischen Konventionen beider Filme geschuldeten Repräsentationsformen des Titanic-Stoffes Differenzen und Entsprechungen herstellen konnten, kommunizierten sie über ihre – jeweils zu spezifizierende, wenn nicht zu revidierende – Gattungsverwandtschaft als populäre Katastrophenfilme hinaus bereits im (Presse-)Spiegel der massenmedialen Vermarktungskanäle, mit denen sie ihre historisch und kulturell spezifische Öffentlichkeit herzustellen versuchten.[15]

Zur Rekonstruktion der Wirkungsmechanismen, mit denen das Ereigniskino Misus im Spätwilhelminischen Deutschland operierte und – zumindest für kurze Zeit – auch funktionierte, sollen im Folgenden drei Schritte unternommen werden. Zunächst sollen aus den historischen Spuren, die Misus Filmarbeit in Deutschland hinterlassen hat, Anhaltspunkte für eine bewusste Strategie der filmindustriellen Positionierung und Selbstvermarktung gewonnen werden, die Misu für eine kurze Zeitspanne zu einem der bekanntesten – aber auch umstrittensten – in Deutschland tätigen Filmregisseure werden ließ. Anschließend soll der Wirkungshorizont der nicht überlieferten deutschen Filme Misus zumindest so weit ausgeleuchtet werden, dass ihre vielfältigen Anschlusspunkte an damals aktuelle Debatten und Medienereignisse sich abzeichnen können. Schließlich soll eine möglichst detaillierte Diskussion der Produktions-, Inszenierungs- und Rezeptionsmerkmale von Misus Titanic-Film die Antinomien eines Mediendiskurses aufzeigen, die ein derartiges Projekt im Kontext der deutschen Öffentlichkeit des Jahres 1912 zu navigieren hatte.

Mime Misu: Historische Figur und biografische Legende

Die ebenso steile wie kurze Filmkarriere des Regisseurs und Schauspielers Mime Misu (Abb. 1) lässt sich heute zumindest wieder in Umrissen skizzieren. Lange stützten sich die wenigen Hinweise zu Herkunft und historischer Figur Misus hauptsächlich auf Angaben, die Emil Schünemann, Kameramann seiner ersten drei deutschen Filme, Mitte der fünfziger Jahre in einem Gespräch mit Gerhard Lamprecht machte.[16] Schünemann behauptet, Misu hätte das Treatment zu seiner Verfilmung des Titanic-Unglücks noch in der zweiten Aprilhälfte 1912 konzipiert und auf der Überfahrt von den USA nach Europa »in einem Schulheft« zu Papier gebracht. Nach seiner Ankunft in Deutschland soll sich Misu beim damaligen Geschäftsführer der kurz zuvor gegründeten Continental-Kunstfilm GmbH,[17] dem Eiskunstläufer Max Rittberger, als »amerikanischer Filmregisseur« ausgegeben haben, um die Realisierungsaussichten seines Projekts zu erhöhen. Schünemann nennt diese biografische Legende Misus »amerikanischen Bluff«, der schließlich zum Erfolg geführt habe.[18] Tatsächlich, so Schünemann, habe Misu in seinem Herkunftsland Rumänien als Friseur gearbeitet, bevor er nach Hollywood gegangen sei, wo er allerdings nicht als Regisseur, sondern lediglich als Maskenbildner tätig gewesen sein soll: »Er konnte nicht einmal einen Schauspieler leiten«, lautet das Urteil Schünemanns im Rückblick.

Zeitgenössische Quellen belegen, dass Misu bei der Continental von Anfang an eine Sonderstellung genoss und in Werbeanzeigen (ab Mai 1912) durch den Titel eines »Oberregisseurs« gegenüber anderen bei der Continental beschäftigten Regisseuren wie Max Mack und Waldemar Hecker eigens hervorgehoben wurde.[19] Da auch andere Firmen die Namen der Regisseure ihrer Produktionen zu diesem Zeitpunkt nur in Ausnahmefällen publik machten, kann Misu als der erste Regisseur des deutschen Films gelten, dessen – nicht aus einem anderen kulturellen Zusammenhang bekannter – Name in das öffentliche Bewusstsein drang. Genauere Angaben über Herkunft, Ausbildung und berufliche Anfänge Misus, die sowohl der

Abb. 1: Mime Misu, 1913

indirekt überlieferten PR-Version Misus als auch Schünemanns vermeintlichen Klärungen teils erheblich widersprechen, finden sich in einem Artikel, den die *Lichtbild-Bühne* im Januar 1914 unter der Überschrift ›Der Film-Regisseur als schöpferischer Künstler‹ veröffentlichte.[20] Diesem Nachtrag zu der ein halbes Jahr zuvor erschienenen ›Luxus-Ausgabe‹ über Filmregisseure[21] zufolge wurde Misu am 21. Januar 1888 in der rumänischen Handelsstadt Botoschani als Nachkomme einer »bedeutenden Künstlerfamilie«, Neffe der »weltberühmte[n] Rahel«, geboren. Bereits im Kindesalter sei er als Balletttänzer und Pantomime am Stadttheater seiner Heimatstadt so erfolgreich gewesen, dass er ein Stipendium für die Bukarester Kunst-Akademie erhielt, die er neben seiner Schauspielertätigkeit am Königlichen Nationaltheater mit Auszeichnung absolvierte. In der Folgezeit soll er an verschiedenen rumänischen Provinztheatern unter Vertrag gewesen sein. Im Alter von nur zwölf Jahren sei er dann in einigen seiner Tanzszenen und Pantomimen anlässlich der Pariser Weltausstellung 1900 erstmals vor internationalem Publikum aufgetreten und anschließend – zum Teil mit eigenen Inszenierungen – auf Europatournee gegangen, die ihn unter anderem nach Berlin, Wien, Budapest und London geführt habe.

Auch über Misus Laufbahn beim Film bis 1914 gibt diese Quelle konkreteren Aufschluss. Misus Filmarbeit begann demnach nicht in den USA, sondern in Frankreich, wo er bei den Firmen Societé Lux (gegr. 1907) und Pathé Frères als Filmregisseur tätig gewesen sein soll.[22] Im Anschluss daran sei er nach einem kurzen Engagement in Wien nach Berlin gegangen und dort bei der Continental unter Vertrag genommen worden. Der Beiname »Napoleon der Filmkunst«, den ihm die Berliner Presse nach seinen ersten deutschen Filmen für die Continental und die Projektions-AG ›Union‹ (PAGU) verliehen hat, könnte somit auf seine frühere Tätigkeit in der französischen Filmindustrie anspielen.[23] Dem Artikel der *Lichtbild-Bühne* ist weiter zu entnehmen, dass Misu bei seinen deutschen Produktionen nicht nur jeweils Autor der Drehvorlage, Regisseur und Hauptdarsteller in einer Person gewesen sein soll, sondern in den meisten Fällen auch die Dekorationen selbst entworfen habe.

Bisherigen Erkenntnissen zufolge befand sich Misu zum Zeitpunkt der Veröffentlichung des Artikels bereits in den USA, um für die Metropolitan Film Co. nun tatsächlich seinen ersten amerikanischen Film THE MONEY GOD zu inszenieren, der dort am 10. Februar 1914 lizensiert wurde.[24] Ob es sich dabei um eines jener noch in Deutschland vorbereiteten Filmprojekte handelte, die laut *Lichtbild-Bühne* »alles Gebotene weit in den Schatten stellen werden«,[25] ist heute nicht mehr endgültig zu klären. Nach Amerika mitnehmen konnte Misu jedoch zumindest die Visitenkarte als »einer der fähigsten Filmregisseure[, dessen] Werke, die eine geradezu raffinierte Regietechnik aufweisen, (…) Riesensummen eingebracht [und] die Bewunderung der Fachkreise in außerordentlich hohem Maße [erregt haben].«[26]

Über Misus Tätigkeit bis Anfang der 20er Jahre ist so gut wie nichts bekannt. Ein Indiz für eine zwischenzeitliche Rückkehr nach Deutschland könnte seine Neuaufnahme in das »Adressenverzeichnis der Regisseure« der *Lichtbild-Bühne* sein, das ihn im August 1915 als wohnhaft in »Berlin W., Nachodstr. 25« ausweist.[27] Als gesichert kann gelten, dass Misu Ende 1919/ Anfang 1920 als Mitinhaber und »künstlerischer Leiter« die Misugraph-Film Co. mit Sitz in New York gründete.[28] 1920 richtete diese Firma ganz in der Nähe der Nachodstraße eine Berliner Filiale in der Martin-Luther-Str. 28 ein.[29] Als diese Anfang 1921 die Gründung einer mit deutschem Fremdkapital ausgestatteten Tochterfirma in Frankfurt am Main verfolgte, wurden potenzielle Investoren in der Fachpresse ausdrücklich vor einem finanziellen Engagement gewarnt, da die Berliner Firma »den Beweis des in ihr vorhandenen und mit größeren Mitteln zu fördernden Könnens« noch in keiner Form erbracht habe.[30]

Tatsächlich schien die Berliner Produktion der Misugraph-Film unter der Leitung Misus – wie auch aus ihrer zwei Wochen später im *Film-Kurier* veröffentlichten Entgegnung hervorgeht – in ihrem ersten Geschäftsjahr keinerlei Aktivitäten in der Filmherstellung nachweisen zu können:

> Unser Unternehmen, das von allem Anfang an auf der Teilnahme amerikanischer Kreise aufgebaut war, konnte niemals als kleinere Berliner Firma angesprochen werden. Die oft erwähnte Frankfurter Gründung steht nicht in Vorbereitung, sondern ist längst Tatsache geworden und bildet nur einen Teilkomplex unserer noch anwachsenden Organisation. Unser künstlerischer Leiter, Herr Misu, war die letzten Jahre in Amerika tätig und hatte internationale Erfolge schon zu einer Zeit eingeheimst (»Mirakel«-Film, »Titanic-Katastrophe«), als die deutsche Filmindustrie noch kaum flügge war. (...) Die sparsame und fachliche Art gerade unserer Betriebsführung (u. a. Abschaffung des Direktoren-Systems) hat alle Chancen für sich. Im übrigen überlassen wir die letzte Beweisführung getrost unserer demnächst einsetzenden Produktion.[31]

In der Gegendarstellung eines in Gründung befindlichen ›Schutzverbandes der von der Misugraph-Film Co. Geschädigten‹ – der nach eigener Aussage »Material von fast allen Angestellten, Künstlern und auch Lieferanten, die mit der Firma in Berührung gekommen sind, in reichem Maße besitzt« – wurde nun unmissverständlich daraufhin hingewiesen, dass »die Firma in 1 1/4 Jahren ihres Bestehens noch keinen einzigen Meter Film gedreht hat«.[32] Misus neuerlicher Versuch eines ›amerikanischen Bluffs‹ konnte bei dieser Gelegenheit als solcher entlarvt werden, da sich hohe Vertreter der Famous Players Lasky Co. zu diesem Zeitpunkt zu Verhandlungen mit der Ufa in Berlin aufhielten:[33]

> Das von Herrn Direktor Misu selbst verbreitete Gerücht, er sei früher künstlerischer und technischer Direktor der Famous Players Lasky Co., New York, gewesen, entspricht nach Rücksprache mit den in Berlin weilenden Herren der letztgenannten Gesellschaft, Eugen Zukor und Nachmann [recte: Rachmann, M.W.], nicht den Tatsachen. Herrn Zukor ist Misu überhaupt nicht bekannt, während Herr Nachmann ihn lediglich als Einkäufer der Firma kennt. Von Inszenierungen, die er geleitet haben will, sei ihnen nichts bekannt.[34]

Medienromantik: DAS GESPENST VON CLYDE

Für die Zeit nach Ende des Ersten Weltkriegs ist bislang kein Film Misus nachzuweisen. Bei seinen deutschen Filmen als Regisseur handelt es sich daher allesamt um Vorkriegsproduktionen, die zwischen Mai 1912 und August 1913 hergestellt wurden. Neben TITANIC – IN NACHT UND EIS sind dies noch drei weitere Filme, die als verschollen gelten müssen: DAS GESPENST VON CLYDE (2 Akte, 1912) und MIRAKEL / DAS MARIENWUNDER (4 Akte, 1912) für die Continental sowie EXCENTRIC-CLUB (5 Akte, 1913) für die PAGU.

Soweit sich aus schriftlichen Quellen rekonstruieren lässt, war das Titanic-Projekt nicht das einzige, das Misu der Continental Ende April 1912 zur Realisierung vorschlug. Ein anderes aktuelles Ereignis lieferte ihm im gleichen Monat den Stoff für seinen ersten fertig gestellten deutschen Film. Der weit weniger aufwändig zu produzierende Zweiakter DAS GESPENST VON CLYDE basierte auf dem von der internationalen Boulevardpresse breit kolportierten Schicksal eines englischen Landhausbesitzers: »Dieses Drama ist nach einer wahren Begebenheit des zu Clyde in England kürzlich verstorbenen Artur Hamilton in kunstvollem Spiel naturgetreu *wieder*gegeben«, ließ die Continental in ganzseitigen Anzeigen in der Fachpresse verlauten.[35] Das von der Berichterstattung in den Printmedien erzeugte Interesse und Vorwissen des Publikums wurde bei dieser Gelegenheit deutlich als den Attraktionswert des Films steigernd herausgestellt: »Die Geschichte des Hamilton ist allgemein bekannt, da die Zeitschriften aller Länder diese eigenartige Begebenheit veröffentlichten.«[36]

Die Dreharbeiten zu DAS GESPENST VON CLYDE begannen Mitte Mai 1912. Als Erscheinungsdatum war ursprünglich der 8. Juni 1912 vorgesehen, das Datum konnte jedoch nicht gehalten werden.[37] Der Film wurde erst Mitte Juni 1912 fertig gestellt und am 19. Juni 1912 zur Zensur eingereicht. Die vom Berliner Polizeipräsidium beanstandeten Szenen vermitteln einen Eindruck der fantastischen Merkmale des Films: »Gespensterhafter Auszug des alten Hamiltons [sic] nach der Stätte seines Glücks, Hamiltons Krankheit und Tod.«[38] DAS GESPENST VON CLYDE erschien schließlich am 6. Juli in den deutschen Kinos.[39]

Eine ausführliche Inhaltsangabe, die die Continental unmittelbar nach der Zensurierung des Films veröffentlichte, lässt nachvollziehen, wie stark Misu die in den Medien verbreitete Lebensgeschichte Hamiltons zu einem tragischen Liebesdrama mit schauerromantischen Anklängen verdichtet hatte. Der erste Teil des Films begann mit dem als »idyllisch« und »friedlich« charakterisierten Zusammenleben Hamiltons mit seiner Mutter im gemeinsam bewohnten Landhaus. Auf einem Spaziergang, zu dem er von einem Freund angeregt wurde, begegnet Hamilton im Park »zufällig (...) einem bildhübschen jungen Mädchen (...), welches im Ungeschick einen Korb frisch gepflückter Äpfel fallen ließ.«[40] Er hilft ihm dabei, die Äpfel wieder einzusammeln und begleitet es nach Hause: »mit einem schelmischen Lächeln sagt sie am großen Gittertor ihres Heims ihm ein Lebewohl; ein Zweig mit rosigen Äpfeln mag ihn an ihr kleines Missgeschick erinnern. Dies«, so die Inhaltsbeschreibung pathetisch, »war das Siegel zu seinem Schicksal.«[41] Wenn Hamilton, wie es heißt, sich in den darauf folgenden Tagen weigert, sein Zimmer zu verlassen, und die vom Apfelzweig wach gehaltene Erinnerung an das »junge lebensfrische Mädchen (...) keinen anderen Gedanken Platz [lässt]«, könnte sich Misu die Möglichkeit geboten haben, das mentale Bild des Helden von der geliebten Frau mit Hilfe von Mehrfachbelichtungen, wie sie zu solchen Zwecken zu dieser Zeit nicht nur im deutschen Kino üblich waren,[42] im filmischen Raum zu visualisieren, um es anschließend mit der Begegnung in der Realität zu kontrastieren: Nachdem Hamilton auf Einladung seines Freundes und auf Drängen seiner Mutter eine Theatervorstellung besucht hatte (was er im Theater sah, wird leider nicht mitgeteilt), entschließt er sich endlich, das Mädchen aufzusuchen und ihr seine Liebe zu gestehen.

> Er versäumte den Klub, denn es zog ihn immer wieder in sein stilles Zimmer. Hier kam es plötzlich über ihn – er mußte so handeln, seine Liebe mußte er ihr durch einige herzlich gemeinte Liebesworte zu erkennen geben und er selbst wollte aus ihrem Mund die

Antwort wissen. Er rechnete auf Gegenliebe: doch wie groß und niederschmetternd sollte seine Enttäuschung sein! Auf dem Wege zu ihr sieht er sie im Brautschmuck an der Hand eines Anderen. Er folgte dem Wagen zur Kirche, wo er dann auch von einem Hochzeitsgeladenen die Verwirklichung des ihm noch immer Zweifelhaften erfuhr. Hier ergriff ihn die Verzweiflung, er brach zusammen. Passanten hatten ihn im hilflosen Zustande gefunden und ihn nach seinem Heime gebracht, wo ihn seine zu Tode erschrockene Mutter und der Arzt behandelten.[43]

Im zweiten Teil des Films setzt die Handlung fünfunddreißig Jahre später wieder ein. Aus dem einst so lebenslustigen jungen Mann ist ein greiser Sonderling geworden: »Verwelkt sind die Äpfel.«[44] Obwohl sein psychischer und körperlicher Zustand es kaum erlauben, verlässt Hamilton nachts regelmäßig das Haus: »Die Leute, die ihn sahen, hielten ihn für ein Gespenst und flohen bei seinem Erscheinen.«[45] Eines Morgens findet man ihn bewusstlos am Boden vor dem Gittertor zum Haus der Geliebten und liefert ihn ins Krankenhaus ein, wo seine Mutter ans Sterbebett ihres Sohnes eilt. Der Film endet mit einem narrativen (und vermutlich auch visuellen) Echo auf jene Szene im ersten Teil, in der der Zuschauer (beziehungsweise Leser) Einblick in die Gedanken des frisch Verliebten erhalten hatte: »Während seines schweren Todeskampfes erscheint ihm in seiner Fantasie die Geliebte und dadurch glücklich, entschläft er sanft zu einem besseren Leben.«[46]

Die üppige Metaphorik und dramatische Engführung eines Lebensschicksals weisen DAS GESPENST VON CLYDE als charakteristisches Produkt seines Jahrgangs aus. Neben DES PFARRERS TÖCHTERLEIN (Adolf Gärtner, 1912), ZWEIMAL GELEBT (Max Mack, 1912) oder DES ALTERS ERSTE SPUREN (Franz Hofer, 1912) gehört es zu jenen, mit kurzen, kraftvollen Strichen auf die Leinwand geworfenen Melodramen, mit der die Continental und andere deutsche Firmen auf die veränderte Programmgestaltung der Kinos und die Umstellung auf längere Erzählfilmformate reagierten. Bemerkenswert an Misus Film ist dabei zweierlei: einerseits die Konzentration seines melodramatischen Sujets auf eine männliche Hauptfigur, andererseits die Verarbeitung eines aktuellen Mediendiskurses, die gegenüber ähnlich gelagerten Stoffen einen höheren Grad an öffentlicher Aufmerksamkeit, Misu aber auch eine größere Gestaltungsfreiheit versprach, da die Grundzüge der Geschichte als dem Publikum bekannt vorausgesetzt werden konnten. Die fantastisch-schauerromantischen Züge, die von DER STUDENT VON PRAG (Stellan Rye, 1913) über FURCHT (Robert Wiene, 1917) bis PHANTOM (F.W. Murnau, 1922) einen wichtigen Bestandteil männlicher

Melodramen im deutschen Kino der 10er und frühen 20er Jahre ausmachen, haben in Misus frühem Beitrag ihre Wurzeln allerdings weder in der in diesem Zusammenhang so gern herbeizitierten deutschen ›schwarzen Romantik‹ noch in der zeitgenössischen neo-fantastischen Literatur. Misus Film verweist in seiner Verwendung spuk- und gespensterhafter Motive vielmehr direkt auf die kommerzialisierte Langlebigkeit klassischer schauerromantischer Vorstellungen in den Verwertungskanälen der modernen Massenmedien um die Jahrhundertwende.

Bei dem dritten Projekt, das Misu der Continental Ende April 1912 unterbreitete, handelte es sich um ein mittelalterliches Legendenspiel, das – zusammen mit dem Titanic-Film – zunächst für Mai 1912 unter dem Titel »LE MIRACLE [Das Wunder]«[47] angekündigt wurde, gegenüber der Arbeit an den beiden anderen Filmen jedoch vorläufig ins Hintertreffen geraten zu sein scheint. Außenaufnahmen zu diesem Film fanden im Sommer 1912 im Kloster Chorin und Umgebung statt.[48] Kameramann des Films war Emil Schünemann, die Hauptrollen wurden von Lore Giesen und Anton Ernst Rückert gespielt.[49] In Anzeigen der Continental wurde der mit einer Länge von 1050 Metern und knapp einer Stunde Laufzeit außergewöhnlich lange Spielfilm im Vorfeld vollmundig als »raffiniert ausgestattete[s] und kinematographisch vollendet inszenierte[s] Drama«, »eine Glanzleistung der Kinematographie in Bezug auf Regie, Technik und Photographie« bezeichnet.[50]

Derartige Ankündigungen weckten die Aufmerksamkeit der Anwälte Max Reinhardts, dessen Bühneninszenierung von Karl Vollmöllers mittelalterlichem Mysterienspiel ›Das Mirakel‹ nach seiner Uraufführung am 23. Dezember 1911 in der Londoner Olympia Hall zu einem Welterfolg geworden war. Im Sommer 1912 hatte der deutsche Filmproduzent Joseph Menchen Reinhardt und dem englischen Produzenten der Inszenierung, Charles Cochran, eine Verfilmung des Stückes angeboten. Kurze Zeit später wurde zu diesem Zweck unter dem Vorsitz und mit finanziellen Mitteln des Theateragenten und Kinobetreibers A. H. Woods die Produktionsfirma The Miracle Company gegründet. Während die Dreharbeiten zu Misus Film zu diesem Zeitpunkt bereits abgeschlossen gewesen sein müssen, wurden die Aufnahmen zur Filmfassung der Reinhardt-Inszenierung unter der Leitung Menchens vom 10. bis 20. September 1912 auf Burg Kreuzenstein bei Wien hergestellt.[51] Misus ähnlich gelagertes Projekt gleichen Titels führte unvermeidlich zu einer polemisch geführten Kontroverse zwischen beiden Parteien.[52]

Bei allen Unterschieden, die Misus drei Filme für die Continental hinsichtlich ihrer Gattungszugehörigkeit im klassischen Sinne trennen, ist ihnen gemeinsam, dass der Anschluss an aktuelle Medienereignisse den entscheidenden Ausgangsimpuls gegeben zu haben scheint: die Pressemeldungen über den Tod Arthur Hamiltons für DAS GESPENST VON CLYDE, der internationale Bühnenerfolg der gleichnamigen Reinhardt-Inszenierung für MIRAKEL, die Berichterstattung über den Untergang der Titanic, international die größte Schlagzeile des Jahres, für TITANIC – IN NACHT UND EIS. Vordringlichste Merkmale von Misus Ereigniskino sind somit die Aktualität des jeweiligen Stoffes sowie die Referenzialität der jeweiligen Repräsentationsform, die ein außerfilmisches, von anderen Massenmedien vermitteltes Ereignis in ein ›Kinoereignis‹ verwandelt. Diese beiden Eigenschaften rücken Misus Filme aus dem Jahre 1912 in die Nähe des so genannten Aktualitätenfilms, eines frühen Filmgenres, das seit den Anfängen des Kinos fester Bestandteil des internationalen Filmangebots war, bevor es (in Frankreich zunehmend ab 1909, in Deutschland ab 1911) in die Wochenschau-Berichterstattung integriert wurde.[53] Wie Misus drei Continental-Produktionen bezogen sich die frühen, teils dokumentarischen, teils (nach)inszenierten Aktualitätenfilme fast immer auf die Berichterstattung in Tagespresse und illustrierten Magazinen, weshalb hier wie dort von einer medial vermittelten Repräsentation der Ereignisse in den Filmen selbst auszugehen ist, in der sich nicht zuletzt ein direktes Referenz-, aber auch Konkurrenzverhältnis ausdrückt.

Inszenierung für die Massen: EXCENTRIC-CLUB

Für die Saison 1913/14 wird Misu von Paul Davidson bei der PAGU im Bereich »Regie und Inszenierung« unter Vertrag genommen.[54] Misus Engagement bei Davidsons PAGU ist jedoch ähnlich kurz wie zuvor bei der Continental: Er beendet dort lediglich einen Film, bevor er Anfang 1914 zur Metropolitan Film Co. in die USA wechselt.

Mit EXCENTRIC-CLUB schließt Misu thematisch an den internationalen Erfolg von TITANIC – IN NACHT UND EIS an.[55] Wiederum entwirft er als Autor des Drehbuchs ein Seedrama, dessen Höhepunkt eine Schiffskatastrophe darstellt. Und auch diesmal greift Misu aktuelle Entwicklungen in den Massenmedien auf: In zwei Lieferungen der populären Groschenheft-Serie *Lord Lister, genannt Raffles, der Meisterdieb* von Kurt Matull, die von 1908 bis 1910 erschien, spielt ein Londoner »Excentric-Club« ebenso eine zentrale Rolle, wie in der ab 1913 im Dresdener Mignon-Verlag erscheinenden Detektiv-Serie *Lord Percy vom Excentric Club*. Ein Spielclub für Millionäre namens »Excentric Club« soll ab 1890 in den USA tatsächlich existiert und seine früheste literarische Verarbeitung in Jules Vernes Roman *Le testament d'un excentrique* (1899) gefunden haben.[56] Misu hat dieses virulente Motiv des zeitgenössischen Kriminal- und Detektivromans in den Titel seines Films übernommen, es allerdings in ein anderes aktuelles Gattungsmuster – den mit seinem Namen verknüpften maritimen Katastrophenfilm – integriert. Vor diesem doppelten populärkulturellen Hintergrund zeichnet sich ein Spiel mit der Publikumserwartung ab, das in der Überlagerung bis dahin generisch disparater Assoziationsfelder auf ein Maximum an öffentlicher Aufmerksamkeit abzielt.

Ausgangspunkt der Handlung des Films, soweit sich Inhalt und Szenenfolge aus schriftlichen Quellen rekonstruieren lassen, ist eine Wette, die der wohlhabende Lord Chester (Alfred Tostary) im ›Excentric-Club‹ darauf abschließt, dass er einen gewöhnlichen Mann unter Hinweis auf die Existenz eines verborgenen Schatzes dazu bringen könnte, Heimat und Familie zu verlassen. Er findet sein Opfer in John (Mime Misu), der mit Frau Mary (Margarete Wichmann) und Tochter Ethel (Marie Kläs) in bescheidenen Verhältnissen lebt. Nachdem John von Lord Chester mit beträchtlichen finanziellen Mitteln ausgestattet wurde und ihm weitere Reichtümer in Aussicht gestellt worden sind, verwehrt er dem jungen Dick die Hand seiner Tochter Ethel, da die bereits seit einiger Zeit bestehende Beziehung zwischen den beiden jungen Leuten seiner Ansicht nach nun nicht mehr standesgemäß wäre. Ohne Wissen des Vaters heiraten Ethel und Dick jedoch heimlich und fliehen aus der Stadt. Als Ethel den Versuch unternimmt, sich mit ihrem Vater zu versöhnen, verweist er sie des elterlichen Hauses. Kurz darauf begibt sich John auf die Schatzsuche und sticht als Kapitän in See. Unterwegs gerät er in einen schweren Sturm, dem sein Schiff zum Opfer fällt.[57] John sühnt seine Gier nach Reichtum und die Hartherzigkeit gegenüber seiner Tochter mit dem Tod. Der Film endet mit der Reue des sterbenden Lord Chester, dass er wegen einer Wette unter Millionären das bescheidene Glück der Familie Johns zerstört hat.[58]

Wie zuvor bei TITANIC – IN NACHT UND EIS wird auch über die Dreharbeiten zu diesem Film, die im Juli 1913 im neu errichteten ›Union-Aufnahme-Atelier‹ der PAGU in Tempelhof bei Berlin stattfinden, in Tages- und Fachpresse ausführlich berichtet. Abermals werden zur Inszenierung der Schiffskatastrophe des letzten Akts – laut *Lichtbild-Bühne* »ein neues Bravourstück des Regisseurs Mime Misu«[59] – Journalisten und Personen des öffentlichen Lebens eingeladen. Und auch die veröffentlichten Drehberichte gleichen den im Jahr zuvor publizierten. Als erprobter Inszenator aufwändiger Katastrophenszenen steht Misu im Mittelpunkt der Berichterstattung. So heißt es etwa in der *Lichtbild-Bühne*:

> Die Vorführung war für die Schlussaufnahme zum Lichtspielroman
> EXCENTRIC-CLUB bestimmt, dessen Verfasser, Regisseur und Held
> Herr Misu ist. Dieser Teil schildert den Brand des Kohleschachtes
> eines Ozeanriesen, der auf hoher See ein Leck erhalten hatte, dessen
> Kessel explodieren, worauf das Schiff ein Raub der Flammen wur-
> de. Herr Misu spielt als Kapitän des Schiffes die Hauptrolle in die-
> sem Film und stirbt heldenmütig den Flammentod.[60]

Details der szenischen Ausgestaltung lassen sich einem Bericht entnehmen, der am 26. Juli im *Berliner Tageblatt* veröffentlicht wird:

> Dicht am Tempelhofer Feld, wo sich dieses entsetzliche Schiffsun-
> glück auf hoher See zutrug, sah man heute vormittag auf dem Ter-
> rain der Filmfabrik der Union eine etwa fünfzehn Meter lange und
> einige Meter hohe Wand von schwarz-grauer Farbe. Das war die
> Wand des Feuerkessels in dem Dampfer, der in dem neuen Film DER
> EXZENTRIKKLUB einen der Hauptorte der spannenden Handlung bil-
> det. In diese graue Wand waren Löcher eingeschnitten, hinter denen
> Kästen aus Eisenblech ein wenig Kohlefeuerung enthielten. Etliche
> Röhren längs den Wänden und Manometer gaben der grauen Kulis-
> se vollends das Bild eines Feuerkessels. Im Hintergrund führte eine
> Leiter hinauf, und die Kulisse stand auf ihrer Vorderseite einen hal-
> ben Meter tief im Wasser, das man mit Schläuchen hierhergeführt.
> Das war die ganze Katastrophe, die sich in etwa drei Minuten abspiel-
> te und die auf fünfzig Meter Film aufgenommen wurde. ›Die Toten
> aufstehen!‹ lautete das Kommando des Oberregisseurs zum Schluß.
> Die heldenmütigen Opfer laufen aus dem Wasser empor in den hel-
> len Sonnenschein, der diese Schreckensszene unter freiem Himmel
> beleuchtet hatte, und das geladene Publikum, wie die Zaungäste,
> von Haufen von kleinen Ferienbummlern, die auf dem Bretterzaun
> hocken und hier Schiffskatastrophen ›nassauerten‹, spendeten der
> Regie der erschütternden Handlung wie den pudelnassen Darstel-
> lern ihren lebhaftesten Beifall.[61]

Misu selbst hatte seine Ansichten über Regiearbeit im Vorfeld der Drehabeiten in der Fachpresse veröffentlicht. Seine Anmerkungen über ›Kunst‹ und ›Regiefehler‹ im Film spiegeln vor allem den Zeitdruck wider, unter dem Misus auf thematische Aktualität angelegten Projekte bis dahin in besonderem Maße standen:

> Die Quintessenz meiner bescheidenen und flüchtigen Argumentation zugunsten des viel geschmähten Regiefehlers ist die, daß er meist bewußt im Film vorhanden ist, weil er aus rein wirtschaftlichen Gründen verzichten mußte, ausgemerzt zu werden. Also nicht Dummheit, Unkunst oder Lässigkeit des Regisseurs sind die Ursachen der Regiefehler, sondern die Natur der Filmmaterie, die in Extemporés, Zufälligkeiten, Stegreifkombinationen, unangenehmen Hindernissen und teuflischen Schwierigkeiten förmlich darin schwelgt, daß der Filmregisseur viel früher die Gelbsucht vor Ärger bekommt, als der Bühnenregisseur, der Zeit hat, den Totfeind [sic] der Darstellungskunst aus dem Hause zu jagen.[62]

Der Kunstanspruch des Kinos gründe sich gerade nicht in der Annäherung an das Theater und die Literatur, sondern vielmehr in einem höheren Grad der Wirklichkeitsabbildung: »Unsere Requisitenkammer ist die prächtige Welt selbst, unsere naturgetreueste Beleuchtung die Sonne und keine Zwischenpause bei dem Fortlauf der Handlung zerreißt die Stimmung.«[63] Entscheidend für die künstlerische sei die kulturelle Bedeutung des Kinos, die sich vor allem in seinem einzigartigen Potenzial als Massenmedium zeige: »[D]er Hunger nach Kunst lebt in jedem Menschen, und zwar ohne Ausnahme. Meist unbewußt. Sechzig Millionen Menschen international sitzen täglich laut Statistik im Kinotheater. Noch nicht der fünfte Teil im Schauspieltheater. Würden Millionen von Menschen täglich zu den Stätten einer Unkunst drängen?«[64] Die technischen Grundlagen des Kinos – hinsichtlich seiner foto-realistischen Abbildungs- wie seiner massenmedialen Vervielfältigungsmöglichkeiten – widerspricht in Misus Augen dem Kunstanspruch keineswegs, allerdings sei der »rein technische Kino-Apparat (...) ein Nichts, wenn er nicht durch intellektuelles Denken des Menschen zur Betätigung kommt.«[65]

Schiffbruch mit Zuschauer: TITANIC – IN NACHT UND EIS

Wie diese konzeptionelle Durchdringung des technischen Apparats von Misu regiepraktisch umgesetzt wurde, lässt sich heute an seinem einzigen überlieferten Film TITANIC – IN NACHT UND EIS überprüfen. Aufgrund des ungleich größeren Ereignischarakters und der starken Medienkonkurrenz war die Produktionsstrategie von TITANIC – IN NACHT UND EIS in weitaus höherem Maße auf Aktualität ausgerichtet als Misus gleichzeitig vorbereitete Projekte DAS GESPENST VON CLYCDE und MIRAKEL. Keine zwei

Wochen, nachdem der Ozeanriese der White-Star-Linie in der Nacht zum 15. April 1912 gesunken war, kündigte die Continental in der Fachpresse für den Monat Mai eine filmische Dramatisierung des Unglücks an: Unter dem Titel »Der Untergang der Titanic« sollte ein »Seedrama« hergestellt werden, »umfassend die ganze Katastrophe, einschl. des Zusammenstoßes mit dem Eisberge und schwer dramatischer Szenen an Bord«.[66] Am 11. Mai wurde das Erscheinungsdatum auf den 22. Juni verschoben und – »[u]m irgend welchen Mißverständnissen vorzubeugen« – bekannt gegeben, dass der Film unter der Regie von »Oberregisseur Misu (...) ein längeres Drama darstellt, welches in Bezug auf dramatischen Wert und technische Ausführung absolut einwandfrei ist. Es handelt sich also weder um willkürlich (teils aus älteren Aufnahmen) aneinandergereihte Szenen, noch um roh wirkende Sensationshascherei.«[67]

Als solche wurden nicht nur seitens der Continental die Verarbeitungen des Titanic-Unglücks empfunden, die zu diesem Zeitpunkt in deutsche Kinos kamen. Sie bestanden in der Tat teils darin, existierendes Filmmaterial lediglich in äußeren Bezug zum aktuellen Medienereignis zu setzen. So bot die erste deutsche Wochenschau ›Der Tag im Film‹ für die Woche vom 23.–29. April 1912 unter dem Titel DIE SCHWIMMENDEN EISBERGE ein Sujet an, dessen Aktualitäts- und somit Attraktionswert sich allein aus folgendem Hinweis konstituierte, der wohl als Zwischentitel den Bildern beigegeben war:

> Die schwimmenden Eisberge bilden selbst für den Riesendampfer eine Gefahr. Die ›Titanic‹ kollidierte mit einem solchen Eisberg und wurde zum Sinken gebracht, wobei ca. 1500 Personen ums Leben kamen. Bei der Zeppelinschen Studienreise nach Spitzbergen begegnete man ebenfalls den schwimmenden Eisbergen. 9/10 ihrer Größe befinden sich meist unter dem Wasser. Im Boot befinden sich Se. Exzellenz von Zeppelin und Geheimrat Dr. Hergesell.[68]

An gleicher Stelle inserierte das Filmhaus Th. Scherff aus Leipzig Lindenau am 1. Mai eine Serie von 8½ x 8½ cm großen Lichtbild-Diapositiven, die unter dem Titel *Der Untergang der ›Titanic‹* eine »wahrheitsgetreue Wiedergabe nach Originalzeichnung eines berühmten Marinemalers« darstellten und »sofort lieferbar« seien.[69] Es war vermutlich diese Lichtbild-Serie, die am 11. Mai vom Central-Kino in Pirmasens unter dem Versprechen der »größte[n] Zugkraft« und zusammen mit einem »polizeil. erlaubte[n] Separat-Cabaret-Programm sofort billig« auf dem Wege der Zweitverwertung zur Ausleihe oder zum Verkauf angeboten wurde.[70]

Die größte Verbreitung in Deutschland (wie auch international[71]) fand jedoch die 130 Meter lange Aktualität KATASTROPHE DER ›TITANIC‹ der Gaumont-Wochenschau, die ab 11. Mai in 20 Kopien bereits in der zweiten Woche von der Vertriebsfirma Martin Dentler, später von der deutschen Filiale Elge-Gaumont verliehen wurde. Die aufgrund der Materiallage – es gab kaum Originalaufnahmen der Titanic, bevor sie zu ihrer Jungfernfahrt aufgebrochen war[72] – notwendigerweise disparate Szenenfolge wird wie folgt beschrieben:

> Kapitän Smith auf seiner Kommando-Brücke – Die Eisberge, die Urheber der Katastrophe – Die kolossale Menschenmenge vor dem Büro der White-Star-Linie in New York – Ankunft der ›Carpathia‹ mit den Geretteten an Bord – Einige Überlebende der ›Titanic‹ – Herr Marconi, durch dessen geniale Erfindung über 700 Menschen das Leben gerettet wurde.[73]

Weniger der Inhalt, als vielmehr die Aufführungspraxis der Gaumont-Aktualität wurde in der deutschen Fachöffentlichkeit kontrovers aufgenommen. Anfang Juni berichtet die *Lichtbild-Bühne* unter Bezugnahme auf den *Oberschlesischen Kurier* von der Vorführung des Gaumont-Films in Kattowitz.[74] Diese »aktuelle Aufnahme« hätte zu diesem Zeitpunkt bereits »durch alle erstklassigen Lichtspiel-Theater sämtlicher Großstädte die Runde«[75] gemacht: »Ein jedes Ereignis muß ihnen dazu dienen, die Kassen zu füllen; das gräßliche, das furchtbare, das ungeheure sogar. (...) Das Publikum will überall ›dabei gewesen sein‹. Es ist ein ewiger Hans, der das Gruseln nimmer lernt. Es sieht die ›Titanic‹ ausfahren. Es sieht dann einen ›Eisberg‹. Es sieht schließlich die ›Karpathia‹ mit den Geretteten der ›Titanic‹ in den Hafen von Newyork einlaufen.«[76]

Zur Vorführung von Gaumonts KATASTROPHE DER TITANIC in Kattowitz wurde das Publikum gebeten, den Choral ›Näher mein Gott zu Dir‹ anzustimmen, den – der damals bereits etablierten Titanic-Legende zufolge[77] – die Bordkapelle zum Untergang gespielt haben soll: »Jeder Besucher erhält den Text des Liedes gratis.«[78] Fred Berger, der Inhaber des Kattowitzer Kinos, rechtfertigte sich gegenüber den Vorwürfen des affektheischenden Sensationalismus mit den Worten:

> Noch stehen wir alle unter dem Eindruck der furchtbaren Titanic-Katastrophe; doch wieviel Niederschmetterndes dies Ereignis auch hat, so erbaut man sich doch, wenn man liest, wie heroisch sich die Mitglieder der Schiffskapelle in das unvermeidliche Schicksal füg-

ten und eine tiefe Ergriffenheit erfaßt denjenigen, der sich im Geiste vorstellt, wie Hunderte auf dem weiten Ozean mit dem Tode rangen, wie das Schiff mehr und mehr sich ins Wasser senkte und angesichts des sicheren Todes die frommen Weisen der Schiffskapelle ›Näher mein Gott zu Dir!‹ über das Meer brausten! – Wie vielen ist diese herrliche Melodie ein Sterbelied geworden.[79]

Ähnliche Versuche, das den Wochenschauen zur Verfügung stehende Bildmaterial durch dramatisierende Zwischentitel, begleitende Kommentare und vor allem musikalische Illustration emotional aufzuladen, sind auch aus anderen Ländern überliefert.[80] Die in der Gaumont-Wochenschau zwischen einer älteren Aufnahme von Kapitän Smith auf der Kommandobrücke (gefilmt im Jahr zuvor auf der Olympic, dem Schwesterschiff der Titanic) und Bildern von der Menschenmenge vor dem Büro der White-Star-Linie in New York nach Bekanntwerden des Unglücks eingefügte Einstellung mit treibenden Eisbergen sowie ein ans Ende des Films gesetztes pathetisches Bild von Wellengang auf offener See im Gegenlicht der untergehenden Sonne dienten aber auch dazu, eine Struktur in die Abfolge der einzelnen Szenen zu bringen, die über die dem frühen nichtfiktionalen Film eigene Gegenwart des Zeigens[81] hinaus einen kausalen Zusammenhang zwischen den Bildern stiftet. Innerhalb einer prozessualen Logik des Vorher und Nachher evoziert das Bild mit Eisbergen eine raumzeitliche Nähe zum abwesenden Ereignis, während die letzte Einstellung des Films, vom Gesang des Publikums begleitet, den imaginären Ort des Ereignisses mit Ort und Zeit der Rezeption verbindet.[82]

An derartigen Wochenschau-Praktiken lässt sich das Bemühen ablesen, einerseits gegen das Fehlen authentischer Bilder vom Ereignis selbst diskursiv aufzukommen und andererseits eine narrative Zeitstruktur zu finden, die das Geschehene mit dem im Kino Gesehenen in ein direktes affektives Verhältnis setzt. Beide Tendenzen – die sich auch in der Berichterstattung der illustrierten Presse über das Titanic-Unglück wiederfinden lassen[83] – deuten auf den Bedarf einer fiktionalen Behandlung des Ereignisses, die die Filmindustrie nicht lange schuldig bleiben sollte.

Bereits Anfang Juli 1912 kam die erste vollständig dramatisierte Filmversion des Ereignisses, die American-Standard-Produktion SAVED FROM THE TITANIC, unter dem Verleihtitel WAS DIE TITANIC SIE LEHRTE auf den deutschen Markt.[84] Hauptdarstellerin und Heldin des Films war die Schauspielerin und Titanic-Überlebende Dorothy Gibson, die auch am Drehbuch mitgewirkt haben soll. Von einer Rahmenhandlung eingefasst, die die Sorge der Angehörigen nach der Nachricht vom Unglück sowie die Heimkehr der Heldin darstellte, schilderte der Film in einer langen Rückblende die Ereignisse, wie sie Dorothy ihren Eltern und ihrem Verlobten erzählt. Innerhalb der Binnenhandlung verwendete der heute verschollene Film schriftlichen Quellen zufolge dokumentarische Originalaufnahmen von der Titanic. In einer anderen Szene der Rückblende wurde auch die Kollision mit dem Eisberg nachgestellt.[85] Der ersten filmischen Dramatisierung des Unglücks verlieh die verschachtelte Erzähltechnik der Rückblende somit eine recht komplexe Narrationsstruktur, in der die diegetische Erzählung der Hauptfigur gegenüber ihren Angehörigen analog zur filmischen Repräsentation des Ereignisses für ein Kinopublikum funktionierte. In der deutlichen Hervorhebung des Erzählaktes signalisierte SAVED FROM THE TITANIC einerseits die Freiheiten einer inszenierten, das heißt auch *filmisch* erzählten Repräsentation des Ereignisses. Andererseits sollte die Tatsache, dass hier der Erlebnisbericht einer Überlebenden inszeniert wird, der filmischen Darstellung Authentizität und Glaubwürdigkeit verleihen, was wiederum durch den Einsatz dokumentarischen Materials innerhalb der subjektiven Rückblende zum Ausdruck kommt. Die Integration von Wochenschau-Aufnahmen schließt zwar direkt an filmische Vorgänger an, dient jedoch vor allem der deutlichen Absetzung von existierenden nicht-fiktionalen Titanic-Filmen, da erst im Erzählfilm die in den Wochenschauen vor die Kamera geholten Augenzeugen und Überlebenden auch – filmisch – zum Sprechen gebracht werden können, und das bedeutet: nicht als stumme Zeugen, sondern als Erzähler vor das Kinopublikum treten.

Die Marktpräsenz sowohl nicht-fiktionaler Filmberichterstattung als auch eines ersten dramatischen Films über den Untergang der Titanic verstärkte den Zeitdruck auf Misu und seine Mitarbeiter. Zudem wurden, während in der ersten Juniwoche die Dreharbeiten zu Misus Filmversion noch in vollem Gange waren, in der deutschen Fachpresse bereits Stimmen laut, die vermeldeten, dass die Faszination des Ereignisses bereits im Abklingen, das Interesse des Publikums an der kinematographischen Darstellung der Katastrophe von der Filmindustrie vielfältig ausgereizt sei: »Und da kann es [das Publikum, M.W.] sich am Ende einbilden, ›mit dabei gewesen‹ zu sein, das Furchtbare mit erlebt zu haben? Nein, da muß es, wenn es nicht ganz damisch ist, doch merken, daß es geneppt worden ist. Und so sind auch die ›Eisberge‹ von den Films verschwunden. Es war nichts zum Gruseln daran; es zieht nicht mehr.«[86]

Vor diesem Hintergrund müssen sich die wiederholten Meldungen der Continental über eine Verschiebung des Erscheinungsdatums von Misus Film für deutsche Kinobesitzer wie Hiobsbotschaften gelesen haben. Am 12. Juni wurde bekannt gegeben, dass aufgrund der »außerordentlich großen technischen Schwierigkeiten, welche wir bei dem kunstvollen Ausbau des Films TITANIC zu überwinden hatten« und wegen der »ganz außergewöhnlich hohen Kosten, welche wir an diesen Film wenden«, die Uraufführung vom 22. Juni[87] auf den 27. Juli und somit den Anfang der neuen Saison verlegt werden musste.[88] Obwohl in der Folgezeit in zahlreichen Annoncen der Continental versichert worden war, der Film würde zu diesem Datum »pünktlich (...) mit ausgezeichnetem Reklamematerial«[89] ausgegeben werden, erschien am 27. Juli anstelle des Films lediglich eine neuerliche Ankündigung für den 17. August.

Die Aufnahmen zu den an Deck spielenden Szenen fanden im Mai 1912 in Hamburg und Cuxhaven statt, »mit einem wirklichen Schiff und der gütigen Mitwirkung des ganz wirklichen Meeres«, wie Misu interessierten Journalisten mitteilte.[90] Gedreht wurde vermutlich auf der Auguste-Viktoria der Hamburg-Amerika-Linie, neben den beiden Schwesternschiffen der White-Star-Linie einer der wenigen mit vier Schornsteinen ausgestatteten Ozeankreuzer. Im Gegenzug für die Drehgenehmigung wird die Auguste-Viktoria im Film werbewirksam genannt und – vermeintlich von der Titanic aus gesehen – gezeigt. Die Totalaufnahmen der Kollision mit dem Eisberg und der Untergang der Titanic wurden mit Hilfe eines Modellbaus auf dem Grüpelsee bei Königs Wusterhausen außerhalb Berlins nachgestellt. Continental-Chef Max Rittberger, im bürgerlichen Beruf Ingenieur, soll das acht Meter lange Schiffsmodell als einseitige Attrappe selbst angefertigt haben (Abb. 2).[91]

Medienwirksam in Szene gesetzt wurden auch die Dreharbeiten zu anderen Teilen des Films, die in der ersten Juni-Woche in Berlin, auf dem Hinterhof des Sitzes der Continental, Chausseestraße 123, stattfanden. Zahlreiche Journalisten der Tages- und Fachpresse wurden eingeladen[92] und berichteten ausführlich:

> Aus den Fenstern der Hinterzimmer sehen, halb neugierig, halb ängstlich, die Mitbewohner auf das seltsame Treiben der Leute da unten. Also ein ›Aufbau‹ wie auf jeder Bühne, nur plein air. Auf die Leinwand ist die Dekoration des Kesselraums gemalt; wirkliche Manometer und wirkliche Luken, durch die dann Dampf oder Feuer kommen wird, beweisen das heiße Bemühen der Kinematographenleute um Meiningensche Bühnenkünste. Mehr noch aber die Akteure. Wirkliche Kohlen werden zugeschaufelt und starke Männer stehen rechts und links von der mit Segeltuch überdeckten Szene, an Riesenfässer gelehnt, aus denen die Sturzwellen fließen werden. Ein paar halbnackte Gesellen, berußt, naß, mit wirrem Haar,

Abb. 2

warten auf das Zeichen des Regisseurs, um die Verzweiflungs-Botschaften des Kapitäns zu vernehmen, der, mit angeklebtem weißen Spitzbart natürlich, in marineblauem Rock inzwischen noch mit den Kurbelmännern an den kinematographischen Apparaturen berät. Dann geht's an. Durch eine nicht allzu komplizierte mechanische Vorrichtung wird die ganze Bühne ins Schaukeln gebracht. Rückwärts eskortiert von zwei braven Feuerwehrmännern, die außerhalb des Horizonts der Aufnahmelinien für die Sicherheit der Chausseestraße sorgen, wird die Zündschnur in Aktion gesetzt. Es knallt ganz wirklich, und meterhoch schlagen durch die bemalte Wand gelbe Flammen in die Höhe, die Wasserfässer ergießen sich, eine schmutzige Flut umschwimmt die Kohlen, und die Komödianten haben ihr Spiel begonnen. (...) Ein paar Augenblicke war's wirklich sehr aufregend. Der Briefträger geht durch den Chausseestraßenhof, über den die Wellen der ›Titanic‹ eben in den Abflußkanal strömen. Ich sehe mir im Schuppen noch die Eisberge an.[93]

Obwohl ein Vergleich der überlieferten Fotografien Misus mit der erhaltenen Filmkopie nicht unbedingt eine Ähnlichkeit erkennen lässt, ist aufgrund dieses und anderer Drehberichte davon auszugehen, dass Misu selbst die Rolle des Kapitän Smith spielte.⁹⁴ Der spätere Filmregisseur Otto Rippert lässt sich, obwohl gleichfalls mit einem angeklebten Bart versehen, zweifelsfrei als Darsteller des Millionärs Isador Strauß identifizieren. Weitere Hauptrollen waren mit Anton Ernst Rückert als J.J. Astor sowie mit dem Continental-Regisseur Waldemar Hecker besetzt. Ausstattung und Spezialaufbauten besorgte Siegfried Wroblensky, die Kamera führte in Hamburg und Cuxhaven Willy Hameister, in Berlin und Umgebung, wo teilweise mit zwei Kameras gedreht wurde, fotografierten Emil Schünemann und Viktor Zimmermann.⁹⁵

Die Pressevorführung des Films fand in der ersten Juliwoche in Berlin statt. Schünemann berichtet, dass der überwiegende Teil der anwesenden Kritiker die Vorstellung enttäuscht vorzeitig verlassen haben soll.⁹⁶ Der Mitarbeiter der *Lichtbild-Bühne* allerdings veröffentlichte wenig später seine positiven Eindrücke:

> Wir müssen bekennen, dass die ›Continental-Kunstfilm‹ mit anerkennenswerter Delikatesse den für den Film äußerst schwierig zu behandelnden Stoff, der infolge seiner schweren Tragik sehr leicht zur sensationellen Wiedergabe verführen konnte, bearbeitet und durchgeführt hat. Die Titanic-Katastrophe ist in ihrer kinematographischen Wiedergabe nicht die Sensationsmache eines effektheischenden Regisseurs, der mit billigen Mitteln arbeitet, sondern schiffstechnisch sogar ein sehr lehrhaftes Bild. Wir loben insbesondere (...) die stimmungsvolle Wirkung der zarten Viragetönung.⁹⁷

Die Continental bereitete die offizielle Premiere des Films, die schließlich unter der Schirmherrschaft der *Lichtbild-Bühne* am 17. August stattfand,⁹⁸ in zahlreichen Anzeigen vor. Kinobesitzer wurden in der Fachpresse darauf hingewiesen, »dass dieser Film auch auf Wunsch unter Weglassen des Namens ›Titanic‹ unter dem alleinigen Titel IN NACHT UND EIS geliefert wird.«⁹⁹ Man versprach »ausverkaufte Häuser«¹⁰⁰ und sei im Übrigen davon überzeugt, »dass Sie ohne Ausnahme wissen, worin der Wert dieses, den tragischen Untergang der ›Titanic‹ behandelnden See-Dramas für Sie besteht« – der Film wäre »dazu berufen, das Ereignis des kommenden Wochen-Programmes genannt zu werden.«¹⁰¹ Eine letzte Werbeanzeige für TITANIC – IN NACHT UND EIS erscheint am 31. August 1912.¹⁰² Der bis dato angeblich »grandiose Erfolg« des Films soll mit dem bestätigenden Schreiben eines Kinobesitzers aus Pirmasens belegt werden, dessen Union-Theater »seit Vorführung des Films DIE WEISSE SKLAVIN keinen so ungeheuren Andrang mehr erlebt hat, wie in diesen letzten Tagen.«¹⁰³ Die Tatsache, dass der Film kaum zwei Wochen nach der Berliner Uraufführung in die Provinz – noch dazu »unter sehr vorteilhaften Bedingungen« – verliehen wurde, spricht jedoch für erhebliche Startschwierigkeiten des Films in Deutschland, die Erklärung der Continental, man sehe sich »aus Gründen der jetzt noch täglich einlaufenden Aufträge gezwungen, Nachbestellungen unter sehr vorteilhaften Bedingungen auszuführen« erscheint angesichts des nach wöchentlichen Laufzeiten gestaffelten Preisverfalls im damaligen Monopol-Verleihsystem paradox.[104]

Erst Mitte Oktober kann die Continental den Verkauf von nun allerdings bemerkenswerten 148 Kopien vor allem ins Ausland vermelden.[105] Ende September war der Film in den Niederlanden gestartet worden, Anfang Oktober in Frankreich. Erst Ende des Monats wurde TITANIC – IN NACHT UND EIS schließlich auch in den USA unter dem Verleihtitel SHIPWRECKED IN ICEBERGS gezeigt.[106]

Während der Film im Ausland erfolgreich gelaufen zu sein scheint – Schünemann bezeichnet ihn im Rückblick als »das größte Geschäft«, da er »durch die ganze Welt« gegangen sei[107] –, war sein Erfolg im Inland wohl eher begrenzt. Schon Anfang November wurde TITANIC – IN NACHT UND EIS auf dem einheimischen Markt von der Verleih-Abteilung ›Deutschland‹ als Teil kompilierter Schlager-Programme von ca. 2000 Metern Länge »zu den billigsten Preisen verliehen«.[108] Auch fällt die geringe Presseresonanz auf, die der Film in Deutschland erhielt. Die einzige ausführliche Würdigung, die sich heute noch belegen lässt, erfuhr Misus Film von Walter Thielemann unter dem Titel »Belehrung in unterhaltender Form? Kritische Bemerkungen über einige neue Schlager«:

> Unter den Geschmacklosigkeiten bösester Art fällt der ›Titanic‹-Film. Vom kaufmännischen Standpunkt aus ist die Idee, ein derartiges Elementarereignis (...) auf die Lichtbildbühne zu bringen, jedenfalls glänzend durchdacht. Wenn auch in unserer schnelllebigen Zeit langsam die Erinnerung an die furchtbare Katastrophe zu schwinden beginnt, so wird die Gelegenheit, das grausige Unglück, soweit es menschliche Einbildungskraft auf die Leinwand zu fesseln vermag, vor sich zu sehen, die große Menge der Kinobesucher gewaltig packen und damit eine zugkräftige und kassenfüllende Nummer darstellen. Der ›Titanic‹-Film ist aber nur auf den ersten Blick ein kluger Griff, näher betrachtet ist er ein Fehler, wie er größer nicht gemacht werden konnte. Ein derartiger Film ist geeignet, dem Publikum gänzlich falsche Vorstellungen von den Vorgängen auf dem Schiff zu geben und Unruhe in das Volk hineinzutragen. Das Ver-

halten des Kapitäns und seines Offiziers auf dem Lichtbild ist schlechterdings nicht möglich. (...) Abgesehen von manchen Unwahrscheinlichkeiten ist das Schiff selbst unglaublich roh gezeichnet und der Untergang des Schiffes, bei dem eine Geistergestalt im Hintergrund erscheint, hätte anders dargestellt werden müssen. (...) Der Film spekuliert auf das Sensationsgelüst der Menge und es ist bedauerlich, dass eine Firma, der wir sonst gute Films verdanken, einen derartigen ›Kitsch‹ herausbrachte.[109]

Thielemanns die Rhetorik der Continental vermeintlich dekuvrierendes Verdikt der kommerziellen Verkitschung einer menschlichen Tragödie mag das kulturelle Spannungsfeld umreißen, auf dem sich Misus Projekt bewegte, und einige der Vorbehalte erklären, die die Repräsentanten der deutschen Presseöffentlichkeit ihm gegenüber hegten. Ob ästhetische Bearbeitung und Wirkungsintention des Films damit allerdings treffend gekennzeichnet sind, muss eine genauere Betrachtung ergeben.

Zurück in die Zukunft: Der unmögliche Blick

Bereits im Eröffnungstitel deutet sich das kulturelle Konfliktpotenzial an, das die gesamte Anlage des Films kennzeichnet. »In Nacht und Eis. Seedrama. Lebenswahr gestellt nach authentischen Berichten« soll einerseits die Dramatisierung eines aktuellen Ereignisses authentifizieren, signalisiert andererseits aber bereits die mediale Bedingtheit des Ereignisses selbst, dessen zu dramatisierender Hergang lediglich aus der Berichterstattung in Presse und Film zu rekonstruieren ist. Tatsächlich kann das Titanic-Unglück, im Sinne des Historikers Hayden White, als eines der ersten Medienereignisse des 20. Jahrhunderts gelten, bei denen der Gegensatz zwischen Fakt und Fiktion nicht mehr auszumachen, das ›historische‹ Ereignis als Objekt verifizierbaren Wissens verschwunden und mit den ihm zugeschriebenen Bedeutungen identisch geworden ist: Die über ein Geschichtsereignis verbreiteten ›Fakten‹ erscheinen in der Medienberichterstattung als Funktion der ihm verliehenen Bedeutungen und sind nicht mehr das Ausgangsmaterial, aus dem sich die historische Bedeutung eines Ereignisses – dessen ›Mythos‹, ›Legende‹ oder ›Moral‹ – ableiten lässt.[110]

Stephen Kern zufolge verhalf die neuartige Kommunikationstechnologie der drahtlosen Telegrafie, mit der die Titanic ihre Seenotmeldungen absetzte, im Verbund mit den modernen Massenmedien zum Eindruck einer »Simultaneität« von Ereignis und mediatisierter Verbreitung und Deutung, wie es für die raumzeitlichen Wahrnehmungsveränderungen der zweiten Hälfte des 20. Jahrhunderts mit Rundfunk und Fernsehen charakteristisch werden sollte.[111] Andere kulturhistorische Untersuchungen des Titanic-Unglücks haben dokumentiert und beschrieben, wie das Bedeutungspotenzial der letzten telegrafisch übermittelten Nachricht – »Sinking by the head. Have cleared boats and filled them with women and children« – von der internationalen Sensationsberichterstattung aufgenommen und zu dramatischen Titelgeschichten verarbeitet wurde, noch bevor die ersten Augenzeugen auf der Carpathia in New York eintrafen. »Als die Überlebenden im Hafen anlegten«, urteilt etwa Stephen Biel, »war der Mythos bereits fest verankert, ihre Augenzeugenberichte konnten lediglich noch bestätigen, was Presse und Öffentlichkeit schon wussten.«[112] Auf die Begrifflichkeit Hayden Whites zugespitzt: Die ›Fakten‹ folgten der Fiktion.

Es ist dieses mediengeschichtliche Szenario, vor dem Misus filmische Repräsentation des Ereignisses als vielschichtiges Palimpsest lesbar wird. Nicht nur bestand bereits zum Zeitpunkt der Dreharbeiten ein inhaltlich hierarchisch ausgeprägter Diskurs über das Ereignis, der das Schicksal bestimmter Personen innerhalb eines sich abzeichnenden narrativen Musters in den Vordergrund rückte und als wieder erkennbare ›Protagonisten‹ etabliert, zu tragischen Helden stilisiert hatte; binnen kürzester Zeit hatten sich auch verbindliche ikonografische Repräsentationsmuster gebildet, die jede neuerliche Darstellung des Unglücks wenn nicht zu reproduzieren, so zumindest zu reflektieren hatte.

Der generellen Logik moderner Medienereignisse folgend, deren ästhetischer Mehrwert auf dem Markt sich nicht primär am repräsentierten Ereignis, sondern an diesbezüglich bereits entwickelten Repräsentationsstrategien messen lässt,[113] übernimmt Misus Film zu Beginn des ersten Akts weitgehend die dokumentarische Ästhetik der Wochenschau-Berichterstattung. In Totalen und Kameraschwenks wird das Schiff im Hafen von Southampton gezeigt, das Aufnehmen von Passagieren und Ladung, das Schließen der Seitenluken, die Ausfahrt aus dem Hafen. Geschickt simuliert Misus Inszenierung der Eröffnungssequenz die Wochenschau-Ästhetik auch, um mit den Ehepaaren Strauß und Astor spätere Protagonisten des Dramas aus der Menge der an Bord gehenden Passagiere hervorzuheben, indem ihr Auftritt (Abb. 3 und 4) unmittelbar vorher von zwei Zwischentiteln angezeigt wird: »Ein mit der Titanic untergegangener Milliardär und Frau begeben sich an Bord. (Im Vordergrund mit Reisemütze bezw. Autoschleier)« und »Ein bekannter anderer Milliardär geht mit seiner jungen Frau an Bord. (Vorn mit Schlapphut.) Die junge Frau wurde gerettet, während ihr Mann ertrank, weil er nur darauf bedacht war, Anderen zu

Michael Wedel

Abb. 3 u. 4

helfen.« Während die beiden Zwischentitel von der Wochenschau-Berichterstattung den Gestus des Zeigens und der sprachlichen Aufmerksamkeitssteuerung übernehmen, weichen sie in ihrer beziehungsreichen Anspielung auf das Vorwissen des Publikums entscheidend von dieser Repräsentationsmatrix ab. Zum einen setzen sie voraus, dass das Publikum in der Lage ist, die dargestellten Figuren aufgrund der Informationen über ihr weiteres Schicksal und der Ähnlichkeit der entsprechend zurechtgemachten Schauspieler zu identifizieren. Andererseits etablieren die vorausweisenden Kommentare der beiden Zwischentitel eine Zeitstruktur der Erzählung, die vom gestischen Zugegensein des Aktualitäten-Genres (»dies ist...«), aber auch vom instantanen Präsens des zeitgenössischen, auf physische Aktion ausgerichteten Sensations-Melodramas in die paradoxe Erzählzeit der vergangenen Zukunft (»es wird gewesen sein«) wechselt. Analog zur verschachtelten Erzählperspektive in SAVED FROM THE TITANIC installiert Misus Exposition somit eine wissende Erzähl- und Rezeptionshaltung, in der der Zuschauer die dargestellten Personen zunächst identifizieren, sich jedoch nicht mit ihnen identifizieren soll.

Erst gegen Ende des ersten Akts treten neben die dokumentarisierende Geste, mit der der Film auf die außerfilmische Attraktion verweist, Elemente der narrativen Integration und filmischen Fiktionalisierung. Mit dem Auftritt von Kapitän Smith als der zentralen Figur des Films verschiebt sich die Funktion des Kamerablicks tendenziell zugunsten einer Subjektivierung des filmischen Raums. Die Sequenz wird zunächst mit dem Zwischentitel »Dienst auf der Kommandobrücke« eingeleitet, dem letzten einer Serie exemplarische Handlungsrituale beschreibender Titel wie »Herablassen eines Bootes im Hafen«, »Die Stewards holen die Handkoffer an Bord«, »Die Seitenpforten werden wasserdicht verschlossen«. Es folgt eine sich von den vorhergehenden Panoramatotalen deutlich absetzende Halbtotalaufnahme des Ersten Offiziers, der durch sein Fernglas die See beobachtet (Abb. 5). Der Film aktiviert hier erstmals einen unsichtbaren Raum jenseits des Bildes, der im Umschnitt auf das betrachtete Objekt – die vorüberfahrende Auguste-Victoria – sogleich in den Bildraum zurückgebunden wird (Abb. 6). Die Verwendung einer das optische Gerät simulierenden Maskierung etabliert eine Verbindung zwischen beobachtender Person und beobachtetem Objekt und weist die Einstellung als Repräsentation eines subjektiven Blicks aus. Entscheidend ist allerdings, dass die Subjektivierung des Kamerablicks zunächst innerhalb einer parataktischen, nicht dramatisierten Struktur eingeführt wird, die die bis dahin evozierte dokumentarisierende ›Lektüre‹ in ein widersprüchliches Spannungsverhältnis zur sich eben entfaltenden Erzählung rückt: Die subjektivierende Konstruktion

Michael Wedel

Abb. 5

Abb. 6

lässt den Zuschauer zwar den Blick der handelnden Person teilen, die fehlende Dramatisierung der Einstellungsfolge lässt den imaginären Blick des Ersten Offiziers durchs Fernglas aber auch als Integration des bis dahin dokumentarisch gelenkten Zuschauerblicks in die filmische Erzählung erscheinen.[114]

Dies wird um so deutlicher, als anschließend Kapitän Smith die Brücke betritt und das Fernglas ergreift: Sein Blick auf zwei andere vorüberfahrende Schiffe verdoppelt ohne jede perspektivische Verschiebung nochmals den zuvor eingeübten frontalen Zuschauerblick auf dokumentarisch präsentierte Ereignisse. Im Unterschied zur narrativen Auflösung von *point-of-view*-Mustern im Erzählkino klassischer Prägung[115] bleibt hier in dialektischer Schwebe, ob die Kamera die Position der fiktiven Figur einnimmt und somit den Zuschauerblick subjektivierend in der Erzählung verankert oder umgekehrt die Figur in der Repräsentation ihres subjektiven Blicks den Gestus der dokumentarischen Kamera übernimmt und somit als Agent des zuvor codierten Zuschauerblicks fungiert.

Der auf diese Weise höchst ambivalent aufgeladene, zwischen narrativer Absorption und dokumentarischer Attraktion oszillierende Blick kennzeichnet auch die weitere Erzählanlage des Films, bevor in einer parallel zu dieser ersten konstruierten zweiten Schlüsselsequenz mit der Entdeckung der Eisberge eine deutliche Differenz markiert wird. Wie zu Beginn der vorigen Sequenz sieht man den Ersten Offizier auf der Brücke mit dem Fernglas aus dem Bild hinausspähen. Eine wiederum entsprechend maskierte Einstellung zeigt das Meer ruhig daliegen. Nach Zwischenschnitten in eine Passagierkabine und das Bordcafé springt die Handlung an Deck zurück. Man sieht in diagonaler Untersicht einen ebenfalls mit dem Fernglas das Meer beobachtenden Matrosen, der plötzlich zu gestikulieren beginnt (Abb. 7). Die folgende Einstellung mit Eisbergen enthüllt die Ursache seiner Aufregung, sie kann jedoch allein durch die Fernrohr-Maskierung (Abb. 8) und den narrativen Zusammenhang, nicht aber von der Kameraperspektive her dem Matrosen zugeschrieben werden, der anschließend noch einmal gezeigt wird, bevor wir zum Ersten Offizier auf die Brücke zurückkehren (Abb. 9). Er blickt (und horcht) zunächst schräg nach oben zum Matrosen im Mastkorb, anschließend wieder durch das Fernglas nach vorn, wo er – aus der gleichen Perspektive wie zuvor der Matrose – die Eisberge entdeckt (Abb. 10 und 11). Von der maskierten Einstellung schneidet Misu zurück auf den nun ebenfalls gestikulierenden und sich mit einem weiteren Blick durchs Fernglas vergewissernden Ersten Offizier. Ein die Einstellung unterbrechender Zwischentitel erläutert die narrative Bedeutung des Gesehenen, interpretiert gleichzeitig die Reaktion des Ersten

Michael Wedel

Abb. 7

Abb. 8

Das Ereigniskino des Mime Misu

Abb. 9

Abb. 10

227

Michael Wedel

Abb. 11

Offiziers: »Einige gewaltige Eisberge, welche einem großen Eisfelde vorlagern, sind so nahe, daß ein Zusammenstoß mit dem Schiff unvermeidlich erscheint«. Im zweiten Teil der Einstellung setzt der Erste Offizier das Fernglas ab und wechselt die Blickachse in Richtung des im Bild erscheinenden Kapitän Smith, der, nachdem der Erste Offizier nochmals durchs Fernglas auf die Eisberge geschaut hat, seinerseits durchs Fernglas sieht, die Eisberge entdeckt und den weiteren Handlungsverlauf initiiert, indem er, wie der Zuschauer aus dem die Sequenz abschließenden Zwischentitel erfährt, in den Maschinenraum »Volldampf rückwärts« signalisiert (Abb. 12).

Bemerkenswert ist, wie subtil Misu in dieser Sequenz die wirkungsästhetische Struktur abermals modifiziert, indem zunächst die zuvor dokumentarisch geweckte Zuschauererwartung enttäuscht wird: Der erste Blick durchs Fernglas geht buchstäblich ins Leere, der von Figuren- und Zuschauerinteresse doppelt besetzte Blickraum wird von allen narrativ irrelevanten Objekten geleert, um anschließend semantisch neu definiert zu werden und seine Funktion als auslösendes Moment einer kausalen Handlungskette übernehmen zu können. Während der Blick auf die Eisberge somit narrativ integriert wird, bleibt die meta-diegetische Qualität doch in seiner paradoxen Stellung innerhalb des filmischen Raums gewahrt. Im ansonsten vom Blick des Ersten Offiziers zum Mastkorb und auf den herannahenden Kapitän kohärent organisierten fiktiven Handlungsraum bildet

Abb. 12

der perspektivisch identische, ›unmögliche‹ Blick aller drei Protagonisten auf die Eisberge ein erratisches Element. Diese Positionierung innerhalb der Raumstruktur kann als Spur eines nichtfiktionalen Kamerablicks verstanden werden, in der sich formal ein Teil des für sich stehenden Attraktionspotenzials der Eisberge aus den umstrittenen Wochenschau-Kompilationen einschreibt. Das zentrale Interesse des Repräsentationsprozesses gilt somit nicht primär dem Erzählakt, sondern dem ›Akt des Sehens‹: Die Entdeckung der Eisberge in Misus Film bildet die Schnittstelle zwischen einem über den Blick der Figuren artikulierten, narrativ situierten und handlungsorientierten Verlangen nach visueller Information und dem über die Erzählung hinausweisenden Verlangen des Publikums »zu sehen, wie es gewesen ist«. In der Synthese beider Blickbegehren kristallisiert sich das zentrale wirkungsästhetische Kalkül des Films, den vorauswissenden Blick des Zuschauers mit dem handlungsorientierten, subjektiv ›nach vorne‹ gerichteten Blick der Figuren so weit zu verschränken, dass aus der zwischen Erzählzeit und erzählter Zeit gespaltenen Temporalität eine filmisch gestaltete Zeit hervorgehen kann: der Blick in die vergangene Zukunft.

Ähnlich paradox verfährt Misu mit einem anderen Element filmischen Erzählens, der alternierenden Montage. Sie bildet über weite Strecken das

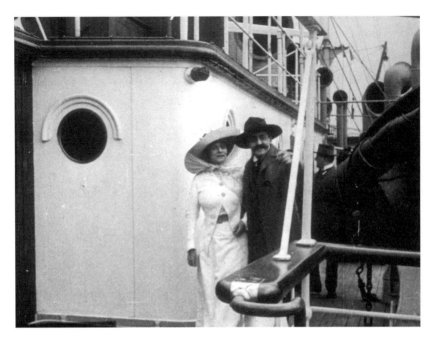

Abb. 13

stilistische Hauptmerkmal des Films, wird zunächst jedoch ebenfalls parataktisch verwendet, um verschiedene Handlungsorte einzuführen, die erst im letzten Teil des Films dramatisiert werden. So dient der ständige Szenenwechsel anfangs lediglich dazu, das Publikum auf einen imaginären Rundgang durch die Titanic zu führen: Die alternierende Montage wird zunächst nicht primär von dramaturgischen Prinzipien diktiert, sondern folgt der seriellen Logik einer ›Besichtigung‹. Abermals wird ein dokumentarischer Blick konstituiert und mit dem Blick der Figuren, vor allem der Paare Strauß und Astor, parallel geführt, wenn im ersten Akt eine »Besichtigung des Bootsdecks durch die genannten Passagiere« (Zwischentitel) stattfindet, man anschließend den »Zeitvertreib der Passagiere an Bord« zu sehen bekommt, Funkstation und Maschinenräume besucht, Zeuge der Abendtoilette in verschiedenen Luxuskabinen (»Toilette in den Luxusappartements für die Soirée an Bord«) sowie der »Abendunterhaltung in dem vornehmen Café Parisien« wird. Unter diese dramaturgisch offene Form der Szenenfolge wird allerdings ein doppelter Boden gelegt, indem der Film für jede auftretende Figur – mit Ausnahme von Kapitän Smith – in Zwischentiteln das spätere Schicksal annonciert[116] und die Besichtigung an Deck in erster Linie den Rettungsbooten gilt (Abb. 13 und 14).

Abb. 14

Erst mit der Entdeckung der Eisberge wird die alternierende Montage zum dramaturgischen Mittel der handlungsmotivierten Spannungserzeugung, im selben Moment also, in dem auch die Subjektivierung des filmischen Raums narrativ eingebunden wird. Im Zwischenschnitt zum Café Parisien nach der Entdeckung der Eisberge etabliert der Film ein entscheidendes Wissensgefälle zwischen dem alarmierten Schiffspersonal und den arglosen Passagieren, womit sich nicht nur der Blick, sondern nun auch der Wissensvorsprung des Zuschauers innerhalb der Erzählung spiegelt. Erst in diesem Moment der Engführung aller virulenten Repräsentationscodes scheint rückwirkend die narrative Bedeutung der vorherigen Szenensprünge blitzartig auf: Die alternierenden Bilder der Beschäftigungen und Aufenthaltsorte der Millionärspaare Strauß und Astor rücken die Figuren zunächst in eine ikonografische Konstellation, deren verhängnisvolle narrative Bedeutung sich aus der rein visuellen erst herausschält, wenn sich ihre Wege schließlich im Moment der Katastrophe im Café Parisien erstmals auch im fiktiven Raum kreuzen und ihr gemeinsames Schicksal sich vollzieht (Abb. 15 und 16).

Der Zuschauer bleibt aufgrund seines in Zeit und Raum niemals vollständig deckungsgleichen Blicks sowie seines so sorgfältig vorbereiteten

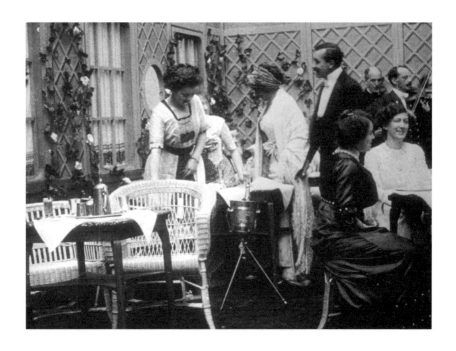

Abb. 15 u. 16

Abb. 17

doppelten Wissensvorsprungs gegenüber allen Figuren einer direkten emotionalen Teilnahme am Schicksal der Figuren zu diesem Zeitpunkt noch entrückt. Aus dieser identifikatorischen Distanz kann er das folgende Spektakel der Kollision als besondere Repräsentationsleistung filmischer Inszenierung genießen.

Bei der Repräsentation der Kollision selbst vernachlässigt Misu weitgehend den Anspruch einer authentischen Wiedergabe zugunsten der Herausstellung des hohen Schauwerts, den ein frontaler Zusammenstoß bietet. Die Katastrophe wird zunächst von einem distanzierenden Zwischentitel angekündigt, in dem es heißt: »Zusammenstoß mit dem Eisberg und seine Wirkung auf und unter Deck«. Es folgt eine Totalansicht des Schiffsmodells, wie es auf die Nachbildung eines Eisbergs auffährt (Abb. 17). Daraufhin wird der Moment der Kollision noch dreimal wiederholt, die Erschütterung im Café Parisien, in der Kabine der Millionärsfamilie Allinson und im Maschinenraum nacheinander gezeigt (Abb. 18–20).

Gemessen an Maßstäben des klassischen Erzählfilms mag die von Misu gewählte serielle Auflösung der Kollisionsszene überraschen. Misus unmittelbar zuvor bewiesenes, durchaus subtiles Verständnis davon, wie durch alternierende Montage der Eindruck von Gleichzeitigkeit erzeugt werden

Abb. 18 u. 19

Das Ereigniskino des Mime Misu

Abb. 20

kann, legt nahe, dass es sich hier nicht um erzähltechnisches Unvermögen handelt, sondern eine ganz anders geartete Repräsentationslogik dominiert, die den spektakulären Höhepunkt des Films als filmische Attraktion möglichst oft präsentieren will. Das mehrmalige Zeigen eines einmaligen Vorgangs ist somit weniger als *action overlap* – dem an frühen Filmen so oft als wenig elegant kritisierten Handlungsüberhang – zu verstehen, sondern eher im Sinne eines den Ereignischarakter des Vorgangs betonenden *action replay*, wie es heute noch aus einem späteren nichtfiktionalen Gattungszusammenhang, der Sportübertragung, geläufig ist. Bewusst sprengt das Inszenierungsprinzip der exzessiven Reizanflutung in seiner kumulativen Intensivierung der Schockerfahrung die lineare Zeitstruktur der Erzählung, erschüttert zugleich aber auch jede dokumentarisierende Lektüre: Die Ausbreitung der Schockwirkung im Raum, um die es der Inszenierung laut Zwischentitel geht, greift vom fiktiven Handlungsraum auf den Wahrnehmungsraum des Zuschauers über, dessen Konstanzprinzip durch das als eine Anhäufung von Reizen präsentierte heftige Ereignis durchbrochen wird.[117] Im dreimaligen ›Jetzt!‹ der simultanen Traumatisierung werden erstmals auch die unterschiedlichen Zeitebenen der Narration in eine gemeinsame Erfahrungslogik integriert – die serielle Läsion des ambivalenten ästhetischen Gewebes vernäht erzählte Zeit und Erzählzeit zu einer Zeitschleife von Erlebnis und Wiederholung, deren Utopie eben jenes ›Es-wird-gewesen-sein‹ darstellt, mit dem der virtuelle Zuschauerblick zurück in die Zukunft sich selbst begegnet.[118]

Am Ende des zweiten Akts schlägt so das wirkungsästhetische Kalkül des Films auf die Gegenwart des Betrachters um, dem jedes – narrative, dokumentarisierende – Verständnisraster entzogen wird. Das eigene traumatische Erlebnis des inkommensurablen Wahrnehmungsmaterials muss nun seinerseits in der ästhetischen Organisation des Films verarbeitet werden – dies bedeutet, nach der Durchtrennung aller virulenten Bedeutungsgewebe die affektiven Energien erneut zu fixieren, Gegenbesetzungen zu errichten, die Bedingungen des Lustprinzips wiederherzustellen.

Allegorie und Erzählung: Die Errettung des Publikums

Misu entwickelt hierzu im letzten Akt seines Films eine neue, weitaus klassischere Erzählökonomie, die sich auf die Figuren des Kapitän Smith und des ersten Telegrafisten Jack Philipps konzentriert. Nicht zufällig handelt es sich bei ihnen um zwei Figuren, die zuvor vom Schock der Kollision ›verschont‹ geblieben waren, dessen Visualisierung auf der Brücke und in der Funkstation im Film ausgespart wurde, um im Folgenden beide, von körperlicher Erschütterung unversehrt, als intakte Repräsentanten ihrer jeweiligen Körperschaften – der White-Star-Reederei und der Marconi-Telegrafengesellschaft – herausstellen zu können. Eine Produktionsmitteilung der Continental unterstreicht diese Konzeption der beiden Handlungsträger im zweiten Teil des Films:

> Und in all dem Wirrwarr bewahrt, wie unser Film weiter zeigt, die Mannschaft ihre musterhafte Ruhe und erfüllt ihre Pflicht mit eiserner Energie, als ob nichts Außergewöhnliches passiert wäre. (...) Jetzt schreitet der Kapitän selbst zur Marconistation und erteilt dem ersten Telegraphisten, Mr. Philipps, der inzwischen seinen Dienst wieder aufgenommen hatte, Befehle, die ersten Notsignale abzulassen.[119]

In alternierenden Bildern werden die Rettungsbemühungen der beiden Hauptfiguren als Wettlauf mit dem Untergang des Schiffes gezeigt (Zwischentitel: »Das Schiff sinkt tiefer und tiefer«), wodurch eine lineare Zeitstruktur vorgegeben wird, die alle Handlungen nun auch in der Binnenlogik der filmischen Erzählung auf einen Endpunkt hin vektorisiert. Um die Figuren Smith und Philipps herum entwickelt Misu ein Szenario, das weitgehend den melodramatischen Konventionen der tragischen Selbstaufopferung genügt und dem deutschen Publikum als rhetorisches Muster aus der Presse vertraut war. Dort allerdings bestand lediglich über die »treue Pflichterfüllung«[120] des Marconi-Funkers Einigkeit, nicht jedoch über die Rolle des Kapitäns. »Kapitän Smith?« fragte etwa Maximilian Harden am 15. Juni 1912 in seiner Zeitschrift *Die Zukunft* angesichts der widersprüchlichen Berichte, die ihm die Massenblätter zutrugen:

> Trunkenbold und Taugenichts. Nein: hehrer Held der Pflicht, wie Erde und Meer keinen je sahen. Beim Schlemmermahl hat er sich in Sinnlosigkeit gesoffen und den Dienst versäumt. In der Sekunde des Zusammenstoßes, nüchtern und wachsam, auf der Kommandobrücke gestanden und mit majestätischer Ruhe danach das Rettungswerk geleitet. Sich auf der Brücke erschossen. Ein hilflos verlassenes Kind gepackt, auf seinem Arm durch die Fluth in ein Boot getragen und sich lächelnd ertränkt.[121]

Dass Misus Film der hier ironisierten Version vom Heldentod des Kapitäns folgen sollte, positioniert ihn innerhalb eines nicht zuletzt ideologisch determinierten Diskurses über die Mittel und Möglichkeiten der Verarbeitung beziehungsweise Vorbeugung eines gesellschaftlichen Traumas. Die Schärfe von Misus filmischer Intervention in der öffentlichen Debatte über den Kapitän der Titanic erweist sich darin, dass das Schicksal dieser Figur als einziges nicht frühzeitig dem Zuschauer avisiert wird. Die bestehende Ungewissheit über die historische Rolle des Kapitäns wird somit zur Involvierung des Zuschauers als Mittel der Spannungserzeugung genutzt, ein von außen an die Erzählung herangetragenes epistemologisches Interesse im zweiten Teil des Films zum identifikatorischen Moment, in der Untergang von Schiff und Kapitän parallelisierenden Schlussszene schließlich zur emotional aufgeladenen Katharsis der Narration: »Das stolze Schiff sinkt in die Tiefe und mit ihm sein größter Held, sein Kapitän! Ehre ihm!«[122]

Die bereits in den Printmedien zum Heldenmythos stilisierte Figur des Telegrafisten dagegen setzt der Film in kausale Abhängigkeit zu den Handlungen des Kapitäns, wenn dieser persönlich die Funkstation aufsucht, um zunächst den Befehl zur Aussendung von Notsignalen zu erteilen und später emphatisch den Bund zur Selbstaufopferung zu besiegeln.[123] Aktive Handlungsmuster, die in der Presse Philipps zugeschrieben werden, überträgt Misu auf Smith. Angesichts der paradoxen Tatsache, dass sowohl die zu würdigende Leistung des Telegrafisten als auch das zu kritisierende Verhalten des Kapitäns im Verharren am Arbeitsplatz bestehen, lässt sich in

Presseberichten die Tendenz beobachten, Philipps' Handlungen zu dynamisieren und mit der Passivität Smith‹ zu kontrastieren:

> Wildes Durcheinander! Ein Geheul aus tausend Kehlen! Kinder schreien, Mütter kreischen. Männer stürzen nach Rettungsringen (...) Oben auf der Brücke steht der Kapitän. Sein Leben ist verwirkt, der Tod steht neben ihm.
> Und aus dem Tohuwabohu springt ein Mensch, sich gewaltsam eine Gasse bahnend, durch das Gewühl, erklimmt die Treppen und landet endlich in dem Häuschen ganz oben, wo die Apparate für drahtlose Telegraphie aufgestellt sind.[124]

Verglichen mit Philipp Berges' ›Illustration zur Titanic-Katastrophe‹, der die filmische Inszenierung in anderer Hinsicht bis in szenische Details hinein folgt,[125] kehrt Misu diese dynamisierende Tendenz um und stattet Kapitän Smith mit jener topografischen Mobilität aus, die ihn als Handlungsträger im klassischen Sinne ausweist und gegenüber Philipps und dessen auf die Funkstation begrenzten Aktionsradius ins Zentrum der Erzählung rückt (Abb. 21). Den Zwiespalt, dass Smith seinen vorgeschriebenen Posten auf der Brücke verlassen muss, um dieses narrative Mandat über-

Abb. 21

nehmen zu können, löst Misu, indem er ihn seinen Platz zuletzt nur unfreiwillig räumen lässt. »Der Kapitän«, informiert der letzte Zwischentitel des Films, »welcher von einer Welle über Bord gespült ist, rettet einen Ertrinkenden – er bringt ihn bis zu einem Boot – er selbst verweigert seine Rettung. ›Dort ist mein Schiff, mit ihm gehe ich unter.‹«[126]

Zeitgenössischen Quellen ist zu entnehmen, dass das Ende des Films als allegorischer Zweikampf des Kapitäns mit dem Tod konzipiert war. Aus den erhaltenen Kopien von TITANIC – IN NACHT UND EIS ist die Schlusseinstellung verschwunden, in der hinter dem Eisberg der leibhaftige Tod sichtbar wird: »Und während die Wogen des Meeres an dem Eisberg brausend und brandend emporschlagen, sehen wir das geisterhafte Antlitz des Todes visionenhaft durch den Eiskoloß grinsen, als sei der unerbittliche Tod mit seiner grausigen Ernte zufrieden.«[127] In der bereits zitierten Inhaltsbeschreibung der Continental, die durchaus als rezeptionssteuernder Paratext im Sinne Genettes[128] gelesen werden kann, ist diese allegorisierende Lektüre, die dem traumatischen Erlebnis eines kontingenten Ereignisses entgegenwirken soll, früh vorbereitet. Hier wird bereits die Entdeckung des Eisbergs von den Worten begleitet: »Dort hinten zieht es herauf wie ein weißes Gespenst!«[129]

Zielte das wirkungsästhetische Kalkül der ersten beiden Akte auf die dialektische Synthese eines den subjektiven Blick der Figuren und den retrospektiven des Zuschauers in sich aufnehmenden Kamera-Ichs, dessen unheimliche Identität sich im Moment des traumatischen Erlebnisses herstellt, so wird im letzten Akt des Films diese Synthese wieder diskursiv geschieden: Der dokumentarisierende Blick auf ein parataktisch strukturiertes Geschehen geht aus der plötzlichen Erschütterung als allegorisierende Lektüre einer melodramatischen Inszenierung hervor. Auf die schockartige Verdichtung folgt die metonymische Verschiebung der Perspektive, die die Abbildung eines tragischen Einzelschicksals im Illusionsraum des sich vollziehenden Dramas im Sinnbild aufhebt: In ihrer allegorischen Stilisierung funktionieren die Figuren des Kapitäns und Telegrafisten nicht mehr als autonome Handlungsträger einer linearen Erzählung, sondern gerinnen zu Repräsentanten eines über die Erzählung hinausweisenden Bedeutungszusammenhangs, der sich an ihnen inszeniert und ausagiert.

In der Maske der narrativen Konkretion erscheint dieser übergeordnete Sinnzusammenhang als Dramatisierung jenes technischen Wandels, dem sich das Medienereignis Titanic verdankt: Bis in die Bewegungsmuster hinein spiegelt der Wettlauf gegen die Zeit, den Kapitän und Telegrafist über ihre jeweiligen Apparaturen aufnehmen, die im Zuge der Modernisierung abgekoppelten Innovationslogiken von Fortbewegung und Kommunikation, Verkehrs- und Informationstechnik.[130] Was sich an den beiden Figuren letztlich im Augenblick seiner größten Erschütterung noch einmal rettend ins Bild setzt, ist der Topos von Einheit und »Komfort der raumüberwindenden Techniken« (Georg Simmel). Im Krisenmoment der einen »mißbrauchten Technik, die daran war, alle umzubringen«, wie es Gustav Landauer formulierte, erweist sich erst der existentielle Kulturwert der anderen: »Die Rettung vieler Hunderte von Menschen durch die drahtlose Telegraphie sollte den Menschen unserer Zeit ein Zeichen und ein Wink sein, über die Kraft unseres Geistes nachzudenken (...). Die Menschheit (...) ist von der Technik als Wirklichkeit geschaffen worden«.[131]

Landauers ebenso radikale wie pathetische Definition dessen, was von der telegrafischen »Botschaft der Titanic« als symbolische sublimierbar wird, beschreibt nolens volens genau jenen Prozess der Ablösung individueller lebensweltlicher Erfahrung durch die gleichgeschaltete Erlebnisökonomie einer neuen Gemeinschaft von Medienkonsumenten, auf den Misu in seinen eigenen Texten Kunstanspruch und kulturelle Bedeutung des Kinos gründete:

> Die Stimmung inständiger Ergriffenheit, die uns alle überkam, als wir die erste, falsche Nachricht von der Rettung aller empfangen hatten, soll darum nicht verschwinden, soll ihre Kraft und ihren Segen für uns darum nicht einbüßen, daß die mißbrauchte Technik (...) noch so viele ins Meer gebettet hat.
> Lautlos flog der Hilfeschrei der ›Titanic‹ in die Welt. In die Welt, man beachte es wohl, um das Bild zu erleben, wie es ist: nicht einem bestimmten Ziel zu, nicht an bestimmte befreundete oder durch Gegenseitigkeit verpflichtete Menschen haben sich die Führer der ›Titanic‹ gewandt, sondern sie sandten ihre Botschaft in den Äther, der rings um den Erdball, der in Lüften und allen Dingen wallt. Überall, wo der stumme Ruf eintraf, fuhr er den Fremden in die Glieder (...).
> Als die Nachricht von der Not und dem Notschrei der ›Titanic‹ fast gleichzeitig auf dem ganzen Erdenrund bekannt wurde, las diese nämliche sogenannte Menschheit zugleich die Nachricht von der schroffen Note der Vereinigten Staaten von Nordamerika an Mexiko, las davon, daß der Revolutionsgeneral Orozco die Nordamerikaner, die er zu Gefangenen mache, erschießen lassen wolle, und daß der Befehlshaber der regulären Truppen mit der Drohung geantwortet habe, dann werde er eben desgleichen seine Gefangenen ohne Verzug in den Tod befördern.[132]

Erst in der reflexiven Integration des Einzelnen in ein kollektives Bewusstsein kann die psychische Integration der Montage disparater ›Sensationen‹ gelingen, mediale Kontingenz nicht als Terror von Informations- und Reizüberflutung, sondern als Instrument vergesellschafteter Selbsterkenntnis empfunden werden.

Das frühe Erzählkino hat die veränderte Qualität chronotopischer Wahrnehmung, die unter dem Eindruck moderner Transport- und Kommunikationstechniken entstand, vielfältig genutzt, um die raumzeitliche Autonomie des eigenen Mediums zu naturalisieren und neue Erzähltechniken wie Kreuzschnitt- und Parallelmontage als spannungserzeugende Mittel inhaltlich zu motivieren. Filme wie Pathés A NARROW ESCAPE OR THE PHYSICIAN OF THE CASTLE[133] (1908), Edwin Porters HEARD OVER THE PHONE (1908), D. W. Griffith' THE LONELY VILLA (1909), THE LONEDALE OPERATOR (1911) und THE GIRL AND HER TRUST (1912) oder Kalems THE GRIT OF THE GIRL TELEGRAPHER (1912) inszenieren die ineinander verschobenen Beschleunigungsgrade von Informationsvermittlung und Personentransport nach dem Muster einer aktionszentrierten, melodramatischen Rhetorik von Trennung, Rettung und Wiedervereinigung. Die dramatische Isolation der zu rettenden Figur(en) entspricht hier der imaginären Vereinzelung des involvierten Zuschauersubjekts, dessen virtuelle Mobilität das technologisch strukturierte Zeitgefälle der Erzählung als in der filmischen Repräsentation aufgehobenen »Technik-Terror« unmittelbar erleben lässt.[134]

In seiner entscheidenden Veränderung dieses kinematographischen Repräsentationsmusters moderner Technikkultur geht es Misus Film letztlich darum, die individuelle Betroffenheit des Zuschauers durch die allegorisierende Zurichtung der erzählten Geschichte in ein neues Gemeinschaftsbewusstsein kollektiver Rezeption zu überführen. Als Vermittlungsinstanz zwischen sinnlicher Wahrnehmung und kognitiver Verarbeitung fungieren einesteils Zwischentitel, die das Geschehen auf der Leinwand immer wieder auf dessen allegorische Lesbarkeit hin anlegen. Die sich zwischen den Bildern kontinuierlich entfaltende Dynamik wird so mit einem illustrativen Repräsentationsmodus verschaltet, der sie auf eine vorweggenommene Bedeutung hin einrasten lässt. Kulminationspunkt dieser Spannung zwischen diegetischer und extra-diegetischer Sinnstruktur ist das Bild der letzten Begegnung zwischen Kapitän und Telegrafist. Im Zwischentitel wird dessen handlungslogische Funktion entrückt und zur emphatischen Visualisierung des Schulterschlusses zwischen den beiden Technologien, die die Figuren repräsentieren: »Da auf Rettung nicht mehr zu hoffen ist, entbindet der Kapitän den ersten Telegrafisten von seiner Pflicht. Beide haben

Michael Wedel

Abb. 22

nun den festen Willen, mit dem Schiff unterzugehen; sie sind nur auf die Rettung der Passagiere bedacht.« Piktoriale Inszenierung und melodramatisch überspielte Ausdrucksgebärde gerinnen zur Arabeske eines allegorischen Tableaus, bevor sie sich als überdeterminierte Handlungsfiguration wieder in den Fluss des Erzählzusammenhangs auflösen (Abb. 22).[135] Einmal mehr entpuppen sich die Figuren im letzten Akt des Films als Doppelagenten innerhalb und außerhalb des diegetischen Horizonts, deren Bewegungen die figurative Bedeutungsebene der Bilder performativ gegen ihre narrative ›ausspielen‹.

Zu dieser doppelten Semantik des Bildraums tritt eine weitere Dimension, in der sich die Wirkungsabsicht des ästhetischen Konzepts erst vollständig enthüllt. Parallel zum Bildraum entwirft der Film einen imaginären Klangraum, der im letzten Akt seine entscheidende Perspektivierung erfährt. Während des gesamten Films durchzieht dieser Klangraum, motivisch an die Bordkapelle gebunden, die einzelnen Szenen. Beim Ablegen an Deck und während der Szenen im Café Parisien bildet in den ersten beiden Akten die Bordkapelle ein konstantes Motiv im Bildhintergrund, auf das einmalig zu Beginn die besondere Aufmerksamkeit des Publikums gelenkt wird: Der Zwischentitel »Die Steward-Kapelle spielt ›Home sweet home‹ (›Heimat, süße Heimat‹)« ist zugleich als Direktive an Orchester

Das Ereigniskino des Mime Misu

beziehungsweise Musiker im Kino zu verstehen, das repräsentierte Geschehen akustisch mit dem kollektiven Erfahrungsraum des Publikums zur Deckung zu bringen.

Am Ende des Films wird dieser imaginäre Klangraum, der sich in der Aufführungspraxis mittels Ton-Bild-Synchronisation als akustischer Wahrnehmungsraum des Publikums realisiert,[136] perspektivisch in den Raum der Erzählung eingelassen. Indem in Zwischentiteln eine Einstellung mit Überlebenden des Unglücks mit den Worten »Von den im Wasser schwimmenden mit geretteten Passagieren besetzten Booten aus hört man die Stewards-Kapelle an Bord spielen ›Näher, mein Gott zu Dir!‹« eingeleitet und anschließend die musikalische Übereinstimmung durch Mitteilung von Noten- und Textmaterial der letzten Strophe des Chorals sichergestellt wird, erzielt der Film jenes identifikatorische Moment, das die ambivalente Konstruktion des Bildraums der visuellen Wahrnehmung des individualisierten Zuschauersubjekts zuvor permanent verwehrt hatte: Nicht die perspektivische Identität eines vereinten Blicks von Zuschauer und Figur, sondern die gemeinsame Tonperspektive im akustischen Wahrnehmungsraum lässt das kollektive Publikum sich als Teil der Gemeinschaft von ›Überlebenden‹ begreifen und in den Hymnus einstimmen (Abb. 23 und 24).[137]

Abb. 23

Michael Wedel

Abb. 24

So perspektiviert ist dem zentralen Handlungsmotiv des letzten Akts, der Rettung einzelner Passagiere durch Kapitän und Telegrafist, die ›Errettung‹ des Publikums selbst eingeschrieben. Der Zweikampf zwischen Tod und Technik wird zum Vorgang eines letzten allegorischen Umschlagens, mit dem der Film im fiktiven Raum der Erzählung symbolisch die Bedingungen seiner eigenen Öffentlichkeit herstellt. Wenn zuletzt der seinerseits ertrinkende Kapitän einen Ertrinkenden vor dem Untergang bewahrt (Abb. 25), rundet sich die bedeutungssuchende Geste des Films endgültig zur erlösenden reflexiven Figur: Mit derselben Bewegung, mit der Misu – als Kapitän Smith und als Regisseur – den Einzelnen in das Kollektiv der Überlebenden integriert, sinkt mit ihrem letzten Handlungsträger die Erzählung in den öffentlichen Raum ihrer Inszenierung zurück.

So produziert TITANIC – IN NACHT UND EIS lediglich den Schein linearer Narrativität, um in der Verschränkung verschiedener filmischer Genres, ikonografischer Muster und semantischer Ebenen einen Entwurf kinematographischer Öffentlichkeit zu gestalten und zu reflektieren. In diesem Punkt, und nicht über eine eindimensionale Gattungsverwandtschaft, trifft sich Misus Titanic-Projekt mit dem Camerons. Das eine wie das andere zielt in seiner wirkungsästhetischen Intention »auf den Genuß der Illusion,

Das Ereigniskino des Mime Misu

Abb. 25

nicht aber auf die Illusion eines realen Geschehens« ab. In beiden Filmen ist »nicht die Chronologie eines vergangenen Ereignisses, sondern die Differenz verschiedener Zeitebenen – die erinnerte und die gegenwärtige Zeit, die erzählte Zeit und die Zeit der filmischen Wahrnehmung – (...) zum Gegenstand einer ästhetischen Bearbeitung geworden«, in beiden bildet »nicht der Modus des illusionistischen Präsens der Darstellung des Geschehens, sondern ein kinematografisches Bild, das die unterschiedlichen Zeitebenen immanent in Beziehung zu setzen vermag, (...) das Zentrum der audiovisuellen Konstruktion.«[138]

Jenseits eines dem frühen deutschen Kino so oft unterstellten Primitivismus der filmischen Ausdrucksformen gibt sich das Ereigniskino Misus in seiner komplexen Reflexion der medialen Vernetzung kultureller Repräsentation als frühes Stadium der kinematographischen Auseinandersetzung mit den Umschichtungsprozessen der Moderne zu erkennen. Auch für Misus ästhetische Bearbeitung des Titanic-Unglücks gilt, was der Philosoph Hans Blumenberg einmal in Begriffen einer prekären Positionierung des Zuschauers gegenüber medialen Inszenierungen katastrophaler Ereignisse als Grundkonstellation moderner Realitätserfahrung beschrieben hat:

Nicht darin besteht freilich die Annehmlichkeit, die dem Anblick zugeschrieben wird, daß ein Anderer Qual erleidet, sondern im Genuß des eigenen unbetroffenen Standorts. (...) Aber auch der Zuschauer ist nicht mehr die Figur einer Ausnahmeexistenz des Weisen am Rand der Wirklichkeit, sondern selbst Exponent einer jener Leidenschaften geworden, die das Leben ebenso bewegen wir gefährden. Zwar ist er nicht in das Abenteuer selbst verstrickt, wohl aber der Anziehung von Untergängen und Sensationen hilflos ausgeliefert. (...) Die Unbetroffenheit des modernen Zuschauers ist nicht eine der Anschauung, sondern der »brennenden Neugierde« (...). Durch die Verlegung vom Meeresstrand ins Theater ist der Zuschauer (...) der moralischen Dimension entzogen, ›ästhetisch‹ geworden.[139]

---

1 Tom Gunning: Das Kino der Attraktionen. Der frühe Film, seine Zuschauer und die Avantgarde. In: *Meteor*, Nr. 4, 1996, S. 34. Gunnings Aufsatz wurde zuerst veröffentlicht unter dem Titel: The Cinema of Attractions. Early Film, Its Spectator and the Avantgarde. In: *Wide Angle*, Bd. 8, Nr. 3/4, Herbst 1986, S. 63–70. — **2** Ebd., S. 30. — **3** Ebd., S. 34. — **4** Ebd., S. 29. — **5** Vgl. Charles Musser: Die Nickelodeon-Ära beginnt. Zur Herausbildung der Rahmenbedingungen für den Repräsentationsmodus Hollywoods. In: *KINtop 5*, 1996, S. 13–35. — **6** Miriam Hansen: Early cinema, late cinema: permutations of the public sphere. In: *Screen*, Bd. 34, Nr. 3, Herbst 1993, S. 206. — **7** Ebd., S. 210. — **8** Vgl. Miriam Bratu Hansen: America, Paris, the Alps: Kracauer (and Benjamin) on Cinema and Modernity. In: Leo Charney, Vanessa Schwartz (Hg.): *Cinema and the Invention of Modern Life*. Berkeley, Los Angeles und London 1995, S. 366 f.: »the cinema was not just one among a number of perceptual technologies, nor even the culmination of a particular logic of the gaze; it was above all [...] the single most expansive horizon in which the effects of modernity were reflected, rejected or denied, transmuted or negotiated. It was both part and prominent symptom of a crisis as which modernity was perceived, and at the same time it evolved into a social discourse in which a wide variety of groups sought to come to terms with the traumatic impact of modernization.« Vgl. auch dies.: Early Silent Cinema – Whose Public Sphere? In: *New German Critique*, Nr. 29, Frühjahr/Sommer 1983, S. 147–184. — **9** Ludwig Greve (Hg.): *Hätte ich das Kino! Die Schriftsteller und der Stummfilm*. Stuttgart 1976; Heinz-B. Heller: *Literarische Intelligenz und Film. Zur Veränderung der ästhetischen Theorie und Praxis unter dem Eindruck des Films*. Tübingen 1984; Joachim Paech: *Literatur und Film*. Stuttgart 1988. — **10** Anton Kaes (Hg.): *Kino-Debatte. Texte zum Verhältnis von Literatur und Film 1909–1929*. Tübingen und München 1978; Jörg Schweinitz (Hg.): *Prolog vor dem Film. Nachdenken über ein neues Medium 1909–1914*. Leipzig 1992. — **11** Helmut H. Diederichs: *Anfänge deutscher Filmkritik*. Stuttgart 1986. — **12** Gabriele Kilchenstein: *Frühe Filmzensur in Deutschland. Eine vergleichende Studie zur Prüfungspraxis in Berlin und München (1906–1914)*. München 1997. — **13** Hans Barkhausen: *Filmpropaganda in Deutschland im Ersten und Zweiten Weltkrieg*. Hildesheim 1982. — **14** Eine Ausnahme bildet hier vor allem die feministisch inspirierte Untersuchung von Heide Schlüpmann: *Unheimlichkeit des Blicks. Das Drama des frühen deutschen Kinos.* Frankfurt/M. und Basel 1990. — **15** Am 3. Januar 1998 nahm Andreas Austilat den Deutschlandstart von James Camerons aktueller Titanic-Verfilmung zum Anlass, um im Berliner *Tagesspiegel* auf Misus angeblich verschollenen Film TITANIC – IN NACHT UND EIS (1912) als der vermeintlich ersten Spielfilmadaption des Stoffes aufmerksam zu machen. Schnell stellte sich heraus, dass Misus Film keineswegs verloren, sondern in mehreren fragmentarischen Privat- und Archiv-Kopien überliefert war. Zunächst meldeten sich zwei private Filmsammler, die im Besitz von jeweils einer Super-8-Kopie des Films waren. Nun reagierte auch die Stiftung Deutsche Kinemathek und teilte mit, in ihrem Archiv über eine viragierte 35-mm-Exportkopie des Films mit schwedischen Zwischentiteln zu verfügen, die sie 1990 vom Svenska Filminstitut aus Stockholm erhalten hatte. Nachdem für eine Fernsehausstrahlung zunächst nur deutsche Zwischentitel eingefügt wurden, ist das schwedische Material schließlich mit Fragmenten aus dem Deutschen Filmmuseum in Frankfurt am Main und dem National Film & Television Archive in London zu einer integralen 35-mm-Fassung zusammengeführt worden. Zur Wiederentdeckung des Films vgl. Andreas Austilat: Die Titanic ist wieder aufgetaucht. In: *Der Tagesspiegel*, Nr. 16254, 18.2.1998, S. 9; ders.: Ein Schiff – zwei Kapitäne. In: *Der Tagesspiegel*, Nr. 16259, 23.2.1998, S. 9; Michael Wedel: Jüngst wiederaufgetaucht – damals untergegangen. Anmerkungen zur Wiederentdeckung des Titanic-Films IN NACHT UND EIS (D 1912). In: *Filmblatt*, Nr. 6, Winter 1997[/98], S. 41–45; zur Restaurierung vgl. Artem Demenok: Restauriert: IN NACHT UND EIS (D 1912, R: Mime Misu). In: *Filmblatt*, Nr. 9, Winter 1998/99, S. 25 f. — **16** Gerhard Lamprecht: Interview mit Emil Schünemann, 6.1.1956. Ein Mitschnitt des Interviews befindet sich im Schriftgutarchiv des Filmmuseums Berlin – Deutsche Kinemathek. — **17** Die Continental-Kunstfilm GmbH war im Februar 1912 aus der im Jahr zuvor von Max Rittberger und Walter Schmidthässler gegründeten Schmidthässler-Film GmbH hervorgegangen. Der Gesellschaftsvertrag wurde am 5.2.1912 unterzeichnet, das Stammkapital betrug 150.000 Reichsmark. Die ersten Produktionen der neuen Firma wurden ursprünglich für den 10.4.1912 angekündigt, Erscheinungsdatum des ersten Continental-Kunstfilms DIE FALLE (Regie: Max Mack) war schließlich der 11.5.1912. Schmidthässler war zu diesem Zeitpunkt bereits aus der Firma ausgeschieden. Vgl. die Anzeigen der Continental in: *Die Lichtbild-Bühne*, Nr. 12, 23.3.1912 und *Erste Internationale Film-Zeitung*, Nr. 13, 30.3.1912. — **18** Zur Legendenbildung in der Biografik allgemein vgl. Ernst Kris und Otto Kurz: *Die Legende vom Künstler. Ein geschichtlicher Versuch.* Frankfurt/M. 1980. Kris und Kurz zufolge ordnen sich die Motive einer biografischen Legende im Bereich der künstlerischen Praxis traditionell um zwei zentrale Gedanken:»Um den Versuch, die Entstehung des Kunstwerkes durch lebensnahen Vergleich zu erfassen, und um den, zwischen Kunstwerk und Künstler eine unmittelbare Verbindung herzustellen.« (S. 147) Beide scheinen, mutatis mutandis, auch für die Konstitution der biografischen Legendenbildung um Misu leitend gewesen zu sein. — **19** »Regie: Oberregisseur Misu«, erstmals in: *Erste Internationale Film-Zeitung*, Nr. 19, 11.5.1912. Misus Anstellung soll nach Aussage Schünemanns unmittelbar zur Trennung vom Regisseur und Teilhaber Walter Schmidthässler geführt haben, der »dann nicht mehr gebraucht [wurde]«. Vgl. Lamprecht: Interview mit Emil Schünemann, a. a. O. (wie Anm. 16). — **20** Der Film-Regisseur als schöpferischer Künstler. In: *Die Lichtbild-Bühne*, Nr. 1, 3.1.1914, S. 38 f. — **21** *Die Lichtbild-Bühne*, Nr. 23, 7.6.1913. — **22** In den einschlägigen Filmografien der Firma Pathé Frères, ausgewertet in Jacques Kermabon (Hg.): *Pathé. Premier empire du cinéma.* Paris 1994, S. 440–455, findet sich für die in Frage kommenden Jahre allerdings kein Hinweis auf Misu. — **23** Vgl. Der Film-Regisseur als schöpferischer Künstler, a. a. O. (wie Anm. 20), S. 38. — **24** Vgl. *Moving Pictures 1912–1939.* Washington o. J., Nr. 2118. — **25** Der Film-Regisseur als schöpferischer Künstler, a. a. O. (wie Anm. 20), S. 38. — **26** Ebd. — **27** *Die Lichtbild-Bühne*, Nr. 33, 14.8.1915, S. 77. In früheren Ausgaben dieser Rubrik (z. B. in *Die Lichtbild-Bühne*, Nr. 24, 12.6.1915, S. 60) ist Misu noch nicht verzeichnet. Dass es sich dabei also um einen »veraltete[n] Eintrag« handeln könnte, »der erst 1915 zum Abdruck gelangte«, wie Kirsten Lehmann und Lydia Wiehring von Wendrin in ihrer Recherche für möglich halten, ist wohl auszuschließen. Vgl. Kirsten Lehmann und Lydia Wiehring von Wendrin: Mime Misu – Der Regisseur des Titanic-Films IN NACHT UND EIS (D 1912). In: *Filmblatt*, Nr. 6, Winter 1997[/98], S. 47. — **28** Vgl. Misugraph Film Co. New York/Berlin. In: *Film-Kurier*, Nr. 57, 8.3.1921. — **29** Reichs-Kino-Adressbuch 1920/21. Berlin 1921; zit. n. Lehmann, Wiehring von Wendrin: Mime Misu, a.a.O. (wie Anm. 27), S. 48. — **30** Eine Frankfurter Firmengründung. In: *Die Lichtbild-Bühne*, Nr. 7, 12.2.1921, S. 60. — **31** *Film-Kurier*, Nr. 52, 2.3.1921 – **32** Misugraph Film Co. New York/Berlin, a.a.O. (wie Anm. 28). — **33** Neben den erwähnten Eugen Zukor und Samuel Rachmann auch noch Ben Blumenthal. Vgl. Ufa-Famous Players. Ben Blumenthal und S. Rachmann in Berlin. In: *Film-Kurier*, Nr. 39, 15.2.1921; Ufa und Famous Players. In: *Film-Kurier*, Nr. 53, 3.3.1921. — **34** Misugraph Film Co. New York/Berlin, a.a.O. (wie Anm. 28). — **35** Anzeige der Continental-Film. In: *Erste Internationale Film-Zeitung*, 6. Jg., Nr. 23, 8.6.1912, S. 30. — **36** Ebd. Vgl. a. *Der Kinematograph*, Nr. 281, 15.5.1912, n.p.: »Ein wahres Erlebnis des im April zu Clyde (England) verstorbenen Arthur Hamilton.« — **37** Anzeige der Continental-Film. In: *Erste Internationale Film-Zeitung*, 6. Jg., Nr. 19, 11.5.1912, S. 32. — **38** Zit. n. Herbert Birett (Hg.): *Verzeichnis in Deutschland gelaufener Filme. Entscheidungen der Filmzensur 1911–1920*. München, New York, London und Paris 1980, S. 49. — **39** Anzeige der Continental-Film. In: *Erste Internationale Film-Zeitung*, 6. Jg., Nr. 23, 8.6.1912, S. 30. — **40** *Erste Internationale Film-Zeitung*, 6. Jg., Nr. 25, 22.6.1912, S. 70 u. 72, hier S. 72. — **41** Ebd. — **42** Vgl. Barry Salt: *Film Style & Technology. History & Analysis*. 2., vermehrte Auflage. London 1992, S. 57 und 109. Zur Verwendung von Mehrfachbelichtungen zur Subjektivierung des Erzählraums in deutschen Melodramen der 10er und 20er Jahre vgl. Michael Wedel: Max Mack. The invisible Author. In: Thomas Elsaesser, Michael Wedel (Hg.): *A Second Life. German Cinema's First Decades*. Amsterdam 1996, S. 205–212; ders.: Melodrama and Narrative Space. Franz Hofer's HEIDENRÖSLEIN. In: Ebd., S. 123–131; ders.: Medium, Maske, Metapher. Albert Bassermann und DIE NÄCHTE DES CORNELIUS BROUWER. In: *FilmGeschichte*, Nr. 14, September 2000, S. 29–34. — **43** *Erste Internationale Film-Zeitung*, 6. Jg., Nr. 25, 22.6.1912, S. 72. — **44** Ebd. — **45** Ebd. — **46** Ebd. — **47** Anzeige der Continental in: *Erste Internationale Film-Zeitung*, 6. Jg., Nr. 17, 27.4.1912, S. 31. — **48** Vgl. Gerhard Lamprecht: *Deutsche Stummfilme 1903–1912*. Berlin 1969, S. 187. — **49** Vgl. ebd. — **50** *Die Lichtbild-Bühne*, Nr. 35, 31.8.1912, S. 56. — **51** Warnung vor Mystifikationen! [Bekanntmachung der Miracle Film Co.m.b.H.] In: *Die Lichtbild-Bühne*, Nr. 36, 7.9.1912, S. 40. Zur Produktionsgeschichte des Reinhardt-Films vgl. a. Bradford Smith: A Religious Spectacle in Theatre and Film. Max Reinhardt's *The Miracle* (1911–1912). In: Roland Cosandey, André Gaudreault, Tom Gunning (Hg.): *Une Invention du diable? Cinéma des premiers temps et religion/An Invention of the Devil? Religion and Early Cinema*. Sainte Foy und Lausanne 1992, S. 311–318. Smith nimmt allerdings noch an, bei dem gleichnamigen Continental-Film könnte es sich um eine Raubkopie des Reinhardt-Films handeln und ist so nicht in der Lage, die widersprüchlichen amerikanischen Lizensierungs- und Verleihdaten zu erklären. — **52** In den Dokumenten dieser Kontroverse finden sich Hinweise, dass Misu unmittelbar nach seinem Ausscheiden bei der Continental Anfang September 1912 auch an der Reinhardt-Verfilmung als einer von mehreren Regisseuren mitgewirkt haben soll. Vgl. hierzu ausführlich Michael Wedel: Misus MIRAKEL. Eine transatlantische Karriere, eine transatlantische Kontroverse. In: *KINtop* 10, 2001, S. 73–87. — **53** Zum frühen Aktualitätenfilm vgl. die Beiträge in *KINtop* 6, 1997. — **54** Vgl. Werbebroschüre der PAGU (September/Oktober 1913), Schriftgutarchiv Filmmuseum Berlin – Deutsche Kinemathek. — **55** Der Film wurde im August 1913 mit einer Länge von 1250 Metern in Berlin zur Zensur eingereicht, Mitte Oktober uraufgeführt und noch im Dezember in ganz Deutschland vertrieben. Vgl. Anzeige der Frankfurter Film Comp. GmbH. In: *Die Lichtbild-Bühne*, Nr. 50, 13.12.1913, S. 75. — **56** 1917 verwendete Fritz Lang in seinem Drehbuch zu DIE HOCHZEIT IM EXZENTRIC-CLUB, einem Joe-Deebs-Detektivfilm in der Regie von Joe May, dieses Motiv erneut. Zum Motivkomplex generell vgl. Georges Sturm: *Die Circe, der Pfau und das Halbblut. Die Filme von Fritz Lang 1916–1921.* Trier 2001, S. 77 f. — **57** Eine zeitgenössische Kritik beschreibt den dramatischen Höhepunkt des Films ausführlich: »In Strömen dringt das Wasser in die Maschinen- und Kesselräume. In fieberhafter Angst und Aufregung versuchen Heizer, Kohlenschlepper und Matrosen, das eindringende Wasser abzuwehren und das Loch zu verstopfen. Der Kapitän selbst hat die Kommandobrücke verlassen und ist in den Kesselraum hinuntergeeilt, um seine Leute zu einem letzten verzweifelten Versuch anzuspornen, des Elements Herr zu werden. Dann steigt das Wasser weiter, so ist eine Kesselexplosion nicht zu vermeiden, und das Schiff rettungslos verloren. In eilender Hast läßt er die Feuerstellen leeren. Hoch auf schießen die Flammen, während die Heizer mit langen Stangen die brennenden Kohlen von den Rosten reißen, und heißer Dampf wallt auf, wenn diese ins Wasser fallen, das bereits halbmannshoch den Boden bedeckt. Doch alle Mühe ist vergebens. Höher und höher steigt das Wasser, jetzt ein dumpfer Knall, die eben noch über die Leckstelle gebeugten Männer fahren auf, der Kapitän taumelt zurück, von einem der vielen umherfliegenden Eisenstücke getroffen, die rechts und links die Mannschaft niedermähen. Wer nicht tot oder bewußtlos ist, flieht in wilder Jagd zu den Luken, der hilflosen Kameraden vergessend. Nur der Kapitän und einige Brave schleppen mit vereinten Kräften ein paar Bewußtlose mit sich. Und gurgelnd dringt das Wasser ein ...« *Berliner Morgenpost,* zitiert in: *Die Lichtbild-Bühne,* Nr. 43, 25.10.1913, S. 35. — **58** Inhalt und Rollenbesetzung nach *Die Lichtbild-Bühne,* Nr. 42, 18.10.1913, S. 37 — **59** Ein neues Bravourstück des Regisseurs Mime Misu. In: *Die Lichtbild-Bühne,* Nr. 31, 2.8.1913, S. 36. — **60** Polizei-Präsident von Jagow bei einer Filmaufnahme. In: *Die Lichtbild-Bühne,* Nr. 32, 9.8.1913, S. 24 u. 28. — **61** *Berliner Tageblatt und Handelszeitung,* Nr. 375, 26.7.1913; zit. n. Michael Hanisch: *Auf den Spuren der Filmgeschichte. Berliner Schauplätze.* Berlin 1991, S. 144. — **62** Mime Misu: Regiefehler im Film. In: *Die Lichtbild-Bühne,* Nr. 29, 19. Juli 1913, S. 31. — **63** [Mime] Misu: Kunst und nochmals Kunst. In: *Die Lichtbild-Bühne,* Nr. 23, Sonderbeilage der Luxusausgabe »Der Kino-Regisseur«, 7.6.1913, S. 122. — **64** Ebd. — **65** Ebd. — **66** *Erste Internationale Film-Zeitung,* Nr. 17, 27.4.1912, S. 31. — **67** Bekanntmachung. In: *Erste Internationale Film-Zeitung,* Nr. 19, 11.5.1912. — **68** *Der Kinematograph,* Nr. 279, 1.5.1912. — **69** Ebd. — **70** *Erste Internationale Film-Zeitung,* Nr. 19, 11.5.1912. — **71** Vgl. Stephen Bottomore: *The Titanic and Silent Cinema.* East Sussex 2000, S. 69–105. Das Material wurde von der amerikanischen Gaumont-Wochenschau *Animated Weekly* produziert. Ein deutscher Vertrieb des mit 400 Metern weitaus längeren Wochenschauprogramms der Britischen Globe Company vom Mai 1912 lässt sich nicht nachweisen. — **72** Vgl. ebd., S. 89. — **73** *Erste Internationale Film-Zeitung,* Nr. 19, 11.5.1912; vgl. auch *Der Kinematograph,* Nr. 280, 15.5.1912. — **74** Die Rache einer Tageszeitung. Der ›Oberschlesische Kurier‹ und seine gerechte Abfuhr. In: *Die Lichtbild-Bühne,* Nr. 23, 8.6.1912, S. 20 u. 25. — **75** Ebd., S. 25. — **76** Ebd., S. 20. — **77** Zur Rezeption des Unglücks in Deutschland vgl. Barbara Driessen: *Tragödie der Technik, Triumph der Medien. Die Berichterstattung über den Untergang der Titanic in der zeitgenössischen deutschen und britischen Presse.* Münster 1999. Zur Frage, was die Bordkapelle auf der Titanic tatsächlich zu welchem Zeitpunkt gespielt haben könnte, sowie zur Entwicklung dieser Facette des Titanic-Mythos vgl. Ian Jack: Leonardo's Grave. In: *Granta,* Nr. 67, Herbst 1999, S. 7–38. — **78** Die Rache einer Tageszeitung, a. a. O. (wie Anm. 74), S. 20. — **79** Ebd. — **80** Vgl. Bottomore: *The Titanic and Silent Cinema,* a. a. O. (wie Anm. 71), S. 90–104. — **81** Vgl. Tom Gunning: Vor dem Dokumentarfilm. Frühe non-fiction-Filme und die Ästhetik der »Ansicht«. In: *KINtop* 4, 1995, S. 111–122; William Uricchio: Aktualitäten als Bilder der Zeit. In: *KINtop* 6, 1997, S. 43–50. — **82** Die letzte Einstellung des Films wird von dem Zwischentitel kommentiert: »Oceano Nox – O Wellen! Von welch traurigen Ereignissen könnt ihr erzählen!«. Ich beziehe mich hier auf die im Bundesarchiv-Filmarchiv Berlin überlieferte deutsche Verleihfassung der Gaumont-

Wochenschau mit einer Länge von 119,3 Metern. Dank an Jeanpaul Goergen, der mich auf diese Kopie aufmerksam gemacht hat. — **83** Vgl. Steven Biel: *Down with the Old Canoe. A Cultural History of the Titanic*. New York und London 1996; Richard Howells: *The Myth of the Titanic*. London 1999. — **84** Sie wurde am 6. Juli in Berlin zur Zensur eingereicht. Vgl. Birett: *Verzeichnis in Deutschland gelaufener Filme*, a.a.O. (wie Anm. 38), S. 53. — **85** Vgl. Bottomore: *The Titanic and Silent Cinema*, a.a.O. (wie Anm. 71), S. 111. — **86** Die Rache einer Tageszeitung, a.a.O. (wie Anm. 74), S. 20. — **87** Bekanntmachung. In: *Erste Internationale Film-Zeitung*, Nr. 19, 11.5.1912. Als weiterer Grund für die Verzögerung der Produktion wurde später außerdem angegeben:»Sogar der Verhaftung wegen Spionage und der Beschlagnahme des Materials durch eine Seefestungs-Kommandantur waren unsere Angestellten ausgesetzt.« *Erste Internationale Filmzeitung*, Nr. 25, 22.6.1912; *Die Lichtbild-Bühne*, Nr. 25, 22.6.1912, S. 2 f.; *Der Kinematograph*, Nr. 287, 26.6.1912. — **88** Die *Lichtbild-Bühne*, Nr. 23, 8.6.1912; *Der Kinematograph*, Nr. 285, 12.6.1912. — **89** So z.B. in: *Die Lichtbild-Bühne*, Nr. 26, 29.6.1912, S. 2. — **90** *Berliner Tageblatt und Handelszeitung*, Nr. 288, 8.6.1912. — **91** Vgl. Lamprecht: Interview mit Emil Schünemann, a.a.O. (wie Anm. 16). Die im *Berliner Tageblatt und Handelszeitung*, Nr. 288, 8.6.1912, auf Max Rittberger bezogene Anmerkung »Der Direktor war selber Kapitän; er weiß, wie es gewesen ist ...« ist allerdings irreführend. Schünemann zufolge war es der Vater des Ingenieurs, Eiskunstläufers und Filmproduzenten, der als Kapitän zur See gefahren sein soll. — **92** »›Ob ich mitansehen will, wie die Titanic gegen die Eisberge stößt, wie die Flammen aus den Kesseln hervorschlagen, die Wasserfluten in die Heizerräume eindringen und die halbnackten Maschinisten sich zu retten suchen, während der Kapitän verzweifelt? (...) Aber ich müßte mich eilen. In dreiviertel Stunden würde das alles geschehen. Und warten mit dem Ereignis könne man nicht auf mich.‹ – ›Natürlich, das sehe ich ein. – ›Sehr freundlich. Ich fahre gleich mit dem Auto hin ...‹ – ›Danke, also auf Wiedersehen.‹ Nämlich in der Chausseestraße in den Ateliers der Filmgesellschaft, die einen Riesenfilm baut; er soll mit allen Mitteln der Technik, Theaterregie, Realismus, Naturalismus, dramatischer Kraft, Feuerwehr, Schießbaumwolle, Dynamit und vielen Wasserfässern eine Rekonstruktion des Untergangs der ›Titanic‹ geben. Er soll und er wird ...« *Berliner Tageblatt und Handelszeitung*, a.a.O. (wie Anm. 90). — **93** Ebd. — **94** »In ahnungsloser Naivität betritt der Flaneur den Hof des Grundstücks, und in demselben Moment prallt er entsetzt zurück, denn eine gewaltige Detonation erschüttert die Luft. ›Der Kessel ist explodiert‹, ›Hilft! Ich sterbe!‹ schallt es markerschütternd über den Hof. Wasser, Dampf, Feuer, Rauch und alles mögliche erfüllt die Luft. Man sieht schrecklich Verunglückte über den Unglücksort hinweg, und während das stockende Herz lähmenden Schreck verursacht, ruft ein vermeintlich wahnsinnig Gewordener: ›Noch mehr Feuer! Der andere Kessel muß auch explodieren! Laßt die Menschen ersaufen! Mehr Wasser!‹ Im Hintergrund arbeiten zwei Kino-Operateure seelenruhig an der Kurbel, und da ich unter den Schmerzverzerrten im Wasser ringend den tüchtigen und genialen Regisseur Misu trotz fehlender Garderobe [sic] erkenne, sehe ich, dass das Unglück ein gewolltes ist. Man sieht also, dass die heutige Filmfabrikation äußerste Realistik verlangt.« Besuche in Berliner Kino-Ateliers. In: *Die Lichtbild-Bühne*, Nr. 24, 15.6.1912, S. 18. — **95** Vgl. Lamprecht: Interview mit Emil Schünemann, a.a.O. (wie Anm. 16). — **96** Ebd. — **97** Der Untergang der Titanic. In: *Die Lichtbild-Bühne*, Nr. 28, 13.7.1912, S. 18 u. 23. — **98** Ebd., S. 23. — **99** *Erste Internationale Film-Zeitung*, Nr. 25, 22.6.1912; *Die Lichtbild-Bühne*, Nr. 25, 22.6.1912, S. 2 f.; *Der Kinematograph*, Nr. 287, 26.6.1912. — **100** *Die Lichtbild-Bühne*, Nr. 26, 29.6.1912, S. 2 f. — **101** *Die Lichtbild-Bühne*, Nr. 28, 13.7.1912, S. 1. — **102** *Die Lichtbild-Bühne*, Nr. 35, 31.8.1912, S. 19. — **103** Ebd. — **104** Ebd. Zur Preisstaffelung des damaligen Monopolverleihs von einzelnen Filmen vgl. Corinna Müller: *Frühe deutsche Kinematographie. Formale, wirtschaftliche und kulturelle Entwicklungen*. Stuttgart und Weimar 1994, S. 126 ff. — **105** *Die Lichtbild-Bühne*, Nr. 41, 12.10.1912, S. 37; *Erste Internationale Film-Zeitung*, Nr. 41, 12.10.1912, S. 74 f. — **106** Er war dort in der Kategorie »non-fiction« lizensiert worden. Vgl. Bottomore: *The*

Titanic and Silent Cinema, a.a.O. (wie Anm. 71), S. 121. — **107** Vgl. Lamprecht: Interview mit Emil Schünemann, a.a.O. (wie Anm. 16). — **108** *Die Lichtbild-Bühne*, Nr. 45, 9.11.1912, S. 50. — **109** *Lichtbild-Theater* (Wien), Nr. 40, 3.10.1912, S. 8. — **110** Hayden White: The Modernist Event. In: Vivian Sobchack (Hg.): *The Persistence of History. Cinema, Television, and the Modern Event*. New York und London 1996, S. 17–38. — **111** Stephen Kern: *The Culture of Time and Space, 1880–1918*. Cambridge/Mass. 1983, S. 65 ff. — **112** Biel: *Down with the Old Canoe*, a.a.O. (wie Anm. 83), S. 25. — **113** Vgl. Daniel Dayan und Elihu Katz: *Media Events. The Live Broadcasting of History*. Cambridge/Mass. und London 1992, S. 17 f. — **114** Zum Begriff der ›dokumentarisierenden Lektüre‹, vgl. Roger Odin: Dokumentarischer Film – dokumentarisierende Lektüre. In: Eva Hohenberger (Hg.): *Bilder des Wirklichen. Texte zur Theorie des Dokumentarfilms*. Berlin 1998, S. 286–303. Zu parataktischen bzw. hypotaktischen Verwendungen von so genannten *keyhole shots* und subjektiven Kameraeinstellungen im frühen Kino vgl. Elena Dagrada: Filmsprache und Filmgeschichte. Das Beispiel EINE FLIEGENJAGD, ODER DIE RACHE DER FRAU SCHULTZE von Max und Eugen Skladanowsky. In: *KINtop* 4, 1995, S. 143–162. — **115** Vgl. Edward Branigan: *Point of View in the Cinema. A Theory of Narration and Subjectivity in Classical Film*. Berlin, New York und Amsterdam 1984. — **116** »Der Kapitän übergibt seinem ersten Offizier, welcher später ertrank, die Wache und begibt sich unter Deck« – »Dienst in der Station für drahtlose Telegrafie. Der zweite Telegrafist, welcher gerettet wurde, bei der Arbeit« – »Der erste Telegrafist, welcher sich aufopferte und heldenhaft mit dem Schiff unterging, lässt sich Bericht erstatten« – »Der kleine Milliarden-Erbe, welcher mit seinem Kindermädchen gerettet wurde, weil ihn die ganze Familie opferte, um den Namen zu erhalten«. — **117** Vgl. in diesem Zusammenhang Tom Gunning: An Aesthetic of Astonishment. Early Film and the Incredulous Spectator. In: *Art & Text*, Nr. 34, 1989, S. 31–45. — **118** Zur Zeitlichkeit traumatischer Erfahrung vgl. Cathy Caruth: *Unclaimed Experience. Trauma, Narrative, and History*. Baltimore und London 1996. — **119** Inhaltsbeschreibung der Continental. In: *Der Kinematograph*, Nr. 288, 3.7.1912. — **120** Vgl. In treuer Pflichterfüllung. In: *Illustrierte Rundschau, Beilage zum Hamburger Fremdenblatt*, 7. Beilage, Nr. 95, 24.4.1912, S. 29. Wiederabgedruckt in Werner Köster, Thomas Lischeid (Hg.): *Titanic. Ein Medienmythos*. Leipzig 1999, S. 88 f. — **121** Maximilian Harden: Titanic. Report. In: *Die Zukunft*, 15.6.1912, S. 340–354. Zitiert nach Köster, Lischeid (Hg.): *Titanic. Ein Medienmythos*, a.a.O. (wie Anm. 120), S. 53. — **122** Inhaltsbeschreibung der Continental. In: *Erste Internationale Film-Zeitung*, Nr. 25, 22.6.1912, S.33. — **123** Zwischentitel: »Der erste Telegraphist erhält Befehl[,] Notsignale abzugeben.« – »Da auf Rettung nicht mehr zu hoffen ist, entbindet der Kapitän den ersten Telegraphisten von seiner Pflicht. Beide haben den festen Willen, mit dem Schiff unterzugehen; sie sind nur auf Rettung der Passagiere bedacht.« — **124** Philipp Berges: Naturgewalten und Menschenwerk. Eine Illustration zur ›Titanic‹-Katastrophe. In: *Hamburger Fremdenblatt*, 84. Jg., Nr. 91, 19.4.1912, S. 1 f. Wiederabgedruckt in Köster, Lischeid (Hg.): *Titanic. Ein Medienmythos*, a.a.O. (wie Anm. 120), S. 66–73, Zitat S. 72. — **125** Vgl. ebd.: »Durch das Glasfenster schaut der Telegraphist hinab auf die schreckliche Szene aus Dantes Hölle.« In Misus szenografischer Ausgestaltung dieses Details findet sich jenes Fenster in der rückwärtigen Wand des Funkraums wieder und gibt den Blick auf verzweifelte Passagiere – eben jene Kinder, Mütter und Männer auf der Suche nach Rettungseinsen – im Bildhintergrund frei. — **126** Inhaltsbeschreibung der Continental. In: *Der Kinematograph*, Nr. 288, 3.7.1912. — **127** Inhaltsbeschreibung der Continental. In: *Erste Internationale Film-Zeitung*, Nr. 25, 22.6.1912, S.33. Ähnlich allegorisch arbeiteten im Jahr darauf Werbeillustrationen zu Misus Film EXCENTRIC-CLUB: In ihnen erscheint schicksalhaft über dem Schiff die finstere Gestalt des Kapitäns, aus dessen zu gierigen Klauen gekrallten Händen Geldmünzen niederregnen und die See aufwühlen. Vgl. *Die Lichtbild-Bühne*, Nr. 50, 13.12.1913, S. 75. — **128** Produktionsmitteilungen wie diese entsprächen Genettes Kategorie des »öffentlichen Peritexts«. Vgl. Gerard Genette: *Paratexte. Das Buch vom Beiwerk des Buches*. Frankfurt/M. 2001. —

Michael Wedel

129 Inhaltsbeschreibung der Continental. In: *Der Kinematograph*, Nr. 288, 3.7.1912. —
130 Vgl. Johannes Rohbeck: *Technik – Kultur – Geschichte. Eine Rehabilitierung der Geschichtsphilosophie*. Frankfurt/M. 2000, S. 132. — 131 Gustav Landauer: Die Botschaft der Titanic. In: *Frankfurter Zeitung*, 21.4.1912; zit. n. Köster, Lischeid (Hg.): *Titanic. Ein Medienmythos*, a.a.O. (wie Anm. 120), S. 82 und 86 f. — 132 Ebd., S. 82 f. und 87. —
133 Archivtitel, französischer Originaltitel unbekannt. — 134 Vgl. Tom Gunning: Heard over the Phone. The Lonely Villa and the de Lorde tradition of the terrors of technology. In: *Screen*, Bd. 32, Nr. 2, Sommer 1991, S. 184–196; Lynn Kirby: *Parallel Tracks. The Railroad and Silent Cinema*. Exeter 1997, S. 100 ff. — 135 Der Darstellungsstil der Schauspieler weist sich somit nur vordergründig als mit den ›realistischen‹ Anforderungen des Erzählfilms unvereinbar ›theatralisch‹ aus; tatsächlich erfüllt er in der beschriebenen Wirkungsästhetik des Films eine wichtige Funktion. Zum Schauspielstil im frühen Film vgl. Roberta Pearson: *Eloquent Gestures. The Transformation of Performance Style in the Griffith Biograph Films*. Berkeley 1992; Ben Brewster, Lea Jacobs: *Theatre to Cinema. Stage Pictorialism and the Early Feature Film*. Oxford und New York 1997, S. 79–138. — 136 Ich schließe hier an James Lastras weit gefasstes, rezeptionsorientiertes Verständnis des Begriffs der Synchronisation an, der für die Zeit des stummen Films »jedes festgelegte oder intentionale Verhältnis zwischen Ton und Bild« als Versuch der Synchonisierung von visuellem und akustischem Wahrnehmungsmaterial betrachtet. Vgl. James Lastra: *Sound Technology and the American Cinema. Perception, Representation, Modernity*. New York 2000, S. 94. —
137 Berichte über Aufführungen in den Niederlanden dokumentieren den Stellenwert, der der Ausgestaltung des imaginären Klangraums des Films und der Beteiligung des Publikums dabei zukam. So wurde die Vorführung des Films dort beispielsweise von Filmerklärern und Gesangssolisten begleitet, die das Publikum dazu animierten, am Ende den Choral ›Nearer, My God, to Thee‹ mitzusingen. Vgl. *Nieuws van de Dag* vom 7. und 14.10.1912. Den Hinweis auf diese Quellen verdanke ich Ivo Blom. — 138 Hermann Kappelhoff: And the Heart will go on and on. Untergangsphantasie und Wiederholungsstruktur in dem Film TITANIC von James Cameron. In: *montage/av*, 8. Jg., Nr. 1, 1999, S. 88 f. — 139 Hans Blumenberg: *Schiffbruch mit Zuschauer*. Frankfurt/M. 1997, S. 31, 39 f., 45.

Elena Dagrada

Franz Hofer
Voyeur der Kaiserzeit

Wenn es stimmt, dass die ›Giornate del Cinema Muto‹ in Pordenone ihr Publikum regelmäßig mit der Entdeckung eines unbekannten Talents erfreut, so machte das Jahr 1990 dieser Tradition mit einem neuen, unauffällig überreichten Präsent alle Ehre. Nach Jewgenij Bauer, dem ›kleinen großen Genie‹ des russischen Kinos, das Pordenone im Jahr zuvor entdeckt hatte, nahm nun ein weiterer unbeachteter Regisseur seinen wohlverdienten Platz im Pantheon des frühen Kinos ein: Franz Hofer, von dem sechs seiner Filme in Pordenone innerhalb der dem deutschen Kino ›vor Caligari‹ gewidmeten Retrospektive gezeigt wurden.

Abgesehen davon, dass er 1883 in Saarbrücken geboren, aber in Wien erzogen wurde, scheint über Hofer nur wenig bekannt zu sein.[1] In einem Beitrag zum Begleitband des Retrospektive heißt es, er habe eine Leidenschaft für das Theater gehabt, für das er als Autor und Darsteller tätig war, und seit 1910 als Drehbuchautor gearbeitet, bevor er 1913 mit DES ALTERS ERSTE SPUREN bei seinem ersten Film Regie geführt habe.[2] In den Jahren 1913 und 1914 drehte er um die 25 Filme für die Luna Film GmbH. In den folgenden Jahren wechselte er dann zwischen den Produktionsfirmen, unter anderem zur Messter-Film GmbH, bevor er selbst in die Produktion einstieg und nach dem Ersten Weltkrieg die Hofer-Film GmbH ins Leben rief.[3]

Es ist außerdem bekannt, dass Hofer, den Titeln seiner Filme nach zu urteilen, sich in den unterschiedlichsten Genres tummelte und seine Schauspieler, allen voran Dorrit Weixler und Franz Schwaiger, zu den bekannten Stars ihrer Zeit gehörten. Schließlich wissen wir auch noch, dass Hofer 1913 an den öffentlichen Initiativen zur Hebung des gesellschaftlichen Ansehens der Filmregisseure beteiligt war, die sich vor dem Hintergrund dessen ereigneten, was unter der Bezeichnung der ›Autorenfilmbewegung‹ einige Bekanntheit erlangen sollte. Tatsächlich findet sich sein Name in der Werbeanzeige einer Sondernummer der *Lichtbild-Bühne*, die ausschließlich der Rolle des Filmregisseurs gewidmet ist, neben denen von Regisseuren wie Stellan Rye (DER STUDENT VON PRAG).[4]

Wenn die biografischen Informationen über Hofer noch immer recht mager ausfallen, so gilt das gleiche glücklicherweise nicht für seine Kunst: Mit der Wiederentdeckung einiger der erhaltenen Filme, überwiegend aus seiner Zeit bei der Luna-Film, ist ein scharfes Licht auf Franz Hofer gefallen, wie durch eines jener Gucklöcher, durch die seine Figuren in zahlreichen gelungenen subjektiven Kamera-Einstellungen so gerne schauen. Denn, um es vorweg zu nehmen, es ist diese Eigenschaft, die einen am stärksten an Hofer beeindruckt: die faszinierende, niemals aber aufgesetzte Virtuosität, mit der er den visuellen Raum seiner Figuren entwirft, indem er ihre Wahrnehmungen in elegante geometrische Koordinaten einbettet. Nicht weniger verblüffend ist dabei, dass er in diesen *point-of-view*-Konstruktionen stets das Gleichgewicht hält zwischen der visuellen Faszination und der narrativen Sachdienlichkeit, zwischen Augenmagie und Erzählökonomie.

Hofer schildert die Welt stets aus einem intimen Blickwinkel, so als stünde er über den Dingen, nicht selten ein Blickwinkel »weiblicher Provenienz«, wie Heide Schlüpmann anmerkt.[5] Im Unterschied zu den eher stereoskopisch aufgebauten Filmen des Russen Bauer ist Hofer ein Schöpfer monoskopischer Visionen, der genau weiß, wie man selbst noch die banalsten Intrigen mit einer individualisierten psychologischen Tiefendimension ausstattet. Wiederum im Gegensatz zu Bauer, dessen Aufmerksamkeit mehr einer architektonischen Raumorganisation gilt, scheint Hofers Interesse sich vor allem auf die Bildkomposition zu beziehen und eher dahin zu tendieren, den Raum an- und auszufüllen als ihn überschaubar zu gestalten.[6] Kamerabewegungen sind in den Filmen Hofers eher selten, die Bilder häufig statisch und stark stilisiert. Und doch ist die figurative Sorgfalt, die in ihnen waltet, eine zutiefst kinematographische: Ihre Eleganz beruht auf wohl überlegten visuellen Arrangements, genau abgepassten optischen Effekten, dramatischen *point of views* und Erscheinungen, die sich in schlichten, aber bewusst arrangierten, umschwärzten Räumen materialisieren.

Hofer scheint sich genau auf halbem Wege zwischen der vor-kinematographischen Tradition des Attraktionsspektakels und jenen linearisierenden Erzählinnovationen anzusiedeln, die mit der Autorenfilmbewegung das deutsche Kino der 10er Jahre erreichten. Wenn es zutrifft, dass das deutsche Kino vor DAS CABINET DES DR. CALIGARI (1919/20) dem Autorenfilm eine aktive Emanzipation vom Erbe des Theaters und die Hinwendung zu den expressiven Möglichkeiten des Kinos verdankt,[7] dann scheinen Hofers Filme die praktische Umsetzung dieses positiven Einflusses zu bestätigen. Einerseits handelt es sich bei ihnen um ›Qualitätsproduktionen‹, die den Markt um neue Genres bereichern und die charakteristischen Ausdrucksmöglichkeiten dieser neuen Filmsprache verbreiten. Andererseits bewahren sie allerdings auch den Zwiespalt zwischen der Nostalgie fürs Theater und der Faszination eines als magisch erlebten Kinos, in der noch immer ein Teil des ersten Erstaunens über diese leuchtenden, bewegten Bilder aufgehoben ist.

Nicht zuletzt dank der Vermischung all dieser Komponenten vermitteln die Filme Hofers, unabhängig von ihrer Genrezugehörigkeit, den durchgehenden Eindruck eines intensiven lyrischen Untertons, ob es sich nun um ›Sensationsfilme‹ mit kriminalistischem Hintergrund (DIE SCHWARZE NATTER und DIE SCHWARZE KUGEL [beide 1913]), ausgelassene Komödien (HURRAH! EINQUARTIERUNG! [1913] und FRÄULEIN PICCOLO [1914]), einen ›Heimatfrontfilm‹ (wie die wunderbaren WEIHNACHTSGLOCKEN [1914] oder – weitaus nahe liegender – ein Melodrama (wie KAMMERMUSIK [1915]) handelt. Oft sind es gerade die Blicke der Protagonisten, die in zahlreichen subjektiven Kamera-Einstellungen den Umschlag der lyrischen Wirkung von der figurativen Ebene auf die emotionale und narrative Ebene selbst dort noch bewerkstelligen, wo die Atmosphäre derart vielstimmig ist wie in WEIHNACHTSGLOCKEN oder, wie im ›Sensationsfilm‹, ganz auf die Handlung konzentriert bleibt. Ins Zentrum dieses letztgenannten Genres rückt Hofer »die weibliche Macht des Blicks.«[8] In DIE SCHWARZE NATTER (Luna-Film, 1913) sind die beiden wichtigsten Protagonisten zwei Frauen, die um denselben Mann kämpfen: die Schlangenbeschwörerin Ladya, die ›schwarze Natter‹ des Titels, und die Amazone Blanche d'Estrée, die Eigentümerin jenes Zirkus', in dessen Milieu die Handlung angesiedelt ist.

Die Handlung selbst besteht aus nicht viel mehr als einer düsteren Liebesintrige, irgendwo zwischen Melodrama und Detektivgeschichte. Hofer geht in seiner Inszenierung äußerst geschickt vor, er verwendet große Sorgfalt auf Details (zum Beispiel bei der Kleidung der beiden Frauen, die ihre unterschiedlichen Charaktere spiegelt) und eine sehr dynamische Raumkonzeption: Die Flucht Blanches vor der Polizei führt die Kamera durch die Manege, über Dächer, durch Jahrmarktsbuden und unter die Karussellfahrer eines Luna-Parks. Aber auch die Perspektive der Figuren inspiriert zu einigen bemerkenswerten visuellen Geniestreichen: Wir schlüpfen durch Löcher in der Wand, entdecken unter einem Hut einen versteckten Spiegel (den Ladya in der suggestiv inszenierten Schlussszene zerschlagen wird, aus Entsetzen darüber, dass sie in ihm das Bild der guten Blanche widergespiegelt sieht) und verwandeln uns sogar in die Form einer Hand, die das Eis auf einer Fensterscheibe zum Schmelzen gebracht hat (Abb. 1).

Elena Dagrada

Abb. 1: Margarete Hübler und Emerich Hanus in DIE SCHWARZE NATTER (1913)

Auch in DIE SCHWARZE KUGEL ODER DIE GEHEIMNISVOLLEN SCHWESTERN (Luna Film, 1913) sind die Hauptfiguren zwei Frauen. Sie wollen ihre Schwester, die aus Liebe Selbstmord begangen hat, rächen und denjenigen umbringen, der sie erst verführt und dann verlassen hat. Ein weiterer Sensationsfilm also, diesmal im Theatermilieu angesiedelt; und eine weitere heiße Intrige, in der zwei Schwestern, statt um einen Mann zu kämpfen, sich im Kampf gegen ihn verbünden. Abermals jedoch beschränkt sich Hofer keineswegs darauf, die Handlung mit gequälten Seelen zu überladen. Sein Interesse richtet sich vor allem auf die Aufgabe, die Emotionen dieser Seelen in Bildkompositionen umzusetzen, die hier ausnahmslos dem Theater nahe stehen.

Die noch immer sehr starken Bindungen Hofers an das Theater werden in diesem Film tatsächlich deutlicher als in den meisten anderen.[9] Und das nicht nur in dem wiederkehrenden (wohl etwas zu offensichtlichen) Motiv des Theaters als bevorzugtem Handlungsort oder der häufigen Verwendung von Vorhängen als Verdoppelungen des Theatervorhangs (zum Beispiel am Ende des Films im Schloss des Grafen, wenn die mordlustigen Schwestern aus heiterem Himmel vor ihrem Opfer erscheinen, indem sich ein schwerer Samtvorhang plötzlich auftut). Vor allem macht sich diese Nähe zum

Theater in der Verwendung des Handlungsraums als Bühnenraum bemerkbar, als dreidimensionaler Schauplatz, der in Ruhe durch eine unsichtbare vierte Wand beobachtet werden kann. Jedoch Vorsicht: Wir haben es hier mit Theater innerhalb eines Films zu tun, in dem die Zuschauer mit ihren Fingern emblematisch auf Details im Programmheft hinweisen (wie zu Beginn des Films); und der stumme Blick, der die Vorgänge durch die vierte Wand beobachtet, erweist sich nicht selten als diegetischer Blick. Ein in die Enge getriebener Blick, als würde er durch ein Schlüsselloch linsen.

Dieser Blick ist der des Mannes, eines verführerischen und voyeuristischen Grafen. Von der Frauenwelt auf verhängnisvolle Weise angezogen, spioniert er den Schwestern sowohl in ihrer Privatsphäre (ihrem Haus und ihrem mit Blumen und Spitzenborten geschmückten Zimmer) als auch an ihrem Arbeitsplatz (in ihrer Garderobe und auf der Bühne) nach. Es handelt sich hier um jene recht intime Art des Theaters, die gewöhnlich von Verführern frequentiert wird. Die beiden Frauen geben eine Nummer mit dem Titel »Die geheimnisvollen Schwestern« (zugleich der Untertitel von Hofers Film), in der sie schwarz maskiert und mit langen Umhängen auftreten, welche sie wie bedrohliche dunkle Flügel umherschwingen. Dann allerdings ein plötzlicher Schnitt, unmittelbar gefolgt von demselben Bild, jetzt aber eingerahmt von einer doppellinsigen Maske. Es ist der Blick des Voyeurs im Zuschauerraum, der das Spektakel durchs Opernglas betrachtet. Als dasselbe Opernglas sich in der nächsten Einstellung auf die Bühne richtet, sehen wir, wie er die beiden Frauen von der Loge aus anvisiert.

Es ist nicht die einzige ›theaterhafte‹ *point-of-view*-Einstellung des Films: Andere, mit bilderrahmenähnlichen Bildmaskierungen durch die geschwungenen Fensterbögen des Schlosses, werden folgen. Die mit Abstand schönste – und auch die erotischste – ist sicherlich diejenige, in der der Mann auf dem Höhepunkt der Handlung die Intimsphäre der beiden Frauen verletzt. Die beiden Schwestern sind zu Hause und gehen in ihrem Zimmer auf und ab; sie schließen zunächst mit Bedacht die äußeren Fensterläden und lassen dann einen weißen Vorhang herab, straff gespannt wie eine Leinwand. Schnitt vor das Haus, wo sich der Graf dem Fenster nähert. Vorsichtig öffnet er die Fensterläden einen Spalt und beugt sich vor, um durch die Öffnung zu spähen, seine Schaulust wird jedoch ein weiteres Mal enttäuscht: Der weiße Vorhang blockiert seinen Blick. Er öffnet die Fensterläden nun vollständig, wodurch die stilisierten Profile der beiden Schwestern auf dem weißen Vorhang zweidimensional wie in einem Schattenspiel sichtbar werden. Der Graf holt eine Schere aus seinem Mantel hervor und macht einen feinen Schnitt in den Stoff, um seinem Blick einen schmalen Durchlass zu öffnen. Es folgt ein Schnitt zu einer dreieckigen Bildmaskierung, die einen schwarzen Hintergrund einrahmt und den Spalt simuliert, den der Graf im Vorhangstoff geöffnet hat; jenseits des Vorhangs fahren die beiden Schwestern arglos mit ihren Tätigkeiten fort. Wenn uns etwas später der Gegenschuss das Zimmer abermals von innen zeigt, erkennt man im Hintergrund des Bildes deutlich den schwarzen Punkt des Loches im weißen Vorhang.

Diese faszinierende Mischung aus Altem und Neuem, die hier die traditionelle Magie des Schattenspiels mit seiner modernen Verwendung innerhalb eines expressiv-narrativen Zusammenhangs vereint, scheint ihr fruchtbarstes Anwendungsgebiet in der Repräsentation des Blicks zu finden. Bei Hofer eröffnet die *point-of-view*-Einstellung dem Zuschauer eine Reihe von visuellen und szenografischen Effekten, die vor allem durch ihre unvermittelte Schönheit beeindrucken. Und doch sind sie gleichzeitig auch immer perfekt mit der Geschichte koordiniert. Erinnern wir uns an die letzte subjektive Kamera-Einstellung in DIE SCHWARZE NATTER, als Ladya die Gestalt Blanches im verborgenen Spiegel reflektiert sieht: Obwohl die *point-of-view*-Einstellung das Objekt einer unzweifelhaften visuellen Faszination hervorhebt, verbindet sie sich doch mit ihrer anderen, modernen und spezifisch filmischen Verwendung – dem Blickaustausch zwischen den Charakteren, der hier dazu dient, die Blockierung des Handlungsfortgangs mittels eines wundersamen Bühneneffektes aufzuheben.

In Hofers subjektiven Kamera-Einstellungen beruht der Blick in die Kamera sehr oft auf der – kinematographisch gesprochen – gewissermaßen rückwärts gewandten Technik des *direct address*. Die Figuren schwelgen in verschwenderischem Lächeln und Verbeugungen zur Kamera, als ob sie das Publikum im Zuschauerraum (des Theaters) ansprechen würden. Dies betrifft aber ausschließlich Figuren, die von anderen ›beobachtet‹ werden, welche ihre dramatische Funktion des emblematischen (Kino-)Publikums perfekt ausführen. Man denke an den Schluss des Lustspiels HURRAH! EINQUARTIERUNG! (Luna Film, 1913), in dem sich aller Art Blickvirtuositäten als reine Attraktion finden lassen (Blasen, die die Gesichter der Figuren in Nahaufnahme reflektieren, herzförmige Bildmaskierungen und so weiter); darunter übrigens eine köstlich impertinente Schlussszene, in der das Liebespaar, als es beim Liebesspiel hinter einem Vorhang entdeckt wird (die x-te Simulation eines Theatervorhangs), sich zum Küssen hinter eine spanische Wand zurückzieht, um nicht einmal von der Kamera mehr gesehen zu werden.

Eine ähnlich zweideutige Schlusssequenz findet sich in WEIHNACHTSGLOCKEN (Luna Film, 1914). Ein Liebespaar küsst sich im Dunkeln; im Hintergrund, hinter einer großen, von hinten beleuchteten Glastür nähert sich eine Gruppe, öffnet die Tür und treibt die jungen Leute aus ihrem Versteck. Ein unverzüglich folgender Gegenschuss zeigt das Paar durch eine ovale Maske, wie es nach einer angedeuteten Verbeugung zur Kamera an beiden Seiten des Bildes die Enden eines Vorhangs ergreift und sich unserem indiskreten Blick entzieht.

WEIHNACHTSGLOCKEN ist ein kleines Meisterwerk und zweifellos der originellste und kompletteste von Hofers erhaltenen Filmen. Er hat den zusätzlichen Vorzug, dass er ein feinsinniges Porträt des deutschen Vorkriegsbürgertums bietet, das in der Literatur jener Zeit so prominent vertreten ist. Der Haupttitel des Films wird von dem Untertitel begleitet: HEIMGEKEHRT, EINE KRIEGSGESCHICHTE. Das ist von Bedeutung, weil dieser wahrhaft außergewöhnliche Film tatsächlich eine ›Kriegsgeschichte‹ ist, vom Krieg jedoch erzählt, ohne ihn zu zeigen. Oder, besser gesagt, indem er ihn zur Abwechslung einmal aus anderer Perspektive zeigt: der Perspektive derjenigen, die daheim geblieben sind und geduldig auf Post, den endgültigen Abschied oder die Rückkehr jener warten, die zum Kampf ausgezogen waren.[10]

Heiligabend im Ersten Weltkrieg. Aber anstelle von Schlachtfeldern, Uniformen, Schützengräben, Schlamm und Staub sehen wir gepflegte und hell erleuchtete bürgerliche Einrichtungen, bewohnt von elegant gekleideten

Abb. 2: Dorrit Weixler in WEIHNACHTSGLOCKEN (1914)

Elena Dagrada

Abb. 3: WEIHNACHTSGLOCKEN (1914)

Frauen und Kindern oder Großeltern, die sehnsüchtig die Rückkehr ihrer Söhne aus dem Krieg erwarten (Abb. 2 und 3). Alles ist auf die Gefühlsebene gebracht, keine Spur von materiellen Unannehmlichkeiten; die Weihnachtsvorbereitungen gehen ohne Einschränkungen vonstatten, unter stiller Vorfreude, ausgelöst vor allem von der Ankündigung, dass den Soldaten Fronturlaub gestattet werde. Man findet sogar Zeit, sich zu verlieben und zu verloben (Abb. 4). Das einzige Bild des Krieges ist ein imaginäres, hervorgerufen in der Fantasie der Eltern eines jungen Soldaten: Es erscheint als Überblendung auf der rechten Seite der Leinwand (während die Eltern die linke Hälfte einnehmen) und zeigt eine Gruppe von Soldaten in Uniform (Abb. 5). Die Soldaten, die sich an einem Lagerfeuer wärmen, sind fröhlicher, unbeschwerter Stimmung. Ebenso sorgenfrei ist das (mentale) Bild eines jungen Soldaten auf Urlaub, das von seiner neuen Geliebten hervorgerufen wird, ohne die Spur des Schmerzes über die bevorstehende und unvermeidliche Trennung, der Verlustangst durch Untreue oder sogar Tod.

Dieser distanzierte Blick auf den Krieg hat, kurz gesagt, etwas Vornehmes, Ehrenhaftes an sich; etwas, von derselben vornehmen, ehrenhaften Sichtweise, die LA GRANDE ILLUSION (1937) von Jean Renoir durchzieht. Sie repräsentiert die Heimatversion des Krieges, die weibliche Version. Hier

Franz Hofer. Voyeur der Kaiserzeit

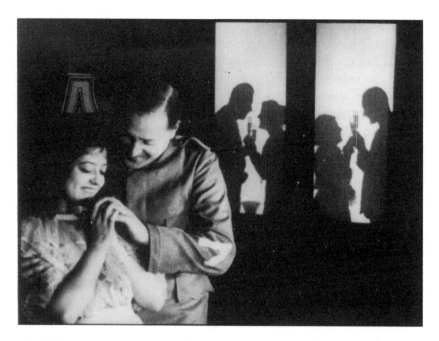

Abb. 4: WEIHNACHTSGLOCKEN (1914)

Abb. 5: WEIHNACHTSGLOCKEN (1914)

stehen die vertraut-familiären Gefühle über allen anderen Dingen, die Aristokratie der Zuneigung, der liebevollen, häuslichen Sensibilität. Das Weihnachtsessen wird im Wohnzimmer serviert. Die Kinder blinzeln bei dieser Gelegenheit durch eine große Glastür (dieselbe der Schlussszene), die plötzlich von einem gelben Licht erleuchtet und zur Leinwand eines neuen Schattenspiels wird. Die Schatten des Weihnachtsbaumes hinter der Tür sind strahlender als die dunklen Schatten der Kinder im Vordergrund. Das schöne Bild ist von großer kompositorischer Feinheit. Wiederum wird in ihm die alte visuelle Faszination der bewegten Schatten mit einer ausgeklügelten und modernen Verwendung der Raumtiefe vereinigt. Die präzise Fotografie bringt ein schillerndes *clair obscure* hervor und verleiht der Darstellung von Bewegung einen faszinierend stilisierten Kadenzcharakter. Hofer ist sich dessen bewusst und gibt sich dem vollends hin. Die fein ausgestochenen Figuren der Kinder scheinen zugleich einem geometrischen und einem lyrischen Geschmack zu entsprechen: Sie sind eine visuelle Attraktion und verkörpern doch genau den Gehalt der Welt dieses Films.

Das gleiche passiert in den Rückblenden und subjektiven Visionen in KAMMERMUSIK (gedreht 1914, uraufgeführt aber erst im März 1915), Hofers letztem Film für die Luna-Film. Seine Handlung besitzt zwar nicht die thematische Originalität von WEIHNACHTSGLOCKEN, dafür aber dieselbe lyrische Qualität. Seine Inszenierung ist so voller erzählerischer Fantasie, so stark in ihren Kompositionen, dass die Ergebnisse nicht weniger interessant und geglückt sind. In thematischer Hinsicht ist KAMMERMUSIK sicher nicht mehr als ein Sammelsurium melodramatischer Situationen, die für den dekadentesten Romantizismus typisch sind: Es ist die unglückliche Geschichte einer Frau, die ihre Jugend und ihr ganzes Leben der Ehe mit einem kranken Mann opfert, der sie noch im Kindsbett zur Witwe werden lässt. Und doch wird diese Geschichte mit bemerkenswertem Erfindungsreichtum und unter Anwendung extrem moderner Erzähltechniken ausgeführt. Sie beginnt mit der Heldin als alter Frau, die ihr Ende nahen sieht und beschließt, ihrer jungen Schwiegertochter die Geschichte ihres Lebens zu erzählen. Ausgangspunkt ist eine kleine Schatulle mit verschiedenen Andenken: Jede Erinnerung materialisiert sich in einer Rückblende und ist mit der folgenden durch ein Bild der beiden Frauen mit der kleinen Schatulle verbunden. Am Ende wird die Geschichte von der Ankunft des Sohnes unterbrochen, der – mittlerweile Musiker – von einem triumphalen Konzert zurückkehrt. Die Mutter vernimmt die Nachricht mit Freude, denn nun hat sie nur noch einen Wunsch, bevor sie stirbt: den Sohn ihr Lieblingsstück (einen Choral von Bach) auf dem Klavier spielen zu hören. Dies geschieht in der letzten Sequenz, dem folgenden Konzert, währenddessen mit ihren letzten Atemzügen die wichtigen Momente ihres Lebens nacheinander an ihrem geistigen Auge vorüberziehen. Die letzte Einstellung ist durchaus ungewöhnlich komponiert (oder vielleicht eher ›ausgefüllt‹). Sie umfasst nur einen einzigen Bildausschnitt, der statische und dynamische Elemente mit extremer Natürlichkeit zu verbinden weiß. Die alte Frau sitzt in einem bequemen Lehnstuhl, die Schwiegertochter so an ihrer Seite, dass die Körper der beiden Frauen die linke Bildhälfte vollständig ausfüllen; in der anderen Hälfte laufen die in einer Rückblende evozierten Erinnerungen (die der Zuschauer als eben so viele Attraktionen wiedererkennt und -durchlebt) eine nach der anderen und im rhythmischen Einklang mit der Musik ab.

Man weiß nur wenig darüber, was Hofer nach dem Ersten Weltkrieg aus seinem Talent gemacht hat, ob ihm die Anmut, mit der er in seinen Filmen Magie und Erzählung vereinigte, treu geblieben ist. Die Spur allerdings, die er im deutschen Kino der 10er Jahre hinterlassen hat, wird unauslöschlich bleiben.

Aus dem Englischen von Michael Wedel

---

1 Hofer starb, wie jüngst bekannt wurde, am 5. Mai 1945 in Berlin. Zur Biografie Hofers vgl. Andrea Dittgen (Red.): *Franz Hofer*. Saarbrücken 1999; Fritz Güttinger: Franz Hofer: Ausgrabung des Jahres? Beitrag zum Werkverzeichnis. In: ders.: *Köpfen Sie mal ein Ei in Zeitlupe! Streifzüge durch die Welt des Stummfilms*. Zürich 1992, S. 215–226. — **2** Vgl. Heide Schlüpmann: The sinister gaze: Three Films by Franz Hofer from 1913. In: Paolo Cherchi Usai, Lorenzo Codelli (Hg.): *Before Caligari. German Cinema, 1895–1920*. Pordenone 1990, S. 452. Vgl. neuerdings auch Martin Loiperdinger: Franz Hofers vorsichtiger Aufstieg zum Starregisseur. In: *Franz Hofer. Des Alters erste Spuren*. Red. Lilijana Nedic und Silvan Furlan. Ljubljana 1996, S. 41–44. — **3** Zwei Produktionen dieser Gesellschaft werden aufgeführt in Ludwig Greve, Margot Pehle, Heidi Westhoff (Hg.): *›Hätte ich das Kino‹ Die Schriftsteller und der Stummfilm*. München 1976. — **4** Vgl. die ›Luxus-Ausgabe‹ der *Lichtbild-Bühne*, Nr. 23, 1913. Die Redaktion der Beilage ›Filmregie und Kinokunst. Unsere Regisseure in Wort und Bild‹ besorgte Arthur Mellini. 1923 veröffentlichte die *Lichtbild-Bühne* in einer Beilage ›Der Kino-Regisseur‹ einen weiteren Beitrag Hofers, diesmal über Fragen des Theaters (›Kunst und Begeisterung beim Theater‹). Die Beilage über den Filmregisseur von 1913 zog eine längere Debatte nach sich, an der sich auch andere Zeitschriften beteiligten, in Wien z. B. *Die Filmwoche* (Nr. 39, 1913). — **5** Schlüpmann: The sinister gaze, a.a.O. (wie Anm. 2). — **6** Für eine ausführliche vergleichende Interpretation der Raumorganisationen bei Hofer und Bauer vgl. den Beitrag von Yuri Tsivian in diesem Band. — **7** Zum Beitrag des Autorenfilms zur filmsprachlichen Entwicklung des deutschen Kinos vgl. Leonardo Quaresima: »Dichter heraus!« The Autorenfilm and the German Cinema of the 1910s. In: *Griffithiana*, Nr. 38/39, 1990, S. 101–126. — **8** Heide Schlüpmann: *Unheimlichkeit des Blicks. Das Drama des frühen deutschen Kinos.* Basel und Frankfurt/M. 1990, S. 152. — **9** Ausgenommen vielleicht die Komödie FRÄULEIN PICCOLO (Luna Film, 1914), die noch stark von der *mise en scène* des Theaters geprägt scheint, mit ihrer Travestie, den Bühnenauftritten und -abgängen sowie der Verwendung des Blicks in die Kamera gemäß der Technik des *direct address*. Der Film erzählt die Geschichte einer jungen Frau, die sich gezwungen sieht, als Zimmermädchen in einem Hotel zu arbeiten. Der Film kann sich außerdem eines Kurzauftritts von Ernst Lubitsch rühmen. Vgl. Leonardo Quaresima: Kunst im Kino. In: Antonio Costa (Hg.): *La meccanica del visibile. Il cinema delle origini in Europa.* Florenz 1983. — **10** Auch IHR UNTEROFFIZIER (National-Film, 1915, Regie: Alfred Halm) bietet eine private und ›kindische‹ Sicht des Krieges: die eines jungen Mädchens, das drei Frontsoldaten Briefe schreibt, Lebensmittel und warme Socken schickt. Die Stimmung ist hier aber eindeutig die einer Komödie und der militärischen Propaganda, ausgerichtet auf die Moral der Soldaten an der Front.

Michael Wedel

›Kino-Dynamit‹ als Exportschlager
Harry Piel in Holland

Von den ästhetischen und wirtschaftlichen Eigenschaften, die einen fundamentalen historischen Bruch zwischen dem Wilhelminischen und dem Weimarer Kino nahe zu legen scheinen, haben zwei sich bis heute als besonders markant erwiesen: zum einen die Feststellung, dass das frühe deutsche Kino aufgrund seiner schwachen industriellen Basis und seiner kulturellen Ansiedlung innerhalb der engen Grenzen der traditionellen, ›literaturlastigen‹ Theaterkultur beim ausländischen Publikum wenig attraktiv und somit fast nicht zu exportieren war, wohingegen die späteren Großproduktionen der Ufa auf dem internationalen Markt beeindruckende Gewinne erwirtschaften konnten; zum anderen die Überzeugung, dass das von kultureller Nostalgie gekennzeichnete Wilhelminische Kino mit seiner überdeterminierten Orientierung am Theater und der stilistischen Rückwärtsgewandtheit seiner Produkte – Asta Nielsen und DER STUDENT VON PRAG wären hier traditionell die Ausnahmen der Regel – kaum etwas zur Modernisierung der europäischen Kultur und der Konstruktion eines ›nationalen Kinos‹ beigetragen hat, während das Weimarer Kino mit seinem (›expressionistischen‹, ›neusachlichen‹) Modernismus, seiner erotischen Ambivalenz und dem stilistischen Exzess seiner Autorenfilme zu jenen Ikonen zählt, die bei der Frage nach dem Beitrag des europäischen Kinos zur modernen Kunst hochgehalten werden.

Eine Betrachtung der internationalen Popularität von Harry Piel (Abb. 1) am Beispiel Hollands lässt diesen vorherrschenden Eindruck der historischen Diskontinuität in mehrfacher Hinsicht als problematisch erscheinen. Die exemplarisch ausgewählte Konstellation Piel / Holland wirft ein Licht auf die Tatsache, dass eine bisher noch zu wenig betrachtete Spielart des Wilhelminischen Kinos durchaus auf ausländischen Märkten präsent und populär war, wenn auch in quantitativer Hinsicht auf einem deutlich geringeren Niveau gegenüber den damals führenden Film produzierenden Nationen wie Frankreich, Italien und den USA. An den Adressierungs- und Rezeptionsstrategien dieses populärkulturellen Austauschs wird aber auch eine häufig vernachlässigte Dimension der Rolle des Kinos in den Modernisierungsprozessen des frühen 20. Jahrhunderts sichtbar. Um diese zu er-

Abb. 1: Harry Piel in MÄNNER OHNE BERUF (1929)

fassen, ist es allerdings notwendig, ein Verständnis der kulturellen Moderne zu entwickeln, das seine Aufmerksamkeit vom künstlerisch geprägten ›Modernismus‹ (als individueller Ausdruck selbstreflexiver und entfremdeter Erfahrung) auf Phänomene der ›Modernität‹ und ›Modernisierung‹ als integrative Konzepte der Subjekterfahrung im Zeichen von Warenzirkulation und Konsumverhalten lenkt.[1]

Im Dschungel dieses Paradigmengeflechts ist die Geschichte des filmkulturellen Austauschs zwischen Deutschland und Holland lange mit relativ starrem Blick auf die Dialektik von künstlerisch-avantgardistischer und politischer ›Moderne‹ betrachtet worden. Das Hauptaugenmerk galt dabei fast ausschließlich dem Austausch der verschiedenen Filmavantgarden der 20er Jahre und der Rolle deutscher Emigranten in der holländischen Filmindustrie der 30er und frühen 40er Jahre. Die starke Präsenz eines der prominentesten Protagonisten des kommerziellen deutschen Genrekinos im Publikumsbewusstsein des Nachbarstaates verweist auf die heute weitgehend verschüttete Macht populärkultureller Netzwerke, die die Filmkulturen beider Länder in der Frühzeit des Kinos miteinander verknüpften.[2]

Zugleich, und einer solchen Verschiebung ins Populäre inhärent, erfordern die frühen Filme Harry Piels eine Neubewertung des ›Nationalen‹ eines ›nationalen Kinos‹, dessen typischste Beispiele tatsächlich oft auf ein internationales Publikum zielten (und erst über diese Vermittlung auch im Herkunftsland geschätzt wurden), während unmittelbare Popularität im eigenen Land nicht selten durch die Zurschaustellung exotischer Attraktionen und internationaler Stile und Stereotypen erreicht wurde. Harry Piels Filme der 10er und frühen 20er Jahre gehören zweifellos zur zweiten Kategorie. Schon Siegfried Kracauer hat in seiner einflussreichen Darstellung des deutschen Films bis 1933 das populärkulturelle Phänomen ›Harry Piel‹ in diesem Sinne sehr treffend charakterisiert. Sein durchaus wohlwollendes Porträt mag aber auch als Beleg dafür gelesen werden, weshalb er zur Merkmalsbestimmung des deutschen ›nationalen‹ Kinos »von Caligari zu Hitler« von einer eingehenden Betrachtung der Filme Piels abgesehen hat:

> Eine andere Berühmtheit jener Frühzeit war Harry Piel, genannt der deutsche Douglas Fairbanks. (...) Von Anfang an schien Piel dem Typ entsprochen zu haben, den er künftig verkörpern sollte: dem eines ritterlichen Draufgängers, der rühmlich gewitzte Verbrecher zur Strecke bringt und unschuldige Mädchen rettet. In Frack und Zylinder war er der Inbegriff von Jungmädchenträumen, und der jungenhafte Charme, den er ausstrahlte, war so süß wie die bunten Zuckerstangen auf europäischen Jahrmärkten, die das Entzücken von Kindern und blasierten Ästheten sind. Seine Filme waren Schwarzweißmalerei im Stil der Groschenromane und scherten sich nicht um Schattierungen psychologischer Konflikte. Einen tragischen Ausgang verdrängten sie mit einem Happy End und stellten alles in allem eine deutsche Spielart des anglo-amerikanischen Thrillers dar. Dieser glänzende und gefällige Kitsch hob sich von der Masse schwerfälliger Kunstprodukte ab.[3]

Michael Wedel

Nervenkitzel, Sensation und Abenteuer: vom internationalen Filmemacher zum internationalen Star

Tatsächlich verstand sich Harry Piel seit den ersten Anfängen seiner Filmkarriere als ›internationaler‹ Filmemacher.[4] Geboren 1892 in Düsseldorf, verließ er mit neunzehn Jahren seine Heimatstadt in Richtung Paris, um Kunstflieger zu werden, fand dort aber statt dessen eine Anstellung als Hospitant bei Gaumont, nicht zuletzt dank der Vermittlung von Léonce Perret, der als Filmregisseur später auch gelegentlich (durch Vermittlung Piels?) für die deutsche Filmindustrie arbeiten sollte. In seiner Zeit bei Gaumont verfasste Piel sein erstes Filmskript, das er nach seiner Rückkehr nach Deutschland im folgenden Jahr in eigener Regie für seine neu gegründete ›Kunst-Film-Verlags-Gesellschaft‹ unter dem Titel SCHWARZES BLUT auf die Leinwand brachte. Die abenteuerliche Geschichte eines Serienkillers hatte nach anfänglichen Zensurschwierigkeiten einen beachtlichen Erfolg und setzte Piel in die Spur zum Publikumserfolg, die er in Zukunft nicht mehr verlassen sollte: »(...) ich wußte nun, was die Leute sehen wollten: grausame Geschichten, Nervenkitzel, Sensationen und Abenteuer.«[5]

In den Folgejahren schrieb, inszenierte und produzierte Piel mit kontinuierlich wachsendem Erfolg eine Reihe von Actionfilmen, die ihm wegen ihrer Vorliebe für spektakuläre Explosionen den Beinamen eines ›Dynamit-Regisseurs‹ einbrachten. In den Jahren vor 1920 spezialisierte er sich, von seltenen Ausflügen ins Genre des romantischen Melodramas (SEELENADEL, HARAKIRI, beide 1913) abgesehen, auf die Produktion von Detektiv- und Abenteuerfilmen, die für ihre bizarren Stoffe, gewagten Stunts und ihr halsbrecherisches Tempo bekannt waren (Abb. 2).[6] Piel, der die Handlungen seiner Filme gern an exotischen Schauplätzen ansiedelte, holte bereits in den 10er Jahren wilde Tiere wie Gorillas (DIE BRAUNE BESTIE, 1913/14), Bären (DER BÄR VON BASKERVILLE, 1915) oder Löwen und Würgeschlangen (UNTER HEISSER ZONE, 1916) vor die Kamera und legte damit den Grundstein für ein weiteres Erkennungsmerkmal, das er dann vor allem in seinen Tonfilmen systematisch ausbauen sollte. Für die Hauptrolle in DER WEISSE SCHRECKEN (1917) verpflichtete er Tilly Bébé, die knapp zehn Jahre nach ihrem sagenumwobenen Filmauftritt als Löwenbändigerin (TILLY BÉBÉ – DIE BERÜHMTE LÖWENBÄNDIGERIN, Deutsche Bioscop, 1908) auf dem Höhepunkt der Handlung im Zweikampf mit einem ihrer Eisbären zu sehen ist.[7] Piel selbst beschränkte sich bis 1919 auf die Arbeit als Regisseur und Autor, bevor er ab 1919 in der Figur des ›Harry Peel‹ mit noch weitaus größerem Erfolg schließlich auch vor die Kamera treten sollte.

Harry Piel in Holland

Abb. 2: Karikatur *Harry Piel, der Dynamitregisseur* (1916)

In der Inflationszeit der 20er Jahre verlegte Piel sich auf aufwändige Produktionen, deren Budgets von der Beteiligung stabilen ausländischen Kapitals garantiert wurden. Im Gegensatz zu seinen Produktionen der 10er Jahre, in denen zumeist das Berliner Umland, bestenfalls aber die Bayerischen Alpen oder die Rüdersdorfer Kalkberge an der Ostsee für exotische Szenerien hergerichtet wurden, drehte Piel seine britischen und französischen

269

Koproduktionen nun auch an stoffgerechteren Schauplätzen in Italien, Jugoslawien, Spanien und Marokko: RIVALEN und DER LETZTE KAMPF (beide 1923) entstanden im Auftrag der ›British Apex Film‹, mit DER MANN OHNE NERVEN (1924) und SCHNELLER ALS DER TOD (1925) lieferte ihr ehemaliger Hospitant der Gaumont zwei ihrer international erfolgreichsten Filme dieser Jahre.[8] Piels internationale Produktionsbasis verlieh seinen Filmen nicht nur das Aroma der Weltläufigkeit, das das einheimische Publikum in die Kinos zu bringen vermochte, sie garantierte Piel auch verstärkte Präsenz in der Fach- und Tagespresse der jeweiligen Länder und somit dauerhafte Publicity in ganz Europa.

Vor diesem Hintergrund können die zahlreichen Indizien für Piels außergewöhnliche Popularität in Holland kaum überraschen, wenngleich ihre zeitliche Spanne, die von seinen frühesten Anfängen bis in die Zeit kurz vor seinem Tode 1963 reicht (als sein letzter Spielfilmauftritt bereits mehr als ein Jahrzehnt zurücklag[9]), doch verblüfft. So wurde beispielsweise Piels DER GRÜNE TEUFEL dem holländischen Publikum am 18. April 1913, also fast vier Wochen vor seiner Berliner Premiere, im Amsterdamer Cinema Palace vorgestellt, musikalisch begleitet von dem bekannten Geigenvirtuosen Boris Lensky.[10] 1932, als ausländische Importe gewöhnlich noch immer entweder in der Originalversion mit holländischen Untertiteln gezeigt oder im Herstellungsland synchronisiert wurden, war Harry Piels Agenten-Thriller DER GEHEIMAGENT der erste Film, der jemals von einer ansässigen Firma, Loet Barnstjns Studio in Den Haag, holländisch synchronisiert wurde.[11] Und als gegen Ende seines Lebens, in den Monaten Januar bis August 1962, die er vereinsamt und verarmt in einer Berliner Pension verbrachte, ein Freund eine Kontaktanzeige für ihn in einer Berliner Tageszeitung aufgab, war dies für den Amsterdamer *Telegraaf* Anlass genug, einen ganzseitigen Artikel zu bringen[12] – der nicht ohne Folgen bleiben sollte: In der Flut von Leserbriefen und Antwortschreiben, die Piel aus ganz Deutschland erhielt, befand sich auch ein Brief folgenden Inhalts aus Amsterdam:

> Der Zeitung meinde, dass die miljoenen sie vergessen (...) aber Herr Piel, dass ist bestimd nicht wahr. Diese miljoenen können sie nicht vergessen, weil sie ein mann wahr, mit grosse Müt und persönlichkeit, und so eine filmschauspieler kann man einfach nicht vergessen. (...) Bis schlös Herr Piel müss ich sie noch sagen, dass sie toch ganz zufrieden sein kann mit ihris leben. Wass sie erreicht hatte, habe miljoenen manner nür allein geträumt. Also geehrter Herr Piel leb wohl und gesund![13]

An Dauer und Intensität scheint das holländische Interesse an den Filmen und der Person Harry Piels weit über das anderer Länder hinausgegangen zu sein. Worin bestand also die besondere Anziehungskraft, die Piel auf das holländische Publikum ausübte? Was war die kulturelle Logik, der eine solch treue Anhängerschaft zugeschrieben werden könnte? Drei Momente scheinen einen Versuch der Beantwortung dieser Frage mit dem frühen Kino und der ihm eigenen Dynamik der ›Modernität‹ in Verbindung zu bringen.

Amsterdam 1924

Am 18. Juni 1924 machte Harry Piel, soeben zu Deutschlands populärstem Filmschauspieler gewählt,[14] auf dem Rückweg von Paris nach Berlin Zwischenstation in Amsterdam (Abb. 3). In Paris hatte er sowohl mit Pathé als auch mit Gaumont Verträge abgeschlossen, die ihm die Benutzung der Gaumont-Studios bei der Produktion seiner nächsten Filme und deren Vorführung in den Kinos der Pathé-Kette zusicherten.[15] Als Piels Zug schließlich mit zehnminütiger Verspätung am Hauptbahnhof eintraf, hatte sich zu seiner Begrüßung die Amsterdamer Filmgemeinde vollzählig auf dem Bahnsteig versammelt, darunter mit Bruyn, Paerl und Albers die Direktoren der ansässigen Filmfirmen Emelka, Union und Meteor; die Besitzer des Cinema Royal, Biermann und Oehme, mitsamt ihrem Hauskomödianten Dumas; ein gewisser Herr Benno von ›Actueel Films‹ sowie der Pathé-Vertreter Justet. Erschienen war auch der Pathé-Kameramann Van Luynen, um den Empfang auf Zelluloid zu bannen. Die lokale Filmprominenz stand an der Spitze von etwa 100 Filmbegeisterten und Schaulustigen, die sich weder die Begegnung mit dem beliebten deutschen Schauspieler noch die Chance, dabei selbst gefilmt zu werden, entgehen lassen wollten.[16] Obwohl Piels Besuch nur in wenigen Zeitungen angekündigt worden war, schlug sich sein Bekanntheitsgrad auf der anschließenden Stadtrundfahrt in zahlreichen, als spontan gekennzeichneten, enthusiastischen Publikumsreaktionen nieder:

> Auf dem Damrak, dem Rokin, dem Rembrandtsplein – überall wird der schneidige Film-Schauspieler erkannt. Besonders hübsch war ein Vorfall in der Utrechtsestraat, wo zwei hochgewachsene Blumenverkäufer den Star vorüberziehen sahen und mit aller Kraft riefen: »Tag, Herr Harry!« – und sich an die Insassen des folgenden Autos wendeten: »Ja, den kenn' ich! Das ist Harry Piel!«[17]

Abb. 3: Titelblatt der Zeitschrift *Kunst en Amusement*, 5. Jg., Nr. 25, 21. Juni 1924

Am Ende der Rundfahrt wurde Piel im Cinema Royal, in dem die meisten seiner Filme nach dem Ende des Weltkriegs ihre holländische Uraufführung erlebt hatten, den Stammgästen des Hauses präsentiert. Coen Hissing hieß ihn im Namen aller holländischen Filmdarsteller willkommen und nannte bei der Gelegenheit noch einmal Kaltblütigkeit, Agilität und Mut als jene Eigenschaften, für die ihn das holländische Publikum am meisten schätzte:

> Verehrter Herr Piel (...) gestatten Sie mir als Kollege, Ihnen persönlich etwas zu sagen. Auch wir, hier in Holland, in Amsterdam, freuen uns sehr, Sie endlich in Wirklichkeit sehen zu können. Wir haben Sie so oft auf der Leinwand bewundert, und immer in die meist fantastischen und gefährlichen Situationen, dass um es Ihnen ehrlich zu sagen, Ihre Figur für uns etwas legendarisches bekommen hat. Aber nun sind sie hier, in unserer Mitte, und wir sind froh Sie endlich auch einmal in Ihrer reellen Körperlichkeit vor uns zu sehen.[18]

Abgelöst wurde Hissing vom Filmerklärer und Hauskomiker Dumas, der in einer kurzen Rede Piel auf humorvolle Weise an die vielen Abende erinnerte, in denen sie gemeinsam das Programm des Cinema Royal gestaltet hatten – Piel auf der Leinwand und Dumas davor. Schließlich ließ man die Veranstaltung mit einer Vorführung jenes Aktualitätenfilms ausklingen, den Van Luynen für Pathé am gleichen Tage von Piels Ankunft gemacht hatte.[19]

Das Programm dieses Kurzbesuchs Piels in Amsterdam am 18. Juni 1924 hat in seiner Verweiskraft auf das frühe Kino fast schon metaphorische Qualität. Es sah keine groß angekündigte, glamouröse Filmpremiere vor illustrem Publikum vor, wie sie anlässlich der Holland- und Deutschlandtournee von Douglas Fairbanks und Mary Pickford nur wenige Wochen später organisiert wurde. Ganz im Gegenteil handelte es sich bei TUSSCHEN TWEE WERELDEN, dem Hauptfilm des Tages, nicht einmal um einen Film von Harry Piel, was der dann auch ausdrücklich bedauerte:

> Mittags, während des Empfangs im Cinema Royal, sagte er, dass es ihm etwas peinlich wäre, »mit Leeren Händen« hierher gekommen zu sein. Er hätte so gerne etwas sehen lassen. Zum Beispiel mit seinem Pferd von der Decke des Theaters hinunter zu springen oder die Stufen zu den Logen hinaufzuklettern. Zur Not könnte er auch über die Dächer des Nieuwendijk-Viertels springen ... Etwas in dieser Art werden wir aber sicher im kommenden Jahr noch von ihm zu sehen bekommen.[20]

Michael Wedel

Anstelle eines großartigen Premierenabends erinnert der Ablauf von Piels Besuch eher an ein Format, das uns aus den frühesten Anfängen des Kinos bekannt ist: seine explizite Bezugnahme auf ein sensationalistisches Kino des physischen Spektakels und der Attraktionen; den eingangs hergestellten Film am Ende demselben Publikum vorzuführen, das schon an seiner Herstellung ›beteiligt‹ war sowie die Demonstration einer Aufführungspraxis, die gefilmte Unterhaltung mit Live-Darbietungen verbindet.

Dies bezeugt generell nicht nur einmal mehr die Koexistenz früher Präsentationsformen neben dem abendfüllenden Spielfilm bis weit in die 20er Jahre. Darüber hinaus lässt sich an diesem konkreten Fall der ›unzeitgemäßen‹ Programmierung etwas von der historischen Logik erkennen, die Piels Ansehen als Star in Holland und seinen Adressierungs- und Rezeptionsstrategien seit den frühen 10er Jahren zugrunde lag. Diese Strategien bildeten ein stabiles interkulturelles Bezugssystem, das sich bis weit in die 20er Jahre als regulierendes Muster erhalten hat, und stellen Piel neben Joseph Delmont oder Richard Eichberg in eine weitaus längere Reihe traditionell vernachlässigter deutscher Stummfilmregisseure, die sich nicht als Repräsentanten eines ›nationalen‹ (Autoren-)Kinos, sondern vielmehr als Vertreter eines internationalen Unterhaltungskinos sahen. Von ihnen war Piel wohl der radikalste, wenn es darum ging, in seinen Filmen fremde Gefilde und Stereotypen zu simulieren oder internationale Stile und Genres zu kopieren. Wenn die historische Sammlung Desmet als eine der größten Sammlungen früher deutscher Filme außerhalb Deutschlands auch nur annähernd repräsentativ ist, gehörten die Filme Piels aber – zumindest soweit es den holländischen Markt betrifft – auch zu den am besten exportierbaren Produkten, die das deutsche Kino in den Jahren vor und nach dem Ersten Weltkrieg zu bieten hatte.

Cowboys, Windmühlen und Diamanten: kulturelle Bricolage in Piels Vorkriegsfilmen

Die historischen Wurzeln dieses deutschen Genrekinos, das zugleich modern, populär und unverhohlen kommerziell war, liegen Anton Kaes zufolge in einer vergessenen Tradition des Filmemachens, die in Deutschland Anfang der 10er Jahre entstand und in Harry Piel ihre charakteristische Verkörperung fand:

> Wie in den erfolgreichen französischen Filmserien, besonders Louis Feuillades FANTOMAS und LES VAMPIRES, ging es auch in den deut-

schen Kriminalfilmen weniger um Verbrechen und Kriminalität als um Abenteuer, Luxus, Tempo, Technik und urbanen, ›modernen‹ Lebensstil. Meister dieses Genres war Harry Piel, der in einer vierzigjährigen Karriere von 1912 bis 1953 110 Kriminal- und Abenteuerfilme drehte. (...) Titel wie DER VERÄCHTER DES TODES oder DER MANN OHNE NERVEN verraten etwas von der genreüblichen Sensation und dem virilen Aktivismus Piels. Dabei war für seine Zuschauer der Inhalt der einzelnen Folgen weniger wichtig als die angespannte Teilnahme an einer unbürgerlich abenteuerlichen Lebensform, die gefährlich und modern war. »Der Reiz des Abenteuers«, schrieb Georg Simmel bereits 1911, sei »die unbedingte Gegenwärtigkeit, das Aufschnellen des Lebensprozesses zu einem Punkt, der weder Vergangenheit noch Zukunft hat und deshalb das Leben mit einer Intensität in sich sammelt, der gegenüber der Stoff des Vorganges oft relativ gleichgültig wird«. Simmels philosophischer Essay über das Abenteuer artikuliert eine Zeitstimmung, den Hunger nach konzentrierter Lebenserfahrung, die auf ihre eigene, massenwirksame Art auch Harry Piels Abenteuerfilme ausdrückten. Tempo und Technik waren die Ingredienzien seiner mit Hollywood konkurrierenden Massenkunst, die immer auch technisch auf dem letzten Stand war: Seine Filme führten die neuesten Erfindungen in Kommunikation und Verkehr vor, sie zeigten das von Signalen und Werbesprüchen dominierte moderne Großstadtleben, und sie illustrierten ein neues, athletisches Verhältnis zum Körper. (...) Er war auch ein Meister der Selbstreklame; sogenannte *tie ins* mit seinen Filmen, Harry Piel Spielpuppen, Schlager und eine Groschenheftserie (...) machten Piel zu einem international anerkannten Filmunternehmer eines heute vergessenen deutschen Kinos, das ungeniert kommerziell war.[21]

Der ›Hunger‹ nach moderner, konzentrierter Lebenserfahrung wurde in jenen Jahren auch in Holland, wo ähnlich wie in Deutschland die Anzahl ortsfester, reiner Film-Spielstätten zwischen 1910 und 1914 ›explodierte‹,[22] vor allem vom Kino gestillt. Nur selten jedoch bedienten die Produktionen der größten inländischen Produktionsfirma Hollandia diesen Bedarf. Trotz des großen Anklangs, den gelegentliche Actionszenen beim Publikum fanden – so etwa die spektakuläre Rettung der Heldin aus einer brennenden Windmühle in dem Anni-Bos-Melodrama DE LEVENDE LADDER (DIE LEBENDE LEITER, 1913)[23] – spezialisierten sich inländische Produktionen auf Literaturverfilmungen, historische Epen und barocke Melodramen mit starkem lokalem Einschlag.²⁴ Zuständig für die Deckung des Bedarfs an »Abenteuer, Luxus, Tempo, Technik und ›modernem‹ Lebensstil« waren also überwiegend Importe aus Frankreich und den USA,²⁵ aber auch Kriminal- und Abenteuerfilme aus Deutschland.

Obwohl die Quellenlage zum deutschen Filmexport vor 1914 mehr als unbefriedigend ist, gibt es doch recht früh Anzeichen für eine auf ausländische Märkte abgestellte Produktionsstrategie. Bereits in den Jahren zwischen 1903 und 1912 teilten sich Messters Tonbilder den internationalen Markt für dieses Genre lediglich mit denen Gaumonts, wobei versucht wurde, das Problem der Sprachbarrieren durch die Herstellung von Fremdsprachenversionen zu umgehen.²⁶ Die wenigen statistischen Angaben zur Exporttätigkeit deutscher Firmen sind nicht immer verlässlich, signalisieren aber immerhin, dass sich die Exportzahlen von belichtetem Filmmaterial zwischen 1912 und 1913 annähernd verdoppelten, von 7,5 Millionen auf 14,9 Millionen Meter, und dass die Hauptabsatzmärkte für deutsche Produktionen, in dieser Reihenfolge, Frankreich, Italien, Österreich und die USA waren. Während 1912/13 insgesamt nur etwa ein Prozent des exportierten Materials nach Holland ging, verdoppelte sich auch dieser Anteil innerhalb dieses Zeitraums.²⁷ Diese quantitative Zunahme im Filmexport fällt zwar zeitlich mit der Saison der so genannten Autorenfilme zusammen, die von zeitgenössischen Kritikern als entscheidender Qualitätssprung des deutschen Kinos angesehen wurden. Legt man jedoch das in der historischen Sammlung des holländischen Filmverleihers Jean Desmet erhaltene filmische und schriftliche Material über deutsche Importe zugrunde, scheinen weniger die Autorenfilme als vielmehr populäre Kriminalfilme und Melodramen, Komödien und Sensationsfilme das Bild des deutschen Films in den Kinos des Nachbarlandes geprägt zu haben.

Betrachtet man hier nun die in der Sammlung Jean Desmet aus dieser Zeit erhaltenen Filme Harry Piels – ERBLICH BELASTET (1913), DAS TEUFELSAUGE (1914) und ABENTEUER EINES JOURNALISTEN (1914)²⁸ –, so ist davon auszugehen, dass ein großer Teil der importierten deutschen Filme nicht als spezifisch ›deutsch‹ wahrgenommen, sondern als Variationen internationaler Genres und Motive konsumiert wurden. Nach Piels DER GRÜNE TEUFEL, der, wie erwähnt, seine holländische Premiere noch vor der deutschen erlebte, wurde ERBLICH BELASTET im Cinema Palace ab dem 3. Oktober 1913 gespielt und noch einmal in der letzten Woche des November 1914 ins Programm genommen.²⁹ ABENTEUER EINES JOURNALISTEN und DAS TEUFELSAUGE wurden von Desmet im Herbst 1914 vertrieben.³⁰

Im Gegensatz zum langsamen Erzähltempo und den vorzugsweise bürgerlichen Schauplätzen der deutschen Autorenfilme jener Jahre,³¹ waren

Harry Piels Vorkriegsfilme getragen von einer obsessiven Zurschaustellung moderner Verkehrsmittel, physischer Aktion und neuester technischer Errungenschaften. Ihre Erzählhandlungen bestanden zumeist aus lose miteinander verknüpften und klischeehaft motivierten Serien spektakulärer Bravourstücke, vorzugsweise angesiedelt an exotischen oder zumindest erkennbar entrückten Schauplätzen. Ihre Gattungsidentität ist nicht immer leicht zu definieren, da sich in ihnen Elemente des Detektivfilms und des frühen Verfolgungsfilms, des Melodramas und sogar des amerikanischen Westerns in wechselnden Mischungsverhältnissen ausmachen lassen. Die Übergänge von einem Gattungsmerkmal zum anderen sind fließend und in der Kausalität der Erzählung selten schlüssig motiviert: etwa wenn in ERBLICH BELASTET die Handlung von einem romantisch ins Bild gerückten Tableau eines verliebten Paares direkt in Amerikas ›Wilden Westen‹ springt, wo der Protagonist seine Unschuld gegenüber einem ebenso plötzlich zum Cowboy mutierten Schurken beweisen muss, der mit seinem auf die Kamera gerichteten Revolver den Zuschauer aus allen voyeuristischen Träumen reißt – und nur wenig später seinen Verfolgern durch einen Sprung von dem Flügel einer Windmühle direkt in den Sattel des wartenden Pferdes, mit dem er dann davongaloppiert, entkommen kann. In ABENTEUER EINES JOURNALISTEN wird diese Art des ›Genre hopping‹ vollends zur eigentlichen Attraktion, wenn in einer langen Verfolgungssequenz – in dieser Reihenfolge – Autos, die brandneue Wuppertaler Hochbahn, Pferde (die der Held in Sekundenschnelle von einer in der Wuppertaler City herumlungernden Cowboy-Bande erstanden hatte!), Schnellboote und schließlich ein Flugzeug zum Einsatz kommen.

Alle drei erhaltenen Filme zeugen somit vom starken Bemühen des populären deutschen Genrekinos dieser Zeit, sich dem internationalen Kino durch Mimikry, Maskerade und Simulation anzuverwandeln. Seine Vermarktungsstrategie scheint insofern eine doppelte gewesen zu sein, als sie dem ausländischen Publikum eine kaum erkennbar ›deutsche‹ (oder erkennbar ›undeutsche‹) Filmerfahrung bot, während sie auf dem deutschen Markt mit französischen und amerikanischen Importen um die Nachfrage nach sensationeller Stimulanz und atemberaubender Unterhaltung konkurrieren konnte.

Von der Windmühle in ERBLICH BELASTET bis zum kriminellen Diamantenhandel in DAS TEUFELSAUGE – hier als englisch gekennzeichnet, in Piels ›Joe-Deebs‹-Film DIE NÄRRISCHE FABRIK (1918) aber in Amsterdam ansässig – hatten viele Filme Piels dem niederländischen Publikum häufig einen speziellen kulturellen Bezugspunkt zur Lokalrepräsentation einheimischer Produktionen zu bieten, lieferten aber gleichzeitig eben jenes hohe

Maß an Tempo und Aktion, nach dem man in so vielen niederländischen Produktionen der 10er Jahre vergeblich Ausschau hielt. In der kulturellen ›Bricolage‹ ihrer Schauplätze und Requisiten öffnen die drei genannten Filme dem internationalen Publikum die verschiedensten Zugangsmöglichkeiten, die durch den Aufführungskontext, etwa von Hauskomikern oder Filmerklärern, in ihrem Wiedererkennungseffekt noch besonders herausgestellt werden konnten. In diesem Sinne lässt sich die merkwürdig passende Präsenz von Windmühlen und Diamanten in den drei Filmen Piels weniger als bewusste, auf den niederländischen Markt ausgerichtete Strategie verstehen. Sie scheint vielmehr ein Nebenprodukt der attraktionistischen Ausrichtung des Action- und Abenteuergenres zu sein, in dem Diamanten sich in eine Paradigmenkette begehrenswerter, die Handlung in Gang setzender – aber auch im Leerlauf haltender – Objekte neben geheime militärische Erfindungen und junge, attraktive Millionärstöchter einreihen, und in der Windmühlen mit Brücken, Flugzeugen und Pferderücken gemeinsam haben, dass sich um sie herum packende Stunts und Verfolgungsszenen inszenieren lassen.

Schuss und Gegenschuss in Amsterdam: Fünf ›Harry-Peel‹-Filme aus dem Jahre 1919

Piels Vorkriegsfilme legten den Grundstein zu seiner anhaltenden Popularität in Holland. Sie verweisen umgekehrt aber auch auf die Anziehungskraft Hollands auf deutsche Filmemacher: In seiner stereotypen Assoziation mit Antiquitäten und wertvollen Kunstwerken, Diamanten und internationaler Handelsschiffahrt diente Holland dem deutschen Kino als Hintergrund für zahlreiche Detektiv- und Kriminalfilme wie Joseph Delmonts DER GEHEIMNISVOLLE KLUB (1913) oder Joe Mays DER GEHEIMSEKRETÄR (1915); seine pittoresken Küstenlandschaften zogen regelmäßig deutsche Filmemacher auf der Suche nach geeigneten Schauplätzen für Melodramen wie AUF EINSAMER INSEL (1913) oder DES MEERES UND DER LIEBE WELLEN (1913) an,[32] während der geheimnisvolle Charme typisch holländischer Namen wie Hans van Gent oder Henryk van Deuwen mehr als einen Filmliebhaber von Mia May mit einer (pseudo)niederländischen Identität ausgestattet hat (in DIE LIEBE DER HETTY RAYMOND [1917] und DIE BETTELGRÄFIN [1918]). Und selbst der Ritt auf den Flügeln einer Windmühle in ERBLICH BELASTET ist im deutschen Kino der frühen 10er Jahre keineswegs einzigartig: Diese Attraktion war bereits in einem deutschen Film zu sehen, der im Frühjahr 1913 an der holländischen Küste aufgenommen wurde und im gleichen Jahr unter dem Titel DEM MEERESGRUNDE ABGERUNGEN in die deutschen Kinos kam.

Zusammengenommen haben Piels im Bewusstsein des holländischen Publikums fest etablierter Name und Hollands fest etabliertes Bild im deutschen Film wohl nicht unerheblich zu Piels Entschluss beigetragen, die Außenaufnahmen der ersten vier Filme der schon bald zum Publikumsrenner avancierenden ›Harry-Peel‹-Serie von April bis Oktober 1919 in Amsterdam und Scheveningen zu drehen. Die Aufnahmen für die vier Filme wurden – den Rationalisierungstendenzen kapitalistischer Produktionsprinzipien folgend – nicht nacheinander, sondern zeitgleich gedreht, so dass eine Amsterdamer Straßenecke (einmal abgesperrt und die Drehgenehmigung polizeilich beantragt) den Hintergrund für Szenen verschiedener Filme abgeben konnte.[33]

Die niederländische Fachpresse verfolgte die Dreharbeiten sehr genau und verpasste kaum einmal die Gelegenheit, einen auch nur im geringsten bemerkenswerten Vorfall spektakulärer Berichterstattung zuzuführen. Am 29. August 1919 meldet der *Bioscoop Courant* etwa »Aufnahmen mit Hindernissen«:

> Harry Piel, der bekannte deutsche Waghals, arbeitet zur Zeit für die Nederl. Film Maatschappij an dem Film DER GROSSE UNBEKANNTE. In Amsterdam verunglückte er dabei zunächst mit seinem Motorrad. Auch über der Ostsee mussten für diesen Film während eines Sturmes aus einem Flugzeug heraus Aufnahmen gemacht werden. Drei Flugzeuge kamen zum Einsatz, die Maschine des Kameramannes erlitt plötzlich einen Motorschaden und stürzte ab, wobei glücklicherweise die Insassen mit nur leichten Verletzungen davon kamen. Von dem Flugzeug, in dem Harry Piel seine Szene spielte, brach der Propeller ab, so dass der Pilot mit größter Mühe eine Notlandung vornehmen musste. Die trotz dieser Hindernisse gemachten Aufnahmen sind zweifellos von besonderer technischer Finesse, schon die Mitarbeit Harry Piels garantiert, dass sie eine besondere Sensation zu werden versprechen.[34]

Und Anfang Oktober 1919 war an gleicher Stelle über »Den Unerschrockenen« zu lesen:

> Harry Piel, der zurecht diesen Beinamen trägt, hat vor kurzem erneut ein starkes Stück vollbracht. In voller Fahrt sprang er von einem Auto in ein anderes, das nur Sekunden später über eine Brücke raste und

mit dem anderen Auto zusammenstieß, woraufhin das von Piel gerade eben verlassene Auto in die Tiefe stürzte. Der »Unerschrockene« hält sich zur Zeit einmal wieder in unserem Land zu Dreharbeiten für seinen Sensationsfilm ÜBER DEN WOLKEN auf.[35]

Für DER GROSSE UNBEKANNTE, DER RÄTSELHAFTE KLUB, DER GROSSE COUP und ÜBER DEN WOLKEN, abenteuerliche Kriminalfilme wie die meisten Piel-Filme, passten Piel und sein Drehbuchautor Max Bauer die Handlungen und Figuren den holländischen Schauplätzen an, wobei sie zur Inspiration auf zeitgenössische Werke der niederländischen Literatur zurückgriffen. Die ›Harry-Peel‹-Serie des Jahres 1919, die ursprünglich in der deutschen Fachpresse als »Hollandia-Serie«[36] ausgegeben wurde und den erfolgreichen Regisseur innerhalb kürzester Zeit in einen der bekanntesten deutschen Filmstars verwandelte, griff bei der Besetzung der Nebenrollen auch auf populäre niederländische Schauspieler wie den Hollandia-Star Coba Kinsbergen zurück. Der niederländische Vertrieb dieser Filme wurde von der eigens gegründeten ›Nederlandsche Film-Maatschappij‹ in Amsterdam übernommen, die Piel-Biograf Matias Bleckmann als »Piels ersten ausländischen Vertriebs- und Produktionspartner«[37] beschreibt, die der zeitgenössischen deutschen Fachpresse zufolge aber tatsächlich eine Tochterfirma von Piels eigener Metro-Film war.[38] Sollte dies der Fall gewesen sein, so war Piel bei weitem nicht der einzige deutsche Produzent, der in der unmittelbaren Nachkriegszeit auf den niederländischen Markt drängte. Im Januar 1920 stellte die Fachpresse eine zunehmende Invasion von mit deutschem Geld finanzierten Vertriebsfirmen fest,[39] und keine drei Wochen später hieß es:

> Der im Laufe des vergangenen Jahres in Erscheinung getretene Zug des ausländischen Kapitals, sich in Holland ein pied-à-terre zu schaffen, hat etwas verstimmt. Man wünscht die Eigenart des holländischen Filmes zu wahren und erblickt in dem Zustrom von außen die Gefahr einer den nationalen Charakter vernichtenden Einebnung.[40]

Ungeachtet dessen kehrte Piel 1921 zu Außenaufnahmen für seinen Zweiteiler DER FÜRST DER BERGE nach Holland zurück. Angesichts der sich nun lautstärker artikulierenden nationalen Sensibilitäten waren Piel und seine Mitarbeiter um eine passende Strategie nicht verlegen, die einmal mehr alle Register der kulturellen Mimikry, der nationalen Stereotypisierung und der kommerziellen Internationalität zog. In der Werbebroschüre zu DER FÜRST

DER BERGE ›textete‹ Drehbuchautor Lothar Knut Frederik seinem Regisseur, Produzenten und Star eine wahrhaft abenteuerliche Genealogie auf den Leib:

> In Harry Piels Adern fließt südliches Blut. Seine Familie stammt aus Holland und seine Vorfahren, die als Kaufleute nach dem Süden und Exotien gingen, mögen jene dunkelhaarigen und glutäugigen Frauen mit in die nordische kühle Heimat gebracht haben, die die schwerblütigen Holländer ebenso begeistert haben mögen, wie die Normannen und Wikinger. Von einer solchen südländischen oder südfranzösischen Urahne hat Harry Piel das Nachtschwarz seiner Haare und den dunklen Glanz seiner großen Augen geerbt.[41]

---

1 Nicht zuletzt die Beschäftigung mit dem frühen Kino hat dazu beigetragen, das Verständnis der Beziehung zwischen ›Kino und Moderne‹ in diese Richtung zu verlagern. Vgl. Michael Wedel: Frühes Kino und modernes Leben. In: *KINtop* 5, 1996, S. 191–197. Zu den Konzepten und zur differenzierenden Begriffsbestimmung von ›Moderne‹ (als künstlerische Avantgarde), ›Modernität‹ (im Konsum-Alltag) und (technologisch-industrieller) ›Modernisierung‹ vgl. Hans van der Loo und Willem van Reijen: *Modernisierung. Projekt und Paradox.* München 1992. — **2** Und natürlich auch schon weitaus früher. Zur internationalen Verflechtung des frühen holländischen Kinos vgl. die Beiträge zu einer Sondernummer ›Honderd jaar film in Nederland: het begin‹ des *Jaarboek Mediageschiedenis*, Nr. 8, 1997. — **3** Siegfried Kracauer: *Von Caligari zu Hitler. Eine psychologische Geschichte des deutschen Films.* Frankfurt/M. 1979, S. 32. In der abschließenden Aufwertung ›gefälligen Kitschs‹ gegenüber ›schwerfälligen Kunstprodukten‹ scheint eine Bewertungsstrategie auf, die für den frühen Film- und Kulturkritiker Kracauer typischer ist als für den Exilautor von *Von Caligari zu Hitler.* Vgl. zu dieser Verschiebung Thomas Elsaesser: *Das Weimarer Kino – aufgeklärt und doppelbödig.* Berlin 1999, S. 22–56, bes. S. 53 ff. — **4** Die wichtigsten Quellen zu Piels Biografie sind Matias Bleckmann: *Harry Piel. Ein Kino-Mythos und seine Zeit.* Düsseldorf o. J. [1993]; ders.: Harry Piel. In: *CineGraph: Lexikon des deutschsprachigen Films*, hg. v. Hans-Michael Bock. München 1984 ff., Lg. 14, 15.7.1989, B1-E8. Ein Auszug aus Piels 1962 niedergeschriebenen Memoiren findet sich unter dem Titel: ›Menschen, Tiere, Sensationen‹ in: *Düsseldorf kinematografisch*, hg. v. Filminstitut der Landeshauptstadt Düsseldorf. Düsseldorf 1982, S. 153–164. — **5** Piel: Menschen, Tiere, Sensationen, a. a. O. (wie Anm. 4), S. 155. — **6** Diese Unterscheidung lässt sich aber auch als eine zwischen romantischem und Sensations-Melodrama denken. Vgl. Ben Singer: *Melodrama and Modernity.* New York 2001. — **7** Zu Tilly Bébés Filmdebüt vgl. Heide Schlüpmann: *Unheimlichkeit des Blicks. Das Drama des frühen deutschen Kinos.* Frankfurt/M. und Basel 1990, S. 27–30. — **8** Vgl. Matias Bleckmann: Eine deutsche Filmlegende – Zum 100. Geburtstag von Harry Piel. In: *Film-Dienst*, 45. Jg., Nr. 14, 7.7.1992, S. 5. — **9** Piels letzter Film war DER TIGER AKBAR, der 1951 in die Kinos kam. 1953 kam eine neu geschnittene Fassung von PANIK (1940–1943) mit einigen nachgedrehten Szenen unter dem Titel GESPRENGTE GITTER in die Kinos. 1955 liefen lediglich noch einige kurze Dokumentarfilme unter Verwendung von

Michael Wedel

in den 40er Jahren aufgenommenem Material im Kinovorprogramm (AFFENLIEBE, WENN TIERE ERWACHEN, WENN TIERE BETTELN), fanden jedoch keine internationale Zirkulation. Das zweiteilige Fernsehporträt EIN LEBEN FÜR DEN FILM – VIERZIG JAHRE HARRY PIEL wurde im Dezember 1954 in der ARD gezeigt. — **10** Vgl. die Anzeige in *Nieuws van de Dag* vom 18.4.1913. DER GRÜNE TEUFEL wurde in diesem Theater und mit derselben musikalischen Begleitung noch bis in die ersten Kriegswochen hinein immer wieder aufgeführt. Vgl. die Anzeige in *Algemeen Handelsblad* vom 17.9.1914. — **11** Der Film kam noch im selben Jahr unter dem Titel DE ONBEKENDE PASSAGIER in die holländischen Kinos. Vgl. Kathinka Dittrich van Wehring: *Der niederländische Spielfilm der dreißiger Jahre und die deutsche Filmemigration*. Amsterdam 1987, S. 15. — **12** Filmspeler met meer moed dan een ander. Harry Piel zoekt levenspartner. In: *Telegraaf*, 8.5.1962. — **13** Nachlass Harry Piel, Filminstitut Düsseldorf, zit. in Bleckmann: *Harry Piel. Ein Kino-Mythos und seine Zeit*, a. a. O. (wie Anm. 4), S. 380 — **14** Ebd., S. 161. Piel lag mit 1560 Stimmen nur knapp vor Charles Willy Kayser (1520), jedoch deutlich vor den nächstplatzierten Conrad Veidt (1119), Wladimir Gaidarow (655), Harry Liedtke (605), Gunnar Tolnaes (507), Otto Gebühr (440), Emil Jannings (438) und Bruno Kastner (260). Diese Wahl basierte auf einer Umfrage der *Neuen deutschen Filmillustrierten*, deren Ergebnisse in der ersten Juni-Woche (Nr. 23) veröffentlicht wurden. Der Ausgang dieser Umfrage wurde umgehend auch in aller Genauigkeit dem holländischen Fachpublikum zur Kenntnis gebracht, nicht jedoch ohne den Hinweis: »Piel steht also in Sachen Popularität ganz oben. Man sehe sich nur die Namen der anderen an, um die Bedeutung dieser Tatsache zu ermessen. Es kann jedoch niemanden überraschen, der sich an Piel aus seinen Filmen erinnert. Dort ist er immer eine sympathische Figur gewesen, sportlich wie kein Zweiter, aber auch sehr geschickt, wenn es darum geht, die Herzen aller zu erobern.« *Nieuw Weekblad voor de Cinematografie*, 2. Jg., Nr. 42, 18.7.1924. — **15** Vgl. hierzu ausführlich Bleckmann: *Harry Piel. Ein Kino-Mythos und seine Zeit*, a. a. O. (wie Anm. 4), S. 160–170. — **16** Vgl. anon.: Harry Piel te Amsterdam. In: *Nieuw Weekblad voor de Cinematografie*, 2. Jg., Nr. 38, 20.6.1924. Der so entstandene Pathé-Film trug ebenfalls den Titel HARRY PIEL TE AMSTERDAM, hatte eine Länge von 55 Metern und wurde von Pathé-Amsterdam nicht verliehen, sondern für 50 Cent pro Meter zum Verkauf angeboten. Vgl. die Anzeige von Pathé-Amsterdam an gleicher Stelle. — **17** Anon.: Met Harry Piel door Amsterdam. In: *Kunst en Amusement*, 5. Jg., Nr. 25, 21.6.1924, S. 293. — **18** Ebd., S. 294 (im Original deutsch). — **19** Vgl. anon: Harry Piel te Amsterdam, a. a. O. (wie Anm. 16). — **20** Anon.: Met Harry Piel door Amsterdam, a. a. O. (wie Anm. 17), S. 304. Piels ABENTEUER EINER NACHT (1923) war zu diesem Zeitpunkt in Holland schon wieder abgelaufen, sein folgender Film, MENSCHEN UND MASKEN (2 Teile, 1923/24), startete im Cinema Royal einen Monat später. AUF GEFÄHRLICHEN SPUREN kam im September 1924 in die holländischen Kinos. — **21** Anton Kaes: Film in der Weimarer Republik. Motor der Moderne. In: Wolfgang Jacobsen, Anton Kaes, Hans Helmut Prinzler (Hg.): *Geschichte des deutschen Films*. Stuttgart und Weimar 1993, S. 39 f. — **22** Vgl. Frank van der Maden: De komst van de film. In: Karel Dibbets, Frank van der Maden (Hg.): *Geschiedenis van de Nederlandse Film en Bioscoop tot 1940*. Houten 1986, S. 47–52. — **23** Eine Beschreibung dieser Szene findet sich bei Maurits Binger, dem Produzenten und Regisseur des Films. Vgl. Karakterschets: Maurits H. Binger. In: *De Hollandsche Revue*, Nr. 2, 1916, S. 91; zit. n. Ruud Bishoff: *Hollywood in Holland. De geschiedenis van de Filmfabriek Hollandia 1912–1923*. Amsterdam 1988, S. 33. — **24** Für einen Überblick vgl. Ruud Bishoff: De zwijgende Speelfilm. In: Ebd., S. 53–104; sowie die Inhaltsangaben in Geoffrey Donaldson: *Of Joy and Sorrow: A Filmography of Dutch Silent Film*. Amsterdam 1997, wo diesem Charakterzug der holländischen Stummfilmproduktion bereits im Titel Rechnung getragen wird. — **25** Die dritte dominierende Kraft auf dem holländischen Markt war die italienische Filmindustrie, deren epische Historienfilme, Melodramen und ›Diva‹-Filme einen entscheidenden Einfluss auf Stil und Stoffwahl inländischer Produktionen hatten. Der italienische Einfluss auf Genres wie den Action-, Detektiv- und Abenteuerfilm scheint jedoch weitaus geringer gewesen zu sein. Vgl. Ivo Blom: La vita cinematografica. Jean Desmet en de distributie en vertoning van de Italiaanse zwijgende film in Nederland. In: *Jaarboek Mediageschiedenis* 5 (1993), S. 39–63. Zu einem ähnlichen Befund gelangt übrigens Heide Schlüpmann in Bezug auf den deutschen Markt, vgl. Schlüpmann: ›Quo vadis cinéma?‹ Le rôle du film italien dans l'Allemagne de Guillaume II. In: Roland Cosandey, François Albera (Hg.): *Cinéma sans frontières 1896–1918*. Lausanne und Québec 1995, S. 329–339. — **26** Corinna Müller: *Frühe deutsche Kinematographie. Formale, wirtschaftliche und kulturelle Entwicklungen 1907–1912*. Stuttgart und Weimar 1994, S. 81: »Da Landessprachlichkeit besser abzusetzen war, wurden für den Export, für den die deutsche Tonbild-Industrie offenbar auch produzierte, Fremdsprachen-Versionen hergestellt; Henny Porten, die in zahlreichen Tonbildern mitwirkte, erinnerte sich, dass sie die Liedertexte ›oft in drei Sprachen‹ zu ›synchronisieren‹ hatte.« — **27** Angaben nach *Jahrbuch der Filmindustrie*, 1. Jg., 1922/23. Berlin 1923, S. 147. — **28** Piel zugeschrieben. — **29** Vgl. die Anzeige in *Nieuws van de Dag* vom 2.10.1913, Zeitungsausschnittsammlung des Nederlands Filmmuseum, Amsterdam. Dank an Romy Albers für die zusätzliche Information über die Wiederaufführung des Films in den ersten Wochen des Krieges. — **30** Die niederländische Verleihkopie von DAS TEUFELSAUGE erwähnt sogar den Namen des Regisseurs direkt unter dem Titel des Films, was 1914 noch längst nicht durchgängig üblich war; allerdings wurde er als »Harry Pyl« leicht verfremdet, allerdings wohl eher um unwillkommene Assoziationen zu vermeiden, als um die deutsche Herkunft des Films zu verschleiern, da in zweitem Fall der Name ganz hätte weggelassen werden können. — **31** Vgl. z. B. Frank Kessler: A Highway to Film Art? In: Paolo Cherchi Usai, Lorenzo Codelli (Hg.): *Before Caligari. German Cinema, 1895–1920*. Pordenone 1990, S. 438–450; Leonardo Quaresima: »Dichter heraus!« The *Autorenfilm* and the German Cinema of the 1910's. In: *Griffithiana*, Bd. 13, Nr. 38/39, Oktober 1990, S. 101–126. — **32** Vgl. den Beitrag von Ivo Blom in diesem Band. — **33** Vgl. Bleckmann: *Harry Piel. Ein Kino-Mythos und seine Zeit*, a. a. O. (wie Anm. 4), S. 82. — **34** *De Bioscoop-Courant*, 7. Jg., Nr. 48, 29.8.1919, S. 2. Dieser Bericht basiert allem Anschein nach auf einem Artikel in *Der Film*, 12. Jg., Nr. 659 vom 20.8.1919, in dem außerdem über einen früheren, weitaus tragischeren Unfall berichtet wird, bei dem ein junges Paar bei ähnlich gewagten Flugmanövern zu Tode kam. In Deutschland lösten die wiederholt vorkommenden Unfälle während der Dreharbeiten zu Piels Filmen eine öffentliche Anti-Piel-Kampagne aus, die besonders von dem Filmkritiker Egon Jacobsohn angefacht wurde. Vgl. hierzu ausführlich Bleckman: *Harry Piel. Ein Kino-Mythos und seine Zeit*, a. a. O. (wie Anm. 4), S. 106–139. — **35** *De Bioscoop-Courant*, 8. Jg., Nr. 1, 3.10.1919, S. 5. — **36** Vgl. die Annonce in: *Der Kinematograph*, 12. Jg., Nr. 44, 7. Mai 1919. — **37** Bleckman: *Harry Piel. Ein Kino-Mythos und seine Zeit*, a. a. O. (wie Anm. 4), S. 76. — **38** Vgl. *Der Film*, 4. Jg., Nr. 30, 26.7.1919, S. 38; *Der Kinematograph*, 12. Jg., Nr. 655, 30.7.1919. — **39** Vgl. *Der Kinematograph*, 13. Jg., Nr. 679/80, 21.1.1920. — **40** C. M. Bardorf: Die internationale Lage der Filmindustrie. In: *Der Kinematograph*, 13. Jg., Nr. 683, 11.2.1920. — **41** Zit. in Bleckman: *Harry Piel. Ein Kino-Mythos und seine Zeit*, a. a. O. (wie Anm. 4), S. 130.

Karsten Witte

Der Zuschauer als Komplize
Ernst Lubitsch und SCHUHPALAST PINKUS*

Geld und Begehren

Die meisten Komödien handeln von Geld und Begehren. Ihr gemeinsamer Nenner ist die Zirkulation. Daher auch der fast schon physische Bewegungsdrang der Filmkomödien. Wenn die Kamera in frühen Filmen aus nahe liegenden technischen Gründen noch relativ unbeweglich war, so konnten doch die Gegenstände und Schauspieler sich um die Kamera bewegen. Die Komödie ist von raschen, exzessiven Bewegungen abhängig, Zeitlupe im psychologischen Sinne würde fast automatisch ein gehobenes Genre bedeuten: Melodrama oder Tragödie. Das der Komödie eigene rasante Tempo der Bewegungen produziert einen hohen Grad an Verwirrung und Desorientierung. Der Raum neigt zur Fragmentierung, die Rollen der Schauspieler tendieren zum Identitätsverlust. Die Komik von Filmen beruht auf vorsätzlicher Verschleierung und Irreführung.

Frühe deutsche Komödien sind aus zwei Gründen äußerst selten. Erstens: Rein quantitativ befinden sich nur noch wenige Kopien in den Filmarchiven. Ungefähr ein Viertel der vor 1918 in Deutschland produzierten Filme konnte gerettet werden. Die übrigen wurden nur annähernd aus den Inhaltsangaben der zeitgenössischen Zensurkarten rekonstruiert. Zweitens: Aufgrund des beklagenswerten Zustandes der Filmkopien war der frühe Stummfilm bisher kaum zu erforschen, ganz abgesehen von einer gründlichen Beschäftigung mit einzelnen Filmgenres. Klassische Studien wie jene Siegfried Kracauers oder Lotte Eisners haben die frühen Filmkomödien vollständig ignoriert.[1] Dafür sind eher oberflächliche Gründe verantwortlich. Auf der anderen Seite wären hausgemachte Gründe dafür zu nennen, warum in Deutschland so wenige Filmkomödien produziert wurden. Aufgrund des übermächtigen Einflusses der Moral-Philosophie auf das allge-

---

* Der folgende Text wurde von Karsten Witte in englischer Sprache verfasst und 1983 auf dem Kongress ›Early Cinema: Space, Frame, Narrative‹ an der University of East Anglia (England) vorgetragen. Er wird hier erstmals auf Deutsch veröffentlicht. Die Übersetzung wurde von Rainer Herrn durchgesehen und autorisiert. [Anm. d. Hg.]

Ernst Lubitsch und SCHUHPALAST PINKUS

meine Ästhetik-Verständnis und eines Heeres von deutschen Oberlehrern, die sich freiwillig zum Dienst in den Filmzensurstellen meldeten, wurde den berechtigten Unterhaltungsbedürfnissen der ärmeren Schichten lediglich geringe öffentliche Aufmerksamkeit zuteil. Zusätzlich zu dem vorurteilsbeladenen Bannspruch über die öffentliche Zurschaustellung von ›Geld und Begehren‹ lag ein ästhetisches Verdikt auf Massenmedien, die es wagten, gehemmten oder unterdrückten sinnlichen Energien Ausdruck zu verleihen. Als schließlich auch in Deutschland eine Filmkritik aufkam, zollte sie den ›anspruchsvollen‹ Filmen – den so genannten *films d'art* – herablassend ihren Tribut und überging stillschweigend die ›populären‹ Komödien. Zugegeben, die Komödien vulgarisierten die noble Sphäre, in der die Zirkulation von Geld und Begehren unsichtbar bleiben sollte.

Und genau hier greift Lubitsch ein. Sein Verdienst war es, das sichtbar zu machen, was bisher auch von der Elite der Drehbuchautoren stillschweigend übergangen worden war. Lubitsch führte einen neuen Ton und einen neuen Stil der abrupten Brüche mit filmischen Konventionen ein. Er setzte in seinen Figuren bisher unterdrückte emotionale Energien frei. Er machte die Musik, die die alten, versteinerten Verhältnisse zum Tanzen brachte. Er förderte die ihnen innewohnende Bewegung zutage, indem er die traditionelle Bühnenanordnung in einen offenen Raum überführte.

Die typische Figur[2] seiner frühen Filme war die des Selfmademans Meyer (einer der am meisten verbreiteten deutschen Namen, zugleich aber auch ein in der jüdischen Bevölkerung häufig anzutreffender Vorname). Meyer schert sich nicht um traditionelle Erziehung. Lateinkenntnisse sind, wie die Erfahrungen des Lehrlings in SCHUHPALAST PINKUS (1916) zeigen, beim Ausfegen keine große Hilfe. Meyer verspottet das althergebrachte Schulsystem. Seine Reverenz an den Empirismus schließt jede Art rationalistischen Denkens kurz. Vernunft ist in Lubitschs Augen nur der kürzeste Weg zwischen den sinnlichen Bedürfnissen einer Figur und ihrer unmittelbaren Erfüllung. Meyer lässt all die üblichen Umwege aus, etwa über die christliche Ethik des ›Ohne Fleiß kein Preis‹. Er greift nach den ›verbotenen Früchten‹, ohne vorher um Erlaubnis zu bitten. Er sehnt sich nicht nach adorierten Objekten, er will sie schlichtweg haben. Meyers Name in SCHUHPALAST PINKUS bezieht sich auf die jiddische umgangssprachliche Bezeichnung ›Pinke‹, was nichts anderes meint als Geld. Einer von Lubitschs Kunstgriffen ist es, Geld und Begehren miteinander zu verheiraten.

Kreisbewegungen: Ordnung und Unordnung

Wie Lubitsch diese Technik ausfeilte, lässt sich am besten am Beispiel SCHUHPALAST PINKUS aufzeigen. Sally Pinkus ist ein Parvenü, der vom totalen Versagen zum totalen Erfolg aufsteigt.[3] Auch in dieser Hinsicht neigt die Komödie zur Übertreibung, treibt ihre Formen zum äußersten und überspringt die Distanz zwischen Ausgangs- und Zielpunkt. Die Komödie entfaltet sich nicht, sie neigt zur Explosion, und ihr Regisseur baut seine Filme aus den Bruchstücken erfüllter Augenblicke.

Sally Pinkus ist ein Mann, dessen Lebensprinzip die Antriebskraft des Moments ist. Bürgerpflichten und gesellschaftliche Verhaltensregeln erfordern ein größeres Sichtfeld. So neigt er zur Minimalisierung seiner Umgebung, seiner Partner wie auch seiner Feinde. Er ist der Alliierte der momentanen Gegebenheit. Also verliert er keine Zeit. Er ist das Opfer seiner Präsenz, paradoxerweise aber auch der Meister des Augenblicks. Das wird deutlich in der Art, wie er den Raum für sich einnimmt.

Der Film beginnt mit einer Szene am frühen Morgen und dem Ritual des Erwachens. Sally weigert sich, pünktlich aufzustehen. Lieber genießt er den allerletzten Moment im Bett, um dann in die Schule zu hasten. Sein Aufstehen ähnelt eher einer Schlacht mit dem Bettzeug als einem alltäglichen, gemäßigten Bewegungsablauf. Sally entkommt der bürgerlichen Ordnung und flieht aus seinen vier Wänden.

Wo immer er in der Öffentlichkeit auftritt, ist er dazu verurteilt, die Dinge in Unordnung zu bringen, nicht der Anarchie zuliebe, sondern, um direkten Zugriff auf die Objekte seiner Begierde zu haben. Oft findet man bei Lubitsch kreisförmige Anordnungen, die dann durchbrochen werden und vom Zentrum des Bildes der Marginalisierung entgegenstreben. So zum Beispiel, wenn Sally während des Sportunterrichts auf der gegenüberliegenden Seite eine Gruppe von Mädchen entdeckt. Erst die Autorität des Lehrers unterbricht die Form dieses Kreises. Später verlässt Sally, von einer anderen Gruppe von Mädchen umringt, die Schule. Plötzlich erscheint sein Vater. Sally läuft davon und durchbricht den Kreis der ihn umgebenden Gruppe.

Lubitsch verbindet mit dieser zirkulären Form eine bestimmte emotionale Qualität. In diesen Kreisen versammelt er sozusagen eine unorthodoxe, natürliche Form, in der menschliche Bedürfnisse auftauchen können, ohne sofort wieder bedroht zu werden. Sally ist als einziger in der Lage, Kreise um sich herum zu versammeln. Auf dem Nachhauseweg von der Schule gesellt er sich am Eisstand zu einer Schar Mädchen. Die Mädchen füttern und überhäufen ihn, als Zeichen ihrer Zuneigung, mit ihren Schul-

Ernst Lubitsch und SCHUHPALAST PINKUS

Abb. 1

taschen. Die Unordnung der Bedürfnisse und Gegenstände dominiert die Szene. Ganz deutlich genießt Sally den Anteil an der Welt, der ihm zuteil wird. Wie so oft, streckt er die Zunge heraus (Abb. 1). Es scheint nicht genug, die Welt mit Gesten zu ergreifen, es benötigt schon Sallys Zunge, um ein Gefühl und einen Geschmack der Welt zu bekommen. Das komische Stilmittel, das hier zur Schau gestellt wird, gibt der Versuchung des Unmittelbaren nach. Die Erfüllung akuter Bedürfnisse schließt alle weiterreichenden Perspektiven aus. Schule und Arbeitsplatz werden zu Spielplätzen, in denen die komische Figur zu seinen Sinnen zurückfindet, die sie in der alltäglichen Umgebung verloren hatte. Die Grundbedürfnisse der komischen Figur sind Schlafen, Essen und Lieben. Der Drang, diesen Bedürfnissen Ausdruck zu geben, schließt jede Zweideutigkeit aus. Jede Semantik bleibt außen vor. In den Gesten artikulieren sich körperliche Bedürfnisse.

Hinsichtlich der Moral der Geschichte schließt das Zweideutigkeit aber keineswegs aus. Natürlich nimmt Lubitsch jede Bedeutung, die den Gesten verliehen wird, sofort wieder zurück. Seine Choreographie, obwohl sie ausschließlich an der Oberfläche wieder auftaucht, kehrt die Bedeutungen in ihr Gegenteil, sobald sie sich wiederholt. Die zirkuläre Form wird nicht nur

Abb. 2

von Autoritätsfiguren durchbrochen, die den kleinen, machtlosen Charakter bedrohen. Ist er erst einmal selbst ein Chef, neigt er zu ebenso rücksichtslosem, herrischem Verhalten. Als Lehrling versammelte Sally die Schuhverkäuferinnen um sich; wahrscheinlich erzählte er einen schmutzigen Witz (Abb. 2). Der Erzähler und sein Publikum verschmelzen. Sie werden für einen kurzen Moment zu Verbündeten, bevor sie den Kreis wieder auflösen, als der Geschäftsführer hereinplatzt und die Verkäuferinnen zurück an die Arbeit jagt.

Als Chef des Schuhsalons, nun im großen Stil »Schuhpalast« genannt, inspiziert Sally Pinkus seine eigenen Angestellten. Eine nach der anderen aus der endlosen Schlange seiner Mitarbeiterinnen jagt er zurück an die Arbeit. Dort wo er sich früher selbst in die Unordnung stürzte, fordert er nun Ordnung. Sally selbst ist nun Teil jener Bewegung geworden, die den Kreis mit einer abrupten vertikalen Bewegung durchschneidet und zum Privileg der Autorität gehört.

Die permanente Umkehrung einer etablierten und als gegeben angenommenen Ordnung, im sozialen wie im ästhetischen Sinne, ist ein komisches Stilmittel, dem Lubitsch immer treu geblieben ist. Als er 1940 THE SHOP AROUND THE CORNER inszeniert, hält er den jungen Lehrling, einmal zum Firmenchef aufgestiegen, dazu an, sofort damit zu beginnen, den neuen Lehrling herumzukommandieren.⁴ Die Idee hinter dieser mechanischen Umkehrung sozialer Rollen besteht darin, zum Ausdruck zu bringen, dass gesellschaftlicher Aufstieg nicht unbedingt mit moralischer Hebung einher geht. Lubitschs Komik setzt auch hier am Ursprung an: Die Ideen, die seine Figuren entwickeln und verfolgen, werden ihnen von ihren Interessen vorgegeben, und diese Interessen bestehen hauptsächlich darin, Geld und Begehren zirkulieren zu lassen. Das macht sie zu genuinen Figuren des Komischen, deren Aktionsradius die Bewegung der Grundbedürfnisse noch einmal erfindet.

Der Zuschauer als Komplize

In diesen Prozess bezieht Lubitsch die Zuschauer als Komplizen ein, die die Filmhandlung schätzen und teilen. Die Art und Weise, wie der Zuschauer in diesen Prozess hineingezogen wird, geschieht durch Antizipation der Erzählung. Lubitsch verrät dem Publikum, was im nächsten Augenblick auf der Leinwand geschehen wird, noch bevor seine Figuren realisieren, was auf sie zukommt. Die Geschichte wird allerdings nicht als eine Reihe von Handlungsfragmenten vorgetragen, sondern mit den Mitteln sinnlicher Unmittelbarkeit. Die Geschichte selbst wird in kleinere Sinneseinheiten zerteilt, die dann ausschwärmen, um die Aufmerksamkeit des Publikums zu erhaschen. »All unsere Sinne«, schrieb der junge Marx in seinen so genannten Pariser Manuskripten, »zerfallen in kleine Theoretiker und kollaborieren in der Produktion *eines* Sinns.« Die Fragmentierung der Interessen wird in den seltenen Nahaufnahmen reflektiert, die Lubitsch in SCHUHPALAST PINKUS einstreut. Diese Nahaufnahmen heben Sallys sinnliches Interesse hervor, wie zum Beispiel die Art und Weise, in der er die kleinen Füße der Damen fetischisiert – wobei ›klein‹ hier das Äquivalent zu ›verführerisch‹ und ›schön‹ darstellt. Eine der am wenigsten erwarteten Nahaufnahmen des Films findet sich während der finalen Schuh-Präsentation im Anschluss an einen Kameraschwenk über die Füße der Modelle. Wiederum ist es die vertikale Achse, die den Raum dominiert. Die Rampe, auf der die Präsentation der Schuhe stattfindet, schneidet tief ins Zentrum des Bildes. Alle Bewegungen, die dazu dienen sollen, sinnliches Interesse zu erwecken, sind auf die Bühne hin kanalisiert. Die vertikale Achse fungiert als eine Art Schiene, auf der unsere Wahrnehmung ins Zentrum der Aktion gleitet. Abrupt in eine gegebene Bildkomposition hineinzuschneiden ist ein für Lubitschs Filme typisches Verfahren. Man denke nur an die Ballszene in ICH MÖCHTE KEIN MANN SEIN (1918): Im Hintergrund sind die Massen versammelt, tanzend und sich im Kreise drehend, als plötzlich eine endlose Kette von Oberkellnern, Champagnerflaschen balancierend, aus dem Vordergrund in die Komposition einschneidet und sich einen Weg in den Hintergrund bahnt.

Der typische Charakter in Lubitsch-Filmen ist ein Un-Charakter, der sich in einem Augenblick verwirklicht, den er mit einem gemeinen Griff hält, und der eine gegebene Ordnung aus den Fugen hebt, nur um daraus wieder Ordnung herzustellen. Totales Versagen verwandelt sich in absoluten Erfolg ... Dieser Un-Charakter ist Ware und Reklame zugleich; ein Fleisch gewordenes Versprechen, seinen Grundbedürfnissen gerecht zu werden.

Aus dem Englischen von Michael Wedel

---

1 Vgl. Siegfried Kracauer: *Von Caligari zu Hitler. Eine psychologische Geschichte des deutschen Films.* Frankfurt/M. 1979 (zuerst engl. 1947); Lotte H. Eisner: *Die dämonische Leinwand.* Frankfurt/M. 1975 (zuerst frz. 1952). [Anm. d. Hg.] — 2 Vor allem in DER KRAFTMEYER (Lubitsch, 1915), MEYER AUS BERLIN (Lubitsch, 1918/19), wohl aber auch in MEYER AUF DER ALM (Max Bahr, 1913) und MEYER ALS SOLDAT (1913). [Anm. d. Hg.] — 3 Zu den inhaltlichen Aspekten des Films vgl. ausführlicher Karsten Witte: Drei Kommentare zu Lubitsch. In: ders.: *Im Kino. Texte vom Sehen & Hören.* Frankfurt/M. 1985, S. 94–96. [Anm. d. Hg.] — 4 Vgl. ebd., S. 99 f. [Anm. d. Hg.]

Filme, Formen, Funktionen: Querschnitte und Fallstudien

Klaus Kreimeier

Die doppelte Verdopplung der Kaiser-Ikone
Berthold Viertel in einem Kino zu Wien, anno 1910

Im Jahre 1910 besuchte der deutsche Kaiser den habsburgisch-österreichischen Kaiser zu Wien. Absolviert wurde das seinerzeit übliche Staatsbesuchs-Programm: Empfänge im Rathaus, Besuch im Arkadenhof und gemeinsame Besichtigung der Jagdausstellung. Der anschließende Abstecher der beiden Monarchen in ein Kinematographen-Theater indessen war, nach den Kriterien des traditionellen Hofprotokolls, eine Novität – wenngleich durchaus ›trendy‹ im Sinne der Durchsetzung eines neuen Mediums, das zu dieser Zeit auch die Aufmerksamkeit der Bildungsschichten auf sich zu lenken begann; ›trendy‹ nicht minder aus der Sicht des Hohenzollern-Kaisers, dessen Auge schon seit geraumer Zeit, zumal vor dem Hintergrund der Propaganda für die deutsche Flottenpolitik, wohlwollend die Erfindungen des umtriebigen und überaus erfolgreichen Filmpioniers Oskar Messter begleitete (vgl. Abb. 1).

Was in jenem Kinematographen-Theater geschah, hat uns im gleichen Jahr der Schriftsteller und Dramaturg Berthold Viertel in einem Bericht für die Zeitschrift *März* überliefert:

> Sie [die Monarchen, K. K.] sahen dort sich selber zu. Sie sahen ein getreues Abbild ihrer selbst, welches zu sprechen, zu grüßen oder zu lachen schien. Und das Publikum im Bilde applaudierte. Und das Publikum im Zuschauerraum applaudierte auch. Und die Monarchen im Bilde dankten. Und die wirklichen Monarchen dankten in der Wirklichkeit. Aber plötzlich riß ein Film, und es ward dunkel. – Bei dieser Stelle des Berichtes lief es mir kalt über den Rücken. Wie? ging dieser Riß auch durch die Wirklichen? Und mit Entsetzen fragte ich mich: ja, wer ist denn hier der Wirkliche?[1]

Der Form nach ist Viertels Text, ganz in der Diktion der aufgeklärten Kritik der Spätwilhelminischen Phase, eine anti-monarchistische Satire. Er enthält indessen bild- und medientheoretische Reflexionen, die vom Gestus der Satire ins Spielerische, auch ins Verspielte gewendet, aber nicht verdeckt werden. Im Gegenteil wird sich zeigen, dass das theoretische Potenzial die-

Klaus Kreimeier

FREUNDE DES KINOS.

I

Abb. 1: *Erste Internationale Film-Zeitung*, 6. Jg., Nr. 41, 12. Oktober 1912

ses kleinen Feuilletons erheblich ist und, an einer Schnittstelle der ›klassischen Moderne‹, bereits den Diskursen der Postmoderne vorausleuchtet.

Berthold Viertel treibt ein Vexierspiel mit Duplizitäten und Scherz mit einem Entsetzen, das eine lange Vorgeschichte hat und auf den Bilderstreit frühchristlicher Jahrhunderte zurückweist. Im Wiener Aktualitätenkino bricht eine alte Frage auf: Sind Bilder überhaupt erlaubt – und darf die Verehrung, die dem Bild entgegenschlägt, dem Bild selbst gelten oder nicht vielmehr allein dem in ihm Dargestellten? Basilius der Große formuliert bereits im 4. Jahrhundert die Grundthese, die den kirchengeschichtlichen Bilderkampf der folgenden Epochen überdauern und die kirchliche Politik des Bildes bestimmen wird. Danach ist die Versenkung des Gläubigen vor dem Bildnis hingebungsvolle Andacht: die Form der Verehrung, die er dem im Bild veranschaulichten Göttlichen entgegenbringt. Das Urbild des Bildes ist reiner Geist und entzieht sich unserem Auge; was wir im Bilde sehen, kann nur sein Zeichen sein. Gregor von Nazianz und Johannes Chrysostomos unterstützten diese These; andere Kirchenväter wie Eusebios von Caesarea widersprachen ihr auf das heftigste – in der sicher berechtigten Annahme, dass Geist und Auge der Sterblichen unstet seien, dass auch im Zustand der Versenkung die An-schauung gegenüber der An-dacht, das Bild gegenüber dem Verbildlichten die Übermacht behalten werde. Die »Veränderung der Lebenswelt« und das »Erwachen des kritischen Bewußtseins« – so Erich Auerbach über die Rezeption biblischer Texte in der abendländischen Kulturgeschichte – leisten das Ihre, um den »Herrschaftsanspruch« der Kirche über das Universum der Bilder und Texte ins Wanken zu bringen und »die von ihnen losgelöste Lehre (...) zu einem körperlosen Gebilde« werden zu lassen.[2]

Bilder sind eine Verdopplung der Wirklichkeit, und die Bilder der mechanisch-technischen Medien treiben die Verdopplung auf die Spitze. Jede Verdopplung impliziert eine ambivalente Situation, in der sich Schaulust und das Erschrecken über einen Tabubruch mischen, bis das Vergnügen an der Abbildung die Oberhand behält – eine Ambivalenz, die wir nur darum nicht mehr wahrnehmen, weil wir von Bildern längst umzingelt sind und uns daran gewöhnt haben, sie zu ignorieren, indem wir sie inhalieren. Auch die angeblichen Schockerfahrungen des frühen Kinopublikums, konfrontiert mit den ersten bewegten Bildern, hat es vermutlich nicht gegeben. Dennoch ist das »Entsetzen«, das Berthold Viertel befällt, nicht nur Satire, sondern auch: Simulation. Rekonstruktion eines Irritationseffekts, der aus dem *unvermittelten* Zusammentreffen des Wirklichen mit seinem maßstabsgerechten Abbild resultiert – und der sich verstärkt, wenn der Betrachter in eine Situation versetzt wird, in der er sich selbst betrachtet.

Eben dies ist die Situation der beiden Monarchen im Wiener Kino von 1910: »Sie sahen ein getreues Abbild ihrer selbst, welches zu sprechen, zu grüßen oder zu lachen schien.« Das Hofprotokoll wird sie auf diese Situation vorbereitet haben, so dass der Überraschungseffekt gering zu veranschlagen ist. Überdies befinden sie sich nicht in der Lage jener »Wilden«, die den Berichten früher Forschungsreisender zufolge angesichts ihres eigenen Spiegelbildes (und später angesichts ihres fotografischen Konterfeis) von einem maßlosen Schrecken erfasst wurden. Gleichwohl ist zu vermuten, dass in Viertels ironisch gespieltem »Entsetzen« dieses präzivilisatorische Trauma virulent ist und, gleichsam mit einem Augenzwinkern, in die satirische Komposition eingefügt wird.

Dass es zwei *Kaiser* sind, die sich in den Bildern einer frühen Wochenschau selbst gespiegelt sehen, hebt die labyrinthische Anordnung auf eine politische Ebene und stellt zugleich ihren Anschluss an die Ästhetik und an die Repräsentationsgestik einer höfischen, in den Jahren vor dem Ersten Weltkrieg bereits obsoleten Kultur her. Die Kinematographie verlängert hier nur die Herrscher-Ikonografie der europäischen Hofmalerei, des visualisierten »Herrscherlobs«, das es bereits zur römischen Kaiserzeit zu einer eigenen literarischen Gattung gebracht hatte.[3] Die Topik der Herrscher-Panegyrik wandert durch die epische Poesie der folgenden Jahrhunderte weiter, und sie gewährt sogar, wie Ernst Robert Curtius nachgewiesen hat, dem Komischen einen gewissen Spielraum, einer »Polarität« von Scherz und Ernst,[4] die von der klassischen Hofmalerei wieder verdrängt wird und sich in der subalternen Kameraperspektive der Kaiser-Wochenschauen in den ersten beiden Kino-Jahrzehnten erst recht nicht entfalten kann (allenfalls gibt es Scherzo-Momente, die der gefilmte Monarch selbst vor der Kamera produziert). Eine ganz anders geartete und in der Tat abgründige Komik, die in der von Berthold Viertel beschriebenen Kino-Situation versteckt ist, wird im Folgenden noch zu behandeln sein.

Die so leere wie pompöse Hohenzollern-Pose (sofern denn in der merkwürdigen Kaiser-Doublette die Ikone Wilhelms isoliert betrachtet werden kann) weist indessen eine geheime Affinität zur Repräsentation des Fürsten im Trauerspiel des deutschen Barock auf, einer Figur, der Walter Benjamin das »Paradigma des Melancholischen«[5] zugeschrieben hat. Krone, Purpur und Zepter, als »Requisiten im Sinne des Schicksalsdramas«[6], sind zu Beginn des 20. Jahrhunderts definitiv Staffage, aber noch als solche erinnern sie daran, dass das Bild des Hofes manches gemeinsam hat mit dem »Bild der Hölle, welche ja die Stätte der ewigen Traurigkeit genannt wird.«[7] Dass in der Hohlheit der Wilhelminischen Repräsentation und Selbstpräsentation die *acedia* – also die mittelalterliche »Trägheit«, Erbsünde und Kern der »Melancholie des Tyrannen«[8] – gleichsam als Parodie der Parodie sich wiederholt (denn schon der barocke Fürst war ja eine Degenerationsform des antiken Imperators), mag eines der tiefer liegenden Motive jenes »Entsetzens« sein, mit dem der Ironiker Berthold Viertel feuilletonistisch spielt.

Zu den politisch-kulturhistorischen Brüchen gesellt sich der technische, den das neue Medium inauguriert: Gerade als Gegenstand des industriell erzeugten kinematischen Bildes enthüllt die dynastische Inszenierung dem zeitgenössischen Blick ihren moribunden Zustand. Das Medium dekonstruiert seinen Gegenstand, das (technische) Bild das in ihm Verbildlichte. Und der leibhaftige Kaiser im Kino, vis-à-vis mit der vom technischen Medium aufgedeckten Operettenversion seiner auratischen Gestalt, erweist sich als das, was er historisch war: eine komisch-fürchterliche oder zum Fürchten komische Figur.

Eine diabolische Steigerung erfährt diese unfreiwillige Karikatur durch deren doppelte Akklamation, für die gleichermaßen das wirkliche und das im Filmbild wirklich-abgebildete Volk in Dienst genommen wird. »Und das Publikum im Bilde applaudierte. Und das Publikum im Zuschauerraum applaudierte auch. Und die Monarchen im Bilde dankten. Und die wirklichen Monarchen dankten in der Wirklichkeit.« In einem Wiener Kino von 1910 wiederholt sich exemplarisch eine Situation, die schon den Kirchenvätern des 4. Jahrhunderts Rätsel aufgegeben und zum lang währenden Bilderstreit geführt hatte. Gilt die Verehrung der Massen ›wirklich‹ dem im Bilde verbildlichten göttlichen Prinzip (als welches sich ja selbst die vom Untergang gezeichneten Monarchien Wilhelms und Franz Josephs noch begriffen haben) – oder gilt sie nicht vielmehr dem Bilde selbst, dem Objekt verschwiegener, aber unbändiger Schaulust und Stimulator ungehemmter Fantasiekräfte, die weder Kirchenväter noch wilhelminische Zensoren in ihre Schranken weisen konnten?

Auch hier treibt die Technizität der Anordnung die labyrinthische Situation auf die Spitze. Das flimmernde Bild auf der Leinwand muss den beiden Monarchen gleichzeitig als »Wirklichkeit« und deren (magische) Überhöhung erscheinen. Sie danken dem Publikum – so schreibt es das Hofprotokoll vor. Ohne sich dessen bewusst zu werden, danken sie vermutlich auch der technischen Apparatur, der artifiziellen medialen Installation, die es ihnen ermöglicht, ihrer majestätischen Schaulust Genüge zu tun und sich selbst im vollen Ornat zu bewundern: dem Volke dankend.

Den (wahrscheinlich erfundenen) Filmriss arrangiert Berthold Viertel, durchaus konsequent, als Riss, der durch Welt und Wirklichkeit geht: als erkenntnis- und wahrnehmungstheoretisches Drama. »Wie? ging dieser Riß auch durch die Wirklichen? Und mit Entsetzen fragte ich mich: ja, wer ist denn hier der Wirkliche?« Gleichsam als tragisches Satyrspiel folgt der heimtückischen Dekonstruktion der monarchischen Aura das ontologische Problem: die Frage nach der Wirklichkeit des Wirklichen, nach der Konsistenz des Sichtbaren und nach der Hyper-Realität der Bilder – eine Frage, die sich in ihrer zugespitzten Form erst seit der Erfindung der mechanischen Abbildungsmaschinen stellt. Greift Viertel der »Postmoderne« voraus? Vermutlich befindet er sich längst inmitten ihrer Aporien, wie im Folgenden zu zeigen sein wird.

In seinem Bericht für die Zeitschrift *März* fährt Berthold Viertel fort: »Ich bringe es nicht mehr aus dem Bewußtsein, dieses furchtbare Doppelgängertum der Repräsentation. Der auserwählte Eine, der einfach dadurch, daß er geht und spricht und grüßt, und zwar möglichst typisch geht und spricht und grüßt, den Völkern ihre Existenz zur Evidenz bringen soll – doppelt!? Darf man die Gnade so frevelhaft vervielfältigen? Ist es nicht zuviel für einen Moment, zwei, nein, vier Könige? Dort oben, im Bilde, erfüllt einer seine hohe Pflicht, und unten, im Zuschauerraum, sitzt derselbe einfach als Mensch, der sich am Konterfei seiner Würde menschlich ergötzt? Oder erfüllt er dadurch wieder nur seine Pflicht? Wo beginnt, wo endet die Repräsentation? Und das Volk, hier zweimal vorhanden, und darum zweimal glücklich, seinem eigenen Jubel zujubelnd, sein naives Volk-Sein im Spiegel begrüßend. Ist das nicht gefährlich? Könnte das Volk nicht erschrecken, als ob es sein eigenes Gespenst erblickte?«[9]

Die labyrinthische Anordnung im Wiener Kino von 1910 erweist sich als in des Wortes zwiefachem Sinne ›hybrid‹: als ›übersteigert‹ durch die Verdopplung der Verdopplung, die der Kaiser-Ikone widerfährt – und als ›Mischung‹ aus physischer Präsenz und bildlicher Repräsentation. Und gerade als hybride Konstruktion nimmt sie am Ende, abermals, eine Wendung ins Politische. Das monarchische Prinzip ist vierfach repräsentiert, und das »furchtbare Doppelgängertum der Repräsentation« ist darum so furchtbar, weil die kaiserliche Aura in ihrem vierfachen Vorhandensein sich selbst destruiert. »Darf man die Gnade so frevelhaft vervielfältigen?« Die hybride Konstellation schlägt in Hypertrophie um: Es sind einfach zu viele Kaiser im Raum. Wie in einem Panoptikum dekuvriert sich ein System, das an seiner »Fettsucht«, an seinem »Sättigungs- und Unbeweglichkeitsprinzip« erkrankt ist und »durch Überproduktion zur Strecke gebracht« wird (oder vielmehr: sich selbst zur Strecke bringt): Dies sind Umschreibungen, mit denen Jean Baudrillard[10] die letalen Züge der nach-modernen Zivilisation definiert – und die nicht minder genau das Ende des aristokratischen Projekts zu Beginn unseres Jahrhunderts auf den Begriff bringen. Die Medienkonstellation in Wien nimmt sich aus wie eine Versuchsanordnung, ein infam eingefädeltes Experiment, das die historische Lage einem wachen Verstand mit höhnischer Präzision sinnfällig werden ließ.

Zu berücksichtigen ist in dieser fatalen Konstruktion, dass wir es weniger mit zwei realen Menschen und ihrer filmischen ›Abbildung‹ als mit zwei Bildträgern und ihrer Verdopplung zu tun haben: Auch Wilhelm und Franz Joseph sind, in ihrer Leibhaftigkeit, ja nichts anderes als Vermittler, Träger von ›Bildern‹: lebende Verbildlichungen des aristokratischen (letztlich göttlichen) Prinzips. Der Wochenschau-Film, als Bild des Bildes, wirft ihnen ihre Aura wie ein Spiegelbild zurück. Von fern spielt das Motiv von der Unheimlichkeit des Spiegelbildes, zumal des verlorenen, hier mit: Der Filmriss, der das Abbild von der Leinwand wischt, ist nicht mehr, aber auch nicht weniger als Metapher für den grausigen Tod, den sterben muss, wer sich dem Teufel verschrieben hat.

Diese Motive gehören, wie das des Doppelgängers und der Ich-Spaltung, der späten Romantik und dem Schauerroman des 19. Jahrhunderts an, aber es ist kein Zufall, dass gerade der frühe deutsche ›Autorenfilm‹ vor dem Ersten Weltkrieg sie wiederbelebt. Eine Variante finden sie in den angstvollen Reaktionen auf die ersten technischen ›Spiegelbilder‹, die Daguerreotypie und Fotografie ermöglichen: in der Furcht vor der ›Leichenstarre‹ in den Zügen des Abgebildeten, vor dem Konterfei als Grab.

Die Fotografie, lesen wir bei Vilém Flusser, sei ein Spiegelbild, das die Flüchtigkeit des traditionellen Spiegelbildes »überwindet«, es in die »Ewigkeit« aufhebt.[11] Der Film funktioniert offensichtlich anders: Den *movies* zugewandt, kehrt unsere spiegelsüchtige Wahrnehmung aus der Ewigkeit der *stills* in die Flüchtigkeit des fließenden Lebens und seiner Spiegelungen zurück. Aber was ist überhaupt ein Spiegelbild? Flusser »zögert«, den Spiegel ein »Werkzeug« zu nennen.[12] Werkzeuge, meint er, haben »einen ethischen und politischen Charakter«. Spiegel funktionieren anders: Sie dienen der »Selbstbetrachtung und der Selbsterkenntnis.« Und: »Sie sind reflexiv, spekulativ und epistemologisch. Das Werkzeug richtet den Blick auf die Welt, der Spiegel wendet ihn nach innen. Und er vollführt diese Wendung so, dass man dabei aus sich selbst in den Spiegel heraustritt, um, in dieser Weise außer sich, sich selbst zu betrachten. Der Spiegel dient dem Außersichsein, der Verfremdung, dem Wahnsinn.«

Nun ist die Kinematographie zweifellos ein Werkzeug, das den Blick auf die Welt richtet – gerade diese Qualität wurde ja den ersten bewegten Bildern mit Emphase zugeschrieben und von den Rezipienten gefeiert. Wird der Betrachter in die Situation versetzt, sich auf der Leinwand selbst zu betrachten, so fällt der Blick auf die Welt mit der »Wendung nach innen«, mit dem »Wahnsinn« der Selbstbegegnung zusammen. Zu vermuten ist allerdings, dass solche »Verfremdung«, also die klassische Spiegel-Situation, durch das Filmbild abermals verfremdet wird. Jedenfalls gleicht der Vorgang im Wiener Kino von 1910 einer Video-Installation, die jeder Amateur im Selbstversuch praktizieren kann: jener Begegnung mit sich selbst, die dadurch möglich wird, dass der Aufnehmende die Videokamera an den Recorder anschließt, das Fernsehbild einschaltet und sich vor die Kamera stellt. Die neue Technik fügt dem Ereignis die Echtzeit hinzu, aber strukturell ist der Effekt derselbe. Hier wie dort handelt es sich um eine Installation zur Ermöglichung des ganz normalen Alltagswahnsinns im Universum der technischen Bilder.

Wesenhaft immanent ist der Wiener Installation die Komponente des Komischen, die als integraler Widerpart des Tragischen aus Haupt- und Staatsaktionen mit gekrönten Protagonisten nicht fortzudenken ist, zumal dann, wenn es sich um historisch verspätete Veranstaltungen handelt. Schon Henri Bergson hat, in seinen Überlegungen zur abgründigen Natur des Lachens, herausgefunden, dass der Duplizität per se eine bösartige und womöglich verzweifelte Komik innewohnt. Wie kann *ein* Mensch – zweimal sein? Bergson stellt sich Pascals Frage: »Warum werden zwei ähnliche Gesichter, deren jedes für sich nichts Lächerliches hat, nebeneinander durch ihre Ähnlichkeit lächerlich?« Seine Antwort: »Aus dem nämlichen Grunde, aus dem die Gebärden eines Redners, deren jede für sich nichts Lächerliches hat, durch ihre Wiederholung lächerlich werden. Das wahrhaft lebendige Leben soll sich eben nie wiederholen.«[13]

Der doppelte Kaiser ist so komisch wie der doppelte Narr. Nicht nur der Zirkus lebt von der Zwei-Einheit der Clowns, die sich im je anderen spiegeln und sich gegenseitig zu übertölpeln suchen – auch die Dramatik des Komischen in der Theatergeschichte, bis zu Becketts Duo Wladimir und Estragon in *Warten auf Godot*, kennt die Doppelfigur des Narren: des ›homme machine‹, der sich seiner selbst entledigen möchte und sich stattdessen vervielfältigen muss. Die Technizität der Kinematographie fügt dem Wesenhaft-Komischen des Verdopplungseffekts ein mechanisches Moment hinzu, das die Mechanik der Duplizität von realem und real-abgebildetem Vorgang unterstreicht: »Und die Monarchen im Bilde dankten. Und die wirklichen Monarchen dankten in der Wirklichkeit.« Auf das Komischste und zugleich auf das Erschreckendste sichtbar, weil gleichsam auf das Skelett reduziert, erscheint hier: der *Mechanismus des Rituals*, des zeremoniellen ›Designs‹.

In der verdoppelten Verdopplung verschlingt sich die Spirale der Wahrnehmung schließlich zum Knoten, zur »entsetzlichen« Frage: »Wer ist denn hier der Wirkliche?« Und was ist das überhaupt: Wirklichkeit? Anders gefragt: »Wo beginnt, wo endet die Repräsentation?« Der Begriff, den Berthold Viertel noch im traditionellen Sinn handhabt, antizipiert gleichwohl moderne Bild- und Medientheorie: die Frage nach dem Repräsentanten und dem Repräsentierten, nach *signifiant* und *signifié*. Wenn die beiden Monarchen, jeweils als ›Bildträger‹ ihrer kaiserlichen Aura, sich im Bildträger Film gedoppelt sehen, entsteht in der Tat ein *closed circuit*, der

Berthold Viertel in einem Kino zu Wien, anno 1910

Abb. 2: *Ulk. Illustriertes Wochenblatt für Humor und Satire*, 43. Jg., Nr. 22, 29. Mai 1914

die Frage nach seinem Anfang und seinem Ende aufwirft und sie zwangsläufig unbeantwortet lässt.

Die Repräsentierten, im traditionellen Verständnis, stellt »das Volk«, auch dieses »zweimal vorhanden, und darum zweimal glücklich, seinem eigenen Jubel zujubelnd, sein naives Volk-Sein im Spiegel begrüßend.« Die politische Frage, ob dies nicht gefährlich sei (für das Volk selbst nämlich, das womöglich vor seinem eigenen Gespenst erschrecken könnte), wird nur wenige Jahre später der frühsowjetische Revolutionsfilm in einem diametral entgegengesetzten Sinne beantworten. Er nobilitiert das Kino zum Massen-Medium, in dessen Spiegel die (revolutionär agierenden) Massen sich selbst begegnen, sich als selbstbewusstes Subjekt der Geschichte erkennen (sollen): eine neue Politik des Bildes, die den *principe* als sichtbares und das Prinzip des Göttlichen als unsichtbares Zentrum der Ikonografie verdrängt; bekanntlich veranlasst sie Lenin, die Kinematographie zur »wichtigsten aller Künste« zu ernennen. Ironischerweise werden freilich die Kinozuschauer im revolutionären Russland nicht wesentlich anders reagieren als das Publikum im Wien von 1910 – »sein naives Volk-Sein im Spiegel begrüßend« und von seinem eigenen Jubel berauscht (vgl. Abb. 2).

In der Massenregie der Nationalsozialisten und den kinematographischen Spiegel-Installationen der Riefenstahlschen Reichsparteitagsfilme wird dann der Rausch ins Koma des Bewusstseins kippen, wird ein betäubtes Volk sich selbst sehen – ohne zu ahnen, dass es sein eigenes Gespenst agieren sieht. Erst mit den Talk- und Gameshows des heutigen Fernsehens, vor allem aber mit den Großbildschirmen der aktuellen *Event*-Dramaturgien, wird das ideologisch überdeterminierte, von moderner Magie besetzte Fantasma vom »Volk, das sich selbst sieht« zum medialen Ornament ausgekühlt: zur Normalität eines bis zur Bedeutungslosigkeit selbstreferenziellen, aber rundum demokratischen Alltagswahns.

---

1 In: *März*, 4. Jg., Heft 4, 1910, S. 173–74, hier zitiert nach: Bernhard Zeller (Hg.): *Hätte ich das Kino! Die Schriftsteller und der Stummfilm.* München 1976, S. 24 ff. — **2** Erich Auerbach: *Mimesis. Dargestellte Wirklichkeit in der abendländischen Literatur.* Bern 1946, S. 18. — **3** Ernst Robert Curtius: *Europäische Literatur und lateinisches Mittelalter.* Bern 1948, S. 78. — **4** Ebd., S. 423 ff. — **5** Walter Benjamin: Ursprung des deutschen Trauerspiels. In: ders.: *Schriften*, Bd. 1, Frankfurt/M. 1955, S. 266. — **6** Ebd., S. 279. — **7** Ebd., S. 267. — **8** Ebd., S. 279. — **9** Viertel, a. a. O. (wie Anm. 1), S. 26. — **10** Jean Baudrillard: Die magersüchtigen Ruinen. In: Dietmar Kamper, Christoph Wulf (Hg.): *Rückblick auf das Ende der Welt.* Augsburg o. J., S. 81 — **11** Vilém Flusser: Minkoffs Spiegel. In: ders.: *Schriften*, Bd. 1, Bensheim und Düsseldorf 1993, S. 229. — **12** Ebd., S. 227. — **13** Henri Bergson: *Das Lachen.* Meisenheim 1948, S. 24.

Sabine Hake

Selbstreferenzialität im frühen deutschen Kino

Nicht zuletzt aus einer noch immer anhaltenden Unkenntnis heraus wird das Wilhelminische Kino oft als technisch minderwertig und formal unterentwickelt beschrieben. Siegfried Kracauers Diktum, das deutsche Kino vor dem Ersten Weltkrieg müsse als »Vorgeschichte (...), der an sich keine Bedeutung zuzumessen ist«,[1] angesehen werden, hat nicht unerheblich zu diesem Eindruck beigetragen. Es ist die Absicht des vorliegenden Essays, derartige Auffassungen in Frage zu stellen und die Aufmerksamkeit auf ein besonderes Merkmal dieses ›anderen‹ frühen deutschen Kinos zu lenken: seine Neigung zur Selbstreferenzialität, die das Kino selbst, seine stilistischen Mittel und emotionalen Effekte in den Vordergrund rückt.

Die Re-Präsentationen des frühen Kinos, etwa in Form von Geschichten über das Filmemachen und in Bildern von Bildern, imitieren die ästhetischen Mittel der Schaufensterwerbung. Ihre vorrangige Absicht besteht in der Reklame für die vielen Waren, die dieses neue Medium der Massenunterhaltung zu bieten hat. Während die Filme in ihren Szenarien der Verdoppelung und Zurschaustellung zwar eine kritische Distanz schaffen, wenden sie doch mit einigem Geschick jene Regeln der Werbung an, die besagen, dass den Produkten eine anziehende Ausstrahlung zu verleihen sei und deren potenzielle Käufer in das Reich der neuen Sensationen und Vergnügungen gelockt werden sollen.[2]

Das Interesse an Selbst-Bespiegelung und Eigen-Werbung gehört zu einem Kino, das – um Tom Gunnings Unterscheidung zwischen einem klassischen, voyeuristischen Kino und einem früheren ›Kino der Attraktionen‹ aufzunehmen – spektakulär, sensationslustig und unverfroren selbstverliebt ist.[3] Dieses Kino bevorzugt die Ästhetik der Präsentation und protzt mit seinen Kunstfertigkeiten, ohne große Rücksicht auf erzählerische oder räumliche Kontinuität zu nehmen.[4] Tableau-artige Bildkompositionen, lange Einstellungen und das frontale Spiel mit direkten Blicken in die Kamera sind einige seiner wichtigsten Merkmale. Rückt man das frühe Kino auf diese Weise in die Nähe einer Art des institutionalisierten Exhibitionismus, erscheint auch die Vorliebe für theatralische Inszenierungen in den deutschen Filmen der frühen 10er Jahre in einem neuen Licht. Sie wird nun in Verbindung gebracht mit einem Diskurs über den filmischen Apparat, der die technologischen und institutionellen Aspekte des Kinos hervorhebt. Diese selbstreferenzielle Qualität beinhaltet nicht unbedingt eine Kritik dominanter Praktiken, die vergleichbar wäre mit der Art, wie der moderne Roman traditionelle Realismusbegriffe zurückweist oder das epische Theater Brechts einen Verfremdungseffekt erzeugt, um zu einer kritischen Denkweise herauszufordern.

Im Zusammenhang von Kino und Konsumkultur erfüllen diese Beispiele der Selbstreferenzialität überwiegend affirmative Funktionen; sie gehören zu einer neuen Industrie, die für ihre Produkte wirbt. Die Halluzinationen des Kinos, ob in ihren Erzählstrukturen oder in ihren Spezialeffekten, stellen eine Form der Werbung dar, ein Schaufenster für seine formalen Errungenschaften und seinen technischen Erfindungsreichtum. Ihre Wirkungsmacht kann in einer Reihe von Filmen studiert werden, die zugleich spielerisch und didaktisch, erfinderisch und normativ sind – allesamt Eigenschaften eines Kinos im Übergang. Als ›Übergangsprodukte‹ zeigen diese Filme ihrem Publikum, wie das Kino und seine zunehmend anspruchsvolleren Erzeugnisse angemessen wertzuschätzen sind, wie man mit Gefühlen des Erstaunens und der Ungläubigkeit umzugehen hat und wie man aus dem spielerischen Bewusstsein einer Apparatur und der gleichzeitigen Verleugnung ihrer Anwesenheit Befriedigung gewinnt. Eine solche Hervorhebung von Fragen der Zuschauerschaft erscheint zugleich essenziell und exzessiv, als Zeichen der Instabilität wie der Stärke. Die resultierende Zirkulation von Mitteln und Bedeutungen erzeugt etwas, das Thomas Elsaesser als eine der einzigartigen Qualitäten des frühen deutschen Kinos hervorgehoben hat, nämlich dessen »Meisterung des kinematographischen Prozesses und der Narrativisierung«.[5] Mit ähnlich gelagerten Implikationen möchte ich ein verändertes Verständnis der erzählerischen und diskursiven Bezugnahmen auf den kinematographischen Apparat vorschlagen: als Selbst-Präsentation des Kinos und Zähmung seiner treibenden Kräfte, in der Tat also als einen weiteren Akt der ›Meisterung‹.

Der Ehrgeiz des Kinos, die Aufmerksamkeit auf seine Möglichkeiten zu lenken, seine Eigenarten zu zeigen und seine Errungenschaften zur Schau zu stellen, findet seinen Ausdruck sowohl auf der visuellen als auch auf der narrativen Ebene. Das Verlangen nach Verdoppelung steht besonders hinter der selbstreferenziellen Verwendung von Spezialeffekten in den vielen Geschichten über Filmemacher und das Filmemachen. Die Faszination am Kino als Ort kultureller Produktion wird in jenen Filmen am deutlichsten, die in der Welt des Films angesiedelt sind und in denen Filmstars oder Kameraleute die Hauptrollen spielen. In diesen Beispielen diegetischer Selbstreferenzialität wird der Prozess des Filmemachens stets als Herausforderung und Abenteuer porträtiert. Lustige und groteske Situationen nehmen überhand, die Kunst greift auf das Leben über und das Leben ahmt die Kunst nach, am Ende aber werden noch die größten organisatorischen Probleme schlicht durch die schiere Genialität der Protagonisten gelöst, und die vielschichtigen Ebenen der trügerischen Vorspiegelung bestätigen nur die Macht des kinematographischen Apparats. Der Einfallsreichtum der Protagonisten wird zum Maß des Einfallsreichtums des Kinos.

Mit eben diesen Implikationen spielt DER STELLUNGSLOSE PHOTOGRAPH, ein Max Mack-Film von 1912, der einen typischen Tag im Leben eines Kameramannes als Serie komischer Abenteuer präsentiert. Dessen professionelle Identität stiften zwei zentrale Elemente: Frauen und Technik. Auf dem Weg zu einem Vorstellungsgespräch macht er im Bus die Bekanntschaft einer attraktiven Frau. Er stellt sich als Mitglied einer jungen, noch immer abschätzig betrachteten Branche vor und nutzt die geheimsten Wünsche aller Frauen zu seinem persönlichen Vorteil. »Ich möchte für mein Leben gern ›ge-kientoppt‹ werden«, gesteht die Frau und bietet sich so dem objektivierenden Blick der Kamera an. Ihr Wunsch drückt eine paradigmatische Konfiguration des Kinos aus, verrät aber auch den legitimen Anspruch auf Selbst-Repräsentation. Die Frau, die sich den Zugang zur Öf-

Abb. 1: Weibliche Selbst-Repräsentation – Hanni Weisse in DER STELLUNGSLOSE PHOTOGRAPH (1912, Regie: Max Mack)

fentlichkeit verschafft hat, ist selbstbewusst genug, ihren Bedürfnissen ohne Rücksicht auf Einwände der Unangemessenheit Ausdruck zu verleihen (Abb. 1). Dieses potenziell befreiende Moment ist jedoch in einer Erzählstruktur aufgehoben, die den Zugang zum kinematographischen Apparat entlang der Geschlechtergrenzen organisiert und den Mann als Eigner und die Frau als Objekt des Blicks platziert. Darüber hinaus geschieht ihre Bitte in einer erotisch aufgeladenen Atmosphäre, die auf fundamentale Weise das Verhältnis zwischen Weiblichkeit und Technik als eines des Ausschlusses und der Fetischisierung definiert.[6]

Die Betonung der Filmproduktion als Erzählmittel setzt sich in dem Vorstellungsgespräch der folgenden Szene fort, das einen Einblick in die Schwierigkeiten des Filmemachens gibt (Abb. 2). Unter deutlichen Anleihen bei der Slapstick Comedy spielt Mack ausgiebig mit der Analogie zwischen Mann und Maschine. Der Kampf des Kameramannes mit dem Stativ schlachtet ein komisches Standardmotiv aus – die Belebung der unbelebten Welt – und lenkt die Aufmerksamkeit auf jene Fertigkeiten, über die man verfügen muss, um in der Filmindustrie arbeiten zu können. Wegen seiner feinen Mechanismen und geringen Stabilität muss das Stativ mit äußerster Sorgfalt gehandhabt werden, wie auch das Kino erprobter Fachleute bedarf, um seine Möglichkeiten zu kontrollieren. Die Analogien zwi-

Abb. 2: Schwierigkeiten des Filmemachens – DER STELLUNGSLOSE PHOTOGRAPH

Selbstreferenzialität im frühen deutschen Kino

schen der Filmausstattung und der Industrie im Ganzen werden auf die menschlichen Mitwirkenden ausgedehnt, wenn die Ausflüge des Kameramannes in die Straßen von Berlin beweisen, dass die Massen nicht nur auf der Leinwand, sondern auch am Drehort unter Kontrolle gehalten werden müssen. Das unbotmäßige Verhalten der Passanten und ihre neugierigen Blicke in die Kamera bestätigen nur die Notwendigkeit der kontrollierten Umgebung eines Filmstudios. Unter diesen ungünstigen Bedingungen – und der impliziten Annahme, dass nur äußerste Künstlichkeit die Illusion von Realität zu vermitteln in der Lage ist – verwundert es kaum, dass die Begegnung des Kameramannes mit der ›realen Welt‹ mit einem unfreiwilligen Sprung ins Wasser endet (Abb. 3). Hinter dem komischen Effekt steht allerdings ein weitaus ernsthafteres Interesse an Eigenwerbung, das einerseits in der bewussten Annäherung an die Zuschauererwartungen, einschließlich ihres Bedarfs an perfektem Illusionismus, evident wird, andererseits aber auch in dem Verweis auf Qualitätsstandards, die nur durch Professionalisierung und Institutionalisierung zu erreichen sind.

Was hier als ›Schwierigkeiten der Professionalisierung‹ bezeichnet wird, lenkt somit die Aufmerksamkeit auf die Errungenschaft, die dieser spezielle Film darstellt. Ganz offensichtlich sind Mack und seine Mitarbeiter allen für die Filmherstellung notwendigen Schritten gefolgt; und offensichtlich haben sie alle Probleme mit Einfallsreichtum und Sachkenntnis überwun-

Abb. 3: Komik und Eigenwerbung – DER STELLUNGSLOSE PHOTOGRAPH

den, und so gibt die Kamerafahrt am Ende des Films, die in ihrer Beschleunigung fast schon experimentell zu nennen ist, einen Ausblick auf noch kommende Attraktionen.

Während die Erzählung von DER STELLUNGSLOSE PHOTOGRAPH lose um den Mann hinter der (Film-)Kamera herum strukturiert ist, führt DIE FILMPRIMADONNA (1913) eine Reihe konkurrierender Positionen und Perspektiven ein. Dieser Urban-Gad-Film mit Asta Nielsen in der Titelrolle zeigt, wie ein weiblicher Filmstar seinen Platz vor der Kamera verlässt und die Kontrolle über den Prozess der Bildproduktion übernimmt. Im ersten Akt – die anderen müssen leider als verloren gelten – manifestieren sich die selbstreferenziellen Qualitäten des Films auf zwei Ebenen: der Ebene der Protagonisten und der der extradiegetischen Verweise. Die Geschichte einer Filmproduktion etabliert die dramatischen Konstellationen, in denen die berühmte Ruth Breton aufgefordert ist, ihre Führungsqualitäten und Anziehungskraft auf der Leinwand unter Beweis zu stellen. Bei der Konzeption ihrer Leinwandfigur strahlt sie das Selbstbewusstsein von jemandem aus, der alles unter Kontrolle hat; die provokative Geste des Rauchens in der Öffentlichkeit ist ein Anzeichen für die Aneignung männlicher Privilegien. Noch bedeutsamer aber ist, dass die ›Filmprimadonna‹ sich der Genüsse durchaus bewusst ist, die daraus gewonnen werden können, dass Bilder von Frauen einmal nicht mehr ausschließlich in den Händen der Männer liegen. Die Filmzuschauer sind eingeladen, ihr dabei zuzusehen, wie sie mit dem Regisseur verhandelt, einem ambitionierten Drehbuchautor unter die Arme greift, die ersten Kontaktabzüge kontrolliert und dem Kameramann günstigere Kamerawinkel vorschlägt. Die verschiedenen Schauplätze verdeutlichen die Vertrautheit der Frau mit der technischen Seite des Kinos. Ob im Studio, im Kopierwerk oder im Büro des Produzenten, jede Begegnung unterstreicht ihre Sachkenntnis. Um ihre Unabhängigkeit unter Beweis zu stellen, macht sich der Star des Films wiederholt die Verquickung von Leinwandfigur und öffentlicher Person zunutze, etwa wenn sie ihre sexuellen Reize dazu einsetzt, ihre Position in einer überwiegend männlichen Welt zu festigen.

Dieses Verhalten hat sein Gegenstück in der ›realen Welt‹. Als ein Beispiel dafür, wie Kunst das Leben nachahmt, überlagert die Besetzung Asta Nielsens dieses seltene Beispiel weiblicher Ermächtigung mit einem Gewebe extradiegetischer Verweise. Die zirkuläre Konstruktion eines Stars, der sich selber spielt, befördert eine Wertschätzung des Kinos, die eine Vertrautheit mit der Traumfabrik und ihren selbst gemachten Mythen voraussetzt. Die Nielsen war einer der ersten wirklichen Stars des deutschen Kinos, bewundert gleichermaßen von der breiten Masse wie den Intellektuellen; die vielen der ›unsterblichen Asta‹ gewidmeten Aufsätze und Artikel sind Zeugnisse eines fast schon religiösen Kults, der sich um ihre Leinwandfigur entwickelte. Sie selbst war an allen Aspekten der Filmproduktion beteiligt, unterstützt von ihrem Ehemann und Mitarbeiter, dem dänischen Regisseur Urban Gad. Beide Aspekte des Nielsen-Phänomens, ihre gewaltige Popularität und ihre künstlerische Kontrolle, gehen in die Figur der Ruth Breton ein und flößen dem Publikum ein Gefühl der Komplizenschaft ein, das über die hemmungslosen Selbstverherrlichungen des Kinos hinausgeht. Indem der Film den Schritten der Filmproduktion folgt und die Perspektive der Frau privilegiert, lenkt er den Blick auf die Umstände, unter denen sexuelle Differenz zum strukturierenden Merkmal des kinematographischen Blicks wird. Gleichzeitig bestätigt die Figur des glamourösen Stars die Assoziation von Frau und Kino seitens der Produktion – ein Ansatz, der zugleich aufklärerisch und mystifizierend ist, indem er ihr die Doppelrolle eines Charakters und einer Berühmtheit zuschreibt. Das Schwanken zwischen kritischer Analyse und Verdinglichung bezeugt eben jene Widersprüche, mit denen sich das Kino als Alternative zur bürgerlichen Kultur und ihren verschiedenen Begriffen von Autorschaft und Produktion positioniert, während es gleichzeitig an die Konsumkultur und deren exhibitionistischen Praktiken anschließt.

Der erstaunlichste Fall eines über sich selbst reflektierenden Kinos findet sich in WIE SICH DER KINTOPP RÄCHT (1912). Inszeniert von Gustav Trautschold für die Eiko-Film, zielt der Film auf die Kinoreformer und ihre fanatischen Kampagnen gegen ›Schund‹ und ›Schmutz‹. Es ist die explizite Absicht des Films, die Scheinheiligkeit der reformistischen Argumentation sichtbar zu machen und – weniger deutlich, aber nicht weniger bedeutsam – dem Kino die Aura moralischer Rechtschaffenheit zuteil werden zu lassen. Der öffentliche Diskurs über das Kino ist hier zweifach präsent, in der erzählten Geschichte und als Film-im-Film; die Zuschauer erleben die Produktionsbedingungen und das fertige Produkt. Beginnend mit einer Versammlung des »Vereins für den Kampf gegen die Kinematographie« bezieht der Film seine Stichwörter direkt aus der Realität, sowohl in der Besetzung der Figuren als auch in den Verweisen auf den reformistischen Diskurs. Wenn die Hauptfigur, Professor Moralski, von den »schmutzigen Strömen der Unmoral« spricht, könnte diese Formulierung ebenso gut aus einem der unzähligen Pamphlete gegen die ›Kinoplage‹ stammen, die in den frühen 10er Jahren veröffentlicht wurden. Mit derartigen Argumenten konfrontiert, machen es sich die Produzenten im Film zu ihrer vorrangigen Aufgabe, die Feinde des Kinos der öffentlichen Lächerlichkeit preiszugeben. Nach außen lediglich an kultureller Legitimation interessiert, hat ihr Vorhaben aber auch deutliche ökonomische Motive: Schließlich können die expansionistischen Ambitionen des frühen Kinos doch nicht durch Fragen der Moral gefährdet werden. Also heuert »Filmfabrikant Flimmer« (schon der Name verrät die industrielle Natur des Geschäfts) eine junge, attraktive Schauspielerin an, um Moralski zu verführen. Sie folgt dem Professor zu einer »Konferenz für den Kampf gegen die Kinematographie« in einen Seekurort mit dem treffenden Namen »Dummstadt«. Eine zufällige Begegnung am Strand führt zu einer lebhaften Unterhaltung, eine Szene, die von zwei Kameraleuten aus sicherer Entfernung dokumentiert wird. Sie zeichnen auf, wie der Professor heimlich seinen Ehering abstreift und der attraktiven Fremden auf einem Spaziergang folgt. Später lässt die Privatheit eines Strandkorbs auch intimere Zärtlichkeiten zu und beflügelt das Paar schließlich zu einer akrobatischen Leistung vor den Augen der Kameras, die den moralischen Fall des Professors besiegelt. Die Verwendung einer Fernglas-Blende unterstreicht noch den voyeuristischen Blickwinkel, der das Kino wie auch dessen Gegner in die perversen Freuden des ›Sehens-ohne-gesehen-zu-Werden‹ verwickelt.

Die enge Verbindung zwischen strenger Moral und kaum verhohlener Lüsternheit wird unübersehbar, wenn Professor Moralski an den heimischen Schreibtisch zurückkehrt, um einen weiteren Vortrag gegen das Kino zu verfassen. Seine Erinnerungen an die Begegnung sind noch zu lebendig und sein Verlangen zu stark, als dass sie ohne angemessene Repräsentation bleiben könnten. Sie materialisieren sich in der geisterhaften weiblichen Figur, die – mittels eines Stopptricks – in der offenen Tür erscheint. In demselben Moment, in dem er die unheimliche Erscheinung zu umarmen versucht, verwandelt sie sich in seine matronenhafte Gattin. Schuld und Schande triumphieren einmal mehr als Feinde der Einbildungskraft. Dem Vorschlag eines vermeintlichen Anhängers folgend, beschließt Moralski seinen nächsten öffentlichen Vortrag mit der Vorführung des ›Schundfilms‹ »Ein Ausbund an Tugend am Spa« enden zu lassen. Sehr zu Entsetzen beziehungsweise Freude des Publikums schildert der Film detailliert seine eigene Nachgiebigkeit angesichts der Versuchung. Der Film-im-Film zeigt die Szenen am Strand ein zweites Mal, diesmal aber verarbeitet und vermittelt vom kinematographischen Apparat. Der Logik der Diegese zufolge unterstreicht die Wiederholung der Szene die Differenz zwischen Realität und Repräsentation. Mit den Mitteln des Bildausschnitts und der Montage ist die inszenierte Begegnung am Strand in ein Drama der Erotik verwandelt worden – darin liegt die Bedeutung des Fiktionalisierungseffekts. Die Reaktion der anwesenden Filmzuschauer geht in eine andere Richtung. Mit den enthüllenden Bildern konfrontiert, sind sie sozusagen einem Realitätseffekt ausgesetzt. Der Schock des Wiedererkennens zwingt das Publikum, einschließlich der Ehefrau des Professors, der eklatanten Diskrepanz zwischen Theorie und Praxis in der Rhetorik der Kinoreform gewahr zu werden. Nach dieser Erfahrung scheint nur noch das Kino in der Lage zu sein, einen Ort zu bieten, an dem Moral, Profitabilität und Erotik friedlich nebeneinander existieren können. Während der Professor vom Schauplatz flieht, feiert die Ankündigung: »Ab morgen täglich: ›Ein Ausbund an Tugend am Spa‹. Sensationeller Schlager. Amüsant, bildend!« die überlegene Realität der kinematographischen Fiktion.[7]

Der Detektivfilm WO IST COLETTI? (1913) führt diese spielerische Erforschung verschiedener Repräsentationsebenen noch einen Schritt weiter. Die Anerkennung des Kinos als etwas Produziertem beginnt bereits im Vorspann, in dem die Beteiligten auf eine für die frühen 10er Jahre keineswegs ungewöhnliche Art und Weise vorgestellt werden. Vor einem dunklen, an einen Theatervorhang gemahnenden Hintergrund stehend, diskutieren der Regisseur Max Mack und der Autor Franz von Schönthan das Drehbuch, bevor sie, wie durch Zauberhand, die Namen der Schauspieler (Madge Lessing, Hans Junkermann und so weiter) in großen weißen Buchstaben zu sich herunterziehen. Im Kino Geschichten zu erzählen, so legt der Vorspann nahe, verlangt nicht nur eine enge Zusammenarbeit zwischen Regisseur und Autor, die Geschichten müssen auch stets als Konstruktionen verstanden werden, nicht als Spiegelungen der Wirklichkeit. Der Vorspann bereitet den Boden für das Erzählvorhaben des Films: einer Demonstration, wie moderne Massenmedien die Wahrnehmung der Realität beeinflussen. Ironie und Travestie bilden die Hauptstrategien der Selbstverdoppelung. In seiner Verwendung von Genrekonventionen bietet Macks Film eine interessante Variation auf den Detektivfilm. Der Detektiv sucht nicht länger nach Verdächtigen, sammelt Beweismaterial und versucht, den Hergang eines Verbrechens zu rekonstruieren. Stattdessen wird er selbst zum Gegenstand der Untersuchung und initiiert eine fieberhafte Suche, in deren Verlauf er die epistemologischen Zielvorstellungen des Genres umkehrt. Herausgefordert von einem offenen Brief, beschließt Coletti, den Nachweis der Unmöglichkeit zu führen, in der Millionenstadt Berlin eine bestimmte Person ausfindig zu machen. Seine Strategie: überall in der Stadt Fahndungsplakate (»Gesucht:«) anzubringen, 100.000 Mark Belohnung für Hinweise, die zur Ergreifung des Gesuchten führen, auszusetzen und dann für 48 Stunden unterzutauchen. Coletti, der Eleganz und dem Stilbewusstsein verpflichtet, geht zu einem Porträtfotografen, um eine Aufnahme von sich machen zu lassen. Und von äußerster Korrektheit besessen, bittet er einen Quacksalber, seine Körpermaße nach dem Bertillon-System zu nehmen.

Hinter der Parodie auf das Detektivgenre nimmt allerdings ein durchaus weit reichenderes Projekt Formen an. Es betrifft die Verbreitung massenhaft produzierter Bilder in alle Bereiche des modernen Lebens. Die traditionelle Auffassung davon, was Realität konstituiert, wird abgelöst von einem weitaus unsichereren Verhältnis zwischen dem Simulierten und dem Realen, das die beständige Aufmerksamkeit des Publikums verlangt. Wie Coletti in seiner Verwendung von Fotografie und Film beweist, ist jeder Versuch, eine bestimmte Abfolge von Ereignissen zu rekonstruieren, im Kontext der modernen Massenmedien zum Scheitern verurteilt. Eine Kette endloser Verschiebungen wird ausgelöst durch den anfänglichen Akt der Re-Präsentation, der hier als Sichtbarmachung dessen, was abwesend ist, zu verstehen ist. Im Bewusstsein der Konsequenzen führt Coletti den Prozess der Simulation zu seinem logischen Ende und bittet den Friseur, als sein Ersatzmann einzuspringen. Die Tatsache, dass der Doppelgänger nur wenig später von Passanten erkannt wird, bestätigt nur die Behauptung des Detektivs, dass die ›Fälschung‹ authentischer sein kann als das ›Original‹. Es folgt eine wilde Jagd durch die Straßen Berlins, in die eine wachsende Zahl von Teilnehmern und die verschiedensten Transportmittel – darunter ein Doppeldecker-Bus und ein Zeppelin – verwickelt werden und die die zunehmend aussichtsloser werdende Suche nach einer Realität illustriert, die sich auf körperliche Präsenz gründet. Mit dieser Erkenntnis kehren die Teilnehmer und Augenzeugen zum Ursprungsort ihrer eigenen Konstruktion als Zuschauer zurück ins Kino, wo die Höhepunkte der Verfolgung in einer Wochenschau erscheinen. Mitten im Publikum betrachtet ein entzückter Coletti den Auftritt seines Doppelgängers auf der Leinwand und genießt den Erfolg seines kleinen Experiments (Abb. 4). Wiederum wurde ein inszeniertes Ereignis mit den Qualitäten des Realen ausgestattet; und wiederum triumphierten Einbildungskraft und Begehren über die Gesetze der Wahrscheinlichkeit. Wie WO IST COLETTI? beweisen möchte, sind beide Prozesse das Werk des kinematographischen Apparats und seiner eifrigsten Mitarbeiter, des Publikums.

Trotz ihrer Unterschiedlichkeit beruhen WIE SICH DER KINTOPP RÄCHT und WO IST COLETTI? auf vergleichbaren Strategien der Hervorhebung des Kinos als etwas Produziertem. In beiden Filmen werden die Protagonisten zu Protagonisten eines Films-im-Film; Professor Moralski ohne sein Wissen und gegen seinen Willen, Coletti in einem Akt mutwilliger Irreführung und zu seinem eigenen Vergnügen. Beide Filme kommentieren die Bedingungen der Zuschauerschaft, indem sie das Kino zum Schauplatz ihrer aufschlussreichsten Momente machen. Mehr als einmal geben Einstellungen mit den Reaktionen der Zuschauer einen Hinweis auf die Verschiedenar-

Selbstreferenzialität im frühen deutschen Kino

Abb. 4: Die Maskerade der Verdoppelung – WO IST COLETTI? (1913, Regie: Max Mack)

tigkeit des Zuschauerverhaltens (Lachen, Entsetzen, Abscheu) und stellen das Unterscheidungsvermögen zwischen Realität (diegetischer Welt) und Repräsentation (dem Film in der diegetischen Welt) als Grundbedingung für das Vergnügen am Kino dar. Indem sie über ihren eigenen Status als öffentliches Spektakel reflektieren, erzählen beide Filme eine Geschichte und demonstrieren, wie diese Geschichte mit den Mitteln des Kinos erzählt wird. Diese selbstreferenzielle Qualität entwickelt sich mit großer Verspieltheit auf fast natürliche Weise und macht das Lernen zum integralen Bestandteil der Zuschauererfahrung. Ziel ist nicht, die kinematographische Illusion zu zerstören, sondern vielmehr, ihren Reiz zu erhöhen. Genau in diesem Schwanken zwischen kritischer Distanz und visuellem Genuss, zwischen Wissen und Nichtwissen nämlich etabliert sich das Kino als machtvolle kulturelle und repräsentationelle Praxis.

In den vorhergehenden Beispielen hatten die Filme-in-den-Filmen entscheidende Auswirkungen auf die Erzählung. Die öffentliche Vorführung konfrontiert die diegetische Welt mit ihren eigenen Effekten und lenkt dabei die Aufmerksamkeit auf die Verfahren der Repräsentation. Diejenigen, die die neuen Technologien kontrollieren, überwinden alle Widrigkeiten und bleiben am Ende Sieger. Demgegenüber sind jene, die sich dem technischen Fortschritt aus moralischen oder politischen Gründen widersetzen, der

Lächerlichkeit preisgegeben. Die positiven Einstellungen gegenüber den neuen Medien finden fast schon programmatischen Ausdruck in ZAPATAS BANDE (1914), einem weiteren Asta Nielsen-Film unter der Regie von Urban Gad.[8] Angekündigt als »Filmscherz«, kehrt der Film die Hierarchien zwischen Fiktion und Realität nahezu vollständig um und bietet einen überraschend modernen Blick auf das alte Problem vom Leben, das die Kunst imitiert. Eine bunte Truppe kommt im Auftrag der Nordland-Film zu Aufnahmen an Originalschauplätzen nach Italien. Obwohl die Gegend von Straßenräubern terrorisiert wird, ist das Filmteam fest entschlossen, hier einen weiteren ›sensationellen Schlager‹ abzudrehen. Seine Mitglieder verkleiden sich als Räuber und setzen damit eine Reihe von dramatischen Verkehrungen in Gang, die ihren Drehplan gefährden und jede Definition des Rollenspiels fundamental in Frage stellen.

Extradiegetische und metadiskursive Verweise durchdringen die visuellen Strukturen und Erzählstrategien von Anfang an. Der Name der Produktionsfirma erinnert an die Nordisk, für die Urban Gad und Asta Nielsen ihre erfolgreichsten Filme gedreht haben. Der glamouröse Star der Nordland strahlt nicht nur dieselbe befreite Erotik aus, die man auch mit der profitabelsten Geldanlage der Nordisk, Asta Nielsen, assoziiert, er wird auch noch von eben dieser Schauspielerin gespielt. Wenn die Nielsen auf ihre hohen Lederstiefel – unverzichtbares Kleidungsstück eines jeden einigermaßen überzeugenden Straßenräubers – zeigt, stellt sie bewusst ihren schlanken Körper als Ort androgyner Sexualität zu Schau und setzt durch dieses suggestive Spiel mit der Geschlechterdifferenz einen noch komplexeren Prozess der Verdoppelung in Gang. Dessen Implikationen kommen zum Vorschein, sobald das Filmteam mit den Außenaufnahmen beginnt. Auf der einen Ebene gibt die bäuerliche Umgebung Anlass zu einer ganzen Reihe humoristischer Pointen. Die Suche der Schauspieler nach etwas Privatsphäre in ihren improvisierten Garderoben wird in all ihrer Absurdität dargestellt und ist nicht zuletzt auch ein Kommentar zur steifen Formalität des Theaters. Ihre theatralischen Gestikulationen erscheinen vor dem Hintergrund der beschaulichen italienischen Landschaft völlig deplatziert und bestätigen so indirekt die mit der Filmwelt assoziierte höhere Realitätsstufe. Auf einer anderen Ebene bilden die Ähnlichkeiten zwischen den Banditen und den Schauspielern die Grundlage, auf der sich das Drama der Verwechslungen entfalten kann. Während die wirklichen Räuber die Gegend verlassen, nehmen die Schauspieler eine des Weges kommende Kutsche gefangen, stellen so ihre schauspielerischen Fähigkeiten unter Beweis und bestätigen den fast schon unheimlichen Realismus der Filmschauspielerei. Die Passagiere, eine Gräfin und deren hübsche Tochter Elena, kehren voller Schrecken in das Dorf zurück. Die Neuigkeit des erneuten Angriffs der Banditen verbreitet sich wie ein Lauffeuer, und die Panik erreicht bisher unerreichte Ausmaße, als sieben Hotelgäste – das Filmteam – vermisst gemeldet werden. Diesen Gerüchten schutzlos ausgesetzt, beschließen die Schauspieler, ihre Rollen weiterzuspielen und sich der Macht der Fantasie nicht zu widersetzen. Die Ereignisse werden durch Elenas wachsende Zuneigung für den hübschen jungen Mann, den die Nielsen darstellt, noch zusätzlich kompliziert. Während die Hosenrolle (das heißt eine Frau in der Rolle eines Mannes) die Möglichkeit weiblicher Homosexualität beschwört, zerstreut schon deren Verbindung mit einem Akt der Täuschung alle möglichen Befürchtungen sexueller Überschreitung; als sie zurückgewiesen wird, wendet sich die junge Gräfin einfach an den nächsten ›Mann‹. Der Flirt mit dem Rollenspiel nimmt ein Ende, als die falschen Räuber von den ansässigen Carabinieri festgenommen werden und sich einer harten Bestrafung für alle jene Vergehen, die sie nicht begangen haben, gegenüber sehen. Erst die Ankunft des skandinavischen Konsuls (als *deus ex machina*) klärt die Situation, und das Filmteam kehrt nach Hause zurück: »Ohne Film, aber reich an Erfahrung«, wie der Zwischentitel feststellt.

Die in diesem Essay besprochenen Filme zeigen eine überraschend ausgeprägte Bereitschaft, mit den formalen und erzählerischen Möglichkeiten des Kinos zu experimentieren. Indem sie die Differenz zwischen Fiktion und Realität erkunden und die Überzeugungskraft der Simulation testen, stellen sie ihre Fähigkeit unter Beweis, zwischen beiden zu unterscheiden und ein Bewusstsein dieser Differenz zum integralen Bestandteil des Vergnügens zu machen, das das Kino bietet. Während Genrekonventionen, kulturelle Traditionen und gesellschaftlich-sexuelle Stereotypen die Bedingungen festlegen, unter denen diese Art der Selbstreferenzialität stattfindet, setzt die schiere Freude am Apparat genügend Energie frei, um das Kino mit seinen eigenen Begriffen zu erforschen.[9] Das Durchbrechen der illusionistischen Konventionen lenkt die Aufmerksamkeit auf die Verfasstheit der Erzählung als Konstruktion und lädt den Zuschauer zur aktiven Mitarbeit ein; dieser Prozess vereint affirmative und kritische Funktionen. Hinweise auf das Bedürfnis nach Bestimmungen der Parameter von Produktion und Rezeption lassen sich auch in den Kinematographien anderer Länder finden; und doch habe ich den Verdacht, dass das Wilhelminische Kino ein besonderes Interesse an den affirmativen, wenn nicht gar erzieherischen Aspekten der Selbstreferenzialität hatte.[10] Konfrontiert mit den unermüdlichen Angriffen der Kinoreformer und intellektuellen Kritiker, benutzte das Kino die Verweise auf das Filmemachen, um die kritische Analyse zu erleichtern – darin fast schon modernistische Formen der Selbstreflexivität imitierend – und eine kulturelle Legitimation bereitzustellen, die die Integration in die bürgerliche Kultur rechtfertigen sollte. Das hohe Maß an Selbsterkenntnis, das diesen Filmen zu Eigen ist, widerspricht der weit verbreiteten Ansicht, das frühe deutsche Kino wäre primitiv und einer näheren Betrachtung nicht wert. Anstelle Film auf die Ästhetik des Theaters zu reduzieren, liefert die deutliche Hervorhebung der *mise en scène* einen Rahmen, in dem selbstreferenzielle Qualitäten weiterhin gedeihen, trotz der wachsenden Betonung auf erzählerischer Kontinuität und kinematographischem Illusionismus. Das Auftauchen des Spielfilms um 1910 führte zu einer weiteren Standardisierung der filmischen Mittel, wie auch die Kontroverse um das Filmdrama, die die Spannung zwischen Spektakel und Erzählung auf unzweideutige Weise zum Thema machte.[11] Der gleichzeitige Prozess der ökonomischen Konzentration und Spezialisierung in der Filmindustrie machte ein positives Bild der Industrie notwendig und verwandelte das Kino in ein Objekt des Vergnügens und der kritischen Würdigung.[12] Innerhalb dieser Konfigurationen ermöglichte die Verdoppelung des kinematographischen Apparats die Re-Präsentation von Filmproduktion und Zuschauerschaft im Rahmen eines narrativen Films und verhalf dem sich entwickelnden Diskurs des Kinos über sich selbst zum Durchbruch.

Aus dem Englischen von Michael Wedel

---

1 Siegfried Kracauer: *Von Caligari zu Hitler. Eine psychologische Geschichte des deutschen Films.* Frankfurt/M. 1979, S. 21. — **2** Zu einer anderen Tradition der Selbstreflexivität, die dessen kritische Aspekte betont, vgl. Robert Stam: *Self-Reflexivity in Film and Literature. From Don Quixote to Jean-Luc Godard.* Ann Arbor 1985. Der überwiegende Teil der Studien zur Selbstreflexivität im Kino (Kawin, McCabe, Polan) hat sich auf die modernistische Tradition von Brecht bis Godard konzentriert, während die jüngsten Arbeiten über Frauen und Kino im Zusammenhang der Konsumkultur (Gaines, Allen) die Affinitäten zum selbstgefälligen Modus der Werbung in den Blick nehmen. — **3** Vgl. Tom Gunning: The Cinema of Attractions. Early Cinema, Its Spectator and the Avant-Garde. In: Thomas Elsaesser (Hg.): *Early Cinema. Space, Frame, Narrative.* London 1990, S. 56–62. Vgl. auch vom selben Autor im selben Band: Non-Continuity, Continuity, Discontinuity: A Theory of Genres in Early Film (S. 86–94) und: Primitive Cinema: A Frame Up? Or, The Trick's On Us (S. 95–103). — **4** Vgl. die Arbeiten von André Gaudreault, vor allem: Showing and Telling. Image and Word in Early Cinema. In: Ebd., S. 274–282. — **5** Thomas Elsaesser: National Subjects, International Style. Navigating Early German Cinema. In: Paolo Cherchi Usai, Lorenzo Codelli (Hg.): *Before Caligari. German Cinema,* 1895–1920. Pordenone 1990, S. 352. — **6** Vgl. hierzu Laura Mulveys berühmten Essay: Visual Pleasure and Narrative Cinema. In:

Screen, Bd. 16, Nr. 3, Herbst 1975, S. 6–18. — **7** Vgl. Heide Schlüpmann: *Unheimlichkeit des Blicks. Das Drama des frühen deutschen Kinos.* Basel und Frankfurt/M. 1990, bes. S. 59–61. — **8** Ab den 10er Jahren wird das Auftreten von Filmteams in der Öffentlichkeit auch zu einem häufigen Motiv in Bühnenstücken für Laienspielgruppen. Vgl. Hans Fischer: *Filmaufnahme im Krähenwinkel.* Bonn o.J. [ca. 1915] sowie Gustav Pfenning: *Der Filmautor.* Mühlhausen 1928. — **9** Erinnert sei in diesem Zusammenhang an Stephen Heath' Forderung nach einer »Geschichte der Kino-Maschine, die in der Lage ist, deren Entwicklungen, Anpassungen, Transformationen, Reorientierungen ebenso zu umfassen wie die Praktiken, die sich aus ihr ableiten; die das Instrumentelle mit dem Symbolischen, das Technische und das Ideologische, die gegenwärtige Ambiguität der Begriffs vom ›Apparat‹ zu bündeln versteht.« Heath: The Cinematic Apparatus. Technology as Historical and Cultural Form. In: ders.: *Questions of Cinema.* Bloomington 1981, S. 227. — **10** Wenn beispielsweise Edwin S. Porter die Gefahren der Zuschauerschaft in UNCLE JOSH AT THE MOVING PICTURE SHOW (1902) inszeniert, hebt er die Nähe von Kino und Täuschung hervor, eine psychologische Konfiguration, die das amerikanische Kino noch in Buster Keatons SHERLOCK JR. (1924) dominiert. Im Gegensatz dazu implizieren die Szenarios der Zuschauerschaft in WIE SICH DER KINTOPP RÄCHT und WO IST COLETTI?, dass die Täuschungen des Kinos auch einen Lernprozess beinhalten können. Wenn Chaplin das reibungslose Funktionieren der ›Traumfabrik‹ in HIS NEW JOB (1915) oder BEHIND THE SCREEN (1916) unterbricht, ist der Apparat einen Moment lang gefährdet – aber nur, um sich am Ende doch durchzusetzen. Die Filmemacher in DIE FILMPRIMADONNA und ZAPATAS BANDE erscheinen demgegenüber als engagierte Mitglieder der Filmindustrie, die ihre Projekte jedoch zugunsten von Erlebnissen im wirklichen Leben aufgeben. — **11** Vgl. Sabine Hake: *The Cinema's Third Machine. Writing on Film in Germany, 1907–1933.* Lincoln und London 1993, S. 63 ff. — **12** Vgl. Corinna Müller: Emergence of the Feature Film in Germany between 1910 and 1911. In: Cherchi Usai, Codelli (Hg.): *Before Caligari*, a.a.O. (wie Anm. 5), S. 94–114; Helmut H. Diederichs: The Origins of the Autorenfilm. In: Ebd., S. 380–401; Anton Kaes: Literary Intellectuals and the Cinema. Charting a Controversy (1909–1929). In: *New German Critique*, Nr. 40, Winter 1987, S. 7–33.

Barry Salt

Der frühe deutsche Film
Stilmerkmale im internationalen Vergleich

Emilie Altenlohs *Zur Soziologie des Kino* zufolge wurden 1912 in Deutschland weit mehr amerikanische als deutsche Filme gezeigt.[1] In Frankreich war das in diesem Jahr noch nicht der Fall, sollte sich aber auch dort bald ändern. Warum also sah das deutsche Publikum 1912 mehr amerikanische Produktionen als Filme aus Deutschland oder irgendeinem anderen europäischen Land? Natürlich waren weitaus mehr amerikanische Filme auf dem deutschen Markt erhältlich, doch denke ich, dass es noch andere Gründe gab. Meiner Meinung nach waren amerikanische Filme in den Augen des Publikums attraktiver, und das bereits in der Zeit vor dem Ersten Weltkrieg. Es gab selbstverständlich eine Reihe von deutlichen Unterschieden zwischen amerikanischen und europäischen Filmen, wie eine stilistische Analyse objektiv erweist, deren Methodologie ich in größerem Zusammenhang schon vor einiger Zeit dargelegt habe.[2]

Methodologie und Beispiele

Die korrekte Basis für die formale Analyse eines jeden Kunstwerks, also auch von Filmen, besteht in der Verwendung derselben analytischen Begriffe, die auch die Urheber bei der Herstellung verwendet haben. Im Falle von Filmen beginnt dies beim Drehbuch, im dem die einzelnen Szenen die Ausgangseinheit bilden, und erstreckt sich über Variablen wie Kameraposition, Bildinszenierung, Kontrolle des Schauspiels, über die während der Dreharbeiten Entscheidungen getroffen werden müssen, bis hin zur Einstellungslänge und der Verwendung von Zwischentiteln im fertigen Film.

Obwohl ich eine Reihe von deutschen Filmen aus der Zeit vor 1917 gesehen habe, standen nur neun Mehrakter zur konkreten Analyse zur Verfügung.[3] Das sind sicherlich nur wenige Beispiele, doch decken sich die Befunde dieser Beispiele mit meinen subjektiven Erinnerungen an eine weitaus größere Anzahl von Filmen aller Längenformate.

Einstellungslänge

Bei der Einstellungslänge handelt es sich um die offensichtlichste stilistische Variable, und ich bin nicht der Erste, der sie einer Untersuchung unterzieht. Einer meiner Vorgänger ist Herbert Birett, bei dem sich auch eine Auflistung noch früherer Untersuchungen finden lässt.[4] Allem Anschein nach war der Erste, der sich näher mit diesem Gegenstand befasste, im Jahre 1912 ein gewisser Reverend Dr. Stockton, über dessen Untersuchungen in einem Artikel der *Moving Picture World* vom 10. August 1912 berichtet wird, der in George Pratts *Spellbound in Darkness* wiederabgedruckt ist.[5] Die numerischen Angaben von Dr. Stockton beziehen sich auf die Anzahl der Einstellungen, Zwischentitel und Inserts in einer Reihe von Einaktern. Da die meisten dieser Filme heute als verloren gelten müssen und ihre genaue Länge unbekannt ist, ist es unmöglich, exakte Werte für ihre durchschnittliche Einstellungslänge (*Average Shot Length*, ASL) abzuleiten. Allerdings habe ich selbst eine bestimmte Anzahl von Werten für diesen Untersuchungszeitraum gesammelt; typische Beispiele aus den Jahren 1912 und 1913 sind 81 Einstellungen bei einer Länge von 529 Metern in dem französischen Gaumont-Film SOUS LA GRIFFE (Alternativtitel: THE PANTHER'S PREY), während JUST A SHABBY DOLL der amerikanischen Thanhouser Company 60 Einstellungen auf einer Länge von 265 Metern beinhaltet. Im selben Jahr 1913 bringt es aber THE COMING OF ANGELO von D. W. Griffith in 295 Metern auf 116 Einstellungen. Diese und weitere ähnliche Zahlen zeigen klar auf, dass die Hinwendung zu schnelleren Schnittfolgen von den USA vorgegeben wurde und dass diese Entwicklung innerhalb der amerikanischen Filmindustrie wiederum ab 1908 von D.W. Griffith angeführt wurde.

Im Hinblick auf den langen Spielfilm lässt sich der Entwicklungsstand der Produkte aus den großen Film produzierenden Ländern anhand der folgenden Beispiele mit der jeweiligen Angabe zur ASL nachvollziehen.

Titel	Regisseur	Jahr	ASL
Dänische Filme			
DE FIRE DJAEVLE	R. Dinesen & A. Lind	1911	21,0
EKSPEDITRICEN	August Blom	1911	43,0
DODSPRINGET TIL HEST FRA CIRCUSKUPLEN	E. Schnedler-Sørensen	1912	17,0
DEN MYSTIKE FREMMENDE	Holger-Madsen	1914	17,0
DET HEMMELIGHEDSFULDE X	B. Christensen	1914	12,0

DEN FREMMENDE	Vilhelm Gluckstadt	1914	16,0
EKSPRESSENS MYSTERIUM	Hjalmar Davidsen	1914	21,0
VERDENS UNDERGANG	August Blom	1916	13,0
KLOVNEN	Anders W. Sandberg	1917	18,0

Französische Filme

ZIGOMAR – PEAU D'ANGUILLE	Victorin Jasset	1913	13,0
1793	Albert Capellani	1914	12,5
ALSACE	Henri Pouctal	1916	18,5
BARBEROUSSE	Abel Gance	1916	13,5

Deutsche Filme

ZWEIMAL GELEBT	Max Mack	1912	27,0
DIE SUMPFBLUME	Viggo Larsen	1913	27,5
DIE SCHWARZE KUGEL	Franz Hofer	1913	16,0
DAS GEHEIMNIS VON CHÂTEAU RICHMOND	Willy Zeyn	1913	26,5
DÄMONIT	?	1914	19,4
UND DAS LICHT ERLOSCH	Fritz Bernhardt	1914	25,0
DIE KINDER DES MAJORS	?	1914	23,5
TIROL IN WAFFEN	Carl Froelich	1914	27,8
DER STOLZ DER FIRMA	Carl Wilhelm	1914	14,0
SCHUHPALAST PINKUS	Ernst Lubitsch	1916	13,0
WENN VIER DASSELBE TUN	Ernst Lubitsch	1917	8,5

Italienische Filme

IL PELLEGRINO	Mario Caserini	1912	27,5
MA L'AMOR MIO NON MUORE	Mario Caserini	1913	67,0
TRAGEDIA ALLA CORTE DI SPAGNA	Baldassare Negroni	1914	22,0
TIGRE REALE	Giovanni Pastrone	1916	13,0
IL FUOCO	Giovanni Pastrone	1916	18,0

Schwedische Filme

TRÄDGÅRDSMÄSTAREN	Victor Sjöström	1912	24,0
HAVSGAMAR	Victor Sjöström	1915	14,0
KARLEKEN SEGRAR	Georg af Klercker	1916	18,0
MINISTERPRESIDENTEN	Georg af Klercker	1916	17,0
MINNENANS BAND	Georg af Klercker	1916	14,0
REVELJ	Georg af Klercker	1917	11,5

THOMAS GRAALS BÄSTA FILM	Mauritz Stiller	1917	9,0
VINGARNA	Mauritz Stiller	1917	13,0
FOR HJEM OCH HARD	Georg af Klercker	1917	11,0
FORSTADPRÄSTEN	Georg af Klercker	1917	15,0
MYSTERIET NATTEN TILL DEN 25E	Georg af Klercker	1917	13,0
I MOERKRETS BOJOR	Georg af Klercker	1917	13,0
ALLT HAMNAR SIG	Konrad Tallroth	1917	13,0
TÖSEN FRA STORMYRTORPET	Victor Sjöström	1917	6,0
VEM SKÖT?	Konrad Tallroth	1917	14,0

Amerikanische Filme

TRAFFIC IN SOULS	George L. Tucker	1913	7,0
THE ITALIAN	Reginald Barker	1914	7,5
A FLORIDA ENCHANTMENT	Sidney Drew	1914	8,0
THE WISHING RING	Maurice Tourneur	1914	11,5
THE AVENGING CONSCIENCE	D. W. Griffith	1914	7,5
THE SPOILERS	Colin Campbell	1914	13,0
THE SQUAW MAN	C. B. DeMille & O. Apfel	1914	11,5
WHAT'S-HIS-NAME	Cecil B. DeMille	1914	24,0
THE ITALIAN	Reginald Barker	1915	10,0
THE CHEAT	Cecil B. DeMille	1915	12,5
MARTYRS OF THE ALAMO	W. C. Cabanne	1915	6,0
HYPOCRITES	Lois Weber	1915	16,5
BIRTH OF A NATION	D. W. Griffith	1915	7,0
MADAME BUTTERFLY	Sidney Olcott	1915	16,0
DAVID HARUM	Allan Dwan	1915	20,0
THE ROYAL FAMILY	Charles Frohman	1915	7,2
CARMEN	Cecil B. DeMille	1915	11,5
PLAYING DEAD	Sidney Drew	1915	9,0
YOUNG ROMANCE	George Melford	1915	15,0
THE COWARD	Reginald Barker	1915	11,0
GHOSTS	G. Nicholls	1915	12,0
THE CRISIS	Colin Campbell	1916	8,5
THE ARGONAUTS OF CALIFORNIA	Henry Kabierske	1916	6,9
A CHILD OF THE STREETS	Lloyd Ingraham	1916	7,5
LA VIE DE BOHÈME	A. Capellani	1916	8,5
HAPPINESS	Reginald Barker	1916	5,8
GOING STRAIGHT	C. & S. Franklin	1916	7,5
POOR LITTLE PEPPINA	Sidney Olcott	1916	9,6
THE VAGABOUND	Charles Chaplin	1916	14,0

THE APPLE TREE GIRL	Alan Crosland	1917	4,0
THE GIRL WITHOUT A SOUL	John H. Collins	1917	5,3
ROMANCE OF THE REDWOODS	Cecil B. De Mille	1917	10,0
THE ICED BULLET	Reginald Barker	1917	6,4
THE NARROW TRAIL	Lambert Hillyer	1917	4,5
UNTIL THEY GET ME	Frank Borzage	1917	6,8
REBECCA OF SUNNYBROOK FARM	Marshal Neilan	1917	5,0
POOR LITTLE RICH GIRL	Maurice Tourneur	1917	10,0
THE WHIP	Maurice Tourneur	1917	6,0
A MODERN MUSKETEER	Allan Dwan	1917	4,0

Man könnte sich nun fragen, wozu all diese Zahlen eigentlich nützlich sind. Nun, die durchschnittliche Schnittfrequenz (oder durchschnittliche Einstellungslänge) steht allgemein in einem sehr engen Verhältnis zum offensichtlichen Tempo der Filmhandlung. Dieser Bezug drückt sich auf verschiedene Weise aus. Am offensichtlichsten ist die Tatsache, dass je mehr Szenen in einer vorgegebenen Länge vorhanden sind, desto häufiger auch die Schnitte von einer Szene zur nächsten sind, und desto kürzer somit die durchschnittliche Einstellungslänge (*Average Shot Length*, ASL). Und im Allgemeinen kann man sagen: Je schneller die Geschichte fortschreitet, desto mehr Szenen wird es geben. Eine größere Anzahl an Szenen ist auch mit der Verwendung von Kreuzschnitten zwischen parallel laufenden Aktionen verbunden. Dieses Stilmittel wurde vor allem von D. W. Griffith in den USA entwickelt, obwohl er keineswegs als dessen Erfinder gelten kann. Spätestens ab 1913 nahmen verschiedene amerikanische Filmemacher diese Idee auf; sie bildet beispielsweise eines der prominentesten Merkmale von TRAFFIC IN SOULS, jenem neunzigminütigen amerikanischen Spielfilm, der auch oben aufgeführt ist. Von den etwa 2000 europäischen Filmen der Jahre vor 1914 wendet jedoch kein einziger eine vollentwickelte Kreuzschnitt-Technik Griffithscher Prägung an, und nur ungefähr ein Dutzend machen davon Gebrauch, etwa um beide Seiten eines Telefongesprächs oder Aktionen innerhalb und außerhalb eines Hauses zu zeigen.

Trotz der Tatsache, dass es einige deutsche Filme, insbesondere Thriller, aus dieser Periode gibt, in denen eine Situation der ›Rettung in letzter Minute‹ vorkommt, die in eine Kreuzschnitt-Technik aufgelöst werden könnte, kenne ich nur ein einziges Beispiel, Urban Gads DIE VERRÄTERIN (1912), das die Technik zumindest in Ansätzen anwendet und eine Reihe von Schnitten zwischen dem kurz vor der Hinrichtung der Heldin zu Hilfe eilenden Helden und der Hinrichtung selbst enthält. Diese Art des embryonischen Kreuzschnitts lässt sich allerdings bis 1907 zurückdatieren, bevor Griffith diese Technik zur vollen Entwicklung brachte. Spätestens ab 1914 war es eine in der amerikanischen Filmindustrie weit verbreitete Auffassung, dass die Kreuzschnitt-Technik generell ein nützliches Mittel sei, um uninteressante, für die Entwicklung des Dramas irrelevante Handlungspartien zu eliminieren, selbst wenn im konkreten Fall kein Spannungsbogen beabsichtigt war. Der Einsatz der Kreuzschnitt-Technik in einem Film erfordert bereits bei der Drehbuchkonzeption besondere Aufmerksamkeit, was natürlich wiederum eine spezielle Schulung der Autoren voraussetzte, die in Europa – und speziell in Deutschland – noch keineswegs die Regel war.

Ein anderes technisches Stilmittel, das eine größere Anzahl von Schnitten in eine gegebene Filmlänge einführt, besteht in der Auflösung einer Szene in mehrere Einstellungen (*cutting within a scene*), insbesondere das Schneiden zu einer näheren Aufnahme der Darsteller und wieder zurück zu einem größeren Einstellungsformat. Wie alle erkennbaren Schnitte, hat dies vermutlich so etwas wie einen dynamischen psychologischen Effekt, in jedem Fall aber kann die Einführung näherer Einstellungsformate dazu dienen, eine Intensivierung der dramatischen Situation zu erreichen. Obwohl Schnitte zu größeren Einstellungsformaten in amerikanischen Filmen im Vergleich mit europäischen nicht deutlich häufiger eingesetzt wurden, lässt sich doch feststellen, dass *wenn* solche Schnittfolgen in amerikanischen Filmen zum Einsatz kamen, sie von einer Totalansicht der Szene, die bereits näher an den Darstellern war als ihr europäisches Pendant, zu einer Naheinstellung führen, die ebenfalls näher an die Figuren heranging.

Während der Kriegsjahre allerdings war die Auflösung einer Szene in mehrere Einstellungen in amerikanischen Filmen zweifellos häufiger als in europäischen Filmen, was sich in den statistischen Angaben zur Einstellungsgröße oder -nähe (*scale or closeness of a shot*) widerspiegelt, die weiter unten in diesem Aufsatz gemacht werden.

Ein deutscher Film, der den Effekt fehlender Schnitte – in Verbindung mit einer sehr schwachen Inszenierung der Aktionen – illustriert, ist ZWEIMAL GELEBT (1912, Regie: Max Mack). In der Handlung des Films geht es um einen Arzt, der sich in eine schwer kranke Frau verliebt, die von ihm im Krankenhaus behandelt wird. Nachdem sie dort scheinbar gestorben ist, macht der Arzt ihr eine letzte Aufwartung, um ihren leblosen Körper, der in einer menschenleeren Kirche bis zur Bestattung in einem offenen Sarg aufgebahrt liegt, noch einmal zu sehen. Dabei entdeckt er, dass sie tatsächlich keineswegs tot ist, hebt sie aus dem Sarg und trägt sie zu seinem Auto vor der Kirche. In drei Einstellungen wird jeder Schritt dieses Handlungsablaufs in voller Länge vorgeführt: eine erste Einstellung in der Kirche, eine zweite, die zeigt, wie er sie durch die Tür trägt, und eine dritte, die von der Straße aus zeigt, wie er sie ungefähr 20 Meter von der Kirche zum Auto trägt und den unbeweglichen Körper schließlich auf den Rücksitz zwängt. Das alles hat fast eine Minute gebraucht, bevor wir anschließend den ganzen Weg noch einmal in der gleichen Einstellungsfolge zurücklegen müssen, wenn der Arzt in die Kirche zurückkehrt, um seinen Hut zu holen und den Deckel auf den Sarg zu legen. Das ist zugegebenermaßen ein extremer Fall, jedoch weisen fast alle deutschen Filme dieser Jahre zumindest eine Spur dieses Scheiterns an der Frage auf, wie der schlichte Hergang einer Aktion auf unkomplizierte Weise durch eine bessere Wahl der Einstellungen und eine größere Anzahl von Zwischenschnitten beschleunigt werden kann. Das ist umso bedauerlicher, als in diesem Film eine sehr interessante Situation herbeigeführt wird, bei deren Verwertung der Regisseur jedoch vollständig versagt. Der Arzt bringt die wiederbelebte Frau ins Ausland und lebt dort mit ihr, bis die kleine Tochter der Frau an eben jenem Ort auftaucht und von der Frau gesehen wird. Die unvermeidliche Szene, in der die Frau die Tochter beobachtet, ohne sich an sie heranzuwagen, ist gleichfalls auf überraschend unbeholfene Art und Weise inszeniert, wobei die Frau auf der einen Seite der Szene so hinter einem Baum lauert, dass jeder, der auch nur in ihre Richtung schaut, sie unweigerlich entdecken müsste – eine Inszenierungsweise wie in einem schlechten Bühnenmelodrama des 19. Jahrhunderts.

Im europäischen Kino vor 1917 habe ich keine Filme gefunden, deren ASL kürzer als 11 Sekunden war, bevor ab diesem Jahr einige intelligente und scharfsinnige Regisseure schließlich ein Verständnis für die neuen amerikanischen Methoden der Filmkonstruktion zu entwickeln begannen. In Schweden verwendete Victor Sjöström voll funktionstüchtig alle Stilmittel des Kontinuitätskinos in TÖSEN FRA STORMYRTORPET (DAS MÄDCHEN VOM STÜRMISCHEN HOF, 1917), mit einer ASL von 6 Sekunden. (Seine anderen Filme dieser Zeit, in denen er sowohl vor als auch hinter der Kamera agierte, waren im Gegensatz zum eben genannten stilistisch noch etwas rückständiger.) In THOMAS GRAALS BÄSTA FILM (THOMAS GRAALS BESTER FILM, 1917; ASL = 9 Sekunden) legte Mauritz Stiller ein gutes Stück desselben Weges zurück, doch beschränkte sich diese Entwicklung nicht etwa auf die nordischen Regionen, wie die statistischen Auswertungen der Filme Georg af Klerckers und anderer zeigen. Die langen Szenen und die sehr langsame Schnittrate in deutschen Filmen geht deutlich aus den oben angeführten Zahlen hervor. Ernst Lubitsch scheint der erste gewesen zu sein, der die amerikanischen Methoden beherrschte, wie die ASL für WENN VIER

DASSELBE TUN (1917) von 8,5 Sekunden nahe legt, während sein Film DIE PUPPE aus dem Jahre 1919 eine ASL von 5,5 Sekunden hat, ganz zu schweigen von der Tatsache, dass er zu diesem Zeitpunkt bereits eine relativ hohe Anzahl von Gegenschuss-Einstellungen verwendete. Seine CARMEN aus dem Jahre 1918 besteht zu 14 % aus solchen Schnittfolgen, und DIE PUPPE beinhaltet 19 % Schuss-Gegenschuss-Montagen. Andererseits gibt es viele amerikanische Filme aus der Zeit vor 1915 mit einer ASL von weniger als 10 Sekunden.

Größe oder Nähe der Einstellung

Eine weitere filmische Variable, über die während der Dreharbeiten bewusste Entscheidungen getroffen werden müssen, ist die Größe (oder Nähe) der Einstellung, und schon vor 1919 wurde von amerikanischen Filmemachern zwischen Kategorien wie *Bust* oder *Close Up*, amerikanischem und französischem Vordergrund, der Totalen und extremen Totalen unterschieden. Obwohl es schon damals bis zu einem gewissen Grad unterschiedliche Meinungen darüber gab, welche Einstellungsgröße denn nun genau mit dem jeweiligen Beschreibungskriterium übereinstimmte, mag es hier zum Zweck der Analyse genügen, mit Bedacht zu definieren, was unter die jeweilige Kategorie fällt, und sich dann auch daran zu halten. Tatsächlich werde ich die Kategorien der Einstellungsgröße eher im Sinne des praktischen Verständnisses seit den 40er Jahren wie folgt gebrauchen:

Ein *Big Close Up* (BCU) zeigt nur den Kopf; ein *Close Up* (CU) Kopf und Schultern; ein *Medium Close Up* (MCU) umfasst den Körper von der Taille aufwärts; ein *Medium Shot* (MS) zeigt den Körper vom Knie aufwärts; ein *Long Shot* (LS) zeigt mindestens den ganzen Körper; und im *Very Long Shot* (VLS) erscheint der Schauspieler verschwindend klein im Bild. Es muss angemerkt werden, dass die Kategorien der näheren Einstellungsformate so verstanden werden, dass nur ein relativ kleiner Raum über dem Kopf des Schauspielers im Bildausschnitt gestattet ist; also eine Situation, in der nur Kopf und Schultern eines in der Entfernung agierenden Schauspielers in den unteren Teil des Bildes ragen und über ihm ein großer Teil des Raumes unausgefüllt bleibt, *nicht* als *Close Up* klassifiziert wird. Obwohl die Analysen dieses Aufsatzes anhand der genannten Kategorien vorgenommen wurden, scheint es für zukünftige Arbeiten ratsam, die Kategorie des *Long Shot* nochmals zu unterteilen: in *Full Shot*, der nur den ganzen Körper eines Schauspielers zeigt, und eigentlichem *Long Shot*, in dem der Schauspieler so weit entfernt erscheint, dass die Ausdehnung des Bildes zwei bis dreimal so hoch ist wie die des Schauspielers, wobei man die Kategorie des *Very Long Shot* noch immer für jene Einstellungen reserviert hält, in denen die Schauspieler äußerst klein sind.

Da es in den Filmen dieser Epoche nur sehr wenig Kamerabewegung gab und die Darsteller überwiegend in unveränderter Distanz zur Kamera agierten, ist es nicht sehr schwierig, die Einstellungen der entsprechenden Kategorie zuzuordnen. Wenn allerdings eine Einstellung extensive Figurenbewegungen zur Kamera hin oder von ihr weg beinhaltet, ist es immer noch möglich, einen Mittelwert für die Entfernung des Darstellers zur Kamera innerhalb der Dauer der Einstellung bis zu jedem beliebigen Präzisionsgrad festzulegen, wenn man nur genug Zeit und Sorgfalt darauf verwendet. Auch sollte man nicht außer Acht lassen, dass wir es hier mit Filmen von über 200 einzelnen Einstellungen zu tun haben und sich daher Fehler in der Zuschreibung einzelner Einstellungen tendenziell gegeneinander aufheben.

Die exakten Einstellungsgrößen im Zentrum der Kategorien, die ich in meiner bisherigen Arbeit verwendet habe, sind für Filme aus der Zeit bis zum Ende des Ersten Weltkriegs nicht gänzlich zufrieden stellend, weil zwei der standardisierten Entfernungen, die zu jener Zeit relativ streng verwendet wurden, beide innerhalb einer meiner Kategorien der Einstellungsgröße liegen. Die gewöhnliche Arbeitsdistanz für europäische Filme war bis zum Ersten Weltkrieg die Vier-Meter-Linie. Schauspieler, die in dieser Entfernung von der Kamera agieren, werden auf Höhe der Schienbeine abgeschnitten, wenn sie mit einer 50-mm-Standard-Linse aufgenommen werden, was den in den USA so genannten ›französischen Vordergrund‹ (*French foreground*) ergibt. Andererseits war die gewöhnliche Drehdistanz in Amerika die ›Neun-Fuß-Linie‹, wobei die Darsteller exakt bis zu einer auf dem Boden markierten Linie in dieser Distanz arbeiteten. Unter diesen Bedingungen wurden die Schauspieler etwas unterhalb der Hüfte abgeschnitten, wenn ihre Köpfe in einigermaßen vernünftigem Abstand zum oberen Bildrand aufgenommen wurden. Das nannte man den ›amerikanischen Vordergrund‹ (*American foreground*). Obwohl der ›amerikanische Vordergrund‹ dem Zentrum der späteren Standardkategorie der Halbnahaufnahme (*Medium Shot*) entspricht, die auch ich verwende, grenzt der ›französische Vordergrund‹ an den Punkt, wo die Halbnahaufnahme in die ›volle Einstellung‹ übergeht. Es wäre durchaus möglich, hierfür eine neue Kategorie einzuführen. Im Sinne der Einheitlichkeit mit meinen früheren Arbeiten habe ich aber in dieser neuen statistischen Auswertung Einstellungen im ›französischen Vordergrund‹ in die Kategorie der Halbnahaufnahme gefasst. Auf jeden Fall liegen sie näher an der Halbnahaufnahme (MS) als an der ›vollen Einstellung‹ oder gar der Totalen (LS).

Stilmerkmale des frühen deutschen Films

Die Technik

Obwohl ich in erster Linie die absolute Anzahl von *Close Ups, Medium Close Ups, Medium Shots* und so weiter in einem Film aufzeichne (vgl. Fig. 1),

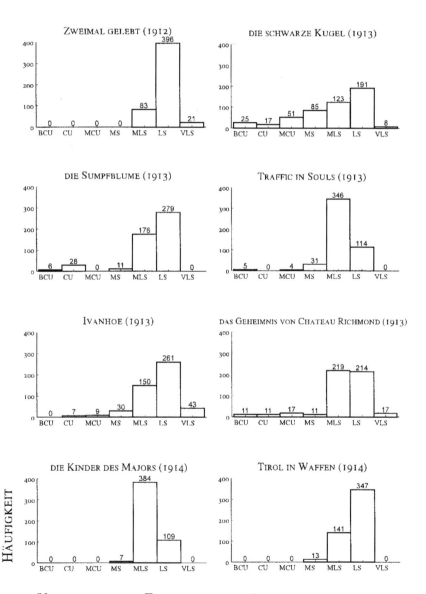

VERTEILUNG DER EINSTELLUNGSGRÖSSEN

Barry Salt

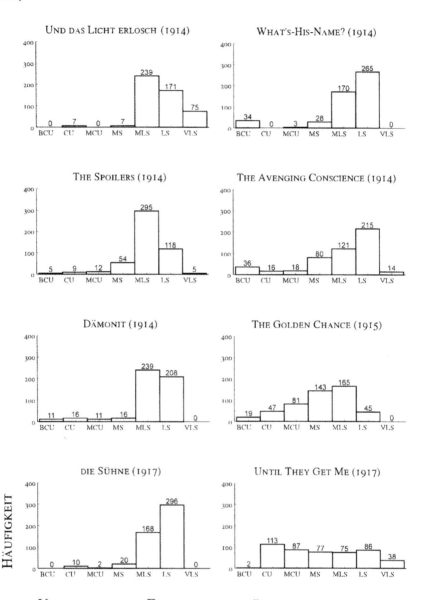

VERTEILUNG DER EINSTELLUNGSGRÖSSEN

Fig. 1

ist es aus Gründen der Vergleichbarkeit eines einzelnen Films mit anderen Filmen vorzuziehen, die Anzahl der Einstellungen jeder Kategorie mit 500 zu multiplizieren und durch die Gesamtzahl der Einstellungen des

Films zu teilen, so dass man am Ende die Zahl jedes Einstellungstyps pro 500 Einstellungen erhält. Diese ›Standardisierung‹ oder ›Normalisierung‹ ermöglicht nicht nur den Vergleich zwischen zwei Filmen, sie liefert auch ein direktes Maß der relativen Wahrscheinlichkeit für die Wahl der jeweiligen Einstellungsnähe eines Regisseurs.

Zur besseren Vergleichsmöglichkeit lässt sich eine allgemeine Zusammenfassung der Ergebnisse anhand der Angabe zur prozentualen Verteilung von Einstellungen näher als halbtotal (MLS) in den ausgewerteten amerikanischen und deutschen Filmen wie folgt geben:

ZWEIMAL GELEBT	(1912)	0%
DIE SUMPFBLUME	(1913)	9%
DIE SCHWARZE KUGEL	(1913)	28%
DAS GEHEIMNIS VON CHÂTEAU RICHMOND	(1913)	10%
DÄMONIT	(1914)	11%
UND DAS LICHT ERLOSCH	(1914)	3%
DIE KINDER DES MAJORS	(1914)	1%
TIROL IN WAFFEN	(1914)	3%
DIE SÜHNE	(1917)	7%
TRAFFIC IN SOULS	(1913)	8%
IVANHOE	(1913)	9%
WHAT'S-HIS-NAME	(1914)	13%
THE SPOILERS	(1914)	16%
THE AVENGING CONSCIENCE	(1914)	30%

Das auffallendste Merkmal dieser Ergebnisse ist der hohe Anteil an näheren Einstellungen in Franz Hofers DIE SCHWARZE KUGEL, der fast schon Griffithsche Ausmaße annimmt. Bei allen BCUs und CUs dieses Films handelt es sich um Inserts von Objekten, die mehr oder weniger relevant für den Handlungsfortgang sind. Betrachtet man dieses Ergebnis vor dem Hintergrund der anderen Eigenschaften des Films, so scheint es, als habe Hofer einige Stilmerkmale der zeitgenössischen amerikanischen Filmpraxis aufgenommen, ohne sich ihrer Bedeutung vollständig bewusst zu sein. Die Situationen, in denen hier Inserts Verwendung finden, würden an vergleichbaren Stellen in amerikanischen Filmen dieser oder der folgenden Epochen nicht zum Einsatz von Inserts führen, da sie gegenüber den vorhergehenden Einstellungen weder zusätzliche Klarheit noch besonderen Schwung hinzufügen. Das gleiche gilt auch für Hofers Verwendung von maskierten *point-of-view*-Einstellungen (siehe unten). Leider standen mir keine deutschen Filme der Jahre 1915 und 1916 zu einer detaillierten Analyse zu Verfügung, doch bestätigt der 1917 hergestellte, aber erst im folgenden Jahr uraufgeführte Film DIE SÜHNE, was mir auch in anderen Filmen aufgefallen ist, die hier nicht aufgelistet sind: dass es nämlich im deutschen Kino der Kriegsjahre nur sehr geringe stilistische Entwicklungen gegeben hat.

Gegenschuss-Aufnahmen

Wie auch im übrigen Europa machten sich deutsche Filmemacher die Schuss-Gegenschuss-Technik, die in amerikanischen Filmen ab 1911 aufzutauchen begann, erst nach Ende des Ersten Weltkriegs in vollständig entwickelter Form zunutze. Die einzige Ausnahme bestand in der Anwendung von 90°-Schnitten, um das Publikum einer Bühnenshow zu zeigen sowie die Bühnenshow selbst mit einem *Long Shot* aus Sicht und Blickwinkel des Publikums. Es scheint, dass viele Filmemacher in der ganzen Welt ihre Schwierigkeiten gehabt haben, diese konkrete Situation ins Allgemeine zu abstrahieren. Tatsächlich waren viele europäische Filmemacher sogar im Falle solcher Theaterszenen nicht in der Lage, diese Idee umzusetzen, obwohl sie ihnen aus den Filmen anderer bekannt gewesen sein dürfte. In DIE SCHWARZE KUGEL etwa versucht Franz Hofer wiederholt, die für die Handlung so zentralen Zuschauer der Bühnenshow in den Vordergrund derselben Einstellung zu integrieren, die auch das von ihnen Gesehene zeigt. Leider verfügt sein Kameramann nicht über die angemessene Tiefenschärfe, um das Publikum abzudecken, so dass in der Einstellungsfolge stets entweder das Publikum oder die Show erheblich unscharf erfasst werden – ein extremes Beispiel für die technische Unbeholfenheit, die in deutschen Filmen dieser Epoche bis zu einem gewissen Grad generell zu beobachten ist.

Point-of-view-Einstellungen

Die einzigen wirklichen Beispiele für *point-of-view*-Einstellungen in deutschen Filmen vor 1918 sind jene maskierten Varianten, in denen die betrachtete Szene innerhalb einer Vignette gezeigt wird, deren Form dasjenige darstellen soll, durch das die Figur im Film sieht – ein Fernrohr, Schlüsselloch oder was auch immer, etwa in DIE SUMPFBLUME und DER SCHIRM MIT DEM SCHWAN (1916).

Die eigentliche *point-of-view*-Einstellung (POV), die zeigt, was eine Figur im Film sieht, ohne Maskierung und *aus der Kameraposition auf einer Linie der Blickrichtung*, begann zunehmend in amerikanischen Filmen ab 1912 aufzutauchen. Es finden sich in deutschen Filmen vor 1918 ein oder zwei Beispiele für etwas, das als POV erscheinen könnte, so in DIE SUFFRAGETTE (1913), jedoch erweist eine nähere Betrachtung, dass die Szene, auf die die Figuren blicken, tatsächlich nicht aus ihrem Blickwinkel, sondern aus einer deutlich anderen Richtung aufgenommen ist. Und in der Tat scheinen die intellektuellen Schwierigkeiten deutscher Filmemacher mit dem Konzept des POV so groß gewesen zu sein, dass die Einstellung eines wichtigen, von einer Figur wahrgenommenen Objekts in AUF EINSAMER INSEL von einer Kreisblende eingerahmt gezeigt wird, obwohl weder diese noch irgendeine andere Figur des Films in dieser Szene ein Fernrohr benutzt.

Inszenierung innerhalb der Einstellung

Bei der außerordentliche Länge einzelner Einstellungen in deutschen Filmen der Epoche vor 1918 ist ein hoher Anteil der Inszenierung von Schau-

Abb. 1: Inszenierung in der Raumtiefe, einschließlich einer ›scene behind‹, in UND DAS LICHT ERLOSCH (1914, Regie: Fritz Bernhardt)

spielerbewegungen im mittleren Bereich zwischen der Vier-Meter-Linie und der Tiefe der Dekorationen unvermeidlich. Aus demselben Grund tendieren die Schauspieler auch dazu, in ziemlich offensichtlicher Weise ›frontal‹ zu spielen. Dabei war es durchaus möglich, Szenen in einer langen Einstellung zu inszenieren und dabei direkte Frontalität zu vermeiden, wie etwa in den meisten dänischen Filmdramen dieser Zeit; und es war möglich, etwa in Sjöströms INGEBORG HOLM (1913), darüber hinauszugehen und die Positionierung der Schauspieler mit großer Subtilität in ein Verhältnis zueinander zu setzen. Etwas Ähnliches sucht man in deutschen Filmen desselben Jahres vergeblich.

Andererseits häufen sich Inszenierungen in der Raumtiefe, einschließlich der Inszenierung in hinteren Räumen, die durch eine Türöffnung oder einen Torbogen sichtbar sind und in denen ein Teil der Aktion stattfinden kann (Abb.1). Hierbei handelt es sich um ein Stilmittel, das man gelegentlich in europäischen Filmen der 10er Jahre findet, seltener jedoch in amerikanischen Filmen, in denen die Aktion durch einen Schnitt und einen Wechsel der Kameraposition zwischen angrenzenden Räumen hin und her springt.

Lichtgebung

Die Lichtgebung in deutschen Filmen der Zeit vor 1918 ähnelt generell der in anderen europäischen Filmen, obwohl der Einsatz von stehenden Flutlicht-Bogenlampen zur Beleuchtung der Vordergrund- und der Seitendekorationen etwas über dem europäischen Durchschnitt liegt. In dieser Hinsicht nähert sich die deutsche Anwendung der Lichtgebungspraxis in französischen Gaumont-Filmen, die eine außergewöhnlich hohe Anzahl von Flutlicht-Bogenlampen verwendeten. In Verbindung mit ihrer Inszenierungsweise war ich verblüfft, wie viele der deutschen Filme, zum Beispiel DAS GEHEIMNIS VON CHÂTEAU RICHMOND, tatsächlich wie Gaumont-Filme aussehen (Abb. 2). Abgesehen davon, dass französische Filme vielen deutschen Filmen wahrscheinlich als Vorbilder dienten, könnten auch die nördliche Lage Berlins und die etwas schwächeren Lichtwerte des Sonnenlichts, das durch die Atelierdächer fiel, etwas damit zu tun haben. Wie überall in Europa wurden die altmodischen Glasateliers bis in die Nachkriegszeit hinein benutzt, während die Amerikaner bereits in den Kriegsjahren ausschließlich auf künstliches Licht in abgedunkelten Studios übergingen. Auch findet man dort in Studioszenen kein einziges Beispiel punktuell von hinten beleuchteter Figuren. Und doch erreicht keiner der mir bekannten

Stilmerkmale des frühen deutschen Films

Abb. 2: Lichtgebung à la Gaumont in DAS GEHEIMNIS VON CHÂTEAU RICHMOND (1913, Regie: Willy Zeyn). Die Figur im Vordergrund steht fast genau an der 9-Fuß-Linie im ›amerikanischen Vordergrund‹

deutschen Filme vor 1917 die Subtilität der besten Gaumont-Filme, die durch die Präzision bestechen, mit der das Licht auf die Figuren und die unterschiedlichen Bereiche der Szene verteilt wird. Im Gegenteil ist die Lichtgebung gelegentlich sehr plump, etwa die Bemühungen um einen Chiaroscuro-Effekt in UND DAS LICHT ERLOSCH oder HOMUNCULUS. Diese Dinge änderten sich nach dem Krieg leicht, wobei ein Vorbote dieser Entwicklung die Lichtgebung in DIE LIEBE DER MARIA BONDE (1918) war, in dem mit den in einem Künstleratelier zur Verfügung stehenden Lichtquellen interessante Effekte erreicht wurden (Abb. 3).

Dramaturgie und Drehbuchkonstruktion

Ein Grundproblem deutscher Filme rührt von deren schwacher Skript-Konstruktion her, was sich in seiner extremsten Form anhand von DIE SUMPFBLUME (1913) illustrieren lässt, einem Film, der nicht weniger als zehn Minuten benötigt, um seinen Helden mit der Heldin bekannt zu machen

Abb. 3: Eine Szene mit gedämpfter Lichtgebung durch natürliche Lichtquellen in DIE LIEBE DER MARIA BONDE (1918, Regie: Emerich Hanus)

und die eigentliche Handlung in Gang zu setzen, und der weitere sieben Minuten braucht, um alle anderen Handlungskomponenten einzuführen, so dass schließlich doch noch etwas Interessantes passieren kann! In mehr auf Aktion abgestellten Filmen gibt es Verfolgungsjagden ohne Ziel, die sogar gelegentlich, auf dem Umweg über gänzlich irrelevante Handlungselemente, an ihren Ausgangspunkt zurückkehren, etwa in DIE SCHWARZE KUGEL. Hier wird viel Aufhebens um einen versteckten Kellerzugang gemacht, der vermeintliche Keller selbst spielt aber für die Handlung überhaupt keine Rolle, und wir bekommen ihn dann auch niemals zu sehen. Noch die besten deutschen Vorkriegsfilme, zu denen zweifellos die von Urban Gad inszenierten Asta Nielsen-Filme zählen, sind nicht immer frei von derartigen Schwächen.

Schlussfolgerung: In Deutschland, wie anderswo, bevorzugte das Publikum amerikanische Filme, wenn es sie zu sehen bekam. Der Grund hierfür war, dass amerikanische Filme, aus den oben angeführten Gründen, im allgemeinen aufregender, ergreifender und unterhaltsamer waren.

Aus dem Englischen von Michael Wedel

1 Emilie Altenloh: *Zur Soziologie des Kino. Die Kinounternehmung und die sozialen Schichten ihrer Besucher.* Jena 1914, S. 10. — **2** Barry Salt: *Film Style & Technology. History & Analysis.* 2. Aufl., London 1992. — **3** An dieser Stelle möchte ich mich beim National Film Archive und dem National Film Theatre in London für die wie immer großzügige Zusammenarbeit bedanken, die mir den Zugang zu den Filmkopien erleichtert hat. Auch dem Goethe-Institut in London gilt an dieser Stelle mein Dank. — **4** Vgl. Herbert Birett: Alte Filme. Filmalter und Filmstil: Statistische Analyse von Stummfilmen. In: Elfriede Ledig (Hg.): *Der Stummfilm. Konstruktion und Rekonstruktion.* München 1988, S. 69–88. — **5** George Pratt: *Spellbound in Darkness.* New York 1973.

Wolfgang Mühl-Benninghaus

DON JUAN HEIRATET und DER ANDERE
Zwei frühe filmische Theateradaptionen

Am 12. Oktober 1908 trafen sich 119 deutsche Schriftsteller, Bühnenautoren und Pressevertreter im Bankettsaal des Berliner Restaurants Weingold auf Einladung von Heinrich Bolten-Baeckers. In seiner Begrüßungsrede umriss dieser das Ziel der Veranstaltung:

> Es soll im Anschluß an die seit kurzer Zeit in Paris bestehende und glänzend prosperierende ›Société cinématographique des auteurs et des gens de lettres‹ eine ähnliche Gesellschaft ins Leben gerufen werden, deren Mitglieder ihre dramatischen und novellistischen Arbeiten in den Dienst der Kinematographie stellen, indem sie kurze aber allgemein verständliche Szenarien von Stücken und Erzählungen schaffen, die von dem Pariser Weltinstitut Pathé Frères in kinematographische Films übertragen und so aller Welt zugänglich gemacht werden.

Als Honorar für einen Filmstoff wurden den Anwesenden vier Pfennige pro gedrehtem und kopiertem Filmmeter in Aussicht gestellt. Die Pathé, so einer ihrer Vertreter, habe mehr als dreihundert Abonnenten, die sich vertraglich verpflichtet hätten, jeden ihrer Filme abzunehmen, so dass Autoren mehrere hundert Mark pro Sujet verdienen könnten, also ungleich mehr als im ›Frondienst‹ der Presse. Zu den Gründen für die Einbeziehung der Schriftsteller in das Filmgeschäft führte Bolten-Baeckers aus: »Wenn die deutschen Autoren sich der Kinematographie annehmen«, werde »diese auch ideal gehoben von dem Lasziven und grob Sensationellen, das vielen ihrer Vorführungen anhaftet, befreit (...) Was unseren deutschen Kinematographentheatern fehlt, ist eine deutsche Geschmacksrichtung und in der kinematographischen Industrie war bis heute von einem deutschen Einfluß herzlich wenig zu spüren.«[1]

Mit der Veranstaltung im Restaurant Weingold verfolgten die Anwesenden jeweils eigene Interessen. Bolten-Baeckers und die Vertreter der Pathé versuchten, vor dem Hintergrund heftiger Anfeindungen von Seiten der Kinoreformbewegung[2] das Interesse von Schriftstellern und Bühnenautoren am Film zu wecken. Von deren Mitwirkung erhofften sich die Veranstalter nicht nur, die Angriffe entkräften zu können, sondern zugleich neue Publikumsschichten für die Lichtspielhäuser erschließen zu können. So wie schon vor der Jahrhundertwende das Varieté mit Hilfe von bekannten Künstlern stritt, als Kunst und damit sozial anerkannt zu werden,[3] sollte nun auch die Kunst zur Etablierung des Films als sozial anerkanntem Medium beitragen. Um Kunst als Kunst auch für Außenstehende erkennbar werden zu lassen, bemühte sich die Kinematographie um angesehene Künstler, die mit ihren Namen für den Kunstcharakter des Films bürgten. Entsprechend seinen Inhalten und Darstellungsformen kam als orientierendes Leitmedium in erster Linie das Theater in Frage. Die eingeladenen Autoren hofften, sich neue Einnahmequellen zu erschließen.

Die beiden zu behandelnden Spielfilme stehen am Anfang von zwei aufeinander folgenden Etappen, in denen sich Vertreter der Filmindustrie Theaterstoffen und -künstlern bedienten, um das Medium von seinem ›Schmuddelimage‹ zu befreien.

Don Juan heiratet

Die Zensurkarte beschreibt den Filminhalt wie folgt: »Inserat über seine Heirat. Don Juan feiert Hochzeit. Seine ehemaligen Geliebten haben dies erfahren und aus Rache entführen sie ihn und schließen ihn in ein Zimmer ein. Durch List weiß er sich doch zu befreien und will in die Wohnung seiner Braut, wird aber für einen Einbrecher gehalten und auf die Polizeiwache gebracht, wohin später auch seine Braut gelangt.« Die einsträngige Handlung des Films ist in drei Akte gegliedert und kommt bis auf die eingeblendete Annonce ohne Zwischentitel aus. Die Vorführdauer beträgt etwa neun Minuten. Als Regisseur nennt die Zensurkarte Franz Porten und als Produktionsfirma Alfred Duskes Kinematographen- und Film-Fabrikation GmbH.[4] Eine Werbeanzeige bezeichnet Bolten-Baeckers als Drehbuchautor.[5] Die Premiere und die weiteren Aufführungen des Films erfolgten zunächst im Berliner Apollo-Theater.

Bereits der Filmtitel verweist auf die Verkehrung der Geschichte des Don Juan, mit der unter anderem Mozart und Molière arbeiteten: Der Held, dessen charakteristisches Merkmal seine Affären und seine Ehelosigkeit sind, heiratet. Insofern dient der Titel einerseits als Zugmittel, um Besucher anzulocken, und andererseits dazu, eine Ausgangsposition zu beschreiben, auf welche die im Film gezeigten Verwicklungen bis zum Happy End folgen. Mit der Verkehrung der Figur, die, wie noch zu zeigen sein wird, in der Spielhandlung noch verstärkt wird, bedient sich der Film nicht nur eines seit der Antike bekannten, sondern auch um die Jahrhundertwende anscheinend sehr populären Theatermotivs. So führte am Premierenabend von DON JUAN HEIRATET allein das Berliner Theater Folies Caprice erstmals vier neue Einakter »unter großem Beifall des Publikums« auf, von denen sich zwei des Verkehrungsmotivs bedienten.[6]

Im Mittelpunkt der Handlung des ersten deutschen Kunstfilms steht Don Juan, der von dem berühmten Komiker des Berliner Metropol-Theaters, Josef Giampietro, gespielt wird. Der *Kinematograph* schreibt über den ersten Auftritt eines berühmten Bühnenschauspielers im Film: Er »dürfte bei der großen Beliebtheit Giampietros in allen Berliner Kreisen, ganz besonders für die Berliner Kinobühnen, zu einer Sensation, zu einem Schlager ersten Ranges werden, denn ›Giampietro im Kientopp‹ wird jeder Berliner und jede Berlinerin sehen wollen und gesehen haben müssen.«[7]

Die Bedeutung des Stars wird dramaturgisch durch drei im Verhältnis zu der übrigen Spielhandlung lange Kamera-Einstellungen hervorgehoben. Die Eingangssequenz zeigt relativ ausführlich Don Juan in seiner vornehmen Wohnung bei der Toilette in Vorbereitung auf die Hochzeit. Als Giampietro mit Handschellen gefesselt in der Gefängniszelle sitzt, kann der Zuschauer sich ausgiebig über dessen Verrenkungen amüsieren, die durch einen Juckreiz ausgelöst werden. In der dritten Szene, die Giampietro ausstellt – der Erhängungs-Bluff –, wird der Zuschauer in direkter dramaturgischer Anlehnung an viele Theaterstücke gleichsam zum Komplizen des Stars. Nachdem er von seinen ehemaligen Geliebten in ein Zimmer eingesperrt wurde, erhängt er sich aus deren Schlüssellochperspektive am Kronleuchter. Der in die Handlung einbezogene Zuschauer sieht dagegen, wie Don Juan die Idee zum vorgetäuschten Selbstmord kommt, wie er den Plan ausführt und in Großaufnahme einen dem Zuschauer zuzwinkernden Giampietro, der, um die Theatralik noch zu unterstreichen, die Zunge herausstreckt. Als die Entführerinnen erschreckt die Tür öffnen, gelingt es Don Juan zu fliehen und die Frauen im Zimmer einzuschließen. Allein dem Zuschauer gilt auch die sich dieser Szene anschließende Geste. Der glücklich Entflohene zieht hinter der Tür den Frauen mit den Händen noch eine lange Nase.

Wie in vielen Theaterstücken treten auf der Handlungsebene des Films zwei Figuren aus dem niederen Volk auf, die qua Ständeordnung mit Don Juan und seiner zukünftigen Braut wenig gemein haben, aber im Film wesentlich den Verlauf der Handlung bestimmen. Im ersten Teil ist es ein Dienstmädchen, das über das Inserat von der geplanten Hochzeit erfährt. Empört leert sie ihren Wäschekorb, den sie auch in den folgenden Szenen immer mit sich herumträgt. Sie initiiert den Plan, mit zwei weiteren verflossenen Geliebten des Bräutigams, die nach dem Lesen der Annonce ebenfalls vor dem Standesamt erscheinen, Don Juan in seiner Hochzeitskutsche zu entführen. Auch bei der Durchführung des Unternehmens erscheinen die beiden Damen aus dem vornehmen Stand eher als Erfüllungsgehilfinnen des Dienstmädchens denn als wirkliche Akteurinnen. Als Don Juan entflieht, ist es folgerichtig das Dienstmädchen, das vor Schreck auf sein Hinterteil fällt.

Im zweiten Teil des Films wird das Dienstmädchen gleichsam abgelöst von einem einfachen Mann, der sich schon durch seine komische, ans Clowneske erinnernde Gangart von der vornehmen Gesellschaft unterscheidet. Ihm gelingt es, hinten auf die Kutsche aufzuspringen, und er erfährt so den Aufenthaltsort Don Juans. Gegen eine Belohnung ist der Mann bereit, die trauernde Braut zu ihrem zukünftigen Gatten zu führen. Das Suspense-Moment des Films wird eingeleitet durch den sich in Erwartung seines Entgelts die Hände reibenden Mann, der zusammen mit der Braut zum Haus einer der Entführerinnen eilt. Sie verpassen so Don Juan, der Augenblicke später um die Ecke kommt und beim Versuch, in das Zimmer seiner Braut einzusteigen, als vermeintlicher Verbrecher verhaftet wird. Auf der Polizeidienststelle werden ihm, der sich nicht einsichtig zeigt, Handschellen angelegt. In dieser Szene löst sich die Kamera ein zweites Mal aus ihrer starren Position. Als *Close Up*, perspektivisch von oben aufgenommen, zeigt sie diesen Vorgang und unterstreicht, wie beim Erhängungs-Bluff, die Komik der Situation. Inzwischen sind die Braut und ihr Begleiter an dem Haus angekommen, in dem sich ihrer Meinung nach Don Juan noch befindet. Beim Versuch, den Gartenzaun zu überwinden, werden beide verhaftet und zu Don Juan in die Zelle gebracht. Das Happy End, der Kuss der sich Liebenden, wird noch kurz verzögert durch den einfachen Mann, der auf seinen Lohn pocht und dann durch das Gefängnisfenster verschwindet. Nachdem Don Juan, inzwischen von den Handschellen befreit, das Schlüsselloch der Gefängniszelle mit einem Taschentuch verstopft hat, können sich die Liebenden endlich in die Arme fallen. Lediglich der Zuschauer ist hier, wie auch bei vergleichbaren Theaterszenen, gleichsam als Voyeur zugelassen.

Die gesamte Handlung ist ohne überflüssiges Beiwerk aufgenommen. Die Komik wird durch die Geschwindigkeit, mit der das Geschehen abläuft, noch verstärkt. Insofern pointierte der als Rausschmeißer gezeigte Film noch einmal die in der Presse als eine Mischung von Revue und Kabarett beschriebene Vorstellung im Apollo-Theater.[8] Sie bestand unter anderem aus der Verwechslungsburleske *Er oder er* sowie verschiedenen so genannten Spezialitäten-Attraktionen, wie einem ›Neger-Duett‹, einem Karikaturisten und zwölf Damen, die auf der Bühne exerzierten.⁹ Während in Bezug auf die Verkehrungsmotive, auf die Situationskomik, auf die bewusste Einbeziehung des Zuschauers in die Handlung und letztlich auch auf die weitgehend starre Position der Kamera die Spielhandlung noch weitgehend auf Momente des Unterhaltungstheaters verweist, stellen in DON JUAN HEIRATET vor allem die Radikalität der Geschwindigkeit, mit der die Handlung abläuft, und die beiden Kamerabewegungen das Typische des jungen Mediums Film aus. Insofern ist er ein Produkt des Übergangs auf dem Weg zur Ausbildung einer eigenen Filmsprache.

Der frühe Versuch Bolten-Baeckers', mit DON JUAN HEIRATET den Film als Kunst zu etablieren, fand seine Fortsetzung auch in einer Vielzahl von Verfilmungen von zum Teil klassischen Theaterstoffen, die Vertretern der Kinoreformbewegung als Angriff auf die Kultur erschienen.

Einen weiteren Versuch, Film und Theater miteinander zu verbinden, stellte 1910 die Verfilmung der unter der Regie von Max Reinhardt entstandenen Theaterinszenierung *Sumurun* durch die Bioscop dar. Die für die Frühzeit der Kinematographie auffallend lange Kritik des *Berliner Tageblatts* nimmt nach der Feststellung, dass »das Theater seine Staatsvisite beim Kientopp abgestattet« habe, diese Gelegenheit auch wahr, um das Verhältnis beider Seiten näher zu beleuchten. Die Unterschiede sah der Kritiker vor allem in den unterschiedlichen Geschwindigkeiten, mit denen die Spielhandlungen inszeniert werden müssten: »Was auf der Bühne rapide Schnelligkeit ist, wird auf der Leinwand langweiliges Zögern«. Ferner verdeutlichte die Kritik, dass der Film mehr sei als Theaterpantomime, denn er verlange nach einer ausgeprägten Mimik der Schauspieler. Als weiteren Unterschied zwischen Theater und Film beschrieb die Zeitung den Unterschied zwischen der Position des Zuschauers und der Kamera-Einstellung. Im Theater sehe der Zuschauer während der gesamten Vorstellung stets die Bühne und die auf ihr agierenden Schauspieler aus der sich nicht verändernden Perspektive seines Sitzplatzes. Die Kamera könne eine vergleichbare Position auf Dauer nicht einnehmen. Sie müsse, um ihr Publikum im Kino nicht zu langweilen, mit stets wechselnden Einstellungen arbeiten. Schließlich müsse sich der stumme Film im Unterschied zum Theater auf die Darstellung einfacher Handlungsstränge beschränken. Er könne nicht »die Orgie der Farbe«, die einen Reiz der abgefilmten Reinhardtschen Inszenierung ausmachte, abbilden. Die Kritik schließt mit dem Hinweis: »So wenig wie das Theater ein Jahrmarktsulk bleiben konnte, so wenig kann es die Lichtbildbühne. Wir sind auf dem Wege zur künstlerischen, zur dramatischen Kinematographie.« Und sie prophezeit: »Die Schaubühne und der Kinematograph werden noch innige Freunde werden.«[10]

Reinhardt hatte für die Aufzeichnung von SUMURUN, wie die Zeitung kritisch bemerkte, nur »die achtzigste Besetzung« zur Verfügung gestellt. In der Folgezeit wandelte sich seine Auffassung gegenüber dem Film. Zum einen wurden in den folgenden Jahren noch mehrere seiner Inszenierungen verfilmt, zum anderen führte er in Zusammenarbeit mit dem Maler Paul von Schlippenbach selbst Regie in dem Spielfilm DIE INSEL DER SELIGEN, für den Arthur Kahane das Drehbuch schrieb. Für beide Formen der Regieleistung warb die Branchenpresse unter dem Stichwort »Professor Max Reinhardt-Zyklus«. Insofern begann bereits in den frühen 10er Jahren jene Entwicklung, die bei Piscator ihren Höhepunkt in den 20er Jahren erreichte: Teile des Theaters änderten sich in Auseinandersetzung mit und unter Zuhilfenahme der Kinematographie, wie auch Letztere vom Theater wesentliche Impulse erhielt.

In den Kritiken zu den Theaterinszenierungen und dem Spielfilm Reinhardts werden Momente von Unterschieden und Gemeinsamkeiten beider Medien deutlich. Im Ergebnis seiner Untersuchungen bezeichnet Joachim Fiebach die Aufführungen als »Bewegung des Sinnlichen« und exemplifiziert im Folgenden an ihnen die »Visualisierung beschleunigter dynamischer Bewegung im Paradigmenwechsel des Theaters um die Jahrhundertwende.«[11] Fast konträr waren dagegen die Reaktionen auf den im Oktober 1913 uraufgeführten Spielfilm. Diese waren in Bezug auf die Tagespresse sicher wesentlich den Vorbehalten gegenüber dem Kino geschuldet, die als das einzig Positive die Schönheiten der Bilder in den Vordergrund stellten. Diesem Urteil schloss sich die Fachpresse inhaltlich an, indem sie herausstellte: »Reinhardt hat ein gutes Kunstwerk geschaffen.« Problematisch war dagegen die Länge des Films und die von Reinhardt verlangte Klavierbegleitung, die in den hinteren Reihen nicht zu hören war. Beide Momente veranlassten viele Zuschauer, das Kino vorzeitig zu verlassen. Und weiter heißt es:

> Hier haben wir es mit keiner dramatischen Handlung zu tun, die uns in gesteigertem Maße in Spannung hält und uns mit sich fortreißt; malerische Motive stehen im Vordergrund und die bedeuten von selbst ein gewisses Einerlei; tritt noch der Mangel an Szenenwechsel hinzu und wird das Ganze nicht in angemessenen Grenzen gehalten und über Gebühr ausgedehnt, so muß schließlich Müdigkeit den Betrachter erfassen und ihm den Genuß des Ganzen beeinträchtigen. Das Einerlei muß zu einer gewissen Starrheit führen. Gedrängtheit und äußerste Konzentration sind die Haupterfordernisse bei derartigen Films.[12]

Sowohl aus den Bemerkungen Bolten-Baeckers', der 1908 die Arbeit bei der Presse als »Frondienst« für den Schriftsteller bezeichnet hatte, als auch durch die Anwesenheit von fast allen eingeladenen Autoren im Restaurant Weingold wird die unsichere wirtschaftliche Lage erkennbar, in der sich der Berufszweig nach der Jahrhundertwende befand. Ein Jahr später erscheinen die ersten BB-Filme bei der Messter-Projektion GmbH. Im September 1911 gründete Bolten-Baeckers sein eigenes Unternehmen, die Lichtspielhaus Berlin/Bolten-Baeckers GmbH, die 1912 in die BB-Film umgewandelt wurde. Als Direktor des eigenen Unternehmens gelingt es dem als Förderer des zu »veredelnden« Mediums aufgetretenen Bolten-Baeckers, die problematische Lage der Autoren zu nutzen, um diese in seine Abhängigkeit zu bringen. In einem vom 27. April 1912 datierten Brief eines Schriftstellers heißt es dazu unter anderem:

> Unser Kinovertrag, geehrter Herr Direktor, enthält für meine Frau und mich in einem Punkte eine gewisse Härte, die niemand bedachte, die man nicht voraussehen konnte, die ich mir aber hiermit zu reclamieren erlaube. Daß Sie sich das Recht gewahrt haben, daß wir Ihnen alle Filmentwürfe zuerst vorlegen müssen, finde ich ganz richtig, allein – und Sie werden dies zugeben – es hätte ein Passus aufgenommen werden müssen, der besagt, daß Herr Bolten-Baeckers in 5 oder 8 Tagen sich zu entscheiden habe über Annahme oder Ablehnung einer eingereichten Filmidee oder eines Films. Das Fehlen dieser Klausel, die Sie seinerzeit sicher gerne zugestanden hätten, wurde für mich und meine Frau zum gewaltigen Hemmschuh in produktiver Hinsicht in den letzten 5 Wochen, seit ich Ihnen die Arbeit ›Die Krone der Nixenkönigin‹ übergeben habe. Über diesen Film steht noch Ihre Entscheidung aus (...) Es gab für uns seit jener Zeit durch Filme verfassen nichts zu verdienen, wir mußten uns darauf beschränken, Freunde Filme (...) corrigieren (zu lassen).

Bolten-Baeckers lehnte den Filmstoff »als noch nicht geeignet« ab.[13]

Offensichtlich sind es zwei Momente, die Autoren potenzieller Filmstoffe abhalten, sich dem Medium zur Verfügung zu stellen: der schlechte Ruf des Kinos in der meinungsbestimmenden Schicht des Kaiserreichs und die geringe Wertschätzung der Autoren von Seiten der Filmproduzenten. Unter diesen Bedingungen verpflichteten sich am 12. März 1912 die Bühnenschriftsteller auf einer Generalversammlung fast einstimmig, »in keiner Weise für das Kinotheater tätig zu sein«. Die Filmindustrie ihrerseits polemisierte gegen diesen Beschluss sowohl innerhalb der Branchenpresse als auch über ihr Agitationskomitee in einer breiteren Öffentlichkeit. Nach der Selbstverpflichtung unterzeichneten im Verlauf persönlicher Gespräche einige bekannte Schriftsteller wie Hermann Sudermann, Gerhart Hauptmann oder Arthur Schnitzler mit der größten deutschen Filmfirma, der Projektions-AG ›Union‹ (PAGU), Verträge, deren finanzieller Umfang weit über dem lag, was die Theater beziehungsweise die Presse zahlen konnten. Daraufhin begrub der Verband Deutscher Bühnenschriftsteller am 8. November des gleichen Jahres die ›Streitaxt‹ gegen die Lichtspieltheater.[14] Drei Tage später schlossen der Verband und die Union einen heftig kritisierten Kartellvertrag über die Lieferung von Filmmotiven.[15]

Neben den finanziellen Vorteilen für den Einzelnen bot das Lichtspiel weitere: So konnte kein auswärtiges Theater den einmal geschaffenen Text verstümmeln. »Hier allein ist dem Autor die volle Sicherheit geboten, dass die Darstellungen in der Provinz mit dem Urbild in der Hauptstadt völlig kongruent sein werden. Keine Dürftigkeit der Ausstattung, kein Regiefehler, keine Lässigkeit in der Wiedergabe braucht befürchtet zu werden. Denn das Filmband ist unabänderlich und endgültig«.[16]

Der Andere

Noch im November 1912 begann der Filmregisseur Max Mack für die Berliner Produktionsfirma Vitascope das Theaterstück *Der Andere* von Paul Lindau zu verfilmen (Abb.). Nach dessen Uraufführung in Dresden fand die Berliner Erstaufführung am 17. November 1893 im Lessing-Theater statt.[17] Das Stück handelt von dem Staatsanwalt Dr. Haller, der während einer Gerichtsverhandlung einem Angeklagten nicht zugesteht, unter einer Bewusstseinsspaltung zu leiden. Infolge von Überanstrengung befällt Haller dieselbe Krankheit, und er wird in seiner Alter-Ego-Gestalt selbst zum Verbrecher. »Lindau soll die Idee direkt von R. L. Stevensons Novelle *The Strange Case of Dr. Jekyll und Mr. Hyde* übernommen haben, doch baut er als Ursache der Bewußtseinsspaltung nicht auf eine wissenschaftlich-medizinische Aberration, sondern auf ein psychologisch-theoretisches Modell, das Hyppolite Taine in seinem Buch *De l'Intelligence* darlegte.«[18] In dieser präfreudschen Schrift wurde behauptet, dass Stress und Krankheit zu einem alternierenden Bewusstsein führen könnten.

Lindau greift im Theaterstück die Taineschen Gedanken auf und wendet sich damit implizit gegen die Folgen der Industrialisierung und die durch sie hervorgerufenen Veränderungen im Lebensrhythmus. Der auf Haller wirkende äußere Stress wird durch die Anwesenheit von Agnes ver-

Albert Bassermann, Paul Lindau und Max Mack (v. l. n. r.) auf einem Produktionsfoto zu DER ANDERE (1912/13)

stärkt. Sie ist die Schwester des Freundes von Haller, Rechtsanwalt Arnoldy. Alle drei wohnen im gleichen Haus. Am Ende des Stückes verordnet der behandelnde Arzt dem Patienten eine Kur: »Wir schicken ihn fort, weit fort, nach einem weltvergessenen Neste, wo es keine Telegraphen, keine Post und Eisenbahnen gibt und keine Zeitung erscheint. Da soll unser guter Staatsanwalt allein sein, ausschlafen, faulenzen und gesunden.« Die anschließende Frage von Agnes an den Mediziner: »Dann aber, dann darf ihn doch wohl ein Freund besuchen? (...) Oder eine gute Freundin?« und die Antwort: »Ihr Herr Bruder und Sie, ja!« wurde von der Theaterzensur am 30. Oktober 1893 gestrichen.[19] Das Stück wurde in der Folgezeit mehrfach neu inszeniert und lief auch 1913 parallel zur Uraufführung des Films im Berliner Schillertheater.[20]

Das Drehbuch zum Film schrieb Lindau selbst und begründete damit die Gattung der so genannten Autorenfilme.[21] In dem für ihn neuen Medium stellte er im Unterschied zum Stück den hier bereits angelegten Reitunfall und die Überanstrengung Hallers als die Ursache für dessen Bewusstseinsstörung dar. Das libidinöse Verhältnis zu Agnes bleibt im Film unterbelichtet und spielt für dessen Handlungsverlauf eine nur untergeordnete Rolle. Ansonsten folgt der Film weitgehend den Vorgaben des Stückes. Lediglich aus dem Staatsanwalt wurde aus Zensurgründen ein Rechtsanwalt.[22] Am Ende des Films küssen sich Agnes und Haller. Diese Andeutung von Sexualität wird jedoch in der Schlussszene wieder zurückgenommen. Sie zeigt die beiden Liebenden miteinander Brüderschaft trinkend, was vor dem Hintergrund der von den Kinoreformern inszenierten Debatten über das Medium als Hinweis auf Ehe und Nachkommenschaft gedeutet werden kann.

In seinen Äußerungen über die Filmdramatik betonte Lindau, dass Theaterstücke nicht unbearbeitet für den Film zu nutzen seien. Als Vorteile des jungen Mediums gegenüber dem etablierten Theater nannte er vor allem seine unbeschränkte Bildlichkeit, die es gestatte, dem Zuschauer alles für die Handlung Wesentliche zu zeigen. Auch das fehlende Wort stelle kein Hindernis dar, denn »mit faßlichen Gebärden« könne man alles darstellen. Alle Beschränkungen, die dem Theater anhaften, seien es Szenenwechsel, Zwischenvorhänge, Pausen, die Einheit des Ortes, die teilweise zu langen Erklärungen zwinge, Umbauten und so weiter entfallen beim Film. Bei diesem komme es vor allem darauf an, die einzelnen Bilder so zu gliedern, »dass sie in ihrem äußeren Aufbau und in ihrem inneren Zusammenhang die Handlung völlig deutlich und durchsichtig erkennen lassen.«[23]

Während die Bühnenvorlage in ihrer dramaturgischen Umsetzung weitgehend auf ein Ensemble zugeschnitten war, inszenierte Mack den Film auf den bekannten Bühnenschauspieler Albert Bassermann hin. Dieser spielte Haller, als seien dessen Charaktere völlig voneinander getrennt. Sein Alter Ego wird fast nur noch in der Person Bassermanns erkennbar. Diese Interpretation der Vorlage erlaubte es, durch »das Nebeneinander krassester Gegensätze und hastiger Schnitte drastischer Vorgänge« einen für die Bühne nicht darstellbaren »Schein der Gleichzeitigkeit zweier Szenen« zu erzeugen.[24] Nach den Dreharbeiten äußerte sich Bassermann zu den Unterschieden zwischen der Arbeit auf der Bühne und für die Leinwand. In Bezug auf den Film hob er vor allem dessen starke Bildhaftigkeit, die Ruhe in der Bewegung, im Gestus und in den Mundbewegungen hervor. Alles müsse so arrangiert sein, dass der Zuschauer das Gefühl habe, dass auf der Leinwand Menschen handeln, »die sich genau wie im Leben ausdrücken«.[25]

In der Folgezeit wurde eine Reihe weiterer so genannter Autorenfilme gedreht, denen an den Kinokassen überwiegend der Erfolg versagt blieb, weil sie das Publikum langweilten. Die Kinozuschauer verlangten von den Filmen vor allem knappe und präzise Darstellungen und waren dafür auch bereit, Abruptes, Skizzenhaftes, Fragmentarisches und Flüchtiges in den aufgeführten Handlungen hinzunehmen. Unter diesem Blickwinkel passte der Film in die Kunstszene um die Jahrhundertwende, die durch Verkürzung, Auslassen und die hiermit verbundene Akzentuierung neue Sichtweisen auf die Dinge erlaubte.

Trotz ihres mangelnden Erfolgs gewann das Theater vor allem über die Autorenfilme für die weitere Entwicklung der deutschen Kinematographie insofern an grundlegender Bedeutung, als diese das wichtige Zusammenspiel der erzählerischen Vision des Drehbuchautors und der visuell interpretierenden-inszenatorischen Fantasie des Regisseurs verdeutlichen. In diesem Zusammenhang bildete sich neben neuen Filmthemen auch eine Reihe neuer dramaturgischer Techniken heraus. Des Weiteren entstanden in diesem Prozess auch arbeitsteilige Tätigkeiten innerhalb der Filmproduktion, die bis heute typisch geblieben sind. Mit dem 1913 uraufgeführten Spielfilm DER STUDENT VON PRAG wurde schließlich deutlich, dass das neue Medium anfing, sich jenseits der Bühne liegende Erzähl- und Darstellungstechniken zu erschließen und dass es begann, eigene Kunstformen auszuprägen.

1 Ludwig Brauner: Deutsche Dramatiker als Kinematographendichter. In: *Der Kinematograph*, Nr. 95, 21.10.1908. — **2** Vgl. zur Kinoreformbewegung allgemein: Anton Kaes: *Kino-Debatte. Texte zum Verhältnis von Literatur und Film 1909–1929*. München und Tübingen 1978; Jörg Schweinitz (Hg.): *Prolog vor dem Film. Nachdenken über ein neues Medium 1909–1914*. Leipzig 1992. — **3** Vgl. u. a. Franz Kurz-Elsheim: Variété und Kunst. In: *Der Artist*, Nr. 1022, 11.9.1904. — **4** Zensurkarte ›Don Juan heiratet‹, 28.4.1909, Nr. 3067 Bundesarchiv/Filmarchiv, Berlin. Einen Vor- oder Abspann mit den wichtigsten Darstellern, Drehbuchautor etc. hat der Film nicht. — **5** In: *Berliner Lokalanzeiger*, Nr. 262, 2.5.1909. — **6** Annonce des Theater Folies Caprice. In: *Berliner Lokalanzeiger*, Nr. 262, 2.5.1909. — **7** Ludwig Brauner: Die ersten deutschen Kunstfilms. In: *Der Kinematograph*, Nr. 122, 28.4.1909. — **8** Anon.: Im Apollo-Theater. In: *Berliner Börsen-Courier*, Nr. 203, 2.5.1909. — **9** Ebd. — **10** Baptist: Sumurun im Kinematographen. In: *Berliner Tageblatt*, Nr. 280, 6.6.1910. — **11** Joachim Fiebach: Audiovisuelle Medien, Warenhäuser und Theateravantgarde. In: Erika Fischer-Lichte (Hg.): *TheaterAvantgarde*. Tübingen und Basel 1995, S. 25; vgl. auch: ders.: *Von Craig bis Brecht. Studien zu Künstlertheorien in der ersten Hälfte des 20. Jahrhunderts*. Berlin 1991, S. 55 ff. — **12** Anon.: Betrachtungen zum Reinhardt-Film. In: *Die Lichtbildbühne (LBB)*, Nr. 42, 18.10.1913; vgl. auch: Anon.: Das achte Berliner U.T. und Professor Max Reinhardt. In: *LBB*, Nr. 41, 11.10.1913. — **13** Alle Angaben einzusehen unter Bolten-Baeckers in Schriftgutarchiv des Filmmuseums Berlin – Deutsche Kinemathek. — **14** Anon.: Der Schnee schmilzt. Die Bühnenautoren arbeiten für den Kino. In: *Der Kinematograph*, Nr. 307, 13.11.1912. — **15** Vgl. u. a. Erich Oesterheld: Wie die deutschen Dramatiker Barbaren wurden. In: *Die Aktion*, 26.2.1913,

S. 261–265. — **16** Oskar Blumenthal: Der Film auf der Anklagebank. In: *Die Deutsche Bühne*, Nr. 18, 25.11.1912, S. 418–421. — **17** Annonce des Lessing-Theaters. In: *Vossische Zeitung*, Nr. 544, 18.11.1893. — **18** Uli Jung und Walter Schatzberg: Zur Genese eines Filmstoffs. DER ANDERE von Max Mack (1912) und Robert Wiene (1930). In: *filmwärts*, Nr. 28, 1993, S. 26 und 39–41. — **19** Vgl. das Zensurexemplar zu DER ANDERE im Berliner Landesarchiv. — **20** Annonce des Schillertheaters in Berlin O. In: *Berliner Börsen-Courier*, Nr. 91, 23.2.1913. — **21** Unter Autorenfilmen werden jene vor 1914 entstandenen Spielfilme zusammengefasst, deren Stoffvorlage von bekannten Schriftstellern und Dramaturgen stammt. — **22** Fritz Engel: Der veredelte Film. Lindau und Bassermann in den ›Lichtspielen‹. In: *Berliner Tageblatt*, Nr. 38, 22.1.1913. — **23** Paul Lindau: Filmdramatik. In: *Berliner Tageblatt*, Nr. 27, 16.1.1913. — **24** A. K.: Paul Lindau als Filmdramatiker. In: *Vossische Zeitung*, Nr. 38, 22.1.1913. — **25** Albert Bassermann: Wie ich mich im Film sehe. In: *LBB*, Nr. 5, 1.2.1913.

Ivo Blom

Von Künstlern und Touristen
Die ›Verortung‹ Hollands in zwei frühen deutschen Filmen

In der Desmet-Sammlung des Nederlands Filmmuseum befinden sich mit DES MEERES UND DER LIEBE WELLEN (1912) und AUF EINSAMER INSEL (1913) zwei deutsche Spielfilme, die verschiedene auffallende Merkmale gemeinsam haben. Beide wurden an wohl bekannten holländischen Touristen-Orten gedreht: Christoph Mülleneisen filmte DES MEERES UND DER LIEBE WELLEN für Dekage in Volendam, Joseph Delmont machte seine Aufnahmen für die Eiko-Produktion AUF EINSAMER INSEL auf der Insel Marken. Diese beiden deutschen ›Abenteuer‹ in den Niederlanden sind keine isolierten Fälle, sondern Teil zweier übergreifender Zeitströmungen der Jahrhundertwende: des Entstehens von Künstlerkolonien an Orten von außergewöhnlicher Schönheit und der gleichzeitigen Expansion des grenzüberschreitenden Tourismus. Im Folgenden soll diese Verknüpfung im Zusammenhang mit einem anderen, ungefähr zur selben Zeit expandierenden Phänomen betrachtet werden, dem des Kinos und seinem unstillbaren Hunger nach noch nie gesehenen Orten und exotischen Schauplätzen. Hierbei wird zu zeigen sein, wie nicht nur Künstler und Touristen, sondern auch die internationale Filmindustrie die ›malerischen‹ Qualitäten ›unberührter‹ Orte wie Volendam und Marken entdeckten. Jede dieser Institutionen oder Industrien bildete dabei ihre eigenen Diskurse, die die Werte und den Status der anderen unterstützten – ein Prozess, der bis heute bezeichnend geblieben ist für die Triade Kunst – Tourismus – Kino und der geholfen hat, sowohl das europäische Kino als auch ›Europa‹ für das Kino zu definieren. Im speziellen Fall von DES MEERES UND DER LIEBE WELLEN und AUF EINSAMER INSEL kann man nicht nur die Spuren sowohl des touristischen wie des malerischen Blicks wiederfinden. An diesen Filmen lässt sich auch beobachten, wie eine maßgebende Definition ›Hollands‹ sich gestaltet.

Die Entdeckung von Volendam und Marken

Als Mülleneisen und Delmont in Volendam und Marken ankamen, waren diese Städte als touristische Attraktionen bekannt; international, auch in

Deutschland, existierte ein gewisses Bild dieser Städte und ihrer Einwohner. Der französische Kunsthistoriker Henry Havard kann als der Entdecker der kleinen Städte an der ehemaligen Zuiderzee (jetzt das IJsselmeer) betrachtet werden. 1874 charakterisierte er die Fischer der Zuiderzee in seinem Reisebuch *La Hollande pittoresque, voyage aux villes mortes du Zuyderzee* folgendermaßen:

> Wie sie auf orientalische Weise niedergekauert sitzen, stillschweigend, regungslos und gleichgültig ihre Pfeife rauchen und zwecklos ihren Blick schweifen lassen, gleichen sie eher türkischen Fatalisten als niederländischen Fischern. Alles an ihrem Äußeren bewirkt diese Sinnestäuschung, vor allem ihre weiten Hosen, ihre Pantoffeln, die sie niedergekauert vor sich stellen, und ihre Mützen, die Turbanen ähneln.[1]

Eine holländische Übersetzung erschien 1876, eine deutsche 1882 und eine englische 1885. Sein Buch gab den Startschuss für die Entdeckung der Städte rund um die Zuiderzee. Seit Havard war das Bild der holländischen Fischerleute geprägt vom Orientalismus und der typischen Vorliebe des 19. Jahrhunderts für das Exotische, das Farbige und das Unbekannte.

Ursprünglich jedoch war dies eine Entdeckung, die von Künstlern gemacht wurde. Der Engländer George Clausen besuchte schon 1875 Volendam und Marken, mit Havards Reisebuch in der Hand. Nicht zuletzt im Zuge seiner zahlreichen Ausstellungen und der Verbreitung von Kopien seiner Arbeiten durch holländische und ausländische Künstler entdeckte auch die aufkommende Tourismusindustrie die kleinen Städte an der Zuiderzee. Besonders Volendam und Marken wurden zu stark besuchten Orten, wobei Volendam zu einem obligaten Ausflugsziel jedes ausländischen Touristen wurde, der die Niederlande besuchte. Wie auch in anderen holländischen Orten wie Laren, Domburg und Bergen, siedelte sich in Volendam gleichzeitig eine Künstlerkolonie an, die dort bis zum Ausbruch des Ersten Weltkriegs existierte.[2]

Spaander und ›Die Zuflucht‹

Die Entdeckung von Volendam geschah nicht nur auf der Grundlage der Verbreitung von Reiseberichten und Städtegemälden. Auch Leendert Spaander, ein ansässiger Unternehmer, spielte bei der Entdeckung Volendams eine wichtige Rolle. Die ersten ausländischen Künstler, die nach Volendam kamen, fanden wegen fehlender Hotels Unterkunft im Hause von Spaander, das deshalb den Beinamen ›De toevlucht‹ (Die Zuflucht) erhielt. Spaander erwies sich nicht nur als Liebhaber der Künste, sondern auch als ein schlauer Geschäftsmann mit einem guten Instinkt für zugkräftige PR-Maßnahmen. 1881 kaufte er eine Bar in Volendam und eröffnete an dieser Stelle das bis heute existierende Hotel Spaander. 1895 nahm Spaander seine Töchter mit nach England zur Eröffnung einer Ausstellung des holländischen Künstlers Nico Jungman in einer Kunstgalerie in London. Bei dieser Gelegenheit kleidete er die beiden Mädchen in die traditionelle Tracht von Volendam und erregte damit großes Aufsehen. Er ließ Postkarten von Volendam und von seinem Hotel drucken und verschickte sie an alle ausländischen Kunstakademien. Auch auf der Schifffahrtslinie Holland–Amerika machte er Werbung für sein Hotel. Im Hotel selber stellte Spaander den Künstlern typische Volendammer Inneneinrichtungen zur Verfügung und vermittelte ihnen – natürlich gegen Provision – Modelle. Seine eigenen Töchter posierten häufig für die Künstler, mit dem Ergebnis, dass drei von ihnen ausländische Maler heirateten. Hinter seinem Hotel kaufte Spaander Land an, um Studios für Künstler zu bauen, die längere Zeit in Volendam verbringen wollten. Die Mehrheit von ihnen kam aber nur zu einer kurzen Visite, vor allem in den Sommermonaten. Unbezahlte Rechnungen wurden gelegentlich mit der Übereignung von Gemälden beglichen, was Spaander erlaubte, sich mit der Zeit eine enorme Kunstsammlung anzulegen. Umgekehrt zogen die Gemälde – nicht weniger als der Ort selbst – Touristen aus allen Kontinenten an, die sein Hotel bevölkerten. Spaanders Gästebuch zufolge gehörten sogar Millionäre wie Carnegie und Mitglieder der königlichen Familie zu seinen Gästen. Und schließlich tauchen in diesen Gästebüchern auch Filmemacher auf.[3]

Verkehrsanbindung und Attraktionswert von Volendam und Marken

Lange Zeit war Volendam eine abgelegene Fischerstadt, und Marken war als Insel fast ganz unerreichbar. 1873 musste Havard entlang der Küste der Zuiderzee mit einem ›Tjalk‹ (einer Schaluppe) fahren, einem Transportmittel, das bis Ende des 19. Jahrhunderts gebräuchlich war. Ab 1888 fuhr eine Dampfstraßenbahn des Noordhollandsche Tramwegmaatschappij von Amsterdam nach Edam und zurück. Ab Edam nahm man die alte Treckschute nach Volendam. 1905 wurde für Touristen ein Sonderservice eingerichtet, der – ab 1906 unter der Bezeichnung ›Marken-Express‹ – eine Rundreise von Amsterdam über Marken und Volendam anbot. Auf dieser Reise wurden alle gängigen Transportmittel angeboten. Mit einem Dampfschiff überquerten die Touristen das IJ hinter dem Hauptbahnhof in Amsterdam. Ab dem dortigen Bahnhof ›Tolhuis‹ (Zollhaus) nahm man die Dampfstraßenbahn nach Monnickendam, wo die Fähre, die so genannte ›Markerveer‹, einen bereits erwartete. Von Marken aus segelte man auf einem ›Botter‹ (Fischerboot) nach Volendam, wo die Touristen im Hotel Spaander ein schnelles Mittagessen bekamen. Die Reise ging mit der Treckschute nach Edam weiter, von dort fuhr die Dampfstraßenbahn zurück nach Amsterdam und komplettierte so einen Tagesausflug in amerikanischem Tempo.

Wegen der dramatisch abnehmenden Fischerei-Einnahmen und des durch den ›Afsluitdijk‹, der die Zuiderzee vom offenen Meer abtrennte, erlahmenden Schifffahrtsverkehrs, wurden die Dörfer um die Jahrhundertwende immer mehr zu ausgestorbenen Orten. Und doch war es genau dieses Dilemma, das Volendam und Marken zu jener anachronistischen Folklore verhalf, von der vor allem die Künstler angezogen wurden: der Kontrast zum industrialisierten und modernisierten Leben in den urbanen Zentren der ausländischen Hauptstädte und den größeren niederländischen Städten wie Rotterdam und Amsterdam. Der unberührte Charakter der Zuiderzee-Städtchen wurde gepriesen. Die hellen Farben der Trachten der Einwohner und die Holzhäuser mit ihren Puppenhaus-Interieurs, die besonders in Marken mit dekorativen Wandtellern und Bric-à-Brac angefüllt waren, sprachen die Fantasie der Fremden an.

Typisch für diese Periode ist, wie diese Umgebung sowohl von Künstlern und Schriftstellern als auch von Touristen mit einem idealisierten Menschheitsbild gleichgesetzt wurden. Die Einwohner von Volendam wurden als fromm, ehrlich, gesund und fröhlich charakterisiert, als Leute, die mit wenig zufrieden und von sozialen Problemen wie beispielsweise dem Alkoholismus der Großstädter noch gänzlich unberührt geblieben sind (in den Filmen von Delmont und Mülleneisen werden die Fischerleute allerdings weniger positiv porträtiert). Man übersah geflissentlich die Armut und die armseligen Unterkünfte der Fischerleute; die Künstler, die am nostalgischen Bild von Volendam und Marken arbeiteten, mussten die soziale Realität nicht unwesentlich retuschieren, um diese Orte glaubwürdig mit einer ›heilen‹ Vergangenheit in Verbindung bringen zu können, die in der klassischen niederländischen Malerei des 17. Jahrhunderts ihren bleibenden Ausdruck gefunden hatte. Der Trend zur Freiluftmalerei und der damit einhergehende Wunsch, die authentischen Orte der alten holländischen Meister aufzusuchen, hatte ausländische Künstler nach Amsterdam und an die Nordsee getrieben. Wenn jedoch Küstenorte wie Scheveningen und Katwijk zu modisch wurden, verlegte man sich auf die unberührte Gegend an der Zuiderzee.[4]

Das Kino und die ›couleur locale‹

Aufgrund der verbesserten Infrastruktur wurde es Kamerateams möglich, Volendam und Marken zu erreichen. Schon im August 1900 machte die holländische Produktionsgesellschaft Nöggerath in Anwesenheit der Königin Wilhelmina Aufnahmen von einer Flottenschau an der Zuiderzee, und im folgenden Jahr brachte Nöggerath einen Film über ›die Insel Marken‹ heraus. 1906 machte die American Bio-Tableaux, Nachfolger vom holländischen Zweig der American Mutoscope & Biograph Co., Aufnahmen von Volendam und Marken. Kurze Zeit später folgten andere holländische Gesellschaften wie Alberts Frères und Hollandia. Die holländischen Filmteams waren aber nicht die einzigen in Volendam und Marken. Zwischen 1909 und 1914 waren die Niederlande ein bevorzugter Schauplatz für Reisefilme ausländischer Produktionsgesellschaften: In den Zuiderzee-Städten filmten in dieser Zeit unter anderem die französischen Firmen Raleigh & Robert und Eclipse, die englischen Cricks & Martin und Kineto sowie die italienischen Pasquali und Comerio. Wie überall war Pathé Frères auch hier führend. Verschiedene ihrer nichtfiktionalen Filme bezogen ihre Inspiration aus der malerischen Landschaft, darunter UNE JOURNÉE À L'ÎLE DE MARKEN, EN HOLLANDE-LE PORT DE VOLENDAM, COIFFURES ET TYPES DE L'HOLLANDE und ENFANTS DE HOLLANDE (wobei die beiden letztgenannten teilweise in Volendam aufgenommen wurden). Alle diese Titel kamen 1910 auf den Markt.[5]

Diese dokumentarischen Filme wurden wahrscheinlich von dem französischen Filmemacher Alfred Machin aufgenommen, von dem bekannt ist, dass er sich im September 1909 in Volendam aufhielt, da man eine Eintragung von seiner Hand im Gästebuch des Hotels Spaander unter diesem Datum entdeckt hat. Im Herbst 1911 reiste Machin abermals nach Holland, um Geschichte, Kultur und Landschaft Hollands für eine Serie kürzerer Spielfilme zu verwenden. In Volendam verfilmte er, teilweise in einem Freiluftstudio hinter dem Hotel Spaander, verschiedene Fischerdramen. HET VERVLOEKTE GELD / L'OR QUI BRÛLE (›Das verdammte Geld‹), mit dem berühmten holländischen Theaterschauspieler Louis Bouwmeester in der Hauptrolle, war der erste Film der Serie, der in die Kinos kam, nicht aber deren erste Produktion. Bei den anderen Filmen wurde ausschließlich auf ausländische Mitarbeiter zurückgegriffen, wobei Schauspieler und Stab hauptsächlich aus Frankreich stammten und nur wenige Mitarbeiter aus Belgien. Zwei Maler, der Belgier Henri Cassiers und der Franzose Augustin Hanicotte waren während der gesamten Dreharbeiten vor Ort, möglicherweise, um Machin Hinweise zur Authentizität der Bilder zu geben, da sie beide in Volendam lebten und diese Gegend zum Hauptgegenstand ihrer künstlerischen Arbeit gemacht hatten. Machins an Originalschauplätzen gedrehte Serie verlieh Volendam somit eine neue Dimension als dekorativem Hintergrund für Spielfilme.[6]

Des Meeres und der Liebe Wellen und Auf einsamer Insel

Ein Jahr, nachdem Machin seine Aufnahmen in Volendam beendet hatte, erschien ein weiteres Filmteam an der Tür des Hotels Spaander. Spaanders Gästebuch belegt, dass sich vom 16. bis 20. November 1912 ein gewisser Christoph Mülleneisen aus Köln in Volendam zu Aufnahmen für einen Film aufhielt, der den Titel Des Meeres und der Liebe Wellen trug und dessen Dreharbeiten in Italien begonnen hatten.[7]

Laut den Zwischentiteln der einzigen erhaltenen Kopie des Films[8] spielt sich die Geschichte allerdings in Spanien und nicht in Italien ab. Die Anfangsszenen aber erinnern eher an Italien. Diese Diskrepanz lässt sich an Hand einer kurzen Zusammenfassung des Inhalts erklären. Des Meeres und der Liebe Wellen ist die Geschichte von Venila (Lissy Nebuschka), Tochter eines spanischen Kapitäns, die sich in den Seefahrer Pietro verliebt. Der Kapitän transportiert illegal Pulver nach Schottland und verschweigt dies natürlich auch seiner Versicherung. Der eifersüchtige Steuermann setzt auf einer Überfahrt das Boot in Brand und raubt die Versicherungspolice. Der Kapitän begeht Selbstmord, seine Tochter entkommt mit ihrem Seefahrer auf einem Floß und beide landen, wie ein Zwischentitel angibt, an der Küste der holländischen Insel Urk (tatsächlich handelt es sich um Volendam). Auch der Steuermann landet dort. Fischerleute retten sie und stecken Venila in ein traditionelles Trachtenkostüm von Urk (tatsächlich handelt es sich um eine typische Volendammer Tracht). Auf dem Totenbett zeigt der Steuermann schließlich Reue und händigt die Police an Venila aus, die so finanziell in die Lage versetzt wird, Pietro zu heiraten. Nach einer Hochzeit im typisch folkloristischen Stil sticht das Paar wieder in Richtung Spanien in See, die lokale Bevölkerung ist am Ufer versammelt, um den beiden Lebewohl zu sagen und noch lange hinterherzuwinken.

Ein Jahr nach der niederländischen ›Expedition‹ Mülleneisens kommt der deutsche Filmregisseur Joseph Delmont zu Dreharbeiten für zwei Filme nach Holland. Es handelt sich um den Kriminalfilm DER GEHEIMNISVOLLE KLUB, aufgenommen in Rotterdam, Scheveningen und wohl auch in Amsterdam, sowie um das Fischerdrama AUF EINSAMER INSEL, das auf der Insel Marken gedreht wurde. Delmont war ein Spezialist für exotische Filme. Seiner Autobiografie zufolge hatte er schon 1902 an einer Filmreise rund um die Welt teilgenommen. In seinen Filmen achtete er stets auf den Eindruck der Authentizität und war äußerst irritiert, wenn andere Filmemacher ihr Afrika-Bild fälschten: »Insbesondere bei den Festlichkeiten und Tänzen ganzer Stämme hat man dem Kinopublikum Unglaubliches vorgeschwindelt. (...) Um die fremden Länder und Menschen, die Flora und Fauna im Filmbild festzuhalten, braucht es Zeit, Zeit und nochmals Zeit. Kein Regisseur oder Aufnahmeoperateur sollte ohne Wissenschaftler hinausziehen, damit er uns auch den wahren Kulturfilm bringt.«[9]

Es ist nicht bekannt, wann genau Delmont sich in Marken aufhielt. Zu dieser Zeit gab es nur ein Hotel auf der Insel, das Hotel De Jong, von dem jedoch keine Gästebücher oder ähnliche Quellen überliefert sind.[10] Auch im Fremdenbuch des Hotel Spaander findet sich kein Eintrag Delmonts. Sollte er also nicht auf der Insel übernachtet haben, sondern jeden Abend aufs Festland zurückgekehrt sein, könnte er sich allerdings auch in einem zweiten Hotel in Volendam aufgehalten haben, das seit 1905 von Frits Veldhuizen geführt wurde. Sicher ist, dass Delmont einige Zeit auf Marken gewesen sein muss, da es sich bei seinem Film um einen Dreiakter handelt, nach damaligen Maßstäben ein Langfilm. Und auch Mülleneisens Film war deutlich länger als jene Filme, die Machin in Volendam aufgenommen hatte und die eine durchschnittliche Länge von weniger als 350 Metern hatten, was der Maximallänge eines Einakters entspricht. Wenn Mülleneisen für die Außenaufnahmen zu seinem Film (von dem nur der zweite Teil in Volendam spielte) vier bis fünf Tage brauchte, dann muss Delmont fast zwei Wochen auf Marken gefilmt haben, da sich in seinem Fall die gesamte Handlung des Films dort zuträgt und mit vielen Außenaufnahmen versehen ist. Die Innenaufnahmen wurden, wie wohl auch im Falle Mülleneisens, im Studio aufgenommen, wobei Delmont für seine Filme zu dieser Zeit das Komet-Filmstudio in Berlin benutzte.

Im Mittelpunkt von AUF EINSAMER INSEL steht genau wie in DES MEERES UND DER LIEBE WELLEN ein Dreiecksverhältnis. Der reiche Fischer Pieter (Fred Sauer) stellt der schönen und ebenso reichen Sijtje (Mia Cordes) nach, sie hat jedoch nur Augen für seinen Kameraden, den armen Fischer

Dirk (gespielt von Delmont selbst). Ihr Vater zieht natürlich Pieter vor. Der beschädigt aus Eifersucht das Boot auf offener See und bewirkt so, dass Dirk auf dem außer Kontrolle geratenen Boot davontreibt. Während Dirk schließlich eine verlassene Insel erreicht, gibt Pieter vor, es hätte sich ein Unglück ereignet, dem Dirk zum Opfer gefallen sei. Er erreicht sein Ziel und heiratet Sijtje. Dirk aber wird nach einiger Zeit von einem ausländischen Schiff gerettet, gerade als er vor Hunger und Verzweiflung seinen treuen Hund töten wollte (Abb. 1). Erst Jahre später kehrt er in sein Dorf zurück, gerade noch rechtzeitig, um Sijtje und ihre kleine Tochter gegen den jähzornigen und gewalttätigen Pieter zu verteidigen, der (aus Gewissensbissen?) dem Alkohol verfallen ist. Volltrunken setzt Pieter schließlich sein eigenes Boot auf offener See in Brand. Dirk versucht vergebens, ihn zu retten, so dass nach der Beerdigung Sijtje und Dirk endlich als Paar zusammenleben können.

Klassenunterschiede

Auf den ersten Blick haben AUF EINSAMER INSEL und DES MEERES UND DER LIEBE WELLEN vieles gemeinsam. In beiden Filmen rivalisiert ein Guter mit einem Bösen um die Gunst einer Frau, die zwischen ihnen steht. In beiden Filmen triumphiert schließlich das Gute über das Böse, das mit dem Tod bestraft wird. Der Rivale verschwindet, so dass der ›gute‹ Held die Frau bekommt. Aber außer dem ›bösen‹ Rivalen behindern noch andere Elemente die Beziehung. In AUF EINSAMER INSEL beeinträchtigen Klassenunterschiede den Lauf der Liebe: Sijtjes reiche Eltern versuchen, sie entgegen ihren Gefühlen mit dem reichen Fischer zu verkuppeln. Der Held kompensiert die soziale Zurücksetzung in doppelter Weise durch uneigennützige Taten, wenn er Frau und Kind gegen den brutalen Ehemann verteidigt und sogar noch versucht, das Leben des Mannes zu retten, der sein Todfeind war. In DES MEERES UND DER LIEBE WELLEN ist der Rang- oder Klassenunterschied nicht weniger präsent: Der Böse ist der fest angestellte Steuermann, der Gute nur ein für kurze Zeit angeheuerter Matrose. Venilas Vater stirbt während des Schiffbruchs und erspart sich so die Erfahrung, dass sich seine Tochter in einen einfachen Matrosen verliebt, der – wie in AUF EINSAMER INSEL – die Frau gegen die unerwünschten Annäherungen des Nebenbuhlers in Schutz nimmt. Indem er sie rettet, erweist er sich dank seiner Kraft und Hingabe der Liebe würdig.

Ebenso wie Klassenunterschiede durch moralischen Heroismus überbrückt werden können, werden finanzielle Unterschiede durch melodrama-

Abb. 1: Joseph Delmont in AUF EINSAMER INSEL (1913)

tische Lösungen aufgehoben. Aus Geldmangel kann Venila ihren Seemann nicht heiraten, ein Problem, das der Film durch das Wiederauftauchen des reuigen Rivalen mit der wertvollen Versicherungspolice löst. In AUF EIN-SAMER INSEL suggerieren die jahrelange Abwesenheit von Dirk in den Vereinigten Staaten und sein feiner Anzug einen wohlhabenden Mann, womit gleichfalls die finanzielle Barriere beseitigt wird. In dieser Hinsicht sind beide Filme typische Beispiele des frühen deutschen Kinos, in dem Klassenunterschiede und Fragen der gesellschaftlichen Stellung oft dominante oder untergeordnete Motive des Melodramas bilden.[11]

Der Schauplatz

Was die zwei hier diskutierten Filme voneinander unterscheidet, ist die Rolle der Schauplätze selbst. Die holländische Version von DES MEERES UND DER LIEBE WELLEN zum Beispiel war EEN SCHIPBREUK OP DE HOLLANDSCHE KUST (›Schiffbruch an der holländischen Küste‹) betitelt. Da ›Urk‹ der Name der Insel in der deutschen Fassung war, könnte damit andererseits auch angedeutet sein, dass kein identifizierbarer Ort gemeint ist, sondern eher eine allgemeine, abstrakte Vorstellung von ›Holland‹, eher ›couleur locale‹ als dokumentarische Wahrheit, was die übliche Art der Repräsentation der Zuiderzee-Kultur war. Bereits 1875 hatte George Clausen an der Royal Academy in London mit seinem Gemälde *High Mass at a fishing village on the Zuyderzee*, das auf reichlich stilisierte Weise Volendammer Fischerleute vor einer Kirche in Monnickendam zeigt, nach diesem Rezept einen beachtlichen Erfolg erzielt.

In AUF EINSAMER INSEL ist der Schauplatz Marken weder in den Zwischentiteln angedeutet noch gibt die deutsche Fachpresse den Namen eines spezifischen Ortes an.[12] Trotzdem sollten die unzweideutigen holländischen Namen der Protagonisten dem deutschen Publikum ausreichend deutliche Hinweise gegeben haben, dass die Handlung des Films in Holland spielt; bestätigend wirkte hier der in einigen Fachblättern angegebene Untertitel ›Ein Drama in 3 Akten vom modernen Holland‹.[13]

Authentisches Dekor und Inszenierung in der Raumtiefe

In beiden Filmen wurde viel Mühe auf die Authentizität der Orte und Requisiten verwendet, und dies ist nicht weniger evident in den Innenszenen, die in deutschen Studios aufgenommen wurden. Wie unter durchreisenden Künstlern üblich, dürften auch die beiden Filmteams sich an Ort und Stelle mit Souvenirs versorgt haben, um später ihre Studiosets damit zu dekorieren und so den Innenausstattungen ein glaubwürdiges Aussehen zu verleihen. In DES MEERES UND DER LIEBE WELLEN ist die erste Innenszene nach der Ankunft der Protagonisten in Holland dafür fast schon emblematisch: An der Wand hängen eine Uhr, ein Schüreisen, ein Spiegel, kleine Genrebilder (darunter ein Bild von einem kleinen Mädchen, gefolgt von einem Hahn und ein anderes mit einem Knaben, gefolgt von einer Gans), daneben ein mit dekorativen Tellern gefülltes Buffet. Auf dem Boden sieht man zwei Küchenstühle mit strohbedeckten Sitzflächen sowie eine Kiste, die mit einer Imitation des berühmten *L'Angélus* von Jean-François Millet bemalt ist.[14] Die anwesenden Personen tragen typische Volendammer Kostüme. Der Mann raucht eine Steinpfeife und trägt die charakteristische Mütze der ansässigen Bevölkerung. Auch in der Innenszene mit dem sterbenden Steuermann sieht man wieder die beiden oben genannten Genrebilder. Dekorative Wandteller schmücken diesmal den Alkoven, in dem der Sterbende liegt. Verschiedene Landschaftsgemälde zieren die Wand, erhellt von einer Öllampe und einem Kerzenleuchter. Die Dekorationen sind anspruchslos gehalten und sollen die beschränkten Mittel der Einwohner der kleinen Volendammer Häuser zum Ausdruck bringen.

Die Einrichtung des Wohnzimmers der Eltern von Sijtje in AUF EINSAMER INSEL ist, einer wohlhabenden Familie angemessen, weitaus üppiger. Das Zimmer ist mit ornamentalen Wandtellern überfüllt und mit Objekten, Möbeln und Bric-à-Brac voll gestellt – hier findet der vergleichsweise typische Überfluss und das ›Horror Vacui‹ von Marken seinen passenden Ausdruck, wo die Leute die Wände bis an die Decke mit Wandtellern und Gemälden übersäen und auf Buffets und Anrichten ihre Nippsachen zur Schau stellen (Abb. 2). Im Unterschied zu Delmonts Film, der auf der Ebene der Zimmereinrichtung Wohlstand suggerieren will, erscheinen die Markener Räume hier jedoch extrem klein. Aber auch in diesem Film tragen die Personen die traditionelle Markener Tracht mit ihren reich bestickten Jacken und den kleinen Häubchen.

Ein ausgeprägtes Raumgefühl findet man in Delmonts Film auch in den Außenszenen. Es steht hier mit dem Inszenierungsstil Delmonts in enger Verbindung. Wo Mülleneisens Film bescheidene, kleine Dekors einsetzt, die aufgrund der frontalen Inszenierungsweise eher flächig wirken, wählt Delmont stets diagonale Bildkompositionen. Derartige Außenszenen erwecken den irreführenden Eindruck, bei Marken hätte es sich um eine größere Küstenstadt gehandelt; eine Reminiszenz dieses Eindrucks durchzieht auch die Innenszenen, in denen die Schauspieler die Räume durchqueren, ohne gegen die Möbel zu stoßen, ein Manöver, das in einem authentischen Markener Interieur nicht ganz so problemlos zu vollführen sein dürfte. Dies alles legt nahe, dass eines der wichtigsten Stilmerkmale Delmonts sein Gefühl für Inszenierungen in der Tiefe war, mit dem er die histo-

Die ›Verortung‹ Hollands in zwei frühen deutschen Filmen

Abb. 2: Historisches Interieur in AUF EINSAMER INSEL (1913)

rische Barriere zwischen seinen Filmen der 10er Jahre und der Wahrnehmungsweise des heutigen Zuschauers weniger unüberwindlich erscheinen lässt.

Die engen und schlichten Dekors in DES MEERES UND DER LIEBE WELLEN liegen wahrscheinlich näher an der historischen Realität Volendams als die Behandlung des Raums in AUF EINSAMER INSEL an der historischen Realität von Marken. Die Dekors von Mülleneisens Film vermitteln den Eindruck billiger und schneller Machart und verweisen darin auf einen altmodischen Produktionsmodus. Delmonts Dekors und Kamerawinkel deuten auf eine Veränderung in Stil und Inszenierung, die um so auffälliger ist, wenn man bedenkt, dass AUF EINSAMER INSEL nur ein Jahr nach DES MEERES UND DER LIEBE WELLEN produziert wurde.

Raumkomposition und Wahl der Kameraperspektive stehen hier vor allem im Zeichen der Schaffung einer neuen, genuin filmischen Realität. Und doch verweisen manche Außenaufnahmen und Tiefenwirkungen der Innenszenen auf eine weitere Realitätsebene hin, die nur noch eine entfernte Ähnlichkeit mit dem alltäglichen Leben auf Marken im Jahre 1913 aufweist: die einer holländischen Fischerinsel nämlich, wie sie von ausländischen Künstlern und der Tourismusindustrie in den Blick genommen wurde. AUF EINSAMER INSEL und DES MEERES UND DER LIEBE WELLEN laden also nicht zuletzt zu einer vergleichenden Betrachtung mit der Zuiderzee-Ikonografie in den bildenden Künsten ein.

Repräsentationen der Zuiderzee in Deutschland

Seit den 80er Jahren des 19. Jahrhunderts war Holland unter deutschen Künstlern sehr in Mode. Sie liebten das holländische Licht, die holländische Luft, die Orte der alten holländischen Meister und folgten darin auch dem allgemeinen Trend zur Freiluftmalerei. Das Dorf Katwijk an der Nordsee war nicht nur bei holländischen Malern wie Jozef Israëls beliebt, auch deutsche Maler bereisten die niederländischen Küstenstädte, wie etwa der Epoche machende Impressionist Hans von Bartels, der 1893 von Katwijk aus eine Rundreise in den Niederlanden unternahm und sich zehn Wochen in Volendam aufhielt. Auch Max Liebermann besuchte Katwijk, malte aber außer in Edam wenig an der Zuiderzee. Er bevorzugte Amsterdam und die Nordseeorte Zandvoort, Scheveningen, Katwijk und Noordwijk und malte vor allem Szenen aus dem eleganten Leben an den Stränden von Scheveningen. Und doch verweist Heide Schlüpmann in ihrer Untersuchung ›holländischer‹ Ikonografie in AUF EINSAMER INSEL keineswegs zu Unrecht auf Liebermann.[15] Auch wenn er Volendam oder Marken selbst nie gemalt hat, könnte Liebermann Delmont über die Verwendung von Licht und Raum hinaus inspiriert haben. Man denke etwa an Liebermanns Ölgemälde *Die Netzflickerinnen* (1887–1889) oder eine Gouache desselben Titels (1898), auf denen Frauen bei der Arbeit in Katwijk zu sehen sind.[16] Ein weiterer Hinweis auf eine länger zurückreichende ikonografische Tradition könnte auch darin zu sehen sein, dass lange vor der deutschen Ausgabe von Havards Reisebuch im Jahre 1882 der deutsche Maler Rudolf Jordan schon 1844 die Insel Marken besucht hatte und von der Schönheit der Trachten überwältigt war: »Das Kostüm, das Kostüm, das Kostüm O! Ach! Hurrah! Himmlisch! Köpfe werde ich malen. Ach die Kostüme! Ach meine guten Leute! Durch die allein habe ich alles.« Jordan nahm die Kostüme und Accessoires mit nach Hause, um seine Modelle damit auszustatten, während sie für ihn posierten. Dies hatte einige – verglichen mit der authentischen Bekleidung – nahezu fantastische Ensembles zur Folge, inklusive verkehrt herum getragener Hauben.[17]

Mit dem Aufkommen des Tourismus in holländischen Nordseeorten und -dörfern in den 80er Jahren des 19. Jahrhunderts wurden auch zahlreiche deutsche Künstler auf die Zuiderzee als ein von der Zivilisation noch unberührtes Gebiet aufmerksam und zogen nach Volendam und Marken. Zu ihnen zählten keineswegs nur die unbekannten. Hans von Bartels und Carl Jacoby zeigten ihre Zuiderzee-Bilder auf den großen jährlichen Ausstellungen in Brüssel, London, Paris, Berlin und Wien und gewannen mit ihnen verschiedene Auszeichnungen. Ihre Arbeiten erhielten überwiegend positive Kritiken und verkauften sich gut, besonders an Privatsammler. Georg Hering, ein Lehrling Lovis Corinths, war ein weiterer berühmter Maler, der sich 1910 in Volendam niederließ und eine der Töchter Spaanders, Pauline, heiratete. Viele dieser Künstler arbeiteten in einem Stil, der zwischen romantischem Realismus und einem an die ›Haagse School‹ anschließenden Impressionismus anzusiedeln ist. Am Anfang des 20. Jahrhunderts verkam dieser Stil aus Mangel an ästhetischer Erneuerung zu einem Klischee, fand aber noch bis zum Ausbruch des Ersten Weltkriegs seinen Markt und prägte somit beim deutschen Publikum ein weit verbreitetes Bild der Gegend um die Zuiderzee. Betrachtet man die deutlichen Verweise in ihren Filmen auf die Genremalerei des späten 19. und frühen 20. Jahrhunderts, waren Delmont und Mülleneisen von dieser Tradition der Repräsentation zweifellos beeinflusst. Schon seinerzeit bemerkte das österreichische Fachblatt *Die Filmwoche*:

> So war es denn eine ausgezeichnete Idee, einmal das engere Vaterland zu verlassen und einen Abstecher nach Holland zu machen, dessen malerische Landschaft, dessen herrliche Trachten einen bunten Rahmen für die Geschehnisse des Dramas abgeben, das dadurch einen neuen Reiz erhält. Ein Beweis dafür, daß Joseph Delmont nicht nur ein geschickter Regisseur ist, sondern auch ein gesundes Empfinden für malerische Effekte hat. Es ist ihm gelungen, einige reizende Genrebilder zu schaffen und auch interessante Volksgebräuche im Bilde festzuhalten.[18]

Sowohl Mülleneisen als auch Delmont schufen ein archetypisches Bild der Zuiderzee, das noch von dem Fehlen einer exakten Ortsangabe unterstrichen wird: das klassische holländische Fischerdorf, in dem jeder in die lokale Tracht gehüllt ist, die Männer »Klumpen« tragen, holländischen Genever trinken und zu jeder passenden und unpassenden Gelegenheit ihre Pfeife zücken; in dem die Frauen geduldig am Kai warten, während ihre Ehemänner und Söhne auf hoher See sind. Auf ein nicht weniger stark ausgeprägtes, archetypisches Bild der Niederlande stößt man in den Filmen Alfred Machins. 1911 publizierte die holländische Publikumszeitschrift *Het Leven* einen zornigen Protest gegen solche ausländischen ›Mühlen- und Klumpen-Filme‹ und den in ihnen erweckten Eindruck, Holland habe außer folkloristischen Typen und Umgebungen nichts zu bieten. Andererseits übten diese ausländischen Produktionen aber auch einen wichtigen Einfluss auf die junge holländische Spielfilmindustrie aus. Als die Filmgesellschaft Hollandia 1912 ihre Spielfilmproduktion aufnahm, drehte sie überwiegend Fischer- und Müllerdramen, in denen das gleiche folkloristische Bild Hollands reproduziert (DE LEVENDE LADDER [DIE LEBENDE LEITER, 1913], OP HOOP VAN ZEGEN [DIE GUTE HOFFNUNG, 1918]) oder sogar parodiert wurde (TWEE ZEEUWSCHE MEISJES IN ZANDVOORT [ZWEI MÄDCHEN AUS ZEELAND IN ZANDVOORT, 1913]).[19]

Und doch sollte man den Bekanntheitsgrad der heutigen Zuiderzee-Ikonografie nicht allzu eindimensional auf DES MEERES UND DER LIEBE WELLEN und AUF EINSAMER INSEL zurückprojizieren. Diese Filme sind repräsentativ für eine Periode ikonografischer Innovation, wobei Orte wie Volendam und Marken noch als exotische Gegenden galten, bevor sie typisch, sogar stereotypisch für Holland wurden, nicht zuletzt wegen der großen Popularität jener Filme und ihrer engen Verbindung mit dem aufkommenden Tourismus und dem Massenkonsum von Klischees und populären Mythen. Mit dem Ausbruch des Ersten Weltkriegs kam der Zufluss ausländischer Künstler, Filmemacher und Touristen zum Stillstand. Die Zuiderzee-Ikonografie hatte nach Kriegsende die Gunst des Kinos und der bildenden Künste verloren. Als Reaktion auf das vorherrschende, vom Massentourismus geprägte Bild wurden die Orte an der Zuiderzee in den 30er Jahren wieder zum Gegenstand des holländischen Kinos, das sich nun aber auf den sozialen Preis der Schließung der Zuiderzee und auf die erzwungene Umstellung auf Landwirtschaft – in einer Krisenzeit des Agrarwesens – konzentrierte. Die Städte, die dabei viel von ihrem sorglosen, exotischen und idyllischen Charakter verloren, bildeten den dekorativen Hintergrund für soziale Dramen wie Gerard Ruttens TERRA NOVA (1932) und DOOD WATER (TOTES WASSER, 1934) oder für gesellschaftlich engagierte Dokumentarfilme wie Joris Ivens' NIEUWE GRONDEN (NEUES LAND, 1934). International aber haben jene Bilder, zu deren Schaffung Mülleneisen und Delmont ihren Beitrag geleistet haben, überdauert und mahnen diese Orte, ihren eigenen Mythos zu erhalten. Sie stellen damit einmal mehr die Kraft des Kinos unter Beweis, der Realität seine eigenen Versionen der ›Wirklichkeit‹ aufzuzwingen.

1 Für vielfältige Hilfe bei der Arbeit an diesem Aufsatz danke ich Jorien Jas (Zuiderzeemuseum Enkhuizen), Geoffrey Donaldson, Paul van Yperen und dem Nederlands Filmmuseum. Zur Künstlerkolonie Volendam verweise ich auf den Ausstellungskatalog von Gusta Reichwein: *Vreemde gasten. Kunstschilders in Volendam 1880–1914.* Volendam 1986. Das Zitat von Havard stammt aus der holländischen Übersetzung seines Buches *La Hollande pittoresque, voyage aux villes mortes au Zuyderzee* von 1875. — **2** Zu Clausen, vgl. Reichwein: *Vreemde gasten,* a. a. O. (wie Anm. 1), S. 8 f. — **3** Für den Hinweis auf die Eintragungen in den Gästebüchern Spaanders danke ich Geoffrey Donaldson. — **4** H. Maho schreibt in seinen Reiseführer *D'Amsterdam à l'île de Marken* (Brüssel 1911, S. 158–159): »De ces pauvres masures de Marken, il ne sort ni vagabonds, ni femmes corrompues; nul habitant n'a jamais déserté la mer, et aucune jeune fille n'a jamais dédaigné la main d'un pêcheur.« — **5** Außer den genannten Filmen produzierte Pathé etwa zur selben Zeit noch COMMENT SE FAIT LE FROMAGE DE HOLLANDE (1910) in Alkmaar, nicht weit von der Zuiderzee, und LES PORCELAINES DE DELFT (1909). — **6** Vgl. Geoffrey Donaldson: HET LIJDEN VAN DEN SCHEEPSJONGEN / LE CALVAIRE DU MOUSSE. In: *Skrien,* Nr. 136, Sommer 1984, S. 36–37. Im Zuiderzeemuseum befinden sich im Nachlass von Hanicotte drei Produktionsfotos zu LE CALVAIRE DU MOUSSE, auf denen neben dem Filmteam auch Cassiers und Hanicotte zu sehen sind. Vgl. außerdem Herbert Birett: *Das Filmangebot in Deutschland 1895–1911.* München 1991 sowie ders.: *Verzeichnis in Deutschland gelaufener Filme 1911–1920.* München u. a. 1980. Zu Machin und seinen Aktivitäten in den Niederlanden vgl. auch Eric de Kuyper: *Alfred Machin. Cinéaste / Film-maker.* Brüssel 1995. In dieser Monografie findet sich auch eine detailliertere Filmografie Machins, zusammengestellt von Sabine Lenk. — **7** Neben Mülleneisen bestand das Filmteam, Spaanders Fremdenbuch zufolge, aus »Fräulein Lissi Nebuschka« aus Dresden (die Hauptdarstellerin), »Herr Fritz Stöve« aus Garmisch, »Herr Röttger« aus Berlin sowie dem Kameramann »Herr Fürkel«, ebenfalls aus Berlin. — **8** Archiviert in der Desmet-Sammlung des Nederlands Filmmuseum, Amsterdam. — **9** Joseph Delmont: *Wilde Tiere im Film. Erlebnisse aus meinen Filmaufnahmen in aller Welt.* Stuttgart 1925, S. 65–67. — **10** Der heutige Inhaber des Hotels erzählte mir, dass das jetzige Gebäude 1905 errichtet wurde und also schon zur Zeit von Delmonts Besuch bestanden hatte. Ein früheres Gebäude desselben Inhabers hatte bis 1903 existiert, bevor es vollständig niederbrannte. — **11** Man denke etwa an Henny Porten-Filme wie DES PFARRERS TÖCHTERLEIN (1912). — **12** Vgl. die Besprechung des Films in: *Die Lichtbild-Bühne,* 7.11.1913. — **13** Zu Clausen, vgl. *Vreemde gasten,* a. a. O. (wie Anm. 1), S. 8–9. Die Angabe des Untertitels findet sich in einer Kritik des Films in der Fachzeitschrift *Die Filmwoche,* Nr. 32, 19.10.1913, S. 10 u. 14. Dank an Michael Wedel, der mich auf diesen Artikel aufmerksam gemacht hat. — **14** Dass ein *L'Angélus*-Motiv auf eine solche Kiste gemalt wurde, ist allerdings eher unwahrscheinlich. Jedes Haus besaß zwar zu dieser Zeit derartige Truhen, sie waren aber zumeist in einem naiven, oft abstrakten Stil bemalt. Besonders in der katholischen Stadt Volendam konnte man Werke von Millet in mancher Stube antreffen, allerdings in Form eines traditionell gehängten Bildes. — **15** »Die Orientierung an der Landschafts- und Genremalerei ist unübersehbar. Neben den Anklängen an die ›Niederländer‹ ist eine Nähe zur realistischen, in der Lichtbearbeitung impressionistischen Kunst Liebermanns, Leibls etwa deutlich, die sich gegen den Muff, die Überladenheit gründerzeitlicher Ästhetik wandte. Es ist, als wolle der Film zeigen, wie er die Malerei in dieser Hinsicht noch übertreffen kann.« Heide Schlüpmann: *Unheimlichkeit des Blicks. Das Drama des frühen deutschen Kinos.* Basel und Frankfurt/M. 1990, S. 171. — **16** Vgl. John Sillevis u. a.: *Liebermann in Holland.* Den Haag 1980. Diesem Katalog zufolge gibt es keine Arbeit Liebermanns, auf der Volendam oder Marken abgebildet wäre. — **17** Hans Kraan: Als Holland Mode war. Deutsche Künstler und Holland im 19. Jahrhundert. In: *Nachbarn,* Nr. 31, 1985, S. 16 f. — **18** *Die Filmwoche,* a. a. O. (wie Anm. 13), S. 10. — **19** Vgl. Karel Dibbets, Ed Kerkman: Een zee van ruimte. Het beeld van de zee in de Nederlandse speelfilm tot 1940. In: *Volkskundig Bulletin. Tijdschrift voor Nederlandse cultuurwetenschap,* Bd. 16, Nr. 2, Juni

1990, S. 157–175. Das Klischee der Volendammer Tracht als Symbol für das holländische Volk kann man, außer in Machins holländischen Filmen, auch in seiner belgischen Produktion LA FILLE DE DELFT (1913) und ein Jahr früher in der Pathé-Produktion LA LÉGENDE DES TULIPES D'OR (1912) sehen. Außerdem waren AUF EINSAMER INSEL und DES MEERES UND DER LIEBE WELLEN weder die ersten noch die letzten deutschen Spielfilme, die in Volendam und Marken gedreht wurden. 1921 wurde der Film DER EWIGE KAMPF, mit Lotte Neumann in der Hauptrolle, hergestellt, der in Holland als ANTJE VAN VOLENDAM ausgebracht wurde. Auch diese Union-Produktion, inszeniert von Paul Ludwig Stein, wurde in Volendam aufgenommen. Vgl. *Cinema & Theater*, Nr. 35, 1921, S. 8.

Kristin Thompson

Stilistische Expressivität in DIE LANDSTRASSE

Stilistische Expressivität der 10er Jahre

Als eine an Entdeckungen außergewöhnlich reichhaltige Periode haben die 10er Jahre erst jüngst begonnen, die Aufmerksamkeit der Filmhistoriker auf sich zu ziehen.[1] Ein Jahrzehnt, von dem man lange glaubte, es unter Hinweis auf einige wenige Stichworte wie CABIRIA, THE BIRTH OF A NATION, Thomas Ince, Charlie Chaplin und das frühe schwedische Kino ablegen zu können, hat nun eine enorme internationale Vielschichtigkeit an den Tag gelegt, die man vorher kaum vermutet hätte.

Ältere Filmgeschichten behandelten die 10er Jahre lediglich als eine Epoche, in der das Kino sich die Fähigkeit aneignete, in erster Linie mit den Mitteln der Kontinuitätsmontage eine klar verständliche Geschichte zu erzählen. Durch die zunehmend verbreitete Verwendung von Montage und Kamerafahrt hätten sich die Filme im Laufe dieser Periode von ›theatralischen‹ in ›kinematographische‹ gewandelt. Und doch ist diesen beiden Techniken ihr privilegierter Status erst im Rückblick zugeschrieben worden. Es ist anzunehmen, dass sich seinerzeit die Filmemacher kaum derartige Beschränkungen auferlegen ließen, sondern sich vielmehr alle Freiheiten nahmen und jede filmische Technik einschließlich der schauspielerischen Darstellung, der langen Einstellung und der Tiefeninszenierung zunutze machten, um ihre Geschichten verständlich und ausdrucksstark, ›expressiv‹ zu erzählen.

Es ist jener Begriff der Expressivität, der hier einmal näher betrachtet werden soll. Es ist eine Sache, eine Geschichte verständlich zu erzählen, und zweifellos konzentrierten sich die Bemühungen der Filmemacher auf diese Aufgabe, zumindest während der ersten Hälfte dieses Jahrzehnts. Aber damals wie heute mögen Filmemacher auch den Anspruch gehabt haben, darüber hinauszugehen und den Eindruck ihrer Präsentation der Geschehnisse zu verstärken. Ich habe an anderer Stelle zu zeigen versucht, dass ungefähr ab 1912 ein zunehmendes Interesse unter Filmemachern in vielen Ländern bestand, alle Ausdrucksmöglichkeiten dieser neuen Kunstform zu erforschen.[2]

Aus verschiedenen Gründen scheint dieses Interesse 1913 eine plötzliche Intensivierung erfahren zu haben, einem Jahr, in dem eine außergewöhnlich große Anzahl innovativer Filme erschienen ist. Einer von ihnen war Paul von Worringens früher deutscher Spielfilm DIE LANDSTRASSE, der diese Suche nach einem expressiven filmischen Stil anschaulich demonstriert. Der Film galt lange als verloren, bevor er in der Sammlung Desmet im Niederländischen Filmmuseum wiederentdeckt wurde. Er gehörte wohl zu den wichtigsten Offenbarungen der Retrospektive deutscher Filme vor 1920, die 1990 während der ›Giornate del Cinema Muto‹ im italienischen Pordenone stattfand. In diesem Essay möchte ich die Analyse von zwei stilistischen Aspekten des Films vorschlagen, die mir für das Kino Mitte der 10er Jahre ungewöhnlich erscheinen: erstens, wie in Bildausschnitt und -komposition ähnliche Einstellungen dazu verwendet werden, um Parallelen zwischen dem entflohenen Sträfling und dem zu Unrecht eines Verbrechens beschuldigten Landstreicher zu entwerfen; und zweitens, wie einzelne Einstellungen von langer Dauer, die für amerikanische (und die meisten anderen) Filme vollkommen untypisch sind, über weite Strecken des Films zur Umsetzung eines langsamen Rhythmus verwendet werden. Frank Kessler hat die Erzählstruktur und einige der stilistischen Aspekte des Films eingehend erörtert.[3] Seine ausgezeichnete Analyse soll hier nicht dupliziert werden, es soll vielmehr darum gehen, einige zusätzliche Eigenschaften des Films herauszuarbeiten.

Meiner Analyse sei die Bemerkung vorausgeschickt, dass die einzige erhaltene Fassung des Films eine holländische Verleihkopie aus der Sammlung Desmet des Niederländischen Filmmuseums ist. Wie nahe sie der deutschen Originalversion kommt, ist schwer zu sagen. Tatsächlich scheint an mindestens zwei Stellen des Films wichtiges Material zu fehlen. Die Nachtclub-Szene, in der die Polizei versucht, den Sträfling zu verhaften, ist in ihrem erhaltenen Zustand reichlich verwirrend – ein Effekt, der für den Rest des Films keineswegs typisch ist. Wahrscheinlich befanden sich hier zu Beginn der Sequenz einige Einstellungen, in denen die gleichzeitige Anwesenheit von Polizei und Sträfling signalisiert wird. Auf ähnliche Weise sieht man den Sträfling unmittelbar, nachdem er das erste Mal die Hauptstraße des Dorfes entlanggelaufen ist, im Wald eine Mahlzeit zu sich nehmen (Abb. 1). Anschließend ist er auf einmal wieder zurück im Dorf. In der Filmkopie ist diese letzte Einstellung blau viragiert, womit ein Zeitsprung in die Nacht angezeigt wird. Es ist davon auszugehen, dass der Sträfling, nachdem er einige Münzen im entwendeten Anzug des Bauern gefunden hat, ins Dorf geht und sich dort – in einem kurzen fehlenden Stück des Filmmaterials – etwas Verpflegung kauft (oder auch stiehlt). Anschließend kehrt er in den Wald zurück, um seinen Proviant zu verzehren. Die folgende Einstellung zeigt seine nächtliche Rückkehr ins Dorf auf der

Stilistische Expressivität in DIE LANDSTRASSE

Abb. 1

Suche nach einer geeigneten Übernachtungsmöglichkeit (der Heuboden des Bauernhofs). Glücklicherweise scheinen Materialverluste dieser Art relativ begrenzt zu sein, und es ist somit noch immer möglich, einige Beobachtungen zum Stil des Films zu machen.

Räumliche Motive

DIE LANDSTRASSE operiert überwiegend mit Parallelismen und führt schon zu Beginn zwei für den Verlauf des Films ungefähr gleich bedeutsame Figuren ein, die sich allerdings erst in der letzten Szene begegnen. (Die Ausnahmen sind um so offensichtlicher: Vom Landstreicher unbemerkt, beobachtet ihn der Sträfling durch ein Fenster dabei, wie er vom Dachboden herunterklettert; an diesem Punkt erscheinen beide einen Moment lang in derselben Einstellung. Aber selbst während der Gerichtsverhandlung des Landstreichers bleibt die Anwesenheit des Sträflings dem Zuschauer verborgen, bis der Landstreicher den Gerichtssaal bereits verlassen hat.) Sobald jedoch der Landstreicher auftritt, werden beide Männer systematisch miteinander verglichen, wobei ihnen nicht nur vergleichbare Attribute zuge-

367

wiesen werden (zum Beispiel hinken beide), sondern auch die Bildausschnitte, Kamerawinkel, Bewegungsrichtungen und so weiter sind oft bemerkenswert ähnlich.

Diese Verwendung von Motiven, die von der räumlichen Orientierung der Kamera auf die Aktionen der Figuren ausgehen, war raffiniert und noch recht neuartig. D. W. Griffith hat einfachere Versionen dieser Methode in einigen seiner kurzen Biograph-Filme eingesetzt. Die ersten und letzten Einstellungen in THE COUNTRY DOCTOR (1909) bestehen zum Beispiel aus so genannten ›Stützschwenks‹ in entgegengesetzte Richtungen durch dieselbe bukolische Landschaft – wodurch der Eindruck vermittelt wird, dass das Leben trotz der Ereignisse der Handlung doch immer weitergeht. Noch berühmter ist THE MUSKETEERS OF PIG ALLEY (1913), der an verschiedenen Schlüsselmomenten das Mittel des *hors cadre* verwendet. Victor Sjöström nutzt Variationen der Raumtiefe in jenen Szenen in TRÄDGÅRDSMÄSTAREN (DER GÄRTNER, 1912), in denen die Figuren auf dem Fährsteg oder auf der nahenden Fähre stehen.[4]

Derartige Motive blieben jedoch eher die Ausnahme in einer Zeit, in der Filmemacher gerade erst herausfanden, wie man räumliche und zeitliche Beziehungen zwischen zwei Einstellungen unmissverständlich strukturiert und dabei eine verständliche Geschichte erzählt. In heutiger Zeit, in der diese Art des visuellen Anklangs ein Kennzeichen des Kunstkinos geworden ist, können diese Filme verglichen mit anderen Produktionen jener Zeit auf bemerkenswerte Weise ›modern‹ erscheinen.[5] Zweifellos ist das bei DIE LANDSTRASSE der Fall, dessen methodische Wiederholungen und gelegentlich sehr lange Einstellungen fast schon auf die Filme von Robert Bresson, Theodoros Angelopoulos oder Abbas Kiarostami vorauszuschauen scheinen.

DIE LANDSTRASSE zieht Parallelen zwischen seinen beiden Hauptfiguren, einem bösartigen entflohenen Sträfling und einem anscheinend einfältigen Landstreicher, der wegen eines Mordes angeklagt wird, den der andere begangen hat. Die Motivation für diese Parallelen ist weniger ersichtlich, da die Charaktereigenschaften beider Männer sich recht deutlich voneinander unterscheiden: Der Sträfling ist ein kaltblütiger Killer, der zulässt, dass einem anderen die Schuld an seinem Verbrechen angelastet wird; der Landstreicher dagegen ist ein harmloser Mann, der lediglich versucht, sich irgendwie durchs Leben zu schlagen. Ich vermute, dass die Parallelen angedeutet werden, um genau diesen ironischen Kontrast zwischen beiden herzustellen und gleichzeitig nahe zu legen, wie leicht ein einfaches, bescheidenes Leben zerstört werden kann. Wenn dem so ist, gehört DIE LANDSTRASSE in die Frühphase dessen, was in der Zeit nach dem Ersten Weltkrieg unter der Bezeichnung ›Kunstkino‹ auftauchen sollte. Natürlich passte ein solcher Stoff in den kurzlebigen, aber prestigereichen Autorenfilm des deutschen Kinos der frühen 10er Jahre.

Kessler hat auf die Parallelen hingewiesen, die durch Wiederholungen von Schauplätzen und Aktionen geschaffen werden, wenn beispielsweise sowohl der Landstreicher als auch der Sträfling auf den Boden des Hauses klettern, in dem der Mord geschieht:

> Auch die *Mise-en-Scène* verweist beständig einen Handlungsstrang auf den anderen und wird von der Konstruktion eines homogenen diegetischen Raumes unterstützt. Wenn demnach der Landstreicher in das Haus einbricht, folgt er demselben Weg wie der Sträfling vor ihm. Die Szenen wiederholen sich bis zu einem bestimmten Grade, wodurch ein stärkerer Eindruck des *déjà vu* entsteht. Das gleiche gilt generell für die Art und Weise, in der während des 2. und 4. Akts dieselben Schauplätze immer wieder auftauchen: die Scheune, der Hof, der Dachboden usw.[6]

Für Kessler sind diese Parallelen sehr wichtig, weil sie ein Resultat des parallel geführten Kreuzschnitts sind, der die ersten drei Akte des Films kennzeichnet, in den letzten beiden jedoch nicht mehr vorkommt.

Derartige Wiederholungen sind in den ersten drei Rollen des Films recht häufig. Beim Verlassen des Dorfes passiert der Landstreicher zum Beispiel dieselbe Wasserpumpe, an der der Sträfling in einer ganz ähnlichen vorhergehenden Einstellung etwas getrunken hatte (Abb. 2). Aber selbst wenn die Schauplätze sich voneinander unterscheiden, kann die Wahl des Bildausschnitts an frühere Szenen anknüpfen. Am auffälligsten geschieht dies während einer Einstellung, in der der Landstreicher sich aus dem Hintergrund nähert, um sich im Vordergrund neben einem Busch niederzulassen; er versteckt das gestohlene Fleisch unter dem Busch und verzehrt etwas vom mitgebrachten Brot. Seine leicht nach rechts versetzte Position im unteren Teil des Bildes erinnert stark an einen ähnlichen Bildausschnitt des essenden Sträflings vorher (vgl. Abb. 1).

Zu den durch derartige Wiederholungen hergestellten Parallelen zwischen den Figuren tritt ein weiteres räumliches Motiv, das den Kontrast zwischen beiden Figuren unterstreicht. Der Sträfling wird dabei mit vertikalen Abstiegen von hoch gelegenen Orten assoziiert. Die zweite Einstellung der eigentlichen Handlung besteht in einer Untersicht auf ein Bettlaken, das aus einem oberhalb des Bildausschnitts liegenden und damit unsichtbaren Fenster hängt. Der Flüchtige lässt sich daran herunter und

Kristin Thompson

Abb. 2

fällt auf den Boden. Später klettert er ins Dachgeschoss des Bauernhauses und schleicht dann die Treppe herunter, um den Raubmord zu begehen, der dem Landstreicher zur Last gelegt werden wird. Schließlich springt der Sträfling in der Szene seiner Festnahme vom Balkon des Nachtclubs (Abb. 3) und fügt sich so die tödliche Verletzung zu, die ihn zu seinem Geständnis am Sterbebett veranlasst.

Diesen Abwärtsbewegungen wird das langsame, humpelnde Fortschreiten des Landstreichers entlang der sich dahinwindenden Landstraße gegenübergestellt wie auch die täglichen kreuz und quer verlaufenden Feldgänge der Bauern entlang derselben Straße (Abb. 4). Die ebene, kahle Straße könnte auf die Normalität der täglichen Routine verweisen, die von den vertikalen Einfällen des Sträflings gestört wird. (Es ist hier vielleicht nicht uninteressant, dass, obgleich sowohl der Sträfling als auch der Landstreicher die Leiter zum Dachboden hinaufsteigen, der Landstreicher nicht die Treppe im Haus hinuntergeht, sondern das Haus auf dem gleichen Weg wieder verlässt, auf dem er gekommen war.) Gewiss signalisiert die letzte Einstellung (Abb. 5), in der der Landstreicher das Gefängnis verlässt und sich wieder auf die Straße begibt, dass die öde Routine seines Lebens abermals ihren Lauf nimmt. Dieses Zusammenspiel zwischen vertikalen

Stilistische Expressivität in DIE LANDSTRASSE

Abb. 3

Abb. 4

Kristin Thompson

Abb. 5

Abwärtsbewegungen aus der Höhe des Bildes und horizontalen, das Bild durchquerenden Bewegungen stellt für einen Film aus dem Jahre 1913 ein ungewöhnliches Motiv dar.

Lange Einstellungen

Kessler hat überzeugend dargelegt, dass die ersten drei Akte dieses fünfaktigen Films von einer relativ hohen Schnittfrequenz dominiert werden, besonders deutlich dort, wo während der Raubmord-Szene zwischen dem Sträfling und dem Landstreicher hin und her geschnitten wird. Er gibt zu bedenken, dass die sehr lange Einstellung des Geständnisses am Sterbebett (Abb. 6, mit einer Länge von etwa 6 Minuten[7]) zu dem früheren Schnittverfahren in starkem Gegensatz steht. Ich würde dem zustimmen, jedoch unter einem Vorbehalt. Während im Durchschnitt die Montage zu Beginn des Films schneller ist, gibt es doch auch in diesem Teil eine Reihe relativ langer Einstellungen, die ein weiteres stilistisches Motiv schaffen und die beeindruckende Kulminations-Szene des Films vorbereiten. Wiederum mögen solche Einstellungen dem traditionellen Historiker als Anhalts-

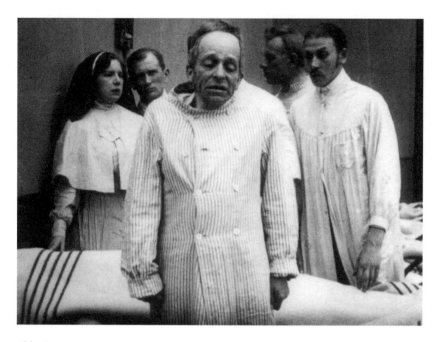

Abb. 6

punkte für die rückwärts gewandten Strategien von DIE LANDSTRASSE dienen. Und doch ähneln sie kaum den früheren, lediglich aus einer Einstellung bestehenden Filmen der vor-klassischen Periode.

Auf die erste dieser langen Einstellungen stößt man im Bauernhaus, wo eine junge Frau einem älteren Mann (ihrem Vater oder Großvater?) beim Ausziehen seiner Jacke behilflich ist (Abb. 7); wahrscheinlich hat er sich bei der Arbeit auf dem Feld eine Krankheit zugezogen. Wir harren während dieses langwierigen Prozesses aus, der durch seine mühseligen und schwerfälligen Bewegungen noch hinausgezögert wird. Diese Einstellung dürfte bei normaler Stummfilmgeschwindigkeit ungefähr zweidreiviertel Minuten dauern. Ihre hauptsächliche Funktion besteht lediglich darin, den alten Mann als leichte Beute für den Sträfling, der ihn später ermordet, auszuweisen. Darüber hinaus trägt sie auch dazu bei, das in diesem Film mit dem Alltagsleben assoziierte langsame Tempo zu etablieren – langsam sogar noch im Vergleich zu dem ausgesprochen gemächlich erzählenden deutschen Kino der Zeit nach dem Ersten Weltkrieg. Ein Hollywoodfilm würde sich einer solchen Aktion im Bruchteil dieser Zeit entledigen.

Die wohl beeindruckendste lange Einstellung, die der Geständnisszene vorausgeht, ist jene, in der der Landstreicher im Wald seine Mahlzeit zu

Abb. 7

sich nimmt. Sie beginnt damit, dass er sich aus der Entfernung in den Vordergrund bewegt (Abb. 8); er schneidet sein Brot und sein Fleisch, isst, trinkt, versteckt die Reste seiner Mahlzeit und fährt dann – gegen Ende der Einstellung – fort, essend in die Gegend zu starren (Abb. 9). All das dauert wiederum etwa zweidreiviertel Minuten. An dieser Stelle scheint die lange Einstellung schlicht den Rhythmus einer ganzen Serie von profanen Handlungen zu respektieren, abermals auf eine Weise, die an das Kunstkino nach dem Zweiten Weltkrieg gemahnt. Sicherlich stellt die Mahlzeit des Landstreichers eine Parallelhandlung dar, die die Zeit überbrückt, in der sich eine große Gruppe von Dorfbewohnern auf dem Bauernhof versammelt, wo der Mord stattgefunden hat. Andere Filme dieser Zeit würden jedoch zu diesem Zweck einen weitaus kürzeren Zwischenschnitt verwenden. Diese lange Einstellung verweigert dem Zuschauer auf resolute Weise die Darbietung irgendeines dramatischen Ablaufs oder irgendwelcher neuen Erzählinformationen. Ich erinnere mich an nichts Vergleichbares in anderen Stummfilmen und sollte nichts anderes in DIE LANDSTRASSE unserer Aufmerksamkeit würdig sein, diese paar Minuten wären es sicherlich.

Das Motiv der ausgedehnten Einstellung setzt sich fort, wenn der Landstreicher zum Verhör und ins Gewahrsam fortgeschleppt wird. Die Ein-

Stilistische Expressivität in DIE LANDSTRASSE

Abb. 8

Abb. 9

Abb. 10

stellung, in der ihn die Zeugen beschuldigen und er zaghaft alles außer den Diebstahl des Fleisches abstreitet (Abb. 10), nimmt wiederum zweidreiviertel Minuten in Anspruch. Die verwirrende Totale des Nachtclubs, in der der Sträfling verfolgt wird und sich auf der Flucht schwer verletzt (vgl. Abb. 3), dauert ungefähr zwei Minuten, einschließlich eines eingeschnittenen Fotos des Sträflings, der anscheinend von der ebenfalls in der Einstellung auftauchenden Polizei festgehalten wird.

Die Ansicht, lange Einstellungen könnten eine positive, strukturierende Komponente eines frühen Spielfilms sein, erscheint zunächst als weit hergeholt und wenig plausibel. Gewöhnlich betrachten wir schnelle Parallelmontagen oder Schuss-Gegenschuss-Konstruktionen als die innovativen Speerspitzen der Mitte der 10er Jahre. DIE LANDSTRASSE aber bewegt sich in die entgegengesetzte Richtung, indem der Film einzelne Szenen nicht einfach durch die Hinzufügung von Einstellungen ausdehnt, sondern die Einstellungen selbst beträchtlich verlängert. Diese stellen ohne Zweifel ebenso ein Experiment mit den filmischen Möglichkeiten dar wie die hohen Schnittfrequenzen und schnellen Kamerabewegungen in anderen Filmen dieser Epoche. Dies dient nicht nur der Klarheit, sondern vor allem der Expressivität.

Schlussfolgerungen: Ein Amalgam stilistischer Möglichkeiten

Kessler hat darauf hingewiesen, dass DIE LANDSTRASSE Techniken verschiedener stilistischer Paradigmen dieser Zeit in sich vereinigt. Die in einer langen Aufnahme gestaltete Geständnis-Szene ist ihm zufolge ein theatralisches Moment, vergleichbar mit dem Ende von LA REINE ELISABETH (KÖNIGIN ELIZABETH, 1912), während die Anfangssequenz eher den damaligen Kriminalfilmen ähnelt. Das wäre nicht überraschend, konnten Filme in der Vorkriegszeit international doch noch immer nahezu uneingeschränkt zirkulieren und sich Einflüsse dementsprechend ausbreiten.

Dennoch vermittelt DIE LANDSTRASSE keineswegs einen eklektischen oder uneinheitlichen Eindruck, gerade weil diese verschiedenen Techniken immer auf ein übergreifendes Ziel hin modifiziert werden. Das Geständnis des Sträflings (vgl. Abb. 6) unterscheidet sich in seiner Inszenierung recht deutlich von der Schlusseinstellung in LA REINE ELISABETH. In diesem Film betrachten wir aus der Totale eine virtuose Darbietung der Schauspielkunst Sarah Bernhardts, die im Mittelpunkt der Aufmerksamkeit steht. In DIE LANDSTRASSE ist die Aktion viel näher bei der Kamera, Menschen kommen und gehen, und zu Beginn der Geständnis-Szene begegnen wir einer Inszenierung in der Raumtiefe, wenn die Patienten in ihren Betten an der hinteren Wand aufgeregt dem Geständnis des Sträflings lauschen; während des Geständnisses und dessen Wiederholung gegenüber der Krankenschwester und den Ärzten ist das Auge des Betrachters versucht, zwischen dem Sträfling und dem Landstreicher hin und her zu pendeln.

Auf ganz ähnliche Weise scheint sich die Eingangssequenz mit der Flucht des Sträflings aus dem Gefängnis durch das langsame Tempo und das Fehlen dynamischer Aktionen deutlich etwa von einer vergleichbaren Szene des dänischen Kriminalfilms GAR EL HAMA III (1914, Regie: Robert Dinesen) zu unterscheiden. Selbst die am schnellsten geschnittene Szene in DIE LANDSTRASSE, die Parallelmontage zwischen dem Sträfling, der den Bauern ermordet, und der Ankunft des Landstreichers im Dorf, dämpft die Gewalt des Verbrechens eher als dass sie sie verstärken würde. Sie erzeugt auch kaum jene Spannung, die man gewöhnlich mit Parallelmontagen assoziiert (die ›Rettung in letzter Minute‹), da wir noch nicht wissen können, in welchem Verhältnis die Handlungen des Landstreichers zu denen des Sträflings stehen.

Während also Paul von Worringen sich eine ganze Reihe verschiedener stilistischer Normen der Zeit zunutze macht, tut er es doch zu ungewöhnlichen Zwecken. Abgesehen von einigen wenigen Momenten eindringlicher Aktion ist DIE LANDSTRASSE im Grunde ein atmosphärischer Film, dem Figuren mit klaren Zielsetzungen fehlen. Natürlich möchte der Sträfling der Festnahme entkommen und ansonsten stehlen, soviel er kann, jedoch ist das kaum eine spezifische Zielsetzung; der Landstreicher ist von Natur aus passiv und scheint sich sogar auf der Gefängnis-Krankenstation wohler zu fühlen als irgendwo sonst. Das Ergebnis ist eine sehr einfache Handlung, die sich mit individuellen Aktionen und psychologischen Reaktionen aufhält. Die Einfachheit erlaubt es der Handlung, nahezu ohne Einsatz von Zwischentiteln fortzuschreiten – eine seltene Charakteristik für einen Spielfilm dieser Epoche, allerdings eine, die für viele deutsche Filmemacher der 20er Jahre zum selbst gesteckten Ziel werden sollte.

DIE LANDSTRASSE veranschaulicht, weshalb Historiker das Jahr 1913 in jüngster Zeit als einen tief greifenden Wendepunkt der Filmgeschichte betrachten. Während der Film dem frühen Kino viel verdankt, scheint er der Tradition des Kunstfilms, wie sie nach dem Krieg wahrgenommen und diskutiert wurde, zumindest ebenso nahe, wenn nicht gar näher zu stehen. Das heißt auch, dass er eine bedeutende alternative Vision des Filmemachens gegenüber der Hollywoods präsentiert, selbst in einer Ära, in der sich die Normen der klassischen Filmpraxis erst noch in ihrer konstituierenden Phase befanden.

Aus dem Englischen von Michael Wedel

---

1 Dieser Essay basiert auf einer Sichtung der Kopie von DIE LANDSTRASSE im Nederlands Filmmuseum in Amsterdam. Mein Dank gilt Mark-Paul Meyer und den Mitarbeitern der Stiftung Nederlands Filmmuseum für ihre Zuvorkommenheit und Gastfreundschaft während meines Aufenthaltes dort. — **2** Kristin Thompson: The International Exploration of Cinematic Expressivity. In: Karel Dibbets, Bert Hogekamp (Hg.): *Film and the First World War.* Amsterdam 1995, S. 65–85. — **3** Frank Kessler: A Highway to Film Art? In: Paolo Cherchi Usai, Lorenzo Codelli (Hg.): *Before Caligari. German Cinema, 1895–1920.* Pordenone 1990, S. 438–451. — **4** John Fullerton: Spatial and Temporal Articulations in Pre-classical Swedish Film. In: Thomas Elsaesser (Hg.): *Early Cinema. Space, Frame, Narrative.* London 1990, S. 375–388. — **5** Kessler merkt ebenfalls an, dass DIE LANDSTRASSE »sich recht ›modern‹ anfühlt«, was aus der Klarheit der räumlichen und zeitlichen Beziehungen durch die Montage herrührt. Vgl. Kessler: A Highway to Film Art?, a.a.O. (wie Anm. 3), S. 446. — **6** Ebd., S. 444. — **7** Ich habe DIE LANDSTRASSE mehrmals unter verschiedenen Umständen gesehen, von denen mir jedoch keiner erlaubte, einigermaßen präzise Angaben der Einstellungslängen zu machen. Angesichts der Problematik der Vorführgeschwindigkeit von Stummfilmen können meine Schätzungen hier nur ungefähre sein.

Yuri Tsivian

Stilisten der 10er Jahre
Franz Hofer und Jewgenij Bauer

In der Geschichte des europäischen Kinos lassen sich die 10er Jahre als eine relativ unbekannte Periode zwischen zwei sehr bekannten betrachten: dem Kino der 20er Jahre mit seinen verschiedenen Avantgarde-Bewegungen und dem Jahrzehnt der Pioniere (die Lumières, Gaumont und Pathé in Frankreich, Paul, Hepworth und Williamson in Großbritannien, Messter in Deutschland).

Verglichen mit der unmittelbar vorhergehenden und unmittelbar folgenden Periode werden die Filme der 10er Jahre oft – keineswegs zurecht – als weniger interessant und wenig originell eingeschätzt. Nur weil das Kino der 10er Jahre versuchte, ein bürgerliches Publikum anzusprechen und, um dies zu erreichen, sich so respektabel wie möglich geben wollte, wird es gerne als ein ›sklavisch‹ den anderen Künsten, vor allem dem Theater verhaftetes ›Derivat‹ definiert; besonders über das frühe russische Kino, das später von titanischen Figuren wie Vertov oder Eisenstein vollständig überschattet wurde, ist dieses Vorurteil stark verbreitet.

Im Folgenden soll gezeigt werden, dass der derivative Charakter vieler Filme der 10er Jahre an sich noch kein ästhetisches Mängelkriterium darstellt. Meine zweite These ist: Wenn man vielmehr die Filme von dem (nur leicht) hypothetischen Fluchtpunkt ihrer eigenen Epoche aus betrachtet und nicht aus der so bequemen (und trügerischen) Perspektive des allwissenden Rückblicks, der unsere aktuellen Vorlieben zur Norm nimmt, können die damaligen kinematographischen Imitationen oder Anleihen bei der ›hohen Kunst‹ sich durchaus als höchst innovative – und sogar experimentelle – Methoden des Umgangs mit Bildern herausstellen.

Zur Unterstützung meines ersten Arguments soll eine Bildkomposition aus Jewgenij Bauers UMIRAYUSHCHII LEBED' (DER STERBENDE SCHWAN, 1917) betrachtet und dieser russische Film zu einer außerkinematographischen Tradition in Beziehung gesetzt werden, die bis zur künstlerischen Bohème im Berlin der 1890er Jahre zurückreicht; bezüglich meiner zweiten These möchte ich auf Inszenierungsmethoden wie Kamerablicke in Spiegel und präzise Raum-›Blockierungen‹ (unter Verwendung von Beispielen aus Filmen von Bauer und Franz Hofer) verweisen, um zu zeigen, dass das, was dem modernen Betrachter als rein ›theatralische‹ Technik erscheinen mag, tatsächlich zum Originalitätsanspruch des frühen Kinos gehörte oder, wie wir heute sagen würden, zu den Bemühungen der Filmemacher um ›kinematographische‹ Besonderheit.

Dass wir nicht immer in der Lage sind, die ›kinematographische‹ Qualität des Kinos der 10er Jahre auf den ersten Blick zu bemerken, hat in erster Linie damit zu tun, dass unsere Auffassung von dem, was und was nicht Teil der ›Natur‹ des Kinos ist, um einiges von den Ansichten der Filmemacher der 10er Jahre abweicht. Als Filmhistoriker sind wir uns bewusst, wie sehr man sich vor essenzialistischen Aussagen in Acht nehmen sollte, und wir haben verstanden, dass Begriffe wie ›kinematographisch‹, ›Natur‹ und ›Medium‹ nicht mehr als kulturelle und ästhetische Konfigurationen sind, die – trotz ihrer ungebrochenen Wirkungsmacht über Kritiker und Filmemacher – mit ihrer Epoche geboren werden und wieder zugrunde gehen. Als Kinder des 20. Jahrhunderts und Teilhaber seiner kulturellen Orthodoxien fällt es allerdings manchmal noch den diszipliniertesten Historikern schwer, dem Zauber des essenzialistischen Diskurses zu entgehen, der in den von Avantgarde-Sensibilitäten dominierten 20er Jahren geprägt wurde. Im tiefsten Innern glauben noch immer viele von uns, das Medium Kino habe eine ›Natur‹ oder ›Essenz‹; und dass, worin sie auch bestehen könnte, die Besonderheit des Mediums seiner elementaren Technologie (sei es die ›fotografische‹ Qualität, sei es die ›Dynamik‹ des Filmbildes) ›inhärent‹ sei (und aus ihr ›herausdestilliert‹ werden könnte); schließlich, dass diese Natur oder Essenz etwas sei, dem die Filmkunst stets gerecht werden muss. Bei allem Respekt, den wir für das Konzept der Intertextualität haben mögen, sind wir uns doch stillschweigend einig, dass ›der Natur des Mediums gerecht zu werden‹ auch heißt, ›anders als die anderen Künste‹ zu sein. Meine Überzeugung ist, dass all diese Dinge aus der Perspektive des Kinos der 10er Jahre an paradigmatischer Bedeutung verlieren. Dabei soll keineswegs behauptet werden, dass die Filmemacher völlig frei von derlei Lehrsätzen gewesen wären, sondern vielmehr, dass ihre Vorstellungen von der spezifischen Natur des Mediums, in dem sie arbeiteten, sich von späteren unterschieden, vielleicht gar nicht einmal so erheblich, jedoch genügend, um die Grenze des Neuartigen dieser Periode in den Augen derer zu verwischen, deren Auffassung über das Neuartige und Innovative vom Kino der 20er Jahre vorgegeben wurde.

Gerade für Regisseure wie Bauer und Hofer scheint zuzutreffen, dass ›originell zu sein‹ nicht automatisch auch voraussetzte, ›unabhängig zu sein‹, zumindest nicht in Bezug auf die ›hohen‹ Künste, mit Ausnahme des Sprechtheaters, von dem, wie später ausgeführt werden soll, europäische

Franz Hofer und Jewgenij Bauer

Filmemacher der 10er Jahre sich eher absetzen als mit ihm identifizieren wollten. Dies war natürlich eine absolut reziproke Tendenz, denkt man an die unzähligen »Hassartikel« über das Kino in deutschen und russischen Theaterzeitschriften der 10er Jahre. Wenn man sich sicher sein könnte, alle Freudschen Assoziationen zu vermeiden, könnte man sagen, dass in der Familie der Künste die pubertierende Filmkunst eine Feindschaft gegenüber dem ihr am nächsten stehenden Elternteil, dem Theater, entwickelte, während sie gleichzeitig versuchte, der Malerei, einem entfernteren, jedoch nicht weniger ›aristokratischen‹ Verwandten, zu ähneln. Betrachtet man das Kino Jewgenij Bauers, so hat man das Gefühl, das am meisten willkommene (und oft auch bewusst provozierte) Kompliment, das man ihm machen kann, sei, seine Filme als ›Malerei in Bewegung‹ zu bezeichnen – übrigens keine seltene Definition der ›Natur des Mediums‹ in der filmbezogenen Literatur der 10er Jahre.[1] 1915 ging der russische Dichter Sergej Gorodetskij so weit, einen neuen Begriff für das ›Kino‹ vorzuschlagen: ›Schisnopis‹ (›Lebens-Schrift‹), geprägt in Analogie zu ›schiwopis‹ (›lebendige Schrift‹), einer russischen Standardbezeichnung für ›Malerei‹.[2] Während in der Theorie dieses Konzept der ›Malerei-in-Bewegung‹ als ideale Verschmelzung präsentiert wurde, setzte sich in der Praxis nicht selten der Bestandteil ›Malerei‹ gegenüber dem Faktor der ›Bewegung‹ durch, insbesondere in russischen Filmen. Diese Tendenz war dort so verbreitet, dass man in der russischen Filmliteratur dieses Jahrzehnts verfolgen kann, wie das ›Prinzip der Immobilität‹ zum zentralen Merkmal einer neuen (nationalen) Filmästhetik erklärt wird.[3] Hier begegnen wir einer weiteren Differenz zwischen dem essenzialistischen Diskurs der 10er und dem der 20er Jahre: Während die großen Filmtheorien späterer Jahrzehnte das Wesen der Filmkunst in Abhängigkeit von technischen Werten wie ›Geschwindigkeit‹, ›Bewegung‹ oder ›Montage‹ formulierten, insistierten die Theoretiker des vor-kuleschovschen Russland darauf, dass Film nicht durch die Treue zu, sondern *trotz* seiner ›mechanischen Natur‹ zur Kunst wird.

In dieser Hinsicht sollte Bauer (ein früherer Bühnenausstatter, der in dieser Funktion beim Film zwischen 1913 und 1917 tätig war) als einer der beständigsten Vertreter dieser alternativen Ästhetik angesehen werden, der zufolge sich die ›wahre Natur‹ der Filmkunst ›in Annäherung‹ an ältere Künste definiert und die Beherrschung des Filmmediums in Abweichung von dem verstanden wird, was äußerlich als die eigentlichen technischen Vorzüge des Mediums erscheint. Kevin Brownlow merkte einmal an, Bauers Filme würden nur zwei Geschwindigkeiten kennen: ›langsam‹ und ›stopp!‹, was selbstverständlich durchaus zutreffend ist. Dem ist allerdings hinzuzufügen, dass man bei der Betrachtung einiger der besten Filme

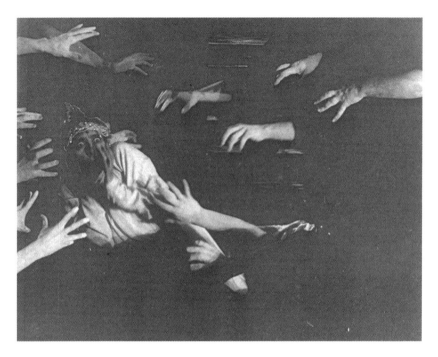

Abb. 1: UMIRAYUSCHTCHIJ LEBED / DER STERBENDE SCHWAN (1917, Regie: Jewgenij Bauer)

Bauers manchmal das Gefühl hat, er bevorzuge eher die ›Stopps‹: Die Darsteller halten für vier oder fünf Sekunden inne, und die bewegten Bilder verwandeln sich in ein Standbild. In diesen Momenten kann man dem Filmregisseur Bauer fast dabei zuschauen, wie er sich in den Maler Bauer verwandelt (soweit wir wissen, ist er nie einer geworden: Als Student wurde er der Moskauer Hochschule für Malerei, Skulptur und Architektur verwiesen).

Bauers bevorzugte Vorwände, um die Filmhandlung still zu stellen, waren Träume und Visionen seiner Charaktere. DER STERBENDE SCHWAN ist hierfür ein besonders anschauliches Beispiel: Eine melancholische junge Frau, die von ihrem Verlobten verlassen wurde, trifft einen dekadenten Maler, der vom Bild des Todes besessen ist. Die junge Frau erklärt sich bereit, für sein Gemälde mit dem Titel ›Tod‹ Modell zu sitzen. Als das Gemälde halbfertig ist, kehrt der Verlobte zu ihr zurück. Das Mädchen ist nun wieder so glücklich, dass der Maler sie erwürgen muss, um sein Kunstwerk fertig stellen zu können. An einer Stelle hat das Mädchen einen Traum (Abb. 1), der mittlerweile eine eigene stattliche Interpretationsgeschichte vorzuweisen hat. Auf dem Domitor-Kongress 1992 in Lausanne wies Paolo Cherchi Usai

Abb. 2: ASPETTANDO IL DIRETTO DE MEZZANOTTE (Itala-Films, 1911)

vor dem Hintergrund einer Erörterung des (kunsthistorischen) ›Einfluss‹-Konzepts darauf hin, dass eine ganze Reihe mit denen Bauers vergleichbarer Motive im internationalen Kino vor 1917 vorhanden war, speziell in dem italienischen Film ASPETTANDO IL DIRETTO DE MEZZANOTTE aus dem Jahre 1911 (Abb. 2). Ähnlichen Visionen von Händen, bei denen allerdings ein Arm aus dem Off in den Bildausschnitt greift, sind auch in CABIRIA (Italien 1914) und Lois Webers SHOES (USA 1916) zu finden.[4] An Paolo Cherchi Usais Vortrag anschließend, warf Ivo Blom ein, er erinnere sich an ein noch früheres Beispiel aus LA POULE AUX ŒUFS D'OR, einer Pathé-Produktion von 1908 (Abb. 3). In der folgenden Diskussion waren sich alle darin einig, dass es eine außerfilmische Parallele geben muss, am wahrscheinlichsten wohl in der symbolistischen Kunst der Jahrhundertwende. Bei meinen dahingehenden Nachforschungen stieß ich auf das Titelblatt von Péladans ›Femmes honnêtes‹, gemalt von dem belgischen Symbolisten Fernand Khnopff, das die Frau als Lustobjekt des Mannes symbolisiert. Diese Komposition hat zwar kein Gegenstück in Péladans Text, Kunsthistoriker verweisen jedoch auf ein ähnliches Motiv, das noch früher (im Jahre 1895) von Edward Munch für eine Lithografie verwendet worden ist

Abb. 3: LA POULE AUX ŒUFS D'OR (Pathé, 1908)

(Abb. 4). In der Tat gleicht Munchs Bild in meinen Augen relativ genau Bauers Einstellung, sowohl in ikonografischer Hinsicht als auch im Hinblick auf seinen inhaltlichen Bezug.[5]

Daneben hat dieses Motiv eine zeitgenössische literarische Parallele im Werk eines Freundes von Munch, des polnischen Fin-de-siècle-Schriftstellers Stanislaw Przybyszewski. In diesem Fall verbirgt sich hinter der Intertextualität des Symbols auch noch eine Liebesgeschichte. Munch hatte sich nämlich 1895 während seiner Zeit in Berlin in Przybyszewskis Frau verliebt, eine rothaarige Norwegerin namens Dagny (Przybyszewski), die – Gerüchten nach – niemals ein Korsett trug. Als eine emanzipierte, wahrhaft der Jahrhundertwende zugehörige Persönlichkeit, wurde Dagny auch von August Strindberg umworben, etwa zur gleichen Zeit, in der Munch sich um sie bemühte. Es war demnach ein offenes Geheimnis, dass es sich bei der Figur mit dem Namen ›Lust‹ im Zentrum von Munchs Lithografie um Dagny handelte. Ihr aufwändiger Lebensstil forderte schließlich seinen Tribut, man sagt, sie sei Jahre später von der Hand eines eifersüchtigen Offiziers der russischen Armee in Marokko getötet worden.

Um auf Bauers visuelles Motiv zurückzukommen: In dem Roman *Homo*

Abb. 4: Edward Munch, Lithografie ohne Titel (1895)

Yuri Tsivian

Sapiens, der in eben diesem Jahr 1895 von Dagnys Ehemann Stanislaw Przybyszewski geschrieben wurde, findet sich eine Passage, die als literarischer Gegenschlag auf Munchs anstößiges Bild gelesen werden kann. Der Roman handelt von einem gewissen Mikita, einem missverstandenen Künstler, der sich wegen einer Femme Fatale das Leben nimmt, die er sich als Modell für ein beabsichtigtes Gemälde auserwählt hatte. Przybyszewski beschreibt Mikitas Entwurf für dieses fiktive Gemälde, das der bedauernswerte Selbstmörder nicht mehr beenden wird, wie folgt: »Ein Weib mußte er haben mitten auf dem Bilde, lockend, verführerisch – und von allen Seiten, ja, von oben, von unten, strecken sich tausend Hände nach ihr. Tausend Hände schreien, huh, schreien nach ihr! Magere, nervöse Künstlerhände; dicke, fleischige Börsenjobberhände mit großen Ringen, tausend andre Hände – eine Orgie von verlangenden, begehrlichen Händen (...)«.[6] Sollten nach dieser Passage noch Zweifel daran bestehen, dass sie sich auf Munchs Bild bezieht, so können diese von den folgenden Zeilen aus einem Brief Przybyszewskis an Munch vom Juli 1896 zerstreut werden. Er bezieht sich auf die Behauptung eines schwedischen Kritikers, Munch habe den Prototyp für die Figur des Mikita abgegeben: »Den lächerlichen Blödsinn, den man Dir erzählt hat, daß ich Dich [in meinem Roman, Y. T.] porträtiert habe, will ich gar nicht erwähnen. Es ist zu dumm und zu kindisch. Oh, diese Schweden, diese Schweden, sind sie nicht eine ungehobelte Rasse?«[7]

Ein spezifisches Interesse für Motive der hohen Künste auf Seiten der Filmemacher der 10er Jahre lässt sich auch in der Praxis nachweisen, die Kamera auf Spiegel zu richten. Diese überwiegend europäische Vorliebe ist von der Forschung jüngst mehrfach zur Sprache gekommen,[8] so dass hier nur einige Beispiele als Belege für meine These angeführt werden sollen, wonach die Strategie des in dem Bemühen um einen Identitätswechsel begriffenen europäischen Kinos der 10er Jahre teilweise darin bestand, vor Augen zu führen, dass der Raum des projizierten Filmbildes mehr der Leinwand des Malers als der Theaterbühne ähnelt. Dies erweist sich etwa, wenn Spiegel dem Zuschauer frontal gegenübergestellt werden. Von wenigen Ausnahmen abgesehen, wurden solche frontal aufgestellten Spiegel regelmäßig etwa ab 1911 verwendet, also ungefähr zu jener Zeit, in der Filmausstatter in Europa sich zunehmend zur Aufgabe theatralischer Konventionen bei Innenaufnahmen entschlossen und zu Methoden übergingen, die der realistischen Malerei entlehnt waren. Dieser Übergang beinhaltete eine veränderte Konzeption des ›Rückraums‹ (das heißt des imaginären Raums ›im Rücken‹ des Zuschauers, der in den diegetischen Raum eingeschrieben ist): Statt ihn zu ignorieren (wie es auf der Bühne der Brauch war), waren Filmemacher nun dazu entschlossen, ihn einzubringen, zu aktivieren und

Abb. 5: LE GAMIN DE PARIS (1910, Regie: Emile Chautard)

sichtbar zu machen (wie es in realistischen Gemälden üblich war). Im Theater hatte es wenig Sinn, Spiegel auf der Bühne direkt dem Publikum gegenüberzustellen – das Risiko, frontale Spiegel könnten ungewollt Rampenlichter, Räume hinter der Bühne oder gar das Publikum selbst reflektieren, war höher als irgendwelche Effekte, die aus ihnen gewonnen werden könnten. Wegen der verstreuten Blickwinkel der Zuschauer im Saal war es unmöglich, die Spiegelungen einigermaßen präzise anzuordnen. Hin und wieder kamen blinde Spiegel auf der Bühne zum Einsatz. Ein seltenes Beispiel für die Verwendung eines blinden Spiegels in einem Filmstudio finden wir in Emile Chautards LE GAMIN DE PARIS, einer Eclair-Produktion von 1910 (Abb. 5). Da es sich hierbei aber um die Filmversion eines Bühnenmelodramas handelte (mit Bühnenschauspielern in den Hauptrollen), kann es durchaus sein, dass auch der blinde Spiegel der Theaterinszenierung entlehnt wurde.

Prinzipiell scheint es, als ob die Filmemacher der 10er Jahre gerade wegen dieser eingeschränkten Verwendung auf der Bühne die Gelegenheit nutzten, ihrerseits wirkliche Spiegel einzusetzen. Indem Filmregisseure die Spiegel auf eine Art verwendeten, die so auf der Bühne nicht möglich war, vermittelten sie dem Zuschauer eine ganz bestimmte Botschaft: ›Das hier ist Film, nicht Theater‹. Eine typische Art der Verwendung bestand darin, dass

Yuri Tsivian

Abb. 6: SVAD'BA KRETCHINSKOGO/KRETCHINSKIS HOCHZEIT (1908, Regie: Alexander Drankow)

ein reflektiertes Raumfragment ›im Rücken des Zuschauers‹ in diesen kinematographischen Spiegeln erscheint, um den Zuschauer in den Handlungsraum einzuschreiben und ihn so mit dem aus der Malerei gewohnten Gefühl des ›Dabeiseins‹ zu erfüllen. Um den reflektierten Raum funktionaler und sogar dramatisch zu gestalten, erscheint im reflektierten Off dieses kinematographischen Spiegels häufig eine Tür, die Auftritte und Abgänge an der Kamera vorbei motiviert (ein weiteres Element, das auf der Bühne unmöglich ist). Zweifellos war ein derartiger Einsatz von ›gespiegelten Türen‹ gänzlich untheatralisch und innovativ im Verhältnis zu früheren filmischen Praktiken, bei denen Türen entweder in den seitlichen Wänden oder in der der Kamera gegenüberliegenden Wand zu finden waren (oder beides) – eine szenische Lösung, die von den Bühnenbildern des Theaters geliefert wurde, etwa für den russischen Film SVAD'BA KRETCHINSKOGO (KRETCHINSKIS HOCHZEIT) von 1908 (Abb. 6). Auch die dramatischen Möglichkeiten, die dieses Tür-im-Spiegel-Arrangement eröffnete, waren auf der Bühne nur schwer vorstellbar. Hier nur ein Beispiel aus einer dänischen Produktion: In VED FAENGSLETS PORT (VERSUCHUNGEN DER GROSSSTADT, 1911) von August Blom erscheint der Raum der Haupthandlung in versetzter Perspektive (Abb. 7), während auf die Tür im Spiegel geschickt

Franz Hofer und Jewgenij Bauer

Abb. 7 u. 8: VED FAENGSLETS PORT / VERSUCHUNGEN DER GROSSSTADT (1911, Regie: August Blom)

mit Abgängen und Auftritten aufmerksam gemacht wird (Abb. 8). Eine Anordnung, die sich schließlich in dramatischer Hinsicht auszahlt: Der Pro-

Yuri Tsivian

Abb. 9: VED FAENGSLETS PORT / VERSUCHUNGEN DER GROSSSTADT (1911, Regie: August Blom)

tagonist stiehlt das Geld seiner Mutter aus einer Schublade, und als in eben diesem Moment seine Mutter den Raum betritt (Abb. 9), sehen wir, wie sie ihn sieht, ohne dass er sie sieht – ein vortreffliches Beispiel für Erzählökonomie und erzählerisches Geschick. Uns, die wir mit dynamischen Konzeptionen des filmischen Raums groß geworden sind, in denen gesteigerte dramatische Effekte mit einer ansteigenden Szenenauflösung einhergehen, mögen solche Einstellungen eher unfilmisch und sogar theatralisch vorkommen. Aus der Perspektive der 10er Jahre jedoch muss der Einsatz von Spiegeln absolut filmspezifisch erschienen sein, und sei es nur aus dem Grund, dass keiner dieser Spiegeleffekte auf der Bühne herstellbar war.

Eine ähnliche Funktion hatte das inszenatorische Mittel des ›Blockierens im Raum‹. Der Einfallsreichtum und die Präzision, mit denen einige Filmemacher der 10er Jahre menschliche Figuren im Raum gruppierten und bewegten, beweist nur, wie begeistert sie von den neuen expressiven Möglichkeiten gewesen sein müssen, die sich für diese Art der ›Blick-Blockade‹ im filmischen Medium eröffneten. Zwei Beispiele aus Filmen von Bauer und Hofer veranschaulichen diese Verwendung des Blockierens, die in den 10er Jahren als durchaus filmspezifisch angesehen wurde. Franz Hofers DIE SCHWARZE KUGEL ODER DIE GEHEIMNISVOLLEN SCHWESTERN (1913) erzählt die Geschichte zweier Schwestern, Varieté-Jongleusen, die sich an dem Verführer einer dritten Schwester rächen, die zu Beginn des Films bereits tot ist. Von Beginn an sehen wir uns zwei ›unheimlichen Schwestern‹ gegenüber, vielleicht Zwillingen (obwohl die eine blond, die andere dunkelhaarig ist), die sich ihre äußerliche Familienähnlichkeit zunutze machen, um den Bösewicht fast in den Wahnsinn zu treiben. Die Geschichte selbst ist also symmetrisch aufgebaut, und ein Grund für die visuelle Überzeugungskraft des Films liegt darin, dass Hofer die Symmetrie der Geschichte in eine Symmetrie des Raums verwandelt. Immer wenn die Schwestern gemeinsam in einer Einstellung zu sehen sind, werden sie symmetrisch im Verhältnis zur Mittelachse des Bildes positioniert. Diese Symmetrie ist eine strikt laterale, im Gegensatz zur in der Tiefe des Raumes gestaffelten Inszenierung. Hofer verstärkt sie noch, indem er die Schwestern ihre Bewegungen parallel ausführen und sie (immer!) identische Kostüme tragen lässt, die beide Darstellerinnen von Szene zu Szene wechseln, wie um den Eindruck der Symmetrie ständig zu erneuern.

Betrachten wir die Einstellungsfolge der Eröffnungssequenz von DIE SCHWARZE KUGEL genauer. Nachdem der Abschiedsbrief der Selbstmörderin auf der Leinwand erschienen ist, sehen wir, wie die beiden Schwestern ihn lesen; sie sitzen Seite an Seite (Einstellungsgröße: ›American foreground‹) der Kamera gegenüber; beide Schwestern halten den Brief in jeweils einer Hand, die aus unserer Sicht linke mit ihrer rechten Hand, die rechte mit ihrer linken. Der Brief befindet sich exakt in der Mitte des Bildausschnitts (gegenüber dem geometrischen Zentrum leicht nach unten versetzt), genau auf der Symmetrieachse, die durch die Figuren der beiden Schwestern entsteht. Fast ohne jeden zeitlichen Verzug werden die Schwestern zu einer Reaktion aufgefordert, und wenn man ihre sorgfältig synchronisierten Bewegungen sieht, so ist es fast, als höre man Hofers souflierende Stimme hinter der Kamera: »Seht Euch in stummem Entsetzen an – jetzt lasst den Brief fallen – haltet Euch die Hände an die Stirn und verweilt einen Moment im Schmerz.« All das wird mit der Genauigkeit und Symmetrie eines Spiegel-Gags in einem Max-Linder-Film ausgeführt, natürlich abgesehen davon, dass diese Szene überhaupt nicht lustig wirkt. Diese bemerkenswerte Einstellung verrät die Symmetrie als Leitmotiv des gesamten Films, sowohl visuell als auch hinsichtlich der Handlung: Visuell werden der Synchronismus und die Symmetrie des Schauspiels ihre volle Wirkung erreichen, wenn die Schwestern als Varieté-Jongleusen zu zweit eine Nummer vorführen; in narrativer Hinsicht wird auf dieses Motiv gegen Ende des Films wieder angespielt, wenn Hofer uns (Stück für Stück!) die auf den Punkt getimte – natürlich auf Verwechslungen basierende – Narration der Rache gewahr werden lässt, die den Bösewicht dahin bringt, seine schändliche Verführung zu gestehen.

In der folgenden Einstellung, die Edith und Voletta trauernd am Familienaltar zeigt, wird die Symmetrie noch verstärkt: Zuerst sehen wir beide mit dem Rücken zur Kamera (wiederum ›American foreground‹) auf das Foto der Selbstmörderin schauend, das, wie vorauszusehen war, in der Mitte des Bildausschnitts, nur etwas oberhalb des geometrischen Zentrums platziert ist. In kompositorischer Hinsicht entspricht diese Einstellung der vorhergehenden derart genau, dass, gäbe es zwischen ihnen nicht einen Zwischentitel, beide eine exakte grafische Überlagerung bilden würden. Fast schon überflüssig anzumerken, dass die Schwestern, während sie sich ansehen und die Hände zum Racheschwur reichen, ihre Bewegungen absolut synchron ausführen.

Der nächste Zwischentitel, der nächste ›American foreground‹ und eine neue Lektion in der Kunst der symmetrischen Anordnung: Wir sehen die Schwestern der Kamera zugewandt in der Garderobe des Varietés sitzen (die Einstellung ist in unheilschwangeres Rot getaucht); langsam ziehen sie sich schwarze Masken über die Gesichter. Plötzlich wenden sie abrupt ihre Köpfe (beide Köpfe werden ins Bildinnere gewendet, dem Gesetz der Symmetrie entsprechend), und wir sehen den Direktor durch die hintere Tür eintreten, so dass er exakt in der Mitte des Bildes und zwischen den beiden Schwestern platziert ist. Die Handlung wird in Gang gesetzt. Die Schwestern werden auf die Bühne gebeten.

Die nächste Szene spielt im Zuschauerraum des Varietétheaters. Dem nichtsahnenden Bösewicht und seinem Freund werden die Plätze in ihrer Loge angewiesen und die Vorstellung beginnt (Abb. 10). Hier wird die Symmetrie nun vervierfacht: Hofer positioniert den Bösewicht und dessen Freund nicht nur symmetrisch im Verhältnis zur Bühne, auf die sie schauen (kompositorisch wiederholt diese Einstellung jene mit den beiden Schwestern vor dem Familienaltar), er platziert die Artistinnen (es sind noch nicht die beiden Schwestern) auch so auf ihren Schaukeln, dass ihre Gestalten eine Symmetrie zu der kleinen Figur des Dirigenten bilden (dessen Kopf wiederum wie der des Schurken und seines Freundes von hinten zu sehen ist). Man sollte sich das Bild noch einmal genauer vor Augen führen: Trotz der Tatsache, dass die gesamte Komposition nicht vollends zentriert ist (augenscheinlich ein Missgeschick auf Seiten des Kameramanns), hat man doch das Gefühl, dass der Hinterkopf des Dirigenten mit dem geometrischen Zentrum der Einstellung zusammenfällt. Zieht man eine imaginäre Linie, die die beiden Figuren im Vordergrund mit den beiden Figuren im Hintergrund verbindet, mit dem Kopf des Dirigenten im Schnittpunkt, so erhält man eine x-förmige Komposition, eine klassische Anordnung der vierfachen Zentralsymmetrie.

Franz Hofer und Jewgenij Bauer

Yuri Tsivian

Abb. 10–13: DIE SCHWARZE KUGEL ODER DIE GEHEIMNISVOLLEN SCHWESTERN (1913, Regie: Franz Hofer)

Wenn Hofer dann näher zur Bühne schneidet, verdoppelt sich die Anzahl der Artistinnen, was vielleicht ein Indiz dafür ist, dass der fiktive Regisseur, der die Show auf die Bühne brachte, nicht weniger von der Symmetrie besessen war als Hofer selbst (Abb. 11). Schließlich kommen die ›unheimlichen Schwestern‹ als solche auf die Bühne und beginnen mit ihrem symmetrisch choreografierten Double-Act, der in einer gebeugten Jongliernummer mit brennenden Fackeln kulminiert. Anschließend, ohne reorientierende, den Übergang vermittelnde Zwischenschnitte (jedenfalls sind keine in der erhaltenen Kopie enthalten), das nächste Beispiel einer vierfachen Symmetrie: Die jonglierenden Schwestern werden durch den symmetrisch geteilten Blick des Verführers durchs Opernglas gezeigt (Abb. 12). Eingefangen! – Es fragt sich nur, wer hier in Wirklichkeit wen ›eingefangen‹ hat? Ein Musterbeispiel für Erzählökonomie und erzählerische Mehrdeutigkeit.

Es handelt sich hierbei ganz offensichtlich um eine bildkünstlerische Strategie, auch wenn die Jongliernummer und das *tableau vivant* mit der Schaukel in der vorhergehenden Einstellung Teile einer Varieté-Show sind. Laterale Symmetrie lässt den Raum verflachen – denselben Effekt hat die Technik der Vordergrundinszenierung: Hier ist der Handlungsraum eingezwängt zwischen dem frontalen Hintergrund und der vorderen Maskierung der Einstellung. An einer späteren Stelle des Films wird Hofer eine Szene durch eine verglaste Tür hindurch aufnehmen (Abb. 13). Im Unterschied zu der Opernglas-Vignette wird diese Bildmaske nicht als Hinweis auf den Blickwinkel einer Figur eingesetzt; eher ist sie rein ornamental verwendet und soll wahrscheinlich den Film mit den schönen Künsten (einem ähnlich schraffierten Vordergrund in einem Gemälde von Gustave Caillebotte) und der Stil-Fotografie in Zusammenhang bringen. Auch Jewgenij Bauer hatte seine bevorzugten Glastüren (Abb. 14), auf die er um 1914 irgendwo in Moskau gestoßen sein muss, da er sie in mindestens drei Filmen dieses Jahres verwendet.

So verschieden sie in ihrem architektonischen Design auch erscheinen mögen, im Kontext ihres kinematographischen Stils unterstützt Bauers Glastür die Hofers in ähnlichem Sinne wie die Spiegel in italienischen Filmen jene duplizieren, die man in dänischen Filmen finden konnte: Sowohl Hofer als auch Bauer reagierten auf den generellen Trend im europäischen Kino der 10er Jahre, dem filmischen Raum ein sich deutlich von dem des Theaters verschiedenes Aussehen zu geben und sich dabei bei den bildenden Künsten nach Verbündeten umzusehen. In der Geschichte der ›Autonomiebestrebungen‹ des Mediums waren die 10er Jahre demnach jene Periode, in der Unabhängigkeit nicht gleichbedeutend war mit Selbst-

Yuri Tsivian

Abb. 14: Jewgenij Bauers bevorzugte Glastüren

genügsamkeit, sondern die die Suche signalisierte nach einem besseren Souverän unter den etablierten Künsten, als es das Theater oder das Bühnenhandwerk allgemein war. Das heißt aber nicht, dass Bauers Filme denen Hofers in ihrem Erscheinungsbild ähneln würden. Ganz im Gegenteil scheint Bauers Raumkonzeption – innerhalb des gängigen Piktorialismus, den man bei beiden findet –, der Hofers nahezu entgegengesetzt zu sein. Nicht nur die laterale Symmetrie in DIE SCHWARZE KUGEL, auch die in jedem einzelnen Bild vorhandene Dichte der Objekte (Requisiten, Figuren – noch bemerkenswerter und bewusster umgesetzt in WEIHNACHTSGLOCKEN, 1914) verleihen Hofers Einstellungen eine komprimierte, flächige, fast raumlose Qualität.

Bauers Einstellungen haben eine andere Qualität: Im Unterschied zu Hofer zieht er die Ausdehnung der Verdichtung und leere Räume überladenen Bildern vor. Diese Herangehensweise an den filmischen Raum lässt sich mit einem Blick auf Bauers LEBEN UM LEBEN (1916) illustrieren, bei dem ebenfalls zwei Schwestern im Mittelpunkt stehen. In Bauers Film heiraten beide Schwestern am gleichen Tag, jede den verkehrten Mann: Musia heiratet den Mann, den Nata liebt, und Nata heiratet den Mann, den sie hasst, um den Mann, den sie liebt, zu ärgern. Auf seine Art ist dieser Film

Franz Hofer und Jewgenij Bauer

Abb. 15–17: LEBEN UM LEBEN (1916, Regie: Jewgenij Bauer)

also auch ein Drama der Familiensymmetrien, und es entsteht der Eindruck, dass Bauer – wie Hofer – versucht war, dieser Idee eine visuelle Form zu geben. Allerdings hat er nur einmal, in der Einstellung nach dem Zwischentitel »Die Doppelhochzeit« (Abb. 15), versucht, die Symmetrie der narrativen Situation in jene Art der Symmetrie zu übersetzen, die in DIE SCHWARZE KUGEL so dominant ist. Die Schwestern sind zu beiden Seiten der Mutter platziert, wobei ihre jeweiligen Verlobten die glückliche Gemeinschaft zu beiden Seiten flankieren. Generell sind laterale (oder axiale) Symmetrien keineswegs typisch für Bauers Filme, häufiger findet man symmetrische Arrangements entlang diagonaler Linien, wie beispielsweise in der Szene, in der zwei nahezu identische Schreibtischbüsten die von den Figuren Natas und ihres ungeliebten Ehemannes gebildete Hauptdiagonale verdoppeln (Abb. 16). Eine andere Einstellung aus der gleichen Kameraposition, jedoch etwas ›größer‹ hinsichtlich ihres Bildausschnitts (diesmal schauen beide Büsten ins Bild hinein), deckt die entgegengesetzte Diagonale auf, die von dem deprimierten Ehemann im Gespräch mit seiner Schwiegermutter, Musia und ihrem Gatten in der Mitte und der einsamen Nata am vordersten Punkt der Achse geformt wird (Abb. 17). Gemäß der zeitgenössischen Doktrin der Bühneninszenierung, die noch aus den

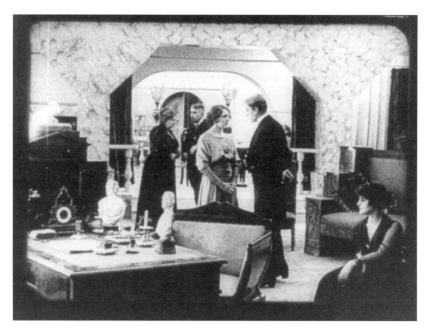

Zeiten von François Delsarte herrührt, drückt eine seitliche Bühnenanordnung Willensstärke aus, während Bewegungen direkt auf das Publikum zu oder von ihm weg Leidenschaft signalisieren. Diagonalen beinhalten (noch immer Delsarte zufolge) ein Element des Konflikts, da sie aus der Opposition zweier Richtungen gewonnen werden.[9]

Heutigen Betrachtern mag dies alles reichlich theatralisch erscheinen, aus der Perspektive der 10er Jahre jedoch nicht unbedingt. Die Geometrie des profilmischen Raums derart zu verfeinern, wie es Hofer und Bauer in ihren Filmen taten, wäre der Mühe kaum wert, wenn die Ergebnisse nicht von einem festgelegten Kamerastandpunkt aus gesichert würden, dem es zu verdanken ist, dass noch die kleinsten Überschneidungen und jedes einzelne kompositorische Element mit größter Sorgfalt ausbalanciert werden konnten. Eine Einrichtung, die Filmemacher um so mehr anlocken musste, als die Bühne sie nicht zu bieten hatte. In gewissem Sinne könnte das, was die Filmemacher mit ihren Inszenierungen und Raumkompositionen erreichen wollten, als Versuch angesehen werden, das Theater mit den Mitteln des Theaters zu übertreffen. Wie war das möglich? Einerseits war der stumme Film aus einer Reihe von Gründen (zum Beispiel das Fehlen des gesprochenen Texts, dessentwegen räumliche Blockierungen zu Trägern eines Gutteils der narrativen Information werden mussten) weitaus abhängiger von den Mitteln der räumlichen Blockierung als die Theateraufführung. Andererseits stellte das Medium des Films gegenüber der Bühne weitaus günstigere Bedingungen bereit, um Blockierungen zu einem flexibleren Ausdrucksmittel zu machen. Schließlich wurde auf der Bühne die Position, die ein Schauspieler in bestimmten Momenten einzunehmen hatte, unter anderem auch von Überlegungen der optimalen Hörbarkeit diktiert. Anders gesagt war für das Kino der 10er Jahre die Präzisionsblockierung, entstanden zu gleichen Teilen aus Notwendigkeit und aus Selbstgefühl, nicht weniger ein Merkmal des Mediums Film als im darauf folgenden Jahrzehnt die Montage. Der Kamerablick in Spiegel, der Aufbau ›menschlicher Diagonalen‹ oder die Verdichtung des Raumes bis zu einem Grad, in dem alle das Bild ausfüllenden Objekte sich auf einer Ebene zu befinden scheinen (eine von Hofer perfektionierte, wahrscheinlich von der Art-Nouveau-Malerei beeinflusste Methode) – solche Techniken der 10er Jahre müssen seinerzeit ebenso fortschrittlich und filmspezifisch erschienen sein wie heutzutage etwa digitale Spezialeffekte.

Obwohl wir oft solche Filme als ›gute Filme‹ definieren, die der ›Natur des Mediums treu sind‹, müssen wir uns doch bewusst sein, dass es sich hierbei um ein willkürliches, von den ästhetischen Präferenzen der 20er Jahre ererbtes Dogma handelt. Aber selbst, wenn wir es als Axiom historischer Betrachtung akzeptieren, sollten wir uns davor hüten, die ›Natur des Mediums‹, wie sie in den 20er Jahren verstanden wurde, auf das auszudehnen, was in – insbesondere europäischen – Filmen der 10er Jahre als ›die Natur des Mediums‹ empfunden wurde. Wie Filmhistoriker nur allzu gut wissen, reichen Geschmacksurteile mit ihren relativ kurzen Verfallsdaten einfach nicht so weit. Wenn wir auf Bauers und Hofers Filme durch das imaginäre Prisma dessen zurückblicken, was etwa der frühe Eisenstein über sie gedacht hätte, so würden wir sie wahrscheinlich als höchst theatralisch wahrnehmen. Es gibt allerdings in Eisensteins späterer Filmtheorie einen Begriff, der uns helfen kann, die filmspezifische Qualität eines Bauer, Hofer, Caserini, Maurice Tourneur und anderer Pioniere der filmischen Inszenierung der 10er Jahre hervorzuheben. Dieser Begriff ist ›*mise en cadre*‹, im Unterschied zur ›*mise en scène*‹. Das Ziel dieser Unterscheidung besteht in der Hervorhebung, dass Inszenierung und Blockierung der Figuren filmische Techniken par excellence sind. Jede historische Epoche hat, nach Leopold von Ranke, ihren eigenen direkten Zugang zu Gott – in diesem Fall zur ›wahren Natur‹ des Kinos.

Aus dem Englischen von Michael Wedel

---

1 Der spätere russische/deutsche/französische/amerikanische Filmregisseur Fedor Ozep vertrat diese Idee in einem unveröffentlichten Buch von 1913; das Exposé zu diesem Buch ist überliefert im RGALI (Russisches Staatsarchiv für Literatur und Kunst), 2743/1/72. Vgl. auch G. Er: Dinamika Zhivopisi i kinematograf (Die Dynamik von Malerei und Kinematographie). In: *Sine-Fono*, Nr. 20, 1914, S. 33 f. — **2** Sergej Gorodetskij: ›Schiznopis‹. In: *Kinematograf*, Nr. 2, 1915, S. 3 f. — **3** Mehr über diese Doktrin ist zu finden in meinem Aufsatz: Some Preparatory Remarks on Russian Cinema. In: Yuri Tsivian (Recherche), Paolo Cherchi Usai u. a. (Hg.): *Silent Witnesses. Russian Films 1908–1919*. Pordenone und London 1989, S. 26–34. — **4** Die Diskussion und diesen Punkt illustrierenden Standfotos sind zu finden bei Paolo Cherchi Usai: On the Concept of ›Influence‹ in Early Cinema. In: Roland Cosandey, François Albera (Hg.): *Cinema sans frontières/Images Across Borders, 1896–1918. Internationality in World Cinema. Representations, Markets, Influences and Reception*. Quebec und Lausanne 1995, S. 275–286. — **5** Vgl. Jeffrey W. Howe: *The Symbolist Art of Fernand Khnopff*. Ann Arbor 1982, S. 63 f. — **6** Stanislaw Przybyszewski: *Werke, Aufzeichnungen und ausgewählte Briefe*. Bd. 3: *Homo Sapiens/Satans Kinder*. Paderborn 1993, S. 45. — **7** Zit. n. Henryk Isydor Rogacki: *Zywot Przybyszewskiego*. Warschau o. J., S. 45. — **8** Vgl. Kristin Thompson: The International Exploration of Cinematic Expressivity. In: Karel Dibbets, Bert Hogekamp (Hg.): *Film and the First World War*. Amsterdam 1995, S. 70–75; John Fullerton: Contextualising the Innovation of Deep Staging in Swedish Films. In: Ebd., S. 86–96; Yuri Tsivian: Portraits, Mirrors, Death. On Some Decadent Clichés in Early Russian Films. In: *Iris*, Nr. 14/15, Herbst 1992, S. 67–83. — **9** Vgl. Ted Shawn: *Every Little Movement. A Book about François Delsarte*. New York 1963, S. 28–59.

Leonardo Quaresima

HOMUNCULUS
Projekt für ein modernes Kino

Die Forschung zu HOMUNCULUS sieht sich einer ganzen Reihe objektiver Probleme gegenüber, auf die hier hinzuweisen mehr ist als das übliche Ritual. HOMUNCULUS war als ein Film in sechs Teilen, eine »Serie von in sich abgeschlossenen, aber durch die Titelfigur zusammenhängenden Dramen«[1] konzipiert. Das Drehbuch dieses für die Deutsche Bioscop produzierten Werks stammte von Robert Reinert, Regie führte Otto Rippert. Die ersten vier Teile (HOMUNCULUS, DAS GEHEIMNISVOLLE BUCH, DIE LIEBESTRAGÖDIE DES HOMUNCULUS, DIE RACHE DES HOMUNCULUS) hatten im zweiten Halbjahr 1916 im Berliner Marmorhaus Premiere; die letzten beiden Teile (DIE VERNICHTUNG DER MENSCHHEIT und DAS ENDE DES HOMUNCULUS) folgten zu Beginn des Jahres 1917. Eine neu geschnittene Fassung – verschiedene Nebenhandlungen wurden entfernt, um eine Konzentration auf die eigentliche Geschichte herzustellen – kam im August 1920 in drei Teilen heraus: DER KÜNSTLICHE MENSCH, DIE VERNICHTUNG DER MENSCHHEIT und EIN TITANENKAMPF. »Unsere Ansprüche an das Kino haben sich in mancher Hinsicht seit damals verfeinert«, heißt es in einer Vorankündigung des *Illustrierten Film-Kuriers*: »Die Decla-Bioscop hat es nun unternommen, durch vollständige Umarbeitung und Konzentrierung des Stoffes das große Werk diesen neuen Ansprüchen anzupassen, das durchaus die Geltung eines neuen Films hat.«[2]

Wir kennen heute von dem Gesamtwerk nur den 4. Teil der Version von 1916 und ein kurzes Fragment vom Beginn des 5. Teils. Die Forschungs- und Rekonstruktionsarbeit, die vom Filmarchiv der DDR initiiert worden war, wurde nicht zu Ende geführt.[3] Eine Analyse von HOMUNCULUS muss sich deshalb hauptsächlich mit der Thematik beschäftigen, die für die erste Version durch die Programmzettel und für die zweite durch den Beitrag im *Illustrierten Film-Kurier* bekannt ist.[4] Was die anderen Aspekte – zum Beispiel Ikonografie, Stil – betrifft, so erlauben Fotos, Berichte und anderes Kontextmaterial nur eine begrenzte Einschätzung. Gleichwohl macht das Vorhandensein zumindest eines Teils und damit die Möglichkeit, aus solchen Sekundärquellen abgeleitete Hypothesen zu verifizieren, die Indiziensuche hier Erfolg versprechender als in vielen anderen Fällen.

Unter Berücksichtigung dieser einschränkenden Vorbemerkungen darf HOMUNCULUS als eines der wichtigsten Dokumente, ja als ein Schlüsselwerk der deutschen Filmproduktion im zweiten Jahrzehnt des 20. Jahrhunderts gelten. Auf industrieller beziehungsweise institutioneller Ebene handelte es sich (jedenfalls für Deutschland) um einen der ersten Episoden- oder Serienfilme, eine Gattung, die sich im Verlauf der folgenden Jahre noch beträchtlich weiterentwickelte. In thematischer und ikonografischer Hinsicht zeigt HOMUNCULUS eine Reihe von Motiven, die nicht nur auf die spätere deutsche Filmproduktion vorausweisen, sondern sie (durch die Neufassung von 1920) auch direkt beeinflussten.

Auf den ersten Blick erkennbar ist die Benutzung von Motiven einerseits der Tradition des Schauer-, andererseits des Fortsetzungsromans der Feuilletons. Wir können von einer kombinatorischen Adaption sprechen, die zu Jahrhundertbeginn auch in bestimmten Bereichen der deutschen Literatur auf fruchtbaren Boden fiel (beispielsweise bei Autoren wie Gustav Meyrink oder Hanns Heinz Ewers). Diese Kombination war der eigentliche kinematographische Impuls, der einigen der originellsten Werke des Autorenfilms zugrunde lag, die in den ersten Jahren der zweiten Dekade des Jahrhunderts entstanden waren (zum Beispiel DER STUDENT VON PRAG, DER GOLEM, EINE VENEZIANISCHE NACHT). In HOMUNCULUS sind diese beiden Einflüsse präziser bestimmbar, ihre Kombination ist komplexer und origineller. Der Film bezieht sich auf den Mythos vom Übermenschen, wie ihn der Trivialroman des 19. Jahrhunderts ausgebildet hatte. Es gab ihn sowohl in einer positiven, ›demokratischen‹ Version, die für die erste Phase dieses Genres typisch war (am besten bekannt aus den Romanen von Dumas und Sue, wie zum Beispiel Dantès aus dem Grafen von Monte Christo), als auch in einer negativen, bösartigen Version, für die die ›verdammten‹ Helden des Schauerromans oder die großen Verbrecher des späten Feuilletonromans (Fantomas) typisch waren.[5] Homunculus ist beides: Melmoth, das Monster Frankensteins und Nachfahre des nietzscheanischen »Übermenschen«[6], grausam und sadistisch; zugleich hilft er aber auch alle möglichen Übel zu beseitigen und verteidigt die Schwachen. Aus diesem Oszillieren der Rolle, ihrer Ambiguität und der Widersprüchlichkeit von Verhalten und Motiven beziehen der Protagonist und der gesamte Film ihre Faszinationskraft, ihre Originalität und ihre Wirkungsmächtigkeit.

Dem Schauerroman entstammen der Wissenschaftler, der die Grenzen von Moral und verantwortlicher Forschung überschreitet sowie das künstlich geschaffene Wesen (Homunculus beschreibt sich selbst: »Mein Elternhaus ist ein chemisches Laboratorium, Vater und Mutter sind die Mixturen und Retorten eines gewissenlosen Forschers«[7]), die übermenschlichen körperlichen (Homunculus »zerbricht [...] dicke Eisenstäbe, als wären es Halme von Stroh«) und geistigen Kräfte (»unbeugsam in Willen, Körper und Nerven«, »durch die Kraft seines Willens«, durch »seine magnetische Kraft« kann er sogar Kranke heilen[8]). Seine dämonische, Zerstörung bringende Persönlichkeit, der Fluch, der sein Wesen schon vom Ursprung her zum Bösen drängt, entstammen ebenfalls dem Schauerroman. Die Kreatur Frankensteins[9] ist in dieser Hinsicht sein eigentlicher Vorfahr, der Nosferatu von Galeen/Murnau sein direkter Nachfolger. Die Verbindungen zwischen Homunculus und Nosferatu sind in der Tat offensichtlich, in vielen Zügen gleicht er bereits dem Vampir von 1921: hohe Augenbrauen, eine stark geschminkte Augenpartie, klauenartige Hände, hohe Stirn, eckige Schultern (vgl. Abb.). Ähnlichkeiten gibt es auch in der Ikonografie (der Kontrast zwischen dem weißen Gesicht, den weißen Händen und dem schwarzen Körper; die Figur erscheint langsam auf einer Treppenflucht oder taucht aus einem – allerdings noch runden – Bogen auf), in der Inszenierung (Ausleuchtung des Gesichts von unten) und in einzelnen narrativen Sequenzen (Homunculus wird – von der jungen Frau, der Protagonistin des 4. Teils – aufgefunden, während er erschöpft und vollständig angezogen ruht, allerdings noch in einem Bett, nicht in einer Gruft).

Aus dem Sensationsroman stammt die Rache als bestimmendes Motiv hinter den Handlungen des Protagonisten. Wie schon erwähnt, fühlt er sich durch den künstlichen Ursprung seines Lebens betrogen, weil dieser ihn zur Andersartigkeit verdammt, es ihm unmöglich macht, Liebe zu zeigen und zu empfinden. Weil er dadurch vom eigentlichen Kern menschli-

HOMUNCULUS, 4. Teil (1916, Regie: Otto Rippert)

chen Lebens ausgeschlossen bleibt, will er an seinem Schöpfer und der gesamten Menschheit Rache nehmen. Wie die Helden des Feuilletonromans ist er gleichzeitig auch von positiven Antrieben bestimmt: »Er tut Gutes, aber man hält seine Taten für Werke des Bösen. Freilich – nicht alltäglich sind seine Taten.«[10] Er ist zu sehr großzügigen Handlungen fähig: Der Anblick von Kindern bewegt ihn zu Tränen (er hatte sich geschworen, den ersten Menschen zu töten, der ihm begegnen würde, ändert aber angesichts der Kinder seinen Entschluss); er bietet verwaisten oder von zu Hause verjagten Mädchen Schutz, kann aber auf sie verzichten, um sie ihren Angehörigen zurück zu geben. Wie viele Helden des Feuilletonromans besitzt er eine doppelte Identität.[11]

Das Motiv der Verdoppelung geht über die narrative Konstruktion und den Charakter des Helden noch hinaus. Im letzten Teil des Films tritt ihm ein zweites künstliches Wesen gegenüber, mit dem er in einen Titanenkampf gerät, »an dem in gewaltigen elementaren Ereignissen die Natur teilnimmt«[12]; am Ende kommen beide Kreaturen um. Ein Rezensent konnte unschwer erkennen, dass es sich um den »Kampf des Homunkulus gegen sich selbst, gegen sein eigenes, neugeborenes Ich«[13] handelte. Wir befinden uns damit im Zentrum, im innersten Kern des Feuilletonromans: »Der unaufhörliche Kampf [zwischen Gut und Böse, L.Q.] hebt sich in seinem Selbstwiderspruch auf. In dieser so perfekt dichotomisierten Welt kämpft letztlich das Ich gegen sich selbst. (...) Ob auf realer oder symbolischer Ebene: der Gegner des Helden ist niemand anderer als er selbst.«[14]

Das Universum des Sensationsromans kennt die Frau nur in einer eng umschriebenen, der klassischen Typologie des Melodramas entsprechenden Rolle: als Jungfrau, ›betrogene Unschuld‹ oder als ›Gefallene‹. Diese Reduktion bestimmt deutlich Ripperts Film. Auch den zeitgenössischen Rezipienten entging das nicht: »Frauengestalten (...) tauchen auf und verschwinden eben so rasch wieder. (...) Alle bleiben sehr farblos.«[15] Es ist daher kein Zufall, dass eine filmische Parodie mit dem Titel HOMUNKULIESCHEN, die 1916 in Wien gezeigt wurde, sich genau diesen Umstand zunutze machte, indem sie die männlichen Rollen durch weibliche ersetzte. Der Wissenschaftler, der das künstliche Wesen erschafft, ist hier eine Frau, ebenfalls weiblich ist der Assistent (das Pendant des ›Famulus‹ Edgar Rodin, der den Homunculus bei fast allen seinen Abenteuern begleitet und am Ende zu dessen Feind wird). Als die Assistentin das Ei (!) fallen lässt, aus dem die Homuncula geboren werden soll, vertauscht sie es einfach gegen ein reales Kind. Nach sechzehn Jahren der Gefangenschaft kehrt dieses Kind, mittlerweile eine junge Frau, zu ihren leiblichen Eltern zurück, um den Mann zu heiraten, der ihr »homunkulistisches Herz«[16] erobert hat ...

Wenn wir die Inszenierung von HOMUNCULUS betrachten (soweit wir das anhand des erhaltenen Teils können), so finden wir auch hier Formen des volkstümlichen Bilderreservoirs: Tableaus (die Delegation der Volksvertreter, die sich an das ›Parlament‹ wenden; die junge Frau, die im einsamen Wald betet); Illustrationen von Trivialromanen (der angekettete Feind des Homunculus im Gefängnis). Ebenfalls erkennbar sind Übernahmen konventioneller Bühnengesten: in der Mitte des Bildes platzierte Hauptpersonen, emphatische Gebärden, melodramatische Posen. Häufig finden wir Lösungen für das Problem der räumlichen Organisation, wie sie den Film der zweiten Dekade des 20. Jahrhunderts kennzeichneten, beispielsweise Szenenbilder mit einer dominierenden, frontal gestellten Freitreppe in der Mitte.

Doch in HOMUNCULUS gibt es auch unkonventionelle und überraschende Bildlösungen: So können Außenaufnahmen, Naturbilder die Situationen weiten und dramatisch artikulieren (entsprechend der Tradition des Autorenfilms oder des skandinavischen Films). Besonders bemerkenswert ist im 4. Teil dabei die Szene im Steinbruch,[17] einer Art großen Amphitheaters, in dem die aufgewühlte Menge und der Held aufeinander treffen. Auch wenn die Inkongruenz einiger Passagen zum narrativen Kontinuum auffällt,[18] gewinnt hier der Raum in ganz neuer Weise Gestalt, verglichen mit den stereotypen atmosphärischen Umsetzungen von Handlung in Raum. Wir bemerken nicht bloß eine spezifische räumliche Logik: Der Kontrast zwischen den weißen Felsen und dem schwarzen Umhang des Homunculus schafft ein präzises expressives Register, auf das noch zurückzukommen ist. HOMUNCULUS arbeitet auch mit kalkulierten Rahmenwirkungen: Licht und Kontraste, innere Bewegung des Bildes, Bewegungen innerhalb der kompositorischen Anlage des Bühnenbilds (die Menge, die von unten und aus dem dunklen Hintergrund einer Allee in den Bildausschnitt einbricht und sich in die Nahaufnahme drängt). Die Film adaptiert explizit vorhandene Bildbezüge, beispielsweise zur Genremalerei (die Ruinen der Mühle zu Beginn des 5. Teils), zu romantischen Bildvorwürfen (der Held steht im schwarzen Umhang vor einer scharf konturierten Landschaft – wie in einem Gemälde Caspar David Friedrichs) oder zu allgemein ›pittoresken‹ Lösungen, wenn beispielsweise Homunculus am Bildrand in Nahaufnahme gezeigt wird, während sich im Hintergrund die ihn jagende Menge schlangengleich heranwindet – eine Lösung, die der berühmten Szene in Eisensteins IWAN DER SCHRECKLICHE ähnelt.

Insbesondere bringt der Stilwille dieses Films komplexe Hell-Dunkel-Wirkungen hervor,[19] denen eine wesentliche expressive Bedeutsamkeit zugeordnet wird. Die bereits erwähnte Szene des angeketteten Gegenspielers im Gefängnis ist ganz auf den Gegensatz von Licht und Schatten, von Schwarz und Weiß abgestellt: Homunculus bleibt im Dunkel, während das Licht langsam seinen Gegenspieler erfasst (und dessen Abendanzug, so unwahrscheinlich der aber in dieser Situation eine funktionale Rolle spielt). Dieser Effekt ist sicherlich etwas naiv und auf dem Ausdrucksniveau auch noch nicht voll beherrscht, denn in einer Folgeszene, die das gleiche Beleuchtungsschema verwendet, sehen wir Homunculus angekettet in der gleichen Position und Beleuchtung wie zuvor seinen Gegenspieler.[20] Gleichwohl stellt die Beleuchtung einen der fraglosen künstlerischen Triumphe dieses Films dar. Eine bemerkenswerte (wenn auch als Figuration konventionelle) Hell-Dunkel-Wirkung wird in einer anderen Szene eingesetzt, wenn das Licht durch die Gitterstäbe der Gefängniszelle fällt. Nach seiner Rettung steht die schwarze Figur des Protagonisten (kaum mehr als eine Silhouette) vor einem hellen Hintergrund. Die zerbrochenen Ketten baumeln noch an seinen Handgelenken – ein zeichenhaftes Bild, in dem einmal mehr Motive der Rebellion und der Befreiung mit negativen, schwarzen und dämonischen Zügen verknüpft sind.

Die Stilisierung, die Reduktion der Figur auf das Profil, auf eine Silhouette, muss eines der wiederkehrenden, charakteristischen Ausdrucksmittel dieses Films gewesen sein. Wir finden es beispielsweise erneut in dem Bild des reitenden Todes vor einem offenen Horizont zu Beginn des 5. Teils.[21] Beweise dafür liefern die Beschreibungen der Programmhefte: »Ein geheimnisvoller Schatten, dessen Herkunft der Famulus vergeblich zu ergründen sucht, fällt in den Raum. Weit draußen auf dem Bergesgrab aber wandert bereits, als unheimliche Silhouette auf dem klaren Abendhimmel sich abhebend Homunculus«, heißt es zu einer Szene des 2. Teils.[22] Diese Beleuchtungswirkungen werden auch in zeitgenössischen Kritiken zum 2. Teil besonders erwähnt, wobei der wiederholte Einsatz von Silhouetten (»deren herrlichste die Menge am Bergesrand und das Schluß-Sinnbild sind«[23]) als Beweis angeführt wird. »Plötzlich wird der Schatten des ruhelosen Wanderers sichtbar (...) eine der gewaltigsten [Wirkungen], die wir seit langem in einem Film gesehen haben.«[24] Der Endkampf zwischen dem alten und dem jungen Homunculus wird ähnlich beschrieben: Die Figuren »heben sich silhouettenhaft vom Firmament ab«.[25]

Kameramann des Films war Carl Hoffmann, und in erster Linie sind ihm diese bildlichen Lösungen zuzuschreiben (was schon die zeitgenössischen Kritiker vermerkten). Welch weite Verbreitung und stilistische Verfeinerung diese Mittel im deutschen Kino der 20er Jahre erfuhren – nicht zuletzt gerade auch durch das vielfältige Wirken dieses Kameramanns –, bedarf kaum der Erwähnung.[26]

Jene hochkulturellen Stilaspekte auf der Ebene der Inszenierung sind nicht isoliert, sie sind kein bloßes Ornament zur Verzierung eines Produkts, das auf rein volkstümlichen, trivialen Parametern beruht hätte. Auch lässt sich dieser Formalismus nicht allein aus dem Prinzip des Melodramas (dem das Moment des Erhabenen nie fehlt) zur Genüge erklären. Bei genauer Betrachtung erkennt man, dass HOMUNCULUS durchaus Teil eines ambitionierteren Projekts ist, bei dem der Verbindung von stilistischen Merkmalen der Hoch- und der Trivialkultur strategische Bedeutung zukommt. Kein geringeres Werk als der II. Teil des Goetheschen *Faust*[27] wird als literarischer Bezug zitiert,[28] Lessings dramaturgische Schriften werden zur Erläuterung der Mechanismen von Furcht und Mitleid bemüht.[29] Der Film wird in die Entwicklung des Autorenfilms eingeordnet oder zumindest als ein entscheidender Schritt bei der Gewinnung von Schriftstellern und Dramatikern für den Film verstanden. Als ein solcher, ein Dramatiker, ein »moderner Literat«, gilt Reinert. Der Film würde einen Wendepunkt der deutschen Filmkunst bedeuten,[30] mit dem man versucht, das Kino als eigenständige Kunstform zu legitimieren.[31] Damit ist nicht nur eine Verbindung zu den Autorenfilmen des Jahres 1913, sondern auch eine zukunftsweisende Gemeinsamkeit mit DAS CABINET DES DR. CALIGARI gegeben. In einer Besprechung, die anlässlich der Aufführung der neuen Fassung 1920 in der Zeitschrift *Der Drache* erschien, wird HOMUNCULUS als eine der gelungensten Manifestationen des eigentlichen Wesens der Filmkunst beschrieben, das nach Aussage des Autors in der Darstellung des Fantastischen, des Metaphysischen und Irrationalen besteht.[32] Diese Einschätzung war kein Einzelfall, sondern sie findet sich auch bei anderen Kritikern der Nachkriegsjahre, die ebenfalls die ›mystische‹ oder ›fantastische‹ Dimension des neuen Mediums als sein ›Wesen‹ bezeichnen und HOMUNCULUS als besonders gelungenes Beispiel anführen.[33] Im Kontext der Debatten über das expressionistische Kino und im Kontext des Widerstands gegen die Entwicklung des Films in diese Richtung wurde der Film sogar als zu anspruchsvoll und intellektuell bewertet: »Ich hörte das Publikum lachen, als der Übernatürliche (...) mit einem Schlage der Faust eine Tür zerschlug und eine Deichsel zerbrach, als wäre es ein Streichholz; für bloße Kraftmeierei hielt man das offenbar und begriff überhaupt nicht, um was es sich hier eigentlich handele.«[34] – »Ich glaube, daß gerade dieser Teil [der zweite der Fassung von 1920, L.Q.] mit seiner stark ausgeprägten Verinnerlichung weniger das große Publikum ansprechen wird. Es gehört fraglos eine gewisse geistige und seelische Kultur dazu, um dem Autor und dem Darsteller hier immer restlos folgen zu können.«[35]

In der Tat scheinen einige der Motive unmittelbar mit dem Expressionismus auf dem Theater zusammenzuhängen, besser: dem gleichen Boden zu entspringen wie dieser, denn zu der Zeit, als HOMUNCULUS an die Öffentlichkeit kam, waren wichtige Dramen des Expressionismus entweder noch nicht erschienen oder (wie im Fall von *Der Bettler* oder *Der Sohn*) noch nicht in ihrer Bedeutung erkannt und durch Inszenierungen festgelegt.

Zu diesen gemeinsamen Themen gehören der Vater-Sohn-Konflikt (Homunculus richtet seinen Hass zunächst gegen die, welche ihn schufen und zum Unglück verdammten) und die Revolte (der Held stachelt die Massen zum Kampf gegen das ›Kapital‹ an; in einem Zwischentitel heißt es: »Der Erdball soll unter dem Wüten der Völker erzittern ...«[36]). Die Erneuerung der Menschheit aus den Trümmern einer durch Feuer und Schwert verwüsteten Welt, für die im Film ein junges Paar steht, das sich auf eine verlassene Insel gerettet hat,[37] bezeichnet einen weiteren Berührungspunkt zwischen dem Film und dem Themenkreis der expressionistischen Dramatik.

Wir stehen hier also vor dem interessanten Paradox, dass ein Film, der zum Prototyp des Serienfilms wurde, des Genres, das wie kein anderes in Themen und Handlungen der trivialen, sensationellen Imagination verpflichtet war, sich selber in strikter Bindung an die Tradition der Hochkultur begriff und dabei noch die ›modernsten‹ und ›revolutionärsten‹ Tendenzen der zeitgenössischen deutschen Kultur widerspiegelte.

Eines der Resultate dieser Konvergenz war die kommunikative Effizienz dieses Films und die Tatsache, dass man ihn als aktuell begreifen konnte. Diese symptomatische Relevanz des HOMUNCULUS wurde tatsächlich schon erkannt, bevor Kracauer, der eine Ähnlichkeit zwischen den Deutschen und dem Homunculus sah,[38] ihn seiner psychologischen und soziologischen Analyse unterzog. Später wurde der Radikalismus des Films auch von anderen zu generellen Aussagen über Film und Gesellschaft genutzt.[39] Anlässlich der Aufführung der neuen Fassung von 1920 bemerkte der *Illustrierte Film-Kurier* eine »staunenswerte Aktualität« und schrieb weiter: »Selten ist wohl klarer und einwandfreier bewiesen worden, wohin auf unserer Erde der Geist der Zwietracht führt, wenn man ihm nicht beizeiten mit allen zu Gebote stehenden Mitteln entgegentritt.«[40] – »Solche Homunculi – allerdings mit weniger prägnanten Eigenschaften – sind häufig anzutreffen«, behauptet ein Kritiker in *Film und Presse* und erklärt weiter, der Film setze sich »mit den Zuständen der menschlichen Gesellschaft« auseinander.[41]

Selbst wenn wir die vorhandenen Indizien vorsichtig interpretieren, darf vermutet werden, dass der Film ein kommerzieller Erfolg war. Sein erster Teil wurde drei Wochen in Folge im Berliner Marmorhaus gezeigt, aus Prag liegen ähnlich eindrucksvolle Zahlen vor.[42] In einer Kritik des Jahres 1920 wird von einem Sensationserfolg und von internationaler Anerkennung gesprochen;[43] dafür spricht auch, dass man den Film als wichtig genug empfand, um ihn zu parodieren.[44] Stärkster Beweis für den Erfolg des Films war jedoch die seinerzeit seltene Wiederaufnahme nach vier Jahren, wenn man auch zugeben muss, dass sich der Erfolg nicht im gleichen Umfang wiederholte, denn »es gelang ihnen [den positiven Qualitäten des Films, L.Q.] nicht, bei den Zuschauern ein allzu großes Interesse für das Werk zu erwecken«,[45] heißt es in einer Kritik. Damals gab das Fehlen einer logischen Kohärenz der Geschichte Anlass zur Klage,[46] die Länge der Zwischentitel[47] und die Rezitation,[48] auch des Hauptdarstellers (den vor allem die Kritik in *Der Drache* mit Spott überhäufte).[49]

Es scheint, dass HOMUNCULUS eine Schlüsselrolle bei der Neudefinition der Genres im deutschen Film der Nachkriegszeit und der Weimarer Republik spielte. War der Film einerseits ein Vorläufer des Serienfilms (dieser Aspekt wurde bislang in der Kritik am ausführlichsten herausgestellt), so zeigte sich an ihm zugleich auch eine der entscheidenden Neuerungen der Nachkriegszeit: Die Genrefestlegung erfolgte nicht mehr nach thematischen Gesichtspunkten, sondern nach stilistischen.[50] Zeitgenössische Quellen betrachten HOMUNCULUS als ein Beispiel für ein filmisches Genre, das sich aus romantischen Vorstellungen nährt. Dies ist auf den ersten Blick ersichtlich und bildete bereits den Ausgangspunkt für Filmhistoriker wie Lotte Eisner. Interessant an diesem Umstand ist, dass, während der Film normalerweise als ein Medium betrachtet wird, das einen Trend aufgreift, der in anderen Bereichen inauguriert wurde, er in diesem Rückgriff auf romantische Ästhetik als Anreger und Vorreiter auftritt: »Der Film hat als erste (wenn auch verlästerte) Kunstgattung den Weg zur Romantik begangen«, heißt es. Der Film wird zum aktiven Motor der Entwicklung: »Der Film ist auf dem Wege, der Romantik eine neue Wertung für die Zukunft zu schaffen.«[51] Diese Wendung zur Romantik wurde zudem als spezifisches Merkmal dieser neuen Kunstform angesehen: »Dass den Film sein ureigenstes Wesen zur Romantik drängt, liegt in seiner Art. (...) So kam der Film von selbst aus der ursprünglichen Verirrung anreißerischer Effektstücke zur großen Form eines romantischen Stils.«[52]

Es geht hierbei um einen sehr wichtigen Übergang. Der Text, dem dieses Zitat entstammt, ist einer der vielen Versuche, das neue Medium durch seine Grenzen und Beschränkungen zu definieren: das Fehlen der Sprache; die Schwierigkeit, dem Film die logische und intellektuelle Stringenz zu geben, die mit Sprache und Argumentation verbunden sind. Daraus wurde nun direkt eine ›natürliche‹ Affinität zur Welt des Fantastischen abgeleitet. Dabei ging es weniger darum, das Kino als ›Kunst‹ zu legitimieren als um die Hoffnung, es sei die adäquate neue technische Ausdrucksform zur Selbsterneuerung und Ausweitung der romantischen Ästhetik. Im Mittelpunkt standen hier eher stilistische als thematische Aspekte – eine Tendenz, die in der Nachkriegszeit verstärkt aufgenommen wurde. Während diese Debatten aber zu Beginn der 20er Jahre stattfanden, griffen die Autoren immer wieder auf die Filme der zweiten Dekade zurück, auf AHASVER (1917, ebenfalls ein Episodenfilm unter der Regie von Reinert), THEOPHRASTUS PARACELSUS (1916, Regie: Joseph Delmont), DER GRÜNE MANN VON AMSTERDAM (1916, Regie: Otto Rippert) oder DIE MEMOIREN DES SATANS (1917, ein Episodenfilm nach Wilhelm Hauff, Regie: Robert Heymann). Unter all diesen Filmen aber kommt HOMUNCULUS die Vorreiterrolle zu. Dieser Film setzte einen Prozess in Gang, der das deutsche Kino tief greifend beeinflussen und verändern sollte.

Aus dem Italienischen von Karin Meßlinger

1 Aus einem Werbetext der Deutschen Bioscop. In: *Die Lichtbild-Bühne*, Nr. 42, 1915. — **2** *Film-Kurier*, Nr. 183, 19.8.1920. — **3** Diese Geschichte ist noch nicht abgeschlossen. Während ich diesen Text schrieb, erfuhr ich dank Vladimir Opela von der Existenz einer Nitrokopie des 1. Teils des Films, die sich im Prager Filmarchiv befindet. Diese Kopie besitzt eine Länge von 1.126 Metern (von 1.588 Metern des Originals). — **4** *Illustrierter Film-Kurier*, Nr. 19, 1920. Von den Programmheften seien insbesondere die des Filmmuseums Berlin – Deutsche Kinemathek genannt. — **5** Zur Figur des Übermenschen im Feuilletonroman (und der erwähnten Periodisierung seiner Entwicklung) beziehe ich mich auf Umberto Eco und Cesare Sughi (Hg.), *Cent'anni dopo. Il ritorno dell'intreccio.* Mailand 1971 sowie auf Umberto Eco: *Il superuomo di massa.* Mailand 1976. — **6** Man weiß, dass Antonio Gramsci in seinen berühmten Überlegungen zum Trivialroman nicht bloß die Bewunderung Nietzsches, sondern Nietzsche selbst auf den romantischen Helden der Romane zurückführte: »Und Nietzsche selbst sollte von den französischen Fortsetzungsromanen überhaupt nicht beeinflußt sein? (...) Jedenfalls läßt sich feststellen, dass nicht *Zarathustra*, sondern allein A. Dumas' *Der Graf von Monte Christo* Ursprung und Schulbeispiel für viel angeblich nietzscheanisches ›Übermenschentum‹ ist.« Antonio Gramsci: Der Ursprung des ›Übermenschen‹ im Volk. In: ders.: *Gedanken zur Kultur.* Hg. von Guido Zamis unter Mitarbeit von Sigrid Siemund. Leipzig 1987, S. 165. — **7** Nach den Angaben des Programms zum 3. Teil (Lichtspielhaus Gießen). Das Programm findet sich in der Sammlung des Filmmuseums Berlin – Deutsche Kinemathek. — **8** Dieses Zitat sowohl im Programm (zum 2. Teil) des Lichtspielhauses Gießen als auch in *Illustrierter Film-Kurier*, a. a. O. (wie Anm. 4). — **9** Der Frankenstein Mary Shelleys ist tatsächlich der wesentliche Bezugspunkt Reinerts; ihm entnimmt er auch das Motiv des Hasses auf den Schöpfer, der ihm eine unglückliche Existenz beschert hat, und auf die ganze Menschheit. Bei Shelley ist das Unglück darin begründet, dass seine Zuneigung nicht erwidert wird, bei Reinert, dass er keine Liebe empfinden kann. — **10** Dieses Zitat stammt wiederum aus dem zitierten Programm, diesmal zum 2. Teil (vgl. Anm. 4). — **11** Diese Verdoppelung wird besonders deutlich im 4. Teil, wo der Homunculus zugleich als Staatsführer (die Zwischentitel sprechen von einer »Körperschaft«) und als gegen sein Alter Ego agierender Agitator gezeigt wird, der die Massen aufstachelt, um sie in ihren Ruin zu führen. — **12** *Illustrierter Film-Kurier*, a. a. O. (wie Anm. 4). — **13** Gr.: HOMUNCULUS, III. Teil. In: *Der Film*, Nr. 37, 1920, S. 37. — **14** Jean Tortel: Il romanzo popolare. In: Eco, Sughi (Hg.): *Cent'anni dopo*, a. a. O. (wie Anm. 5), S. 34. — **15** HOMUNCULUS, Teil II. In: *Der Film*, Nr. 36, 1920, S. 38. Der anonyme Kritiker erwähnt nur eine Ausnahme von dieser Regel. — **16** Der »parodistische Scherz in 2 Akten« wurde von der Österreichisch-Ungarischen Kino-Industrie gezeigt; ein Artikel in *Die Filmwoche* (Wien, Nr. 185, 1916, S. 46) kündigt die Premiere für den 29. Dezember 1916 an. Meine Bemerkungen stützen sich auf diesen Artikel. — **17** In der ganzen Geschichte geraten immer wieder Felsen und Höhlen, in die sich der Held flüchtet, ins Blickfeld. Es handelt sich wiederum um ein beliebtes Versatzstück populärer Bildwelten. Hier ist es zugleich ein wirksames Symbol für die Entfremdung des Homunculus von der Menschenwelt, ein Symbol für seine ursprüngliche Andersartigkeit (ähnlich dem Motiv des Eises in *Frankenstein*). — **18** Vgl. Fritz Güttinger (Hg.): *Der Stummfilm im Zitat der Zeit*. Frankfurt/M. 1984, S. 153. — **19** Dieser Aspekt wird von allen betont, die sich mit dem Film intensiver beschäftigt haben, insbesondere von Lotte Eisner. — **20** Das Dunkle der anderen Hälfte des Bildausschnitts ist zugleich der unverzichtbare Ort für die Visionen des Protagonisten. — **21** Auf diese Szene spielt wahrscheinlich die Bemerkung in einem Interview mit Reinert an: »So soll die Szene ›Homunculus als Reiter Tod auf dem Schlachtfelde‹ von erschütternder Wirkung sein.« Zit. n. Der Dichter des HOMUNCULUS in Wien. In: *Die Filmwoche*, Nr. 190, 1916. — **22** Vgl. das Programmheft des Lichtspielhauses Gießen, a. a. O. (wie Anm. 7). — **23** Anon.: HOMUNCULUS, II. Teil. In: *Die Lichtbild-Bühne*, Nr. 38, 1916, S. 36. — **24** Anon.: HOMUNCULUS, II. Teil. In: *Die Filmwoche*, Nr. 175, 1916, S. 50. — **25** Gr.: HOMUNCULUS (III. Teil), a. a. O. (wie Anm. 13), S. 38. — **26** Hinsichtlich der Verbindungen zwischen dem deutschen fantastischen Film der zweiten und dritten Dekade des 20. Jahrhunderts und der zentralen Rolle, die HOMUNCULUS dabei spielte, sei auf den ausgezeichneten Aufsatz von Kristin Thompson zum fantastischen Genre in diesem Band verwiesen. Zu den Verbindungen zu den gleichzeitigen expressionistischen Tendenzen im Drama siehe unten. — **27** Vgl. Anon.: HOMUNCULUS. In: *Die Lichtbild-Bühne*, Nr. 18, 1916, S. 26; anon.: Homunculus! In: *Die Lichtbild-Bühne*, Nr. 25, 1916, S. 21; anon.: Die HOMUNCULUS-Idee. In: *Die Filmwoche*, Nr. 157, 1916. — **28** Anon.: Homunculus!, a. a. O. (wie Anm. 27), S. 21. — **29** F. O. (= Fritz Olimsky): Neue Filme. In: *Berliner Börsen-Zeitung* (undatierter Zeitungsausschnitt im Schriftgutarchiv des Filmmuseums Berlin – Deutsche Kinemathek). — **30** Vgl. anon.: Der Dichter des HOMUNCULUS in Wien, a. a. O. (wie Anm. 21). Hier erfolgt eine Abwertung der Eigenständigkeit des Autorenfilms. Über die Komplexität (und Widersprüchlichkeit) der zeitgenössischen Debatte um den Autorenfilm (insbesondere anhand von Beiträgen aus *Die Filmwoche*) habe ich mich ausführlich geäußert in meinem Aufsatz: »Dichter heraus!« The Autorenfilm and the German Cinema of the 1910s. In: *Griffithiana*, Nr. 38/39, 1990, S. 101–126. »Dieses Werk steht am Tore einer neuen Zeit der Lichtspielkunst«, schrieb der Kritiker der *B.Z. am Mittag* (in einem Beitrag, der wiederabgedruckt wurde in *Die Lichtbild-Bühne*, Nr. 34, 1916, S. 36). — **31** »Hier ist die so lange bestrittene, befehdete, für unmöglich gehaltene Kunst im Film. (...) HOMUNCULUS zeigt die Kinematographie auf jener Höhe, die den Parnaß bildet.« anon.: Homunculus!, a. a. O. (wie Anm. 27), S. 24. — **32** Efen.: HOMUNCULUS. In: *Der Drache*, Nr. 46, 11.8.1920, S. 9. — **33** Max Prels: Der kommende Film. In: *Vorwärts*, 14.9.1921. — **34** F. O.: Neue Filme, a. a. O. (wie Anm. 29) — **35** Anon.: HOMUNCULUS, Teil II, a. a. O. (wie Anm. 15). — **36** Das vorstehende Zitat aus *Illustrierter Film-Kurier*, a. a. O. (wie Anm. 4). Allen späteren Betrachtern ist die Ähnlichkeit dieser Szene mit jener in dem zehn Jahre später entstandenen METROPOLIS aufgefallen. — **37** Diese Szene findet sich am Beginn des 5. Teils des Films. — **38** Siegfried Kracauer: *From Caligari to Hitler. A Psychological History* *of the German Film*. Princeton 1947, S. 33. — **39** »Wahrscheinlich gibt es in der ganzen Filmgeschichte keinen von einer kriegführenden Nation mitten in den schlimmsten Kampfhandlungen gedrehten Film von derart dezidiert pazifistischer Tendenz«. Ilona Brennicke und Joe Hembus: *Klassiker des deutschen Stummfilms 1910–1930*. München 1983, S. 194. — **40** Hans Weißbach, in: *Illustrierter Film-Kurier,* a.a.O. (wie Anm. 4). — **41** M.-l.: Homunculus. In: *Film und Presse,* Nr. 7, 1920, S. 174. — **42** Vgl. die Rubrik »Aus der Praxis« in: *Der Kinematograph,* Nr. 505, 1916; Der Dichter des HOMUNCULUS in Wien, a.a.O. (wie Anm. 21). — **43** Vgl. die Kritik zum 1. Teil der neuen Version in: *Der Film,* Nr. 35, 1920 sowie die bereits zitierten Kritiken in *Illustrierter Film-Kurier,* a.a.O. (wie Anm. 40) und im *Film-Kurier,* a.a.O. (wie Anm. 2): »Die ganze Welt hat diese entscheidende Monumentalleistung der jungen Filmkunst damals bewundert.« — **44** Das gleiche ereignete sich bei der ersten Version des GOLEM, zu der (aber erst 1917) eine Parodie DER GOLEM UND DIE TÄNZERIN hergestellt wurde – Regie, Hauptrolle: Paul Wegener! — **45** F. Iw., in: *Der Tag,* 21.8.1920; zit. n. *Film und Presse,* Nr. 8, 1920, S. 202. — **46** Christian Flüggen: HOMUNCULUS. In: *Deutsche Lichtspiel-Zeitung,* Nr. 30, 1920, S. 3; fl., in: *Berliner Börsen-Courier,* 22.8.1920; zit. in *Film und Presse,* Nr. 8, a.a.O. (wie Anm. 45). — **47** M.-l.: HOMUNCULUS, a.a.O. (wie Anm. 41). — **48** F. O.: Neue Filme, a.a.O. (wie Anm. 29). — **49** Vgl. Efen.: HOMUNCULUS, a.a.O. (wie Anm. 32); anon.: HOMUNCULUS. In: *Der Drache,* Nr. 47, 18.8.1920, S. 12. — **50** Ich bin dieser Frage nachgegangen in dem Aufsatz: Der Expressionismus als Filmgattung. In: Uli Jung, Walter Schatzberg (Hg.): *Filmkultur zur Zeit der Weimarer Republik*. München u.a. 1992, S. 174–194. — **51** Robert Heymann: Der Film als Brücke zur Romantik. In: *Der Film,* Nr. 52, 1917, S. 21 f. — **52** Ebd.

Autorenverzeichnis

Janet Bergstrom lehrt Filmwissenschaft an der University of California. Sie ist Mitbegründerin und -herausgeberin der Zeitschrift *Camera Obscura* und arbeitet derzeit an einem Buch über Chantal Akerman. Veröffentlichungen u. a.: *Close Encounters. Film, Feminism, and Science Fiction* (Hg., 1991), *Endless Night. Cinema and Psychoanalysis, Parallel Histories* (Hg., 1999).

Ivo Blom unterrichtet Filmgeschichte an der VU Amsterdam. Promotion über den niederländischen Filmverleiher Jean Desmet. Mitherausgeber von *De vroege Italiaanse film. Hartstocht en heldendom* (1988).

Thomas Brandlmeier ist stellvertretender Direktor der Ausstellungen und Sammlungen im Deutschen Museum München. Zahlreiche filmhistorische und filmkritische Veröffentlichungen, u. a. *Filmkomiker. Die Errettung des Grotesken* (1983) und *Genre des Alptraums. Die amerikanischen Filme der schwarzen Serie* (1985).

Ramona Curry unterrichtet Theorie und Geschichte populärer Unterhaltungsmedien im Department of English der University of Illinois Urbana-Champaign. Veröffentlichte 1996 *Too Much of a Good Thing. Mae West as Cultural Icon*.

Elena Dagrada promovierte 1988 über die Repräsentation des Blicks im frühen europäischen Kino und lehrt Filmwissenschaft an der Universität von Bordeaux. Herausgeberin von *Domitor – Bibliographie internationale du cinéma des premiers temps/International Bibliography on Early Cinema* (2. Aufl. 1995).

Thomas Elsaesser ist Professor für Filmwissenschaft am Institut für Kunst und Kultur an der Universität von Amsterdam. Zu seinen zahlreichen Buchveröffentlichungen gehören *New German Cinema. A History* (1989; dt.: *Der Neue Deutsche Film. Von den Anfängen bis zu den neunziger Jahren*, 1994), *Early Cinema. Space, Frame, Narrative* (Hg., 1990), *A Second Life. German Cinema's First Decades* (Hg., 1996), *Cinema Futures. Cain, Abel or Cable?* (Hg., 1998) *Fassbinder's Germany. History, Identity, Subject* (1996; dt.: *Rainer Werner Fassbinder*, 2001), *The BFI Companion to German Cinema* (Hg.,

1999), *Weimar Cinema and After. Germany's Historical Imaginary (*2000; dt.: *Das Weimarer Kino – aufgeklärt und doppelbödig*, 1999), *Metropolis* (2000; dt.: *Metropolis – Der Filmklassiker von Fritz Lang*, 2001).

Jeanpaul Goergen ist Wissenschaftlicher Mitarbeiter am DFG-Projekt »Geschichte des Dokumentarfilms bis 1945« im Bundesarchiv-Filmarchiv, Berlin. Redakteur der Zeitschrift *Filmblatt*. Veröffentlichungen u. a.: *Walter Ruttmann. Eine Dokumentation* (1989), *George Grosz. Die Filmhälfte der Kunst* (Hg., 1994), *Urlaute dadaistischer Poesie* (Hg., 1995), *Victor Trivas* (Red., 1996), *Das Jahr 1896. Chronik der Berliner Kinematographen* (1998).

Sabine Hake ist Professorin für Neuere Deutsche Literatur und Filmwissenschaft am Department of Germanic Languages and Literatures der University of Pittsburgh. Veröffentlichungen u. a.: *Passions and Deceptions. The Early Films of Ernst Lubitsch* (1992), *The Cinema's Third Machine. Writing on Film in Germany, 1907–1933* (1993), *German National Cinema* (2001), *Popular Cinema of the Third Reich* (2001).

Jan-Christopher Horak ist Kurator am Hollywood Entertainment Museum und Professor an der UCLA in Los Angeles. Veröffentlichungen u. a.: *Anti-Nazi-Filme der deutschsprachigen Emigration in Hollywood* (1985), *Fluchtpunkt Hollywood* (2. Aufl. 1986), *Dream Merchants. Making and Selling Films in Hollywood's Golden Age* (1989), *Making Images Move. Photographers and Avant-Garde Cinema* (1997), *Lovers of Cinema. The First American Film Avant-Garde 1919–1945* (Hg., 1998).

Tilo R. Knops ist Honorar-Professor an der Universität Hamburg und arbeitet als freier Autor für den NDR. Veröffentlichungen u. a.: *Die Aufmerksamkeit des Blicks* (1986), *Studienführer für Medienberufe* (Hg., 1995).

Klaus Kreimeier ist Professor für Medienwissenschaft an der Universität-Gesamthochschule Siegen. Filmkritiker und Filmhistoriker, größere Arbeiten u. a. über Wajda, Tarkowskij, Kurosawa, Wenders, Kazan, Pabst. Veröffentlichungen u. a.: *Kino und Filmindustrie in der BRD. Ideologieproduktion und Klassenwirklichkeit nach 1945* (1973), *F.W. Murnau 1888–1931* (Hg., 1988), *Die Ufa-Story* (1992), *Notizen im Zwielicht* (1992), *Die Metaphysik des Dekors. Raum, Architektur und Licht im klassischen deutschen Stummfilm* (Hg., 1994), *Lob des Fernsehens* (1995).

Wolfgang Mühl-Benninghaus ist Professor der Film- und Theaterwissenschaft an der Humboldt-Universität zu Berlin. Veröffentlichungen u. a.: *Spektakel der Moderne* (Hg., 1996), *Theater und Medien an der Jahrhundertwende* (Hg., 1997), *Das Ringen um den Tonfilm. Strategien der Elektro- und Filmindustrie in den 20er und 30er Jahren* (1999).

Leonardo Quaresima ist Professor für Filmwissenschaft an der Universität von Bologna. Veröffentlichungen u. a.: *Leni Riefenstahl* (1985), *Cinema e teatro in Germania* (1990), *Walter Ruttmann. Cinema, Pittura, Ars Acustica* (Hg., 1994), *Before the Author* (Hg., 1997), *Writing and Image. Titles in Silent Cinema* (Hg., 1998), *The Birth of Film Genres* (Hg., 1999).

Rainer Rother ist Programmleiter des Zeughauskinos im Deutschen Historischen Museum in Berlin. Veröffentlichungen u. a. *Die Gegenwart der Geschichte. Ein Versuch über Film und Literatur* (1990), *Bilder schreiben Geschichte. Der Historiker im Kino* (Hg., 1991), *Die Ufa 1917–1945* (Hg., 1992), *Die letzten Tage der Menschheit. Bilder des Ersten Weltkrieges* (Hg., 1994), *Der Film in der Geschichte* (Hg., 1997), *Sachlexikon Film* (Hg., 1997), *Mythen der Nationen. Völker im Film* (Hg., 1998), *Leni Riefenstahl. Die Verführung des Talents* (2000).

Barry Salt lebt als Filmhistoriker in London. Zahlreiche Zeitschriftenaufsätze und Buchbeiträge zum frühen Kino. Autor von *Film Style & Technology. History & Analysis* (2. Aufl. 1992).

Heide Schlüpmann ist Professorin für Filmwissenschaft an der Johann Wolfgang Goethe-Universität in Frankfurt am Main. Mitherausgeberin der Zeitschrift *Frauen und Film*. Veröffentlichungen u. a.: *Friedrich Nietzsches ästhetische Opposition* (1977), *Unheimlichkeit des Blicks. Das Drama des frühen deutschen Kinos* (1990), *Abendröthe der Subjektphilosophie. Eine Ästhetik des Kinos* (1998), *Ein Detektiv des Kinos. Studien zu Siegfried Kracauers Filmtheorie* (1999).

Kristin Thompson lehrt als Honorary Fellow am Department of Communication Arts der University of Wisconsin-Madison. Sie arbeitet derzeit an einer vergleichenden Studie der deutschen und amerikanischen Filme von Ernst Lubitsch. Veröffentlichungen u. a.: *Film Art. An Introduction* (1979, 5. Aufl. 1997), *Eisenstein's Ivan the Terrible* (1981), *The Classical Hollywood Cinema. Film Style & Mode of Production to 1960* (1985), *Breaking the Glass Armour. Neoformalist Film Analysis* (1988), *Film History. An Introduction*

(1994), *Storytelling in the New Hollywood. Understanding Classical Narrative Technique* (1999).

Yuri Tsivian ist Professor für Film an der University of Chicago. Veröffentlichungen u.a.: *Silent Witnesses. Russian Films, 1908–1917* (1989), *Early Cinema in Russia and Its Cultural Reception* (1994), *Ivan the Terrible* (2001).

Michael Wedel ist Wissenschaftlicher Mitarbeiter an der Hochschule für Film und Fernsehen »Konrad Wolf« in Potsdam-Babelsberg und Lehrbeauftragter am Seminar für Filmwissenschaft der Freien Universität Berlin. Redakteur der Zeitschrift *Filmblatt*. Veröffentlichungen u.a.: *Max Mack. Showman im Glashaus* (Hg., 1996), *A Second Life. German Cinema's First Decades* (Hg., 1996), *The BFI Companion to German Cinema* (Hg., 1999).

Karsten Witte (1944–1995) war zuletzt Professor für Filmwissenschaft an der Freien Universität Berlin. Veröffentlichungen u.a.: *Theorie des Kinos* (Hg., 1979), *Die Unsterblichen des Kinos 1. Stummfilmzeit und die goldenen 30er Jahre* (Mitautor, 1982), *Im Kino. Texte vom Sehen & Hören* (1985), *Der Passagier – das Passagere. Gedanken über Filmarbeit* (1988), *Lachende Erben, toller Tag. Filmkomödie im Dritten Reich* (1995), *Die Körper des Ketzers. Pier Paolo Pasolini* (1998).

Text- und Bildnachweis

Texte

Heide Schlüpmann: Melodrama and Social Drama in Early German Cinema. In: *Camera Obscura*, Nr. 22, Januar 1990. Überarbeitete Fassung unter dem Titel: Early German Cinema – Melodrama: Social Drama. In: Richard Dyer, Ginette Vincendeau (Hg.): *Popular European Cinema*. London, New York: Routledge 1992.

Kristin Thompson: *Im Anfang war...*: Some Links Between German Fantasy Films of the Teens and the Twenties. In: Paolo Cherchi Usai, Lorenzo Codelli (Hg.): *Before Caligari. German Cinema, 1895–1920*. Pordenone: Edizioni Biblioteca dell'Immagine 1990.

Janet Bergstrom: Asta Nielsen's Early German Films. In: Paolo Cherchi Usai, Lorenzo Codelli (Hg.): *Before Caligari. German Cinema, 1895–1920*. Pordenone: Edizioni Biblioteca dell'Immagine 1990.

Ramona Curry: How Early German Film Stars Helped Sell the War(es). In: Karel Dibbets, Bert Hogenkamp (Hg.): *Film and the First World War*. Amsterdam: Amsterdam University Press 1995.

Elena Dagrada: Franz Hofer: Un magico guardone alla corte di Guglielmo II. In: *Immagine – Note di storia del cinema*, Nuova Serie, Nr. 17, 1991.

Michael Wedel: Traffic in Action: De Duitse cineast Harry Piel en Nederland. In: *Jaarboek Mediageschiedenis 8*. Amsterdam: Stichting Mediageschiedenis 1997.

Sabine Hake: Self-Referentiality in Early German Cinema. In: *Cinema Journal*, Bd. 31, Nr. 3, Frühjahr 1992.

Wolfgang Mühl-Benninghaus: DON JUAN HEIRATET und DER ANDERE. Zwei frühe filmische Theateradaptionen. In: Gabriele Brandstetter, Helga Finter, Markus Weißendorf (Hg.): *Grenzgänge. Das Theater und die anderen Künste*. Tübingen: Gunter Narr 1998.

Text- und Bildnachweis

Bilder

Ramona Curry (1), Thomas Elsaesser (7), Filmmuseum Berlin – Deutsche Kinemathek (4), Freunde der Deutschen Kinemathek, Berlin (3), Jeanpaul Goergen (7), Jan-Christopher Horak (6), Nederlands Filmmuseum, Amsterdam (6), Barry Salt (3), Heide Schlüpmann (5), Slovenska kinoteka, Ljubljana (1), Marian Stefanowski (24), Kristin Thompson (21), Yuri Tsivian (17), Michael Wedel (14).

Register

Personen
(A = Abbildung)

Abbt, Thomas 69
Aidarov 78
Albes, Emil 15, 72
Altenloh, Emilie 27, 85, 106, 318
Angelopoulos, Theodoros 368
Antos'a 78
Apfel, Oscar 321
Aragon, Louis 104
Arkas'a 78
Armes, Roy 104
Arquillière, Alexandre 103
Astor, John Jacob 218, 221
Auerbach, Erich 295
Austilat, Andreas 247
Bach, Johann Sebastian 262
Bahr, Max 290
Balázs, Béla 170
Balzac, Honoré de 102
Barker, Reginald 321 f.
Barnstijn, Loet 270
Bartels, Hans von 360 f.
Basilius der Große 295
Bassermann, Albert 32, 344A, 345
Baudrillard, Jean 298
Bauer, Jewgenij 14, 35, 118, 253 f., 379 ff., 384, 390, 395 ff., 399 f.
Bauer, Max 280
Bébé, Tilly 30, 62, 268
Beckers, Paul 70
Beckett, Samuel 300
Belach, Helga 173 f.
Bendow, Wilhelm 30, 66, 70
Benjamin, Walter 296
Berger, Fred 213
Berges, Philipp 238
Bergson, Henri 300
Bergstrom, Janet 29
Bernhardt, Fritz 320, 331
Bernhardt, Sarah 123, 125, 377
Biebrach, Rudolf 173
Biel, Stephen 221
Birett, Herbert 319
Bleckmann, Matias 280
Bleibtreu, Karl 112 f.
Blom, August 135, 319 f., 388 ff.
Blom, Ivo 35, 383
Blumenberg, Hans 245
Böcklin, Arnold 72 f., 138 f., 142
Boese, Carl 140
Bois, Curt 66
Bolten-Baeckers, Heinrich 14, 67, 336 f., 340, 342
Bonn, Ferdinand 74
Borzage, Frank 322
Bos, Anni 275
Bouwmeester, Louis 352
Brandlmeier, Thomas 30
Brecht, Bertolt 316
Brennert, Hans 127, 133
Bresson, Robert 368
Breton, André 104
Brewster, Ben 13, 36
Brownlow, Kevin 133, 381
Bruderus, Carl 67
Bruyn, Cornelis 271
Bunny John 78
Burch, Noël 13, 21, 38
Busch, Wilhelm 77
Cabanne, W. Christy 321
Caillebotte, Gustave 395
Cameron, James 199, 247
Campbell, Colin 321
Capellani, Albert 320 f.
Caserini, Mario 320, 400
Cassiers, Henri 353, 363
Chamisso, Adelbert von 136
Chaplin, Charles 173, 317, 321, 365
Chautard, Emile 387
Cherchi Usai, Paolo 382 f.
Chimay, Prinzessin 46
Christensen, Benjamin 319
Chrysostomos, Johannes 295
Clausen, George 349, 357
Cochran, Charles 207
Collin, Ernst 121
Collins, John H. 322
Cordes, Mia 354
Corinth, Lovis 361
Crosland, Alan 322
Curry, Ramona 42
Curtius, Ernst Robert 296
Dagover, Lil 19
Dagrada, Elena 34 f., 37
Daly, Augustin 105
Dammann, Gerhard 64 f.

Dante Alighieri 251
Davidsen, Hjalmar 320
Davidson, Paul 20, 28 ff., 160, 171, 187, 208
Decroix, Charles 14
Delmont, Joseph 14, 274, 278, 348, 351, 354 f., 356A, 358 ff., 410
Delsarte, François 398 f.
DeMille, Cecil B. 321 f.
Dentler, Martin 29, 213
Derwall, Kitty 72
Desmet, Jean 274, 276, 348, 366
Dieterle, Wilhelm 186
Dinesen, Robert 319, 377
Döblin, Alfred 24, 26 f.
Doyle, Conan 110
Drankow, Alexander 388
Drew, Sidney 321
Dumas, Alexandre 402, 410
Dupont, Ewald André 186
Duskes, Alfred 20, 337
Duvernois, Mlle. 46 f.
Dwan, Allan 321 f.
Edison, Thomas Alva 18, 21
Eichberg, Richard 186, 274
Eisenstein, Sergej M. 379, 400, 405
Eisner, Lotte 12, 139, 284, 409
Elias, Norbert 105
Elsaesser, Thomas 305
Eusebios von Caesarea 295
Ewers, Hanns Heinz 136, 402
Fairbanks, Douglas 173, 267, 273
Feuillade, Louis 73, 104, 118, 274
Fiebach, Joachim 341
Flögel, Karl Friedrich 69
Flusser, Vilém 299
Foersterling, Herrmann O. 46
Franz Joseph I. 297 f.
Franklin, Chester 321
Franklin, Sidney 321
Frederik, Lothar Knut 281
Freund, Karl 150 f., 160
Friedell, Egon 25
Friedrich, Caspar David 405
Froelich, Carl 320
Frohman, Charles 321
Fuller, Mary 104 f.
Gad, Urban 73, 157 ff., 168, 171, 308 f., 314, 322, 334
Gaidarow, Wladimir 282
Galeen, Henrik 144, 172, 403
Gance, Abel 320

Gärtner, Adolf 14, 64, 71, 81, 91 f., 112 f., 206
Gaumont, Léon 276, 379
Gebühr, Otto 282
Genette, Gerard 239
Giampietro, Josef 30, 31A, 63, 67, 338
Gibson, Dorothy 214 f.
Giesen, Lore 207
Girardi, Alexander 30, 63
Gish, Lillian 115
Glässner, Erika 72
Gliese, Rochus 141 f., 145
Gluckstadt, Vilhelm 320
Godard, Jean-Luc 119, 316
Goebbels, Joseph 120, 131 f.
Goergen, Jeanpaul 41
Goethe, Johann Wolfgang von 136, 407
Goldfluß, Emil 77
Gomery, Douglas 14
Gondrell, Adolf 70
Gorodetskij, Sergej 381
Gottowt, John 71
Gottschalk, Ludwig 29
Gottsched, Johann Christoph 68, 78
Graatkjaer, Axel 160
Gramsci, Antonio 410
Griffith, David Wark 103, 114, 118, 241, 319, 321 f., 368
Grune, Karl 186
Gunning, Tom 13, 16, 38, 82, 103, 197 f., 303
Hake, Sabine 32 f.
Halm, Alfred 264
Hameister, Willy 218
Hamilton, Arthur 204, 208
Hanicotte, Augustin 353, 363
Hansen, Miriam 198
Hanus, Emerich 15, 256A, 334
Harden, Maximilian 237
Harvey, Lilian 152
Hauff, Wilhelm 410
Hauptmann, Gerhart 32, 343
Havard, Henry 349 f., 360
Hecker, Waldemar 200, 218
Heidemann, Paul 72
Held, Mlle. 46
Hellwig, Albert 52
Hepworth, Thomas 379
Hergesell, Dr. 212
Hering, Georg 361
Herzmanovsky-Orlando, Fritz Ritter von 70
Heymann, Robert 410

Hillyer, Lambert 322
Hissing, Coen 273
Hitchcock, Alfred 186
Hofer, Franz 14, 34 f., 42, 67, 72, 74, 206, 253 ff., 262 f., 320, 329 f., 379 f., 390 ff., 399 f.
Hoffmann, Carl 406
Hoffmann, Ernst Theodor Amadeus 70, 136 ff., 145 f.
Hofmannsthal, Hugo von 32
Holger-Madsen 319
Holmes, Helen 104
Horak, Jan-Christopher 35
Horváth, Ödön von 70
Hübler, Margarete 256A
Hugenberg, Alfred 176
Ihering, Herbert 74
Ile-Adam, Villiers de L' 21
Illés, Eugen 127
Ince, Thomas 133, 365
Ingraham, Lloyd 321
Ingram, Rex 154
Israëls, Jozef 360
Ivens, Joris 362
Jacobsohn, Egon 283
Jacoby, Carl 361
Jahn, Friedrich Ludwig (›Turnvater‹) 62
Jannings, Emil 19, 76, 282
Janson, Viktor 127 f.
Jasset, Victorin 103, 320
Jeffries, Jim 29 f.
Johnson, Jack 29
Jordan, Rudolf 360
Jugo, Jenny 152
Jungman, Nico 350
Junkermann, Hans 30, 73, 108, 108A, 311
Justet, Louis 271
Kabierske, Henry 321
Kaes, Anton 274
Kahane, Arthur 341
Kastner, Bruno 282
Kayser, Charles Willy 282
Keaton, Buster 72, 317
Kern, Stephen 220
Kessler, Frank 366, 369, 372, 377
Kessler, Harry Graf 123, 125
Khnopff, Fernand 383
Kiarostami, Abbas 368
Kinsbergen, Coba 280
Kläs, Marie 209
Klercker, Georg af 320 f., 324
Klingemann, August 78

Klitzsch, Ludwig 175 f.
Klotz, Volker 106
Knops, Tilo R. 32
Kotzebue, August von 68
Kracauer, Siegfried 12, 99, 117, 153, 267, 284, 303, 408
Krag, Thomas 158
Kräly, Hanns 72 ff., 127, 133
Krauss, Werner 147, 148A
Kreimeier, Klaus 25
Kurtz, Rudolf 153
Kyrou, Ado 53
Landa, Max 179
Landauer, Gustav 240
Lang, Fritz 103, 116, 118 f., 139, 146, 149 f., 186
Larsen, Viggo 320
Léar 45
Leni, Paul 126
Lenin, Wladimir Illjitsch 302
Lensky, Boris 270
Lessing, Gotthold Ephraim 69, 407
Lessing, Madge 108, 108A, 311
Liabel, André 103
Liebermann, Max 360
Liedtke, Harry 19, 76, 282
Lind, Alfred 319
Lindau, Paul 32, 343 ff., 344A
Linder, Max 74, 391
Lubitsch, Ernst 15, 30, 73 ff., 75A, 76 f., 149, 179, 186, 264, 284 ff., 287A, 288A, 320, 324
Ludendorff, Erich von 120, 175
Lumière, Auguste 18 f., 41, 379
Lumière, Louis 18 f., 37, 41, 379
Luynen, Herman van 271, 273
Machin, Alfred 352 f., 361
Mack, Max 14, 72 ff., 108, 108A, 200, 206, 247, 305 ff., 311, 313, 320, 323, 343, 344A, 345
Madsen, Holger s. Holger-Madsen
Marconi, Guglielmo 213
Marey, Etienne-Jules 21
Martin, Karlheinz 63
Marx, Karl 75, 289
Matull, Kurt 208
May, Joe 40, 110 f., 116 f., 146 f., 179, 188, 278
May, Mia 106, 117
Melford, George 321
Méliès, Georges 108
Menchen, Joseph 207

421

Messter, Oskar 19 ff., 22, 28, 31, 41, 45, 47, 50 ff., 62 ff., 73, 81 f., 175, 180, 276, 293, 379
Meyrink, Gustav 402
Millet, Jean-François 358
Milton Brothers 30
Misu, Mime 42, 197 ff., 201A, 202 ff., 215 ff., 219 ff., 223, 228 f., 233, 236 ff., 244 f., 247 f., 250 f.
Moissi, Alexander 71
Molière 337
Möser, Justus 69
Mozart, Wolfgang Amadeus 337
Mühl-Benninghaus, Wolfgang 35
Mülleneisen, Christoph 348, 351, 353 f., 358 f., 361 ff.
Müller, Corinna 16, 190
Munch, Edvard 73, 383 ff.
Murnau, Friedrich Wilhelm 139, 150, 186, 206, 403
Musidora 73, 104
Musser, Charles 13, 35
Nazianz, Gregor von 295
Nebuschka, Lissy 15, 353, 363
Negri, Pola 15, 127 f.
Negroni, Baldassare 320
Neilan, Marshal 322
Nestroy, Johann Nepomuk 70
Neumann, Felix 133
Neumann, Lotte 364
Nicholls, G. 321
Nicolai, Friedrich 69
Nielsen, Asta 15, 29, 34, 72 f., 85, 135, 157 ff., 168A, 174, 177, 179, 185, 265, 308 f., 314 f., 334
Nietzsche, Friedrich 117, 410
Noa, Manfred 186
Obal, Max 72
Olcott, Sidney 321
Oliver, David 28 f.
Osten, Franz 186 f.
Ostermayr, Franz s. Osten, Franz
Ostermayr, Peter 186 ff., 194 ff.
Oswald, Richard 134, 145 f., 148 f., 153 f.
Oswalda, Ossi 15, 75 f.
Pabst, Georg Wilhelm 172
Panofsky, Walter 77
Pascal, Blaise 300
Pastrone, Giovanni 320
Pathé, Charles 379
Paul, Robert William 18, 379
Péladan, Joséphin 383

Perret, Léonce 268
Pertramer, Elfie 70
Philipps, Jack 236 ff.
Picha, Hermann 108A
Pickford, Mary 115, 173, 273
Piel, Harry 19, 31, 42, 265, 266A, 267 ff., 269A, 270 ff., 272A, 273 ff.
Pinthus, Kurt 76
Pirou, Eugen 45
Piscator, Erwin 341
Poe, Edgar Allen 146
Poelzig, Hans 141
Pollonais, G. 45
Pommer, Erich 40
Porten, Franz 30, 337
Porten, Henny 15, 19, 31, 42, 71, 81, 83 f., 91, 106, 124 f., 173 f., 177, 179 f., 181A, 182A, 183, 283, 363
Porter, Edwin S. 241, 317
Possart, Ernst von 74
Pouctal, Henri 320
Pradier, Jean-Jacques 47
Pratt, George 319
Prinzler, Hans Helmut 74
Przybyszewski, Dagny 384, 386
Przybyszewski, Stanislaw 384, 386
Quaresima, Leonardo 34
Rachmann, Samuel 204
Rahn, Bruno 172
Raimund, Ferdinand 70
Ranke, Leopold von 400
Reicher, Ernst 31, 99, 100A, 101, 114, 117, 179
Reimann, Hans 70
Reinert, Robert 186, 401, 407, 410
Reinhardt, Max 207 f., 248, 340 f.
Rennert, Malwine 81
Renoir, Jean 260
Rieck, Arnold 67
Riefenstahl, Leni 302
Rippert, Otto 134, 218, 401, 403, 410
Rittberger, Max 200, 216, 247, 250
Roland, Ruth 104
Rother, Rainer 32
Rückert, Anton Ernst 207, 218
Rückert, Georg 76
Rutten, Gerard 362
Rye, Stellan 118, 136, 144, 171, 206, 253
Salt, Barry 13, 30, 33 f.
Sandberg, Anders W. 320
Sandrock, Adele 124
Sauer, Fred 354

Sazie, Léon 103
Schenrich, Louise 75A
Schlippenbach, Paul von 341
Schlüpmann, Heide 16, 28, 35, 42, 65, 72, 100, 254, 360
Schmidthässler, Walter 15, 247
Schnedler-Sorensen, Eduard 319
Schnitzler, Arthur 343
Schönthan, Franz von 108, 108A, 311
Schünemann, Emil 200 f., 207, 218, 250
Schünzel, Reinhold 19, 40, 149A
Schuetzinger, Hermine 121
Schwaiger, Franz 72, 74, 253
Schwarzer, Johann 54
Seeber, Guido 62, 72, 130, 160, 171
Seitz, Franz 186
Sennett, Richard 101
Serner, Walter 117
Shelley, Mary 410
Sidney, Titi 46
Siemsen, Hans 64
Simmel, Georg 240, 275
Sjöström, Victor 118, 320 f., 324, 332, 368
Skladanowsky, Emil 18 f., 41
Skladanowsky, Max 18 ff., 22, 41, 62
Smith, Edward 213 f., 218, 236 ff.
Sonnemann, Karl 67
Spaander, Leendert 349, 361
Spaander, Pauline 361
Stark, Curt A. 91, 93
Steidl, Robert 63
Stein, Paul Ludwig 364
Stevenson, Robert Louis 343
Stifter, Magnus 73
Stiller, Mauritz 321, 324
Stockton, Reverend Dr. 319
Stollwerck, Ludwig 18
Stöve, Fritz 363
Strauß, Isador 218, 221
Strauss, Richard 77
Strindberg, August 384
Sudendorf, Werner 75
Sudermann, Hermann 343
Sue, Eugène 402
Taine, Hyppolite 343
Tallroth, Konrad 321
Thielemann, Walter 219 f.
Thompson, Kristin 34, 37, 42
Tolnaes, Gunnar 282
Tostary, Alfred 209
Tourneur, Maurice 321 f., 400
Trautschold, Gustav 72, 309

Treumann, Wanda 15, 71
Tsivian, Yuri 34 f.,
Tucholsky, Kurt 60
Tucker, George Loane 118, 321
Valentin, Karl 30, 76 f., 196
Veidt, Conrad 19, 147, 148A, 149, 282
Veldhuizen, Frits 354
Verne, Jules 209
Vertov, Dziga 379
Viertel, Berthold 25, 293 ff.
Vollmöller, Karl 207
Voss, Lene 72
Wagner, Fritz Arno 151
Walcamp, Mary 104
Warm, Hermann 140, 153
Weber, Louis 321, 383
Weber, Siegfried 175
Wedel, Michael 35, 37, 42
Wegener, Paul 29, 32, 42, 106, 117, 135 ff., 139 ff., 142A, 144A, 145, 150 f., 154, 172
Weinberg, Hermann G. 59
Weiß Ferdl 70
Weisse, Hanni 15, 31, 72, 74, 305A
Weixler, Dorrit 15, 72, 253, 259A
Werckmeister, Lotte 70
Wessely, Paula 83
West, Mae 62
White, Hayden 220 f.
White, Pearl 104, 115
Wichmann, Margarete 209
Wiene, Robert 206
Wilde, Oscar 136 f.
Wilhelm II. 24, 26A, 294A, 296 ff.
Wilhelm, Carl 74, 320
Wilhelmina, Königin der Niederlande 352
Williams, Kathlyn 104
Williamson, James 379
Willy, Louise 45
Witt, Wastl 70
Witte, Karsten 30
Wolff, Philipp 46
Woods, A. H. 207
Worringen, Paul von 34, 366, 377
Wroblensky, Siegfried 218
Zeppelin, Ferdinand Graf von 212
Zeyn, Willy 118, 320, 333
Zglinicki, Friedrich von 25, 51
Zimmermann, Viktor 218
Zukor, Eugen 204

Register

Filme
(A = Abbildung)

1793 320
ABENTEUER EINER NACHT 282
ABENTEUER EINES JOURNALISTEN 115, 276 f.
ABGRÜNDE S. AFGRUNDEN
ACH, WIE IST'S MÖGLICH DENN 190
AFFENLIEBE 282
AFGRUNDEN 158 f.
AHASVER 410
AKTSKULPTUREN 62
ALLT HAMNAR SIG 321
ALRAUNE 154
ALS ICH TOT WAR 71, 74, 75A
ALSACE 320
ALTERS ERSTE SPUREN, DES 206, 253
AM ABEND 59
AMALIENS NEBENVERDIENST 60
ANDERE, DER 35, 343 ff., 344A
ANTJE VAN VOLENDAM S. EWIGE KAMPF, DER
APACHENTANZ 62
APPLE TREE GIRL, THE 322
ARGONAUTS OF CALIFORNIA, THE 321
ARME JENNY, DIE 157
ASPETTANDO IL DIRETTO DE MEZZANOTTE 383, 383A
ATLANTIS 135
AUF DER RENNBAHN IN FRIEDENAU 63
AUF EINSAMER INSEL 278, 331, 348, 354 ff., 356A, 359A, 364
AUF GEFÄHRLICHEN SPUREN 282
AUFREGENDE JAGD, EINE 56, 57A
AUS EINES MANNES MÄDCHENZEIT 66, 71
AUSFAHRT DER SÄCHSISCHEN CHINAKRIEGER 130
AUSKLEIDEN EINER DAME S. DÉSHABILLÉ FÉMININ
AUSTERNPRINZESSIN, DIE 149
AVENGING CONSCIENCE 321, 328 f.
BAD DER HAREMS-DAMEN 51
BADE ZU HAUSE 52
BADEN VERBOTEN 54
BÄR VON BASKERVILLE, DER 268
BARBEROUSSE 320
BATTLE OF THE ANCRE, THE 131, 133
BATTLE OF THE SOMME, THE 128
BEHIND THE SCREEN 317
BEI UNSEREN HELDEN AN DER SOMME 128 f., 131

BEIM PHOTOGRAPHEN 55, 56A
BELLE DI MIRANDA IN IHRER SCENE: NACH DER REITÜBUNG, LA 50, 50A
BESUCH BEIM KUNSTMALER 55
BETTELGRÄFIN, DIE 278
BILLIGE BADEREISE, EINE 64, 67, 70
BIRTH OF A NATION 321, 365
BLUSENKÖNIG, DER 71, 75
BOBBY ALS AVIATIKER 65 f.
BOBBY ALS DETEKTIV 65 f.
BOBBY BEI DEN FRAUEN-RECHTLERINNEN 65
BOBBY HAT HUNDEMEDIZIN GETRUNKEN 65
BRAUNE BESTIE, DIE 268
BROTHERS MILTON KOMISCHES RECK 22
CABINET DES DR. CALIGARI, DAS 34, 116, 134, 140, 143, 149 ff., 254, 407
CABIRIA 81, 365
CALINO HAT PFERDEFLEISCH GEGESSEN 78
CALVAIRE DU MOUSSE, LE S. LIJDEN VAN DEN SCHEEPSJONGEN, HET
CARMEN 321, 325
CHEAT, THE 321
CHILD OF THE STREETS, A 321
CIVILISATION 133
COIFFURES ET TYPES DE L'HOLLANDE 352
COMING OF ANGELO, THE 319
COMMENT SE FAIT LE FROMAGE DE HOLLANDE 363
CORNER IN WHEAT, A 114
COUCHER DE LA MARIÉE, LE 45 f., 50, 52
COUNTRY DOCTOR, THE 368
COWARD, THE 321
CRISIS, THE 321
DÄMONIT 320, 328 f.
DAVID HARUM 321
DÉSHABILLÉ FÉMININ 50
DÉTECTIVE DERVIEUX 104
DINOSAUR ET LE BÉBÉ, LE 119
DIRNENTRAGÖDIE 172
DODSPRINGET TIL HEST FRA CIRCUSKUPLEN 319
DON JUAN HEIRATET 35, 67, 337 ff.
DOOD WATER 362
DR. MABUSE, DER SPIELER 149
DUELL 52
DURCH DAS LICHT GESEHEN 52
EKSPEDITRICEN 319
EKSPRESSENS MYSTERIUM 320
EN HOLLANDE-LE PORT DE VOLENDAM 352
ENDE DES HOMUNCULUS, DAS S. HOMUNCULUS

Endlich allein s. Coucher de la Mariée, Le
Enfants de Hollande 352
Engelein 73, 157, 163, 167 ff., 168A
Er will bezahlt sein 52
Erblich belastet 276 ff.
Es wär so schön gewesen 67
ewige Kampf, Der 364
Excentric-Club 204, 208 ff., 251
Falle, Die 247
Fantomas 104, 114 f., 118, 274
Faust 150
Feldarzt, Der s. Tagebuch des Dr. Hart, Das
Feu Mathias Pascal 149
fidele Gefängnis, Das 71, 76
fille de Delft, La 364
Film von der Königin Luise, Der 80
Filmprimadonna, Die 34, 308, 317
Fire Djaevle, De 319
Florida Enchantment, A 321
For hjem och hard 321
Forstadprästen 321
Fräulein Piccolo 71, 74, 255, 264
fremde Vogel, Der 157, 166 f.
fremmende, Den 320
freudlose Gasse, Die 170, 172
Fricot macht Rosskur 78
Fuoco, Il 320
Furcht 206
Fürst der Berge, Der 280
Fürst von Pappenheim, Der 66
Gajus Julius Cäsar 81
gamin de Paris, Le 387, 387A
Gar el Hama III 377
Gärtner, Der s. Trädgårdsmästaren
Geheimagent, Der 270
Geheimsekretär, Der 278
Geheimnis von Château Richmond, Das 118, 320, 327, 329, 332, 333A
geheimnisvolle Buch, Das s. Homunculus
geheimnisvolle Klub, Der 278, 354
geheimnisvolle Villa, Die 110
Geierwally, Die 186
Geisterspuk im Hause des Professors, Der 116
gelbe Schein, Der 125, 127 f.
Gespenst von Clyde, Das 204 ff., 208, 211
Gesprengte Gitter s. Panik
Gestreifte Domino, Der 113

Ghosts 321
Girl and Her Trust, The 241
Girl without a Soul, The 322
Going Straight 321
Golden Chance, The 328
Golem, Der 138, 172, 402, 412
Golem und die Tänzerin, Der 412
Golem, wie er in die Welt kam, Der 140 f., 140A, 154
Grande illusion, La 260
graue Elster, Die 115
grausame Ehe, Die 82, 92
Grit of the Girl Telegrapher, The 241
grosse Coup, Der 280
grosse Unbekannte, Der 279 f.
grüne Mann von Amsterdam, Der 410
grüne Teufel, Der 270, 276, 282
Guet-Apens, Le s. Nick Carter – Le Guet-Apens
gute Hoffnung, Die s. Op hoop van zegen
gutes Geschäft, Ein 65, 70
Hann, Hein und Henny 124 f., 173, 180
Hans Trutz im Schlaraffenland 153
Happiness 321
Harakiri 268
Harem des Sultans, Der 60
Harry Piel te Amsterdam 282
Hauptmann von Köpenick, Der 67
Hausarzt, Der 56, 58A
Havsgamar 320
Heard over the Phone 241
Heimgefunden: Von Stufe zu Stufe – Lebensbeichte einer Probiermamsell 85 ff., 88A, 89A, 92, 96
Heimgekehrt – eine Kriegsgeschichte s. Weihnachtsglocken
Heisses Blut 159, 171
Helena 186
Hemmelighedsfulde X, Det 319
Hilde Warren und der Tod 146, 147A
His New Job 317
Hochzeit im Exzentric-Club, Die 249
Hoffmanns Erzählungen 134, 145, 146A, 147, 148A
Homunculus 34, 134, 146, 333, 401 ff., 403A
Homunculus' Rache s. Homunculus
Homunkulieschen 404
Hurrah! Einquartierung! 67 f., 255, 258
Hypocrites 321
I Moerkrets Bojor 321

Iced Bullet, The 322
Ich möchte kein Mann sein 290
Ihr Unteroffizier 264
Im Atelier 53
Im Bade 52
Im Boudoir – Eine Entkleidungsszene 51
Im Glück vergessen 81
In dem grossen Augenblick 157, 163 ff.
Incendie de l'exposition de Bruxelles 130
Ingeborg Holm 332
Insel der Seligen, Die 341
Italian, The (1914) 321
Italian, The (1915) 321
Ivanhoe 327, 329
Iwan der Schreckliche 405
Jagd nach der 100-Pfund-Note, Die 118
Journée à l'Île de Marken, Une 352
Jugendspiele 54
Junggesellen-Abschied 77
Just a Shabby Doll 319
Kammermusik 255, 262
Kampf ums Dasein, Der 64
Kämpfende Herzen 118
Karl Valentins Hochzeit 76, 196
Karleken Segrar 320
Katastrophe der ›Titanic‹ 213 f.
Keuschheit in der Klosterzelle, Die 60
Kinder des Majors, Die 320, 327, 329
kleine Szene aus dem Strassenleben in Stockholm, Eine 22
Klovnen 320
Königin Elizabeth s. reine Elisabeth, La
Kraftmeyer, Der 290
Kretchinskis Hochzeit s. Svad'ba Kretchinskogo
künstliche Mensch, Der s. Homunculus
kurzsichtige Willi heiratet, Der 67, 70
Landstrasse, Die 34, 366 ff., 367A, 370A, 371A, 372A, 373A, 374A, 375A, 376A
Leben für den Film – Vierzig Jahre Harry Piel, Ein 282
Leben um Leben 396 ff., 397A, 398A
Lebende Buddhas 154, 172
lebende Leiter, Die s. levende Ladder, De

Lebender Marmor 55
légende des tulipes d'or, La 364
letzte Kampf, Der 270
letzte Mann, Der 150 f.
levende Ladder, De 275, 362
Liebe der Hetty Raymond, Die 278
Liebe der Maria Bonde, Die 34, 333
Liebes-Abc, Das 73
Liebestragödie des Homunculus, Die s. Homunculus
lijden van den scheepsjongen, Het 363
List der Zigarettenmacherin, Die 71
Lonedale Operator, The 241
Lonely Villa, The 241
Ludwig II. 186
lustigen Vagabunden, Die 77
Ma l'amor mio non muore 320
Macht der Hypnose, Die 55
Madame Butterfly 321
Mädchen ohne Vaterland 71, 73, 157, 162 f., 165 f.
Mädchen vom stürmischen Hof, Das s. Tösen fra Stormyrtorpet
Magician, The 154
Mann im Keller, Der 110 ff., 111A, 114 ff., 118
Mann ohne Nerven, Der 270, 275
Männer ohne Beruf 266A
Marienwunder, Das s. Mirakel
Martyrs of the Alamo 321
médicin du château, Le 118
Meeres und der Liebe Wellen, Des 278, 348, 353 f., 355, 357 ff., 364
Meeresgrunde abgerungen, Dem 279
Meissner Porzellan 82
Memoiren des Satans, Die 410
Menschen und Masken 282
Mères françaises 125, 128
Mericke aus Neuruppin kommt nach Berlin 64, 70
Metropolis 150, 411
Meyer als Soldat 290
Meyer auf der Alm 73, 290
Meyer aus Berlin 290
Ministerpräsidenten 320
Ministry of Fear 149
Minnenans Band 320
Miracle, Le s. Mirakel
Mirakel 204, 207 f., 211
Modern Musketeer, A 322
Money God, The 202
Monna Vanna 186

MONUMENTS HISTORIQUES D'ARRAS VICTIMES DE LA BARBERIE ALLEMANDE, LES 129
MOUNTAIN EAGLE, THE 186
MÜLLER UND SEIN KIND, DER 81
MUSETTE 190
MUSKETEERS OF PIG ALLEY, THE 368
MUTTERHERZ S. MÈRES FRANÇAISES
MYSTERIET NATTEN TILL DEN 25E 321
MYSTIKE FREMMENDE, DEN 319
NACH DEM SOUPER 52
NACH DER REITÜBUNG 62
NACHTFALTER 159
NÄRRISCHE FABRIK, DIE 277
NARROW ESCAPE OR THE PHYSICIAN OF THE CASTLE, A 241
NARROW TRAIL, THE 322
NETTES PFLÄNZCHEN, EIN 72
NEUE BEHANDLUNGSSTUHL, DER 51
NEUE SCHREIBTISCH, DER 77
NEUER ERWERBSZWEIG, EIN 65
NEUES LAND S. NIEUWE GRONDEN
NIBELUNGEN, DIE 139
NICK CARTER – LE ROI DES DÉTECTIVES 103
NICK CARTER – LE GUET-APENS 103
NICK WINTER, DIE DIEBE UND DIE HYPNOTISEURIN 114
NICK WINTER UND DIE DIPLOMAT-EILPOST 114
NICK WINTER UND DIE ENTFÜHRTE TOCHTER 114
NIEUWE GRONDEN 362
NOSFERATU 143
OCHSENKRIEG, DER 186
ŒUVRE DE LA ›KULTUR‹ – DEUX VILLES OUVERTES ET SANS DÉFENSE, L' 129
ONBEKENDE PASSAGIER, DE S. GEHEIMAGENT, DER
OP HOOP VAN ZEGEN 362
OR QUI BRÛLE, L' S. VERVLOEKTE GELD, HET
PANIK 281
PANTHER'S PREY, THE S. SOUS LA GRIFFE
PANZERGEWÖLBE, DAS 116
PARISERIN IM BADE 52
PELLEGRINO, IL 320
PERILS OF PAULINE, THE 104
PERLEN BEDEUTEN TRÄNEN 91 f., 92A, 95
PFARRERS TÖCHTERLEIN, DES 206, 363
PHANTOM 206
PLAYLING DEAD 321
POOR LITTLE PEPPINA 321
POOR LITTLE RICH GIRL 322

PORCELAINES DE DELFT, LES 363
POULE AUX ŒUFS D'OR, LA 383, 384A
PUPPE, DIE 149, 325
QUO VADIS 81
RACHE DER FRAU HAUPTMANN, DIE 60
RACHE DES HOMUNCULUS, DIE S. HOMUNCULUS
RÄTSELHAFTE KLUB, DER 280
RATTENFÄNGER VON HAMELN, DER 153
RAUB DER SABINERIN 47
REBECCA OF SUNNYBROOK FARM 322
REGENDUSCHE ODER SUSANNE IM BADE, DIE 52
REINE ELISABETH, LA 377
REVELJ 320
RIVALEN 270
ROBERT UND BERTRAM 74
ROMANCE OF THE REDWOODS 322
ROSA PANTÖFFELCHEN, DAS 72
ROSENKAVALIER, DER 65, 67
ROYAL FAMILY, THE 321
RÜBEZAHLS HOCHZEIT 143, 145, 145A, 153
SAVED FROM THE TITANIC 214 f., 223
SCHIPBREUK OP DE HOLLANDSCHE KUST, EEN S. MEERES UND DER LIEBE WELLEN, DES
SCHIRM MIT DEM SCHWAN, DER 330
SCHLANGENTÄNZERIN, DIE 62
SCHNELLER ALS DER TOD 270
SCHUHPALAST PINKUS 30, 74 f., 285 ff., 287A, 288A, 320
SCHWARZE KUGEL ODER DIE GEHEIMNISVOLLEN SCHWESTERN, DIE 255 ff., 320, 327, 329 f., 334, 390 ff., 393A, 394A, 397
SCHWARZE LOS, DAS 71
SCHWARZE NATTER, DIE 255, 256A, 258
SCHWARZES BLUT 268
SCHWIEGERMUTTER MUSS FLIEGEN 64
SCHWIERIGE BEHANDLUNG, EINE S. NEUE BEHANDLUNGSSTUHL, DER
SCHWIMMENDEN EISBERGE, DIE 212
SEELENADEL 268
SHERLOCK JR. 317
SHIPWRECKED IN ICEBERGS S. TITANIC – IN NACHT UND EIS
SHOES 383
SHOP AROUND THE CORNER, THE 288
SIEG DES HOSENROCKS, DER 72
SKLAVEREI IM ORIENT, DIE 54
SKULPTURWERKE 47

SO THIS IS PARIS 76
SOUS LA GRIFFE 319
SPINNEN, DIE 149
SPOILERS, THE 321, 328 f.
SQUAW MAN, THE 321
STELLUNGSLOSE PHOTOGRAPH, Der 34, 305 ff., 305A, 306A, 307A
STERBENDE SCHWAN, DER s. UMIRAYUSHCHII LEBED'
STERBENDE VÖLKER 186
STOLZ DER FIRMA, DER 74, 320
STREIK UND SEINE FOLGEN, EIN s. TRAGÖDIE EINES STREIKS, DIE
STUDENT VON PRAG, DER 34, 106, 134 ff., 142 f., 144A, 146, 150, 152, 172, 206, 253, 265, 346, 402
SUFFRAGETTE, DIE 331
SÜHNE, DIE 328 ff.
SUMPFBLUME, DIE 320, 327, 329 f., 333
SUMURUN 341
SÜNDEN DER VÄTER, DIE 157, 162, 172
SUSANNA IM BADE 52
SVAD'BA KRETCHINSKOGO 388, 388A
SVENGALI 154
SYLVESTER 151
TAGEBUCH DES DR. HART, DAS 125 f., 126A, 133
TANGOKÖNIGIN, DIE 72
TANZ DER SALOMÉ 22, 47, 62
TARTÜFF 150
TERRA NOVA 362
TEUFELSAUGE, DAS 276 f., 283
THEODOR KÖRNER 80
THEOPHRASTUS PARACELSUS 410
THOMAS GRAALS BÄSTA FILM 321, 324
THOMAS GRAALS BESTER FILM s. THOMAS GRAALS BÄSTA FILM
TIGER AKBAR, DER 281
TIGRE REALE 320
TILLY BÉBÉ – DIE BERÜHMTE LÖWEN-BÄNDIGERIN 62, 268
TIROL IN WAFFEN 320, 327, 329
TITANENKAMPF, EIN s. HOMUNCULUS
TITANIC 199
TITANIC – IN NACHT UND EIS 42, 199, 204, 208 f., 211 ff., 216 ff., 217A, 222A, 224A, 226A, 227A, 228A, 229A, 230A, 231A, 232A, 233A, 234A, 235A, 238A, 242A, 243A, 244A, 245A
TÖSEN FRA STORMYRTORPET 321, 324
TOTEN ERWACHEN, DIE 112 f., 115 f.
TOTES WASSER s. DOOD WATER

TRÄDGÅRDSMÄSTAREN 320, 368
TRAFFIC IN SOULS 118, 321 f., 327, 329
TRAGEDIA ALLA CORTE DI SPAGNA 320
TRAGÖDIE EINES STREIKS, DIE 71, 81, 83 f., 97
TREIBENDE FLOSS, DAS 115
TRIUMPH DER VENUS 47
TUSSCHEN TWEE WERELDEN 273
TWEE ZEEUWSCHE MEISJES IN ZANDVOORT 362
ÜBER DEN WOLKEN 280
UM HAARESBREITE 91 ff., 93A, 94A, 95
UMIRAYUSHCHII LEBED' 379, 382, 382A
UNBEKANNTE ENTKLEIDUNGSSZENE AUS DER SAMMLUNG MESSTER s. IM BOUDOIR – EINE ENTKLEIDUNGSSZENE
UNCLE JOSH AT THE MOVING PICTURE SHOW 317
UND DAS LICHT ERLOSCH 320, 328 f., 331A, 333, 334A
UNHEIMLICHE GESCHICHTEN 145, 147, 148A, 149, 149A
UNSERE STÄDTE ALS OPFER DER FRANZÖSISCHEN ARTILLERIE 130
UNSÜHNBAR 124 f.
UNTER HEISSER ZONE 268
UNTIL THEY GET ME 322, 328
VAGABOUND, THE 321
VAMPIRES, LES 104, 114 f., 274
VED FAENGSLETS PORT 388 ff., 388A, 389A, 390A
VEM SKÖT? 321
VENEZIANISCHE NACHT, EINE 402
VERÄCHTER DES TODES, DER 275
VERDENS UNDERGANG 320
VERLORENE SCHATTEN, DER 141A, 142, 142A
VERNICHTUNG DER MENSCHHEIT, DIE s. HOMUNCULUS
VERRÄTERIN, DIE 322
VERSCHLEIERTE BILD VON GROSS-KLEINDORF, DAS 110
VERSUCHSKANINCHEN, DAS 73
VERSUCHUNGEN DER GROSSSTADT s. VED FAENGLETS PORT
VERVLOEKTE GELD, HET 352
VERZAUBERTE CAFÉ, DAS 65
VIE DE BOHÈME, LA 321
VIER JAHRESZEITEN, DIE 47
VINGARNA 321
VON MORGENS BIS MITTERNACHTS 63
WACHE TRITT ANS GEWEHR, DIE 22

Wachsfigurenkabinett, Das 143
Wahrheit, Die 187 ff., 191A, 192A, 193A, 194A
Was die Titanic sie lehrte s. Saved from the Titanic
Waterloo 186
Weber, Die 154
Weiberkrieg, Der 186
Weibliche Assentierung 56, 58
Weihnachtsglocken 255, 258 ff., 259A, 260A, 261A, 262, 396
Weisse Rosen 157
weisse Schrecken, Der 268
weisse Sklavin, Die 218
Weizenkönig, Der s. Corner in Wheat, A
Wenn Tiere betteln 282
Wenn Tiere erwachen 282
Wenn vier dasselbe tun 75, 320, 324
What Happened To Mary? 105
What's-His-Name 321, 328 f.
Whip, The 322
Wishing Ring, The 321
Wie Bauer Klaus von seiner Krankheit geheilt wurde 70
Wie der Herr, so der Diener 54
Wie sich der Kintopp rächt 34, 72, 309 ff., 312, 317
Wo ist Coletti? 30, 71, 73, 106 ff., 108A, 114, 311 ff., 313A, 317
Young Romance 321
Zapatas Bande 73, 314 f., 317
Zigomar 103, 114
Zigomar contre Nick Carter 103
Zigomar – Peau d'anguille 103, 320
Zuviel des Guten 65, 67
Zwei Mädchen aus Zeeland in Zandvoort s. Twee Zeeuwsche meisjes in Zandvoort
Zwei perverse Schönheiten 60
Zweimal gelebt 206, 320, 323 f., 327, 328